《文心雕龍》國際學術研討會論文集

國立臺灣師範大學國文學系
主　　編

文史哲出版社印行

國家圖書館出版品預行編目資料

《文心雕龍》國際學術研討會論文集/國立臺灣
師範大學國文學系主編. -- 初版. -- 臺北市：
文史哲,民 89
面；　公分.
ISBN 957-549-282-x (平裝)

1.文心雕龍 － 批評,解釋等-論文,講詞等

820.7　　　　　　　　　　　　　89003617

《文心雕龍》國際學術
研討會論文集

主　編　者：國立臺灣師範大學國文學系
出　版　者：文　史　哲　出　版　社
登記證字號：行政院新聞局版臺業字五三三七號
發　行　人：彭　　　　正　　　　雄
發　行　所：文　史　哲　出　版　社
印　刷　者：文　史　哲　出　版　社
　　　　　　臺北市羅斯福路一段七十二巷四號
　　　　　　郵政劃撥帳號：一六一八〇一七五
　　　　　　電話 886-2-23511028・傳眞 886-2-23965656

實價新臺幣九〇〇元

中　華　民　國　八　十　九　年　三　月　初　版

「文心雕龍」國際學術研討會合影 88. 5. 15～5. 16

'99 5 17

更生先生

著作等身照又峰，
滿園桃李悅機微。
文心不負當年約，
着力雕龍其奮飛。

《文心雕龍》國際學
術討論會上題贈

文勛

序

　　章學誠以《文心雕龍》為「體大慮周，籠罩群言」；「體大」可
以陶冶萬彙，「慮周」可以「籠罩群言」。《文心雕龍》全書五十
篇，除〈序志〉係序論外，其餘分為文原論、文體論、文術論、文評
論。《文心雕龍》之內涵豐贍，冶經、史、子、集於一爐、誠屬「標
心萬古，送懷千載」之精心傑作。

　　一九九五年七月杪於北京大學召開《文心雕龍》國際學術研討
會，老少咸集，群賢畢至，可謂群英會。大陸學者期盼臺灣師大亦能
舉辦《文心雕龍》國際學術研討會，當時於我心有戚戚焉，爰擬辦此
研討會，然苦無行政資源，似有孤掌難鳴之感。俟翌年八月一日接掌
系所行政，雖有行政資源，然日理萬機，無暇籌辦。去（民 八十
七）年三月初，吾師　王更生教授稱：「北京大學中文系張少康教授
至盼臺灣師大國文系主辦《文心雕龍》國際學術研討會。」余欣然接
納，並煩請　王更生教授悉心擘劃，王教授旋即召開籌備會議，劉渼
老師擔任總幹事，汪文祺、林淑雲、郭乃禎三位講師及沈維華、簡惠
琴、舒兆民、石建熙、許文齡、蔡慧瑜、林宜靜七位助教配合行政工
作。王教授又請馮永敏、方元珍、呂新昌、呂武志、郭鶴鳴、顏瑞芳
六位老師及黃瑞陽、許愛蓮兩位研究生協助籌備工作，王教授總其
成。

　　國立臺灣師範大學國文學系暨中國語文學會於一九九九年五月十
五、十六日兩天，在師大綜合大樓國際會議廳及五〇二室，舉行「文
心雕龍國際學術研討會」，共分為六場，每場又分為兩組，同時進
行。發表論文四十篇，參與學者除臺灣、大陸學者外，尚有美國林中

明、蔡宗齊兩位先生，韓國建陽大學金元中教授、新加坡楊松年教授、香港陳志誠教授。此次研討會能夠如此順遂、圓滿、成功，全歸功於　王更生教授，於焉敬致萬分謝忱。朱榮智教授自告奮勇，主動協助研討會，尤其是會後參訪石門水庫、林語堂暨錢穆先生圖書紀念館、海基會，朱教授全程陪同，全力鼎助，亦聊表謝意。此外，尤校長信雄、賴院長明德鞭策、指導及所有協助此次研討會師長、助教與工作同仁、同學，謹致謝悃。此次研討會贊助單位有教育部國際文教處、行政院國家科學委員會、行政院文化建設委員會、行政院大陸委員會、中華文化復興運動總會、中國國民黨中央文化工作會、財團法人海峽交流基金會、聯合報文化基金會等八個單位以及林中明先生摯友段行迪先生捐助，此次研討會能順利進行，在此獻上崇高之敬意與謝意。

國立臺灣師範大學國文系所主任**蔡宗陽**敬識

一九九九年六月二十六日於臺北

《文心雕龍》
國際學術研討會論文集

目　　錄

《文心雕龍》對陸機
〈文賦〉的繼承和發展

北京大學中文系

張少康

　　劉勰的《文心雕龍》博采衆長，體大思精，在中國古代文論史上無可與之相比擬，但是《文心雕龍》並非憑空而降，它也是在總結前人成果的基礎上發展起來的。其中對它影響最大的便是陸機〈文賦〉。雖然劉勰對陸機〈文賦〉的評價不高，有很多批評。如他在〈序志〉篇中說〈文賦〉「巧而碎亂」，認爲它和曹丕《典論·論文》等都是「各照隅隙，鮮觀衢路」。在〈總術〉篇中說：「昔陸氏〈文賦〉，號爲曲盡；然泛論纖悉，而實體未該。」在其他篇中也對〈文賦〉中的一些論述有所批評。從〈文賦〉所存在的不足來看，這些批評應該說都是有道理的。但從對陸機〈文賦〉的總體評價來說，無疑是過於片面了。所以，駱鴻凱在《文選學》中說劉勰這些批評「皆疑少過」。其實，劉勰對〈文賦〉在文學創作理論上的成就並不是沒有看到，而是認眞地吸取了的，只是他認爲陸機的論述尚不夠充分、不夠深入，他的《文心雕龍》實際上是對〈文賦〉的全面繼承和發展。對此，清代的章學誠在《文史通義·文德》篇中曾經指出：「劉勰氏出，本陸機氏說，而昌論文心。」程千帆先生在《文論要詮》中論〈文賦〉時也說過：「劉氏文心，與之笙磬同音。」如果我們對《文心雕龍》中的文學創作理論作一些細致分析的話，就可以看出它在基本方面和陸機〈文賦〉是完全一致的，都是在受到〈文賦〉

的啓發後所作的進一步發揮。當然劉勰的成就已經大大超出了陸機，但如果沒有陸機的〈文賦〉，大概也就不會有《文心雕龍》。因此，我們必須充分認識〈文賦〉對《文心雕龍》的深刻影響，這樣才能對劉勰《文心雕龍》在文論史上地位和貢獻作出正確的評價。

下面我們準備從五個方面來論述《文心雕龍》對〈文賦〉的繼承和發展：

一、關於文學創作的基本問題

劉勰在《文心雕龍・志序》篇中解釋其書名時說：「夫文心者，言爲文之用心也。」。所謂「爲文之用心」，即是說的如何進行文學創作的問題，這和陸機在〈文賦〉小序中所說是一樣的，他寫作〈文賦〉的目的正是爲了總結「才士」爲文之「用心」。陸機認爲總結「爲文之用心」，就是要解決「意不稱物，文不逮意」的問題。「意」能否「稱物」說的是構思過程中的意象能否正確表現現實事物，能不能把作家在生活中所感受到的內容充分體現出來，即指創作過程中「心」的活動；「文」能否「逮意」說的是具體寫作過程中能否運用語言文字把構思中的意象充分表達出來，即指創作過程中「手」的技巧。意存乎心，文形於手，這實際上也就是莊子在〈天道〉篇中所說的「得之於手而應於心」問題。不過，莊子認爲如何做到「得之於手而應於心」是無法言喻的，關鍵在於創作主體能否進入「道」的境界，如果能做到「心」與「道」合，進入「道」的境界，則自然就可以做到「得之於手而應於心」。也就是說在心手關係上，莊子是重在「心」，而不重在「手」。而陸機則認爲得「心」雖然很重要，必須使創作主體在精神上進入「虛靜」的狀態，但得「心」未必一定能應於「手」，「手」的技巧是否熟練也是非常重要的。也就是說在對待心手關係上，他是兩者並重的。在得「心」的方面，陸機

從儒道結合的角度發展了莊子的思想。〈文賦〉一開始論作家創作前的準備不僅要求「佇中區以玄覽」，而且要求「頤情志於典墳」。在重視莊子所說創作前必須進入「虛靜」精神境界同時，並不像莊子那樣完全否定知識學問，而是充分肯定了積累知識學問的必要性。在這方面劉勰和陸機是一樣的。劉勰在《文心雕龍‧神思》篇中論創作前的準備，一方面指出「陶鈞文思，貴在虛靜，疏瀹五藏，澡雪精神」，另一方面又強調要「積學以儲寶，酌理以富才，研閱以窮照，馴致以懌辭」，並把這兩方面看作是「馭文之首術，謀篇之大端」。他比陸機進一步的地方，是清楚地指出了「虛靜」的目的在於「疏瀹五藏，澡雪精神」，特別對陸機的「積學」作了很大的發揮。陸機只是強調了學習前人書本知識，「詠世德之駿烈，頌先人之清芬。游文章之林府，嘉麗藻之彬彬。」而劉勰則提出了豐富知識學問、善於明辨事理、增加經驗閱歷、駕馭語言文字四個方面，不限於積累知識學問，還注意到了加強生活實踐、提高理論分析能力和語言表達能力的重要性。陸機認為創作主體在有了「佇中區以玄覽，頤情志於典墳」的準備後，在進入「心」的活動、也就是構思活動時，其主要特點是心與物，也就是內心和外境的融合。「悲落葉於勁秋，喜柔條於芳春。」而劉勰在《文心雕龍》中則專門有〈物色〉一篇論心與物的相互作用。陸機論心物關係，主要是依據《禮記‧樂記》的物感說，偏重在外物對人的感發作用；而劉勰則不僅注意到了「情以物興」的一面，也同時注意到了「物以情觀」的方面，提出了心「隨物以宛轉」、物「與心而徘徊」的雙向交流特點。在「得手」的方面，陸機是相當重視的，他在〈文賦〉的小序中說「意不稱物，文不逮意」的問題，「非知之難，能之難也」，說明他認為在心手關係中，「手」的表達難度更大。所以他花了大量的篇幅來論述「手」如何「應心」的方法和技巧。劉勰也是如此，他在《文心雕龍‧神思》篇中說：

「意翻空而易奇，言徵實而難巧」。《文心雕龍》中大部分篇幅也是講的「手」如何「應心」的問題。劉勰比陸機更進一步的地方是：陸機在述「手」的技巧和方法時，雖然也提出了一些重要的理論問題，如文體、風格、剪裁、文質等，但講的不夠充分，有些問題則又過於瑣碎。而劉勰則不僅對「手」如何「應心」提出了一個完整的理論體系，而且對每一個重要的理論問題都作了相當深入細致的分析。陸機和劉勰對心手關係的認識和魏晉南北朝時期思想史發展有密切關係。魏晉玄學的特點是以道爲體、以儒爲用，援儒入道。道家重天然，儒家重人爲，道家提倡天工，儒家提倡人工。陸機、劉勰不僅在論創作前的準備時，體現了玄學融合儒道的思想影響，都要求有虛靜的精神境界，同時又不排斥知識學問的積累，而且在心與手、天工與人工的關係上是心手並重，以天工之美爲最高境界，而又主張通過人工努力來達到天工之美。這一點在劉勰的《文心雕龍》中尤爲突出，他在〈原道〉篇中明確指出：「雲霞雕色，有踰畫工之妙；草木賁華，無待錦匠之奇」他雖以化工之美爲最高境界，但《文心雕龍》全書所論「爲文之用心」基本上都是講的文學創作中的人工技巧。

二、關於文學創作的構思與藝術想像的特徵

陸機在〈文賦〉中對文學創作的構思和藝術想像活動的特徵，曾作了非常生動形象的描繪。他說：「其始也，皆收視反聽，耽思傍訊，精騖八極，心游萬仞。其致也，情曈曨而彌鮮，物昭晰而互進。傾群言之瀝液，漱六藝之芳潤。浮天淵以安流，濯下泉而潛浸。於是沈辭怫悅，若游魚銜鉤而出重淵之深；浮藻聯翩，若翰鳥纓繳而墜曾雲之峻。」這裡陸機提出了三個問題：一、在虛靜精神狀態下想像活動是不脫離具體的現實世界的，並具有超時空的特徵，即所謂「精騖八極，心游萬仞」，而且是和人的感情活動緊密地聯繫在一起的，

「思涉樂其必笑，方言哀而己嘆」；二，藝術想像活動的結果是凝聚成構思中的意象，即所謂「情曈曨而彌鮮，物昭晰而互進」；三，要尋求生動的語言把構思中的意象具體地表述出來，即所謂「傾群言之瀝液，漱六藝之芳潤。」陸機的這些論述對劉勰產生了極為深刻的影響，《文心雕龍》有關藝術構思的論述就是在陸機〈文賦〉的基礎上發展起來的，但分析得更為全面系統，並從理論上作了重要概括，提出了一些很有深度的理論概念和美學範疇，如「神思」、「意象」、「神與物游」、「杼軸獻功」等。他在〈神思〉篇中論藝術想像時說：「文之思也，其神遠矣。故寂然凝慮，思接千載；悄焉動容，視通萬里；吟詠之間，吐納珠玉之聲；眉睫之前，卷舒風雲之色；其思理之致乎！故思理為妙，神與物游。」就是對陸機「精騖八極，心游萬仞」說的發揮，也是講的藝術思維超時空的特點，但是他突出了馳騁藝術想象過程中「神與物游」的特點，并指出這種神思活動是和作家的感情活動密切相聯繫的，「登山則情滿于山，觀海則意溢于海」。劉勰還在陸機「情曈曨而彌鮮，物昭晰而互進」說的基礎上，進一步指出神思活動的結果是「意象」的形成，所謂「玄解之宰，尋聲律而定墨；獨照之匠，窺意象而運斤。」「意象」概念的提出，是劉勰的一個重大貢獻。雖然他還沒有自覺地把它作為一個重要的理論概念來對待，但它對後來的影響是十分深遠的。因而比陸機更富有理論色彩和思想深度。

陸機把藝術構思和想象活動的開展歸之于人力無法掌握的「天機」，認為：「應感之會，通塞之紀，來不可遏，去不可止。藏若景滅，行猶響起。」「雖茲物之在我，非余力之所勠。」而劉勰則認為「神思」的「通塞」，他在論「神與物游」時還進一步提出了：「神居胸臆，而志氣統其關鍵；物沿耳目，而辭令管其樞機。樞機方通，則物無隱貌；關鍵將塞，則神有遯心。」說明神思活動的順利開展是

和「志氣」、「辭令」有密切關係的。「志氣」是統率「神思」的關鍵，「辭令」是體現「物象」的「樞機」，兩者都是可以通過修養和學習來獲得的。「志氣」的含義研究者有很多不同的解釋。周振甫在《文心雕龍注釋》中釋爲「意志」和「氣勢」，說「理直是志，氣壯是氣」。陸侃如、牟世金，《文心雕龍譯注》解釋爲「作者主觀的情志、氣質」。王元化同意陸、牟之說，又補充說：「在這裡泛指思想感情。」（《文心雕龍創作論》）寇效信在《文心雕龍美學範疇研究》一書中則認爲：「『志氣』是人的生理機能和心理機能相結合的概念，是以人的注意、意志、情感、欲望等心理機能爲主導，以人的生理機能所產生的生命活力爲基礎的一個心理和生理統一的概念。」他們說得都有一定道理，但又并不十分確切。「志氣」在《文心雕龍》中凡三見，除〈神思〉篇外，〈書記〉篇說：「觀史遷之報任安，東方之難公孫，楊惲之酬會宗，子雲之答劉歆，志氣盤桓，各含殊采。」〈風骨〉篇說：「詩總六義，風冠其首，斯乃化感之本源，志氣之符契也。」都是指人的一種昂揚的精神狀態，劉勰在〈養氣〉篇中說得很清楚，「志」指「神志」，「氣」指「精氣」。他說：「凡童少鑒淺而志盛，長艾識堅而氣衰，志盛者思銳以勝勞，氣衰者慮密以傷神，斯實中人之常資，歲時之大較也。若夫器分有限，智用無涯；或慚鳧企鶴，瀝辭鐫思；於是精氣內銷，有似尾閭之波；神志外傷，同乎牛山之木。」「志氣」確有生理基礎，但它又表現爲一種心理現象。有沒有這種昂揚的精神狀態，是神思活動能否順利進行的關鍵。「神思」的特點是「神與物游」，構思中的物象不能離開具體的語言，思維過程實際上也是一個構建語言符號體系的過程。因此有無豐富的「辭令」，對神思活動的開展具有十分重要的意義。劉勰在〈養氣〉篇中對「志氣」的涵養曾作了詳細的分析，他說：「夫耳目鼻口，生之役也；心慮言辭，神之用也。率志委和，則理融而情暢；

鑽礪過分，則神疲而氣衰；此性情之數也。」又說：「夫學業在勤，故有錐股自厲；至於文也，則申寫鬱滯，故宜從容率情，優柔適會。若銷鑠精膽，蹙迫和氣，秉牘以驅齡，灑翰以伐性，豈聖賢之素心，會文之直理哉！且夫思有利鈍，時有通塞，沐則心覆，且或反常；神之方昏，再三愈黷。是以吐納文藝，務在節宣，清和其心，調暢其氣，煩而即舍，勿使壅滯，意得則舒懷以命筆，理伏則投筆以卷懷，逍遙以針勞，談笑以藥勱，常弄閑於才鋒，賈餘於文勇，使刃發如新，腠理無滯，雖非胎息之邁術，斯亦衛氣之一方也。」至于「辭令」的把握雖與作者的天資有關，但更在于後天的學習。對此，他在〈事類〉篇中說道：「夫薑桂因地，辛在本性，文章由學，能在天資。才自內發，學以外成，有學飽而才餒，有才富而學貧。學貧者，迍邅於事義，才餒者，劬勞於辭情；此內外之殊分也。是以屬意立文，心與筆謀，才為盟主，學為輔佐；主佐合德，文采必霸，才學褊狹，雖美少功。」「夫經典沈深，載籍浩瀚，實群言之奧區，而才思之神皋也。」虛靜養氣，可保神思暢通，浮想聯翩；勤奮學習，自能文采斐然，物無隱貌。

　　文學創作的構思是一個慘淡經營的過程，充滿了種種紛紜複雜的情況。陸機在〈文賦〉中曾說：「或因枝以振葉，或沿波而討源。或本隱以之顯，或求易而得難。或虎變而獸擾，或龍見而鳥瀾。或妥帖而易施，或岨峿而不安。罄澄心以凝思，眇眾慮而為言。籠天地於形內，挫萬物于筆端。」劉勰對這一點也深有體會，但是他比陸機更進了一步，他指出了這個過程是作者對現實生活中的素材，進行綜合概括、提煉加工、典型化的結果。他說：「若情數詭雜，體變遷貿，拙辭或孕於巧義，庸事或萌於新意；視布於麻，雖云未費，杼軸獻功，煥然乃珍。」這裡「拙辭或孕於巧義，庸事或萌於新意」，是從陸機上面的論述中變化出來的，不過更強調了作家的創造力。「杼軸獻

功」之說也是受到陸機〈文賦〉啓發的，誠如王元化所指出的「用『杼軸』一詞來表示文學的想象活動原出于陸機。〈文賦〉『雖杼軸于予懷，怵他人之我先。』是劉勰所本。在這裡『杼軸』具有組織經營的意思，指作家的構思活動而言。不過，陸機說的『雖杼軸于予懷，怵他人之我先』，是把重點放在想象的獨創性上面，而劉勰說的『視布於麻，雖云未費，杼軸獻功，煥然乃珍』，則把重點放在想象和現實的關係方面。」（《文心雕龍創作論》）布麻之說以淺近的比喻，非常準確地闡明了文學源于現實而又高于現實的道理，幷可看出作家藝術構思的重要意義與價值。

三、關于文學作品的風格及其形成原因

陸機在〈文賦〉中有關文學風格的論述是繼承曹丕《典論·論文》而來的。曹丕《典論·論文》中分文章爲八體四類，他說：「奏議宜雅，書論宜理，銘誄尙實，詩賦欲麗。」這是講的不同文體有不同的風格。曹丕又說：「文以氣爲主，氣之清濁有體，不可力強而致。」這里涉及到作家個性不同而使文學風格產生差異的問題。陸機在〈文賦〉中對這兩點都有所發展，他把文體分十類，對每一類文體的風格特點作了更爲詳細和確切的分析。他說：「詩緣情而綺靡，賦體物而瀏亮。碑披文以相質，誄纏綿而凄愴。銘博約而溫潤，箴頓挫而清壯。頌優游以彬蔚，論精微而朗暢。奏平徹以閑雅，說煒曄而譎誑。」大體上都兼顧到各類文體的內容和形式方面特點。關于作家個性和文體風格的關係，陸機在〈文賦〉中也有進一步的論述，他說：「夸目者尙奢，愜心者貴當。言窮者無隘，論達者唯曠。」他和曹丕不同的是偏重在說明作家的興趣、愛好對文學風格的影響。此外，陸機對文學風格的論述還有很重要的一點是，他強調了文學風格的多樣性和外界事物的豐富多彩有密切關係，這是曹丕所沒有提到的。他

說：「體有萬殊，物無一量，紛紜揮霍，形難爲狀。」「其爲物也多姿，其爲體也屢遷。」這兩處所說的「體」都是指文體的風格，「物」則指外界的事物。陸機從上述三方面對文學風格形成原因的分析是比較全面的。在中國文學批評史上對文學風格問題論述得最全面、最充分、最深刻的當推劉勰，但他基本上是沿著陸機的思路向前發展的。

《文心雕龍》對文學體裁和風格特色關係的論述，集中表現在〈定勢〉篇中。他說：「是以括囊雜體，功在銓別，宮商朱紫，隨勢各配。章、表、奏、議，則準的乎典雅；賦、頌、歌、詩，則羽儀乎清麗；符、檄、書、移，則楷式於明斷；史、論、序、注，則師範於覈要；箴、銘、碑、誄，則體制於弘深；連珠、七辭，則從事於巧艷；此循體而成勢，隨變而立功者也。」從各種文體有不同風格的角度說，劉勰的思想和曹丕、陸機沒有什麼不同，但劉勰幷沒有停留在這一點上，他由此提出了一個非常重要的「勢」的概念。他說：「夫情致異區，文變殊術，莫不因情立體，即體成勢也。」文學創作過程是非常複雜而變化多端的，所謂「因情立體」，是指文學創作要按照不同的內容來選擇體裁，而體裁確定之後，必然要求有與之相適應的風格特色，這就是「即體成勢」。「勢」是一個重要的美學範疇，指的是事物本身的自然規律和態勢，但在這裡說的是不同體裁有不同風格特色這種規律，特別強調了它的客觀性，也就是說，每一種體裁所具有的風格特色，是此種體裁本身的內容和形式所決定的，作者不能隨意去改變它。所以，他說：「勢者，乘利而爲制也。如機發矢直，澗曲湍回，自然之趣也。圓者規體，其勢也自轉；方者矩形，其勢也自安；文章體勢，如斯而已。是以模經爲式者，自入典雅之懿；效騷命篇者，必歸艷逸之華；綜意淺切者，類乏醞藉；斷辭辨約者，率乖繁縟，譬激水不漪，槁木無陰，自然之勢也。」這種「勢」也表現在

作家的個性、愛好和文學的風格之關係上,劉勰說:「桓譚稱:『文家各有所慕,或好浮華而不知實覈,或美衆多而不見要約』。陳思亦云:『世之作者,或好煩文博採,深沉其旨者;或好離言辨句,分毫析釐者;所習不同,所務各異』。言勢殊也。」

文學風格問題的要害是在作家的個性和愛好方面,在這一點上,曹丕、陸機只是提出了問題,而劉勰對此則作出了極其重大的發展。他在〈體性〉篇中對作家的個性之形成從四個方面作了分析,這就是:才、氣、學、習。他指出文學創作從根本上說,是內在情理發見于外在言文的結果,「夫情動而言形,理發而文見;蓋沿隱以至顯,因內而符外者也。」所以,「辭理庸俊,莫能翻其才;風趣剛柔,寧或改其氣;事義淺深,未聞乖其學;體式雅鄭,鮮有反其習;各師成心,其異如面。」他認爲構成作家個性的因素包括了天賦才能、氣質稟性、學問教養、環境影響等不同方面。這就把曹丕、陸機提出的作家個性和文學風格關係問題大大引向深入了。他還把才、氣、學、習四個方面區分爲先天和後天兩部分:「才有庸俊,氣有剛柔,學有淺深,習有雅鄭;并情性所鑠,陶染所凝。」克服了曹丕論個性只講天資稟賦,不講後天學習教養的缺點。更爲可貴的是,他認爲人的才氣雖然是先天形成而無法改變的,但後天的學習教養有著更爲重要的意義,對人的個性之最後形成有決定性的作用。他說:「夫才由天資,學愼始習,斲梓染絲,功在初化,器成彩定,難可翻移。故童子雕琢,必先雅制,沿根討葉,思轉自圓。八體雖殊,會通合數,得其環中,則輻輳相成。」爲此,他得出了「習亦凝眞,功沿漸靡」的結論。

此外,劉勰還指出文學的風格尚有受時代風尙影響的一面,「文變染乎世情,而興廢繫于時序。」「故知歌謠文理,與世推移,風動於上,而波震於下者也。」(〈時序〉)他對戰國和建安文學風格特

色的分析，尤其可以清楚地看出這一點。他在講到戰國文學風格特點時說：「春秋以後，角戰英雄，六經泥蟠，百家飆駭。方是時也，韓、魏力政，燕、趙任權；五蠹六蝨，嚴於秦令；唯齊、楚兩國，頗有文學。齊開莊衢之第，楚廣蘭臺之宮，孟軻賓館，荀卿宰邑，故稷下扇其清風，蘭陵鬱其茂俗，鄒子以談天飛譽，騶奭以雕龍馳響，屈平聯藻於日月，宋玉交彩於風雲。觀其艷說，則籠罩雅頌，故知煒燁之奇意，出乎縱橫之詭俗也。」孟、荀之散文，辯士之說辭，屈、宋之辭賦，其風格都受到當時政治、思想發展的影響。他對建安文學風格所受時代影響的分析，尤爲大家所稱道。他說：「觀其時文，雅好慷慨，良由世積亂離，風衰俗怨，幷志深而筆長，故梗概而多氣也。」形成一個時代風尙的因素很多，政治、經濟、文化、思想、民情風俗，乃至帝王的文藝政策、對文學的愛好與態度等，都可以對一個時代的文學風格產生某種影響。

曹丕、陸機只是從不同的文體來區分不同的風格類型，而劉勰則對總體的文學風格提出了八種基本類型，這是劉勰對文學風格理論的一個創造性發展。他之所以把文體的基本類型歸爲八類，我在《文心雕龍新探》一書中已經說過，乃是受《周易》八卦的啓發之結果。因爲八卦是象徵宇宙間天、地、水、火、風、雷、山、澤等八類基本事物的符號，八卦可分爲兩兩相對的四組，八卦又可演化爲六十四卦、三百八十四爻，再加上互體變爻等，成爲一個複雜的符號體系，它可以象徵宇宙間紛紜複雜的種種事物。文學創作是「神與物游」的結果，文學風格的千變萬化，也和文學創作所描寫的宇宙間紛紜複雜的事物有極爲密切的關係，所以他認爲文學風格的基本類型也可以像易象那樣歸納爲八類四對，它們的組合變化，就會形成無數種不同特色的文學風格。劉勰的這種風格理論的思想基礎就是陸機〈文賦〉中所說的「體有萬殊，物無一量」，「其爲物也多姿，其爲體也屢遷」。

四、關于文學創作的繼承與創新

　　陸機在〈文賦〉中是非常重視文學的獨創性的，這就是他所說
的：「謝朝華于已披，啓夕秀于未振。」「或藻思綺合，清麗芊眠，
炳若縟繡，淒若繁弦。必所擬之不殊，乃暗合乎曩篇。雖杼軸于予
懷，怵他人之我先。」這裡包括了構思中的意象和語言文字兩方面。
他認爲不管文章寫得多麼好，如果是和前人有所「暗合」，即使幷非
有意抄襲，也必須捨棄不要。如此注重文學的獨創性，在中國古代文
學思想發展上具有很突出的意義。按照儒家的傳統，是強調要「述而
不作」的，是不允許標新立異的。王充在《論衡》中大膽肯定「不述
而作」，贊美「超奇」的「鴻儒」，從正統儒家的觀點看來，無疑是
具有異端色彩的。魏晉之交，由于儒家思想的衰落，玄學思想的興
起，許多傳統觀念發生了變化。陸機雖然出身儒家門第，「服膺儒
術，非禮不動」，但實際上不能不受時代思潮的影響。所以，〈文
賦〉中很多地方幷不嚴格遵循儒家思想，而表現出了很多道家玄學思
想的影響。陸機重視「虛靜」的意義，認爲言不能完全盡意，強調
「天機」的作用，都可以看出他對儒家傳統思想的突破。他對文學獨
創性的強調，也具有這方面的意義。陸機幷不否定繼承傳統的重要
性，〈文賦〉開篇第一段，他就說要「詠世德之駿烈，誦先人之清
芬。游文章之林府，嘉麗藻之彬彬」。不過，這是指作家的修養而言
的，在具體的構思創作過程中，他是堅決反對模擬因襲的。

　　劉勰在《文心雕龍》中對文學的繼承和創新問題，也是沿著陸機
的思路往前走的，在肯定繼承的必要性同時，特別重視要有自己的獨
創性。不過，劉勰有關繼承和創新的論述是非常全面、系統的，而且
有相當的理論深度。他所提出的「通變」概念雖是從《易傳》中移植
過來的，但已經過了改造，賦予了文學理論的內容，這也是從〈文

賦〉中得到啓發。劉勰所的「通」有廣義和狹義兩種不同的含義。廣義的「通」是指文學發展傳統中的一些基本原則，是歷代相傳而不應該改變的。比如，他在〈原道〉、〈徵聖〉、〈宗經〉三篇中所說的內容，都屬于「通」的方面。至于「通」的狹義內容，則是指〈通變〉篇中所說每一類文體的基本特徵。他說：「夫設文之體有常，變文之數無方。何以明其然耶？凡詩、賦、書、記，名理相因，此有常之體也；文辭氣力，通變則久，此無方之數也。名理有常，體必資於故實；通變無方，數必酌於新聲；故能騁無窮之路，飲不竭之源。」此所謂詩、賦、書、記等「名理相因」的「有常之體」，就是指「通」的狹義內容。「變」也有廣義與狹義之分，狹義的「變」即是指詩、賦、書、記等文體的「文辭氣力」之「變文之數無方」。這種「變」的含義是和陸機在〈文賦〉中所說的文學作品的創作要善于「因宜適變」、能「達變而識次」的「變」是一致的。劉勰所說廣義的「變」是指文學發展從總體上說必然是日新月異、不斷發展變化的，不過，他認爲這種「變」是有正確、不正確之區別的。他在全書前五篇「文之樞紐」中的〈正緯〉、〈辨騷〉兩篇，講的就是這兩種不同的「變」。緯書違背了聖人經典眞實、雅麗的原則，不是正確的「變」所以說是「事豐奇偉，辭富膏腴，無益經典而有助文章」。而《楚辭》則「觀其骨鯁所樹，肌膚所附，雖取鎔經意，而自鑄偉辭」，是一種正確的「變」。因此，劉勰在對「通變」的認識上要比陸機的理解寬廣得多。對「通變」的廣義理解，劉勰在《文心雕龍》的前五篇和〈時序〉篇中有比較全面的體現。對「通變」的狹義理解，劉勰在《文心雕龍》上篇第六至二十五篇講各類文體的發展時，都已貫穿于其中，而在〈通變〉一篇中則更從理論上作了概括性的說明。

　　從總的方面看，在對待文學創作的繼承和創新的問題上，陸機講

的主要是在文學作品的藝術方面，也就是指意象的構想和文詞的表達，而劉勰則比較全面地考慮到了文學作品的思想和藝術兩個方面，幷且對繼承和創新的關係作了比較科學的分析。他不僅重視和肯定「變」，贊美獨創性，同時也反對抛棄優秀的文學傳統，片面地追求所謂「新奇」。他在〈風骨〉篇中說：「若夫鎔鑄經典之範，翔集子史之術，洞曉情變，曲昭文體，然後能孚甲新意，雕畫奇辭。昭體故意新而不亂，曉變故辭奇而不黷。若骨采未圓，風辭未練，而跨略舊規，馳騖新作，雖獲巧意，危敗亦多；豈空結奇字，紕繆而成經矣。」他在〈通變〉篇的贊語中說：「文律運周，日新其業。變則堪久，通則不乏。趨時必果，乘機無怯。望今制奇，參古定法。」這個「望今制奇，參古定法」的原則，對我們今天文學創作和文學理論的發展，仍然具有十分重要的現實意義。

五、關于文學創作的內容形式和表現技巧

陸機在〈文賦〉中對文學創作的表現方法和技巧，曾用了相當大的篇幅來加以論述。在具體講述這些表現方法和技巧時，陸機有一個總的原則就是要求它們爲更好地表達作品內容服務：「理扶質以立幹，文垂條而結繁。」他也曾明確反對「遺理以存異」、「尋虛而逐微」的不良創作傾向。在對待內容和形式關係上，他是強調以內容爲主，內容和形式幷重的。他在充分肯定內容主導作用的前提下，十分講究文學作品的形式美，主張「其會意也尚巧，其遣言也貴妍，暨音聲之迭代，若五色之相宣」，幷且提出了文學作品在藝術上應當具備應、和、悲、雅、艷之美。同時他還提出了定去留、立警策、戒雷同、濟庸音等藝術表現的技巧與方法，這些和劉勰在《文心雕龍》中的看法都是一致的。劉勰不僅接受了陸機的這些思想，而且在此基礎上作了重大的發展。陸機和劉勰都處在一個注重藝術形式美的時代，

陸機是這一時代文藝思潮的開創者，而劉勰則是這一文藝思潮高峰時期在理論上的傑出代表。六朝時期對藝術形式美的重視，是中國古代文藝發展的一個進步。因為在兩漢經學時代，文學成為經學的附庸，在儒家文藝思想占主導地位的情況下，對藝術形式美是比較忽視的。鄭玄在解釋《詩經》中的比、興時，甚至把它和美、刺相等同，王逸雖然心裡對《楚辭》的藝術很贊賞，但在具體評論中還是拿它和儒家經典相比附。所以，六朝時期對藝術形式美的提倡是應當充分肯定的，它對中國古代文學的發展是起了積極的推進作用的。當然，在撥亂反正過程中出現一些矯枉過正的現象（如片面追求形式美而忽略了內容的充實等）也是不奇怪的。然而，陸機和劉勰是堅持了正確的文學創作方向的，他們對當時文藝創作上的某些不良傾向，都是進行了嚴肅批評的。

　　劉勰對內容和形式關係的認識和陸機是相同的。〈情采〉篇中說：「夫鉛黛所以飾容，而盼倩生於淑姿；文采所以飾言，而辯麗本於情性。故情者，文之經，辭者，理之緯；經正而後緯成，理定而後辭暢，此立文之本源也。」內容在文學創作中起著決定性的主導作用，而文辭只是表達內容的工具，兩者的主次地位是非常明確的。所以，劉勰提倡「為情而造文」，反對「為文而造情」。但是劉勰也和陸機一樣，并不認為形式是可有可無的，而是主張兩者并重的。他比陸機更進一步的地方是非常明確地指出了內容和形式是互相依附而不可分離的。他說：「夫水性虛而淪漪結，本體實而花萼振，文附質也。虎豹無文，則鞹同犬羊；犀兕有皮，而色資丹漆；質待文也。」沒有內容也就沒有形式，沒有形式也就沒有內容，兩者缺一不可。劉勰以人體的構成來比喻文學作品的構成，在〈附會〉篇中說：「情志為神明，事義為骨髓，辭采為肌膚，宮商為聲氣。」說明文學作品的內容是主體的情志和客體的事義兩方面的因素所構成的，文學作品的

形式則是由語言和文字所構成的，所以有色彩之美和聲音之美。對于人體的構成來說，神明、骨髓、肌膚、聲氣，都是不可缺少的；對于文學作品的構成來說，情志、事義、辭采、宮商，也都是不可缺少的。所以，不管是輕視內容還是輕視形式，都是不對的。這裡特別值得我們注意的是，劉勰對文學作品的形式美是非常重視的。陸機所說的「其會意也尚巧，其遣言也貴妍，暨音聲之迭代，若五色之相宣」，劉勰都是很贊同的。他在〈才略〉篇中說：「陸機才欲窺深，辭務索廣，故思能入巧，而不制繁。」就是指的陸機創作中的「會意尚巧」，也就是指構思的巧妙，形成了奇特的意象。〈風骨〉篇中說的「雖獲巧意」，〈定勢〉篇說：「然密會者以意新得巧，苟異者以失體成怪。」〈神思〉篇說：「拙辭或孕於巧義，庸事或萌於新意。」也都是此意。他還發展了陸機的「尚巧」之說，〈總術〉篇說：「若夫善弈之文，則術有恆數，按部整伍，以待情會，因時順機，動不失正。數逢其極，機入其巧，則義味騰躍而生，辭氣叢雜而至。」這就是說的整體創作上的「巧」。〈物色〉篇說：「且詩騷所標，幷據要害，故後進銳筆，怯於爭鋒。莫不因方以借巧，即勢以會奇，善於適要，則雖舊彌新矣。」這是說的在繼承和創新方面的「巧」。〈神思〉篇說：「意翻空而易奇，言徵實而難巧也。」則是指語言文字表達上的「巧」。〈麗辭〉篇說：「然契機者入巧，浮假者無功。」「言對爲美，貴在精巧。」講的是對偶方面的「巧」。至于「遣言也貴妍」，則劉勰在〈情采〉、〈鎔裁〉、〈章句〉、〈麗辭〉、〈事類〉、〈練字〉等篇中，可以說都是說的這方面的問題。而〈聲律〉篇所論就是關于「音聲之迭代」，不過，由於永明聲律派的興起，文學作品的聲律美已發展到了一個新階段，遠比陸機的時代要進步多了。劉勰在〈聲律〉篇中所說：「是以聲畫妍蚩，寄在吟詠，滋味流於下句，風力窮於和韻。異音相從謂之和，同聲相應謂之

韻。韻氣一定，則餘聲易遣；和體抑揚，故遺響難契。屬筆易巧，選
和至難，綴文難精，而作韻甚易，雖纖意曲變，非可縷言，然振其大
綱，不出茲論。」正是對永明聲律派從美學理論上所作的總結，他的
「和」「韻」之說雖是對語言音樂美的分析，同時也可以看到陸機的
「應」、「和」之說對他的影響。至于劉勰所說的「聖文之雅麗」，
和陸機所提倡的「雅」、「艷」也是一致的，不過，劉勰是從總結聖
人的文章中提煉出的觀點，并不是從〈文賦〉中引發出來的。但是，
這也可以說明他們的基本思想是相同的。尤其是關于「艷」的看法，
劉勰是很明顯地受到陸機的啟發和影響的。他們都是從正面肯定
「艷」的，劉勰在〈辯騷〉篇中就是以「艷」來贊揚其藝術美的。他
說：「故〈騷經〉、〈九章〉，朗麗以哀志；〈九歌〉、〈九辯〉，
綺靡以傷情，〈遠游〉、〈天問〉，瓌詭而慧巧，〈招魂〉、〈大
招〉，艷耀而采華；〈卜居〉標放言之致，〈漁父〉寄獨往之才。故
能氣往轢古，辭來切今，驚采絕艷，難與并能矣。」其贊語又說：
「不有屈原，豈見離騷。驚才風逸，壯采煙高。山川無極，情理實
勞。金相玉式，艷溢錙毫。」《文心雕龍》中有些地方對「艷」也是
有所批評的，但大都是指那種過分追求形式美、忽略內容充實的創作
傾向而言的。在文學作品的表現方法和技巧方面，陸機有關文學創作
的結構剪裁是十分重視的，他說：「或仰逼于先條，或俯侵于後章，
或辭害而理比，或言順而義妨。離之則雙美，合之則兩傷。考殿最于
錙銖，定去留于毫芒。苟銓衡之所裁，固應繩其必當。」這對劉勰
《文心雕龍》中的〈鎔裁〉篇也有明顯的影響，他說：「規範本體謂
之鎔，剪截浮辭謂之裁。裁則蕪穢不生，鎔則綱領昭暢，譬繩墨之審
分，斧斤之斲削矣。駢拇枝指，由侈於性；附贅懸疣，實侈於形。一
意兩出，義之駢枝也；同辭重句，文之疣贅也。」又說：「句有可
削，足見其疏；字不得減，乃知其密。精論要語，極略之體；游心竄

句，極繁之體。謂繁與略，適分所好。引而申之，則兩句敷爲一章，約以貫之，則一章刪成兩句。思贍者善敷，才核者善刪。善刪者字去而意留，善敷者辭殊而義顯。字刪而意闕，則短乏而非核；辭敷而言重，則蕪穢而非贍。」其實，這都是講的文章如何更好地「定去留」的問題，正是在陸機所論基礎上的發展。不過，劉勰對剪裁問題作了更爲全面系統的分析，幷進一步提出了著名的「三準」論。對陸機的立警策之說，劉勰也是很肯定的。他在〈隱秀〉篇中提出作品中應有「秀句」之說，雖和陸機的「立警策」不完全相同，但顯然也是受到陸機啓發的結果。對陸機的「濟庸音」之說，劉勰是不大贊同的，但他也沒有責備陸機的意思。他在〈鎔裁〉篇中說：「夫美錦制衣，修短有度，雖翫其采，不倍領袖，巧猶難繁，況在乎拙。而〈文賦〉以爲『榛楛勿剪，庸音足曲』，其識非不鑒，乃情苦芟繁也。」

　　綜上所述，可以清楚地看出〈文賦〉對《文心雕龍》的影響，確是十分深遠的。劉勰的《文心雕龍》幷非無本之木、無源之水，但他又在陸機所提出的一系列理論問題上，作了極其重大的發展，把許多陸機只是簡單地提到的問題，給予了全面、系統、深入的發揮。從上面對陸機和劉勰在文學理論批評上的關係之分析，我們也可以更清楚地看到劉勰在文學理論批評史上所作出的創造性貢獻。自然，劉勰的《文心雕龍》幷不只是和陸機〈文賦〉有關係，也和他以前的許多其他文學理論批評家（如揚雄、班固、王充、王逸、曹丕、曹植、摯虞、李充、葛洪等）有關係，如果能對這些一一進行研究，也許會有助于我們更深入、更確切地了解劉勰及其《文心雕龍》。

劉勰的文學三原論

台灣師範大學國文系

王更生

一、前言

　　劉勰的文學三原論，是《文心雕龍》理論體系的重要環節，學者欲從事《文心雕龍》的研究，則認識文學三原論，當為頭等大事。

　　〈序志〉篇所謂的「本乎道、師乎聖、體乎經、酌乎緯、變乎騷」，劉勰說它是《文心》的「樞紐」。紐者有關鍵、扼要和中心環節之意。六朝人稱之為「樞紐」，恰當於今天所謂的「中心思想」。從全書的立場看，這是「文之樞紐」；從作者的立場看；這是劉勰的「文學思想」；從文學理論的結構體系看，又可以稱之為「文學本原論」；也有人以為它有樞紐全書的作用，叫做「樞紐論」；但是從劉勰「觀瀾索源，振葉尋根」方面觀察，他顯然替中國文學找到了大本大原，所以我在此特別尊之為「文學三原論」。

　　現在拿這五句話，和《文心雕龍》卷一的五篇篇目比較，可以發現許多有趣的問題，圖示如下：

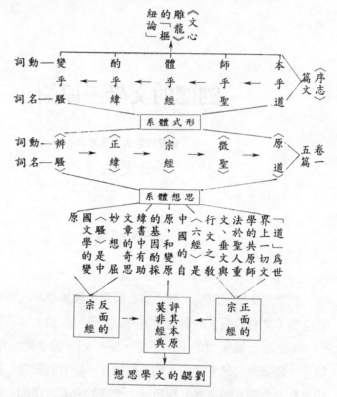

　　先看上下句，除語助詞「乎」字外，其中的最後一個詞：道、
聖、經、緯、騷全同；而第一個詞彙：本、師、體、酌、變，和原、
徵、宗、正、辨等全不一樣。雖然如此，但它們彼此的關係卻十分密
切。其次，讓我們試解其先後系聯的精義：如「本」「原」義近，上
下合觀，可作「本原乎道」，根據「文之樞紐」的架構，在動詞「本
原」之上增「文學」一詞，即成主謂語全備的句子，作「文學本原乎
道」。「文學本原乎道」者，即「道」為一切文學的共原也。何以得
知「文學本原乎道」呢？師法乎聖人可知，但聖人德侔天地，道貫古
今，師法其何事呢？曰：「師法於聖人之言」。所以繼「原道」之後
而設「徵聖」。惟聖人已逝，其言何在乎？曰：「他生前集中國上古

人文而成的《六經》，①卻如日月經天，和文學發生本末原委的關係，故人之有意於文事者，必須體察乎經。」於是〈徵聖〉之後，又繼之以〈宗經〉，則經典即為中國文學的「自源」。

時代不同，思想各異，先秦兩漢的學者喜談陰陽災異，造作矯妄荒誕的讖緯之書，所以在思想上，讖緯亂經的地方固然要駁正，可是在文學上，其奇思妙想的浪漫情調，卻為經典所獨缺，需要酌加採擇。是以「酌乎緯」者，酌採緯書的優點，以為文學創作的張本也。故劉勰把它列入「文之樞紐」的第四篇。自從楚國的屈原，得山林皋壤之助而著〈離騷〉，承風雅的緒業，取神話的怪誕，開漢賦的先河，使中國經典文學突破風雅的枷鎖，創發新生的契機，所以「變乎騷」者，即由屈原「取融經旨，自鑄偉辭」，得出其參伍因革，推陳出新，因變立功的成就，而為中國文學的「變原」也。於是〈正緯〉之後而有〈辨騷〉篇之設。

從卷一各篇的形式結構看，以〈宗經〉為軸心，從〈原道〉經〈徵聖〉到〈宗經〉是先從一切文學的「共原」說起，繼而再替中國文學覓得「自原」。從〈宗經〉經〈正緯〉到〈辨騷〉，是從中國文學的「自原」出發，再為它覓得生生不息的「變原」。所以〈宗經〉之前曰「原」曰「徵」，〈宗經〉之後曰「正」曰「辨」。好比百川匯海，萬嶽朝宗，最後皆以「經典」為依歸，所以叫「體乎經」。「經」，既是中國文學的「自原」，也是中國文學萬變不離其宗的「基因」，這是劉勰文論體系的關鍵，也是《文心雕龍》全書的發脈。以下再分由各篇的研析加以印證。

---

① 《六經》：指孔子之刪《詩》《書》，訂《禮》《樂》，贊《周易》，修《春秋》，後因《樂經》焚於秦火，故《宗經》篇止言《五經》。

二、道為文學的共原

〈原道〉篇所講的「道」，是跳脫所謂「規律」和「本體」以外的「自然」，因為他講的是「文學」，不是「哲學」，所以「道」只是自然現象的體現，而非超自然以外的「規律」或「法則」，此一觀念甚為重要。如天地星辰、日月山川、鳥獸蟲魚、樹木花草、風情雨露、寒暑氣節、山間的林籟、石上的清泉等，凡眼見之景、耳聞之聲、手之所觸、體之所接，自然而然，這與李白說的「陽春召我以煙景，大塊假我以文章」，②有異曲同工之妙。所以〈原道〉篇的「道」，根本沒有形而上的成分。

文學就是原於這個現實的「自然」。西方文藝理論家如德國的康德、席勒，他們主張文學原於遊戲；社會主義和現實主義理論家如馬克斯、恩格斯以及蘇俄的蒲列汗諾夫等，認為文學原於勞動；古希臘哲學家柏拉圖、雅里斯多德，尤其雅里斯多德，在他的《詩學》中，以為一切文學藝術皆原於模仿；另外也有人以為文學原於上古的巫祝，而劉勰卻從宇宙中的實象，追究文學起原，肯定這個物質世界的「自然」，才是世界上一切文學的共原，故曰「本乎道」。〈原道〉篇開宗明義就揭開了文學起原的面紗。說：

> 文之為德也大矣，與天地並生者何哉？

是說「文」的功用很大，它和天地同時發生，有天地就有文，有文就有天地；欲知個中道理，劉勰從「形文」、「聲文」兩個層面來勘驗：

在形文方面：他認為凡有形之物皆有文，譬如天地的玄黃、山川的煥綺、人類的語言、龍鳳的藻繪、虎豹的炳蔚、雲霞的雕色、草木

---

② 引文見於唐李白〈春夜宴桃李園序〉。

的賁華等，都是顯例。在這段文字中，劉勰用「此蓋道之文也」、「自然之道也」、「蓋自然耳」③，三個短語隔開上下文，最是耐人玩味。其中兩個「道」字，各有不同的意義：第一個「道」當「自然」解，第二句的「道」當「道理」解。以此會通，即可證明自然界一切有形之物。莫不有自己的「文」。

在聲文方面：如「林籟結響，調如竽瑟；泉石激韻，和若球鍠。」劉勰舉風吹林木發出的聲響，泉水激石造成的聲韻為例，說明自然界中無形的聲音，也是「文」。

自然界的萬物，既都有自己的「文」，而這些文又完全與生俱來，「人」亦為自然的產物，更能運用自己的思維，抒發情意，來創造自己的「情文」。所以劉勰說：

無識之物，鬱然有采；有心之器，其無文歟？

點醒此一道理後的同時，他一方面對前面所說的自然之文，做出了合理的總結，另一方面也對以下要談的人為之文，開啟了門徑。

劉勰從人類文化學的觀點來看文學，認為文學是學術文化的一環。他所謂的人為之文，係指我列祖列宗為自己生存需要而創造的文化。所以他講文化，同時也在講文學。他的本意是祇有透過學術文化來看文學，才能見其真，能見其全，能見其本，能解決文學上不能解決的問題。所以〈原道〉的「道」，講的不是本體論，不同於道家的

---

③　上引三個短語，見於〈原道〉篇。其原文作「文之為德也大矣，與天地並生者何哉？夫玄黃色雜，方圓體分；日月疊璧，以垂麗天之象；山川煥綺，以鋪理地之形，此蓋道之文也。仰觀吐曜，俯察含章，高卑定位，故兩儀既生矣。惟人參之，性靈所鍾，是謂三才。為五行之秀氣，實天地之心生。心生而言立，言立而文明，自然之道也。旁及萬品，動植皆文：龍鳳以藻繪呈瑞，虎豹以炳蔚凝姿；雲霞雕色，有踰畫工之妙，草木賁華，無待錦匠之奇。夫豈外飾，蓋自然耳。」

「無爲」，也不同於儒家的「仁義」。④

中國人文發展的過程，由蒙昧未啓到粲然大備，劉勰根據《周易·繫辭》的說法，把它分成沒有文字之前，和有文字記載以後，兩個階段⑤。沒有文字之前，爲口耳相傳的神話時代，劉勰稱之爲「誰其尸之，亦神理而已」。有文字記載以後，一切人事活動，都有文獻可資依循。這是文化遺產累積日多，《六經》集結完成的時代。

此處最值得注意的，是在「文之爲德也大矣」的前提下，從「自然之文」過渡到「人爲之文」以後，劉勰運用徵實的手法，將中國人文發展的開端，推向太極⑥，然後舉庖犧畫〈卦〉、《河圖》、《洛書》，玉版金鏤，丹文綠牒等傳說，以印證洪荒初闢時的眞象⑦。而這些傳說，直到今天仍膾炙人口。

劉勰講到有文字記載後的人文狀況時，從三皇而五帝而三代，秦漢以下缺而不論。由三皇到二周，在此約三千年的歷史長河裡，他引用不少確鑿可徵的作品相印證，如三皇舉《三墳》，於五帝舉〈元首〉之歌、益稷之〈謨〉，於夏后氏舉〈九序〉，於商、周舉

---

④ 〈原道〉的「道」，黃侃《札記》以爲「文章由自然生。」劉永濟《校釋》略爲：「文崇自然，自然者即道之異名。與近人所謂『自然主義』未可混同。」李師曰剛《斠詮》以爲「道，即自然之道。」牟世金《文心雕龍研究》第四章〈文之樞紐〉第一節〈原道論的實質和意義〉，文中援引國內外很多學者的說法，最後同意日本興膳宏在〈文心雕龍與出三藏記集〉中的論調，認爲「道指宇宙原理，但不是抽象的，包羅萬象的宇宙原理，而是天地自然呈現其美的原理。」可見龍學界對「道」的詮釋人各異說，迄無定論。

⑤ 《周易·繫辭下》：「古者庖犧氏之王天下也，仰則觀象於天，俯則觀法於地，觀鳥獸之文，與地之宜，近取諸身，遠取諸物，於是始作八卦，以通神明之德，以類萬物之情。」

⑥ 《周易·繫辭上》：「是故易有太極，是生兩儀。」韓康伯注：「夫有必始於無，故太極生兩儀也。太極者，無稱之稱，不可得而名，取有之所極，況之太極者也。」

⑦ 《周易·繫辭上》：「河出圖，洛出書，聖人則之。」《尚書·中候·握河記》：「河龍出圖，洛龜書威，赤文綠字，以授軒轅。」《淮南子·俶眞訓》：「至德之世，洛出丹書，河出綠圖。」

〈雅〉、〈頌〉⑧。這些作品或見於《左傳》，或見於《尚書》，或見於《詩經》，要皆從經典中來。至於傑出的學者，如文王之作〈卦辭〉、〈爻辭〉，周公旦的制〈禮〉作〈樂〉等。⑨他不僅注意到「縱向」的開展，同時也作了「點」的說明。

至春秋末年的孔子，始集中國上古文化的大成。「天不生仲尼，萬古如長夜」⑩，設想當時如果沒有孔子的話，在以後迄今兩千五百多年裡，中國將是怎樣的中國？文化又將是怎樣的文化？實在很難想像。劉勰說：

> 夫子繼聖，獨秀前哲，鎔鈞《六經》，必金聲而至振，雕琢情性，組織辭令，木鐸啓而千里應，席珍流而萬世響。寫天地之輝光，曉生民之耳目矣。

言孔子較往古聖哲尤爲特出。在陶鑄而成《六經》時，刻意地注入了純正的感情，優美的辭令，使《六經》在莊嚴典正的氛圍中，通過藝術的點染，成爲極富文學性的作品。並藉著聖人的智慧，生花的妙筆，描繪了天地的輝光，涵攝了自然的文采，使天下蒼生經過它的薰陶漸染，耳聰目明，洞曉事理。繼而他從政治、法制、事功、文學四方面，來概括「文」的功用時，說：

> 經緯區域，彌綸彝憲，發揮事業，彪炳辭義。

意思是說「文」用之於政治時，可以經緯天下；用之於法律時，可以作育群倫；用之於事業時，可以光大事功；用之於文學時，可以彰明

---

⑧ 於商周舉〈雅〉〈頌〉；〈雅〉〈頌〉借指《詩經》。因劉勰以四言行文，受到句法的限制，常有以部分代全體的例子，此其一證。

⑨ 據《毛詩·豳風，七月序》：「〈七月〉，周公所作。」據《尚書·金縢》：「〈鴟鴞〉，周公所作。」據《國語·周語》中，《呂氏春秋·古樂篇》、《昭明文選·王褒四子講德論》等，知〈小雅·常棣〉、〈大雅·文王〉〈周頌·清廟〉，並周公所製。又鄭玄〈詩譜序〉「周公致太平，制禮作樂，而有頌聲興焉。」

⑩ 此說見於宋唐庚《子西文錄》。

辭義，鼓動人心。另外，劉勰從學術一元化的立場，肯定經典是中國
人文的結晶，和文學有本末河海的關係。他說：

> 爰自風姓，暨於孔氏，玄聖創典，素王述訓，莫不原道心以敷
> 章，研神理而設教。

認爲中國從遠古聖哲的創立典章，至孔子的讚述遺訓，無不是推原自
然以鋪陳文章，窮究神理以設教立說。「觀天文以極變，察人文以成
化」⑪，把天文和人文結合，則天文即蘊藉於人文之中，換言之，就
是把自然之文轉化成人爲之文。這種轉化的過程，劉勰用「道沿聖以
垂文，聖因文以明道。」兩句話加以概括。認爲自然依賴聖人的智
慧，垂示它的「文」，聖人靠著「文」，來闡明自然。其中所謂的
「道」，即〈原道〉的「道」，所謂的「文」，即〈宗經〉的
「經」。「道」與「經」二者本不相干，其所以合爲一體，蓋有賴於
「聖人」的轉化。⑫於是《文心雕龍》繼〈原道〉之後設〈徵聖〉，
〈徵聖〉之後，又繼之以〈宗經〉，三者體系一貫。

　　當代學者對〈原道〉的「道」多有爭議。其所以如此，大抵因爲
學者們平常受到某些哲學思維的影響，一看到「道」字，就把它強行
套入既定的框架裡，作有利於自己的解釋。令人讀來，好像珠聯璧
合，煞有介事；其實，當我們把〈原道〉篇攤開來看的時候，馬上可
以發現劉勰所謂之「道」，就是「自然」。也因而形成了他的「自然
文學觀」。這個概念關係劉勰文學理論的全局，不得不在此鄭重言
之。

---

⑪　引文見《文心雕龍·原道》篇。
⑫　「道」與「經」各不相干，聖人以過人的智慧從中攝取，並汰蕪存菁後，將自然之文
　　的菁華，轉化成人爲之文的經典。此種情形近乎工廠釀酒，米麥是原料，酒是飲料，
　　本無關係，但經過技師的蒸熟、加麴、發酵、過濾等各種處理的手續後，即由米麥原
　　料，轉化成甘醇的美酒。

三、文有師法的〈徵聖〉

　　劉永濟《校釋》說：「〈徵聖〉之作，以明道之人爲證也，重在
心；〈宗經〉之篇，以載道之文爲主也，重在文」⑬，於此正可以看
出劉勰〈原道〉、〈徵聖〉、〈宗經〉的思想脈絡。然而聖人的用心
何在？我以爲聖人的用心在於重文，因爲重文而垂文，因垂文而有行
文之法，因行文有法，故可垂範百世，爲文學創作樹立千古規臬。

　　〈徵聖〉的設篇，上承〈原道〉，下開〈宗經〉，具有關鍵性的
地位。蓋〈原道〉言文學本原乎自然；〈宗經〉者，言中國文學必須
尊經。文學本原乎自然，和中國文學之必須尊經，二者各有指涉，可
是中間一旦加上〈徵聖〉之後，便使原本兩不相干的事，翕然結合，
產生了嶄新的意境。不然，則「道沿聖以垂文，聖因文以明道」，便
屬毫無根據。所以〈徵聖〉構成了劉勰「宗經思想」的重要環節。

　　依照劉勰「作者曰聖」的說法，〈徵聖〉篇所徵的聖，雖有所謂
「徵之周孔，則文有師」，指周公、孔子二人，但如細繹全文，其間
無論援引史實，指稱文理，似又以孔子爲主。因爲聖人重文，才能因
「文」明「道」，對社會做出極大貢獻。如：

　　遠稱唐世，則煥乎爲盛；近褒周代，則郁哉可從，此政化貴文之
　　徵也。鄭伯入陳，以言辭爲功；宋置折俎，以多文舉禮，此事績
　　貴文之徵也。褒美子產，則云「言以足志，文以足言」；泛論君
　　子，則云「情欲信，辭欲巧」，此修身貴文之徵也。

「政化貴文」指政治敎化重視文章；「事績貴文」指外交事務重視文
章；「修身貴文」指修養品德重視文章。大而治國理民，小而正心修
身，無一處不重視文章，無一事不本乎文章。聖人對文章既如此重

---

⑬　劉說見於《文心雕龍校釋》〈徵聖〉篇釋義。

視，所以「徵聖立言」，就成爲寫作的上業了。

　　由於聖人重文，所以講到「修身貴文」時，便強調「志足而言文，情信而辭巧；廼含章之正牒，秉文之金科。⑭」他說的「志足而言文，情信而辭巧」，是指感情的流露要充分與眞實，言辭的表達要講求文采和工巧。在他看來，內容和形式的統一，爲立言的法則，修辭的科律。這不僅可以看出劉勰對這個問題的重視，更暗示聖人之文，就具備了這種水準，才能發揮明「道」垂「文」的任務。

　　「文」在劉勰心目中，是與天地俱來的，天地間正有一個文采章明的美麗世界。聖人所以能負起明「道」垂「文」的任務，就在於他具有四個爲衆人所不及的條件：一是「鑒周日月」，指聖人識見廣遠，目光敏銳，如麗天的日月，普照萬象，無微不至，具有敏銳的觀察力。二是「妙極機神」，言聖人妙識慧解，悟性極高，旣知機微不測地變化，又能洞見幽隱窮通的眞相，具有過人的領悟力。三是「文成規矩」，指聖人鎔鈞《六經》，不語怪力亂神，爲千古文壇樹立了創作典範，具有高度的創作力。四是「思合符契」，言聖人上觀天文，下察人事，那種精深隱奧的思維，與神明同休戚，與自然合理則，具有豐富的想像力。聖人具備了這四方面的修養，所以他能「原道心以敷章，研神理而設教⑮」，達成因「文」明「道」的目標。劉勰又進一步總結聖人行文的方法，那就是：

　　或簡言以達旨，或博文以該情，或明理以立體，或隱義以藏用。

所謂「簡言以達旨」者，他舉《春秋》「褒見一字，貴踰軒冕，貶在片言，誅深斧鉞」之事，⑯和《禮記》「總不祭」「小功不稅」的服

---

⑭　引文見《文心雕龍·徵聖》篇。

⑮　引文見《文心雕龍·原道》篇。

⑯　此處撮引范甯《春秋·穀梁傳序》：「一字之褒，寵踰華袞之贈；片言之貶，辱過市朝之撻。」

喪辦法，⑰說明語約義該，簡言足以達旨的筆法。所謂「博文以該
情」者，他舉《詩經‧豳風》聯章積句的〈七月〉詩，⑱和《禮記》
縟說繁辭的〈儒行〉篇⑲，說明文繁情富，博文足以該情的筆法。所
謂「明理以立體」者，他舉《周易‧夬‧離》二卦⑳，以為自文字取代
結繩後，百官以治，萬品以察，象〈夬卦〉的斷決萬事，文采章明，
效〈離卦〉的日月麗天，萬物得所，這就是以顯明的事理，建立文章
體制的筆法。所謂「隱義以藏用」者，他舉《周易》的四象，㉑和
《春秋》的五例㉒，說明這是運用隱奧的語言，暗藏文字功用的筆
法。這四種筆法，是劉勰運用深探力求的智慧，從經典中歸納出來的
結晶，給從事寫作者一支度人的金鍼。

　　他列舉的這四種方法，固然概括性極強，但用之於實際，還怕不
夠周延；於是他再根據自己的創作經驗，提出補充說明。以為：

　　繁略殊制，隱顯異術，抑引隨時，變通適會，徵之周孔，則文有
　　師矣。

是說文章既有繁、簡、隱、顯四種不同的筆法，那麼在實際寫作時，
何者當簡？何者當繁？體制各有不同；何者當隱？何者當顯？方式也
不一樣；又由於作者天賦性情不同，寫作取材不同，情境不同，作用

----

⑰ 引文「總不祭」見《禮記‧曾子問》。「小功不稅」見《禮記‧檀弓上》篇。

⑱ 聯章積句〈七月〉之詩，指《詩經‧豳風‧七月》篇。此詩一篇八章，章十一句，為
　〈風〉詩中最長者。

⑲ 縟說繁辭的〈儒行〉之篇，指《禮記‧儒行》篇，篇中歷敘十六儒之行為準繩，故曰
　「縟說繁辭」。

⑳ 《周易‧夬卦》：「乾下兌上，夬，揚于王庭，孚號有厲。」《周易‧繫辭下》：「上
　古結繩而治，後世聖人易之以書契，百官以治，萬民以察，蓋取諸夬。」《周易‧離卦
　‧彖辭》：「離，麗也。日月麗乎天，草木麗乎土，重明以麗乎正，乃化成天下。」

㉑ 《周易‧繫辭上》：「易有四象，所以示也。」孔疏引莊氏說：「四象謂六十四卦之
　中，有實象，有假象，有義象，有用象，為四象也。」

㉒ 依據杜預《春秋‧左氏傳序》：「為例之情有五：一曰微而顯、二曰志而晦、三曰婉而
　成章、四曰盡而不汙、五曰懲惡而勸善。」

不同，體裁不同，在表述方式上絕不能千篇一律地要求作者，何者當濃縮爲短篇小品？何者當引申爲長篇巨製？何者當法古？何者當創新？何者當麗辭雅義？何者當淺顯朗暢？這一切都應隨著時機的需要，因應實際的情況來決定；不可生搬硬套，固執己見；於此如果徵驗周公、孔子行文運思的筆法，就可以鑑往知來，有所師法了。他這種疏通知遠的態度，是宏觀的、是折衷的，爲「論文必徵於聖」，提供了理論基礎。

最後，劉勰引《周易》「辨物正言」㉓，和《尙書》「辭尙體要」㉔之說，破除讀者對聖文「隱」「顯」兩種筆法的疑慮，因爲一般人誤認爲聖人行文精深典奧，難可盡曉。所以他說：

> 雖精義曲隱，無傷其正言；微辭婉晦，不害其體要；體要與微辭偕通，正言共精義並用。聖人之文章亦可見也。

意思是說精深的義理，雖然曲折隱晦，但不會傷害到正確的言論；微妙的文辭，雖然委婉含蓄，但無損其體現要義，可見體現要義和微妙的文辭相通，正確的言論和精深的義理並用。證明「隱」「顯」兩種寫作方法，在運用上可以相輔相成，既有相通性，又有互補性，使精深的義理和微妙的文辭，做到有機的統一。如能理解此點，則一般人對聖人文章難以盡曉的疑慮，即可撥雲霧而見青天，有徹底的認識了。孔子繁、簡、顯、隱的行文技巧，雖然有充分表達正言，不害體要的優點，但當時魯國的學者顏闔，卻認爲他矯揉造作，有斲傷本眞之弊，劉勰對此曾提出嚴肅地批判㉕。並且說：

> 聖文之雅麗，固銜華而佩實者也。

㉓ 引文見於《周易·繫辭下》：「開而當名，辨物正言，斷辭則備矣。」
㉔ 引文見《尚書·僞古文畢命篇》：「政貴有恒，辭尚體要，不惟好異。」
㉕ 劉勰對顏闔的批判，〈徵聖〉篇說：「顏闔以爲仲尼飾羽而畫，從事華辭，雖欲營聖，弗可得已。」

證明聖人爲文，並非從事華辭，扭曲自然的本眞；而是思想雅正，辭藻華麗，旣符合自然的本色，又發揮了文章有益於社會的功用。

　　孔子鎔鈞《六經》，獨秀前哲，後人以「天不生仲尼，萬古如長夜」，來推崇他對中國文化的貢獻。反觀當時之士如衛國大夫公孫朝、叔孫武叔、陳子禽之徒，一再非毀㉖。民國初年，人或以爲中國國勢不振，科學落後，一切皆由孔子主張的禮教所造成，於是仁義道德成了封建餘孽，《四書》《五經》成了思想包袱，孔子成了千古罪人，於是高唱打倒孔家店，把線裝書拋向茅廁坑，以及非孝、非忠、非貞，一人唱、萬人和。認爲如此就可以挽狂瀾於旣倒，拯中國於危亡㉗；然而百年以來，中國的情勢又如何乎？固有道德，淪喪殆盡；社會風氣，敗壞無遺；家庭基礎，發生根本性爲動搖，文化方面更是危機四伏。而國勢仍然不振，科學依舊瞠乎人後。過去司馬遷在〈孔子世家贊〉裡說：「孔子布衣，傳十餘世，學者宗之。自天子王侯，中國言六藝者折衷於夫子。可謂至聖矣！」班固《漢書·藝文志》也說：「尊師仲尼，以重其言」。今天面臨這個非聖無法，旣不尊師其言，更不知有所折衷的時代，回想劉勰在過去一千五百年前後，當五胡亂華，群言淆亂的時代，標〈徵聖〉之篇以重師法，特著重文、垂文和行文之敎，爲寫作軌範，靜言以思，猶有晨鐘暮鼓，發人猛省的價值。

四、經典爲中國文學的自原

　　〈宗經〉是劉勰文學思想的骨幹，非但〈原道〉、〈徵聖〉以此

㉖　公孫朝、叔孫武叔、陳子禽之徒，非毀仲尼事，均見《論語·子張》篇。

㉗　自民國八年（一九一九）陳獨秀於《新青年》提倡解放運動，高唱打倒孔家店後，中國學術思想界邪說暴行氾濫，國人數典忘祖，舍己從人，以致內憂外患，國勢日趨不振。

爲理論的結穴，就是〈正緯〉〈辨騷〉亦以此爲發議的基點。〈徵
聖〉篇說：

> 論文必徵於聖，窺聖必宗於經。

意思是說論文章寫作，一定要徵驗於聖人運筆的技法，但聖人既歿，
想要得知他們爲文之道，便應遵奉其流傳下來的作品－經典。所以經
典就成了我國文學思想的原頭。不知經典，即無以體認中國文學的自
原所在，不知中國文學自原所在，即無法了解劉勰文學理論的歸趣。
〈宗經〉篇一開始，就替經典下了個定義。是：

> 三極彝訓，其書曰經。

三極，指天、地、人三才，所謂「立天之道，曰陰與陽；立地之道，
曰柔與剛；立人之道，曰仁與義，兼三才而兩之，故易六畫而成
卦。」㉘劉勰在此正用此義，以爲凡記載天、地、人至高無尙眞理的
書，統稱之曰「經」。至於經典的價值，劉勰說：

> 經也者，恆久之至道，不刊之鴻敎也。

是說「經」含有永久不變的眞理，不可磨滅的偉大敎誨。既然經典是
眞理的蘊藉，敎誨之所託，它和文學的關係又如何乎？劉勰說：

> 洞性靈之奧區，極文章之骨髓。

又說：

> 義既挺乎性情，辭亦匠於文理。

前二句指經典之文，足以洞明性情的奧秘，掌握寫作的精髓。後二句
言其在內容方面，既揉和了人們的眞情實性，在形式上，也符合創作
的理則。證明經典不僅具有政治敎化的功能，同時它也是典型的文學
性作品。這幾句話，給經典之文是從事創作的典範，提供了有力的佐
證。

㉘　引文見於《周易·說卦》。

　　經典既是文學性作品，而聖人為文又具有「繁略殊制，隱顯異術」的筆法，所以《易》、《書》、《詩》、《禮》、《春秋》各有自家風格，不相雷同。如劉勰以為《周易》是談天道的書，入乎神理，發揮妙用；義深旨遠，辭采絢爛，文字曲折中理，敘事幽隱合度。《尚書》是君臣對話的紀錄，由於代久年淹和語言上的變化，其中精言奧義，難以了解；不過，子夏卻稱它「昭昭若著日月之代明，離離如星辰之錯行。」《詩經》以抒發情志為主。鋪陳了風、雅、頌不同的體裁，錘鍊了賦、比、興三種作法，加上華麗的辭采，委婉的諷諭，和溫柔敦厚的感情，足以令人出口成誦，寄託深遠。《禮經》在建立社會體制，根據事實需要，訂定生活上的規範。其章節內容雖然纖細曲折，但片言隻字，仍如奇珍異寶，令人享用不盡。《春秋》在辨是非，明善惡，一字褒貶，可見其榮辱大義。如「五石」「六鷁」，以記事的詳略，構成參差錯綜的文采；「雉門」「兩觀」，以層次的先後，彰顯了尊君卑臣的思想。再加上千錘百鍊的結構，委婉隱晦的感情，足以體悟這部書具有深度了。㉔

　　講到經典的情致和行文風格，唐李翱〈答王載言書〉曾有進一步的闡發：「六經之詞也，創意造言，皆不相師；故讀《春秋》也，如未嘗有《詩》；其讀《詩》也，如未嘗有《易》；其讀《易》也，如未嘗有《書》。」宋歐陽修於〈答吳充秀才書〉中，也有類似的看法。說：「讀《易》者如無《春秋》，讀《書》者如無《詩》。」意思是指經典之文，無論創意造言，都各有特色，不相因襲。所以讀《春秋》時如無《詩》，讀《詩》時如無《易》，讀《易》時如無《書》。這和劉勰的看法前後輝映，如出一口。

㉔　此處言《春秋經》的原文作：「春秋辨理，一字見義，五石六鷁，以詳略成文，雉門兩觀，以先後顯旨。其婉章志晦，諒已邃矣。」

　　經典對中國文學的影響如何乎？劉勰以爲可從思想、體裁、創作
三方面找到答案。

　　從思想方面看：經典之於中國文學思想，如同阿拉丹多峰星宿海
之於江、河，父母之於子女；皆有河原海委，血肉相連的關係。試想
江河沒有原泉，必定枯涸；子女沒有父母，安能獨生；文學沒有經
典，又如何發榮滋長。這種親情，固然由於時異代變，發生若干轉
化，但是我們仍然可以替他們找到一脈相承的關係。此劉勰所以討論
文學之事，堅持本乎「觀瀾索源，振葉尋根」的態度，才能爲中國文
學找到它的發脈所自，不至於偏離而誤入歧途。劉勰說：

　　　根柢繁深，枝葉竣茂、辭約而旨豐，事近而喻遠。

是說經典思想深厚，好比一顆老樹，根深柢固，枝竣葉茂，上承無垠
的青天，下汲豐沛的壞泉，辭約而義豐，事近而喻遠。也許有人覺得
經典的價值固然可以肯定，但畢竟已是兩千年以前的作品，有些理論
已與時代脫節，又怎能做爲我們文學思想的主導呢？可是劉勰不認爲
這是問題。他說：

　　　往者雖舊，餘味日新；後進追取而非晚，前修久用而未先。

他認爲經典雖然流傳久遠，但它那豐沛的情味，卻歷久彌新。後來的
讀者研究學習，爲時不晚；前代的賢士長期運用，也斷難超越。這說
明眞理是永久不變的。根據此一認知，證諸黃金美玉，雖然沉霾千
古，但地不藏寶，一旦發現，仍享高價。再如佛敎徒之於《阿含
經》，基督徒之於《新舊約》，回敎徒之於《古蘭經》，這些所謂之
經典，那一部不是流傳千載以上，而迄今尙聚集徒衆，廣設敎會，日
課晚修，講誦不絕呢？反觀我國經孔子修訂而成的《六經》，其內容
講的都是聖聖相傳，修己治人的大道，竟被我們這些炎黃子孫視做吃
人的禮敎，阻礙進步的包袱，較之劉勰身丁六朝，經義消沈之時，其
力排衆議，維護民族文學的決心和浩氣，千載以下，猶令人景仰不已

也！

　　從體裁方面看：經典之於中國文學體裁，劉勰也有重大發現。在這裡他特別從經典和體裁的關係處，作出探本之論。以爲後世一切文體皆從經典中來。他說：

　　　　論說辭序則《易》統其首，詔策章奏則《書》發其源，賦頌詞讚則《詩》立其本，銘誄箴祝則《禮》總其端，記傳盟檄則《春秋》爲根。

由於麗辭行文的關係，他在每部經典裡各列四種不同的文體，如〈繫辭〉、〈說卦〉、〈序卦〉之見於《周易》，所以他說《周易》是論、說、辭、序的起頭，五〈誥〉、六〈誓〉之見於《尚書》，所以他說《尚書》是詔、策、章、奏的發源。《詩》爲韻文的總匯，所以他說《詩經》是賦、頌、詞、讚的根本。《周禮》有六辭，《禮記》有鼎銘，《儀禮》有祝辭，故言《禮經》是銘、誄、箴、祝的開端。記傳乃記事之文，移檄乃論事之文，所謂「右史記事，事爲《春秋》。」㉚故說《春秋》是記、傳、盟、檄的根源。文體源於經典之說，雖然對當代及後世學術界起了不小的作用，但近代學者每不以爲然，認爲劉勰完全昧於「文無新變，不能代雄」的發展規律。清曾國藩《經史百家雜鈔·序例》說得好：

　　　　余抄纂此編，每類必以《六經》冠其說，涓涓之水，以海爲歸，無所於讓也。

又說：

　　　　村塾古文，有選《左傳》者，識者或譏之；近世一二知文之士，纂錄古文，不復上及《六經》，以云尊經也。然溯古文所以立名

㉚　《文心雕龍·史傳》篇：「古者左史記言，右史記事，言經則《尚書》，事經則《春秋》。」班固《漢書·藝文志》：「左史記言，右史記事，事爲《春秋》，言爲《尚書》。」

之始，乃由摒棄六朝騈儷之文而返之於三代兩漢。今舍經而降以
相求，是猶言孝者敬其父祖而忘其高曾。

所謂「涓涓之水，以海爲歸。」《六經》雖不全是爲了作文而設，但
千萬世文章皆從此③。正印證了經典是文學體裁的濫觴。

至於所謂「統其首」、「發其源」、「立其本」、「總其端」、
「爲之根」者，大凡事出皆有因，萬物必有源，文學體裁亦何能例
外。劉勰爲後世各種文體找到了它們的血緣關係，按理這應該是中國
文學上的盛業，根本和違背文學發展規律無關。所以劉勰肯定地說：

窮高以樹表，極遠以啓疆，所以百家騰躍，終入環内。

可知經典的内涵無限崇高，樹立了文章的標準；無限深遠，開拓了文
章的領域。後世雖有不計其數的作家，在文壇上齊頭並進，從事創
作，但始終輾轉相因，難以突破經典的格局！

從創作方面看：經典之於中國文學創作，劉勰更是獨具卓見。他
以爲經典的内容博大精深，像一座取之不盡，用之不竭的礦山瀛
海②，祇要盡力耕耨，專心涉獵，必定有意想不到地收穫。所以他
說，爲文如能宗經，從整體來看，有六大優點：

一則情深而不詭。

二則風清而不雜。

三則事信而不誕。

四則義貞而不回。

五則體約而不蕪。

---

③ 此説見於宋李塗《文章精義》首條：「《易》《詩》《書》《儀禮》《春秋》《論
語》《大學》《中庸》《孟子》，皆聖賢明道經世之書，雖非爲作文設，而千萬世文
章從是出焉。」

② 此處《文心雕龍·宗經》篇原文作：「若稟經以製式，酌雅以富言，是即山而鑄銅，煮
海而爲鹽也。」

六則文麗而不淫。

這六大優點：一是情意深刻而不詭異。二是風格清新而不蕪雜。三是材料真實而不荒誕。四是思想正確而不邪曲。五是布局精約而不雜亂。六是辭采華麗而不淫濫。再看他行文的層次：他先講「情意」，次言「風格」，依次為「材料」、「思想」、「布局」、「辭采」，內容、形式面面兼顧。且「情深」、「風清」、「事信」、「義貞」、「體約」、「文麗」為正面，指經典之文；「詭」、「雜」、「誕」、「回」、「蕪」、「淫」為負面，指時文之弊。讀者如能取法經典從事創作，其作品必能矯正當代的文弊，而成「不詭」「不雜」「不誕」「不回」「不蕪」「不淫」的傑作。接著劉勰又引揚雄《法言·寡見》篇的話：

玉不雕，璠璵不作器；言不文，典謨不作經。

指文學宗經，就像雕琢玉石，製作器物一樣。證明經典中確實蘊藏著充沛的文學成分，面對著這些垂千古而不朽的文學遺產，我們只有取精用弘，發微闡幽，才對得起列祖列宗！

最後，劉勰以為一個知識分子，要「文」「行」並重。一般父母尊長們，勉勵晚輩進德修業時，往往勸他們師法古聖先哲；可是教他們寫作文章時，卻很少勸他們尊奉經典。所以之後的秦、漢、六朝文學，就出現了楚辭的艷麗，漢賦的誇張，脫離自然、實用的常軌，造成空泛，虛浮的弊端㉝。如果人人能體察宗經六義的要旨。回歸聖文雅麗的境界，就達到劉勰所謂「體乎經」的目的。

回顧近百年來的文壇，國人少能宗經。加上外來文化假交流之名而明侵暗長，於是中國文學出現了四種危機：一是思想之無根，二是

㉝　此處《文心雕龍·宗經》篇原作：「夫文以行立，行以文傳，四教所先，符采相濟，邁德樹聲，莫不師聖，而建言修辭，鮮克宗經。是以楚艷漢侈，流弊不還，正未歸本，不其懿歟！」

內容之膚淺，三是措辭之怪異；四是結構之雜亂，持此和劉勰所指斥
的六朝文弊－「詭」、「雜」、「誕」、「回」、「蕪」、「淫」相
較，可謂有過之無不及。我們應如何走出沈淪悲觀的陰霾，和中西新
故的無謂之爭呢？讀了劉勰的「宗經論」，對陷入「傳統」和「現
代」交戰的讀者而言，除了體悟「經典為中國文學的自原」外，更應
該增添一些繼志承烈的使命感吧！

五、酌取緯書的奇偉

〈序志〉篇以「酌乎緯」，把「讖緯」列入「文之樞紐」，足見
劉勰對讖緯的重視。「酌乎緯」者：酌採緯書中「奇偉」的優點，作
為指導文學創作的本原。

〈正緯〉的設篇，其思想脈絡蓋承〈原道〉篇來。劉勰〈原道〉
篇裡說，中國人文發展初期，沒有文字記載，僅憑口耳相傳、神話、
傳說因之而起。如：

> 〈河圖〉孕乎〈八卦〉，《洛書》█乎〈九疇〉，玉版金鏤之
> 實，丹文綠牒之華，誰其尸之，亦神理而已！

玉版金鏤的〈河圖〉，丹文綠牒的《洛書》，分別見於伏犧畫的〈八
卦〉，和《尚書》的〈洪範·九疇〉。這些神話與傳說，實為我國人
文發展的必然過程，不必強辨其真偽。古人「沿神理而設教」，拿它
做為統馭萬民的工具，正因為它是文化起源的體現，當然也是文學的
萌芽。知道了這個道理，再看〈正緯〉篇開宗明義的一段文字：

> 神道闡幽，天命微顯，馬龍出而大《易》興；神龜見而〈洪範〉
> 燿。

比對〈原道〉篇文，便覺得其來有自，信而不誣了。因為這些神話傳
說其來已久，所謂：

> 世夐文隱，好生矯誕，真雖存矣，偽亦憑焉。

由於神話傳說的文字隱晦，再加上愛好此道者假借聖人之名，喜談陰陽災異的事，這樣就爲兩漢盛極一時的讖緯之學，創造了發展的溫床。

　　讖緯二者同實異名，講讖的大多荒誕無稽，預測吉凶休咎，如《史記·趙世家》扁鵲言秦穆公寤而述上帝之言，公孫支書而藏之。〈秦始皇本紀〉燕人盧生，使入海還，以鬼神事，因奏錄圖書曰：「亡秦者胡也。」以及「楚雖三戶，亡秦必楚。」和華陰人言「今年祖龍死」等，這些能知過去未來的讖語，都是術士們的讕言，上古巫覡的遺風。講緯的大多以爲緯是經典的支流，私相撰述，雜以術數之言。既不知作者是誰，因而互相附會，以神其說。如孟喜、京房六月七分的卦氣，本於《易緯》；《史記·殷本紀》載簡狄吞燕卵生契事，本於《書緯》；〈太史公自序〉引孔子曰：「我欲載之空言，不如見之行事之深切著明也」，《索隱》以爲是《春秋緯》文，《詩傳》所謂「尊而君之，則稱昊天，元氣廣大，則稱皇天，仁覆閔下，則稱旻天」，本於《書緯·帝命驗》，「夏以十三月爲正，殷以十二月爲正，周以十一月爲正」，本於《樂緯·稽曜嘉》，翼奉所謂的「臣學齊詩，聞五際之要」，本於《詩緯》。由於緯書配經的關係，故《六經》、《論語》、《孝經》都有緯書。《隋書·經籍志》又根據鄭玄的說法，認爲「讖緯皆孔子所造。」㉞其實讖緯之學到了兩漢，和陰陽五行之說牽合以後，便發生種種幽明之理，鬼神之事，假託聖人之口，造作荒誕之言，使原本內容純正的經典，滲入了怪力亂神的異端，不僅敗壞了經典的形象，更混淆了人們的視聽。這就是劉勰要「依經驗緯」，不得不正的原因了。不過，他正的不是讖緯本身的眞僞，正的是讖緯亂經的事實，並藉此揭示「正緯」即所以「宗

㉞　引說見《隋書·經籍志·六藝緯類序》。

經」的意旨。

　　兩千多年前，孔子的學生子貢就說：「紂之不善，不如是之甚也。是以君子惡居下流，天下之惡皆歸焉㉟。」孟子也有：「盡信書，不如無書，吾於武城取二三策而已矣㊱。」這祇是疑古的開端，還不是真正的辨偽。漢代劉向《別錄》、班固《漢志》，始對傳統的書籍加以考辨。如〈諸子略〉小說家者流有《黃帝說》四十二篇，注云：「迂誕依託」，《伊尹說》二十七篇，注云：「其語淺薄，似依託也。」或從內容，或由文辭，分別考證，給辨別偽書樹立了初步範例。至於劉勰正緯書之亂經，可以說是在我國「辨偽學」的萌芽期，有意運用自為法，系統而理性的從事考辨，並取得成果的第一人。

　　劉勰考辨緯書亂經，首先掌握著基本原則，那就是拿《六經》為底本，來檢驗緯書。緯書之所以為偽，大抵說來，理由可分以下四點。第一點，是從思想內容方面比較，他說：

　　緯之於經，其猶織綜，絲麻不雜，布帛乃成。今經正緯奇，倍摘千里。其偽一矣。

緯書內容多屬方士妄言，本和《六經》分道揚鑣，至漢武帝採董仲舒的建議，罷黜百家，表章儒術以後，方士們為了釣功名，弋利祿，遂援孔子刪餘的資料，別立讖緯之名，淆雜今文，號稱「齊學」㊲。劉向用以釋《書》。光武中興，尊為《祕經》㊳，頒為政府功令，並用讖以補緯，用緯以解經，像何休《公羊》，班固虎觀，論經皆引緯書成說㊴。於是讖緯之學大盛，《六經》因而淆亂。劉勰立足齊、梁之

㉟　引文見於《論語·子張》篇。
㊱　引文見於《孟子·盡心章句下》。
㊲　此處持論係根據劉申叔先生於乙巳年《國粹學報·文篇》著〈讖緯論〉之說。
㊳　此處立說之依據，同注㉟。
㊴　同注㉟

際，目睹讖緯的影響，因而從文學的角度出發，作正本清源之論[40]。
以爲經典思想純正，緯候內容奇詭，兩者相較，牴牾不合。可見讖緯
是後人僞託，有意亂經的產物。其次，他又從資料多寡方面比較。以
爲：

> 聖訓宜廣，神教宜約；而今緯多於經，神理更繁。其僞二矣。

指《六經》的義理明顯，旨在開示聖人的訓誨；緯書內容隱晦，藉神
話迷惑人心。聖人的訓誨自應充實廣大；神話傳說，理宜簡單扼要，
現在拿兩方面的資料加以比對，讖緯的作品多出經典很多倍。和「聖
訓宜廣，神教宜約」的原則大相背離。可見讖緯之書出於後人僞託，
殆無可疑。接著，他又從讖緯的作者加以考察，認爲：

> 有命自天，迺稱符讖，而八十一篇，皆託於孔子。則是堯造《綠
> 圖》，昌制《丹書》。其僞三矣。

在洪荒初闢的上古時代，有許多問題都無從解答，所以凡來自天命的
圖文，才稱得上是符命和讖記。細觀當時流傳的《河圖》九篇，《洛
書》六篇，及其增演的三十篇，和《七經緯》三十六篇，共八十一
篇[41]，皆假託孔子所作。如此觸類而推，不是唐堯可造《河圖》，姬
昌可製《洛書》嗎？事實上，讖緯皆好事者捏造，與孔子無關。這種
自相矛盾的現象，足以說明讖緯之書，乃後人僞託。最後，他再從讖
緯產生的時代來分析，認爲：

> 商周以前，圖錄頻見，春秋之末，群經方備：先緯後經，體乖織
> 綜。其僞四矣。

40　依據《隋書・經籍志・六藝緯類序》的說法：「案讖緯本非儒家言，故古文家不道。
　……至宋大明中，始禁圖讖，梁天監以後，又重其制，及隋高祖受禪，禁之踰切。煬
　帝即位，乃發使四出，搜天下書籍與讖緯相涉者皆焚之。爲吏所糾者至死，自是無復
　其學，秘府之內，亦多散亡。」劉勰立於嚴禁讖緯之時代，竟然主張酌採緯書的優
　點，以爲文學創作之張本，實乃大膽而別具隻眼。

41　此處說法見《隋書・經籍志・六藝緯類序》。

指在商周以前，上天策命的圖讖經常出現，如相傳庖犧著的《乾坤鑿度》，女媧著的《鉤命訣》，春秋末期，經典方才由孔子刪訂完成。由此觀之，是先有緯書，後有經典，兩者的關係，完全和織布先經後緯的自然程序不合。可見讖緯之書是後人偽託的。

劉勰從思想的奇正，資料的多寡，作者的歸屬，時代的先後四個層面來按經驗緯，則緯書之爲偽已無可置辯。同時，在他的考辨緯書亂經的過程中，不僅爲辨偽的方法拓展了新的領域，同時，也可以略窺劉勰整紛理蠹，揮灑的智慧火花。

讖緯之書既是後人偽託，站在宗經的立場，其已成亂經的罪魁禍首，自然不屑一顧。故桓譚憎恨讖書的荒誕不經[42]，尹敏譏諷讖文的淺薄虛假[43]，張衡認爲圖讖非聖人之法，偏差謬誤[44]，所以荀悅著〈俗嫌〉篇，揭發讖緯之說詭異怪誕[45]，大家都怕這些妖言偽說，貽害後生，希望朝廷下令禁絕。而劉勰反將其列爲「文之樞紐」，作爲文學思想的重要一環，如非隻眼獨具，斷不會有此膽識。蓋「經正緯奇」，不僅是「經」與「緯」的分水嶺，同時也是「緯書」和「文學」關係的糾結點。因爲經典之文，只是「情深」，「義正」、「體約」、「風清」而已；至於「荒誕」、「蕪雜」、「怪異」、「新奇」的浪漫色彩，向爲經典文學所獨缺者，卻大量保存在緯書中。所以劉勰力排前人異說，從文學創作的角度，對讖緯作出正面的肯定。以爲：

> 若乃羲農軒皞之源，山瀆鍾律之要，白魚赤烏之符，黃銀紫玉之瑞，事豐奇偉，辭富膏腴，無益經典，有助文章。

---

[42] 事見《後漢書·桓譚傳》，有桓譚論讖事。
[43] 事見《後漢書·儒林傳·尹敏傳》，載有尹敏與帝論讖事。
[44] 事見《後漢書·張衡傳》，載衡以圖讖虛妄，非聖人之法，乃上書檢覈僞迹。
[45] 事見荀悅《申鑒》。

是說伏犧、神農、黃帝、少皞等四位古聖先皇的起源和活動，見於
《論語·撰考讖》、《春秋·元命苞》者；山岳、川瀆、鍾鼓、律呂等
四種讖籙的內容，見於《遁甲開山圖》、《河圖括地象》、《古岳瀆
經》、《鍾律消息》者；以及武王伐紂，於孟津渡河時，白魚入舟，
火自天降，變爲赤鳥的瑞兆[46]，見於《史記·周本紀》、《尙書·中候
·雒師謀》者；黃銀、紫玉的出現，象徵帝王即位，見於《禮緯·斗威
儀》者[47]。這些神話與傳說，材料豐富而奇偉，辭采繁縟而潤澤，雖
然它們無益經典，但對寫作卻具有啓發心智的價值。因而後世墨客騷
人，採擷其內容菁華，用爲行文運思的參考。

　　繼〈宗經〉之後，設〈正緯〉之篇，其目的不僅正緯書之不可亂
經，同時提煉緯書中的「奇偉之事」和「膏腴之辭」，正面肯定緯書
有輔翼《六經》的文學價值，他這種一方面伸張經義，另一方面又突
破經義，從文學創作的視角，來認識緯書的眞正面目，確實眼光卓
越，胸襟開朗，只有偉大的思想家，才具有這種叛逆性的道德勇氣。

六、屈騷是中國文學的變原

　　劉勰繼〈正緯〉篇後設〈辨騷〉，爲中國文學歷久彌新的發展，
提示了客觀規律。近代有人將它倂入「文體論」，以爲是「論文叙
筆」的首篇，我認爲這完全昧於事實，甚或誤解劉勰設篇的精義。
〈序志〉篇在談到「文之樞紐」時，有「變乎騷」之說，明示屈騷是
由「銜華佩實」的經典文學出發，汲取了緯書的「奇偉之事」，「膏
腴之辭」以後，掀起了兩漢辭賦的旋風，造成鋪采摛文，體物寫志的
藝術效果[48]。這是個文學思想的問題，絕不能單純的放到文體的層面

---

[46]　事見司馬遷《史記·周本紀》。

[47]　《禮緯·斗威儀》：「君乘金而王，其政象平，黃銀見，紫玉見于深山。」

[48]　《文心雕龍·詮賦》篇：「賦者，鋪也。鋪采摛文，體物寫志也。」

來講。近人將它與以下〈明詩〉〈樂府〉〈詮賦〉並論，這完全是受了《昭明文選》文體分類的影響㊾。

〈辨騷〉一文從表面上看，乃承接〈宗經〉，辨「經」「騷」的同異，但實際上是透過此種辨別，進一步探究文學通變的規律，這才是本篇文論的重點所在。由辨而知其「變」，「辨」、「變」結合，而以「變」爲主，此即〈通變〉篇所謂：

文辭氣力，通變則久。

又說：

文律運周，日新其業，變則堪久，通則不乏。

可知劉勰以「辨」爲題，乃在「矯訛翻淺，還宗經誥㊿。」具有深意存乎其間。

〈辨騷〉篇共七百九十三字，除「贊語」外，全文可分五段。首段，劉勰以熱情洋溢的筆調，論屈〈騷〉上繼〈風〉〈雅〉，下開漢賦。所謂「軒翥詩人之後，奮飛辭家之前」，肯定屈〈騷〉是由經典之文，過渡到漢賦的關鍵。次段，羅列兩漢學者如劉安、班固、王逸、漢宣帝劉詢，揚雄等各以不同的身分，不同的立場，分別對屈〈騷〉加以評述。劉勰並綜合各家之說，提出自己的看法，以爲他們「褒貶任聲，抑揚過實，鑒而弗精，翫而未覈。」第三段，接著對五家的指責，由「將覈其論，必徵言焉」的實證出發，對屈〈騷〉進行全面的剖析。第四段，言屈〈騷〉所以能由傳統走向漢賦，成爲兩漢主流文學開宗的根本原因。第五段，結論，論屈〈騷〉對後世文壇的影響。這中間最值得注意的，是在辨屈〈騷〉同乎〈風〉〈雅〉，與異乎經典之後，緊緊抓住「典誥」、「夸誕」兩個環節的各自共同

㊾　《昭明文選》所選文體，共三十八類，賦、詩兩類以下，即設「騷」體。
㊿　引文見《文心雕龍·通變》篇。

點，作出全面性的總結說：

> 固知楚辭者，體憲於三代，風雜於戰國，乃雅頌之博徒，而詞賦
> 之英傑也。

「三代」借指「經典」，「戰國」借指「縱橫家的說辭」。意思是說
《楚辭》在思想上，取法於三代的經典訓詁，在藻采上，加雜了戰國
縱橫家們遊說的辭令；可以稱得上是〈雅〉〈頌〉中的博弈之徒，辭
賦界的英雄豪傑，來比況屈〈騷〉在《詩經》文學和兩漢辭賦中所扮
演的角色，既具體又摹像之外，並暗示了屈〈騷〉的通變觀。「通
古」即所以「體憲於三代」；「變今」即所以「風雜於戰國」。「體
憲於三代」指作品的思想、體制要和傳統接軌，如果思想、體制與傳
統無關，則作品就成了斷根的枯木，絕潢的涸流，失去了發榮滋長的
契機。「風雜於戰國」指作品的文辭氣力，要迎合時代新變，如果文
辭氣力不能因應潮流，與時更新，則作品就成了殘渣賸羹，蒼白無
力，受到自然的淘汰。

　　自孔子刪述後，百數十年來，四言詩成了籠罩文壇的霸主，並作
爲行人會同，諷誦舊章的工具，絕無人從事創作[51]。想不到戰國初期
的楚人屈原，以天賦的英才，得江山之助，感懷國難，身世飄零；遂
將胸中鬱積的塊壘，發爲憂憤的悲歌。這種血淚作品，無論在藝術構
思、在內容、在形式、在語言、在色彩、在聲律、在氣勢和風格上，
均具有自己獨特的個性，南方鄉土的氣息，迥然和北方的《詩經》不
同。所以劉勰說：

> 自〈風雅〉寢聲，莫或抽緒，奇文鬱起，其〈離騷〉哉！

他稱〈離騷〉是鬱起的「奇文」，只此一個「奇」字，就突顯了屈
〈騷〉通古兼有變今，變今必本法古的關鍵。屈原的通變觀，可以作

---

[51]　《文心雕龍·明詩》篇：「春秋觀志，諷誦舊章，酬酢以爲賓榮，吐納而成身文。」

品本身得到證明。劉勰說：

　　觀其骨鯁所樹，肌膚所附，雖取鎔經旨，亦自鑄偉辭。

「骨鯁」指內容思想，「肌膚」指文辭藻采。他用隔句承接的修辭法，以為屈〈騷〉的「骨鯁所樹」是「取鎔經旨」，「肌膚所附」是「自鑄偉辭」。可見屈〈騷〉在內容方面，融會了經典思想，在辭藻方面，卻是獨抒胸臆，自創一格。並由此加以分析：

　　〈騷經〉〈九章〉，朗麗之哀志；〈九歌〉〈九辯〉，綺靡以傷

　　情；〈遠遊〉〈天問〉，瓌詭而惠巧；〈招魂〉〈大招〉，豔耀

　　而采華；〈卜居〉標放言之致，〈漁父〉寄獨往之才。

所謂「朗麗以哀志」的「朗麗」，「綺靡以傷情」的「綺靡」，「瓌詭而惠巧」的「瓌詭」、「豔耀而采華」的「豔耀」，「放言之致」的「放言」，「獨往之才」的「獨往」，不僅說明了屈宋作品的特殊風格，同時，更進一步析論了他們作品的「奇」在那裡？如何「夸誕」？〈事類〉篇說：

　　屈宋屬篇，號依詩人，雖引古事，而莫取舊辭。

此處所說的「莫取舊辭」，和本篇所講的「自鑄偉辭」相較，更突顯了屈、宋在從事創作時，那種參伍因革，通變創新的風格，和豐富多采的藝術特徵。繼而他並用：

　　氣往轢古，辭來切今，驚采絕豔，難與並能。

四句話收束上文，言屈、宋在文學上的成就，而重點卻放在「變」字上，說他們的作品氣勢邁往，凌駕古人；辭開來世，切合今用。尤其那種驚人的華采，絕代的豔麗，後人無論如何，都難和他們並駕齊驅了。劉勰之所以把〈辨騷〉篇提升到「文之樞紐」，視其為「文學思想」的重要環節，而有「變乎騷」之說，其道理至此已晃朗可知。

　　至於屈、宋作品因新變造成的影響，此又為讀本文者不可不加之意。劉勰以為屈〈騷〉的藝術成就是：

> 敘情怨，則鬱伊而易感；述離居，則愴怏而難懷；論山水，則循
> 聲而得貌；言節候，則披文而見時。

所謂「敘情怨」「述離居」，指抒情手法；「論山水」「言節候」，
指寫景技巧；所謂「易感」、「難懷」、「得貌」、「見時」，指其
藝術效果的情眞，事實。蓋有眞人、眞事而後始有眞性、眞情，有眞
性、眞情而後才有眞文章，有眞文章而後才能讓讀者得其貌，見其
時，感懷人心，傳千古而不朽。所以兩漢自王褒〈九懷〉以下，若東
方朔〈七諫〉、劉向〈九嘆〉、嚴忌〈哀時命〉、賈誼〈惜誓〉、王
逸〈九思〉，無不急起直追，從事模仿，但他那高超的意境，卓越的
文字，就像奔逸絕塵的良駒，大家無不望影興歎，有瞠乎其後之遺
憾！㉜於是：

> 枚、賈追風以入麗，馬、揚沿波而得奇；其衣被詞人，非一代
> 也。

是說若枚乘、賈誼、司馬相如、揚雄等。這些卓然有成的漢賦家，追
摹其風格，順沿其餘波，最後只學到「華麗」和「新奇」，沒有人能
全面的繼承。其實屈、宋之作，以「華麗」爲儀表，「新奇」爲甲
胄，「夸誕」爲聲氣，「眞實」爲骨幹，如果我們要想「效〈騷〉命
篇」的話，劉勰以爲下面的幾個原則必須注意：

> 若能憑軾以倚〈雅〉〈頌〉，懸轡以馭楚篇，酌奇而不失其
> 貞，翫華而不墜其實；則顧盼可以驅辭力。欬唾可以窮文致；
> 亦不復乞靈於長卿，假寵於子淵矣。

是說當你在酌取其「新奇」的題材，欣賞其「華麗」的辭藻的同時，
不可忽視他「雅正」的思想，和「眞實」的感情。這樣一旦臨文運

㉜　此處《文心雕龍·辨騷》篇原文作：「自〈九懷〉以下，遽躡其迹，而屈、宋逸步，莫
　　之能追。」

思，從事寫作，則顧盼之間，欬唾之際，就可以意到筆隨，出手成章了。

劉勰從宗經的文學觀，對屈〈騷〉作了全面的評價。在我國文學理論上，他綜合了劉安、班固、王逸、劉詢以及揚雄等各家的看法，而又出以胸臆，提出自己的見解。有破有立，有開有闔，可以說是一篇最精闢、最具體、最深刻，也是最有創見的文學理論名作。尤其對後世研究《楚辭》的人來說，有一定的指導作用；對從事創作的人而言，他站在「因變立功」的高度，更提供了一個堅信不疑的訊息，那就是上承不弊的優良傳統，才能下開文學新變的格局。

七、結論

劉勰的文學三原論，不但是樞紐《文心雕龍》全書的「樞紐論」，更是其思想體系的重心。根據民國八十四年（一九九五）北京大學出版社印行的《文心雕龍研究》第一輯，載王景禔先生〈《文心雕龍》理論體系初探〉，和石家宜教授《文心雕龍整體研究》中第一、二兩部分的調查所得，數十年來，學者們投入《文心雕龍》理論體系研究人數之多，單篇論文與專門著作的豐富，以及歷盡艱辛，劈劃經營的苦心，令人震驚。其統計的結果，雖然僅限於大陸地區，但如果擴大範圍，將台灣和海外學者類似的論著也蒐羅納入，相信其數目之龐大和投注的精力，必更加駭人聽聞。

此次我繼各位學者專家之後，提出劉勰的文學三原論－即「道」為文學的「共原」，《六經》是中國文學的自原，屈〈騷〉為中國文學的變原。除了酌採研究有得而可資信賴的成果，做為依據外；完全按照《文心雕龍》〈序志〉篇劉勰自設的「文之樞紐」為理論基礎，以卷一的五篇內容為對照說明的範疇，運用我國傳統治學的工具為法門，儘量不牽合所謂「當前學術界權威人士」的說法，或東西方的文

論術語，純粹面向劉勰自己的書面語言，和當時對時代文風的關懷，並認真地從他行文措辭的底層，尋繹其思想的發脈所在，來開啓這樞紐全局的形式體系和思想體系的關鍵。

　　本文首先揭開劉勰文學三原論的序幕，接著由〈原道〉〈徵聖〉〈宗經〉〈正緯〉〈辨騷〉逐篇做深探力求，抉微闡幽的工夫，文中並運用回龍顧主的筆法，點醒首段的論點。尤其〈原道〉〈宗經〉〈辨騷〉三篇，由於是本文重點所在，故特別加以致意。期能收前後輝映，畫龍點睛的效果。

　　至於在行文措辭時，每念劉勰面對「辭人愛奇，言貴浮詭」，「離本彌甚，將遂訛濫」㊳的六朝文風，思及近百年來我中國內憂外患，變亂紛乘，傳統文化式微，崇洋媚外之風高張，國人不僅不知爲文「宗經」，且不知「通變」爲何事！走筆至此，緬懷劉勰有感於「音實難知，知實難逢」的悲痛，不免借古人之酒杯，澆胸中之塊壘；其間是非雌黃，難期無失。深盼讀者諸君知我諒我，匡我不及。

　　　　王更生完稿於民國八十八年（一九九九）四月十日借寓於台北市復興南路斗室之時。

―――――――――――

㊳　引文見於《文心雕龍·序志》篇。

《文心雕龍》的文學本末觀

新加坡國立大學中文系

楊松年

一、劉勰文學本末說的理論基礎

本，原義爲樹木之根；末，原義爲樹木之上端。

劉勰《文心雕龍》認爲：文之理與草木有共同之處，因此論文可以草木爲譬喻。①劉勰之所以用草木與水流爲譬來論述文學的問題，和他的認識論有關。在〈原道〉篇中，劉勰把文章提高到一個至高的地位，以爲文與天地並生，天地之文，就是「道」之文。②天地有其文采，由天地而生的萬物以及人類也都有其文采，並稱天、地、人爲三才。人的文采就是人情流露于語言文字的自然表現。所以〈原道〉篇說：「心生而言立，言立而文明，自然之道也。」

人有文采，天地有文采，萬物有文采，萬物中的植物山川也自然有文采。人的文采爲情文，植物山川之文采則爲形文與聲文，同文說：「至于林籟結響，調如竽瑟，泉石激韻，和若球鍠；故形立則文生矣，聲發則章成矣。」

---

① 〈通變〉篇云：「論文之方，譬諸草木。」（王更生《文心雕龍讀本》，臺北：文史哲出版社，1985，下篇，頁49。下引《文心雕龍》者皆據此書，不另説明）〈隱秀〉篇亦云：「自然會妙，譬卉木之耀英華。」（下篇，頁204）

② 〈原道〉篇云：「文之爲德也，大矣！與天地並生者，何哉？夫玄黄色雜，方圓體分，日月疊璧，以垂麗天之象；山川煥綺，以鋪理地之形；此蓋道之文也。」（上篇，頁2）

因此在言及文章之文時，劉勰會以植物、水流爲譬，是可以理解的。他甚至還經常將草木與水流併舉，來論述文學的問題，如〈隱秀〉篇以此分析作者心靈活動與文章情感的關係：「夫心術之動遠矣，文情之變深矣。源奧而派生，根盛而穎峻。」〈情采〉篇以此言文學的辭采與情感、思想的關係：「聖賢書辭，總稱文章，非采而何？夫水性虛而淪漪結，木體實而花萼振，文附質也。」〈附會〉篇以之討論如何論述體大的作品：「凡大體文章，類多枝派，整派者依源，理枝者循幹。」

這也是劉勰「仰觀吐曜，俯察含章」的時空審美意識的成品，同時也構成他的文學理論的基礎。

二、劉勰論經典與文學本末的關係

劉勰的文學理論中，就基於宇宙的觀察，從而提出一個重要的課題：不論是「玄聖創典」，或是「素王述訓」，都是「原道心而敷章」。亦即不論是古代聖人創設的典章，或是孔子提出的前賢訓言，都推本天地的精神而敷陳文章。這天地的精神就是自然。自然這觀念，在劉勰文論中，非常重要。如上文提及的，他認爲文的發生，是心生言立的結果。其過程爲自然之道；也是詩人應物之觸感，內心感動的自然過程。③而動物和植物之有美麗文飾，也是自然的文采。④

劉勰在以草木爲譬喩的文論中，更常以樹木之本、末，以及其他相關的詞語來討論文學的寫作與文學的發展等問題。其中又以江流之源、流的應用較多。從他在這方面詞語的應用，可以見及他對經典傳

---

③ 即〈原道〉所云：「心生而言立，言立而文明，自然之道也。」（上篇，頁2）〈明詩〉：「人稟七情，應物斯感。感物吟志，莫非自然。」。（上篇，頁83）

④ 〈原道〉：「動植皆文：龍鳳以藻繪呈瑞，虎豹以炳蔚凝姿；雲霞雕色，有踰畫工之妙；草木賁華　無待錦匠之奇；夫豈外飾，蓋自然耳。」（上篇，頁2）

統文化的情懷，他的文學史觀，文學寫作觀，以及他採用分析各體文學的方法與原則。

他稱《文心雕龍》第一篇爲〈原道〉，表明談文學問題，必須先認識其本原，而這本原就是「道」，自然之道。他撰寫《文心雕龍》，就遵照這個程序。⑤而「道沿聖以垂文，聖因文以明道」，「徵之周、孔，則文有師矣」，所以同時強調「師乎聖」，《文心雕龍》中〈原道〉篇之後，乃有〈徵聖〉篇之作；《五經》爲聖人之作，劉勰會高度推崇經書，並在〈徵聖〉之後設〈宗經〉之篇，也是可以理解的。

論及《經》之繁富時，劉勰直用植物的根葉爲喻說明，表示五經猶如一棵大樹，根底深固，它的枝葉高竣繁茂。文辭簡約，但意旨豐富，叙述近而寄托遠。因此雖然它已流傳久遠，但是它的餘味，卻萬古常新。⑥

這種認識論乃構成他的後代各種文體備于五經看法的基礎。在〈宗經〉篇中，他就以首、源、本、端、根等詞語來說明後代各種文體之原本于五經：如論、說、辭、序，源自《易經》；詔、策、章、奏，源自《書經》；賦、頌、歌、讚，源自《詩經》；銘、誄、箴、祝，源自《禮》；記、傳、盟、檄，源自《春秋》。⑦他對五經是非常看重的，他認爲體驗經典和推本自然之道，師法聖人等一樣，都是

---

⑤ 〈序志〉篇說：「蓋《文心》之作也，本乎道，師乎聖，體乎經，酌乎緯，變乎騷，文之樞紐，亦云極矣。」（下篇，頁383）

⑥ 〈宗經〉篇：「至于根柢槃深，枝葉峻茂，辭約而旨豐，事近而喻遠，是以往者雖舊，餘味日新。」（上篇，頁35）

⑦ 〈宗經〉篇：「故論說辭序，則《易》統其首；詔策章奏，則《書》發其源；賦頌歌讚，則《詩》立其本；銘誄箴祝，則《禮》總其端；記傳盟檄，則《春秋》爲根。」（上篇，頁35）

文學的關鍵樞紐。⑧不但以〈宗經〉一篇暢論有關的課題,也時常強調經典的重要性,〈事類〉篇盛贊經典沈厚精深,和其他重要載籍一樣,是文章精聚的寶庫,也是作家文思的聖區。⑨〈通變〉篇言矯正當時文學訛誤淺薄的流弊時,認爲最好的辦法爲宗奉經典訓詁。⑩他並表示學者如果能模仿經典,所作自然可以典雅。⑪在〈序志〉篇,他直接指出:文章的作用,其實是經典的枝葉樹幹,五禮、六典都依靠它而構成文采,發揮作用,君臣間的禮儀之所以炳煥和軍國大事之所以昭明,其本原都在于經典。⑫由于重視文體的本源,所以劉勰在談及個別的文體演變發展時,經常留意他們和經典的關係。論詩就歸之于它和《詩經》的關係。⑬論頌也把它和《詩經》的四始聯繫在一起。⑭言史傳就提及《尚書》和《春秋》。⑮言表之本源就提及《禮》。⑯而論及詔、策、制、敕、議等文體時,廣泛地和一般經典

---

⑧ 〈序志〉:「蓋《文心》之作也,本乎道,師乎聖,體乎經,酌乎緯,變乎騷,文之樞紐,亦云極矣。」(下篇,頁383)

⑨ 〈事類〉篇:「經典沈深,載籍浩瀚,實群言之奧區,而才思之神皋也。」(下篇,頁170)

⑩ 〈通變〉:「矯訛翻淺,還宗經誥。」(下篇,頁50)

⑪ 〈定勢〉:「模經爲式者,自入典雅之懿。」(下篇,頁2)

⑫ 〈序志〉:「唯文章之用,實經典枝條,五禮資之以成文,六典因之以致用,君臣所以炳煥,軍國所以昭明,詳其本源,莫非經典。」(下篇,頁382)

⑬ 〈明詩〉:「詩者,持也,持人情性;三百之蔽,義歸無邪。」(上篇,頁83)

⑭ 〈頌讚〉:「四始之至,頌居其極。頌者,容也,所以美盛德而述形容也。」(上篇,頁151)

⑮ 〈史傳〉:「古者左史記言,右史記事。言經則《尚書》,事經則《春秋》也。」(上篇,頁277)

⑯ 〈章表〉:「《禮》有〈表記〉,謂德見于儀,其在程式,揆景曰表。章表之目蓋取諸此也。」(上篇,頁405-406)

聯繫敘述。⑰

三、劉勰論本末與文學創作的關係

劉勰肯定經的重要性，肯定經與後代各種文章體制的密切關係，並表示要「依經以樹則」，所以在〈宗經〉篇中，他爲文學的創作實踐，提出了以下幾個重要的準則：

一　情深而不詭

二　風清而不雜

三　事信而不誕

四　義貞而不回

五　體約而不蕪

六　文麗而不淫

「情深而不詭」，言情感深摯而不詭奇。劉勰表示文學的重要部分，就是作者的情感，他以人體中的「神明」或「骨髓」來表示情感在文學中所占的重要地位。⑱在進一步探討他在這方面的意見時，又付以見及，他一方面肯定情感眞摯的基礎，觸感以動情的重要性，〈物色〉篇所論，多屬這種看法，〈詮賦〉篇所云：「觸興致情，因變取會。」及「原夫登高之旨，蓋睹物興情。」也是此意。另一方面又強調文人所表露的情感必須深刻。所以〈隱秀〉篇乃贊許古詩之離

---

⑰　〈詔策〉：「策者，簡也。制者，裁也。詔者，告也。敕者，正也。《詩》云：畏此簡書。《易》稱：君子以制數度。《禮》稱：明神之詔。《書》稱：敕天之命。並本經以立名目。」〈議對〉：「周爰咨謀，是謂爲議。議之言宜，審事宜也。《易》之〈節卦〉：君子以制數度。《周書》曰：議事以制，政乃弗迷。議貴節制，經典之體也。」（上篇，頁356）

⑱　〈附會〉篇：「才童學文，宜正體制；必以情志爲神明，事義爲骨鯁，辭采爲肌膚，宮商爲聲氣。」（下篇，頁243）〈體性〉篇云：「辭爲肌膚，志實骨髓。」（下篇，頁22）

別與樂府之長城：「詞怨旨深。」〈時序〉篇贊許東漢詩作：「志深而筆長。」

從他的多個地方的言論探測，他心目中深刻的情感，是作者「發憤以表志」[19]的結果。他有時用「怊悵」[20]來形容作品中這股悲憤之情。如讚《古詩十九首》爲五言作之冠冕時云：「怊悵切情。」〈風骨〉篇言「風」之特色時說：「怊悵述情，必始于風。」所以〈哀弔〉篇有「情主于痛傷，而辭窮乎愛惜」，及「必使情往會悲，文來引泣」之說。他贊許〈離騷〉、〈九章〉、〈九歌〉、〈九辯〉，就在于這些作品，或「朗麗以哀志」，或「綺靡以傷情」。〈隱秀〉篇更舉出一些詩例道：「東西安所之，徘徊以旁皇。心孤而情懼，此閨房之悲極也。朔風動秋草，邊馬有歸心。氣寒而事傷，此羈旅之怨曲也。」

相反的，劉勰反對「寡情」之作，曾說：「繁采寡情，味之必厭。」反對「造情」之作，〈情采〉篇云：「諸子之徒，心非鬱陶，苟馳夸飾，鬻聲釣世，此爲文而造情也。」，他建議對緯書：「芟夷譎詭，採其雕蔚。」刪去荒詭的內容，采擇繁茂的辭采。對揚雄〈劇新美秦〉之作：「詭言遯辭，故兼包神怪。」也有微議。

「風清而不雜」的「風」字，素有歧義。或以「風」指作品的旨趣[21]，或指作品的風格，[22]以「風」指風格，較令人心服，因爲清字于《文心雕龍》中，多作形容之語。劉勰特別喜歡擇用「清」字，在

---

[19] 〈雜文〉：「原夫茲文之設，乃發憤以表志。」（上篇，頁240）（劉勰此語，雖特指雜文一體，本文作一般論述觀。）

[20] 《楚辭》：「然怊悵而自悲。」

[21] 王更生《文心雕龍讀本》。上篇。頁42。

[22] 周振甫《文心雕龍注釋》（北京：人民文學出版社，1981），頁23。《文心雕龍·風骨》篇有「風清骨峻」之語，亦指風格而言。

文思培養上，他勸作者要「清和其氣」，㉓在標舉人們的美德，以顯出他們的風範時，則稱：「必見清風之華。」而在談及評論作品時，劉勰更常常用及「清」字，如形容賈誼的作品：「辭清而理哀。」稱贊曹植章表之作，為：「辭清而志顯。」在〈明詩〉與〈才略〉二篇中，劉勰多用及「清」字來評論作者與作品，如〈明詩〉以「清典」讚張衡〈怨篇〉的耐人尋味，「清峻」讚嵇康詩作的風格，「清麗」表示五言詩作的原則。〈才略〉以「清」嘉許賈誼的賦作，以「清辯」贊許班固〈王命〉之思理詞語，以「清綺」贊許曹丕的才情，「清越」贊許他的樂府，以「清靡」贊許曹攄四言長篇詩作詞句，以「清通」形容溫嶠的筆札書記。劉勰對詩作風格的「清」的重視，可見一斑。

　　劉勰要求，詩作風格要清而不雜。在《文心雕龍》中，劉勰對「雜」，頗有微詞。「正始明道，詩雜仙心」，他不滿；孫綽的一些碑文之作，「辭多枝雜」，他不滿；在處理中心思想的表達上，如果「趨時無方，辭或繁雜」，他也不滿。因此，他重視「精」，重視「簡」，重視「約」。有關這一點，在論「體約而不蕪」時，再詳論析。

　　「事信而不誕」，言所反映之事理必須真實而不荒誕。劉勰重視「事」在作品中的地位，他認為事義猶如人體的骨髓。〈附會〉篇說：「才童學文，必以情志為神明，事義為骨髓。」說事談理，他主張必須「事實允當」，必須「意切事明」，「事昭而理辨」㉔。倘若

㉓　〈養氣〉：「吐納文藝，務在節宣，清和其心，調暢其氣。」（下篇，頁233）
㉔　〈檄移〉：「觀隗囂之檄亡新，布其三逆，文不雕飾，而意切事明。」又言檄體云：
　　「露板以宣眾，不可使義隱；必事昭而理辨，氣盛而辭斷。」（上篇，頁376）

「引事乖謬」，或「改事失真」，則會招致劉勰的批評㉕。〈事類〉篇曾引詩例說明以上的問題云：「陸機〈園葵〉詩：庇足同一智，生理各萬端。夫葵能衛足，事讇鮑莊，葛藟庇根，辭自樂毅；若譬葛爲葵，則引事荒謬；若謂庇勝衛，則改事失真。」㉖他不滿李斯〈治驪山陵上書〉就在它「事略而意誣」㉗。所以他堅決反對僞、誕、謬之作。〈正緯〉篇批評儒者所作緯書的情況：「好生矯誕。」㉘該篇並詳細舉出緯書和經書的不同處，以抨擊緯書之「僞」，同時盛贊敢于貶斥緯書的作者桓譚、尹敏、張衡、荀悅道：「桓譚疾其虛僞，尹敏戲其浮假，張衡發其辟謬，荀悅明其詭誕。四賢博練，論之精矣。」㉙劉勰並認爲，作者個性怪誕，也會影響到他們的作品，他指出，司馬相如個性傲誕，他的作品乃有情理浮華，語詞溢濫的缺點。㉚

「義貞而不回」，指思想貞正而不迂回。劉勰《文心雕龍》重視作品之「義」，曾在〈奏啓〉篇批評一些奏章「競于詆訶，吹毛取瑕，次骨爲戾，復似善罵，多失折衷」，從而表示要「標義路以植矩」。㉛《文心雕龍》中多次用及「義貞」一詞，如稱贊應璩的作品，說：「獨立不懼，辭譎義貞。」言及「立說」這一問題時，他認爲主要關鍵在把握有利時機，堅定正確思想：「凡說之樞要，必使時利而義貞。」言及詩的作法「興」的問題時，他說：「關雎有別，故

㉕ 〈事類〉：「凡用舊合機，不啻自其口出，引事乖謬，雖千載而爲瑕。」（下篇，頁170）

㉖ 同註㉕。頁171。

㉗ 〈奏啓〉：「李斯之奏驪山，事略而意誣。」（上篇，頁421－422）

㉘ 〈正緯〉：「世夐自隱，好生矯誕。」（上篇，頁51）

㉙ 同註㉘。

㉚ 〈體性〉：「長卿傲誕，故理侈而辭溢。」（下篇，頁22）

㉛ 〈奏啓〉。上篇，頁423。

后妃方德；尸鳩貞一，故夫人象義。義取其貞，無疑于夷禽。」意即「興」的手法重在象徵之義，只要「義」堅貞，可以不計較是否用低賤的鳲鳩作象徵的對象。談及章表這體制時，劉勰在文後的贊中說：「言必貞明，義則弘偉。」言辭堅貞表達，思想自然宏偉。由于堅持思想的堅貞，劉勰會說：「義貞而不回。」自然可以理解。在《文心雕龍》中，劉勰就多方面陳述「植義純正」[32]、「正義以繩理」[33]、「裁以正義」[34]、「義正而體蕪」[35]的理念；也強調「義直而文婉」[36]、「雅義以扇其風」[37]、「義吐光芒」[38]、「義尙光大」[39]的訴求。

　　「體約而不蕪」，指體制簡約而不繁蕪。劉勰論文，甚重立體，並言立體，以精要爲貴。在〈書記〉篇中，曾論及此體制時說：「隨事立體，貴乎精要。」〈奏啓〉篇云：「立範運衡，宜明體要。」他稱贊《周書》也說：「《周書》論辭，貴乎體要。」言及孔子對各弟子的敎誨，也說：「尼父陳訓，惡乎異端，辭訓之奧，宜體于要。」所以在《文心雕龍》中，他經常取用「要」、「約」、「要約」、「簡」，等詞語。如「綜學在博，取事貴約」[40]、「陳思稱：左延年閑于增損古辭，多者則宜減之。明貴約也。」[41]、「觀其約文舉要，

[32]　〈雜文〉：「崔瑗〈七蘇〉，植義純正。」（上篇，頁240）
[33]　〈哀弔〉：「弔雖古義，而華辭末造；華過韻緩，則化而爲賦。固應正義以繩理，昭德而塞違。」（上篇，頁225）
[34]　〈祝盟〉：「惟陳思〈詰咎〉，裁以正義矣。」（上篇，頁170）
[35]　〈銘箴〉：「潘尼〈乘輿〉，義正而體蕪。」（上篇，頁189）
[36]　〈哀弔〉評潘岳之作云：「義直而文婉，體舊而趣新。」（上篇，頁223）
[37]　〈章表〉：「表體多包，情位屢遷，必雅義以扇其風，情文以馳其麗。」（上篇，頁407）
[38]　〈封禪〉：「義吐光芒，辭成廉鍔，則爲偉矣。」（上篇，頁390）
[39]　〈詮賦〉：「若夫京殿苑獵，述行序志，並體國經野，義尙光大。」（上篇，頁133）
[40]　〈事類〉。下篇，頁170。
[41]　〈樂府〉。上篇，頁108。

憲章武銘，而水火井灶，繁辭不已，志有偏也。」㊷、「義典則弘，文約為美」㊸、「辭約而精，尹文得其要」㊹「為情者要約而寫眞。」㊺。相反的，他反對蕪、蕪穢、繁，曾說：「辭敷而言重，則蕪穢而非瞻」㊻、「〈文賦〉以為榛楛勿剪，庸音足曲。其識非不鑒，乃情苦芟繁也」㊼、「標以顯義，約以正辭，文以辨潔為能，不以繁縟為巧」㊽。〈鎔裁〉篇所論，多屬這方面的問題，所以該篇之後的贊曰：「芟繁剪穢，弛于負擔。」㊾

「文麗而不淫」，即文辭華麗而不淫濫。劉勰重「文義」但不忽視「文采」。〈情采〉篇多述及此課題，此不重復。「文」「麗」在《文心雕龍》也時有取用。如「淮南汎采而文麗」，稱讚淮南子能遍采各家，而所作文辭華麗。㊿「聖文之雅麗，固銜華而佩實者也」，稱讚聖人之作，雅麗華實兼具。51「昆侖懸圃，非經義所載，然其文辭麗雅，為詞賦之宗」，引班固之語以文辭麗雅的《離騷》是漢代詞賦的祖宗。52「清文以馳其麗」，言「表」這種體制，必須用清新的文辭，呈現它的雅麗。53然而，劉勰主張「文麗」，是建立在思想堅貞的基礎上的。倘若思想不堅貞，而文辭藻麗，他的看法又是如何呢？在〈雜文〉篇中，他曾經評及「文麗而義睽」文辭華麗但思想乖

㊷　〈銘箴〉。上篇，頁189。
㊸　同註㊷。上篇，頁190。
㊹　〈諸子〉。上篇，頁310。
㊺　〈情采〉。下篇，頁78。
㊻　〈鎔裁〉。下篇，頁93。
㊼　同註㊻。
㊽　〈議對〉。上篇，頁442。
㊾　同註㊽。上篇，頁94。
50　〈諸子〉。上篇，頁310。
51　〈徵聖〉。上篇，頁25。
52　〈辨騷〉。上篇，頁63。
53　〈章表〉。上篇，頁407。

謬的作品，認爲這些作品是「始之以淫侈」之作。一些作品雖然「終之以居正」，但「諷一勸百，勢不自反」。⑭對于淫侈之作，劉勰極力反對。言及樂時，曾說：「夫樂本心術，故響浹肌髓，先王慎焉，務塞淫濫。」⑮又說：「淫辭在曲，正響焉生？」⑯言及宋玉的辭賦時，說：「宋發夸談，實始淫麗。」⑰言及淫侈作品的危害時，說：「雅麗黼黻，淫巧朱紫。」⑱言及詞語文采與作者心理關係時，說：「是以聯辭結采，將欲明理，采濫辭詭，則心理愈翳。」⑲言及「爲情者要約而寫眞」之後，續云：「爲文者淫麗而煩濫。」⑳

　　劉勰論及作者與作品的「情」、「風」、「義」、「事」、「體」、「文」等方面的問題時，基本上是采取二分法的處理來論述的。也就是說，他肯定「情深」、「風淸」、「義貞」、「事信」、「體約」、「文麗」，而否定「情詭」、「風雜」、「事誕」、「義回」、「體蕪」與「文淫」，並以「本」、「末」來分述兩者之間的關係。如〈詮賦〉篇，劉勰一方面肯定：「情以物興，故義必明雅；物以情睹，故詞必巧麗。麗詞雅義，符采相勝。」但另一方面批評「逐末之儔，蔑棄其本」，以致「雖讀千賦，愈惑體要」，遂使「繁葉損枝，膏腴害骨」⑪。一方面肯定：「經正而後緯成，理定而後辭暢，此立文之本源也。」另一方面又表示：「後之作者，採濫忽眞，違棄風雅，近師辭賦，故體情之制日疏，逐文之篇愈盛。」⑫

---

⑭　〈雜文〉。上篇，頁240。
⑮　〈樂府〉。上篇，頁106。
⑯　同上註。上篇，頁107。
⑰　〈詮賦〉。上篇，頁133。
⑱　〈體性〉。下篇，頁22。
⑲　〈情采〉。下篇，頁78。
⑳　同註⑯。
⑪　〈詮賦〉。上篇，頁134。
⑫　〈情采〉。下篇，頁78。

　　因此劉勰論文，著重探求本源。他認爲：「源奧而派生，根盛而穎俊。」⑥「若擇源于涇渭之流，按轡于邪正之路，亦可以馭文采矣。」⑭所以他極力探測多種文體的本源或基礎，而在叙述這些文體的本源和基礎時，又將他的見解和他對作者與作品的「情」、「風」、「事」、「義」、「文」等方面的意見結合一起論述。如論「書」體，以其基礎在「盡言」。所謂「盡言」，即：「散鬱陶，託風采。」可見他論「書」體的基礎時，是將他在這方面的意見和對「情」（鬱陶之情）和「風」（風采）的見解結合在一起論述的⑥；論「奏」之基礎時，認爲它以「明允」（義貞）「篤誠」（事信）爲本，而其「體」重在「治繁總要」，這是和「事信」「義貞」「體約」結合在一起論述的⑥；言「贊」一體，以其義之本，「事生獎歎，所以古來篇體，促而不廣」，「約舉以盡情」，這又是和「體約」的見解結合在一起論述的。⑥

　　劉勰論文，雖然重本而輕末，然而並不是重本而棄末。由于植物之根與其枝幹花朵，都屬一物⑥；水流之源和流，都屬一體；重本棄末，實破壞植物的有機性與完整性。劉勰顯然也清楚這一點，所以他說：「振本而末從，知一而萬畢矣。」⑥又說：「大體文章，類多枝派。整派者依源，理枝者循幹。」⑩這種看法使他常常在論述問題時，兼顧本末。他說：「形生勢成，始末相承。」⑪並常用「原始要

---

⑥　〈隱秀〉。下篇，頁202。

⑭　〈情采〉。下篇，頁78。

⑥　〈書記〉。上篇，頁463。

⑥　〈奏啓〉。上篇，頁422。

⑥　〈頌讚〉。上篇，頁153。

⑥　〈章句〉篇：「跗萼相銜，首尾一體。」（下篇，頁119）顯見劉勰也明白此理。

⑥　〈章句〉。下篇，頁119。

⑩　〈附會〉。下篇，頁244。

⑪　〈定勢〉。下篇，頁64。

終」一語來表露他的這種見解。談及創作的問題時，他說：「章句在
篇，如繭之抽緒。原始要終，體必鱗次。」⑫；「原始要終，疏條布
葉。」⑬「原始要終，創爲傳體。」

劉勰重本而不棄本的觀點，也反映在他論述文體的發展演變的觀
點上。在論及各種文體時，他多注意有關文體歷代的發展演變情況。
用〈詮賦〉篇的話來說，就是要「討其源流」。在該篇中，劉勰就表
示賦之源流發展，爲「興楚而盛漢」⑭。這種觀點，也反映在他對文
章謀篇組織的認識上。他表示「誄」這種體制，謀篇上的特色爲「榮
始而哀終」⑮；「賦」這種體制，特色爲「旣履端于唱序，亦歸餘于
總亂」⑯。在〈鎔裁〉篇論及如何命意、取材、用辭等創作的處理
時，也建議：「履端于始，則設情以位體；舉正于中，則酌事以取
類；歸餘于終，則撮辭以舉要。」⑰他希望看到的作品，是「首尾圓
合，條貫統序」⑱之作；是「首尾相援，則附會之體，固亦無以加于
此矣」⑲之作；是「首尾周密，表裡一致」⑳之作。

四、結語

劉勰《文心雕龍》開篇就談到人之文與天地的關係。以文與天地
並生，實天地之心，與天地並稱三才。這種觀念常見于中國文論之
中，特別是唐代主張復古文學論的論著，更經常提出這方面的看法。

---

⑫　〈章句〉。下篇，頁119。
⑬　〈附會〉。下篇，頁245。
⑭　〈詮賦〉。上篇，頁133。
⑮　〈誄碑〉。上篇，頁206。
⑯　〈詮賦〉。上篇，頁133。
⑰　〈鎔裁〉。下篇，頁92。
⑱　〈鎔裁〉。下篇，頁92。
⑲　〈附會〉。下篇，頁244。
⑳　同註⑲。

李翱在提到天之文，地之文與人之文的關係時，進一步以草木枯死來說明言語不能跟教化所產生的人文紕謬。㉛其他論者如權德輿、李舟等都有此種比較天文、地文與人文從而強調人文重要性的言論。㉜

　　中國文學評論者很早就了解到樹木與文學之間的共通關係。劉勰之前，漢代的王充在《論衡》就以樹木來比喻文，雖然他所說的文，指廣義的文。㉝嗣後以此設喻而議論者不少，劉勰之後，白居易〈與元九書〉中常為文論者所舉稱的詩者情為根，言為苗，聲為花，義為果實的言論，又是另一例。㉞明屠隆更以繁枝葉而離本根，但「穠華色澤，亦種種動人」來形容鮑照、謝朓、顏延之、沈約等人的作品。㉟

　　中國詩文論界以植物來比喻文學的，基本上有三方面的處理：

　　其一以樹木之成長說明文學本同但在後來的發展形成了不同體制的情形。如曹丕《典論・論文》以：「文本同而末異」，進而說明文學的各種體制如奏議、書論、銘誄、詩賦的不同特色。劉勰《文心雕

㉛　見李翱〈雜說〉。《李文公集》卷五。頁六。《四庫全書》。台北：商務印書館影文淵閣本。

㉜　參閱權德輿〈唐御史大夫贈司徒贊皇文獻公李棲筠文集序〉。《權文公集》。《全唐文》卷四百九十三。頁十五。（北京：中華書局，1983）。梁肅〈常州刺史獨孤及集後序〉。《全唐文》。卷五百十八。頁三。同註㉛。

㉝　〈超奇篇〉：「察文之人，人之杰也。有根株于下，有榮葉于上，有實核于內，有皮殼于外。文墨辭説，士之榮葉皮殼也。實誠在胸臆，文墨著竹帛，外內表裡，自相副稱，意奮而筆縱，故文見而實露也。」（《論衡》。卷十三。頁十九至二十。《四庫全書》。台北：商務印書館影文淵閣本。）

㉞　白居易〈與元九書〉：「感人心者，莫先乎情，莫始乎言，莫切乎聲，莫深乎義。詩者，根情，苗言，華聲，實義。」（《白氏長慶集》。卷四十五。頁二。《四庫全書》台北：商務印書館影文淵閣本。）

㉟　屠隆〈文論〉：「由建安下逮六朝，鮑、謝、顏、沈之流，盛粉澤而掩質素，繪面目而失神情，繁枝葉而離本根，周漢之聲，蕩焉盡矣。然而穠華色澤，比物連匯，亦種種動人。」（《由拳集》。卷二十三。頁二。《四庫全書存目叢書》。浙江圖書館藏明萬歷龔堯惠刻本。）

龍·宗經》以五經爲各種文體之「首」、「源」、「端」、「本」與
「根」當然也是這方面的意見如此。唐柳宗元言文有二道,辭令褒貶
本于著述,而著述出于《書》、《易》、《春秋》;導揚諷喻本乎比
興,而比興出于先古之詠歌,商周的風雅;也是此理。⑯

其二,以樹木之成長過程比喻文學的發展過程。如前文所說的劉
勰用源流的探討各體文學發展的情形。清人喜歡以樹木爲喻討論詩歌
的發展問題。王堯衢《古唐詩合解》在談到歷代詩歌發展時,認爲
《三百篇》屬于長根的階段,蘇武、李陵詩是在萌芽時期,建安是生
長期,到六朝開始長枝葉,到唐代枝葉垂蔭。⑰葉燮(1627-1703)
完全接受王氏的看法,在他的詩論作品中,也用王氏的字句伸論他的
見解,不同于王堯衢的是,他重視宋詩,以詩發展到宋代,方始開
花,而完成整個詩歌發展的程序。⑱錢泳《履園談詩》也有此喻,不
過由于他主唐詩,不滿宋、元詩,因此最後乃說:「至宋、元則花謝
香消,殘紅委地矣。」⑲

其三、以樹木之本與末論述文學質素如內容與形式、情感與景

---

⑯ 柳宗元〈大理評事楊君文集後序〉:「文有二道,辭令褒貶,本乎著述者也;導揚諷
喻,本乎比興者也。著述者流,蓋出于書之謨訓,易之象系,春秋之筆削,其要在于
高壯廣厚,詞正而理備,謂宜藏于簡册也。比興者流,蓋出于虞夏之詠歌,殷周之風
雅,其要在于麗則清越,言暢而意美,謂宜于諷誦也。」(《全唐文》卷五十七。頁
五至六。北京:中華書局,1983)。

⑰ 王堯衢〈古唐詩合解凡例〉:「譬之于木,《三百篇》,根也;蘇、李發萌芽,建安
成拱把,六朝長枝葉,至唐而枝葉垂蔭,始花始實矣。」(香港:百新圖書公司,196
0)。

⑱ 葉燮〈原詩〉:「譬諸地之生木然,《三百篇》則其根,蘇、李詩則其萌芽由蘗,建
安詩則生長至于拱把,六朝詩則有枝葉,唐詩則枝葉垂蔭,宋詩則能開花,而木之能
事畢矣。」(霍松林、杜維沫注《原詩·一瓢詩話·說詩晬語》北京:人民文學出版
社,1979,頁34。)

⑲ 錢泳《履園談詩》:「詩之爲道,如草木之花,逢時而開,全是天工,並非人力。溯
所由來,萌芽于《三百篇》,生枝布葉于漢、魏,結蕊于六朝,而盛開于有唐一代,
至宋、元則花謝香消,殘紅委地矣。」(郭紹虞《清詩話》。頁872)。

物、作品之風格等等方面的問題,有以經典或六經爲「本」的,如郝
經稱經典爲大經,並言欲求斯文之本,必自大經始,斯文大經,就是
他所說的:「昊天有至文,聖人有大經。」⑩有以道德爲詩文之
「本」的,如家鉉翁〈志堂說〉表示:「志乎道德者,在心之志
也。」⑪有更具體言及道德內涵,以「本」爲仁義者,如權德興贊荀
子、孟子的著作,本乎仁義,⑫宋濂言本乎仁義,方足爲貴。⑬有以
「本」爲誠的,如元好問以唐詩能在《三百篇》之後奇絕特出,在于
知本,而本就是誠。詩能誠,可以厚人倫,美敎化,不誠,「其欲動
天地感鬼神難矣」。⑭有以「本」乃作者之情與外界之景遇而情思暢
流爲詩家妙處的,葉夢得《石林詩話》以謝靈運之「池塘春草」句爲
例,說明這點。⑮但一些作者見及情性之眞並不保證能寫出好詩,又
對詩本情性說提出懷疑。李維禎就反映一些「孤陋寡聞」之士錯誤認
識詩本性情的含意的情形:「孤陋寡聞之士,以爲詩本性情,眼前光
景口頭語,無一不可成詩。」⑯有以「本」指情性之正的,張拭〈孟

---

⑩ 郝經〈答友人論文法書〉:「夫理,文之本也;法,文之末也。有理則有法矣,未有
　無理而有法者也。」(《陵川集》。卷二十三。頁八。《四庫全書》。台北:商務印
　書館影文淵閣本)。

⑪ 家鉉翁〈志堂說〉:「序詩者即心而言志,志,其詩之源乎?本志而言情,情,其詩
　之派乎?自心而志,由情而詩,有本而末不汩不迁。」(《則堂集》卷三。頁十六。
　《四庫全書》。台北:商務印書館影文淵閣本)。

⑫ 權德興〈崔君文集序〉。《權文公集》卷三十三。《四庫全書》台北:商務印書館影
　文淵閣本)

⑬ 宋濂〈林氏詩序〉:「君子之言,貴乎有本,非特詩之謂也。本乎仁義者,斯足貴
　也。」(《宋學士全集》卷六。《四庫全書》。台北:商務印書館影文淵閣本)。)

⑭ 元好問〈楊叔能小亨集序〉。《遺山先生文集》。卷三十六。《四部叢刊初編》(上
　海:商務印書館縮印烏程蔣氏密韻樓藏明初弘治刊本),頁378。

⑮ 葉夢得《石林詩話》:「池塘生春草,園柳變鳴禽。世多不解此語之工,蓋欲以奇求
　之耳。此語之工,正在無所用意,猝然與景相遇,借以成章,不假繩削,故非常情所
　能到。詩家妙處當須以此爲根本。」(《歷代詩話》。台北:藝文印書館)。

⑯ 李維禎〈二酉洞草序〉。《大泌山房集》。卷二十。頁十七。《四庫全書存目叢
　書》。北京師範大學圖書館藏明萬歷三十九年刻本。

子說〉以孔子取《三百篇》，據思無邪的準則，思無邪就顯現了情性之正的特色。⑨因此論者乃以詩之「本」為三百篇了。方孝孺就說過：「三百篇，詩之本也」的話。

上述論見在措詞上，當然和劉勰的說明不同，然而仔細分析，這些見解實際上不出于劉勰所說的「情深」、「風淸」、「義貞」、「事信」、「體約」、「文麗」等範圍。

異族入侵，改朝換代是一個民族感情帶給文學思考高度撞擊的時刻。在這樣一個非常時期，文學論者賦予文學之「本」新的詮釋。「本」所代表的是時代給予文學作者內心撞擊所激發的深厚的情感。如陳子龍〈詩經類考序〉云：「詩以言志，喜怒之情鬱結而不能已，則發而爲詩，其托辭觸類不能不及于當世之務，萬物之情狀，此其所以爲本末也。」⑱錢謙益說：「古之爲詩者有本焉，《國風》之好色，《小雅》之怨誹，《離騷》之疾痛呼叫，結轖于君臣夫婦朋友之間，而發作于身世逼側時命運連之會。夢而囈，病而吟，春歌而溺笑，皆是物也。故曰有本。」⑲這些論點，我們也可以在《文心雕龍》中找到論據。如〈風骨〉篇言「風」之特色時說：「怊悵述情，必始于風。」〈哀弔〉篇「情主于痛傷，而辭窮乎愛惜」及「必使情往會悲，文來引泣」之說。

---

⑨ 張栻〈癸巳孟子說〉：「詩三百篇夫子所取，以其本于情性之正而已，所謂思無邪也。」《四庫全書》（台北：商務印書館影文淵閣本）。

⑱ 陳子龍〈詩經類考序〉。《安雅堂稿》。卷三。《陳子龍文集》。（上海：華東師範大學出版社，1988）。

⑲ 錢謙益〈周元亮賴古堂合刻序〉。《有學集》。卷十七。《四部叢刊初編》（上海：商務印書館縮印康熙甲辰初刻本）。

《文心雕龍》的思維方式
和它的理論體系

武漢大學中文系

羅立乾

壹、序言

　　《文心雕龍》理論體系揭秘，是「龍學」界近年來不同見解爭鳴的熱點。1995年，在北京召開的《文心雕龍》國際學術研討會上，我以「《文心雕龍》思維方式論綱」為題的論文，認為劉勰既繼承了《易》文化所奠定而後又有所發展的以整體直觀為主的經驗型的民族傳統思維方式，同時又受到了魏晉玄學思辨智慧和印度佛學重形式邏輯之「因明學」的影響，從而開拓創新出一種將「天人合一」的整體思維、「奉常處變」的循環思維、「取象寓理」和「直觀體悟」的形象思維、形式邏輯的抽象思維交錯互補為多元復合體的思維方式，去認識和思考文章和文學問題，並從而使《文心雕龍》具有了邏輯嚴密的理論體系。要揭示這理論體系，就必須明了這種思維方式。後來，此文為《臨沂師專學報》1996年第四期所刊載，但文中僅以「文之樞紐」與「論文敘筆」兩部份的理論內容為例證，去說明上述觀點，而未對《文心雕龍》理論體系中的全部內容與其獨特的思維方式，作出全面系統的論述和剖析。因此，現在將這篇已發表的論文中之內容，既加以刪改，更加以擴充，寫成本文，以期作為能有助於如實把握《文心雕龍》理論體系及其理論內涵之邏輯聯繫的引玉之磚，並求教

於同好。

貳、寫作目的與理論體系和思維方式

　　一部著作的理論體系，與其寫作目的和所採用的思維方式，是密切相關的。劉勰在〈序志〉中，說他著《文心雕龍》的起因和目的，一是自晉宋以來，一些作家片面追求言詞的華美新奇，敗壞了文章的正規體制及其標準的體裁風格，使文章寫作和文學創作越來越遠地背離正道，所以要著此書來「正末歸本」；二是前代文論著作都是「各照隅隙，鮮觀衢路」，很少看到文章寫作和文學創作的根本原理與原則，有些單篇文論雖間或提出了一些構思立意的好意見，但卻泛泛而談，「未能振葉以尋根，觀瀾而索源」，所以要著此書來對文章和文學問題的根本原理與原則，進行「尋根」和「索源」；三是「敷贊聖旨，莫若注經，而馬、鄭諸儒，弘之已精，就有深解，未足立家」，而文章都是從經書中發展而來的，其作用則是儒家經典的輔佐，所以追尋到「葉」和「瀾」之背後的文章和文學問題的根本原理與原則，就既能糾正不良文風而達到「正末歸本」，又能成為羽翼儒家經典的一家之言，誠如近代著名學者劉永濟先生所說：「彥和〈序志〉，則其自許將羽翼經典，於經注家外，別立一幟，專論文章，其意義殆已超出詩文評之上而成為一家之言，與諸子著書之意相同矣」，故而「以子書自許」①。臺灣師大教授王更生也認為：《文心雕龍》是「子書中的文評，文評中的子書」②。而中國古代被稱為「諸子」的先哲們，素來都是把用「天人合一」的整體思維和「奉常處變」的循環思維等思維方式，去「究天人之際，通古今之變」，當作為學致道

---

① 劉永濟《文心雕龍校釋·前言》，中華書局1962年版，頁1。
② 轉引自牟世金《臺灣文心雕龍研究鳥瞰》，山東大學出版社1985年版，頁80。

而成一家之言的最高目標的。就連司馬遷也說他著《史記》是「亦欲
以究天人之際，通古今之變，成一家之言」③。因此，我認爲，劉勰
著《文心雕龍》的終極目的，決非單純針對現實的不良文風，而是要
在文章和文學問題上，「究天人之際，通古今之變」，亦即要窮究
「天文」與「人文」的關係，探究「人文」的古今變化，以追尋到
「爲文之用心」的文章寫作和文學創作的根本原理與原則，而成爲能
夠羽翼儒家經典的一家之言。要達到這個終極目的，必須採用能達到
這終極目的的思維方式。而中國的遠祖素來把天、地、人看成一個既
有聯繫又和諧一致的整體、系統，認爲宇宙天地、萬物發生、社會人
事、時間空間，都似乎具有相互牽制而影響著的密切關係。由《易》
文化所奠定而後又有所發展的「天人合一」的整體思維方式，正是以
遠祖的這種觀念爲致思的起點和途徑，而把宇宙天地自然界和人類社
會，更當作一個既相關聯統一，又有條不紊、生生不已、動態平衡的
有機整體去認識和思考；其思維的目的，則是「究天人之際」。「奉
常處變」的循環思維方式，把宇宙天地萬物和人類社會一切事物的發
展變化，都當作變中有常、周而復始的循環去認識和思考；其思維的
目的，乃是「通古今之變」。劉勰既然將《文心雕龍》「以子書自
許」，就必然把窮究「天文」與「人文」的關係和探究「人文」的古
今變化，以追尋文章寫作和文學創作的根本原理與原則，作爲《文心
雕龍》的中心課題，又必然用「天人合一」的整體思維與「奉常處
變」的循環思維相交錯的思維方式，還補之以形象直觀思維和形式邏
輯思維兩種思維方式，對此課題作出全面而綜合的思考；而且圍繞此
課題，安排出既能展示思考此課題的思路線索，又能提示思考所得理
論成果之邏輯聯繫的五十篇論文的篇次及組織結構，即〈序志〉中所

---

③　見《漢書・司馬遷傳》。

說：「蓋《文心》之作也，本乎道，師乎聖，體乎經，酌乎緯，變乎
騷，文之樞紐亦云極矣。若乃論文叙筆，則囿別區分，原始以表末，
釋名以章義，選文以定篇，敷理以舉統，上篇以上，綱領明矣。至於
割情析采，籠圈條貫，褵〈神〉〈性〉，圖〈風〉〈勢〉，苞〈會〉
〈通〉，閱〈聲〉〈字〉；崇替於〈時序〉，褒貶於〈才略〉，怊悵
於〈知音〉，耿介於〈程器〉，長懷〈序志〉，以馭群篇，下篇以
下，毛目顯矣。」細味這段表述，我以爲，《文心》全書可分爲四個
部分，：「文之樞紐」五篇的總論，「論文叙筆」二十篇的體裁論，
「割情析采」十九篇的創作方法論，「崇替於〈時序〉」和「褒貶於
〈才略〉」等五篇爲一組的文學發展論與批評鑒賞論。最後則將作爲
序言的〈序志〉置於全書末尾作結。而劉勰以上述四種思維方式交錯
爲多元體的思維方式，去思考上述中心課題，而追尋到的文章寫作和
文學創作的根本原理與原則，以及由這根本原理與原則將各個相互關
聯的理論觀點有機結合而組成的理論體系，也就內在於這四大部份既
前後聯貫，又每個部分論文的篇次及其理論內涵都排列得至有倫序和
邏輯聯繫的組織結構之中。我們明了劉勰建構《文心》理論體系的這
種思維方式，又明了其理論體系的這些特點，則能對《文心》理論體
系作出實事求是的剖析，並探求到各個部分之理論內涵的邏輯聯繫
了。

參、理論體系的剖析

首先，「文之樞紐」五篇的總論中，〈原道〉、〈徵聖〉、〈宗
經〉居於核心地位，並構成三位一體的邏輯聯；〈正緯〉、〈辨騷〉
則與前三篇構成一種維護「原道」、「徵聖」、「宗經」居於核心地
位，又規定文學創新變化指導原則的邏輯聯繫。而首篇〈原道〉一開
端，就以「天人合一」整體思維方式，去窮究「人文」與「天文」的

關係，而得來的抽象的藝術哲學命題，作爲這總論之邏輯結構的出發點和理論基礎。這一命題是用設問方式表達的，即所謂「文之爲德也大矣，與天地並生者何哉？」這句中的「文」，指的是狹義的「人文」即指文章和它的文采；所謂的「德」，即如《釋名‧釋言語》所說：「德，得事宜也」。又《淮南子‧繆稱訓》：「德者，性之所扶也」。所以，這裡的「德」乃指文章和文章的文采是得之於「自然之道」的屬性，亦即「天道」的屬性。而全句的內涵則是以設問的方式，既肯定文章和它的文采作爲從「自然之道」所得來的屬性，是非常普遍而盛大的；又確認文章和它的文采是與天地一起產生的。顯然，這是從「天人合一」整體思維的視角，去窮究「人文」與「天文」關係而得來的抽象的藝術哲學命題。它既揭示出了文章和文采都本原於「自然之道」，又贊揚了文章和文采的普遍性，並把它們提到了與天地同生並存的高度。惟其是關於「人文」與「天文」關係的藝術哲學命題，所以劉勰在提出這命題之後，就接著依據《易傳》強調天、地、人三才整體關係的思維模式，以直觀類推的形象思維方式，由闡明這個命題出發，論證了自天地形成，便有天地本身的文采，作爲「性靈所鍾」，「爲五行之秀，實天地之心」的人類，發爲言語，自然更有文采鮮明的文章，旁及一切動物、植物以及雲霞泉石等等，都有勝過人工雕飾的文采。這些文采，都是由「自然之道」所產生的。劉勰還通過論述「人文」的起源與發展進程，說明了從伏犧畫八卦到孔子集大成的「六經」，都是效法「自然之道」而創制的。他由此而推論出一個結論：聖人「莫不原道心以敷章，研神理而設教」。「神理」，即「自然之道」。根據這個結論，他指出「自然之道」、聖人、文章三者的關係是：「道沿聖以垂文，聖因文而明道」。這實質上的涵義乃是「自然之道」和「研神理而設教」的政治倫理之道，都依靠聖人而留存在有文采的文章中；聖人又通過有文采的文章，來

闡明按照「自然之道」所建立的政治之道。而篇末則引用《周易》的
話說：「《易》曰：鼓天下之動者，存乎辭。辭之所以能鼓天下者，
乃道之文也。」強調聖人的文辭所以能發生鼓動天下的巨大作用，是
由於「道之文」，即由於聖人的文章具有符合「自然之道」的文采，
又含有效法「自然之道」所制定的政治倫理道德原則的內容，點明了
從窮究「人文」與「天文」關係中所得出的「自然之道」，是文章和
文采之本原的主題。正由於文章和文采的本原是「自然之道」，所以
寫作文章，都必須從推究文章的本原是「自然之道」出發，即「本乎
道」；又由於「道沿聖以垂文」，「聖人之心，合乎自然」，所以寫
作文章和論述文章，都必須驗證於聖人，效法他們，即「師乎聖」；
還由於聖人效法「自然之道」而創制出的經書，既是後世各種文章體
制及其標準體裁風格的淵源，又爲文章寫作樹立了最好榜樣，所以寫
作文章和論述文章，都必須尊奉經書，即「體乎經」，亦即在文章體
制和體裁風格上依據經書。這就是「文之樞紐」的總論中最根本的思
想邏輯。它清晰地表明：「原道」、「徵聖」、「宗經」，既在這總
論中屬於核心地位，又有三位一體的邏輯聯繫。而文章和文采本原於
「自然之道」，則是這種邏輯聯繫的理論基礎。正是從這理論基礎出
發，〈徵聖〉中指出聖人由於能夠全面觀察整個自然界，掌握了「自
然之道」的秘奧，故其文章不但創造出了詳細、顯豁、含蓄的不同表
現方法、而且能根據不同時機去靈活運用，適應不同時機而變通使
用，使到了「銜華佩實」而「雅麗」，即既有雅正而充實的內容，又
有文采華美的語言形式；同時還以聖人在政治敎化、禮儀事功、個人
修養三方面都重視文章的驗證爲根據，概括出「志足而言文，情信而
辭巧」是寫作文章的「金科玉律」；另一方面，〈宗經〉中，又指出
經書取法於天地，效法於祖先，深究事物的順序，洞察到人的靈魂深
處，徹底掌握了文章的精華，是後世各種文章體制的淵源，所以「文

能宗經，體有六義：一則情深而不詭，二則風清而不雜，三則事信而不誕，四則義直而不回，五則體約而不蕪，六則文麗而不淫。」由此可見，劉勰通過窮究「人文」與「天文」的關係，確乎在「文之樞紐」前三篇中，揭示出了文章和它的文采本原於「自然之道」，而「聖文雅麗，銜華佩實」和「文能宗經，體有六義」的原理與原則，乃是文章寫作與文學創作應遵奉的恆久不變之常規。至於〈正緯〉、〈辨騷〉，與前五篇的邏輯聯繫之出發點與歸結點，則正是這恆常不變的常規。試看〈正緯〉首段，就充分肯定了聖人講河圖、洛書是效法「自然之道」或叫「神理」的說法。只是後世產生出喜好假托孔子之名的荒誕不經傳說，才造作了緯書「乖道謬典」的變化。而劉勰「原道」、「徵聖」、「宗經」的全部目的，乃是要揭示出和樹立起上述「文能宗經，體有六義」等原理與原則，具有恆久不變的神聖地位，就當然必須匡正緯書的虛假荒謬，反對它誣聖亂經，還它假冒偽造的真面目。但同時又指出：至於伏犧、神農、軒轅等人的最早傳說，以及名山大川的故事，「事豐奇偉，辭富膏腴，無益於經典，而有助於文章。」〈序志〉中說：「酌乎緯」，主張在匡正和刪除虛假詭詐荒誕內容的前提下，酌取有助於文章的精華，即「贊」中所說：「芟夷譎詭，糅其雕蔚」。這就既規定了對待緯書異於經書的變化和吸取其中文學性資料的指導思想，又維護了上述「文能宗經，體有六義」等原理與原則具有恆久不變的神聖地位。而以屈原〈離騷〉為代表的《楚辭》則是《詩經》以後詩歌創作的一個巨大變化與創新。〈辨騷〉中，一方面，肯定了這種變化與創新，說《楚辭》產生了「衣被詞人，非一代」的影響；另一方面，則辨析出了《楚辭》既有四個方面同於經書之處，又有四個方面異於經書之處，積極地評價了它的藝術特色與成就，並分析了後代作家受其影響的不同情況，明確提出效法《楚辭》進行創作的原則，應該是「憑軾以倚〈雅〉

〈頌〉，懸轡以馭楚篇，酌奇而不失其貞，玩華而不墜其實」。這就是說，要在以經書之一的《詩經》作爲準則的駕馭下，去酌取《楚辭》中的奇異想像與華麗詞語，但不失去其內容的純正與眞實。〈序志〉中還提出「變乎騷」，主張在文學的創新變化上要參考《楚辭》。這就既規定了對待由《楚辭》開始有異於經書的藝術創新變化，即以經書的純正文風來規範和駕馭藝術上的新變，又從而也就維護了上述「文能宗經，體有六義」等原理與原則具有恆久不變的神聖地位。所以，說到底，劉勰以「聖文雅麗，銜華佩實」和「文能宗經、體有六義」，作爲文章寫作與文學創作縱向發展變化中的恆常不變之則，又以「奉常處變」作爲文學發展變化的規律，乃是「文之樞紐」總論的理論內核，也是《文心雕龍》理論體系立論的關鍵，在全書中具有決定性的意義。

第二，「論文叙筆」二十篇體裁論中，劉勰對於34種文章體裁的論述，都是按這樣四項程序進行的：一是「原始以表末」，即推究體裁的起源，叙述它的演變；二是「釋名以章義」，即解釋體裁的名稱，顯示它的意義；三是「選文以定篇」，即選代表作品，確定作爲論述的篇章；四是「敷理以舉統」，即從闡述寫作道理中，舉出體裁的體制特色和規格要求，也就是說明它的正宗標準體裁風格。前三項都是爲最後一項服務的。所以，考察和探究「人文」的古今變化，以揭示和規範各種文章體裁的正宗標準體裁風格，是《文心》體裁論的主旨。試舉三個例證，以見全豹。

1.〈明詩〉在對詩歌進行了「釋名以章義」、「選文以定篇」、「原始以表末」的論述之後，總括地說：

> 故鋪觀列代，而情變之數可監；撮舉異同，而綱領之要可明矣。若夫四言正體，則雅潤爲本；五言流調，則清麗居宗；華實異用，唯才所安。

　　這段話的前四句是說，廣泛地觀賞和考察了各代詩歌，就可以明白詩歌創作情況的古今變化規律；然後歸納列舉出各代詩歌的異同，也就可以明白詩歌創作的「綱領之要」了。這四句話，可以說是對「論文叙筆」的四項程序之宗旨的概括。它正表明《文心》體裁論的中心課題，是考察和探究「人文」的古今變化，以使「綱領之要可明」。而「綱領之要」，即指文章體裁的體制規格，亦即文章體裁的正宗標準體裁風格。這裡則是指詩歌的正宗標準體裁風格。爲探究詩歌的此課題，劉勰以「奉常處變」的循環思維方式，又從對詩歌風格美的審美直接感受中，去細細品味和考察從先秦到晉宋四言和五言兩種詩體的創作風貌的變化，認爲〈古詩〉「直而不野，婉轉附物，怊悵切情」；張衡〈怨詩〉「清典可味」，建安之作「造懷指事，不求纖密之巧；驅辭逐貌，唯取昭晰之能」；但「晉宋群才」走向浮淺綺麗的道路；再到劉宋初期則變而爲「儷采百字之偶，爭價一句之奇」的新風，越來越趨向華辭麗藻的「綺靡」風格，並從而得出「四言正體，則雅潤爲本；五言流調，則清麗居宗」的結論。這就是揭示和規範出四言詩的正宗標準體裁風格以清新華麗爲主，用以指導詩歌創作回歸到〈徵聖〉所說「聖文之雅麗，固銜華而佩實」的道路上去。

　　2.〈詮賦〉的末段說：

　　原夫登高之旨，睹物興情。情以物興，故義必明雅；物以情觀，故詞必巧麗。麗詞雅義，符采相勝，如組織之品朱紫，畫繪之著玄黃，文雖新而有質，色雖糅而有本，此立賦之大體也。

　　這「大體」，即指對體裁風格的根本要求。劉勰考察從先秦到晉宋具有代表性的辭賦作品風格的變化，認爲宋玉「發巧談，實始淫麗」，但班固等八人的賦或「明絢以雅贍」，或「迅發以宏富」，或「構深瑋之風」。「然逐末之儔」專門講求文辭的艷麗，以致造成了「繁華損枝，膏腴害骨」的惡果。因此，他通過闡述「情以物興，故

義必明雅；物以情觀，故詞必巧麗」的創作原理，揭示和規範出賦的
正宗標準體裁風格是「麗詞雅義」，即雅正的內容與華麗的文辭相結
合。這也是要使辭賦回歸到「聖文雅麗，銜華佩實」的道路。

3.〈論說〉中，考察了說辭體裁的起源及其發展變化情況之後
說：

> 自非諧敵，則唯忠與信，披肝膽以獻主，飛文敏以濟辭，此說之
> 本。而陸氏直稱：「說煒曄以譎誑」。何哉？

這不但規範了說辭的正宗標準體裁的特點在於內容的忠誠和信
實，辭語的敏銳流利；而且批駁了陸機所謂說辭的體裁特點在於文辭
光彩鮮明而用詭詐欺騙的說法。可見，劉勰對游說之士進謀獻策的
「游說之辭」，也要求做到「銜華佩實」。

前已述及，「奉常處變」的循環思維方式，把宇宙萬物和人類社
會一切事物的發展變化，都當作變中有常、周而復始的循環去認識和
思考。劉勰以這種思維方式，去探究「人文」的古今變化，必然對文
章體裁的起源變化等問題，得出了變中有常的結論：即源於「五經」
的種種文章體裁，在長期寫作演變過程中，都分別形成了恆常不變的
體制特色和規格要求，表現爲正宗標準的體裁風格；而作者則應按照
體裁正宗標準風格，去「隨性適分」，寫出不背離體裁正宗標準風格
而又有自己風格特點的文章或作品。如〈明詩〉中說：「四言正體，
則雅潤爲本；五言流調，則清麗居宗。華實異用，惟才所安。故平子
得其雅，叔夜含其潤，茂先凝其清，景陽振其麗」，四位詩人在「雅
潤」和「清麗」共同正宗體裁風格的規範下，又各有「雅」、
「潤」、「清」、「麗」的個人風格特點，就是這個結論的例證。顯
然，「論文敘筆」體裁論以揭示和規範文章體裁之變中有常的正宗的
體裁風格爲宗旨，既是〈宗經〉中「稟經以制式」之思想的延伸，又
將「文能宗經，體有六義」和「銜華佩實」而「雅麗」的原則，具體

地貫徹到了體裁論中，並從而爲各種文章體裁確立了「稟經以制式」的體裁「正式」。這就是「文之樞紐」與「論文叙筆」之間在理論內涵上的邏輯聯繫。

第三，從〈神思〉到〈總術〉十九篇爲「割情析采」的創作方法論中，由〈神思〉至〈定勢〉共五篇，專題論述規律性的創作方法問題；由〈情采〉至〈附會〉共十三篇，專題論述創作的具體表現方法和修辭技巧等問題；最後以〈總術〉作創作方法論的總結。而所有論述既以「割情析采」爲中心線索，又是以引導和規範作者走上各種文體都具有變中有常的正宗體裁風格的創作正軌，爲邏輯的出發點或歸結點，並還以之作爲各篇理論內涵之邏輯聯繫點的。

〈神思〉中，圍繞創作中物、情、辭的關係，揭示出藝術想像和創作構思的原理，又依據這原理，闡述了物、情、辭在藝術想像和創作構思中的關係及其作用。然後，便以大量例證說明作家開展想像構思文章，有快速和遲慢兩種類型，而造成這或快或慢的原因，則是由於作家的才性和文章的體裁都不同，進而歸結爲：「情數詭雜，體變遷貿」，認爲作家的個性、情思既不一致又很複雜，而文章體裁的體制特色與規格要求也不同，必然導致開展想像構思文章作品的不同變化，從而使文章作品也形成了變化多端的風格現象。因此，〈神思〉之後，就進一步論述作家的才性與文章作品風格之間的關係。誠如范文瀾《文心雕龍》所說：「情數詭雜，體變遷貿，隱示下篇將論體性」④而劉勰之所以在「論文叙筆」的體裁論中，要以揭示和規範文章體裁之變中有常的正宗的體裁風格爲宗旨，就是要把作家納入依據這正宗的體裁風格去創作的軌道，寫出不背離正宗的體裁風格而又有自己風格特點的作品。所以，〈體性〉中，一方面，闡述了作者的才

---

④　范文瀾《文心雕龍·卷六·神思》人民文學出版社1978年版，頁504。

能、氣質、學識、習染四種因素的差異是形成文章作品有不同風格特色的原因，並認為氣質個性和才能來自先天稟賦，學識和習染來自後天的薰陶，而天賦氣質個性與才氣則是形成個人風格特色的決定因素；另一方面，又將作品的風格特色，歸納為八種類型：「典雅」、「遠奧」、「精約」、「顯附」、「繁縟」、「壯麗」、「新奇」、「輕靡」，認為「典雅」與「新奇」相反，「遠奧」與「顯附」不同，「繁縟」與「精約」相反，「壯麗」與「輕靡」相背，表示只贊同和推崇「典雅」、「精約」、「顯附」、「壯麗」四種風格類型，尤其特別推崇「典雅」風格類型，說它是「鎔式經誥，方軌儒門者也」，對「新奇」和「輕靡」兩種則加以貶斥。基於這些觀點，又提出「才由天資，學慎始習」的告誡，主張「童子雕琢，必先雅制」，「摹體以定習，因性以練才」也就是要規範作者在確立「鎔式經誥」的雅正習染的基礎上，去創作依據正宗體裁風格而又有自己風格特點的作品。繼〈體性〉之後的〈風骨〉，則是論述作品的個人風格在符合正宗體裁風格的前提下，還應進一步具備「風骨」的內在特質，從而構成更理想的整體藝術風貌。所謂「風」，是就情感說的：「怊悵述情，必始乎風」，「情之含風，猶形之包氣」，「意氣駿爽，則文風生焉」，「深乎風者，述情必顯」，強調作者所抒情感要含有昂揚爽朗的意氣，抒寫得顯豁鮮明，很有氣勢，富有鼓動和感化人的藝術力量；所謂「骨」，是就文辭說的：「沈吟鋪辭，莫先於骨」，「辭之待骨，如體之樹骸」，「結言端直，則文骨成焉」，「練於骨者，析辭必精」，強調文辭構結得端莊而有條理，用辭都錘練得堅實、正直、準確、精當，具有像骨一樣堅實峻直的藝術力量。情感和文辭中這兩種力量相互結合，便構成了鮮明而剛健有力的整體藝術風貌，即篇末所說的「文明以健，風清骨峻，篇體光華」。至於怎樣使作品具有這樣的風貌？〈風骨〉中則指出，既要向經典之範學習，吸取「子

史之術」，又要「洞曉情變，曲昭文體」。而緊接〈風骨〉之後的
〈通變〉與〈定勢〉，就是分別闡明「洞曉情變」與「曲昭文體」的
篇章。〈通變〉中，劉勰對他所「洞曉」之「情變」，亦即所洞曉之
文章發展變化的情勢，主要提出了兩個變中有常的觀點：一是各種文
章體裁的名稱、體制規格及其表現出的體裁風格，都具有世代相因而
不變的恆常性，而文章寫作的變通方法和文章的文辭、氣勢及感染
力，則各代既承傳又變化，是變化無窮的。所以，體裁上必須借鑒以
前的文章；寫作的變通方法上則應研究新興的文章，此即所說：「設
文之體有常，變文之數無方」，「凡詩、賦、書、記，名理相因，此
有常之體也；文辭氣力，通變則久，此無方之數也，名理有常，體必
資於故實；通變無方，數必酌於新聲」。二是文章由上古到劉宋的發
展變化中，「序志述時」的原則是恆常不變而古今一致的，但文風發
展變化的總趨勢，是由質樸到華麗，而商周兩代則既華麗又典雅，最
有典範性，楚漢以後則華麗過分，以致到劉宋初年，形成了怪誕新奇
的不良文風。而要矯正這不良文風，就必須「還宗經誥」，即回歸到
尊奉「聖文之雅麗」。這表明，劉勰以商周華麗而典雅的文風，作爲
恆常不變的典範。因此，他又提出處理文風之變和矯正不良文風的原
則爲：「斟酌乎質文之間，檃括乎雅俗之際」，也就是要「奉常處
變」。劉勰認爲：作家在掌握了這些「洞曉情變」之理的前提下，去
「憑情以會通，負氣以適變」，去「望今制奇，參古定法」，就能寫
出具備「風骨」的「穎脫之文」。所以，「洞曉情變」的根本目的，
乃是要作家通曉文章發展變化的情勢是變中有常，萬變不離每種文章
體裁各有其恆常性的正宗體裁風格；還應該通曉只能奉「商周麗而
雅」這典範文風之「常」，去在文風上會通適變，決不能離此之
「常」去適變。因此，又設〈定勢〉篇，來解決「曲昭文體」的問
題，亦即解決詳細明白各種文章體裁及其體裁風格的問題。這所謂

「定勢」中的「定」，當指確定；「勢」的含義，則說者紛紜。我以為，細細研味此篇全部文意，這「勢」的概念有兩層涵義：一指文章體裁的體裁姿勢，也就是指體裁風格；二指決定體裁風格的趨勢。所謂「定勢」，就是確定每種文章體裁各有其恆常性的體裁風格，順著決定這種體裁風格的趨勢來寫作。試看它發端就說：「情致異區，文變殊術，莫不因情立體，即體成勢也」，豈不就是說明任何文章都是根據情感來確立體裁，隨著體裁的體制規格，而形成了決定其體裁姿勢的趨勢嗎？接著，又進一步指出：各種文章的體裁姿勢，猶如駑機發出的箭、山澗中的急流、合乎圓規方矩的圓形方形物體，產生出筆直、回旋、轉動、平穩的姿勢，都是由決定其姿勢的自然而然之趨勢決定的。所以，「模經爲式者，自入典雅之懿，效〈騷〉命篇者，必歸艷逸之華……」。基於這些論斷，劉勰將二十二種重要文章體裁的體裁姿勢，歸納爲六類各有恆常性的正宗標準體裁風格：一、章、表、奏、議應「典雅」；二、賦、頌、歌、詩應「清麗」；三、符、檄、書、移，應「明斷」；四，史、論、序、注應「覈要」；五、箴、銘、碑、議應「弘深」；六、連珠、七辭應「巧艷」。他認爲，晉宋以來一些急於新變的作家，厭棄這些具有恆常性的正宗標準體裁風格，逐奇失正，「失體成怪」，「勢流不返，則文體遂弊」。爲糾正這種逐奇失正的錯誤趨勢，所以要「定勢」，即要確定每種體裁各有其恆常性的正宗標準體裁風格，順著它的自然趨勢，做到「執正以馭奇」。可見，爲「曲昭文體」而「定勢」的根本目的，乃是爲了達到〈風骨〉中所要的「確乎正式」。也由上述可見，從〈神思〉到〈定勢〉這組論述規律性創作方法的五篇論文，確乎是以引導和規範作者要遵循各種文體有其恆常性的正宗標準體裁風格的創作正軌，爲邏輯出發點或歸結點，並還以之作爲各篇理論內涵之邏輯聯繫點的。至於從〈情采〉到〈附會〉十三篇，則也都貫穿了這個邏輯出發點或

歸結點。如〈總術〉中，強調要精通寫作，就必須通曉文章寫作的基本原理和方法，而要能通曉這基本原理和方法，則必須全面考察各種文章體裁及其體制規格。這清楚地表明：劉勰要確定各種文體有其恆常的正宗體裁風格之基本思想，也貫穿於對寫作具體方法之論述中了。限於篇幅，故不累述。

第四，從〈時序〉至〈程器〉五篇為一組的文學發展論、批評鑑賞論中，也仍然以確立和維護各種文體有其恆常的正宗體裁風格和「麗而雅」的文風，貫穿於其中。〈時序〉說：「文變染乎世情，興廢繫於時序」這對「變」的必然性作了充分肯定，而且說明了文學發展變化與時代及社會的發展變化的關係。但與此同時又指出：「自中朝貴玄，江左稱盛，因談餘氣，流成文體」，以致「詩必柱下之旨歸，賦乃漆園之義疏」。這就是從維護各種文體有恆常性的體制規格和正宗標準風格出發，批評玄學清談的「世情」使詩賦的發展背離了「變中有常」的體統。而且還指出崇尚質樸或文采的交替變化，是「奉常處變」的一種周而復始的不斷循環，所以「贊」中說：文章作品雖已「辭采九變」，但「樞中所動，環流無倦」，最終會回到「聖文之雅麗」。而〈物色〉篇之所以要論述自然景物的變化與文學發展變化的關係，歸根到底是既要說明：從《楚辭》到漢賦和晉宋以來的作家，在描繪景物上的發展變化，已日益背離《詩經》「麗則而約言」的優良傳統，走上了「麗淫而繁句」的邪路；又要作家繼承《詩經》善於寫景的經驗，加以融會貫通的變革，做到「物色盡而情有餘」。〈知音〉篇標樹出鑑賞與批評作品方法的「六觀」，為首的「一觀」就是「位體」，即首先觀察體裁安排得是否符合其正宗標準體裁風格的規格：「二觀」是「置辭」，即觀察文辭的布置是否符合「麗而雅」的典範文風標準。而〈才略〉等篇中，對歷代重要作家作品的評論，無不依據這「二觀」方法，從體裁風格和文辭風格兩個層

面，概括其成就與特色，指出其得失。誠如劉永濟《文心雕龍校釋》所說：「才略者，才能識略之謂也，屬之人。發而爲辭令，蔚而成華采，則屬之文。而辭令華麗之中，又含筆與文二類。故篇中涉及文體，至爲廣泛，上至詩賦下及書記，皆在揚榷之列，與本書上篇所品論，旨趣無二」⑤

肆、結語

中國的先哲既素來把天、地、人看作一個相通的整體，又素來都把「天人」和「古今」總連在一起，去尋求其中相通的常則。董仲舒就說過：「天人之徵，古今之道也。孔子作春秋，上揆之天道，下質諸人情，參之於古，考之於今。」⑥因此，「天人合一」的整體思維方式必然導致出「奉常處變」觀念及其循環思維方式，即所謂「天不變其常，地不易其則，春秋多夏，不更其節，古今一也。」⑦或謂「天之道，有序而時，有度而節，變而有常。」⑧而劉勰則不僅把窮究「人文」與「天文」關係和考察「今文」的古今變化連在一起，作爲《文心》的中心課題，而且還用「天人合一」的整體思維與「奉常處變」的循環思維相交錯的思維方式，去思考這課題，從而揭示出文章和它的文采本原於「自然之道」而「聖文雅麗，銜華佩實」和「文能宗經，體有六義」的原理與原則，是文章寫作與文學創作縱向發展變化中應「奉常處變」的常則，又揭示和規範出源於五經的各種文體所具有的恆常性之正宗標準體裁風格，也是各種文體寫作及其創新變化應「奉常處變」的常規；再進而分專題論述創作方法、文學發展、

---

⑤　劉永濟《文心雕龍校釋·才略》中華書局1962年版，頁183。
⑥　《漢書·董仲舒傳》。
⑦　《管子·形勢》。
⑧　董仲舒《春秋繁露·天容》。

批評鑑賞等問題，則都是爲了貫徹這種「奉常處變」和「變不失常」的觀念。可見，《文心雕龍》的思維方式和貫穿於它的理論體系中的根本觀念，與中國先哲的思維方式及其根本觀念，是相當一致的。明乎此一致，庶幾可以理解到劉勰著《文心雕龍》以羽翼儒家經典而成一家之言的目的，並從而「還原」其理論體系的固有面目。

參考書目

1.范文瀾《文心雕龍註》人民文學出版社1978年版。

2.黃　侃《文心雕龍札記》中華書局1961年版。

3.詹　鍈《文心雕龍的風格學》人民文學出版社1982年版。

4.劉永濟《文心雕龍校釋》中華書局1962年版。

5.羅　熾《易文化傳統與民族思維方式》武漢出版社1994年版。

6.羅立乾《新譯文心雕龍》臺北三民書局1994年版。

劉勰《文心雕龍》與理性主義的理論思辯

復旦大學中文系

蔣凡　羊列榮

一

魏晉以來，玄學漸盛，諸家「師心獨見，鋒穎精密」（《文心雕龍·論說》），以簡明清晰之義理，而開啓理性思辯的精神。此時，釋經迻譯，蔚然成風，尤在南朝「專精義理」（湯用彤《漢魏兩晉南北朝佛教史》第十章），由宗教信仰進一步回歸哲學。當其時，論難之風甚盛，而思辯氣氛愈濃。於是有《文心雕龍》。

魯迅以「解析神質，包舉洪纖，開源發流，爲世楷式」，並稱《文心》與亞里斯多德的《詩學》。在歷史的影響上，《文心》固不宜與《詩學》並論，但它們確實在探本溯源、「解析神質」、導入體系思維等方面具有相當的理論貢獻。因此《文心》的價值，不僅因其具體的成功藝術探索，局部的規律把握，貼切生動的作家作品評析；而且對於以經驗主義思維爲主的文論傳統來說，《文心》所表現出的理性主義的色彩便顯得更具卓越性。

我們所說的「理性主義」和「經驗主義」，是在思維方式意義上來確定其內涵的，所以區別於歐洲的作爲哲學派別的大陸理性主義和英國經驗主義。經驗主義思維，在思想的表述上往往與平常的意識狀態保持一致，如黑格爾所說的：「思想每每穿上當時流行的感覺上和精神上的材料的外衣，混合在這些材料裡面，而難於分辨。」（《小邏輯·導言》理性主義思維，則超出那自然、感覺的意識，克服經驗

思維通常具有的散漫雜多的知識形式，而「達到真正必然性的知識的反思」（黑格爾）。「必然性」反思，在寬泛的意義上講，就是從現象的偶然多樣性走向本質的必然統一性。

我們以此爲背景，從四個方面來考察《文心》的思維特徵。包括：本體思維、系統思維、概念思維和邏輯思維。

二

在易變與偶然的現象中尋求有普遍性和永久性的原則，在「多」中尋求一個本原的「一」，構成了本體思維的基本內涵。在古典形態的哲學中，它往往決定著思想深度。因此，劉勰以〈原道〉開篇，即表現了他在理論上的深度追求。

劉勰在〈滅惑論〉中曾說：「至道宗極，理歸乎一；妙法眞境，本固無二。」他便以這種具有鮮明的時代特色的「圓通」精神，將歷史上的各種本體思想糅於其文章理論中。〈書記〉云：「陰陽盈虛，五行消息，變雖不常，而稽之有則也。」又在〈議對〉中稱董仲舒「本陰陽之化，究列代之變」。可見，除了衆所周知的道家、易家及佛家對劉勰的本體觀念產生影響之外，陰陽五行學說中的「變雖不常，而稽之有則」的觀點也在劉勰的思維中留下印跡。顯而易見，他並沒有將它們眞的「圓通」起來，——這樣的高度不是那一時代所能達到的。但是，在我們看來，在某點上，劉勰確乎已汲取了諸家學說的共同精神，即〈論說〉中所表述的：「窮乎有數，追於無形，跡堅求通，鈎深取極，乃百慮之筌蹄，萬事之權衡也。」這裡的「有數」，是具體有形的現象；透過現象洞察深層的最終的本質，便是「追於無形」、「鈎深取極」。這也就是本原的追問。

於是，劉勰便由此確立了他的文學理論中的本體觀：複雜衆多的文學現象是由本體「道」（或曰「太極」、「神理」等）決定的，

「道」中蘊含著文學創作的普遍原則，即所謂「振本而末從，知一而萬畢」（〈章句〉）。

按漢代的宇宙構成論，常建立在「三」的觀念上，如《漢書·律歷志》說「太極元氣，函三為一」，馮友蘭以為這「三」是指天、地、人（《中國哲學史新編》第三冊）；揚雄《太玄圖》就說得明白了：「夫玄者，天道也，地道也，人道也。」這種一而生三的觀念，強調了現象之生成的外在形式的靜態區分。另外，「體」與「用」這對本體論範疇，在劉勰的時代特別引起關注，如湯用彤所說：「魏晉以訖南北朝，中華學術界異說繁興，爭論雜出，其表面上雖非常複雜，但其所爭論實不離體用觀念。」（《漢魏兩晉南北朝佛教史》第十章）劉勰所說的「道」與「文」的關係，便是以「道」為「體」而「文」為「用」；又按一而生三的觀念，「文」被分為天文、地文以及人文。《文心》之「文」，乃「用」之一。這是劉勰所將展開的全部理論的內容的邏輯起點。

牟世金在《文心雕龍譯注·引論》中指出，貫穿於《文心》全書的理論的基本思想是「銜華佩實」，即內容與形式的完美統一的觀念，而〈原道〉中提出的本體觀念實未構成其理論的基本點。但是，我們看到，在劉勰的表述中，「銜華佩實」之說其實是以「文本乎道」的本體論為依據的，內容與形式的關係是體用關係的延伸。他說：「言之文也，天地之心。」（〈原道〉）作為道體的外在顯現的天文地文皆「鬱然有彩」，則人類再創造的文章也就更當如此了。〈麗辭〉又說；「造化之賦形，支體必雙，神理為用，事不孤立。」文辭之有對偶，也是「神理」（「道」之異名）之本然。總之，劉勰是以「道」為依據而推演出文章之有形式美的必然性的。〈情采〉：「五情發而為辭章，神理之數也。」就是說，由「情」自然地表現為「采」，「為情而造文」，正是合乎「神理」的基本原則的。所以，

「銜華佩實」固然是貫穿於《文心》的統一的美學思想，但這是劉勰堅持著體用本不離的觀念的緣故。何況，形式與內容的關係本不足以作為一個理論體系的基本點，因為這種關係是派生的，它自身為更為根本的觀念所支配。

不過，很明顯的是，貫穿於其理論的，更多的是「師乎聖，體乎經」（〈序志〉）的思想。那麼，「本乎道」與徵聖宗經之間又構成什麼關係呢？劉勰以如下表述將他的徵聖宗經觀念納入到本體論之中：「道沿聖以垂文，聖因文而明道。」（〈原道〉）聖人是「道」的真正領會者，而聖典是「道」的完全體現者。在此聖人和經典已被提到了與「恆久之至道」（〈宗經〉）相等的高度，所以，「道」、「聖」、「經」三者在本質上構成了沒有差異性的「一」。這就是劉勰的「道—聖—經」三位一體的本體觀念。〈宗經〉云：「百家騰躍，終入環內。」這「環內」，既是聖典，也是「道」。〈議對〉又云：「大體所資，必樞紐經典。」以此聖典為樞紐，正如同以自然之道為樞紐。按中國古代哲學常有本體與本源一而不二的現象，劉勰的文「本乎道」也就有文「源於道」即「人文之元，肇自太極」（〈原道〉）的意思，於是聖典獲得了本源的特性，被劉勰稱為「群言之祖」（〈宗經〉）。〈宗經〉中所說的「論說辭序，則《易》統其首；詔策章奏，則《書》發其源」云云，便是指聖典的本源性，實際上也是「肇自太極」之說的具體化。

「王弼以為聖人與道合體」（唐陸希聲〈道德經傳序〉），可知魏晉玄學時代，兩漢經學中的崇經觀念已被包容於本體思想中。劉勰的三位一體的本體觀，正是這一思潮的反映。

三

本體思維使「多」統歸於「一」，系統思維把「一」貫通於

「多」。「一」是一系統的樞紐,「樞中所動,環流無倦」(〈時序〉),系統中的點都繞著一個中心展開,於是就呈現為「圓」。黑格爾就曾把哲學的體系看作是一個圓(《小邏輯・導言》),而劉勰的文學之思,也在趨向這一境界。

劉勰認為,「圓」是一種美感。它可以指文章形式安排上的有序性,如〈鎔裁〉:「首尾圓合,條貫統序。」也可以是內外諸要素構成上的和諧性,如〈風骨〉:「骨采未圓。」或者是義理表述上的嚴密性,如〈麗辭〉:「理圓事密。」而劉勰之作《文心》,其理論體系也是「圓」的完成,此所謂「驗己而作」(〈養氣〉)。

理論之圓,即系統性,首先表現為理論自身的有機性。劉勰要求理論的闡述必須具有「使心與理合,彌縫莫見其隙」(〈論說〉)的嚴密性,當然這種嚴密性有賴於系統中諸環節之間的統一性。正如文章美的創造,在整體上應保持同一的品格,「若雅鄭而共篇,則總一之勢離」(〈定勢〉),因而理論的展開,也必須保持一個基本點,這樣才能「驅萬塗於同歸,貞百慮於一致」(〈附會〉),若三十之輻共成一轂。否則「一物攜貳,莫不解體」(〈總術〉),正如圓心有二,必不成圓。因此,居於圓心的「一」,即三位一體的「文之樞紐」,便具有作為理論的靈魂將諸環節整合為一體的功能。對於歷史,劉勰以一個統一的權衡準則,品藻流別,臧否百家,俯視著文壇的紛紜變化,凡「入矩」之「純粹者」或「出規」之「踳駁者」(〈諸子〉),無不昭然可鑒。對於創作活動,劉勰「割情析采,籠圈條貫」(〈序志〉),總結出種種規則,也都是恪守著「立文之道」(〈情采〉)的基本精神。總之,劉勰的理論展開,遵循著「並駕齊驅而一轂統輻」(〈附會〉)的系統原則,使理論的各個部分都能趨於共同的「一」而聯結為有機的整體。

系統的理論,還必須具有周延性,即歷史中的重要現象以及創作

活動的各種環節，都能包籠於其宏觀的理論視域中。這就是劉勰自己
說的：「按轡文雅之場，環絡藻繪之府，亦幾備矣。」（〈序志〉）
「備」，就是周延。他以爲，「精思以纖密」，即對具體的現象能作
細密的分析，固然重要；但若「慮動難圓」（〈指瑕〉），即缺少一
種全面思考的能力，終歸是思維上的瑕病。所以，理論家應當是「辨
雕萬物，智周宇宙」（〈諸子〉）。對於歷史，思維主體應「標心於
萬古之上，而送懷於千載之下」（〈諸子〉），超出一己的狹隘識
見，全面考察歷史之始終，使其呈現清晰的整體風貌。劉勰還深刻地
認識到，周延的理論並不單是在量上具有周遍、囊括整個歷史和創作
的過程的涵蓋畫面，還要使它們統一於一個理論的核心。在〈序志〉
中，劉勰就批評了以前的理論家「各照隅隙，鮮觀衢路」，只看到局
部，而不知更爲廣闊的風景，其根本的原因就在於「未能振葉以尋
根，觀瀾而索源」，即缺乏一種追溯事物之本原的思維。沒有本原的
觀念，就沒有高屋建瓴、統籌全局的理論置高點。同樣，他批評陸機
〈文賦〉「號爲曲盡，然泛論纖悉，而實體未該」（〈總術〉），因
爲未能確立理論的主幹，所謂「曲盡」，也只能與「雜亂」（〈序
志〉）爲伍。總之，系統之周延，必須依托於本體思維。

　　再次，我們看到，系統的理論不僅在於能把豐富而全面的內容聚
合爲一個有機體，還通常使它自身表現爲外在的條理性，即內在的邏
輯展開與外在的表述秩序相結合。〈附會〉說：「首尾周密，表裡一
體，此附會之術也。」這裡雖然講的是文章的寫作，卻也反映了他注
意思維條理化的觀念。我們已經表明，劉勰在《文心》中提出的寫作
主張，其實也是貫徹於《文心》自身的。那麼〈章句〉所說的「裁章
貴於順序」，就同樣適合於他自己對《文心》的要求。《文心》建
「樞紐」，明「綱領」，顯「毛目」，彌綸群言，雜而不越，確實實
現了劉勰所期求的秩序之圓美。

　　當然，系統之「圓」，是靈活而變動的，所謂「圓者規體，其勢也自轉」（〈定勢〉）。無論是創作思維還是理論思維，都應當是「名理有常」與「通變無方」（〈通變〉）的統一。劉勰在分析作家的風格時，一方面指出「總其歸塗而數窮八體」（〈體性〉），另一方面又認識到「八體屢遷」，而不是簡單化地把各作家的風格硬套入「八體」之中。又比如，「銜華而佩實」，對於所有文體來說是「常」，但諸文體又有自己的寫作法則，這是「變」；同時，就一種文體而言，這種寫作法則便屬於「常」，而具體的文章則爲「變」了。可見，就是「常」與「變」的關係，也是變動的。以簡御繁，並不是讓現象去遷就本質，而是在用簡一規範繁多的同時，不喪失系統自身對具體而多變的現象的適應性。

　　現在，我們已從有機性、周延性、條理性和變通性四個方面分析了劉勰的系統思維。雖然在他的時代文學理論屬於「自覺」期，但漢以來的學術思想中的系統觀念已爲他作了較爲充分的準備。他在〈議對〉中稱道董仲舒「祖述《春秋》，本陰陽之化，究列代之變，煩而不悶」，以爲仲舒能以陰陽變化的必然性爲本，窮究複雜的歷史現象。劉勰反對感應之說，但卻不妨礙他去吸收董仲舒的解釋世界的系統精神。他又在〈鎔裁〉中說道：「夫百節成體，共資榮衛。」〈附會〉：「夫能懸識湊理，然後節文自會。」此以人體的有機性來比擬文章，則表明古代自然科學尤其是醫學（如《黃帝內經》）中的樸素的系統觀念，在相當程度上啓示著劉勰。

　　「圓」的觀念，無疑受到了佛學的影響。劉勰所說的「義貴圓通」（〈論說〉）、「辭貫圓通」（〈封禪〉）等，本借了佛學的概念。「圓」爲性體靈活周遍，「通」爲開拓妙用無礙。按此精神，劉勰靈活而全面地去認識文學現象，看到了存在於各種現象之間的或隱或顯的必然關係，並能熔鑄百家，折中衆說，從而建立起一個龐大而

豐滿的理論體系。至於佛學的體系性的哲學思維對劉勰的影響，范文瀾已經點明，他說《文心》「蓋採取釋書法式而爲之，故能觀理明晰若此」（《文心雕龍·序志注》）。

我們還注意到《文心》中反復出現的「條例」一詞，如〈徵聖〉「五例微辭以婉晦」、〈史傳〉「按《春秋》經傳，舉例發凡」、「品酌事例之條」、〈書記〉「觀此四條，並書記所總」、〈總術〉「大判條例」等等。按「條例」原是經學尤其是古文學派的學問，它從經書的內容中歸納出若干律規和筆法。同名物訓詁之學相比，它表明了經學中理性思維的進步。劉勰在〈論說〉中曾說：「若夫注釋爲詞，解散論體，雜文雖異，總會是同。」章句之學，易墜於煩雜碎亂，而「條例」實具「總會」之功，將經傳義理進行歸納，使之具有條理性，這正是一種「尋繁領雜之術」（〈史傳〉）。劉勰的系統思維特別強調「綱領」的明確，如〈明詩〉「綱領之要可明」、《議對》「此綱領之大要也」，以及〈附會〉「附辭會義，務總綱領」、〈序志〉「綱領明矣」等等。「綱領」觀念可說是「條例」之學的系統化方向的發展。另外，古文經學大家鄭玄在《詩譜序》中說：「欲知源流清濁之所處，則循其上下而省之；欲知風化芳臭氣澤之所及，則傍行而觀之。此詩之大綱也。舉一綱而萬目張，解一卷而眾篇明。」古文經學的學術思維，作爲先驅，已顯出系統化的傾向。而劉勰的「鋪觀列代，而情變之數可監；撮舉同異，而綱領之要可明矣」（〈明詩〉），以及「乘一總萬，舉要治繁」（〈總術〉）諸說，與鄭玄的話是多麼相似。劉勰的學術觀念本偏向於古文經學一家，那麼他從中吸取理論思維的營養，也是明白的事實。

四

概念是理性思維的基本單位，它通常體現著思維的抽象程度。當

然，經驗思維也會根據理論的需要而產生概念，但是它的內容常常是與自然的感覺表象不分離的，因而是直觀的、模糊的、描述性的。這常常被認爲是中國古典思維的一個重要特徵。自佛學進入中土後，知識分子開始面對大量陌生的佛學概念，起初他們以「格義」的方式加以接受，構成了歷史上第一次本土文化與異域文化之間的概念對話。南朝以來，隨著譯經的增多，以及出於宗敎觀念的考慮，人們尤其是僧侶知識分子需要以透徹的佛學思維理解那些抽象的概念。人們因此而漸漸適應佛敎哲學所具有的概念思維，他們的抽象水平也就大大地提高了。劉勰是經過了佛學薰陶的，其《文心》把佛學概念消化吸收於無形，如「圓通」、「般若」，無不經過了悟，而不像宋代以禪喻詩之風那樣（以嚴羽的《滄浪詩話》爲典型），對佛學概念的理解顯得漫不經心。

　　概念思維的一個重要特點，是能將豐富而具體的理論內容歸納爲某一範疇。《文心》的下篇主要討論了二十四個問題，分別設定「毛目」，而其中的許多「毛目」已具有了範疇特徵，如「神思」屬於創作心理範疇，「風骨」屬於審美範疇，而「通變」屬於發展論範疇，等等。可以說，劉勰的文學理論已初步呈現範疇體系之規模，即以範疇爲綱去展開理論的具體內容。我們特別要指出這一點，是因爲在古典的理論著作中，是極少有這種體例的。

　　在《文心》中，劉勰一再強調思理的清晰度。〈論說〉一文說：「要約明暢，可爲式矣。」即以「明暢」爲義理表達的必要條件。又如〈檄移〉要求檄文「事昭而理辨」、〈議對〉稱道董仲舒「事理明也」、〈總術〉則說「辯者昭晰」等。當然，理論思維的清晰度不僅體現在一般文章所共有的條理上，而且更主要的是體現於概念的透明度，即對概念內涵作直接而明確的界定分析。這一點或許最典型地反映在劉勰對「風骨」的內涵闡釋中，因爲我們有鍾嶸作爲比較。鍾嶸

在他的《詩品》中提出了「風力」概念，但並沒有直接給出其內涵。他說「建安風力」，則我們對「風力」的理論取決於對「建安」的文學背景的理解；又說「幹之以風力，潤之以丹彩」，則我們需借助於上下文如與「丹彩」的對應關係去捉摸其內涵。顯然，鍾嶸將「風力」的內涵隱於知識背景和語境之中了，因而它是不穩定的、不透明的，而我們的理解主要是一種感覺。相應地，劉勰卻對「風骨」的含義作了直接的提示。他說：「結言端直，則文骨成焉；意氣駿爽，則文風清焉。」這是從「骨」、「風」兩則側面作定義。又說：「練於骨者，析辭必精；深乎風者，述情必顯。」這是從創作的角度進一步加以論述。他還辨析了相關概念如「氣」，「采」等與「風骨」的關係。鍾嶸的概念運用方式是傳統意味的，而劉勰所注意的對概念內涵的透明界定，便顯得非常獨特，具有更強的思辯性。

如果把劉勰在「論文敘筆」部分的「釋名以章義」，以寬泛地理解為一種概念的界定行為，那麼我們對他的概念思維的特徵將了解得更多。如何「釋名」呢？他說：「舉匯而求，昭然可鑒矣。」（〈祝盟〉）又在〈銘箴〉中說；「詳觀眾例，銘義見矣。」這裡告訴我們，明確概念的外延，是定義的一種有效的方式。所以，「選文以定篇」（〈序志〉），並不外在於「釋名以章義」，兩者統一於對概念的把握。但概念是通過內涵而指向外延的，以外延來「釋名」，只是間接的提示。因此，所謂「釋名以章義」，主要是指內涵的直接給與。要尋求概念的透明度，是不能缺少這一點的。

劉勰一般用單個語詞去解釋文體之名的意義，而且有意地選用與其音近的字。表面上看，其中多屬文字的附會，意義並不大。但是我們說，在某種程度上，抽象是對具體的簡化，反過來，簡化便有可能包含著抽象的趨向。劉勰的一字釋名，實具有抽象概括的意義。此外，這種釋名方式，還有追求內涵的明晰性的目的，比如「詩者，持

也」，就突出了詩的「持人情性」的內涵特徵；「賦者，舖也」，則點出了舖叙這一表現手法對「賦」的標識性意義。劉勰是要以此來顯明「名」的最核心的內涵。盡管一字釋名仍未脫章句訓詁的皮毛，而且以一字對接一名總不免牽強，但這裡畢竟已有了一些抽象、簡約、明晰的因素，不妨說是現代性的概念界定方法的萌芽。

概念思維在傳統文論中一直比較貧乏，尤其是對概念的內涵界定，缺少一種自覺的意識。這正是傳統文論未能擺脫經驗主義思維的原因之一。雖然劉勰還不可能成熟地運用概念思維，也沒有真正地確立科學的概念分析方法，但他在這一方面已具有相當的自覺意識，因而相比前人，已居於更高的思維水平。

五

劉勰在〈雜文〉中談到「漢來雜文，名號多品」，對此，一方面要「甄別其義，各入討論之域」，另一方面則「總括其名，並歸雜文之區」。前者重在揭示概念的個別規定性和概念間的差異性，屬於一種概念思維。後者重在建立概念與概念間的聯繫，它是邏輯性的。前者為思維提供了個體單元，而後者則將個體單元編織成有機的理論網路，即系統。因此，邏輯思維是一個理論體系的凝固劑。

劉勰說：「類聚有貫。」（〈雜文〉）「類」，就是概念的集合；「貫」，就是概念間的意義關聯。概念間只有建立起這種關係，才能成為一「類」。這是劉勰所提出的概念集合的一個基本原則。他在〈論說〉中分析道，議、說、傳、注等八種文體概念，雖然各有各的規定性，但都以「研精一理」為內容，也就是符合了「類聚而求」（〈諸子〉）的「有貫」原則，便可統歸一類，故曰：「八名區分，一揆宗論。」又如，軒轅唐虞之「命」，三代之「誥誓」，七國之「令」，秦代之「制」等，雖然其名不一，但在性質上卻有共同的

「貫」，即皆爲帝王文告，因而可類聚爲「詔策」。

「類」按照「有貫」的原則進行聚合，就可以「總括其名」。「總名」與其所屬的「類」之間就產生了邏輯上的從屬關係。由於劉勰十分關注這種關係，所以他在「論文敍筆」時，能夠將不同等級的「文」安置得井然有序，避免了連續劃分中的越級現象。「文」最高的屬概念是「道之文」，根據一而生三的宇宙構成觀念，劃分出天文、地文、人文三個子項。「人文」作爲次一級的屬概念，從有韻無韻的角度劃分出「文」、「筆」兩個子項。作爲種概念的有韻之「文」和無韻之「筆」，分別又是詩賦頌贊和史傳論說之母項。而「文」、「筆」諸子項又有其下屬的子項。如此等等。顯然，劉勰對各種文體概念的從屬關係的囿別區分，是非常具有邏輯感的。

「類」是劉勰的文學思想的重要表述方式。如〈宗經〉的「文能宗經，體有六義」，這「六義」便是一個「類」，它概括出了劉勰的文學批評的基本標準。又如〈鎔裁〉有「三準」、〈知音〉有「六觀」，也都是「類」，分別闡述規範文意的基本準則和理解文情的基本方法。這些「類」的內部各項之間，也就是同一屬的諸種概念之間，構成了並列關係。並列關係的建立，一要保持統一的前提，二要相互間不相容，這是基本的邏輯原則。比如「六義」，以劉勰對文章形式和內容的構成要素的分析爲理論前提，「情」、「風」、「事」等六個種概念基本保持著不交叉的關係。「三準」、「六觀」也是大體如此。而各「類」中最能顯示劉勰的邏輯思維能力的，應當是〈體性〉中的「八體」。

「體」是指作家風格，即作家個性在作品中的顯現。「體」作爲屬概念，它包含了八個種概念，這就是「八體」。劉勰認爲，構成作家個性的因素有四，即才、氣、學、習；在創作中它們分別決定著「辭理」、「風趣」、「事義」、「體式」四方面。因爲個體因素存

在著兩極的現象，如才有庸俊、氣有剛柔等，所以文章的四個方面相應地也就會有兩極，如「事義」有深淺，而體分「遠奧」與「顯附」；「體式」有雅鄭，則體有「典雅」與「新奇」之別。劉勰對「體」的劃分，遵守著一個統一的視角，即作家主體構成因素；八個種概念具有不相容的並列關係，並且按劉勰自己所稱：「總其歸塗，則數窮八體。」清代劉開亦說：「論及體性，則八途包乎萬變。」（《孟塗駢體文》卷二〈書文心雕龍後〉）皆以為上述對「體」的劃分已是周延的了。無論如何，至少劉勰在主觀上已意識到避免劃分不全的邏輯錯誤。

我們不妨將劉勰的「八體」與唐代皎然在《詩式》中提出的「辨體有一十九字」作思維上的對比。我們說，皎然的「一十九字」還停留在感覺表像的多樣性中，不如劉勰的「八體」經過自覺的「總歸其塗」的邏輯歸納。此其一。其二，「一十九字」不符合劉勰所說的「類聚有貫」的原則。它們不是從統一的理論前提推演出來的，所以不屬於一「類」，如貞忠節志是道德範疇，高逸氣情又屬審美範疇。其三，皎然「辨體」的諸種概念之間存在著相容交叉的關係，如「悲」、與「怨」、「逸」與「閒」、「達」等，至於「情」與「悲」、「怨」還含有一定的從屬關係。這樣，它們就構不成並列關係了。可以說，劉勰與皎然的這種差別，也就是理性思維與經驗思維的差別。

六

從今天看「文心」，它還有許多不成熟的地方，尚不能完全滿足理性的要求。如他的「三位一體」的觀念，將聖典提高到「恆久之至道」的完美體現之高度，是缺少理性論證過程的，而更多的帶有信仰主義色彩。從整體上講，劉勰的「三位一體」其實主要落實在「經」

上，那麼他的理論體系也就等於建立在宗經觀念上了，其觀念自不免帶有信仰主義的獨斷論色彩，而理性主義就相應地變得脆弱了。又如，〈神思〉所揭示的「神與物游」的創作心理過程，通常只符合一些形象性較強的文章寫作，卻不適用於大多數的實用性文體。這表明他雖然能「精思以纖密」，卻仍然「慮動難圓」（〈指瑕〉）。至於「位理定名，彰乎大易（衍）之數」（〈序志〉），完全是形式的模仿，其篇目體例之設定，便有拼湊之嫌，而沒有從理論自身的邏輯出發。

但是，在中國古代文論發展史上，罕有著述能在理性思辯的水平上與《文心》匹敵。宋末嚴羽的《滄浪詩話》，清初葉燮的《原詩》，雖然也在不同程度地為建立自成一家的詩學體系而努力，然而就理論體系的龐大、嚴密和完整等方面來說，與受玄風佛學薰染的《文心》有著較明顯的距離。

然而劉勰在理論思維上所達到的高度同《文心》在歷史上所產生的效應這兩者之間，是非常不和諧的。《文心》所閃耀的理性思辯的光芒沒能照出多遠。隋唐以降，隨著玄學時代的結束，儒家的重在倫理敎化的實用觀念開始消解理性思辯的力量。正如我們在《文心》與《詩式》的局部比較中已看到的，理性思維的生命力已萎縮，理論家又重新退回到經驗的水平上去了。此後，詩話、筆記、評點成了文論家表達思想的主要方式。他們在表述中保留了感覺的親切內容，不願馳騖於形上空玄的抽象概念之中，以當下最眞切的體驗去代替那純思的邏輯推演，以感知去代替思辯。人們用詩話代替了《文心》，正如用貴在覺悟而不要理性、脫略名相而不立文字的南禪去代替重思辯的唯識宗一樣。

近代以來，在西方思想的影響下，我們逐漸走出了經驗主義思維的閫闠。我們的現代理性主義固然不必要從中古時代的《文心》尋找

起點，卻可以讓《文心》的精神重新活躍起來。

參考文獻：

王更生（1991），《文心雕龍新論》，文史哲出版社，台北。

王運熙、楊明（1989），《魏晉南北朝文學批評史》，上海古籍
　　出版社，上海。

王葆玹（1997），《今古文經學新論》，中國社會科學出版社，
　　北京。

興膳宏（1984），彭恩華譯，《興膳宏〈文心雕龍〉論文選》，
　　齊魯書社，濟南。

湯用彤（1997），《漢魏兩晉南北朝佛教史》，北京大學出版
　　社，北京。

陸侃如、牟世金（1981），《文心雕龍譯注》，齊魯書社，濟
　　南。

范文瀾（1958），《文心雕龍注》，人民文學出版社，北京。

金春峰（1997），《漢代思想史》，中國社會科學出版社，北
　　京。

顧易生、蔣凡（1990），《先秦兩漢文學批評史》，上海古籍出
　　版社，上海。

黑格爾（1980），賀麟譯，《小邏輯》，商務印書館，北京。

一九九八年十二月於上海

《文心雕龍》的
文學「自然」與文學型範論

山東社科院語言文學研究所

馮春田

　　劉勰（約公元456～532）《文心雕龍》論文學，既採用了以老莊為代表的道家學派的「自然」說，又標舉徵周孔諸聖、宗儒家經典的旗幟。然而，他的文學「自然」論與其「徵聖」、「宗經」的型範論不但不相矛盾，而且是一致的。這就與老莊及魏晉玄學以「自然」理論為哲學依據而標榜「無為之聖」，並否定社會型範及相關道德規範形成顯明對照。①因此，對劉勰的文學「自然」與型範論加以探討，不僅對深入了解《文心雕龍》的文學理論體系及特點非常必要，而且也饒具中國古代哲學思想史上的價值。

一、《文心雕龍》的「自然」論及其哲學目的

　　劉勰的「自然」理論是在《文心雕龍》論述文學問題時體現出來的，所以不妨就稱之為文學「自然」論；它包括文學的發生、文學的本質或屬性論等方面的問題。因此，劉勰是借鑒或融合了老莊及魏晉玄學的事物生成、變化與物性「自然」論，而形成其文學「自然」論的。②而與本文主題有直接關係的，是劉勰文學「自然」論中有關文學發生與文學本質論方面的內容。

---

① 參見拙文〈老莊「自然」觀的實證分析〉，載《東岳論叢》1998年5期；又〈論魏晉玄學的「自然」與型範觀念〉，1997年稿（待刊）。
② 參見拙文〈融道於儒：劉勰《文心雕龍》的文學「自然」論〉，載《孔孟月刊》第36卷第9期（1998年）。

對於「人文」即文學的發生，劉勰把它與天、地之「文」及「動植皆文」一起，都歸結爲「自然」。他論天、地之「文」說：「文之爲德也大矣，與天地並生者何哉？夫玄黃色雜，方圓體分，日月疊璧，以垂麗天之象；山川煥綺，以鋪理地之形：此蓋道之文也」③；他論「人文」說：「仰觀吐曜，俯察含章，高卑定位，故兩儀既生矣。惟人參之，性靈所鍾，是謂三才；爲五行之秀，實天地之心；心生而言立，言立而文明：自然之道也」④；他論庶類萬品之「文」說：「傍及萬品，動植皆文：龍鳳以藻繪呈瑞，虎豹以炳蔚凝姿；雲霞雕色，有逾畫工之妙；草木賁華，無待錦匠之奇；夫豈外飾，蓋自然耳！至於林籟結響，調如竽瑟；泉石激韵，和若球鍠：故形立則章成矣，聲發則文生矣」⑤劉勰的結論是：「夫以無識之物，鬱然有彩；有心之器，其無文歟！」⑥這就十分淸楚地說明，天地以及動植萬品之「文」和人類之「文」的發生或出現，是萬物及人類「自己而然（自身如此）」的必然結果。

劉勰在〈原道〉篇首先提出「文」「與天地並生者何哉」的問題，進而論述「麗天之象」、「理地之形」這樣的象、形之「文」是天地運動變化的「自然」；「人文」則爲有思維、情志及語言表達能力的人情感活動的「自然」；甚至庶類萬品，「動植皆文」，也均非外在修飾，而是萬物「自己而然」。就天地及動植萬品之「文」的「自然」而言，表現爲「形立則章成」「聲發則文生」。劉勰認爲「夫以無識之物，鬱然有彩」；而作爲人類，「有心之器，其無文

③ 《文心雕龍·原道》，據范文瀾《文心雕龍注》（北京：人民文學出版社，1957）；上冊1頁，版本下同。
④ 《文心雕龍·原道》，上冊頁1。
⑤ 《文心雕龍·原道》，上冊頁1。
⑥ 《文心雕龍·原道》，上冊頁1。

歟」！即人類基於其「自然」，更必有不同於天地及動植萬品或「無識之物」的文學。而「人文」之「自然」，就表現爲「心生而言立，言立而文明」。可見，劉勰認爲人類之有文學，是人類之「自然」，同時也就是本然或必然的。這就是劉勰「人文」或文學發生「自然」論的核心內容。

與此緊密相關的，是劉勰的文學本質論。如劉勰所論：天地之「文」或如疊璧連珠般的「麗天之象」、或如彩錦煥綺般的「理地之形」，「動植皆文」則如龍鳳的「藻繪」、虎豹的「炳蔚」，以及可逾畫工的「雲霞雕色」、無待錦匠之奇的「草木賁華」，所有這些，都是美的；另如「調如竽瑟」的林籟結響、「和若球鍠」的泉石激韵，同樣也是美的。劉勰以天地、動植萬品各因其「自然」而有其「美文」，進而論證人類更應有其「文」，說明他是從「美」的角度論述文學問題的。而且，劉勰又是從「自然」的哲學高度闡釋「文」的發生的，因此文「美」就具有「自然」，同時也就是本然或必然的意義，這就表明了「文」或文學的本質或屬性就是「美」。這是劉勰文學本質論的核心內容。

貫穿在劉勰的文學發生「自然」論中的一個更爲重要的問題是：劉勰基於天地、動植萬物與人類各自的「自然」，而論證不同的「文」的發生，這顯然是一種人、物各「自然」的觀點，與老莊及魏晉玄學突出以天爲中心的物「自然」並以此爲法的觀念便截然不同。尤可視爲確證的，是劉勰在他的文學「自然」論中採用了《易傳》的「三材」（又稱爲「三才」）說。《易·系辭下》：「《易》之爲書也，廣大悉備，有天道焉，有人道焉，有地道焉，兼三材而兩之，故六；六者非它也，三材之道也。」⑦又〈說卦〉：「昔者聖人之作

---

⑦　《周易正義》卷八，據十三經注疏本(北京：中華書局，1980)；上冊頁78。版本下同。

《易》也,將以順性命之理。是以立天之道曰陰與陽,立地之道曰柔與剛,立人之道曰仁與義;兼三材而兩之,故《易》六畫而成卦。」⑧《易傳》「三材」說的最大特點,是把人或「人道」由作為天地或「天道」的附庸解放出來,形成「天、人、地」鼎足而立或「人參天地」的局面。同時,劉勰又綜採《禮記》、《孝經》等儒家之說,從而提出:在天、地「兩儀」之間,「惟人參之,是謂三才,為五行之秀,實天地之心;心生而言立,言立而文明:自然之道也」。在《文心雕龍・序志》篇,劉勰又明確認為:「夫有(人)肖貌天地,稟性五才,擬耳目於日月,方聲氣乎聲雷,其超出萬物,亦已靈矣。」⑨顯然,劉勰在其文學「自然」論中採用《易傳》的「三才」說,以明確人相對於天地而言的獨立地位,而且更強調了人的心智情性特點;指出人不止不均同於「無識之物」,而且是「超出萬物」,為「萬物之靈」的「有心之器」。這就完全擺脫了老子「人法地,地法天,天法道,道法自然」這一人、地、天、道與「自然」遞次取法的模式及魏晉玄學法物「自然」的桎梏,從而使得在老莊及魏晉玄學中作為人類「無為」之論哲學依據的「自然」說修正了法物「自然」的歧路,明確地成為了人、物各「自然」的理論。

正因如此,在劉勰的「自然」論中,天地形象之「文」以及「動植皆文」與「人文」或人類的文學是物與人各自的「自然」產物;人類的文學,是人情感活動或表達情志的「自然」,而不同於「形立則章成」、「聲發則文生」的天地及萬物之「文」。由此可見,最關鍵的問題是:在老莊及魏晉玄學的「自然」觀來看,其哲學目的是以物「自然」為法來匡限人類,故倡「無為」之論、尊「無為之聖」;這

---

⑧ 《周易正義》卷九,上冊頁81～82。

⑨ 下冊725頁。

就泯滅了作爲「有心之器」的人類與「無識之物」的界限，否定了人類發揮智能或精神活動及其創造性和對理想的追求。劉勰採其「自然」說的合理成分，而改造爲人、物各「自然」的理論，就從哲學高度對人類的情感或有意識的創造性活動及理想追求，給予了「自然」這一人類「自己而然」，同時也就是人類之本然或必然的闡釋。其哲學目的，則在於從人之「自己而然」，即本然的角度證明文學的發生及其美的本質屬性，進而主張在文學的理論及實踐上探索與追求文美的理想境界。因此，劉勰的文學「自然」論或人、物各「自然」理論，不但並不貶抑或抹煞人類的精神創造活動，而且還從積極的方面論述對文學理想境界的追求；從而也就形成了他奉周孔諸「聖哲」爲「文師」，宗儒家經典爲範式的文範論。

二、《文心雕龍》的文學型範論

由上文討論可知，在劉勰的文學「自然」論中，文學的發生緣自人類情感活動的「自然」，而這種「自然」之理又給文學「美」的屬性以哲學的闡釋或規定。因此，闡釋文學問題、進行文學批評，從根本上說就是對文學之美的諸因素及創作美文或形成文美的途徑、方法等進行探討，追求文美的理想境界。這種主動性的探討與追求，在劉勰的人、物各「自然」或文學「自然」論中，不但在理論上是一致的，而且也是必然的：劉勰的文學型範論，就正是其文學「自然」論在型範問題上的具體化；他的文範論，就是追求文美的型範論。

劉勰所奉爲楷模的是儒家聖人，而非道家及魏晉玄學的「無爲之聖」。尤其是對孔子，劉勰極爲崇拜：《文心雕龍·序志》曾叙其「夢孔」一節，並慨嘆：「自生人（民）以來，未有如夫子者也。」[10]不過，在劉勰看來，周、孔諸聖，不止是智慧超凡、垂經訓

---

[10] 下册頁725～726。

世的「聖哲」，而且也是「文師」；他論述文學問題，認爲「不述先哲之誥，無益後生之慮」。⑪劉勰的這一爲文「徵聖」、「宗經」思想，構成了《文心雕龍》的理論本色。

在對有關問題進行討論之前，需要說明：劉勰對周、孔一類的儒家「聖哲」是極端崇拜的，在今天看來近乎「迷信」；他的徵聖、宗經之說，也很容易被人視爲陳詞濫調。但是，我們應該在立足於現代學術立場的同時，堅持歷史的觀點，這樣才能對中國古代文化進行有效的揚棄和發掘。否則，對傳統文化則極易挑剔或惑於歷史陳迹的層面，棄之如敝屣，自以爲掌握了現代文化話語，而實際上喪失了研究古代傳統文化，甚至是一切學術研究的原則。而對於劉勰「徵聖」、「宗經」的文學型範論，正應該透過「儒聖崇拜」的層面，來窺探其理論實質。這，也正是本文立足於分析，而不汲汲於「批判」的原因。

劉勰主張爲文「徵聖」，認爲「徵之周孔，則文有師矣」。聖之所以可徵，就因爲其爲文足法。劉勰〈徵聖〉篇提出「志足而言文，情信而辭巧」，即情志眞誠充實而又文辭表達文巧才是達到文美的不移之法。而劉勰認爲，聖人爲文便是如此的，即「鑑周日月，妙極機神；文成規矩，思合符契：或簡言以達旨，或博文以該情，或明理以立體，或隱義以藏用」，而「繁略殊形，隱顯異術，抑引隨時，變通會適」。⑫總之，聖人的鑑察力如日月般洞明，能極盡神妙的幽理；成文則如同規矩，運思則如符契相合，有的「簡言達旨」、有的「博文該情」、有的「明理立體」、有的「隱義藏用」；盡管其形式或方法不同，但都因內容的表達而「抑引隨時，變通會適」。可見，「志

---

⑪　《文心雕龍·序志》，下冊頁726。
⑫　《文心雕龍·徵聖》，上冊頁15～16。

足言文」「情信辭巧」或內容與形式完美的結合，就是聖人爲文的典範性之所在。劉勰奉周孔之聖爲爲文的楷模，從原則上來說，就是主張效法聖人爲文「銜華而佩實」的典範。因此他又說：「《易》稱辨物正言，斷辭則備；《書》云辭尙體要，弗惟好異。故知正言所以立辯，體要所以成辭；辭成無好異之尤，辯立有斷辭之義。雖精義曲隱，無傷其正言；微辭婉晦，不害其體要。體要與微辭偕通，正言共精義並用：聖人之文章，亦可見也。顏闔以爲仲尼飾羽而畫，徒事華辭，雖欲訾聖，弗可得已。然則聖文之雅麗，固銜華而佩實者也」。[13] 所謂「銜華而佩實」，也就是「志足而言文，情信而辭巧」。因此，劉勰尊周孔之聖爲「文師」，主張「徵聖立言」，也就是在爲文或「作者」方面標舉出在其文學本質論來說理想的典範；其最終目的，則是提倡爲文要達到「銜華佩實」，即內容與文辭表達形式兩大要素的和諧美好。劉勰認爲：「若徵聖立言，則文其庶矣」。[14] 也正是這個意思。

如果說劉勰在〈徵聖〉篇是從爲文或作者寫作方面標舉出符合其文學「自然」論或文學本質論的典範，從而體現達到文美的「志足而言文，情信而辭巧」的原則的話，那麼，〈宗經〉篇則是在其同樣的理論統攝下，著眼於作品，標舉出一種文美的型範——「經」，而體現其文美的標準。

劉勰力主文當「宗經」，那麼，儒家經典作爲文美型範而言，其典範性何在？劉勰說：「三極彝訓，其書言（曰）經。經也者，恆久之至道，不刊之鴻敎也。故象天地，效鬼神，參物序，制人紀，洞性靈之奧區，極文章之骨髓者也」。[15] 在劉勰看來，經書是聖人洞鑒描

---

⑬　《文心雕龍·徵聖》，上冊頁16。

⑭　《文心雕龍·徵聖》，上冊頁16。

⑮　《文心雕龍·宗經》，上冊頁21～22。

寫天地、萬物及人類道心妙理的產物，是「體道」的結晶，故稱之爲
「恆久之至道，不刊之鴻敎」。如此「象天地，效鬼神，參物序，制
人紀」的體道經世之作，固非平常文章可辨，其文亦必可載實。所以
劉勰認爲，經書不僅「洞性靈之奧區」，而且是「極文章之骨髓者
也」，亦即他所謂「義旣極乎性情，辭亦匠於文理」，表明經書不僅
在內容上極天地、萬物及人類之理，而且也盡含文章之要。這已經從
總體上概括了經書的典範性。

　　同時，劉勰又從作品，即經書的內容與形式兩方面論述了文學
「宗經」的意義。他說：「若稟經以制式，酌雅以富言，是仰（即）
山而鑄銅，煮海而爲鹽也。故文能宗經，體有六義：一則情深而不
詭，二則風淸而不雜，三則事信而不誕，四則義直而不回，五則體約
而不蕪，六則文麗而不淫；揚子比雕玉以作器，謂五經之含文
也」。⑯「六義」說實際上就是從作品內容和形式兩方面，六項組成
要素來論述問題的：「情」、「風」、「事」、「義」屬於內容或與
內容最爲相關的成素，「體」、「文」屬於文篇形式的成素。劉勰認
爲，「文能宗經」則具有在「情」、「風」、「事」、「義」方面
「深而不詭」、「淸而不雜」、「信而不誕」、「直而不回」，在
「體」、「文」方面「約而不蕪」、「麗而不淫」的意義。而作品能
「情深」、「風淸」、「事信」、「義直」、「體約」、「文麗」，
實際上也就是能使作品在內容和形式兩方面形成完美的結合；如此，
其文則非美而何？劉勰在此引用揚雄「比雕玉以作器」來說明作品不
僅要有美好的內容，而且亦應有美好的文采或形式，也就說明了其
「六義」之論即從作品的六項要素、內容和形式兩大方面提出的「宗
經」的美學意義，同時也就可視爲劉勰「銜華佩實」的美文標準。因

---

⑯ 《文心雕龍·宗經》，上冊頁23。

此，劉勰主張「宗經」，同樣是建立在其文學「自然」論或文學本質論基礎之上，而提出的文美型範。

當然，劉勰的文學型範論，從作者或爲文角度而言是「徵聖」，而從文或作品角度而言是「宗經」；假設從總的方面來說，則均爲標舉「銜華佩實」，即文美的型範。劉勰的目的，最終還是提倡內容和形式完美結合的文美標準。不過在劉勰看來，「文師」莫如周孔，則美文無過經書，故以爲型範。而追求文學的理想境界，標舉可以爲法的文學型範，又正是劉勰文學「自然」論在型範問題上的具體體現。

三、餘論

魏晉玄學家王弼、阮籍、嵇康、郭象四家之說，可代表魏晉玄學「自然」論的整體狀況。其「自然」觀繼踵老莊，基本上仍是一種以天爲中心的物「自然」觀念；以物「自然」爲基礎，提出「無爲」之論，而以物「自然」爲法匡限人類、主張人類的無爲，是其哲學目的，同時也是其理論的根本缺陷。[17]因此，他們尊奉「無爲之聖」，而否定或消極對待人類社會的型範及相應的道德規範。比較而言，郭象的突出特點是在一定程度上認識到人類及其社會之「自然」的；但由於其「自然」「獨化」觀念的局限，終持「任自無爲」之論，對社會型範等仍然是持不爲或不矜尚的消極主張。從理論上講，因老莊及魏晉玄學爲法物「自然」論，則必然否定一切社會文化形態，不但包括名教禮法及道德規範，而且也包含詩樂等與禮教有關的文化，崇尚所謂「不治之治」、「不言之教」。總之，魏晉玄學的型範觀念是由其物「自然」論所決定的。[18]

劉勰雖然同樣採用了老莊之「自然」，但他是把魏晉玄學之前的

---

⑰ 參見拙文〈老莊「自然」觀的實證分析〉。

⑱ 拙文〈論魏晉玄學的「自然」與型範觀念〉對此有較詳論述，此不贅。

物「自然」改造成了人、物各「自然」理論；這就從理論上使正視人類不同於物之「自然」成爲可能，因而使人類的情感、智慧、思維、創造等得到「自己而然」，同時也就是人類之本然的哲學解釋。以此爲基礎，劉勰認爲文學是人類情感或精神活動的「自然」，形成了其文學發生「自然」論；進而，劉勰又認爲文的屬性是美，因此「文由自然」即「美由自然」，給美這一文學屬性以「自然」，同時也就是本然或必然的闡釋，形成了其獨特的文學本質論。因此，劉勰文學「自然」論的哲學目的在於追求文美的理想境界，故奉周孔爲「文師」，而非「無爲之聖」；力主以儒家經典爲文學型範，而非放棄追求或拱默無爲。總之，劉勰的文學「自然」或人、物各「自然」論，擺脫了老莊及魏晉玄學物「自然」理論的束縛，革除了其法物「自然」的理論缺陷，才形成了與魏晉玄學截然相反的型範觀念。因此，這在中國哲學思想和文學理論發展史上，都是非常值得重視的。

從《文心雕龍‧正緯篇》
看先秦兩漢讖緯性童謠

中山大學中文系

龔顯宗

前　言

依據劉師培的說法，讖緯起源於太古，至西漢以經淆緯，東漢以緯儷經①。換言之，銅符金匱，萌於周秦，秦信巫而雜鬼神，董仲舒、劉向競言災異，哀帝、平帝時讖學日熾，光武中興，以讖緯爲祕經。②

漢後讖緯之學漸衰，到南朝宋武帝禁圖讖，隋煬帝全面焚毀此類書籍，僅剩下讖緯性童謠，由於口耳相傳，易誦易記，得以保存下來，但像《文心雕龍‧正緯篇》所說：「世夐文隱，好生矯誕，眞雖存矣，僞亦憑焉。」既是眞僞雜糅，則不可不辨。

這一類童謠中的神話、傳說、志怪和民間故事，「事豐奇偉，辭富膏腴，無益經典而有助文章。」（〈正緯〉）因篇幅所限，本文所論者僅止於先秦兩漢。

壹、先秦兩漢讖緯性童謠的分類與探討

先秦兩漢童謠現存約五十首，其中具讖緯性質者將近半數，可分

① 〈讖緯論〉，《國粹學報》（光緒卅一年）。
② 〈國學發微〉，《國粹學報叢談》（光緒卅一年）。

幾類來探討。

一、預言類

此類預告吉凶的童謠有六首：

㈠周宣王時童謠

檿弧箕服，實亡周國。（《國語·周語》）

這是周宣王時孩童傳唱的讖謠，由於當時相信童謠有預言的功能，所以王室下令殺掉所有製造桑弓和箭袋的人，有一對老夫婦因此逃亡，半路上撿到一個女棄嬰，到褒國定居下來，後因褒人將她贈獻幽王以贖罪，紅顏禍水，終至亡了西周。

這首童謠在周宣王時傳播，事之先兆起於「夏后氏之衰」（《史記·周本紀》），至幽王而應驗，證明「天機可信」、「天命難違」，後來《詩·小雅·正月》說：「赫赫宗周，褒姒滅之。」正是結合了神話、傳說與史實，讓讀者覺得神秘又生動。

㈡卜偃引童謠

丙之辰，龍尾伏辰，均服振振；取虢之旂，鶉之賁賁；天策焞焞，火中成軍，虢公其奔。（《左傳·僖公五年》）

《漢書·五行志》、《樂府詩集》、《古今風謠》引此謠皆題作〈晉獻公時童謠〉，獻公伐虢時，問於卜偃，偃以此謠對，認為必會獲勝，後晉師果然滅虢。

晉獻公三十二年（西元前六五五年），晉圍虢國上陽，此謠首二句指出攻克敵軍的時間，末兩句預言虢公下場。《春秋》曰：「虞師晉師滅上陽。」短短一句，到《左傳》卻敘述了曲折複雜而又動人的事件，「賂虞取道」的策略，貪婪、自私、爾虞我詐，晉人回師滅

虞，都是這首童謠的前因後果，贏得「富而豔」的佳評豈是倖致？

㈢晉國兒謠

> 恭太子更葬矣，後十四年，晉亦不昌，昌乃在兄。（《史記‧晉
> 世家》）

此謠《漢書‧五行志》引作〈晉惠公時童謠〉。惠公賴秦國之力，得立為君，但忘恩背秦，又殺里克、丕鄭二大夫，百姓怨怒。及更葬其兄申生而不敬，「故詩妖作也」③。

後來與秦開戰，被俘，在位十四年。國人遂立其兄重耳，是為文公，稱霸諸侯。

此謠之所預言，不僅應驗，且有益經典。

㈣漢元帝時童謠

> 井水溢，滅灶煙，灌玉堂，流金門。（《漢書‧五行志》）

謠辭以水象陰，以灶象陽，水溢而滅爐火，流灌至尊之居的玉堂、金門，帝位有遭竊奪之危。這讖謠到成帝時竟應驗成真，建始二年（西元前三一年）三月戊子，北宮中井泉溢出南流，過十五年，即永始元年（西元前十六年），王莽封新都侯，再八年，即綏和元年（西元前八年），任大司馬，後果篡位。若回溯王莽生年，更令人驚異預言的準確性，因為他誕生於元帝初元四年（西元前四五年），正是童謠流傳之時。

㈤成帝時燕燕童謠

> 燕燕，尾涎涎（涎一作泚）。張公子，時相見。木門倉琅根，燕

---

③　《漢書‧五行志》。

飛來，啄王孫；皇孫死，燕啄矢。（《漢書·五行志》）

此謠預言趙飛燕得幸、富貴、賊害王孫以至伏誅，絲毫不爽。

飛燕先讒害皇后，繼與其妹合德「賊害後宮，皇子卒皆伏辜。」④遂令成帝無後。

這童謠運用比喻的手法，含有諷諫警告的意味，卻不幸而言中。預告了宮闈秘辛與慘劇，當政者卻懵懂無知，不防患於未然。

㈥建安初荊州童謠

八九年間始欲衰，至十三年無孑遺。（《後漢書·五行志》）

獻帝初平元年（西元一九〇年），劉表任荊州刺史，仁厚寬和，「無破亂」、「又豐樂」⑤，在當時擾攘不安的中國是一塊「樂土」、「淨土」。稍後，劉夫人謝世，諸將零落。建安八年（西元二〇三年），曹操進擊荊州，燃起戰火，過五年，劉表卒，百姓大量移居冀州，幼子琮以荊州降，失去了樂園。此謠建安初在荊州境內傳唱，其後局勢發展果如謠辭，曹軍南下，爆發了赤壁之戰。

小 結

先秦是尊天信巫事鬼的神權時代，〈周宣王時童謠〉、〈卜偃引童謠〉、〈晉國兒謠〉正是時代的作品與產物。

從符應觀念、陰陽五行之說到讖緯之學盛行，〈漢元帝時童謠〉、〈成帝時燕燕童謠〉、〈建安初荊州童謠〉多少有災異而至傷敗的警象。

二、偽造類

---

④ 《漢書·五行志》。
⑤ 《後漢書·五行志》。

劉勰認爲讖緯眞僞參混，筆者謂僞造性的童謠也有六首：

㈠孔子述洞庭謠

吳王出遊觀震湖，龍威丈人名隱居，北上包山入靈墟，乃造洞庭竊禹書。天地大文不可舒，此文長傳六百初，今強取出喪國廬。（《古謠諺》卷二）

此謠最早爲《河圖緯・絳象》據孫氏轂輯本採錄，《山海經》、《古今風謠》皆題爲〈西海童謠〉，《古詩源・古逸》作〈靈寶謠〉。

正如〈正緯〉所云：「世夐文隱，好生矯誕。」此謠顯然是後人僞造而託言孔子者，因完整的七言詩遲至漢代才出現。《河圖緯・絳象》云：「禹藏眞文之所，一名包山。吳王闔閭登包山之上，命龍威丈人入包山，得書一卷，凡一百七十四字而還。」而《越絕書》云：「禹治洪水得五符，藏之洞庭之包山。龍威丈人竊禹書，得吾圖者喪國廬。」《孔靈符・會稽山記》說得更是詳明：「昔禹治洪水，厥功未就，乃躋於此山，發石匱，得金簡玉字，以知山河體勢，於是疏導百川，各盡其宜。」比觀三書，這首童謠的創作背景、動機、主旨、內涵就很容易了解了。雖是僞造，其中的神話、緯學、野史、地理卻有助於「文章」，難怪劉師培〈讖緯論〉云：「洞庭包山，秘籍識夏王之字，亦足助博物之功，輔多聞之益。」

㈡秦始皇時長水縣童謠

城門有血，城當陷沒爲湖。（《搜神記》卷十三）

長水縣即由拳縣，「秦始皇惡其勢王，令囚徒十餘萬人掘污其土，改名囚卷，亦曰由拳也。」（《水經注・沔水注》）始皇掘土爲

湖。《搜神記》則謂門將戲以犬血塗之，遂有大水淹沒縣城。稗官野史，本不可信，或是百姓在高壓統治下，希望變天，故僞造此謠，而守將戲塗以血，可知軍紀敗壞。

另《搜神記》卷二十云：「港有巨魚，…·合郡皆食之，一姥獨不食，忽有老叟曰：『此吾子也，不幸罹此禍，汝獨不食，吾厚報汝。若東門石龜目赤，城當陷。』姥日往視，…·稚子欺之，以朱傅龜目，姥見，急出城，有靑衣童子曰：『吾，龍之子。』乃引姥登山，而城陷爲湖。」情節大同小異。任昉《述異記》云：「和州歷陽淪爲湖。先是有書生遇一老姥，姥待之厚，生謂姥曰：『此縣門石龜眼出血，此地當陷爲湖。』姥後數往候之。門使問姥，姥具以告，吏遂以朱點龜眼。姥見，遂走上北山，城遂陷。」（魯迅《古小說鉤沈》引《類林雜說》十）事亦近似。不論城門有血或龜目出血，都暗示戰爭即將發生。

㈢更始時南陽童謠

　諧不諧，在赤眉。得不得，在河北。（《後漢書·五行志》）

《後漢書·光武帝紀》云：「莽末，天下連歲災蝗，寇盜蠭起，宛人李通等以圖讖說光武云：『劉氏復起，李氏爲輔。』」後來劉秀自河北興，其陣營僞造此謠，暗示他能中興漢室。建武元年（西元二五年），更始帝劉玄被赤眉軍所殺，過二年，爲馮異所破，遂降於光武帝。帝統一天下後，「用人行政，惟讖緯之是從。」[6]自不足異了。

㈣蜀中童謠

---

⑥　同註②。

黃牛白腹，五銖當復。（《後漢書‧五行志》）

「黃牛」指王莽，因其「服色配德上黃」[7]；「白腹」指公孫述，因他自稱「白帝」。

王莽篡位後，清水長公孫述自立爲蜀王；西元二三年，更始即位，述遂於翌年稱帝，號成家。殿前并有白龍出，因自稱白帝，廢銅錢，置鐵官錢。「五銖」是漢武帝時所鑄的銅錢。此謠顯然是劉秀集團所造，謂「公孫當滅，光武將興」。建武十二年（西元三六年）公孫述敗北，蜀地遂平。謠言可畏，其影響民心士氣之大，於此可見。

㈤獻帝初幽州童謠

燕南垂，趙北際，中央不合大如礪，唯有此中可避世。（《後漢書‧公孫瓚傳》）

漢末，公孫瓚在破黃巾賊，殺劉虞，佔據幽州後，聽了這首童謠，不知敵方（袁紹）陣營僞造，信以爲眞，遂以幽州之易京當之，休兵力耕，修城積糧，有穀三百萬斛。建安三年（西元一九八年），袁紹乘其不備，大破之，次年，瓚縊殺妻子姊妹後自焚。

不辨眞僞，終落得悲慘的下場。

㈥漢末童謠

天子當興東南三餘之間。（《水經注‧漸江水》）

三餘謂餘干、餘姚、餘杭。餘干屬江西，餘姚、餘杭屬浙江。

永興在會稽東北方一百二十里，地當三餘附近，是吳王闔閭之弟夫槩故邑，到漢末是孫吳的根據地，孫權手下僞造此謠，假託天命與

---

⑦　《後漢書‧五行志》。

民意（輿論），以收萬衆歸心的效果。

小 結

偽造的童謠大部份出於政治的動機，且多在亂世，像〈更始時南陽童謠〉、〈蜀中童謠〉、〈獻帝初幽州童謠〉、〈漢末童謠〉都是在人心思變、望治求安的時候，野心家趁機用以煽惑、鼓動、欺騙民心，而〈孔子述洞庭謠〉、〈秦始皇時長水縣童謠〉則與神話、傳說、志怪有密切的關係，有如〈正緯〉所說的：「伎數之士，附以詭術，或說陰陽，或序災異。」

三、詛咒類

借兒童之口，對暴政或惡人加以詛咒譭謗，抒發其被壓榨、欺凌的怨恨的童謠有四：

㈠始皇時童謠

阿房阿房亡始皇。（《述異記》卷下）

秦始皇二十六年（西元前二二一年），統一全國後，大興土木，動用數十萬人營建阿房宮，民不堪命，故發出詛語。暴政必亡，自是預料中事。（《述異記》卷下）

㈡秦世謠

秦始皇，何彊梁！開吾戶，據吾床；飲吾酒，唾吾漿，餐吾飯，以爲糧；張吾弓，射東牆。前至沙丘當滅亡！（《異苑》卷四）

秦始皇坑儒焚典，發孔墓，欲取經傳，啓壙之後，墓壁刻著這首童謠，「政甚惡之，乃遠沙丘循別路，見一群小兒輂沙爲阜，問，

云：『沙丘。』而得病。」⑧小說家言雖不足信，但從謠辭來看，政暴令苛，民不聊生，殃及聖人之墓，黔首有怨，此謠是其心聲。

㈢潁川兒歌

> 潁水清，灌氏寧；潁水濁，灌氏族。（《史記‧魏其武安侯列傳》）

灌氏指灌夫家。夫不讀書，喜任俠，與豪傑大猾交通，食客每日數十百人，「陂池田園，宗族賓客爲權利，橫潁川。」⑨築陂蓄水，壟斷水利，百姓切齒，於漢武帝元光五年（西元前一三〇年）遭族誅。眞個惡有惡報，天道好還！

㈣獻帝初京師童謠

> 千里草，何青青。十日卜，不得生。（《後漢書‧五行志》）

董卓當權，上則欺君，下則虐民，故民間盛傳此謠。爲避誅罰，因出以隱語廋詞，拆「董」字而成「千里草」，「卓」字作「十日卜」。中文在筆畫順序上應先上後下，這謠辭卻一反造字結構，先下後上，是百姓在詛咒之餘，又諷其目無君上。

小　結

專制腐化的時代，百姓投訴無門，又怕文字獄，只好借赤子之口，宣洩其憤懣，以上四首童謠，兩首詛咒國君，一首對象是奸相，至於灌夫曾任太守、太僕、燕相，爲害之大，未及全國，故所受詛咒雖無「滅亡」、「不得生」之語，但遭族誅，也符合受害者的願望

---

⑧　劉敬叔《異苑》卷四。
⑨　《史記‧魏其武安侯列傳》。

了。

四、憫歎類

憫歎對象不論善惡好壞，都有同情的成份，此類童謠有二：

㈠鸜鵒謠

> 鸜之鵒之，公出辱之。鸜鵒之羽，公在野外；往饋之馬，鸜鵒跦
> 跦。公在乾侯，徵褰與襦。鸜鵒之巢，遠哉遙遙。稠父喪勞，宋
> 父以驕。鸜鵒鸜鵒，往歌來哭。（《古詩源·古逸》）

此謠最早見於《左傳·魯昭公二十五年》，是年果有鸜鵒來巢，
不久，昭公攻權臣季氏，敗逃於齊，暫居乾侯、鄆之間，經八年而
死，歸葬魯國。昭公名稠，其子名宋，立為魯君，是為定公。

事態發展，一如讖謠所言。

神話傳說是治上古史者必不可闕的資料，此謠是稽古者所應參考
的。

㈡成帝時童謠

> 邪徑敗良田，讒口亂善人。桂樹華不實，黃爵巢其顛。故為人所
> 羨，今為人所憐。（《漢書·五行志》）

依《漢書·五行志》的說法，此謠憫歎王莽的蹶起與覆亡。桂，
赤色，漢家之象。華不實，指成帝子嗣為飛燕姊妹所害。黃爵，謂王
莽竊位（亦有指趙飛燕者）。末二句言新莽興廢，也有指飛燕先得
寵，後自殺者。用「五行」解說，信者雖眾，疑者也不少，〈正緯〉
云：「張衡發其僻謬，荀悅明其詭誕。」而張衡曾上疏曰：「劉向父
子領校秘書，閱定九流，亦無讖錄，成、哀之後，乃始聞之，…·宜

收藏圖讖，一禁絕之。」⑩荀悅《申鑒·俗嫌篇》也認為緯書「有起
於中興之前，終張之徒之作乎？」建議在上者不受虛言，不聽浮術。

小　結

對真偽參半的讖緯性童謠，聽者閱者應該做到慎思明辨的功夫。

五、博物類

劉師培〈讖緯論〉謂緯有五善，一曰補史，二曰考地，三曰測
天，四曰考文，五曰徵禮；先秦兩漢博物多聞類童謠也有測天考地的
功能。

㈠商羊童謠

> 天將大雨，商羊鼓儛。（《古謠諺》卷三十四）

商羊是一足之鳥，群聚飛舞，乃是大雨前兆。齊景公宮前曾發生
這種現象，趕忙派人去請教孔子，孔子博學多聞，勸其早多準備，防
患未然，後天降大雨，齊國因有預防措施，災害不太嚴重。

「月暈主風，日暈主雨。」（婁元禮《田家五行志》）對氣象素
有研究的人，只要仔細觀察自然界現象，往往會預知天候，與神明無
關。

㈡萍實童謠

> 楚王渡江得萍實，大如斗，赤如日，剖而食之，甜如蜜。（《古
> 謠諺》卷三十四）

楚昭王渡江時得一萍實，遣使者問孔子，答以可食，是吉祥之
物，唯霸者可獲。

---

⑩　《後漢書·張衡傳》。

「物以稀爲貴」，萍實少見，當時人知識貧乏，往往將許多難題的解答者附會於孔子身上，並增加瑞應的觀念。

小　結

動植物和天文氣象的知識爲博物家所不廢，現代人無妨多聞多識，而去其愚妄迷信，當「有助文章」。

貳、先秦兩漢讖緯性童謠的時代性和功能

上述先秦兩漢二十首讖緯性童謠如以時代細分，西周一首，春秋六，秦三，西漢四，新莽一，更始一，東漢四，且多流播於亂世或將亂之時。以春秋時代六首而言，除〈商羊童謠〉、〈萍實童謠〉屬知識性博物類外，〈卜偃引童謠〉爲晉獻公伐虢時，〈晉國兒謠〉當晉惠公百姓怨怒之際，〈孔子述洞庭謠〉託言吳王闔閭逆天而行，〈鸜鵒謠〉在魯昭公奔齊那年；而秦朝三首，全在始皇苛政時代；西漢四首，〈潁川兒歌〉在漢初，〈漢元帝時童謠〉、〈成帝時燕燕童謠〉、〈成帝時童謠〉喧騰衆口時，亂象已萌；新莽、更始固不用說，東漢四首全在獻帝一朝！

再從童謠事件中的人物來看，秦始皇殘暴，三首都與他有關；漢成帝荒淫，兩首在他當政時產生。以王莽言，三首和他脫不了干係；與他同樣喜歡利用讖謠，以逐其政治野心的劉秀，其陣營就僞造了兩首；孫權集團也東施效顰，作了一首；而可憐的漢獻帝在中國童謠史上卻是一位舉足輕重的人物！《文心雕龍·正緯篇》說：「有命自天，廼稱符讖，而八十一篇，皆託於孔子。」同樣地，有四首讖謠和這位聖人扯上了關係。

這二十首讖謠，其起訖年代，從周宣王（西元前八二七年）到漢獻帝（西元二二○年），凡千餘年，筆者分爲五類，僞造類中的〈獻

帝初幽州童謠〉並未應驗，其他五首或附會於孔子，或出於野心家、
謀逆者，不可盡信。博物類屬常識性童謠，與讖緯神學無關。預告、
憫歎二類，或是「神道闡幽，天命微顯。」（〈正緯〉）或序災異，
或述陰陽五行，都「立言於前，有徵於後。」[11]詛咒類怨謗的對象爲
暴君、奸相或權臣，他們禍國殃民，不得善終，貽害子孫。

　　先秦兩漢讖緯性童謠具有神秘性、音樂性與通俗性，不論眞實或
虛構，應驗或未驗，都能快速而久遠地傳唱。

　　此類童謠利用天命之說，結合民意（部份爲野心家的政治企
圖），以顯言直語，或廋詞隱語，或拆字謎語，或暗喻象徵，成爲
「輿誦」[12]，足以興邦或亡國，建功或喪身，亦可益智多聞。

結　語

　　先秦兩漢讖緯性童謠除蒐錄於《樂府詩集》、《古今風謠》、
《古今風謠拾遺》、《古詩源》外，也被《左傳》、《國語》、《河
圖緯》、《史記》、《漢書》、《後漢書》、《山海經》、《水經
注》、《搜神記》、《述異記》、《異苑》所引，可見不僅「有助文
章」，且有益經典、史傳、輿地、博物、小說，若能細加閱讀，慎
思、明辨，「芟夷譎詭，糅其雕蔚」（〈正緯〉），斯可謂善讀者
矣！

----

⑪　《後漢書·張衡傳》。
⑫　劉毓崧〈古謠諺序〉云：「蓋謠諺之興，由於輿誦」。

「文原於道」與「文以載道」

南京大學中文系

孫蓉蓉

「文原於道」與「文以載道」是我國古代文學批評中關於文、道關係的兩種觀點，這兩種觀點對文、道關係的認識截然不同，但兩者之間卻又有著密切的聯繫。劉勰在《文心雕龍·原道》篇中提出的「原道」論，論及了文的起源和性質的問題，它與「載道」論既有某種聯繫，又有根本的區別。本文通過對劉勰「原道」論的分析，闡明「明道」與「載道」的關係，以及它們在我國古代文學批評史上的影響和地位。

一、文原於道

〈原道〉是《文心雕龍》全書的第一篇，劉勰之所以把它放在篇首的重要位置，就是因爲它是談文的起源和性質問題的，這一問題是劉勰文學思想的一個核心問題。劉勰以「原道」來探究文的起源問題，顯然是受了西漢淮南王劉安的《淮南子》「原道訓」的影響。而以「道」來研究事物的本體或本原，又源自於先秦道家的哲學。老子第一個把「道」作爲哲學的最高範疇，把「道」看成是萬物之所以生成的宇宙的本根。同時，老子又認爲「道」雖非物質實體，卻又存在於萬物之中，成爲促使其運動和發展的動力和規律。老子哲學中「道」的這些基本含義，後來《韓非子·解老篇》概括爲：「道者，

萬物之所然也，萬理之所稽。理者，成物之文也；道者，萬物之所以成也。」這樣，「道」既是產生萬物的宇宙的本根，又成爲宇宙萬物發展變化的規律。顯然，老子是從本體論或本原論的哲學高度來理解「道」的。

　　與老子哲學中的「道」的含義有所不同，〈原道〉篇所提出的「道」，它不是指具有實體意味的宇宙本根，而是指事物發展變化的規律。在劉勰看來，道與天地之間是體用一如的關係，天地即道的外化，而不是道生天地。這裡既無演化中的母子關係，也無生成時的先後次序，「文之爲德也大矣，與天地並生」。①因此，「日月疊璧」的「天之象」，「山川煥綺」的「地之形」，就是「道之文」。在這裡，劉勰未說「道」生「文」或「文」「道」並生，而祇是說「文」與「天地並生」。因爲道外化的天地有其具體的形態，而道是無形無狀的，正所謂「形而上者謂之道，形而下者謂之器」。②顯然，劉勰在〈原道〉篇中提出的「道」是從宇宙的本原上來探究文的產生和規律的。

　　〈原道〉篇第一句曰：「文之爲德也大矣，與天地並生者何哉？」萬物的表現形態的由來和存在是深遠的，它是與天地同時產生的。劉勰提出這一觀點之後，接著論證道：「夫玄黃色雜，方圓體分，日月疊璧，以垂麗天之象；山川煥綺，以鋪理地之形；此蓋道之文也。」天地產生以後，就有日月星辰、山河草木，劉勰認爲，這些就是「天之象」、「地之形」，也就是「道之文」。有道就有文，萬物本身自然有文，因此，劉勰進一步推論道：「傍及萬品，動植皆文。龍鳳以藻繪呈瑞，虎豹以炳蔚凝姿。雲霞雕色，有逾畫工之妙；

---

① 以下引文未加注者，均見劉勰《文心雕龍·原道》。
② 見劉勰《文心雕龍·夸飾》引《周易·系辭上》語。

草木賁華，無待錦匠之奇。夫豈外飾，蓋自然耳。」

　　從天地萬物皆有「文」這一觀點上，劉勰指出，從天地中產生的人「爲五行之秀，實天地之心」，「有心之器，其無文歟」！因此，「心生而言立，言立而文明，自然之道也」。人有感情、思想需要表達交流，這樣就有了語言，語言的豐富促使文章的產生，這是自然而然的道理。這裡的「其無文歟」和「言立文明」的「文」又是指狹義的「文」，即文章。廣義的「文」與狹義的「文」其含義不同，但是劉勰卻是從宇宙萬物的存在必然有其表現形態即廣義的「文」上，推論出「性靈所鍾」的人，也必然有語言的表達形式，即狹義之「文」。廣義的「文」爲「道之文」，那麼，狹義之「文」的「人文」也必然本原於道。

　　〈原道〉篇劉勰從廣義的「文」推論出狹義的「人文」，那麼，狹義的「人文」同抽象的「道」又是如何聯繫起來的呢？《荀子·儒效》篇有「聖人也者，道之管也」的觀點，劉勰吸收了這一點，把聖人置於道與文之間，由聖而悟道，由聖而成文，這就是〈原道〉篇中劉勰所說的「爰自風姓，暨於孔氏。玄聖創典，素王述訓：莫不原道心以敷章，研神理而設教」。劉勰從道是文的本體或本原出發，把道、聖、文三者之間的關係表述爲：「道沿聖以垂文，聖因文而明道。」由道生文，道又因文而明。在這一過程中，聖人起著關鍵的作用。由聖人所作的六經，就是爲道所生而又蘊含著道的典範。爲此，劉勰在《文心雕龍》中繼〈原道〉篇之後，又有〈徵聖〉和〈宗經〉兩篇，以闡明道、聖、文三者之間的關係。

　　劉勰從哲學本體論的高度審視文道關係，提出「文原於道」的觀點，之後不斷有批評家提出這一理論。如明代宋濂有〈文原〉上、下篇。上篇探本求源，論文之本體；下篇剖析文病，論文之作用。由體到用，試圖證明「以道爲文」的觀點。但是，宋濂所說的「道」，實

際上具有互不包容的兩種含義：在論文之本體時，「道」為自然規律之道；在論文的作用時，「道」又是指儒家之道。清代章學誠寫有〈原道〉上、中、下三篇，他解釋「道」為：「道者，萬事萬物之所以然，而非萬事萬物之當然。」所謂「所以然」，就是指萬事萬物自然的發展規律。章學誠闡述文與道的關係，就是道與器的關係。因此，他批評儒生說：「儒家者流，守其《六籍》，以為是特載道之書耳」，「而不知《六經》皆器也」。③章學誠所謂的「文」，是本原於道而又明道之文。顯然，章學誠的觀點同劉勰的「文原於道」之說是一脈相承的。

「文原於道」的觀點反映了哲學中的道器觀點。提出「文原於道」觀點的批評家，主張文不離道、道不離文、文道合一，並且重道亦重文。劉勰〈原道〉篇中稱天文、地文和人文都是「道之文」，這實際上就是「文道合一」的觀點。值得指出的是，在我國古代文學批評史上，提出「文道合一」觀點的，其內涵也不盡相同。如朱熹也是主張「文道合一」者，他認為：「道者文之根本，文者道之枝葉，惟其根本乎道，所以發之於文者皆道也。三代聖賢文章皆從此心寫出，文便是道。」④在朱熹看來，道與文有如根本與枝葉，雖有本末之分，實則同為一體，「文與道兩得而以一貫之」。⑤因此，朱熹主張「文道合一」、「文道並重」。然而，朱熹所謂「道」的含義與劉勰的自然之道是很不相同的。朱熹所謂的「道」，他有時解釋為理或義理。理學家們所講的「理」為宇宙萬物的本源，在他們看來，儒家的倫理道德則是「理」的體現。顯然，朱熹所謂的「道」是指封建的禮教、綱常、等級制度，等等。由此看來，古代批評家提出「文原於

---

③ 章學誠〈原道〉。

④ 《朱子語類》卷一三九。

⑤ 朱熹〈與汪尚書〉，《晦庵先生朱文公文集》卷三十。

道」觀點的,主張「文道合一」的,其內涵也不完全相同。

二、文以載道

《文心雕龍·原道》篇提出「文原於道」,這是劉勰從哲學本體論出發來理解文與道的關係的。而當古代批評家並不探求文的本體或起源,他們祇考察文的構成和作用時,「道」往往又被理解為仁義之道,或者被認為是治國之術。這樣,文便成了傳達、闡釋道的載體或工具,這就是「文以載道」說。最先提出「文以載道」的宋代理學家周敦頤,他在《通書·文辭》中說:「文所以載道也。」朱熹注《通書》曰:「文所以載道,猶車所以載物。」這一注釋非常清楚地說明了「文以載道」的本質含義。

「文以載道」雖由宋代周敦頤最早提出,但是這一思想卻由來已久。《論語·述而》曰:「志於道,據於德,依於仁,游於藝。」孔子認為,要以學道為志向,這是成為仁人君子的首要的條件。「志於道」隱含有「載道」之意。荀子對此有比較明確的說法,他認為:「心也者,道之工宰也;道也者,治之經理也。心合於道,說合於心,辭合於說。」⑥荀子的這一說法可以說是最早的「文以載道」的主張。到隋唐時期,為反對齊梁文學,王通提出「文貫乎道」、「文濟乎義」。⑦而韓愈提倡,「學所以為道,文所以為理」,⑧柳宗元也有「文者所以明道」的說法⑨。自周敦頤提出「文以載道」,後來談文論文者,言必「載道」。如明末黃宗羲〈與李杲堂陳介眉書〉中說:「大凡古文傳世,主於載道,而不在區區之工拙。」清代魏禧在

---

⑥　《荀子·正名》。
⑦　見王通〈中說〉。
⑧　韓愈〈送陳秀才彤〉。
⑨　柳宗元〈答韋中立論師道書〉。

〈惲遜庵先生文集序〉裡曰：「惟文者明理適事，無當於理與事則無所用文。故曰：文者，載道之器。」「文以載道」之說，在古代文學批評中，比比皆是。

至於「文以載道」之「道」的含義，綜觀古代批評家的論述，包括「文以貫道」、「文以明道」、「文以傳道」、「文以闡道」等等，儘管對「道」的理解不盡相同，但主要是「儒家之道」。如韓愈〈原道〉云：「斯吾所謂道也，非向所謂老與佛之道也，堯以是傳之舜，舜以是傳之禹，禹以是傳之湯，湯以是傳之文武周公，文武周公傳之孔子，孔子傳之孟軻，軻之死，不得其傳焉。」而儒家之道，具體又有兩個方面的內容：一是「仁義道德」；一是「治教政令」。韓愈〈原道〉中提出的儒家之道，其含義就是儒家的仁義道德。因為韓愈認為：「博愛之謂仁，行而宜之之謂義，由是而之焉之謂道，足乎己無待於外之謂德。仁與義為定名，道與德為虛位，……凡吾所謂道德云者，合仁與義言之也。」⑩而宋代的理學家則把「道」解釋為「義理」，「合義理謂之道」，⑪其本質仍是儒家的仁義道德。最早把儒家之道解釋為治教政令的，是荀子，其曰：「道也者，治之經理也。」⑫後來，王安石對此解釋得更加明確，他在〈與祖擇之書〉中云：「聖人之於道也，蓋心得之；作而為治教政令，則有本末先後，權勢制義，而一之於極。其書之策也，則道其然而已矣。」這樣，聖人得道必作，而成為治教政令。「文以載道」說雖有內容上的「仁義道德」與「治教政令」之別，但它們都強調了文是傳達、闡釋、宣揚「道」的載體和工具。

---

⑩ 韓愈〈原道〉。
⑪ 《朱子語類》卷四十。
⑫ 《荀子·正名》。

三、「原道」與「載道」

從以上的分析來看，「文原於道」與「文以載道」是根本不同的。這一點前輩學者已經指出。如紀昀評曰：「文以載道，明其當然；文原於道，明其本然。」[13]黃侃《文心雕龍札記》也說：「此與後世言文以載道者截然不同。」「文原於道」與「文以載道」兩者的不同就在於：一、「原道」為明「本然」，它是從哲學本體或本原論出發來理解文與道的關係的；而「載道」是明「當然」，是從文的構成和作用上來談文與道的關係的。「原道」中文與道的關係，是體用、本末、源流的關係，而「載道」中文與道的關係，是手段與目的、形式與內容的關係。二、「原道」與「載道」的「道」的內涵不同。「原道」本原於事物自身發展、變化的規律，即自然之道；而「載道」的「道」則是儒家的仁義道德和治教政令。顯然，「文原於道」與「文以載道」提出者的研究視角不同，他們對這一問題的認識也迥然相異。

儘管如此，「文原於道」與「文以載道」兩者並不是毫無關聯，而是有著密切的關係。首先，兩者都肯定了「道」之於「文」的重要作用。從我國古代文學批評史上來看，既使是重文的批評家，也要拿「道」來裝點門面，這有點「拉大旗作虎皮」的意味。究其原因，還是在於儒家重道、尚用思想在文學批評中的反映。雖然批評家們各言其道，正如清代袁枚在〈答友人論文第二書〉中所曰：「三代後聖人不生，文與道離也久矣。然文人學士必有所挾持以占地步。故一則曰明道，再則曰明道，直是文章家習氣如此。而推究作者之心，都是道其道。未必果文王、周公、孔子之道也。」但是，他們還是肯定

---

[13] 紀昀評《文心雕龍·原道》。

「道」對「文」的重要作用。

　　其次，「文原於道」的提出，是古代批評家對文與道關係進行哲學思考的結果。它從整體上更深刻地解釋了文與道的關係，因而也直接或間接地影響了「文以載道」的觀點。前面我們提到，「原道」論者主張「文道合一」，強調對立中的統一，而「載道」論者則注重「文道相離」，強調統一中的對立。正因為「文以載道」論把文、道一分為二，所以「載道」論者很容易走向極端。一個典型的例子是，宋代理學家從周敦頤提出「文以載道」，到邵雍主張「寫性」說，⑭再到程頤認為「作文害道」而要廢棄文⑮。於是朱熹提出「文皆是從道中流出」，⑯以「原道」去糾正「載道」之偏，主張「文道合一」。反之，「載道」對「原道」也有一定的影響。「文以載道」作為我國古代的一種創作原則，把這一原則貫徹到創作實踐中，從而保證了「文原於道」這種對文、道關係的宏觀把握具有了現實的內容。從這一角度說，「載道」也是對「原道」的補充。因此，「文原於道」與「文以載道」兩者有一種互補的關係。

　　「文原於道」與「文以載道」在我國古代文學批評中的地位和影響，雖然「原道」說遠非「載道」說那樣影響廣泛，並且成為一種創作原則或指導思想，但是，「原道」說中所蘊含的對藝術規律的認識，又是「載道」說所無法比擬的。「載道」必然要「徵聖」、「宗經」，以聖人之道來規範文的內容，從而導致千篇一律，這是根本違反文學藝術規律的。因此，在文學批評史上，與「載道」說相對立，則有「緣情」說、「興趣」說、「童心」說、「性靈」說、「神韻」說，等等。

---

⑭　見邵雍〈伊川擊壤集序〉。
⑮　《二程遺書》卷十八。
⑯　《朱子語類》卷一三九。

與「文以載道」說不同,「文原於道」的提出是從哲學的高度來審視文與道的關係的,它實際上體現了古代批評家對文、道關係中所包蘊的對某種藝術美的規律性的認識。這一點,在劉勰的《文心雕龍·原道》篇中就有所揭示。在〈原道〉篇裡,劉勰認爲,天、地、人、文都是道的產物,是「道之文」。自然本身具有美的表現形態,所謂「日月疊璧,以垂麗天之象;山川煥綺,以鋪理地之形」。而人由「心生而言立,言立而文明」所產生的語言文章同自然萬物一樣,也具有美的形式,「夫以無識之物,鬱然有彩;有心之器,其無文歟」!這裡的「文」,旣指由人表達思想感情需要而產生的語言文章,又指這種語言文章是一種具有美的形式的語言文章。因爲〈原道〉篇所講的最廣義的「文」的概念,從某種意義上講,也就是「美」的概念。「文」的本義爲裝飾,如《廣雅·釋詁》曰:「文,飾也。」「文」作爲一種裝飾、美化,人們也就從「文」中產生審美意識,把「文」看作是美。所以,「有心之器,其無文歟」的「文」同「無識之物,鬱然有彩」的「彩」相對應,指的是一種具有審美意義的美的形式的語言文章。劉勰的這一觀點在《文心雕龍·情采》篇中得到進一步的闡發,如他強調文學作品必須表現情感內容,而表現情感內容的文學作品的形式又必須是具有文彩的美的形式,「故立文之道,其理有三:一曰形文,五色是也;二曰聲文,五音是也;三曰情文,五性是也。五色雜而成黼黻,五音比而成《韶》、《夏》,五情發而爲辭章,神理之數也」。這樣,劉勰從本體論的高度闡明了文學的產生,並論證了文學的審美特性。可以說,「文原於道」在本質上體現了藝術與哲學的統一和結合。

四、儒家之道與自然之道

前面我們談到劉勰《文心雕龍·原道》篇中提出的「文原於道」

的觀點時，隻字未提儒家之道，而在談「文以載道」時，也未將劉勰的「原道」同儒家之道結合起來。事實上，〈原道〉篇劉勰從「文」與「道」的關係上說明了「人文」的產生，接著他又從「人文」的發展來闡明人文的性質和特點。在談到這一問題時，劉勰最推崇的是孔子及其編訂整理的儒家六經，所謂「夫子繼聖，獨秀前哲。熔鈞六經，必金聲而玉振」。孔子的學說是「木鐸起而千里應，席珍流而萬世響」，它起著「寫天地之輝光，曉生民之耳目」的偉大作用。因此，儒家的經典「能經緯區宇，彌綸彝憲，發揮事業，彪炳辭義」，它能治理天下，制定常法，使事業發揚光大，文章光釆鮮明。劉勰引用《周易》的話並下結論說：「『鼓天下之動者，存乎辭』。辭之所以能鼓天下者，廼道之文也。」劉勰在提出「文原於道」的同時，又提出了「人文原於儒家之道」。那麼，這兩者之間是何關係？它與「文以載道」說又有何區別？

劉勰提出的「文原於道」的「道」，我們前面已經分析過，這是指事物發展變化的客觀必然性和規律性，這種必然性和規律性，就是劉勰所指出的「自然之道」，所謂「心生而言立，言立而文明，自然之道也」，「夫豈外飾，蓋自然耳」。因此，劉勰提出的「文原於道」是原於「自然之道」。而「人文」所原的儒家之道，在劉勰看來，儒家之道合於自然之道，自然之道包含有儒家之道，兩者是抽象與具體、個別與一般的關係，而不是合二而一。正因為儒家之道合於自然之道，因而劉勰提出人文原於儒家之道，這與「文以載道」說是不同的。「文以載道」要求用「文」來傳達儒家的「仁義道德」和「治教政令」，而劉勰提出的人文原於儒家之道，因為符合自然之道的儒家經典是作文的典範和標準。在劉勰看來，儒家的經典體現了「人文」的自然之道，因而「人文」本原於儒家之道。這一點在《文心雕龍》中表現得非常明顯。

　　《文心雕龍·原道》篇之後，緊接著是〈徵聖〉、〈宗經〉兩篇，劉勰要徵周公、孔子等聖人，宗儒家經典，這是毫無疑問的。然而，劉勰的「徵聖」、「宗經」，並不是主張爲文要宣揚儒家的政治倫理觀點，而是把聖人之文、儒家之經奉爲是作文的「銜華而佩實」的典範。所以，劉勰說，「徵之周孔，則文有師矣」，「徵聖立言，則文其庶矣」，⑰劉勰要求「徵」聖人「立言」之法，而非「立言」的內容。並且，劉勰還提出：「文能宗經，體有六義：一則情深而不詭，二則風清而不雜，三則事信而不誕，四則義直而不回，五則體約而不蕪，六則文麗而不淫。」⑱這「六義」說就是劉勰的創作原則即「志足而言文，情信而辭巧」在作品中的具體體現。⑲顯然，劉勰《文心雕龍》中的「徵聖」、「宗經」並不是要求「文以載道」。

　　如果說《文心雕龍》的「文之樞紐」部分還有明顯的儒家思想的話，那麼，在《文心雕龍》的「論文敘筆」、「剖情析采」和「才略知音」中，劉勰比較客觀地分析論述了文體、創作、作家、批評等帶有規律性的問題，這正是「原道」中「自然之道」在具體理論問題上的體現。就是在具體的闡述中，劉勰也經常用到「自然」一詞，如「人稟七情，應物斯感，感物吟志，莫非自然」，⑳「故自然之妙，譬卉木之耀英華」，㉑等等。由此看來，《文心雕龍》雖以「原道」、「徵聖」、「宗經」的儒家之道作爲其指導思想，但在全書中起著決定性作用的，應該是「文原於道」的「自然之道」。

　　劉勰從哲學的高度來論述文與道的關係，提出「文原於道」的觀

---

⑰　劉勰《文心雕龍·徵聖》。
⑱　劉勰《文心雕龍·宗經》。
⑲　劉勰《文心雕龍·徵聖》。
⑳　劉勰《文心雕龍·明詩》。
㉑　劉勰《文心雕龍·隱秀》。

點，這在我國古代文學批評史上是首創，它不能不歸之於當時的玄學對劉勰的深刻影響。從哲學意義上說，魏晉玄學主要有「貴無」與「崇有」之爭，出現了以王弼爲代表的「貴無」論和以裴頠爲代表的「崇有」論。玄學的「有無」之爭，把漢代「天人感應」的神學宇宙論改變爲「有無本末之辨」的本體論，這在哲學思維上是一個重要轉折和躍進。玄學家們擺脫了以往或是神學唯心論、或是自然唯物論關於宇宙生成演化的描述，而力圖通過抽象的思辨來論證現實世界的後面有一個產生和支配現象世界的本體。這個本體，被玄學家們稱爲「無」或「天道自然」，它以自身爲原因，內在於現實事物而成爲現實事物的統一的根基或「宗主」。玄學對宇宙的認識雖然是唯心主義的，但它卻將人們的認識引向本體的思辨，提出和運用一系列哲學對應範疇，如本末、體用等，創造出較精密的論證方法，這對當時的學術研究起了積極的影響。劉勰在《文心雕龍·論說》篇中，對魏晉以來玄學的幾個命題都曾作過介紹，並加以贊譽性的評論，如「詳觀蘭石之〈才性〉，仲宣之〈去代〉，叔夜之〈辨聲〉，太初之〈本玄〉，輔嗣之〈兩例〉，平叔之〈二論〉，並師心獨見，鋒穎精密，蓋人倫之英也」，「王弼之解《易》，要約明暢，可爲式矣」。正是在玄學思想的深刻影響之下，劉勰論文「振葉尋根」、「觀瀾溯源」，從本體論的高度來探求「文」的產生，因而提出「文原於道」的觀點，並以此爲起點，由上而下地從「道」探究「文」的起源、發展，進而研究「文」的各種文體和創作問題。

劉勰提出「文原於道」，又將儒家之道結合起來，並且認爲儒家之道是自然之道的體現。劉勰的這一思想同樣來自於魏晉玄學。魏晉玄學中討論的另一個重要問題，是「名教」與「自然」的關係問題。「名教」是因封建等級的名分而設教，指維護封建秩序的一套政治思想制度和倫理道德，這是儒家所竭力提倡和維護的。而「自然」的觀

念原本來自先秦老莊，主張順應事物客觀的、必然的規律，反對人工造作和禮法拘束。「名教」和「自然」原本是根本矛盾的，但是魏晉玄學恰恰將兩者結合起來了，形成了「名教自然一致」的理論。王弼說「名教」本於「自然」，「萬物以自然爲性，故可因而不可爲也，可通而不可執也」㉒這就是說，萬物都是從自然來的，其中包括社會政治制度的名教，也是自然的產物。郭象進一步說「名教」即「自然」，「故知君臣、上下、手足、內外，乃天理自然，豈直人之所爲哉」！㉓名教與自然合一的玄學思想，發展到了東晉，已經有了比較一致的看法，這種看法一直延續到南朝齊梁時期。劉勰顯然是吸收了玄學的這一思想，因而在提出「文原於道」的同時，又認爲儒家之道體現了自然之道。

參考書目

1.《老子》，《四部精要》冊12，子部一，上海古籍出版社，1993年3月。

2.《荀子》，《四部精要》冊12，子部一，上海古籍出版社，1993年3月。

3.韓愈〈原道〉，《昌黎先生集》卷十一，《四部精要》冊18，集部三，上海古籍出版社，1993年3月。

4.宋濂〈文原〉，嚴榮校刻本《宋文憲公全集》卷二十六。

5.章學誠〈原道〉，《章氏遺書》卷第二，《四部精要》冊13，史部七，上海古籍出版社，1993年3月。

6.蕭萐父、李錦全主編《中國哲學史》，人民出版社，1982年12月第

㉒ 王弼《老子》二十九章註。
㉓ 郭象《莊子·齊物論》註。

1版。

7.唐長孺〈魏晉玄學之形成及其發展〉,《魏晉南北朝史論叢》,生活、讀書、新知三聯書店,1955年7月第1版。

劉勰《文心雕龍》
「文德説」的意蘊和價值
——從與康德的比較看其歷史貢獻

廣州華南師範大學中文系

韓湖初

摘要：

　　《文心雕龍》的「文德説」在中國文論史上首次把道－德－文三者聯系起來考察，既把「文」（事物的美的感性形態）看成是宇宙本體「道」的具體顯現，從而充分肯定其意義和價值，并深入探討了文學的審美特性；又強調作爲「道」體現于具體事物即「德」時，須有賴于「文」才能得以充分顯現，并令人得到美的享受。他的「道」指自然之道，而「德」則包含人類社會的倫理内容。因此，他的由「道」到「德」可以理解爲由認識主體性轉向倫理主體性。這與康德在西方近代美學史上既不同于以往的理性主義美學，也不同于以往的經驗主義美學，而是把審美判斷看成是從認識主體性走向倫理主體性的和諧的中介，并深入探討了其特性，可謂異曲同工。劉勰在〈宗經篇〉所説的「六義」，其「情深」與「事信」、「風清」與「義貞」、「體約」與「文麗」，與康德和現代文學理論強調藝術（文學）應是眞、善、美三者的統一，亦似有靈犀相通。因此，在新世紀來臨之際，《文心雕龍》理應走向現代，邁向世界。

壹

《文心雕龍》的「道」與「德」包含了豐富而深刻的內容，只有準確把握它們，才能準確理解該書的理論體系。

《文心雕龍·原道篇》（下引該書只注篇名）是劉勰文學理論體系的基石，這已是龍學界的共識。該篇首句稱「文之爲德大矣」，與天地幷生。對此一般解釋爲「文之體與用」即文之功能、意義巨大①。張少康教授指出：「這不夠準確，幷作詳細辨析。②」此處「德」應訓「得道」（《管子·心術》：「德者，道之舍」），指事物的本性，如《莊子·達生》把鷄、狸的本性稱爲「鷄德」、「狸德」；「文」通「紋」，指色采與綫條交錯而成的美的感性形態（《易·繫辭下》：「物相雜，故成文」；《禮記·樂記》：「五色成文而不亂」，「不亂」即做到多樣的統一）。故「文之爲德」句意應爲：「文」能夠使「道」（宇宙本體）通過各種事物的美的感性形態得以顯現出來，其意義是多麼深廣長遠啊！③這裡，「道」、「德」、「文」三者的關係是：先是就「道」與「德」來說，「德」是宇宙本體「道」在具體事物中的依存（唐陸德明《經典釋文》：「德，道之用」），是事物生存和發展的依據（《莊子·天地》：「物得以生，謂之德」）；但二者又不等同，因爲「道」是普遍的，而「德」已演變爲具體的事物的特質，如文中所說的日月、山川、虎豹、花卉。次是就「德」與「文」來說，是內容與形式的關係：即萬物具備了本質特性即「德」，還須「文」即美的外在感性形態始能具體顯現。可見一方面「文」不能離開「道」、「德」而孤立存在；另

---

① 參看詹鍈：《文心雕龍義證》上冊，上海古籍出版社1989年版頁2。
② 見張少康：《文心雕龍新探》，齊魯書社，濟南，1987年版頁24。
③ 馮春田：《文心雕龍釋義》，山東教育出版社（濟南）1986年11月頁1-8。

一方面「道」、「德」也須有賴于「文」才能具體以美的形態顯現，從而得以發揚光大。故曰：「文之爲德也大矣」。劉勰繼稱天地萬物莫不有「文」，如：天有「日月疊璧」，地有「山川煥綺」，山林泉石有其美妙音韵，虎豹花卉有其美麗恣色，歸根到底，這一切「蓋道之文也」，即都是宇宙本體「道」的感性顯現。這樣，劉勰第一次在中國美學史上把道－德－文三者聯繫起來考察，既把「文」看成是宇宙本體的「道」的具體顯現，強調它不能離開「道」、「德」而孤立存在，否則便喪失其存在的意義和價值，如南朝的浮艷文風那樣；又指出「道」、「德」須有賴于「文」始能感性地顯現出來，從而順應審美意識覺醒的時代潮流，充分肯定"文"即事物的美的形式的意義和價值，大大提高了其地位。筆者嘗認爲，劉勰所說的文道觀其意蘊與黑格爾的「美是理念感性顯現」說是相通的，認識上基本一致，并有詳細評述。④然再較之康德在西方美學史上的地位，于「文德說」一層意有未盡，故再作本文。

　　關于〈原道〉篇的「道」，長期以來學者有種種不同的理解。如：儒道，道家之道（筆者認爲「自然規律」說可歸入此說），佛道，儒玄相融之道，等等。⑤其實，關于這個問題，郭紹虞先生早已指出：「〈原道〉篇所說的『道』是指自然之道，所以說『文之爲德，與天地幷生』；〈宗經〉篇所說的『道』，是指儒家之道，所以說『經也者，不刊之鴻敎也』」。⑥故「道」應是兼有儒、道兩家之義，幷不矛盾。問題是：二者是如何統一的？如果從「道—德—文」

---

④　參閱拙著：《文心雕龍美學思想體系初探》，暨南大學出版社（廣州）1993年11月。

⑤　參看：《文心雕龍學綜覽》之何懿撰文：《專題研究綜述·原道》，《文心雕龍學綜覽》編委會編，上海書店出版社1995年出版，頁137－146；牟世金遺作：《<文心雕龍研究論文集>序——「龍學」七十年概觀》，《文心雕龍研究論文集》，中國文心雕龍學會選編，人民文學出版社，北京，1990年8月，頁36－39。

⑥　郭紹虞：《照隅室古典文學論集》下編，上海古籍出版社1983年版，頁35－36。

的序列來看，問題也就迎刃而解。該篇首段稱天地萬物莫不有文曰：
「夫豈外飾，蓋自然耳」，可見「道」是宇宙萬物的普遍規律，故其
第一義應是道家之道（自然規律）。接着該篇又云人類「爲五行之
秀，實天地之心」，他所論之「文」爲「人文」，于是「道」這一範
疇便進入了人類社會成爲「德」，具有儒家之道的倫理意義。其贊語
云：「道心惟微，神理設教。光采玄（一作元）聖，炳耀仁孝。」說
的就是這個意思。楊明照于此有詳論，如：指出《文心雕龍》所稱贊
的歷代「聖人」中，尤其推崇周公、孔子（特別是孔子）；從該書上
下文看，〈原道篇〉的「聖因文而明道」的「道」，指的是儒家聖人
之道（如〈雜文篇〉「唯〈七厲〉叙賢，歸以儒道」）；評價諸子和
作品是以儒家的仁、孝爲尺度，如〈諸子篇〉批評商鞅、韓非「棄孝
廢仁」，等等。⑦我們再看他在〈程器篇〉所表述的「摛文必在緯軍
國，負重必在任棟梁」，是典型的儒家入世思想。可見是指儒家之道
了。牟世金嘗反復強調：〈原道〉篇之「道」應是「物自有文」的宇
宙（自然萬物）的普遍規律。這是正確的，但也應看到：該篇緊接繼
論「道沿聖以垂文，聖因文而明道」，無疑是指人類社會而言，可見
已進入儒家之道的範疇（幷在〈宗經〉篇進一步發揮）。我們不妨結
合「德」字的來歷演變，或可有助于這問題的理解。「德」字卜辭未
見，是「周人新提出的，在思想的發展史上算是進了一步」；金文
「德」字從直從心，從字形上看，其涵義「是把心思放端正」，且在
行爲上表現出來。季鎮淮指出：「在經典裡，『德』字只有倫理學上
的意義」。〈洪範〉《大學》「都是指的人的行爲」；幷對文與德的
關係作如下解釋：「努力地做叫『文』，做得對叫『德』；原動力是
心。所以對于行爲說，德是發之于內，文是表之于外，提到『文』是

⑦ 見楊明照《學不已齋雜著》，上海古籍出版社1985年10月版頁478—480。

不能不聯想到『德』的。」⑧可見「德」是對人類社會而言的。因此，〈原道〉之「道」總體上應是兼有自然之道和人倫之道的二義，而且它們之間還有邏輯演進的關係：劉勰先是概括出「物自有文」的宇宙規律，進而探究人類社會的「人文」意義和價值。

回顧這個問題的討論，可以說，把握上述的邏輯演進關係是極其重要的。試問：如果抽掉了「物自有文」的自然之道，豈不是要抽掉《文心雕龍》這座理論大廈的基石？反之，如果離開了人類社會而停留在對自然規律的認識，劉勰又怎能探究「人文」的社會價值和意義？這也就是劉勰的高明、甚至偉大之處了。這一點，我們通過他與康德的比較會認識得更為清楚。

貳

眾所周知，康德的批判哲學是西方哲學史上最早全面論述主體性問題的學說。他深入地探索了人類的創造活動，分別寫了《純粹理性批判》和《實踐理性批判》，全面地研究了人類認識主體性和倫理主體性的原理。此後又發現二者并不能窮盡人類主體性的全部內容，于是進一步研究人類的審美主體性，并把它看作是認識主體性和倫理主體性走向和諧的中介。概言之，在歐洲哲學美學史上他首先把對美學的認識與探討從認識論轉向本體論，把以往偏重認識自然轉向人類社會自身，意義重大，影響深遠。它山之石，可以攻玉。這裡擬先對康德的審美判斷四契機學說略作介紹，并與劉勰稍作比較，以一窺其「文德說」的歷史貢獻。

康德所說的審美「判斷力」，即欣賞、品鑒、趣味。他從四個方

---

⑧　郭文引自《先秦天道觀的發展》頁24；此處郭文與季文均見季鎮淮：《來之文錄》，北京大學出版社，1992年9月，頁22 – 23。

面對審美判斷作了闡述和界定：

一、從「質」來說，它是超越功利的主觀快感。判斷事物的是否美，不同于對事物作出邏輯推論（認知），而是借助想像力作出情感判斷，看它是否引起主體的快感。如說「花是美的」就不同于「花是紅的」：前者只作爲形式引起主觀的快感，不涉及花的內容及其與人類的利害關係，不同于後者可以使人獲得知識。但這種審美快感與生理的和道德的快感又都不同，它是欣賞美的對象所引起的美感。由于它是超越功利（不涉及利害關係）的自由的精神活動，因此，「美只適用于人類」。⑨這樣，康德把美感同生理的、道德的快感都作了區別，糾正了歷史上經驗派和理性派把它們混淆的錯誤。

二、從「量」來說，審美判斷雖不憑概念卻是具有普遍性的愉快。如說「這酒對我是快適的」，它是感官的滿足，并不要求別人贊同；但如果說「這玫瑰花對于我是美的」，就顯得可笑了，因爲美并不限于個人，它要求普遍有效。康德在美學史上首次把審美稱之爲「判斷」，堪稱卓識。那麼，這個普遍性從何而來呢？首先，它不是來自概念的普遍性和邏輯判斷，只是顯示出主體的一種「心意狀態」，是無利害的，它有理由期待別人的贊同。可見這是一種主觀的普遍性。那麼，是判斷在先還是愉快在先？康德認爲這是解決問題的「一把鑰匙」。⑩他認爲：如果快感在先，就只能屬于個人的生理感官滿足，不會有普遍性。因此不能是快感在先。審美判斷之所以具有普遍性，是由于它所傳達的主觀的「心意狀態」雖是感覺的形式，卻包含一定的理性內容：它是人的想像力和知解力處在「自由」的協調狀態中的產物。所謂「自由」，即二者的關係不是僵死固定的，而是

---

⑨ 康德《判斷力批判》，中文版頁46。
⑩ 同註⑨；頁54。

處于非確定的運動之中。這一分析抓住了美感的心理特徵及其主要構成因素的關係，深入到了人類社會所特有的心理領域。

　　三、從「關係」來說，審美判斷具有「無目的的合目的性」。康德認爲：如果審美時先有主觀的目的就會導致利害感，就不成其爲審美判斷；同時，因爲不是對客體的認知，不涉及其功用價值，可見也沒有客觀的目的。但是，在審美判斷中主體的想像力與知解力的和諧的活動（或譯「游戲」）同客體對象的單純形式，二者之間「是相互契合的，就仿佛這是某種意志的安排」，可見它又符合目的。他說：審美判斷「只把一個對象的表象聯系于主體，并且不讓我們注意到對象的性質，而只注意到那決定與對象有關的表象諸能力的合目的的形式。」⑪也就是說，審美時對象的外在形式喚起人的情感愉快（即人的諸心理功能的自由活動），這就是它的合目的性，但它是一種主觀的合目的性。由于它沒有預先特定的目的，所以說「無目的的合目的性」。這一點是康德的「美的分析」的中心。這裡所說的「關係」，「實際上是人與自然相統一的一種獨特的形式」。⑫

　　當然，康德說美不涉及利害、概念和目的，如此一來便沒有內容的地位，而只有單純的形式了。後來的形式主義美學正是片面發展了這一點。康德大概對此也有自知之明，于是提出了純粹美（自由美）和依存美的分別，并強調：「前者是事物本身固有的美，後者卻依存于一個概念（有條件的美）」。前者如貝殼、圖案、相框；後者如一個人、一匹馬、一座建築物的美，則以一個目的和完善的概念爲前提，須先知道它應當是什麼。由此他進一步提出美的理想問題，并認爲：理想是建立在理性基礎之上的，它涉及整個的對象和整個的主

────────────

⑪　《判斷力批判》中文版；頁66。
⑫　李澤厚：〈康德的美學思想〉，上海文藝出版社，《美學》第一期，1979年11月。

體，因此，沒有生命、沒有內容的自由美不能成爲理想美，只有依存美才是理想美，而且強調說：「美只適用人類」。⑬，得出了「美是道德的象徵」的結論。──因爲，只有人才能結合着理性的純粹觀念及想像力的巨大力量，才能把理性和道德的善在最高合目的性的聯系中結合起來。

四、從「模態」（或譯「方式」）來說，鑒于審美判斷的普遍性（即必然性）不是來自概念和經驗，可見它既不是理論上的客觀必然性，也不是實踐上道德的必然性，而只能是「一切人對于一個判斷的贊同的必然性」。⑭具體地說，就是人類先驗存在的「共通感」──所謂「人同此心，心同此理」。因此審美判斷雖然是個別的、主觀的，卻具有普遍有效性。他所說的「共通感」是主觀唯心的，但強調了美感的社會性，把美感「與『人類集體的理性』即社會性聯系起來了」，如說「在共通感中必須包括所有人共同感覺的理念」、「美只經驗地在社會中才引起興趣」。正如李澤厚指出的：「這個『共通感』不是自然生理性質的，而是一種具有社會性的東西」，「它既是個體所有的（人的自然性），同時又是一種先驗的理念（人的社會性），它要求在個體感性自然中展示出社會的理性的人」。⑮

綜觀四契機學說，從哲學上說，其一所論審美判斷是超越功利的主觀快感，實際上關係「作爲主體自身內部的人（理性）與自然（感性）的統一」；其二所論美感中的想像力和知解力的關係，實質是美感的主觀性和社會性的關係，并突出了人的心理因素；其三所說的「關係」，「實際上是人與自然相統一的一種獨特的形式」。「非功利」、「無目的」這兩個最重要的審美心理特徵，早在英國經驗派美

---

⑬ 《判斷力批判》中文版頁46。

⑭ 李醒塵：《西方美學史教程》，頁307。

⑮ 見李澤厚：〈康德的美學思想〉，上海文藝出版社《美學》第一期1979年11月。

學都已有探討，康德把它們「集中、突出并總結在『無目的的目的性』這樣一個哲學高度上，作爲美的分析的中心，以與《純粹理性批判》《實踐理性批判》相聯系，完成了他的哲學體系」；其四所論的「共通感」，盡管離開了人類的社會實踐而缺乏根基，但從哲學的高度把審美的根源歸結爲社會性，遠遠超越前人。⑯概言之，他重視的不是自然界的星空，而是人、人的理想和人類社會，是人類「主體所特有的自由自覺的創造活動。」他的名言是：「人就是現世上創造的最後目的」。⑰他的最大的特點和貢獻就是把對審美判斷的探索由自然轉向人類社會，由客體轉向主體，由認識論轉向本體論，而且把它看成是人類從認識主體性走向倫理主體性的和諧的中介，因而貢獻巨大，意義深遠。

叁

由康德的貢獻我們就不難理解劉勰「文德說」的重大意義。因爲，從第一層次的自然之道進入到第二層次的倫理之道，意味着由偏重認識自然轉向人類社會、由認識論到本體論的轉變和過渡。鑒于魏晉玄學的產生標志着中國哲學史上「從漢代的宇宙論轉向了本體論」的重大轉變。⑱正是在玄學的影響下，劉勰的理論體系完成了這一轉變，也就不足爲奇了。正因爲如此，當筆者把劉勰的「文德說」與康德略加對照時，就發現二者有驚人的相似。限于篇幅，這裡僅就二人對審美主體性和崇高與「風骨」的論述申述如下。

第一、二人不約而同地深入探討了審美主體性，在美學史上具有

⑯　見李澤厚：《康德的美學思想》，上海文藝出版社《美學》，第一期1979年11月。

⑰　見雨田：〈論康德的美學審美主體性的核心及其作用〉，商務印書館（《外國美學》8輯1992年，北京，頁39、頁57。

⑱　李澤厚、劉剛紀：《中國美學史》第二卷上冊，中國社會科學出版社1987年7月頁7。

開創意義。康德認爲,「審美主體性的本質就是人的創造自由和諧」。⑲,即把人類審美活動看成高度體現了人的主體創造能動性的行爲,是聯繫認識主體性與倫理主體性的中介。我們知道,人類的主體性可分爲認識主體性和倫理主體性,前者指人類如何深入認識自然與社會、歷史與現實、個人與群體、創造主體與本能自我之間的各種矛盾,後者則是指人類如何全面地解決這些矛盾,由此體現人類倫理主體性的完善與否。康德既不同于前此的理性派美學把審美判斷與邏輯判斷相互混同,也不同于前此的經驗派美學把審美判斷與人類的理性、道德互相割裂,他認爲:「審美主體性就是上升到哲學高度的審美判斷力」;審美判斷力是「人類理解力和想像力和諧統一的結果」,它「能夠以審美情感的力量把人的各種創造能力結合成自由和諧的整體」,其核心是那種「強有力地從眞的自然所提供的給它的素材裡創造一個像似另一自然來」的「自由想像」。他堅持認爲:構成天才(藝術家)的心意能力主要是想像力和理解力。⑳綜言之,康德揭示了審美想像力與理智相統一的本質,從而爲深入研究人類審美活動的本質提供了可靠的依據。

說到劉勰,〈序志篇〉先稱人類「肖貌天地,稟性五才」、「超出萬物,亦已靈矣」;贊語又云:「生也有涯,無涯惟智。逐物實難,憑性良易」,這裡可以理解爲提出了人類認識主體性(人類與自然的對立和對自然的認識);繼云七歲時嘗夢隨孔子,于是自覺肩負起宏揚儒學的使命。又稱:注解經典「馬、鄭諸儒,弘之已精」、「唯文章之用,實經典枝條」;而當時文壇「文體解散,辭人愛奇」,于是「搦筆和墨,乃始論文」。對這一番話,我們是否可以聯

---

⑲ 雨田:〈論康德美學審美主體性的核心及其作用〉,《外國美學》8輯,商務印書館1992年北京,頁58。

⑳ 同註⑲;頁39－40。

繫從漢代重視道德實踐到魏晉六朝的重視審美的風氣轉變，理解爲其探索由認識論到本體論，由倫理主體性向審美主體性的轉變？這裡起碼有兩點值得注意：一是既視文章「實經典枝條」，即看到了文學（審美）與倫理主體性的聯繫（但又不等同）；但又抨擊南朝浮艷文風（「辭人愛奇」），實質上是批評這種文風只看到文學（審美）的特殊性（美、美感）而離開了人類的倫理主體性。二是進而指出：魏晉文壇的文論著作其弊端是「未能振葉以尋根，觀瀾而索源」；且申述《文心》之作「本乎道，師乎聖，體乎經」云云。鑒于劉勰所說的「聖」指的是人類歷史上的偉大人物大禹、成湯、周公、孔子及其實踐，因此它也就具有人類認識主體性與倫理主體性的含義。由此，即使不能說劉勰的理論體系已經達到了康德的哲學體系的高度，至少在內在邏輯上說是相通的。它與康德既不同于否定審美的理性內容的經驗派美學，也區別于看不到審美特殊性的理性派美學，難道二者不是一致的嗎？劉勰運用玄學以本統末的思辨方法，把前人對文學理論的認識成果構建起龐大的文學美學理論體系，這與康德把英國經驗派的所總結的美感的「非功利」、「無概念」等特徵，總結和上升到哲學高度，並和理性派強調理性內容的思想統一起來，建構起龐大的美學理論體系，豈不是中西異曲同工？可以說，劉勰的理論體系在一定程度上兼有認識主體性與實踐主體性的兩重品格，在我國古代美學史上意義重大。這無疑類似于康德在西方美學史上的地位。當然，他們的探索都在很大程度上離開了人類的物質生產的實踐活動的巨大作用，這是時代的局限，不必苛求。

　　第二、對審美主體的特殊性及其構成諸因素的認識，二人可謂大體一致。

　　其一，二人都把審美的想像力同認識的想像力作了區別，并把想像力和理解力作爲審美判斷（鑒賞）力的主要構成因素。

康德說：「審美觀念就是想像力裡的那一表象，它生起許多思想而沒有任何特定的思想」，「沒有言語能夠完全企及它，把它表達出來。」㉑而〈神思〉篇所說藝術想像活動中「思表纖旨，文外曲致，言所不追，筆固知止」；〈隱秀〉篇的「夫隱之爲體，義生（一作主）文外」，與此幷無區別。可見他們都自覺地認識到審美判斷不同于概念邏輯判斷。

其二，二人都認爲審美判力的主要構成因素是想像力和理解力。

康德認爲審美判斷是「人類理解力和想像力和諧統一的結果」，它「能夠以審美情感的力量把人的各種創造能力結合成自由和諧的整體」。他堅持認爲：構成天才（藝術家）的心意能力主要是想像力和理解力。㉒由此揭示了審美想像力與理解力統一的本質。而劉勰所強調的藝術家的天賦，如〈體性篇〉說「才有天資」、〈事類篇〉說「才爲盟主」，〈神思篇〉更說到「神思方運，萬塗競萌」、「我才之多少，將與風雲而並驅矣」，可見「才」主要是指自由想像力。他又認識到這種自由想像力其中包含理性，本質上是一種理性思維。如指出它離不開平時的「積學」、「酌理」、「研閱」；創作不管遲速快慢如何不同，「並資博練」，均須「心總要術」、「研慮方定」，即離不開分析綜合。〈總術〉篇說爲文之事「思無定契，理有恆存」，前句說的是沒有固定的框框，這與想像的自由性有關；後句說的是其中包含規律，說明它離不開理性。在《文心雕龍》中多處「情」與「理」互文，均指內容，可見在本質上視爲理性思維。又稱「志氣統其關鍵」、「神用象通，情變所孕」，這與康德把情感視爲審美想像的核心與動力殊途同歸。該篇贊云「物以貌求，心與理

㉑　轉引自雨田：〈論康德美學審美主體的核心及其作用〉，《外國美學》8輯，頁40。
㉒　見雨田：〈論康德美學審美主體性的核心及其作用〉，頁39－40。

應 」，這與康德的「無目的又符合目的」無異，即客體對象喚起主體的想像力和知解力的自由活動似乎是「相互契合」的。

其三，二人都強調藝術想像的自發性與自由性。

康德十分強調審美判斷的自發性與自由性。他說：鑒賞「只對于自主性提出要求」，「是完全不能通過論證根據來規定的，好像它只是主觀的東西那樣。」㉓在他看來，審美判斷是人們自主地和自發地作出判斷，它不需要、也不接受概念或經驗的規定，每個人都應該自主地張開想像的翅膀自由翱翔，根據「美的表象」的豐富內涵再創造出千姿百態的美的世界。康德的這認識不但符合審美鑒賞的規律，而且爲後人從審美心理學和從哲學、藝術社會學與審美心理學相統一的角度研究審美活動開闢了新領域，意義重大。與此相通，劉勰在〈神思〉篇就指出藝術想像「思接千載」、「視通萬里」的自由性（突破時空限制）的特點，〈物色〉篇「詩人感物，聯類不窮，流連萬象之際，沈吟視聽之區」，說的就是詩人展開想像的翅膀自由翱翔；又強調文學創作時「入興貴閑」，即強調沒有預先的目的或規定，讓主體超越功利而自主地和自發地進入自由想像。所說就是想像的自由性。這與康德所論並無兩樣。

其四，二人都強調藝術想像的創造性。

康德很重視作爲審美主體性的核心的自由想像的創造性。他認爲藝術高于自然：從形式上說「美的表象」是創造主體對自然素材予以審美改造的結果；從內容上說自由想像充滿創造主體的熱情和理想，它深化和擴展了自然素材的意義。㉔而劉勰〈神思篇〉所說「神與物游」的「物」是指自然物進入人腦的映像，與康德「從眞的自然」提

㉓　雨田：〈論康德美學審美主體性的核心及其作用〉，《外國美學》8輯，頁39－40。
㉔　同註㉓；頁43。

供它素材意思一致；而且還指出：「拙詞或孕于巧義，庸事或萌于新意」，說的正是藝術想像的創造性的功效（不但內容有新意，且具美的價值）。可見它是一種包含各種因素的創造能力。〈知音〉篇生動地描述了鑒賞中「知多偏好，人莫圓該」的主觀性的特點，從表面上看，他對此略有微詞。實際上這是針對「深廢淺售」的「俗鑒之迷」者而發言，而且所論是由鑒賞上升爲要求客觀公正的文學批評，自然如此。他提出文學批評的最高要求是「見異，唯知音耳」，無疑是認爲作品的價值正體現在主體的創造性。這就從另一個角度肯定藝術想像是主體創造性的活動。

第三，更令人注目的是，在兩人的理論體系中占有重要地位的崇高論（接近我國傳統中的「陽剛」之美）論和「風骨論」，也有驚人的相通之處。康德認爲：崇高與美（自由美，接近于我國傳統中的「陰柔」之美）除了都具有令人愉快、不涉及利害和概念、主觀的合目的性和普遍性，有兩點是不同的：一是美（自由美）只同對象的質的表象（形式）相聯系；而崇高則只同對象形式上無限的量的表象相聯系，如大海茫茫，崇山峻嶺；二是美（自由美）的快感是直接的，是主、客體處于和諧契合的狀態；而崇高則是間接的，其快感是由主體面對客體心靈受到震撼（痛感）轉化而來。由此他認爲：崇高感的根源不在物，而在主體的內部和意識，即只有審美想像力將道德的崇高性帶到自然表象中，并使之成爲後者的主導力量，才能獲得崇高感。此刻，人類的道德感已由意志的自由轉化爲現實事物的外在形態，同時，人也以情感態度肯定了自己的創造能力和本質。可見他強調的是崇高感中的道德性質和理性基礎。因此，他說：「如果沒有道德觀念的發展，對于有文化教養的是崇高的對象，對于無教養的人卻

是可怕的。」㉕他強調人應有高尚的人格情操和道德感、使命感，這一思想十分寶貴。

關于「風骨」問題，學界長期有爭論。主要有「風喻情志，骨喻文辭」和「風即文意，骨即文辭」兩說。㉖根據〈風骨篇〉所云「怊悵述情，必始乎風」、「情之含風，猶形之包氣」，可知「風」屬情感（「氣」）的範疇。這一點學者意見比較一致。而「骨」則爭議較大，也比較複雜。不過，據〈風骨〉篇云「辭之待骨，如體之樹骸」、「若瘠義肥辭，繁雜失統，則無骨之徵也」，可知其根本的是指「事義」。而要對「事義」作清晰嚴密的論證，文辭和結構必須精確、嚴密，故云「結言端直，則文骨成焉」。張少康援引除〈風骨〉篇外《文心雕龍》論及文骨地方共十四處，指出「所說均非指文辭」，「說明骨的含義是指作品的思想內容所顯示出來的義理充足、正氣凜然的力量」。㉗該說，這是相當有說服力的。同時，〈風骨〉篇又以非常突出的地位論「氣」，強調了「重氣之旨」，這是我們不應忽視的。深一層說，「風」與「骨」的關係，「風」是主要的、主導的。這一點，歷代不少大家都注意到了。如：明人曹學佺《文心雕龍序》云：「故〈風骨〉一篇，歸之于氣，氣屬風也」；黃叔琳評云：「氣是風骨之本」；紀昀則稱：「氣即風骨，更無本末」。爲什麼呢？首先，從劉勰舉司馬相如「氣號凌雲」的辭賦作爲「風力遒」和鷹隼的「翰飛戾天」比喩「骨勁而氣猛」的例證來看，「風」除了情感飽滿，還有想像力豐富之義。文學作品是離不開藝術想像力的，故「骨」自然離不開「風」。其次，對「事義」的闡述是否正確是同人格相關的，于是又生出了「骨」的另一層含義：它「體現作家正直高

㉕　雨田：〈論康德美學審美主體性的核心及其作用〉，《外國美學》8輯，頁39－40。
㉖　《文心雕龍學綜覽》和拙著《文心雕龍美學思想體系初探》有評介，可參閱。
㉗　張少康：《文心雕龍新探》頁128。

尙人格」，而且「作家對『事義』的理的闡述是伴隨着強烈的情感的」，因此「風骨」的根本含義應是「主體的人格情感力量對作爲眞善美統一體的『事義』的把握」，「是生命、情感向外表現的力量（『風』）和理性內在的凝聚的力量（『骨』）兩者的統一在藝術作品中的現實，㉘它追求着一種表現了主體人格的崇高藝術上高度凝煉的力之美」，「鮮明地體現了《易傳》的積極進取精神，顯示了中華民族審美理想的重要特。」㉙不難看出，劉勰之論「風骨」，與康德之論崇高，都是強調它的道德性質和理性基礎，強調它是人以情感態度肯定了自己的創造能力和本質，是一致的，二人都是強調主體的人格精神，是主體壓倒、超越客體的氣勢和力量在藝術中的體現，在歷史上均有開創的意義。我們知道，在英國經驗派美學那裡曾把美與崇高看成是審美對象的客觀屬性（康德早期也曾受此影響），康德把崇高的本質看成是人類以情感態度肯定了自己的創造能力，從而糾正了前者的錯誤；而劉勰則首次把原先用于人物鑒賞的「風骨」引入文學理論，從藝術創造主體的人格情感去把握崇高的風格，幷以之針貶齊梁的柔弱文風，在中國美學史上無疑也具有開創的意義，幷對後世產生深遠的影響。㉚。

最後，現代中外藝術理論一致強調藝術是眞善美的統一，其實康德和劉勰的理論早已包含這一思想。如上所述，康德的審美主體性是以想像力和理解力的統一爲前提的。想像力追求的是從單一走向衆多、從有限走向無限（自由），而理解力則要求從衆多走向單一、從

㉘ 李澤厚、劉剛紀：《中國美學史》第二卷上冊，中國社會科學出版社1987年7月版；頁746－747；頁738。

㉙ 李澤厚、劉剛紀：《中國美學史》第二卷上冊，中國社會科學出版社1987年7月，頁724，頁746－747。

㉚ 同註㉙；頁738。

雜亂走向整一、從偶然的現象走向體現本質的整體（規律）。在審美判斷中，想像力和理解力互相滲透和互相作用：一方面，審美想像力在綜合和超越「美的表象」，無拘無束、自由馳騁，充滿蓬勃的生氣與活力；另一方面理解力則無時不在爲想像提供內在的尺度，使之朝着合目的的方向飛翔，即主體以自由想像和情感體驗的方式在其心靈深處聽取理性之音，它以潛在的形式引導審美主體的創造達到「無目的的合目的」，幷評判「審美對象」的價值和意義。[31]可見藝術是眞（自然客體，規律）、善（自由，人的目的）和美的形式的創造的統一。而劉勰在〈宗經篇〉所提出的爲文的「六義」要求，其第一、三項的「情深」、「事信」，第二、四項的「風淸」、「義直」和第五、六項的「體約」、「文麗」正與眞、善和美大體相應。這也不應該說是偶然的。

鑒于以上認識，在新世紀來臨之際，讓《文心雕龍》走向現代，走向世界，這旣是時代的要求（必然），也是我們的職責和使命。

附言：

本人于西學未通，于中學未精，爲赴「《文心雕龍》國際學術硏討會」，拜識龍學前輩和專家（尤其是臺灣龍學前輩和同行）而七拼八湊，草此拙文，雖見笑于大方之家，然亦無憾也。惟望龍學前輩、方家，多予指教，是所望焉。（由于時間倉促資料不全，所見狹隘，于臺灣龍學見解未及博覽採用，深致歉意。）

---

[31] 雨田：〈論康德美學審美主體性的核心及其作用〉，《外國美學》8輯，頁39－40。

參考書目與論文

詹　鍈：《文心雕龍義證》上冊，上海古籍出版社1989年版。

楊明照：《學不已齋雜著》，上海古籍出版社，1985年版。

張少康：《文心雕龍新探》，齊魯書社（濟南）1987年。

馮春田：《文心雕龍釋義》，山東敎育出版社（濟南）。

韓湖初：《文心雕龍美學思想體系初探》，暨南大學出版社（廣州）1993年。

《文心雕龍學綜覽》編委會編：《文心雕龍學綜覽》，上海書店出版社1995年出版。

中國文心雕龍學會選編：《文心雕龍研究論文集》，人民文學出版社，北京，1990年8月。

郭紹虞：《照隅室古典文學論集》下編，上海古籍出版社1983年9月。

季鎭淮：《來之文錄》22－23頁，北京大學出版社，1992年版。

李醒塵：《西方美學史敎程》，北京大學出版社1994年10月版，本文所引康德言論大多轉引自該書〈康德的美學思想〉一節。

李澤厚：〈康德的美學思想〉，《美學》第一期，上海文藝出版社1979年11月。

《外國美學》8輯，商務印書館1992年北京。

李澤厚、劉剛紀：《中國美學史》第二卷，中國社會科學出版社1987年7月。

《文心雕龍》對魏晉文論的繼承與折衷

台灣師範大學國文系

呂武志

論文摘要

清章學誠稱《文心雕龍》「體大慮周，籠罩群言。」所謂「籠罩群言」：表面上，涵蓋了先秦兩漢以降的經、史、子、集；實質上，也關涉到音樂、繪畫、書法等多方面理論。不過劉勰之取得重大成就，主要還是建立在魏晉文論固有的基礎上；不上溯魏晉，就不能洞察《文心》的奧微，了解其「籠罩群言」的眞象。

本文緣此，而以《文心雕龍》架構宏偉的理論體系爲基點，分文原論、文體論、文術論、文評論、〈序志〉五部分，綜合魏晉文論的核心內容，兩相比勘，釐清劉勰〈序志〉所謂「有同乎舊談」、「有異乎前論」，了解那些觀點繼承與折衷魏晉文論？綜合考察結果，得知劉勰之於魏晉，文原論主要立足於葛洪、傅玄、李充、摯虞、皇甫謐的觀點；文體論主要濫觴於曹丕、陸機、摯虞、李充、傅玄、桓範的基礎；文術論主要奠基於陸機、曹丕、摯虞、陸雲、左思、曹植的成說；文評論主要採擷了曹丕、曹植、葛洪、李充的看法；〈序志〉則有桓範、葛洪發其端倪。或明採前修的論述，或暗用先賢的觀點，進而推闡出嚴密的理論架構；不避雷同，不爲苟異，力求客觀至當。

壹、前言

　　如果說《文心雕龍》是我國古典「藝苑之祕寶」①，那麼奠於全書的最後一篇〈序志〉，就是揭開這座神祕寶藏的大門；如果說〈序志〉是其他四十九篇的鎖鑰，那麼篇中標舉了魏晉文論家和條述全書結構體系，就是打開大門，相互配合的兩組密碼。聯繫這兩組密碼，進行解讀，才有可能深入這座琳瑯滿目，美不勝收的中國古典文論寶庫。

　　基於這種認知，所以本論文順沿劉勰〈序志〉留給後人的兩條線索：一條關於魏晉文論的內涵，所謂「魏文述典，陳思序書，應瑒〈文論〉，陸機〈文賦〉，仲治《流別》，宏範《翰林》，……」另一條切乎《文心雕龍》的體系，所謂「《文心》之作也，本乎道，師乎聖，體乎經，酌乎緯，變乎騷；文之樞紐，亦云極矣。……」循著蛛絲馬跡，雙線遞進；緊密連結曹丕、曹植、桓範、傅玄、左思、皇甫謐、陸機、陸雲、摯虞、葛洪、李充等人與劉勰彼此文論的關係，深入探究《文心雕龍》文原論、文體論、文術論、文評論、〈序志〉如何繼承與折衷魏晉文論？以證明《文心雕龍》之取得鉅大成就，主要還是建立在魏晉文論固有的基礎上；絕不是越世高談，突如其來。

　　試讀《文心雕龍·序志》，前代文論家雖多，劉勰標舉的，除了桓譚，其他九位盡是魏晉人：魏有曹丕、曹植、應瑒、劉楨；西晉有陸機、陸雲、摯虞、應貞；東晉有李充。揭示的文論專著，像《典論·論文》、〈與楊德祖書〉、〈文論〉、〈文賦〉、《文章流別論》、《翰林論》也全屬魏晉之作。他曾經「詳觀近代之論文」，篤志沉潛其間，所以能概括要旨，一針見血地指出利弊得失。針對不同

---

① 見清黃叔琳《文心雕龍輯注·序》。

著作，用「密」、「辯」、「華」、「巧」、「精」來歎服其優點；用「不周」、「無當」、「疏略」、「碎亂」、「少功」、「淺而寡要」來表達其不滿②。針對整體文論而言，不管其內容是「臧否當時之才」、「銓品前修之文」、「汎舉雅俗之旨」、「撮題篇章之意」，還是偶然「汎議文意」，都免不了觀照範疇狹隘的通病；至於「未能振葉以尋根，觀瀾而索源」，立說不推宗經典，持論不本乎聖哲，而無益後學，更屬最大隱憂。侃侃暢談，鞭辟入裡；其批判魏晉文論的堅確，足以反映平素研治的精深。通觀《文心雕龍》全書，大量稱引魏晉文論家，明白提到曹植三十次，陸機二十幾次，曹丕、劉楨各十幾次，陸雲八次，摯虞七次，應瑒、應貞各四次，李充兩次；暗中引用魏晉成說更多不勝數。〈序志〉云：

> 及其品評成文：有同乎舊談者，非雷同也，勢自不可異也；有異乎前論者，非苟異也，理自不可同也。同之與異，不屑古今，擘肌分理，唯務折衷。

證明劉勰銓品文學之際，先多方「折衷」於「舊談」、「前論」。其「同乎舊談」，主要是採納魏晉人的看法；如果「異乎前論」，也多半脫胎於魏晉人的觀點。足見魏晉文論是劉勰旁搜遠紹，取精用弘的寶庫；《文心雕龍》是魏晉文論百川匯海，萬流歸宗的淵藪。不上溯魏晉，就不能洞察《文心》的奧微，了解其「籠罩群言」的真象。

清黃叔琳講：「《文心雕龍》一書，……苞羅群籍，多所折衷。」③蓋指劉勰在寫作上，既苞羅先秦兩漢的各種典籍，又折衷魏

---

② 劉勰〈序志〉稱：「《翰林》淺而寡要」，意同於鍾嶸《詩品序》云：「《翰林》疏而不切」。「淺」就是「疏」，有貶斥之意。陸侃如解作「淺薄」，詳見〈劉勰的批評論〉，《陸侃如古典文學論文集》，頁八九四。

③ 見《文心雕龍輯注·序》。

晉時代的各家文論。前有繼承，後有推闡，所以能牢籠百代，蔚爲我
國古典文論的寶典。王瑤在〈文論的發展〉當中也說：「南朝的文
論，雖自有特點，但可以認爲是魏晉的發展；所有魏晉時期存在的各
種特徵，都仍然繼續地發揮著影響；而且這影響並不是渺小的。」④
確實，像陸機強調文學的藝術本質，陸雲、曹丕突顯作家的情志個
性，摯虞、李充、傅玄詳辨各種文章體裁，皇甫謐、左思、桓範重視
文章寫作規律，葛洪、曹植確立文學鑑賞原則，乃至於其他魏晉文論
家的重要主張，都被《文心雕龍》大量繼承下來，其中有的贊同，有
的反對，有的補充，有的推衍，反映出劉勰富批判性地擷英取華，以
開展出完整的理論架構，無愧爲集魏晉文論之大成。底下根據劉勰自
我架設的理論體系，分五部分說明。

貳、《文心雕龍》文原論立足於魏晉文論

　　大凡一位偉大的文論家，其著書立說，必有思想淵源；而劉勰的
文論思想，就是從〈宗經〉、〈辨騷〉兩個源頭出發。《文心雕龍·
序志》說：「蓋《文心》之作也：本乎道，師乎聖，體乎經，酌乎
緯，變乎騷；文之樞紐，亦云極矣。」其中道、聖、經、緯、騷，指
的就是卷一的〈原道〉、〈徵聖〉、〈宗經〉、〈正緯〉、〈辨
騷〉。這五篇構成劉勰的「文原論」，他尊之爲「文之樞紐」。所謂
「樞紐」，指重要關鍵；文學的重要關鍵就是思想內容，所以這一部
分正是他的「文學思想」。五篇自成系統，思想又分主從。大抵以
〈宗經〉爲主軸，〈辨騷〉爲輔翼。他認爲「經」正「騷」變，
「經」雅「騷」麗。宗經的目的在「守常」，辨騷的目的在「知
變」，蓋中國上古文學，《六經》集其大成，到屈宋《楚辭》又發生

---

④　見《中古文學史論》，頁七十八。

變化。不知《六經》，就不知中國文學的根本；不明《楚辭》，就不明中國文學轉變的關鍵。所以《文心雕龍》首卷五篇之設，劉勰自稱是文學的樞紐，其重要性便不言可喻了。

《文心雕龍》文原論主要繼承了葛洪、傅玄、李充、摯虞、皇甫謐等魏晉文論家的觀點。像葛洪，對文學本質有深刻的認識，他論證文采與自然、聖哲並存，《抱朴子·外篇·尚博》說：

> 夫上天之所以垂象，唐虞之所以爲稱，大人虎炳，君子豹蔚，昌旦定聖謨於一字，仲尼從周之郁，莫非文也。八卦生鷺準之所被，六甲出靈龜之所負；文之所在，雖賤猶貴，犬羊之鞟，未得比焉。

這一節文字說明文的普遍性，也就是不管天地之文、人爲之文，凡觸目所及，「莫非文也」；這一點正是劉勰的重要觀念。例如〈原道〉談文學本原於自然，開頭便遙溯天地萬物之文，再關合到人爲創作之文。所謂：

> 文之爲德也，大矣！與天地並生者，何哉？夫玄黃色雜，方圓體分，日月疊璧，以垂麗天之象；山川煥綺，以鋪理地之形；此蓋道之文也。仰觀吐曜，俯察含章，高卑定位，故兩儀既生矣，惟人參之，性靈所鍾，是謂三才。爲五行之秀氣，實天地之心生；心生而言立，言立而文明，自然之道也。旁及萬品，動植皆文：龍鳳以藻繪呈瑞；虎豹以炳蔚凝姿；雲霞雕色，有踰畫工之妙；草木賁華，無待錦匠之奇；夫豈外飾？蓋自然耳。至於林籟結響，調如竽瑟；泉石激韻，和若球鍠；故形立則文生矣！聲發則章成矣！夫以無識之物，鬱然有采；有心之器，其無文歟？

劉勰認爲文與天地並生：他先講天有「日月疊璧」之文，地有「山川煥綺」之文；再講到人有「心生而言立」之文；乃至於動植萬品都有文。既然無知無識的萬物都「鬱然有釆」；有思想有感情的人類怎會缺乏文釆呢？底下接此一問，順勢鋪陳我國人文的起源和發展：劉勰論我國人文起源於太古時代，而深入闡揚神明自然的道理，自以《周易》卦象爲最先。他追溯龍馬背河圖、神龜負洛書的古老傳說，其內容應該包含在八卦和《尚書·洪範》之中。上自伏犧、神農、黃帝的《三墳》，唐、虞時臯陶的〈元首〉之歌、益稷的陳述謀略，夏代萬民的九序惟歌；下及文王的推演《周易》卦繇辭，周公的制作詩歌、整理〈周頌〉，孔子的陶鎔《六經》而集其大成；中國上古文化的整理與發揚才粲然大備。也就是天地自然的文釆，藉著古聖先王的智慧，轉化成詩書禮樂的文釆，以發揮敎化功用。這層層推闡及綿密論證，都脫胎於葛洪，可以〈尚博〉寥寥數語括之；甚至措辭之神似，都有跡可尋，像葛言「上天之所以垂象」，劉言「以垂麗天之象」；葛云「大人虎炳，君子豹蔚」，劉云「虎豹以炳蔚凝姿」；葛曰「昌且定聖謚於一字」，劉曰「文王患憂，〈繇辭〉炳耀」、「公且多材，振其徽烈」；葛謂「八卦生鸞凖之所被，六甲出靈龜之所負」，劉謂「河圖孕乎〈八卦〉，洛書韞乎〈九疇〉」；除措辭和例證接近之外，最重要的是劉勰證明文遍布在無垠的時空之中，和宇宙並存，這個論點繼承了葛洪「莫非文也」的看法；不過劉勰以之爲基礎，進而說明所有文釆都來自於自然；文學既以文釆爲特質，當然也不例外，這種文學本原自然之說，是葛洪未加深思的。以〈原道〉爲證，可見劉勰取鎔前修之外，復能獨鑄新說。

傅玄從文學的角度來推崇經典，也頗値得注意。《傅子》說：

　　《詩》之〈雅〉、〈頌〉，《書》之〈典〉、〈謨〉，文質足以

　　相副；翫之若近，尋之若遠，陳之若肆，研之若隱，浩浩乎其文
　　章之淵府也⑤。

他認爲《詩》、《書》文辭的潤飾恰到好處，與內容的雅正符采相
稱；尤其是言近旨遠，或隱，或顯，都耐人尋味，所以讚爲「文章之
淵府」。這不僅讚美了經典思想內容的精深遠奧，更兼就文章寫作和
語言風格，襃揚了經書行文的優美。衡之傅玄這種立論，雖然疏略，
後來劉勰宗經的文學思想卻由此發源，進而開展成《文心雕龍》具嚴
密系統的重要理論。

　　劉勰著述，雖帶有冀求名山事業的心理，但畢竟讚聖述經才是寫
作《文心雕龍》的主要動機。這個動機，不僅構造出一部空前未有的
文論寶典，更使經書重新綻放出絢爛的霞光。在〈宗經〉之中，他援
莊嚴之筆，盡讚述之能；把經典與文學創作的關係，視同百川匯海，
萬脈發源，賦群經以無比崇高的文學地位，既爲衆流之所出，亦爲衆
流之所歸。而中國文學創作的基礎，也可說是隨群經的建立，滋長發
皇，而有了生生不息的活力。他在篇中推崇經典：「辭約旨豐」、
「事近喻遠」，即指出了經典辭采精約，意旨豐富，用事淺近，譬喻
深遠的文學性，這和傅玄講《詩》、《書》「文質相副」、「翫之若
近，尋之若遠」十分接近。又篇中屢稱經典「洞性靈之奧區，極文章
之骨髓」、「義既挺乎性情，辭亦匠於文理」；且論後世文體出於五
經，談「文能宗經，體有六義」，引揚雄《法言·寡見》比雕玉以作
器，說明「五經之含文」；在在都是傅玄讚嘆經典「浩浩乎其文章之
淵府」的進一步推闡。這種宗經思想，又見於〈徵聖〉，劉勰說：
「是以論文必徵於聖，窺聖必宗於經。」又揭示聖人撰作五經：「或

────────────

⑤　見清嚴可均《全晉文》卷四十九。

簡言以達旨，或博文以該情，或明理以立體，或隱義以藏用。」很顯然的，「簡言」、「博文」、「明理」、「隱義」，這四種寫作筆法，和傅玄「若近」、「若遠」、「若肆」、「若隱」的鑑賞感受也有關聯。

傅玄雖然啓迪了劉勰宗經的文學思想；但劉勰在前賢立論的基礎上更加超邁，像《文心雕龍》五十篇，即以宗經爲全書思想之主導。譬如文原論〈原道〉、〈徵聖〉、〈宗經〉三篇，劉勰認爲人文原於天地自然之文，故設〈原道〉。篇中一開始就說天、地、人三者的關係；同時又以《易經》爲參天緯地的第一部經典，此後又從伏羲創典，迄孔子述訓，推原天地自然之理，明察人文變化之要，無不歸功於古聖先哲，窮源竟委，便自然有〈徵聖〉之設。他所徵的聖人是周公、孔子，周公制禮作樂，孔子贊《易》刪《詩》，其繼往開來，無不唯文是賴。而聖人行文的筆法有「繁」、「略」、「隱」、「顯」四種體例，所以劉勰說：「徵之周、孔，則文有師矣。」周、孔乃儒家道統之所繫，其徵聖立言，取法周、孔，正可以看出劉勰的宗經思想。至於〈宗經〉，論五經的內容、群經與文體的關係、文能宗經的效益；純粹從文學的角度去衡量群經，更是蹊徑獨闢，不同於馬融、鄭玄。〈正緯〉、〈辨騷〉的設篇，尤爲劉勰之特識，爲千古學者所不及。如果〈原道〉、〈徵聖〉兩篇屬於正面明揭劉勰經學思想的話，那麼這兩篇便是反面開示他箴俗衛道的精神，兩方面都集中在宗經上，而表現的手法卻剛好相背。至於文體論、文術論、文評論，也莫不緊貼《五經》立論，看似處處衡文，實則處處宗經。這種縱橫交織，脈絡貫串的思想體系，迥非傅玄所能比擬。同時從〈宗經〉看，劉勰對《五經》文學成分的辨析，和《尚書》、《春秋》行文筆法的比較，其細膩也非傅玄泛論所能企及。

李充《翰林論》談表體云：

　　表宜以遠大爲本，不以華藻爲先⑥。

這種「去華就實」的思想，劉勰又加推闡，像〈徵聖〉推崇：「聖文之雅麗，固銜華而佩實者也。」「聖文」指經典。劉勰宗經，故強調聖人述作都能雅麗兼備，華實互用。這種以情性爲根柢，用經典作準則，主張「銜華佩實」的觀念貫串《文心雕龍》全書。例如〈辨騷〉論楚辭影響文壇，又對後世作家呼籲：「若能憑軾以倚〈雅〉、〈頌〉，懸轡以馭楚篇，酌奇而不失其貞，翫華而不墜其實，則顧盼可以驅辭力，欬唾可以窮文致。」劉勰認爲屈原能通古變今，既取法傳統的經典，又能突破〈風〉、〈雅〉的枷鎖，鑄造瑰麗奇偉的文辭，創發漢賦新生的契機，所以後世作家望塵莫及。由此我們得到啟示，就是宗經與效騷之際，應該「翫華而不墜其實」，這種呼籲和李充強調「不以華藻爲先」，同樣都是對西晉至六朝綺靡文風的糾正。

　　又如摯虞注意到文學通變的問題，論班固、史岑所作的頌：

　　與〈魯頌〉體意相類，而文辭之異，古今之變也⑦。

是說頌體古今一例，不應改變；但文辭會隨時代而變化，是必然而且合乎規律的。劉勰〈辨騷〉也稱屈原：「雖取鎔經旨，亦自鑄偉辭，……故能氣往轢古，辭來切今，驚采絕豔，難與並能矣。」這是通變的實證，與摯虞之談遙相呼應。又如摯虞論圖讖云：

　　圖讖之屬，雖非正文之制，然以取其縱橫有義，反覆成章⑧。

----

⑥　見清嚴可均《全晉文》卷五十三。

⑦　見清嚴可均《全晉文》卷七十七。

⑧　同⑦。

指出「非正文之制」，也就是辨其不合經典；言其「縱橫有義，反覆成章」，也就是不掩其文采斐然可取。這種務實的態度，爲劉勰所秉承，所以〈正緯〉評論緯書：「事豐奇偉，辭富膏腴；無益經典，而有助文章。是以古來辭人，揖摭英華。」兩人持論相同；劉勰把〈正緯〉納入「文之樞紐」，以建立文學本原論，有可能受摯虞啓發。

其他之例，像陸機〈文賦〉云：「伊茲文之爲用，固衆理之所因。」⑨劉勰〈原道〉開篇也說：「文之爲德也大矣！」所謂「德」、「用」，都指「功用」，兩人看法一致。又篇中，陸機推崇文學可以「俯貽則於來葉，仰觀象乎古人；濟文武於將墜，宣風聲於不泯。」劉勰衍爲「觀天文以極變，察人文以成化；然後能經緯區宇，彌綸彝憲，發揮事業，彪炳辭義。」兩人措辭不同，但持論相當接近。皇甫謐〈三都賦序〉批評楚漢以後文學流遁忘本，所謂：「宋玉之徒，淫文放發，言過于實，誇競之興，體失之漸，風雅之則，於是乎乖。逮漢賈誼，頗節之以禮。自時厥後，綴文之士，不率典言，並務恢張。」⑩劉勰〈宗經〉承之，而呼籲「建言修辭，鮮克宗經；是以楚艷漢侈，流弊不還。正末歸本，不其懿歟」。桓範《世要論·讚象》稱這種體裁爲「《詩》、〈頌〉之末流」⑪，溯文體於經典；《文心雕龍·宗經》也說：「賦頌謌讚，則《詩》立其本。」劉勰認爲頌、讚同出於《詩經》，所以將兩體合篇而論，蓋繼承了桓範的觀點。綜合各家，可證《文心雕龍》是立足在魏晉文論既有的基礎上，繼續推展爲五篇系統一貫的文原論。

---

⑨　見清嚴可均《全晉文》卷九十七。
⑩　見清嚴可均《全晉文》卷七十一。
⑪　見清嚴可均《全三國文》卷三十七。

參、《文心雕龍》文體論濫觴於魏晉文論

劉勰〈序志〉說：「論文叙筆，則囿別區分，原始以表末，釋名以章義，選文以定篇，敷理以舉統。」指的就是卷二到卷五的文體論。這二十篇既然「論文叙筆，則囿別區分」，所以又可析爲兩部分。前一部分包括〈明詩〉、〈樂府〉、〈詮賦〉、〈頌讚〉、〈祝盟〉、〈銘箴〉、〈誄碑〉、〈哀弔〉、〈雜文〉、〈諧讔〉十篇，屬於有韻的「文」類。後一部分包括〈史傳〉、〈諸子〉、〈論說〉、〈詔策〉、〈檄移〉、〈封禪〉、〈章表〉、〈奏啓〉、〈議對〉、〈書記〉十篇，屬於無韻的「筆」類。這二十篇的內容架構，是放在劉勰安排的四大綱領上。這四大綱領就是所謂「原始以表末」，論叙此一文體的起源與變遷；「釋名以章義」，詮釋此一文體的命名及義涵；「選文以定篇」，開示此一文體的領袖作家和作品；「敷理以舉統」，說明此一文體的作法和特徵。惟此四綱，有時因行文之便，也可能次第前後倒置，或內容混而不分。其涵蓋文體的層面頗廣：例如論叙文體的源流，等於按文體分類的一部中國文學史；開示某種文體的領袖作家和作品，則又充分利用「單論」、「合論」、「比論」等各種方式進行品評，可說是劉勰的比較文學論；至於說明某一文體的作法和特徵，更是綱舉目張，提示許多實際的創作規範。

《文心雕龍》文體論並不是劉勰的獨創發明，它主要繼承了曹丕、陸機、摯虞、李充、傅玄、桓範、荀勗等魏晉文論家的觀點。像文體分類方面，考察我國之條析文體，蓋始於魏曹丕的《典論·論文》，精分文體爲奏議、書論、銘誄、詩賦四科八體；到西晉陸機、摯虞乃弘其規模；〈文賦〉別爲詩、賦、碑、誄、銘、箴、頌、論、奏、說十類；《文章流別論》就今日所輯十八條佚文看，最少也涉及詩、賦、頌、七、箴、銘、誄、哀辭、哀策、對問、碑、圖讖十二

類，東晉李充更大張其軍，研議詩、賦、讚、盟、檄、論、表、議、奏、駁、書、誡、誥、封禪十四種體裁。至於劉勰以二十篇之龐大篇幅，囊包眾體，廣達一百八十類，更是類聚群分，架構綿密而臻於大成。其豐富內涵，固非曹丕等人所能望其項背，但如果不是採擇魏晉成說，又何能在齊梁之世，將文體分類推向更高峰？

劉勰的文體分類，是立足在前賢的成果上，擇善而從，加以提煉、點化，以達到用古人而不為古人所役的境地；至於文體論的設篇，也參酌魏晉人的體例，例如李充行文，有獨體單論的方式，像詩、賦、讚；有兩體合說的方式，像盟檄、議奏、誡誥。前一種方式如陸機、摯虞者是；後一種方式如曹丕者是；兩種方式陶融並用，而啟發劉勰分體設篇的，當推李充，所以《文心雕龍》有〈樂府〉、〈諸子〉一體成篇之例；有〈銘箴〉、〈誄碑〉兩體成篇之例，應該是受到《翰林論》的影響。再如李充條析詩、賦、讚、盟等韻文各體，劉勰採之而設有〈明詩〉、〈詮賦〉、〈頌讚〉、〈祝盟〉之篇；李充剖別檄、論、表、議、奏、駁、書、誡、誥、封禪等散文各體，劉勰因之而立有〈檄移〉、〈論說〉、〈章表〉、〈議對〉、〈奏啟〉、〈書記〉、〈詔策〉、〈封禪〉之篇，其中劉勰將「駁」納入〈議對〉，「誡」、「誥」歸入〈詔策〉而不單獨設篇。又李充「盟檄」合論，韻散相混，劉勰析而別立〈祝盟〉、〈檄移〉兩篇；「議奏」合論，劉勰析而別立〈議對〉、〈奏啟〉兩篇，都展現出劉勰不屑古今，唯務折衷的客觀態度。通計《文心雕龍》文體論，有韻的「文」類和無韻的「筆」類，在設篇上，就有十二篇參考了李充的觀點，可見李充對劉勰文體分類和設篇的貢獻。

劉勰架構文體論的四大綱領，也確立於魏晉，像傅玄〈連珠序〉談這種體裁，無論溯源流、釋名義、評作家、舉特徵，四者完備，具體而微。後來摯虞加以運用，進而胚胎劉勰文體論的雛形，其兩人觀

點也有承沿之迹可循。像分析碑、銘的源流方面，《文章流別論》
說：

> 古有宗廟之碑，後世立碑于墓，顯之衢路，其所載者銘辭也⑫。

《文心雕龍‧誄碑》云：

> 又宗廟有碑，樹之兩楹，事止麗牲，未勒勳績，而庸器漸缺，故
> 後代用碑，以石代金，同乎不朽，自廟徂墳，猶封墓也。……夫
> 屬碑之體，資乎史才。其敘則傳，其文則銘。標敘盛德，必見清
> 風之華；昭紀鴻懿，必見峻偉之烈；此碑之制也。夫碑實銘器，
> 銘實碑文，因器立名，事先於誄。是以勒器讚勳者，入銘之域；
> 樹碑述亡者，同誄之區焉。

其論碑體，認為嚴格說來，並不算是一種文體，而是勒刻銘文的器
物，只因銘刻事功的鐘鼎彝器逐漸缺乏，只好改用宗廟拴繫牲口的石
碑代替，後世又擴大到墳墓的刻石記功。因此「碑實銘器，銘實碑
文。」這些論點正是從上述摯虞寥寥數語點化而來。至於把勒功之碑
歸入銘體，述亡之碑劃入誄區，而別為〈銘箴〉、〈誄碑〉兩篇，則
是劉勰剖別流變，詳加辨析之後的獨見。在闡發賦體命名義涵方面，
摯虞講：

> 賦者，敷陳之稱，古詩之流也。古之作詩者，發乎情，止乎禮
> 義。情之發，因辭以形之，禮義之旨，須事以明之，故有賦焉。
> 所以假象盡辭，敷陳其志⑬。

---

⑫ 同⑦。
⑬ 同⑦。

劉勰〈詮賦〉也講：

> 《詩》有六義，其二曰賦。賦者，鋪也，鋪采摛文，體物寫志
> 也。昔邵公稱：「公卿獻詩，師箴，瞍賦。」〈傳〉云：「登高
> 能賦，可爲大夫。」〈詩序〉則同義，〈傳〉説則異體，總其歸
> 途，實相枝幹。故劉向明：「不歌而頌」，班固稱：「古詩之流
> 也」，……然則賦也者，受命於詩人，而拓宇於《楚辭》也。

又篇末贊曰：「賦自詩出，異流分派。」加以比勘，摯虞論賦體的命
名及意義較爲簡約，他的説法推本於《周禮·春官·大師》注：「賦之
言鋪，直鋪陳今之政教善惡。」及班固〈兩都賦序〉所謂：「賦者，
古詩之流也。」劉勰吸收了摯虞立論的根據和抱持的觀點，把「假象
盡辭，敷陳其志」講成「鋪采摛文，體物寫志」；「鋪采摛文」就是
「盡辭」，「體物」就是「假象」，「寫志」就是「敷陳其志」；兩
人都指出了賦體借助形象、文辭來抒發情志的特點。措辭不同，而意
思完全一樣；至於引説剖析方面，顯然劉勰更加詳明得多。從這些例
證，可以看出劉勰闡釋文體的立名及義涵，是繼承了摯虞《文章流別
論》的傳統，而又加以發展。在列舉頌體的代表作家作品方面，摯虞
説：

> 昔班固爲〈安豐戴侯頌〉；史岑爲〈出師頌〉、〈和熹鄧后
> 頌〉，與〈魯頌〉體意相類，而文辭之異，古今之變也。揚雄
> 〈趙充國頌〉，頌而似雅；傅毅〈顯宗頌〉，文與〈周頌〉相
> 似，而雜以風雅之意。若馬融〈廣成〉、〈上林〉之屬，純爲今
> 賦之體，而謂之頌，失之遠矣⑭。

---

⑭ 同⑦。

劉勰〈頌讚〉也講：

> 若夫子雲之表充國，孟堅之序戴侯，武仲之美顯宗，史岑之述熹
> 后，或擬〈清廟〉，或範〈駉〉、〈那〉，雖淺深不同，詳略各
> 異，其褒德顯容，典章一也。至於班、傅之〈北征〉、〈西
> 征〉，變爲序引，豈不褒過而謬體哉！馬融之〈廣成〉、〈上
> 林〉，雅而似賦，何弄文而失質乎！又崔瑗〈文學〉，蔡邕〈樊
> 渠〉，並致美於序，而簡約乎篇；摯虞品藻，頗爲精覈，至云雜
> 以風雅，而不辨旨趣，徒張虛論，有似黃白之僞說矣！

比較雙方所選的作家作品，其絕大部分，像班固〈安豐戴侯頌〉、史
岑〈和熹鄧后頌〉、揚雄〈趙充國頌〉、傅毅〈顯宗頌〉、馬融〈廣
成頌〉、〈上林頌〉都相同。再比較雙方評文的辭氣也十分近似，像
摯說班、史作頌：「與〈魯頌〉體意相類，而文辭之異，古今之變
也。」說揚雄作頌：「頌而似雅。」劉言揚、班、傅、史作頌，「或
擬〈清廟〉（〈周頌〉之一），或範〈駉〉（〈魯頌〉之一）、
〈那〉（〈商頌〉之一），雖淺深不同，詳略各異，其褒德顯容，典
章一也。」其承用摯說而有所開展也可見。不過摯虞講傅毅作頌：
「文與〈周頌〉相似，而雜以風雅之意。」劉勰不予苟同，並加以譏
刺，他認爲既然是「頌」，又忽而言「雜以風雅之意」，自相矛盾，
是摯說品藻精覈之外，也偶有浮濫乖僞之處。至於批評馬融作頌，一
意鋪張排比，追求文采，失去了「頌」的特質，而近於「賦」，則兩
人論調一致。在說明哀辭的寫作特徵方面，摯虞講：

> 哀辭者，誄之流也。崔瑗、蘇順、馬融等爲之，率以施於童殤夭
> 折，不以壽終者。建安中，文帝與臨淄侯各失稚子，命徐幹、劉

　　楨等爲之哀辭。哀辭之體，以哀痛爲主，緣以歎息之辭⑮。

所謂「哀辭之體，以哀痛爲主，緣以歎息之辭。」講明哀辭寫作特
點，在情感方面主於表達哀傷悲痛，在文辭方面重在咨嗟感歎。覆考
劉勰〈哀弔〉云：

　　原夫哀辭大體，情主於痛傷，而辭窮乎愛惜。……必使情往會
　　悲，文來引泣，乃其貴耳。

兩人的看法和口氣如出一轍。綜合四個方面，可見劉勰論述文體的主
要綱領，在《文章流別論》已經用得非常熟練；惟劉勰思慮縝密，故
能踵事增華，使整個文體論的架構更加綱舉目張，條理周備。

　　純就劉勰「選文以定篇」，有「單論」、「合論」、「比論」之
不同方式言，也是本乎魏晉成規。像摯虞單叙一家作品而論其優劣
云：

　　王粲與蔡子篤、文叔良、士孫文始、楊德祖詩，及所爲潘文則作
　　思親詩，其文當而整，皆近乎雅矣⑯。

列舉王粲的詩篇，許爲精當雅正之作，這是「單論」。「合論」者，
兼綜文體相類的作家，合論其寫作特色；「比論」者，相較短長，比
對而論也。如云：

　　建安中，魏文帝從武帝出獵，賦；命陳琳、王粲、應瑒、劉楨並
　　作。琳爲〈武獵〉，粲爲〈羽獵〉，瑒爲〈西狩〉，楨爲〈大

⑮　同⑦。
⑯　本條佚文爲駱鴻凱《文選學》輯自《古文苑·思親爲潘文則作》章樵注引。

閱〉。凡此各有所長，粲其最也⑰。

並列陳、王、應、劉的賦作，評爲各有所長，是「合論」之例；推崇
王粲〈羽獵賦〉之獨拔而超越其他三家，是「比論」之例。事實上，
在摯虞之前，傅玄〈七謨序〉早已採用這些評論手法。其「單論」
者，如云：「世之賢明，多稱傅毅〈七激〉工，餘以爲未盡善也。」
「（王粲）〈七釋〉僉曰妙哉，吾無間矣！」「合論」者，如統言東
漢傅毅以下十餘家，「或以恢大道而導幽滯，或以黜瑰參而託諷
詠」；魏代曹植以下數家「並陵前而邈後，揚清風於儒林。」「比
論」者，如云：「〈七辨〉似也，非張氏至思，比之〈七激〉，未爲
劣也。」⑱。這三種體例，爲劉勰所廣泛運用於文體論，例如《文心
雕龍·雜文》：「唯（馬融）〈七厲〉叙賢，歸以儒道，雖文非拔
群，而意實卓爾矣！」是「單論」之例。同篇：「自桓麟〈七說〉以
下，左思〈七諷〉以上，枝附影從，十有餘家。……觀其大抵所歸，
莫不高談宮館，壯語畋獵。」是「合論」之例。〈封禪〉：「及揚雄
〈劇秦〉，班固〈典引〉，事非鐫石，而體因紀禪。觀〈劇秦〉爲
文，影寫長卿，……〈典引〉所叙，雅有懿采，……故稱：『〈封
禪〉靡而不典；〈劇秦〉典而不實』，豈非追觀易爲明，循勢易爲力
歟？」是「比論」之例。後來劉勰繼承傅玄、摯虞這三種評述方式，
構成《文心雕龍》開示某一文體代表作家作品的重要體例。

至於桓範採擇讚象、銘、誄，說明這些文體能辨明是非善惡，樹
立規矩典範，發揮歌頌或警惕的功能，對劉勰文體論也頗有影響。例
如〈讚象〉說：

⑰ 本條佚文爲周勛初《文史探微》輯自《古文苑》卷七章樵注引。
⑱ 見清嚴可均《全晉文》卷四十六

夫讚象之所作，所以昭述勳德，思詠政惠⑲。

所謂「讚象」，係指古代名臣賢士圖像上的讚辭，如司馬相如〈荊軻讚〉等。考漢代人物畫十分發達，根據制度，宮廷中便有歷史人物及當代將相功臣的畫像，以表揚其功勳；中央官署和地方郡國的辦公廳壁上，也畫以主管官員的圖像，附上讚語，並且加注，敘其任職期間的得失，做爲後世的榜樣或鑒戒。漢末應劭《漢官儀》云：「郡府廳事壁諸尹畫讚，肇自建武（光武帝年號），迄於陽嘉（順帝年號），注其清濁進退，所謂不隱過，不虛譽，甚得敘事之實。」⑳《後漢書·應劭傳》也記載其父應奉擔任司隸校尉時，曾要諸官府郡國抄送前任官吏的像讚，應劭「乃連綴其名，錄爲《狀人記》」。《世要論》所說的「讚象」，就是指這一類叙述官員治績的畫讚。桓範認爲這種體裁具有彰顯功勳德業，歌詠勤政恩澤的功能。到了劉勰作〈頌讚〉，則稱讚體：「本其爲義，事生獎歎。」又篇末贊曰：「勳業垂讚。」說明讚體之功用，在獎勵讚歎人物；歸結來說，歌詠功德的作品就叫做「讚」，這個看法和桓範一致。王師更生即曾經針對《世要論》「昭述勳德，思詠政惠」的觀點，指出：

> 《文心雕龍·頌讚》篇文所謂「颺言以明事，嗟嘆以助辭」，以及「民各有心，勿壅惟口」，「直言不詠，短辭以諷」的文義，與此相當近似㉑。

《文心雕龍》文體論有時也明引二曹兄弟的見解來立說，像〈書記〉稱：

---

⑲ 同⑪。

⑳ 見《後漢書·郡國志》「河南尹」注引。

㉑ 見〈劉勰文體分類學的基據〉，《文心雕龍新論》頁二十九。

> 公幹牋記，麗而規益，子桓弗論，故世所共遺，若略名取實，則
> 有美於爲詩矣！

他對曹丕只推崇劉楨的五言詩不以爲然，認爲眼光偏頗，導致世人不
察；其實劉楨的牋記比五言詩更勝一籌。這一點體現出劉勰實事求是
的態度。其〈樂府〉則稱：

> 凡樂辭曰詩，詠聲曰歌，聲來被辭，辭繁難節，故陳思稱：「左
> 延年閑於增損古辭，多者則宜減之。」明貴約也。

曹植論樂府，居今雖無可考；幸而劉勰保存了他的卓見。另外《文心
雕龍》暗採魏晉成說的例子，像在賦論方面，劉逵〈吳都賦蜀都賦注
序〉反對「理勝其解」、「文過其義」[22]，衛權〈三都賦略解序〉要
求「言不苟華，必經典要」[23]。，都與《文心雕龍·詮賦》「麗詞雅
義，符采相勝」之說相通。特別值得注意的，是伴隨著文學作品的大
量增加，匯集文章、辨析文體的著作也在魏晉紛紛出現。像荀勗《文
章叙錄》十卷、傅祗《文章駁論》十餘萬言、郭象《碑論》十二篇、
謝沈《文章志錄雜文》八卷、顧愷之《晉文章記》若干卷、謝混《文
章流別本》十二卷。從寫作內容看，這些著作大部分和摯虞《文章流
別論》一樣，都是包羅歷代和當時通行的各體文章，所以書名都有
「文章」二字，其條流多體的性質必定十分接近。少部分單論一體
的，像《碑論》，只論碑體之作，反映了當時辨析各體文章的寫作特
點更趨精密。從寫作形態看，他們逐漸脫離了漢末建安到魏晉之交，
那種形諸於書信或附麗於前序的單篇形式，而蛻變爲比較有組織體系
的大部頭著作，像《文章駁論》十幾萬字，份量可能超過了《文章流

---

[22] 見清嚴可均《全晉文》卷一〇五。
[23] 同[22]。

別論》三十卷。至於少則十卷、八卷，也很有可觀。從寫作時間看，苟勗《文章叙錄》的出現，可能比做爲皇甫謐弟子的摯虞《文章流別論》早了二、三十年；至於撰《文章駁論》的傅祗、寫《碑論》的郭象，時代也與摯虞相當。摯虞既然對劉勰產生重大的影響；我們推測這些匯聚各體的總集或評述，也必然會對《文心雕龍》文體論有所衝擊，不待劉勰一一並舉。

肆、《文心雕龍》文術論奠基於魏晉文論

劉勰〈序志〉提到：「剖情析采，籠圈條貫，摛〈神〉、〈性〉，圖〈風〉、〈勢〉，苞〈會〉、〈通〉，閱〈聲〉、〈字〉。」這裡只泛舉《文心雕龍》八篇，用以籠罩整個文術論；其實涵括了十九篇。按照各篇內容屬性，可以分成四組：第一組是創作論的「前言」：即統攝全論的〈總術〉。第二組是「通則」：重在「剖情」，包括〈神思〉、〈體性〉、〈風骨〉、〈通變〉、〈定勢〉五篇，所論都屬於行文運思的犖犖大端，是情感之源、馭文之本、謀篇之端，缺一不可。第三組是「細目」：重在「析采」，包括十一篇。其中有論內容與形式配合的，如〈情采〉、〈鎔裁〉；有論結構布局的，如〈章句〉、〈練字〉、〈附會〉；有論修辭藝術的，如〈麗辭〉、〈比興〉、〈夸飾〉、〈聲律〉、〈事類〉、〈隱秀〉。第四組是「餘義」：含兩篇，其中〈養氣〉爲〈神思〉的補充，〈指瑕〉論寫作的避忌；並殿於「通則」、「細目」之間。

《文心雕龍》文術論主要繼承了陸機、曹丕、摯虞、陸雲、左思、曹植等魏晉文論家的觀點。像陸機很重視寫作靈感的問題。〈文賦〉說：

　　若夫應感之會，通塞之紀，來不可遏，去不可止；藏若景滅，行

猶響起。方天機之駿利，夫何紛而不理？思風發於胸臆，言泉流
於唇齒。紛葳蕤以馺遝，唯毫素之所擬。文徽徽以溢目，音泠泠
而盈耳。及其六情底滯，志往神留，兀若枯木，豁若涸流，攬營
魂以探賾，頓精爽於自求。理翳翳而愈伏，思乙乙其若抽。是以
或竭情而多悔，或率意而寡尤。雖茲物之在我，非余力之所勠。
故時撫空懷而自惋，吾未識夫開塞之所由㉔

在他看來，作家只有在「天機駿利」的時候，才有可能寫出好作品；
一旦「六情底滯」，即使勉強去寫，也難免徒勞無功。換言之，感興
方濃，不能遏止其發露；感興不來，也不能勉強去醞釀。當它來的時
候，醞釀成熟，故能提起銳筆，一揮而就；當它不來或已去的時候，
時機不當，所以竭盡思慮也寫不好。可見靈感的「通塞」，並非作家
主觀意願所能決定。至於「通塞」的原因，也很難理解，所以他在這
一段文字最後感歎：「雖茲物之在我，非余力之所勠。故時撫空懷而
自惋，吾未識夫開塞之所由。」劉勰對這個問題則有突破性的看法，
〈神思〉說：

> 故思理為妙，神與物游。神居胸臆，而志氣統其關鍵；物沿耳
> 目，而辭令管其樞機。樞機方通，則物無隱貌；關鍵將塞，則神
> 有遁心。是以陶鈞文思，貴在虛靜，疏瀹五藏，澡雪精神；積學
> 以儲寶，酌理以富才，研閱以窮照，馴致以繹辭。然後使玄解之
> 宰，尋聲律而定墨，獨照之匠，窺意象而運斤。此蓋馭文之首
> 術，謀篇之大端。

他先論精神與外物交游而後文生的道理，再談培養想像力的方法。先

㉔　同⑨。

就前者「神與物游」言：他說文學創作得力於作者的思維活動，而思維活動微妙難測。從事創作的過程，首先是作者精神和外界事物要交通融會。精神屬內，蘊藏於作者胸臆之中，而意志和氣勢是統攝它的關鍵；事物屬外，順延著聽覺視覺傳達到作者的內心，而語言辭令是管理它的工具。當言辭通暢無阻的時候，一切的物象，便毫不隱藏地呈現字裡行間；若志氣阻塞的時候，就證明他心有旁鶩，精神不能集中。這一番議論，解答了陸機的迷惑，把作家運思有時「天機駿利」，有時「六情底滯」的抽象過程，講得言簡意賅，十分清楚，這不能不推爲劉勰的重大發明。再就後者「陶鈞文思」言：在陸機大嘆「吾未識夫開塞之所由」，完全提不出具體辦法的時候，劉勰卻有了條理密備的說明。他根據「神與物游」的理論，把培養想像力的方法，分成內外兩部分：所謂「貴在虛靜，疏瀹五藏，澡雪精神」，屬內在。「積學以儲寶，酌理以富才，研閱以窮照，馴致以繹辭」，屬外在。在內在精神方面，作者必須「虛」、「靜」；「虛」指空無一物，「靜」指空無一事，人如無一物一事縈心，自可接納萬物，營造想像。但如何才能達到這種心地空明的境界呢？他又援用《莊子·知北遊》老聃的話，說要「疏瀹五藏，澡雪精神」，也就是排除內心的積鬱，盪滌精神的困擾，當精神上的私慾雜念排除淨盡的同時，又必須注意外在的修養，所謂「積學以儲寶，酌理以富才，研閱以窮照，馴致以繹辭」，也就是要累積學問，以充實知識的寶庫；明辨事理，來豐富寫作的才華；體驗實際生活，以增進觀察的能力；順應情感發展，來演繹美妙的文辭。這樣內外配合，神物雙修，一旦臨文運思，自可以神接物，肆應無窮，收到呼之即來，揮之即去的效果，把想像力發揮到極限。劉勰強調這是「馭文之首術」、「謀篇之大端」，也就是整個創作理論的前提，和〈神思〉的核心思想，堪稱爲空前創獲。

曹丕《典論·論文》說：

> 文以氣爲主，氣之清濁有體，不可力強而致，譬諸音樂，曲度雖
> 均，節奏同檢，至於引氣不齊，巧拙有素，雖在父兄，不能以移
> 子弟㉕。

他所謂氣，是兼指作家的才氣和作品的風格。在他看來，文章風格和
作者才氣之間有密切的聯繫，且因內符外，完全一致，這是曹丕論文
過人之處。他強調「氣之清濁有體，不可力強而致。」緊接著用音樂
爲喻，說明「巧拙有素」，無法以人力移易。蓋指陳人之受氣清濁，
是取決於天然稟賦；稟氣清者，才性清秀，作品便明朗巧妙；稟氣濁
者，才性混濁，作品亦愚黯拙劣。換言之，爲文所以有高下之別，是
決定於才性昏明。這種辨析作品風格之獨特，是基於作家個性氣質不
同的觀點，深深影響了《文心雕龍·體性》的論述。劉勰說：

> 然才有庸儁，氣有剛柔，學有淺深，習有雅鄭；並情性所鑠，陶
> 染所凝，是以筆區雲譎，文苑波詭者矣。故辭理庸儁，莫能翻其
> 才；風趣剛柔，寧或改其氣；事義淺深，未聞乖其學；體式雅
> 鄭，鮮有反其習；各師成心，其異如面。

劉勰論作品風格的成因，是基於作者的才、氣、學、習四個因素。所
謂「辭理庸儁，莫能翻其才」、「風趣剛柔，寧或改其氣」，即認爲
作家才能的庸儁，決定了作品情理的庸儁；作家氣質的剛柔，決定了
作品風趣的剛柔。這個看法和曹丕強調作品反映作家先天才氣，「不
可力強而致」；「雖在父兄，不能以移子弟」一致。他不言「清
濁」，而改言「剛柔」，則比曹丕之說更容易掌握，至於所謂才之

㉕　見清嚴可均《全三國文》卷八。

「庸儁」，和曹丕「巧拙」之論也若合符節。又〈體性〉篇中廣徵前代十二位作家，證明才氣對風格具有決定性的影響。他說：

> 是以賈生俊發，故文潔而體清；長卿傲誕，故理侈而辭溢；子政簡易，故趣昭而事博；子雲沉寂，故志隱而味深；孟堅雅懿，故裁密而思靡；平子淹通，故慮周而藻密；仲宣躁競，故穎出而才果；公幹氣褊，故言壯而情駭；嗣宗俶儻，故響逸而調遠；叔夜儁俠，故興高而采烈；安仁輕敏，故鋒發而韻流；士衡矜重，故情繁而辭隱；觸類以推，表裡必符。豈非自然之恆資，才氣之大略哉！

劉勰舉了這麼多位作家，指出其才氣，闡明其風格，係為證明兩者相關，「表裡必符」。換言之，作品風格決定於才氣，而才氣是來自於作家天生不變之資質稟賦。這些例證，都可視為對曹丕論點的肯定和具體推衍。

劉勰比曹丕更周延的地方，是看到了「學」、「習」對風格的影響。他將之和「才」、「氣」並列，指出作家學養的淺深；決定作品事義的淺深，作家習染的雅鄭，決定作品體式的雅鄭。這種先天條件和後天因素並重的觀點，無疑更勝一籌。篇中所謂「八體屢遷，功以學成」、「才由天資，學愼始習」、「童子雕琢，必先雅製」、「摹體以定習，因性以練才」、「習亦凝眞，功沿漸靡」等語，申述「才」、「氣」雖無法改變，但作家仍可透過不斷的切磋琢磨，來彌補先天才氣的不足。他突顯後天因素對風格的影響，並強調自我努力的重要，觀念已和曹丕分道揚鑣。

摯虞《文章流別論》旨在條述文體，但也注意到文學通古變今的問題，如論班固、史岑所作的頌：

與〈魯頌〉體意相類，而文辭之異，古今之變也㉖。

是說頌體古今一例，不致改變；但文辭會隨時代而變化，是必然而且合乎規律的。劉勰〈通變〉也講：

> 夫設文之體有常，變文之數無方。何以明其然耶？凡詩、賦、書、記，名理相因，此有常之體也；文辭氣力，通變則久，此無方之數也。名理有常，體必資於故實；通變無方，數必酌於新聲；故能騁無窮之路，飲不竭之源。

換言之，文體有常而古今同檢，屬辭無方而隨時變改，這就是「文律運周，日新其業」的原動力。所以劉勰提出「望今制奇，參古定法」的口號，也就是既要宗經，又不要為經典所限，與摯虞之談遙相呼應。又摯虞論銘云：

> 夫古之銘至約，今之銘至煩，亦有由也。質文時異，則既論之矣。

指出銘體古今之變，從省約而趨於煩瑣，有一定的軌跡可循。並言文章如同其他事物，由質樸而步向華麗，按著一定的規律發展。從「則既論之矣」一語來看，顯然摯虞在別處曾有論述，可惜今日不可得見。但是這種觀點，還是被《文心雕龍》繼承了下來，例如〈通變〉談九代文風之變云：

> 摧而論之，則黃、唐淳而質；虞、夏質而辨；商、周麗而雅；楚、漢侈而豔；魏、晉淺而綺；宋初訛而新。從質及訛，彌近彌澹，何則？競今疏古，風末氣衰也。

㉖ 同⑦。

劉勰說古今文風的演變，由淳而質、質而辨、麗而雅、侈而艷、淺而綺、訛而新，一路發展下來。摯虞雖不及見宋齊文風，但也同樣慨嘆西晉以前，不僅是銘體，其他文體也是由質樸簡約趨向華麗淫靡。兩人感懷當代「風末氣衰」，想要「矯訛翻淺，還宗經誥」的深心是前後一脈的。

摯虞還分析了「古詩之賦」和「今之賦」不同，他認為前者意在表現情志和闡發禮義，其敘事狀物是手段；後者重在徵事狀物，逞博鬥艷，其外加一點風教禮義，只不過是點綴而已。故云：

> 古詩之賦，以情義為主，以事類為佐。今之賦，以事形為本，以義正為助。情義為主，則言省而文有例矣；事形為本，則言當而辭無常矣。文之煩省，辭之險易，蓋繇於此。

凡讀過〈情采〉的人，一定會覺得摯虞這段文字十分眼熟，蓋劉勰云：

> 昔詩人什篇，為情而造文；辭人賦頌，為文而造情。何以明其然？蓋〈風〉、〈雅〉之興，志思蓄憤，而吟詠情性，以諷其上，此為情而造文也；諸子之徒，心非鬱陶，苟馳誇飾，鬻聲釣世，此為文而造情也。故為情者要約而寫真，為文者淫麗而煩濫。而後之作者，採濫忽真，遠棄〈風〉、〈雅〉，近師辭賦，故體情之製日疏，逐文之篇愈盛。故有志深軒冕，而汎詠皋壤；心纏機務，而虛述人外。真宰弗存，翻其反矣。

比較摯、劉之論，所謂「古詩之賦，以情義為主」，即「詩人什篇，為情而造文」；「今之賦，以事形為本」，即「辭人賦頌，為文而造情」。所謂「情義為主，則言省而文有例」，即「為情者要約而寫

眞」；「事形爲本，則言當而辭無常」，即「爲文者淫麗而煩濫」。兩人論點完全密合。又摯虞接著評斷「文之煩省，辭之險易，蓋緣於此。」牽涉到古今行文「煩省」、用辭「險易」的問題。針對行文「煩省」，劉勰同樣語鋒一轉，批判「後之作者，採濫忽眞，遠棄〈風〉、〈雅〉，近師辭賦，故體情之製日疏，逐文之篇愈盛。」其針砭繁采寡情的時代文風，兩人立場又完全相同。關於劉勰崇尚精約，摒棄繁蕪的看法，另有拙作〈文「約」爲美——論《文心雕龍》的一個重要觀念〉可參㉗；詳加印證，可見劉勰〈情采〉之強調先情後采，追求要約寫眞，蓋多受到摯虞的啓示。

《文心雕·鎔裁》云：

> 至如士衡才優，而綴辭尤繁；士龍思劣，而雅好清省。及雲之論機，亟恨其多，而稱「清新相接，不以爲病」，蓋崇友于耳。

劉勰這段話，係徵引陸雲〈與兄平原書〉第十一首，一方面推崇他講求「清省」，另方面借他的話批評陸機作品冗蕪。該如何「研術」以求「清省」呢？〈與兄平原書〉第九首論〈文賦〉云：

> 〈文賦〉甚有辭，綺語頗多。文適多，體便欲不清，不審兄呼爾不㉘？

他提出一個重要主張，就是「文適多，體便欲不清」，就前後敘述看，這個「多」字，是指「甚有辭」和「綺語頗多」；也就是文辭繁縟，篇幅冗長，文章體貌會隨之不清朗。那麼要求清朗，當然須力避

㉗ 見《中國學術年刊》第十七期，民國八十五年三月，國立臺灣師範大學國文研究所印行。

㉘ 見清嚴可均《全晉文》卷一〇二。

繁縟，多多損益。又第二十一首云：

> 張公文無他異，正自清省，無煩長，作文正爾自復佳。

第二十七首云：

> 尋得李寵〈勸封禪〉草，信自有才，頗多煩長耳。

他認為張華作品好，沒有別的原因，就在於沒有「煩長」；李寵作品壞，也不在別的原因，而在於過分「煩長」；即使滿腹才華，也不能掩飾這個缺點。顯然他把去除煩贅視為寫作的首務。從他和陸機不斷往復商量，斟酌損益，可以得到印證。劉勰發揚陸雲認真修改作品的精神，具體告訴作家如何「芟繁剪穢，弛於負擔」？〈鎔裁〉說：

> 立本有體，意或偏長；趨時無方，辭或繁雜。蹊要所司，職在鎔裁，櫽括情理，矯揉文采也。規範本體謂之鎔，剪截浮辭謂之裁。裁則蕪穢不生，鎔則綱領昭暢。

他為「鎔裁」下定義，並說明寫文章難免意旨「偏長」或辭藻「繁雜」，這時就必須靠著「鎔」和「裁」的功夫來矯正；其作用在使「綱領昭暢」、「蕪穢不生」。陸雲心知其意，口未能言的深刻感受，透過劉勰的微妙體會，化成了滔滔宏論。他談「剪截浮辭」之法，具體可循，已非陸雲所能及；至於「規範本體」之方，探本窮源，更非陸雲所能想望。〈鎔裁〉說：

> 凡思緒初發，辭采苦雜，心非權衡，勢必輕重。是以草創鴻筆，先標三準：履端於始，則設情以位體；舉正於中，則酌事以取類；歸餘於終，則撮辭以舉要。然後舒華布實，獻替節文，繩墨以外，美材既斲，故能首尾圓合，條貫統序。若術不素定，而委

心逐辭，異端叢至，駢贅必多。故三準既定，次討字句。句有可
削，足見其疏；字不得減，乃知其密。精論要語，極略之體；游
心竄句，極繁之體；謂繁與略，適分所好。引而申之，則兩句數
爲一章，約以貫之，則一章刪成兩句。思贍者善數，才覈者善
刪。善刪者，字去而意留；善數者，辭殊而義顯。字刪而意闕，
則短乏而非覈；辭數而言重，則蕪穢而非贍。

在鎔意方面，他標「三準」之說。也就是作家必須先規範文章的思想
感情，再撮取合適的材料，最末筆之以精鍊的文辭，能夠謹守這三個
步驟，作品才能首尾通貫，渾融一體；否則「異端叢至，駢贅必
多」，會造成陸雲所謂的「多煩長」。在裁辭方面，他說「三準」不
悖，才能進一步探討字句。字句須改到不能隨意增減，才見精密。好
繁也可，喜略也可，順隨作家的天性，不必勉強。但是好繁者，鋪陳
要做到「辭殊而意顯」；喜略者，刪改要做到「字去而意留」。如果
「字刪而意闕」，或是「辭數而言重」，粗疏，蕪穢，都不能算是成
功的作品。顯然劉勰既不偏嗜〈體性〉所謂「覈字省句」的「精約」
作品，也不獨好「博喻釀采」的「繁縟」篇章。其持平之論，令人歎
服。〈鎔裁〉贊曰：「權衡損益，斟酌濃淡。」正是陸氏兄弟當日反
覆切磋的寫照；劉勰藉著鎔意裁辭，來達到「情周而不繁，辭運而不
濫」的境界，更是陸雲力求「清省」的最高理想。以上〈鎔裁〉所
論，大抵偏於「省」的功夫；至於「清」的境界，則見諸〈風骨〉。
劉勰說：「意氣駿爽，則文風清焉。」可證文風的「清」，和意氣的
駿逸爽朗有關；同時必須透過鎔意裁辭的「省」來達成。像〈體性〉
辨明「賈生俊發，故文潔而體清」，〈才略〉稱讚陸雲「朗練」，故
「布采鮮淨」；所謂「俊發」、「朗練」，都是賈、陸個性在文章氣
韻上的展現，也就是〈風骨〉說的「意氣駿爽」；所謂「文潔」、

「布釆鮮淨」，係指賈、陸擅長汰去繁蕪，「以識檢亂」，這應該是
兩人「體清」的主要原因。可見文風清朗，既和作家的個性有關，更
必須仰賴鎔裁的功夫來達成。

《文心雕龍·夸飾》深受左思影響，〈三都賦序〉說：

> 然相如賦〈上林〉，而引盧橘夏熟；揚雄賦〈甘泉〉，而陳玉樹
> 青蔥；班固賦〈西都〉，而歎以出比目；張衡賦〈西京〉，而述
> 以遊海若。假稱珍怪，以爲潤色；若斯之類，匪啻于茲。考之果
> 木，則生非其壤；校之神物，則出非其所。於辭則易爲藻飾，於
> 義則虛而無徵。且夫玉卮無當，雖寶非用；侈言無驗，雖麗非
> 經。而論者莫不詆訐其研精，作者大氐舉爲憲章。積習生常，有
> 自來矣㉔。

左思批駁兩漢司馬相如、揚雄、班固、張衡，都借託珍奇怪誕的事物
來潤色作品，而忽略了事義的真實性。這種誇飾不實的歪風影響深
遠，甚至荼毒魏晉，形成作賦的傳統。他指出批評家既不敢詆呵這些
大賦雕章鑿句㉚，創作者更奉爲圭臬，積非成是，由來已久；這些論
點被《文心雕龍·夸飾》完整地繼承下來，劉勰講：

> 自宋玉、景差，夸飾始盛。相如憑風，詭濫愈甚，故上林之館，
> 奔星與宛虹入軒；從禽之盛，飛廉與焦明俱獲。及揚雄〈甘
> 泉〉，酌其餘波，語瓌奇，則假珍於玉樹；言峻極，則顛墜於鬼
> 神。至〈東都〉之比目，〈西京〉之海若，驗理則理無可驗，窮

㉔ 見清嚴可均《全晉文》卷七十四。

㉚ 按〈三都賦序〉：「論者莫不詆訐其研精」一句，姚鼐以爲「不」字衍文；高步瀛則
疑「莫不」爲「莫敢」之誤，且「訐」字衍文，該句當作「論者莫敢詆其研精」，姑
從其說；詳參高著《文選李注義疏》卷四，頁四十二。

飾則飾猶未窮矣。又子雲〈校獵〉，鞭宓妃以饟屈原；張衡〈羽獵〉，困玄冥於朔野；變彼洛神，既非魑魅，惟此水師，亦非魑魅；而虛用濫形，不其疏乎！此欲夸飾其威，而忘其事義暌刺也。

這一節文字，不管是列舉作家、徵引事例或評述觀點，都根據左思之說推衍而來。於列舉作家，左思以司馬相如、揚雄、班固、張衡爲漢賦代表，劉勰也是列舉這四人。於事例徵引，左思取〈上林賦〉「盧橘夏熟」、〈甘泉賦〉「玉樹青蔥」、〈西都賦〉「出比目」、〈西京賦〉「遊海若」四例爲證；其中後三例：「玉樹」、「比目」、「海若」，爲劉勰所援用[31]；前一例：「盧橘」，劉勰改言「奔星與宛虹入軒」、「飛廉與焦明俱獲」，又另外增引〈校獵賦〉「鞭宓妃以饟屈原」、〈羽獵賦〉「困玄冥於朔野」兩例。於評述觀點，左思批評漢賦「虛而無徵」、「侈言無驗」，也就是內容取材過分虛僞誇大，而無可徵驗於事理。劉勰本之，而有「驗理則理無可驗」、「虛用濫形」、「事義暌刺」之譏！至於劉勰疵議司馬相如推波助瀾，導致「詭濫愈甚」，積重難返的惡劣習氣，也就是左思痛陳的「作者大氐舉爲憲章」、「積習生常，有自來矣。」可見〈夸飾〉全篇的思想基礎和重要論調，係根植於左思〈三都賦序〉。不過劉勰又擴展其說，變成更有系統而富深度的理論，像他談〈夸飾〉，首先就引經據典，說明「文辭所被，夸飾恆存」，強調誇飾是古來就普遍存在於文學上的修辭技巧，接著再舉《詩》、《書》爲例，說明聖賢善用誇辭，並無害於義。以下批評兩漢賦家濫用的缺失，援引左思的論調和事例，接著調轉筆頭，推崇漢賦也有善用的優點，所謂：

---

[31]　班固〈西都賦〉云：「揄文竿，出比目。」而劉勰援引則稱：「至〈東都〉之比目」，可能是爲了和下文「（張衡）〈西京〉之海若」對偶，故意更改原文。

　　至如氣貌山海，體勢宮殿，嵯峨揭業，熠燿焜煌之狀，光采煒煒
　　而欲然，聲貌岌岌其將動矣。莫不因夸以成狀，沿飾而得奇也。
　　於是後進之才，獎氣挾聲，軒翥而欲奮飛，騰踯而羞蹄步，辭入
　　煒燁，春藻不能程其豔；言在萎絕，寒谷未足成其凋；談歡則字
　　與笑並，論慼則聲共泣偕；信可以發薀而飛滯，披瞽而駭聾矣。
　　然飾窮其要，則心聲鋒起；夸過其理，則名實兩乖。若能酌
　　《詩》、《書》之曠旨，剪揚、馬之甚泰，使夸而有節，飾而不
　　誣，亦可謂之懿也。

他稱讚漢代賦家描述山海、刻劃宮殿，善於採用誇張，也常能獲致光
彩鮮明，逼真靈動的效果。魏晉以後，有才華的作者大肆取法，更助
長了這種風氣。劉勰雖沒有明加指責，卻隱含微辭。所以他提倡「飾
窮其要」，反對「夸過其理」；強調酌採《詩》、《書》曠達的旨
趣；摒棄揚雄、司馬相如過分誇大的辭藻；能「夸而有節，飾而不
誣」，才算是優美的文學作品。在贊語當中，他再度肯定「夸飾在
用」的修辭功能；突顯「言必鵬運，氣靡鴻漸」的修辭效果；高揭
「曠而不溢，奢而無玷」的修辭原則。兩相比較，劉勰反對「名實兩
乖」，批判「揚、馬之甚泰」，雖然和左思偏於否定的看法一致；但
對誇飾這種修辭手法，復能遠溯經典，提示正確的運用原則；述論漢
賦以降運用的得失，也有貶有褒。其中和的態度，持平的立場，嚴密
的論證，都超越了左思。

　　除此之外，還有一些魏晉文論家啓迪了劉勰的文術論，像曹植重
視修改文章瑕累，〈與楊德祖書〉說：

　　世人之著述不能無病，僕常好人譏彈其文，有不善者，應時改
　　定。……昔尼父之文辭，與人通流，至於制《春秋》，游、夏之

徒乃不能措一辭。過此而言不病者，吾未之見也③。

他多方請人潤色作品，卻不能免於劉勰之譏，《文心雕龍·指瑕》首段就講：

古來文才，異世爭驅，或逸才以爽迅，或精思以纖密，而慮動難圓，鮮無瑕病。陳思之文，群才之俊也；而〈武帝誄〉云：「尊靈永蟄。」〈明帝頌〉（指〈冬至獻襪履頌〉）云：「聖體浮輕。」浮輕有似於胡蝶，永蟄頗疑於昆虫，施之尊極，豈其當乎！

這段文字，顯然是推衍曹植「著述不能無病」的說法。至於譏彈曹植措辭不當，既說明作家才情之高，改潤之勤，還無法免瑕，也等於間接突顯了本篇寫作的重要性，可證劉勰因曹植的啟發，而寫作〈指瑕〉。

《文心雕龍·定勢》提到：

劉楨云：「文之體指貴強，使其辭已盡而勢有餘，天下一人耳，不可得也。」公幹所談，頗亦兼氣。然文之任勢，勢有剛柔，不必壯言慷慨，乃稱勢也。

又〈風骨〉說：

公幹亦云：「孔氏卓卓，信含異氣，筆墨之性，殆不可勝。」並重氣之旨也。

從《文心雕龍》所引的這兩段話，可見劉勰推闡氣勢和風骨之論，受

③　見清嚴可均《全三國文》卷十六。

劉楨影響。

　　另外像劉勰〈練字〉主張用字須加揀擇，批評西漢作家用字太深怪隱僻，使人難懂，所謂「豈直才懸，抑亦字隱」；又批評東漢作家書寫隨便，不合規範，所謂「複文隱訓，臧否亦半」。他認爲文字隨時代更迭，有存廢的現象，作家應該用大家都懂的文字，而不要賣弄深奧詭異；如果「三人弗識，則將成字妖矣。」因此在篇中標舉練字揀擇的四種避忌，首先就舉：「一避詭異」，也就是避免「字體瑰怪」。這些觀點，都和葛洪〈鈞世〉闡明「古書之多隱，未必昔人故欲難曉，或世異語變，或方言不同」；強調「言以易曉爲辨」，不「以難知爲好」看法一致。又〈事類〉講：

> 夫經典沈深，載籍浩瀚，實群言之奧區，而才思之神皋也。揚、班以下，莫不取資，任力耕耨，縱意漁獵，操刀能割，必裂膏腴。

葛洪〈鈞世〉也說：

> 然古書者雖多，未必盡美；要當以爲學者之山淵，使屬筆者得采伐漁獵其中。

顯然劉勰「據事類義」、「援古證今」的〈事類〉之論，在葛洪已開端倪。綜合各家，可證魏晉文論對《文心雕龍》文術論有奠基之功。

伍、《文心雕龍》文評論採擷於魏晉文論

　　劉勰〈序志〉說：「崇替於〈時序〉，褒貶於〈才略〉，怊悵於〈知音〉，耿介於〈程器〉。」雖然限於行文，只舉四篇，其實涵括了文評論五篇。其〈時序〉，論文學與時代潮流的關係；〈物色〉，

論文學與自然環境的關係；〈才略〉，論文學與才能識略的關係；
〈知音〉，論文學與讀者鑑賞的關係；〈程器〉，論文學與道德修養
的關係。五篇分之各成單元，合之則一體。

　　《文心雕龍》文評論主要繼承曹丕、曹植、葛洪、魚豢、李充等
魏晉文論家的觀點。像〈知音〉，就陶鎔了曹丕、曹植、葛洪的成
說。其首段講：

> 知音其難哉！音實難知，知實難逢，逢其知音，千載其一乎！夫
> 古來知音，多賤同而思古，所謂「日進前而不御，遙聞聲而相思
> 也。」昔〈儲說〉始出，〈子虛〉初成，秦皇、漢武，恨不同
> 時；既同時矣，則韓囚而馬輕，豈不明鑒同時之賤哉！至於班
> 固、傅毅，文在伯仲，而固嗤毅云：「下筆不能自休。」及陳思
> 論才，亦深排孔璋，敬禮請潤色，歎以爲美談，季緒好詆訶，方
> 之於田巴，意亦見矣！故魏文稱：「文人相輕」，非虛談也。故
> 鑒照洞明，而貴古賤今者，二主是也；才實鴻懿，而崇己抑人
> 者，班、曹是也；學不逮文，而信僞迷眞者，樓護是也；醬瓿之
> 議，豈多歎哉！

先看《典論·論文》，曹丕開篇就說明寫作因由，慨歎：

> 文人相輕，自古而然。傅毅之於班固，伯仲之間耳；而固小之，
> 與弟超書曰：「武仲以能屬文，爲蘭臺令史，下筆不能自休。」
> 夫人善於自見，……是以各以所長，相輕所短。里語曰：「家有
> 弊帚，享之千金。」斯不自見之患也㉝。

顯然劉勰承襲曹丕「文人相輕」的說法和關於傅毅的例證。他跟曹丕

㉝　同㉖。

一樣大嘆知音難逢，卻更有系統地歸納出「貴古賤今」、「崇己抑人」、「信僞迷眞」三個因素；並分別擧秦皇、漢武、班固、曹植、樓護爲證，無論在理論或事例上，都更完善而豐富得多。其中「崇己抑人」方面，曹丕說得詳，劉勰大致是歸納他的說法；「貴古賤今」、「信僞迷眞」方面，曹丕說得略，劉勰則從他的「貴遠賤近，向聲背實」兩點加以引申。再看曹植〈與楊德祖書〉對當時文人的評價：

> 以孔璋之才，不閑於辭賦，而多自謂能與司馬長卿同風，譬畫虎不成，反爲狗也。前書嘲之，反作論盛道僕讚其文。夫鍾期不失聽，于今稱之。吾亦不能妄嘆者，畏後世之嗤余也。……昔丁敬禮常作小文，使僕潤飾之。僕自以爲才不過若人，辭不爲也。敬禮謂僕：「卿何所疑難？文之佳惡，吾自得之，後世論相知定吾文者邪？」吾常歎此達言，以爲美談。……劉季緒才不能逮於作者，而好詆訶文章，掎摭利病。昔田巴毀五帝，罪三王，呰五霸於稷下，一旦而服千人，魯連一說，使終身杜口。劉生之辯，未若田氏；今之仲連，求之不難，可無息乎㉞？

他評論三位作家：批評陳琳不擅長辭賦，缺乏自知之明，以拙爲巧；又無知人之慧，誤貶爲褒。稱讚丁廙能虛心請益，以求潤色其文。鄙夷劉季緒眼高手低，信口雌黃。這些評論，在劉勰看來並不公平，所以在徵引曹植看法之餘，又譏其「才實鴻懿，而崇己抑人。」上述曹氏兄弟的鑑賞理論還比較零碎，到了東晉葛洪更具規模，其論證對《文心雕龍·知音》影響很大。考察劉勰論鑑賞作品，大致是掌握「知音其難」這個主軸，重點放在一個「難」字。首段論「知實難

㉞ 同㉜。

逢」有三個原因，是就讀者品評作家之難言；二段論「音實難知」有「文情難鑒，誰曰易分」、「知多偏好，人莫圓該」兩個原因，是就讀者鑑賞作品之難言；這些主觀的愛憎和客觀的蔽障，都是造成作家作品難以獲得公正評價的因素。三段論知音之法，有養、有術。末段以期盼讀者深識鑒奧，成爲知音君子作結。綜觀全篇，劉勰企圖在「知音」這個課題上，化「難」爲「易」；論其主要成就，也可歸納成兩點：一是析論作品難以鑑賞的原因，二是建立客觀的批評標準。這些成就，既總結了二曹兄弟的論證，更吸取了葛洪的高見。葛洪《抱朴子·外篇·廣譬》曾嚴厲批判鑑賞主觀之弊：

> 貴遠而賤近者，常人之用情也；信耳而疑目者，古今之所患也。是以秦王歎息於韓非之書，而想其爲人；漢武慷慨於相如之文，而恨不同時。及既得之，終不能拔，或納讒而誅之，或放乎散職。

一加比較，就知道「貴遠而賤近」、「信耳而疑目」之論點爲劉勰所斟採。至於〈知音〉講：

> 夫麟鳳與麏雉懸絕，珠玉與礫石超殊，白日垂其照，青眸寫其形。然魯臣以麟爲麏，楚人以雉爲鳳，魏民以夜光爲怪石，宋客以燕礫爲寶珠。形器易徵，謬乃若是；文情難鑒，誰曰易分？

葛洪〈尙博〉也說：

> 德行爲有事，優劣易見；文章微妙，其體難識。夫易見者，粗也；難識者，精也。夫唯粗也，故銓衡有定焉；夫唯精也，故品

藻難一焉。

兩人對於「文情難鑒」、「文章微妙,其體難識」都有共鳴。〈知
音〉說:

> 夫篇章雜沓,質文交加,知多偏好,人莫圓該。慷慨者逆聲而擊
> 節,醞藉者見密而高蹈,浮慧者觀綺而躍心,愛奇者聞詭而驚
> 聽。會己則嗟諷,異我則沮棄,各執一隅之解,欲擬萬端之變。
> 所謂:「東向而望,不見西牆」也。

認為作品體裁多樣,文質不同,而鑑賞者又學有專攻,愛好殊異,所
謂「知多偏好,人莫圓該」,所以批評作品時,很容易產生「會己則
嗟諷,異我則沮棄」的偏頗,又怎能洞徹文情的眞象呢?這個見解,
也是本於葛洪慨嘆世俗各執一偏的看法。其〈辭義〉說:

> 五味舛而並甘,眾色乖而皆麗。近人之情,愛同憎異,貴乎合
> 己,賤於殊途。夫文章之體,尤難詳賞。苟以入耳為佳,適心為
> 快,慁知忘味之九成,〈雅〉、〈頌〉之風流也。

劉勰偉大的地方,在於建立客觀的批評標準。〈知音〉說:

> 凡操千曲而後曉聲,觀千劍而後識器;故圓照之象,務先博觀。
> 閱喬岳以形培塿,酌滄波以喻畎澮,無私於輕重,不偏於憎愛,
> 然後能平理若衡,照辭如鏡矣。是以將閱文情,先標六觀:一觀
> 位體,二觀置辭,三觀通變,四觀奇正,五觀事義,六觀宮商,
> 斯術既行,則優劣見矣。夫綴文者情動而辭發,觀文者披文以入

情，沿波討源，雖幽必顯。世遠莫見其面，覘文輒知其心；豈成篇之足深，患識照之自淺耳。夫志在山水，琴表其情，況形之筆端，理將焉匿？故心之照理，譬目之照形，目瞭則形無不分，心敏則理無不達。

就品評修養言，劉勰認為一位夠資格的讀者，要能圓滿觀照各種作品，首先要「博觀」，以增進自己的鑑別能力。其次要「無私於輕重，不偏於憎愛」，才能公正地衡量作品。這和葛洪〈尚博〉要求讀者提高鑑賞力，避免「偏嗜」，導致「以常情覽巨異，以褊量測無涯」的論點是相同的。不同的是，葛洪雖重視「用思」，也警惕讀者不要「以至粗求至精，以甚淺揣至深」；但是詮評「至精」、「至深」的作品，如何「用思」？並沒有提出具體方法。劉勰則針對品評方法，建立了「將閱文情，先標六觀」之說，他依次觀察「位體」、「置辭」、「通變」、「奇正」、「事義」、「宮商」，舉凡作品的規模布局、文辭藻采、繼承開創、表情語態、材料運用、音節韻律，都有步驟、有條理地詳加考察，樹立了衡文可資遵循的矩矱。同時他又說明讀者「披文以入情」時，「沿波討源，雖幽必顯」，不怕作品艱深，就怕讀者識照太短淺；如果心思靈敏，文章情理再抽象，也必然無所遁形。等於回應了葛洪「用思有限者，不能得其神」之說。就建構文學鑑賞的理論來看，葛洪在消除客觀的蔽障、避免主觀的愛憎和加強鑑賞能力方面，都超越了前人，提出可貴的看法，但由於論點散見各篇，缺乏系統；直到劉勰才特立〈知音〉，邏輯嚴密，架構完整地建立了曠古絕今的文學批評理論。

　　《文心雕龍·程器》也宏揚了曹丕、魚豢、葛洪的論點。劉勰開篇就講：

《周書》論士，方之梓材，蓋貴器用而兼文采也。是以樸斲成而丹㯱施，垣墉立而雕杇附。而近代辭人，務華棄實；故魏文以爲：「古今文人，類不護細行。」韋誕所評，又歷詆群才。後人雷同，混之一貫，吁可悲矣！

魏文帝之說，見〈與吳質書〉：

觀古今文人，類不護細行，鮮能以名節自立。而偉長獨懷文抱質，恬淡寡欲，有箕山之志，可謂彬彬君子者矣[35]。

這一節文字，重點不在強調文人不護細行，而在於映襯一個「獨」字，以突顯徐幹的品德、才能兼備。但看在劉勰眼裡，卻加以徵引，慧識獨具地寫了一篇〈程器〉，來專門探討作家的品德，強調文行並重。韋誕之評，見魚豢〈王繁阮陳路傳論〉：

尋省往者魯連鄒陽之徒，援譬引類，以解締結，誠彼時文辯之儁也。今覽王、繁、阮、陳、路諸人前後文旨，亦何昔不若哉？其所以不論者，時世異耳。余又竊怪其不甚見用，以問大鴻臚卿韋仲將。仲將云：「仲宣傷於肥戇，休伯都無格檢，元瑜病於體弱，孔璋實自粗疏，文蔚性頗忿鷙。如是彼爲，非徒以脂燭自煎靡也，其不高蹈，蓋有由矣。」然君子不責備于一人，譬之朱漆，雖無楨幹，其爲光澤，亦壯觀也[36]。

㉟　見清嚴可均《全三國文》卷七。
㊱　見清嚴可均《全三國文》卷四十三。

文中所評王粲、阮瑀、陳琳、繁欽、路粹，都屬於環繞三曹父子的建安作家群。韋誕指出他們的缺點，魚豢則認爲對人、對文不該求全責備；只要有一己之長，應讚揚其「壯觀」。這種讜論對〈程器〉富有啓發性；同時篇中評王粲、陳琳、路粹行爲有瑕疵，云：「仲宣輕脫以躁競，孔璋偬恫以麤疏，……路粹餔啜而無恥。」可見劉勰讀魚豢之論，對韋誕「歷詆群才」印象深刻；由是而有〈程器〉之作。至於批評王、陳、路，也大致參考魚豢的論述。再如葛洪《抱朴子·外篇》提出文章與德行並重。〈尚博〉云：

> 或曰：「德行者本也，文章者末也；故四科之序，文不居上。然則著紙者，糟粕之餘事；可傳者，祭畢之芻狗，……。」抱朴子答曰：「筌可以棄，而魚未獲則不得無筌；文可以廢，而道未行則不得無文。……且文章之與德行，猶十尺之與一丈；謂之餘事，未之前聞。……且夫本不必皆珍，末不必悉薄。譬若錦繡之因素地，珠玉之居蚌石，雲雨生於膚寸，江河始於咫尺爾。則文章雖爲德行之弟，未可呼爲餘事也。

所謂「文章之與德行，猶十尺之與一丈。」跟〈逸民〉講：「蓋士之所貴，立德立言。」〈循本〉說：「德行、文學者，君子之本也」一樣，都強調文章、德行是立身之本，這個看法對〈程器〉理論的建立也有所助益。像篇末說：

> 君子藏器，待時而動。發揮事業，固宜蓄素以弸中，散采以彪外。……贊曰：瞻彼前修，有懿文德。

劉勰強調君子：「固宜蓄素以弸中，散采以彪外」；其前一句講立

「德」，後一句講垂「文」，以照應贊語：「瞻彼前修，有懿文德」之旨。其持論正建立在葛洪高揭「文行並重」的基礎上。

劉勰評論作家，有一個重要體例，就是不評當代；這也是魏晉文論樹立的規矩。曹丕、曹植以貴爲帝王而無所避諱不談；像李充評述的範圍，最早的有司馬相如、揚雄等漢代作家；最晚的有陸機、潘岳、裴頠、羊祜、傅咸等人。可見李充論述，已經下及西晉，比起摯虞《文章流別論》以曹魏爲斷限，範圍更加擴大；至於劉勰《文心雕龍》，更泛及東晉作家，像〈才略〉談到袁宏、孫綽、殷仲文、謝混等江左文人，而針對劉宋群才，則說：「世近易明，無勞甄序。」乃如〈時序〉論「蔚映十代，辭采九變」，也是止於劉宋；針對南齊文壇，則說：「鴻風懿采，短筆敢陳？颺言讚時，請寄明哲。」這種不評當代作家作品的原則，建立於摯虞，承之於李充，而後啓迪了劉勰。從評騭的範圍看，劉勰上下古今，時愈千載，當然比李充侷限在漢魏西晉廣闊得多；但是避免討論和自己時代切近的作家，其原則是一致的。

劉師培說：「歷代文章得失，後人評論每不及同時人評論之確切。……蓋去古愈近，所覽之文愈多，其所評論亦當愈可信。」[37]劉勰〈時序〉、〈才略〉、〈程器〉之品評建安七子，便大量採用了二曹的觀點。曹丕《典論·論文》云：

> 王粲長於辭賦，徐幹時有齊氣，然粲之匹也。如粲之〈初征〉、〈登樓〉、〈槐賦〉、〈征思〉，幹之〈玄猿〉、〈漏卮〉、〈圓扇〉、〈橘賦〉，雖張、蔡不過也；然於他文，未能稱是。琳、瑀之章表書記，今之雋也。應瑒和而不壯，劉楨壯而不密。

---

③ 見《漢魏六朝專家文研究》十七「論各家文章之得失應以當時之批評爲準」。

孔融體氣高妙，有過人者，然不能持論，理不勝詞，以至乎雜以
嘲戲；及其所善，揚、班儔也㊳。

又〈與吳質書〉說：

> 偉長獨懷文抱質，恬淡寡欲，有箕山之志，可謂彬彬君子者矣。
> 著《中論》二十餘篇，成一家之言，辭義典雅，足傳于後，此子
> 為不朽矣！德璉常斐然有述作之意，其才學足以著書，美志不
> 遂，良可痛惜。……孔璋章表殊健，微為繁富。公幹有逸氣，但
> 未遒耳；其五言詩之善者，妙絕時人。元瑜書記翩翩，致足樂
> 也。仲宣續自善於辭賦，惜其體弱，不足起其文，至於所善，古
> 人無以遠過。……諸子但為未及古人，自一時之雋也㊴。

觀《文心雕龍·時序》評阮瑀：「元瑜展其翩翩之樂。」化用曹丕：
「元瑜書記翩翩，致足樂也。」〈時序〉評應瑒：「德璉綜其斐然之
思。」又〈才略〉評：「應瑒學優以得文。」採用曹丕：「德璉常斐
然有述作之意，其才學足以著書」的說法。〈才略〉評孔融：「氣盛
於為筆。」和曹丕：「孔融體氣高妙」說同調。〈才略〉評劉楨：
「情高以會采。」與曹丕：「公幹有逸氣」之說通。〈才略〉評王
粲：「仲宣溢才，捷而能密，文多兼善，辭少瑕累，摘其詩賦，則七
子之冠冕乎！」與曹丕：「王粲長於辭賦」、「至於所善，古人無以
遠過」之說合。〈才略〉評徐幹：「以賦論標美。」又〈程器〉評：
「徐幹之沉默，豈曰文士，必其玷歟？」論調同於曹丕說的：「幹之

㊳ 同㉖。
㊴ 同㉟。

〈玄猿〉、〈漏巵〉、〈圓扇〉、〈橘賦〉，雖張、蔡不過也。」
「偉長獨懷文抱質，……可謂彬彬君子者矣。」至於曹植〈與楊德祖
書〉云：

> 昔仲宣獨步於漢南，孔璋鷹揚於河朔，偉長擅名於青土，公幹振
> 藻於海隅，德璉發跡於此魏，足下高視於上京。當此之時，人人
> 自謂握靈蛇之珠，家家自謂抱荊山之玉，吾王於是設天網以該
> 之，頓八紘以掩之，今悉集茲國矣⑩！

劉勰〈時序〉鋪陳建安人才濟濟，也講：

> 魏武以相王之尊，雅愛詩章；文帝以副君之重，妙善辭賦；陳思
> 以公子之豪，下筆琳瑯；並體貌英逸，故俊才雲蒸。仲宣委質於
> 漢南，孔璋歸命於河北，偉長從宦於青土，公幹徇質於海隅，德
> 璉綜其斐然之思。

劉勰講三曹「體貌英逸，故俊才雲蒸」，本的就是曹植所謂「吾王於
是設天網以該之，頓八紘以掩之，今悉集茲國矣！」而歷叙王粲、陳
琳、徐幹、劉楨、應瑒等幾位作家，排序完全一致，措辭也十分接
近，可見劉勰對曹植觀點和藻采的取資。綜合各家，可見《文心雕
龍》文評論闡揚並繼承魏晉文論，才能有宏偉周密的開展。

陸、《文心雕龍·序志》取擇於魏晉文論

劉勰〈序志〉說：「長懷〈序志〉，以馭群篇。」他以深長的情

---

⑩ 同㉜。

懷，作〈序志〉，用意至密，思慮至遠，是駕馭全書四十九篇的關
鍵，可以稱之為《文心雕龍》的「總序」，或整個文學理論的「緒
論」。當中說明《文心》一書的名義、緣起、寫作動機、組織布局、
取材態度；並且抑揚前代各家的文論，期盼後世的知音讀者。

　　《文心雕龍·序志》的思想，雖然本源先秦兩漢，但也有不少觀
點受魏晉文論的啓發。王粲、曹丕、桓範、陸機、陸雲、葛洪等人，
都有足供劉勰參酌的看法。曹丕《典論·論文》強調：

　　蓋文章，經國之大業，不朽之盛事。年壽有時而盡，榮樂止乎其
　　身；二者必至之常期，未若文章之無窮[41]。

這一段論述強調文章，就政教功用而言，是「經國之大業」；就個人
生命而言，是「不朽之盛事。」針對「不朽之盛事」，其〈與王朗
書〉也講：

　　生有七尺之形，死惟一棺之土。唯立德揚名，可以不朽，其次莫
　　如著篇籍。疫癘數起，士人彫落，余獨何人？能全其壽。故論撰
　　所著《典論》、詩、賦，蓋百餘篇[42]。

另外陸雲〈與兄平原書〉第三十二首也推崇陸機：

　　文章已足垂不朽[43]。

---

[41]　同⑤。
[42]　同⑥。
[43]　同⑧。

他們都肯定立言爲千載不朽之大業。這種觀點在我國具有悠久的傳統，像司馬遷著《史記》、揚雄作《法言》、王充撰《論衡》都是；至於曹丕述《典論》，徐幹成《中論》，陸機、陸雲也都有子書之作；充分反映出魏晉學者企圖藉著述揚名的風氣。劉勰深受感染，其〈序志〉在解釋《文心雕龍》書名緣由之後，接著談到著述動機：

> 夫宇宙綿邈，黎獻紛雜，拔萃出類，智術而已。歲月飄忽，性靈不居，騰聲飛實，制作而已。……形甚草木之脆，名踰金石之堅，是以君子處世，樹德建言，豈好辯哉？不得已也！

他感嘆形體脆弱，人生短暫，要顯揚聲名以垂範後世，必須靠「制作」、「建言」。篇末又說：「茫茫往代，旣沈予聞，眇眇來世，倘塵彼觀也」；「文果載心，余心有寄。」都表明劉勰對自我作品寄託不朽的深心。他強調「騰聲飛實，制作而已。」「樹德建言」並重，都和曹丕、陸雲，乃至於葛洪《抱朴子·自叙》之肯定「立一家之言」同調。

針對「經國之大業」，劉勰〈序志〉說：

> 唯文章之用，實經典枝條。五禮資之以成文，六典因之以致用，君臣所以炳煥，軍國所以昭明。

重視文學的政教功能，除了上接曹丕，也同時參酌了陸機的說法。〈文賦〉最後一段說：

> 伊茲文之爲用，固眾理之所因；恢萬里而無閡，通億載而爲津。

俯貽則於來葉，仰觀象乎古人；濟文武於將墜，宣風聲於不
泯㊹。

陸機讚揚文學的大用，一切有條理的事物都靠它表達；它可以穿透空
間，沒有阻隔；貫通時間，連接古今。往下可以垂範後世，往上可以
取法古人；拯救聖道，宣傳敎化；所謂「濟文武於將墜，宣風聲於不
泯。」和劉勰說的「五禮資之以成文，六典因之以致用，君臣所以炳
煥，軍國所以昭明。」措辭不同，持論一致。

　　劉勰〈序志〉大肆抨擊文風浮詭，不切體要。早在魏代王粲、桓
範和東晉葛洪已經發其端。王粲〈硯銘〉批評漢末辭賦淫靡，他講：

在世季末，華藻流淫。文不寫行，書不盡心。淳朴澆散，俗以崩
沉㊺。

桓範《世要論》的〈序作〉、〈銘誄〉、〈讚象〉三篇，都意在針貶
時弊。如〈序作〉指斥當時的作家互相模倣，賣弄文筆，漫無旨歸；
他認為創作的目的在敦化政敎：

豈徒轉相仿效，各作書論，浮辭談說，而無損益哉？而世俗之
人，不解作體，而務泛溢之言，不存有益之義，非也㊻。

鮮明地主張下筆要有益世敎；露骨地批判漢末作家不知文章體要；更
一針見血地揭發當代文風浮詭空洞的病灶。這種訛詭文風又延續兩三

㊹　同⑨。
㊺　見清嚴可均《全後漢文》卷九十一。
㊻　同⑪。

百年，到劉勰寫作《文心雕龍》的齊梁之世更加嚴重，所以〈序志〉痛陳：

> 而去聖久遠，文體解散，辭人愛奇，言貴浮詭，飾羽尚畫，文繡鞶帨，離本彌甚，將遂訛濫。蓋《周書》論辭，貴乎體要；尼父陳訓，惡乎異端；辭訓之奧，宜體於要。於是搦筆和墨，乃始論文。

加以比較，劉勰引用《論語‧為政》孔子「攻乎異端」的教誨，和桓範指責時文「不存有益之義」的態度一致；劉勰引用《尚書‧畢命》「貴乎體要」的論點，並慨嘆「文體解散」，和桓範喝斥時人「不解作體」一樣，都是強調為文「宜體於要」；劉勰批評當時「言貴浮詭」、「將遂訛濫」，意思也和桓範所謂「浮辭談說」、「泛溢之言」，王粲所謂「華藻流淫」、「淳朴澆散」沒有兩樣；可見時代乖隔，而文風的浮靡一貫。劉勰搦筆論文的觀點和匡偏救弊的用心，顯然深受王粲、桓範的影響。又如葛洪一再強調著書當有益於教化，〈應嘲〉云：

> 夫制器者珍於周急，而不以采飾外形為善；立言者貴於助教，而不以偶俗集譽為高。若徒阿順諂諛，虛美隱惡，豈所匡失弼違，醒迷補過者乎？

這番議論，矛頭是對準晉代虛美華艷和談玄論無的文風。他批評輕內容重形式的作品，或「徒飾弄華藻」，或「示巧表奇以誑俗」，毫無實用價值。其「立言者貴於助教」的主張，和劉勰身丁六朝，目睹「辭人愛奇，言貴浮詭」，於是推本經典以裨益教化的立場一致。

　　至於〈序志〉談「心」的妙用，所謂：「夫文心者，言爲文之用
心也。……心哉美矣！故用之焉。」可見《文心雕龍》採「心」字命
書，是肯定它在創作上發揮美好的作用。而劉勰論文的目的，就在闡
明作家「爲文之用心」；在詞源上，也顯然受陸機影響。〈文賦〉
說：

　　余每觀才士之所作，竊有以得其用心。……故作〈文賦〉，以述
　　先士之盛藻，因論作文之利害所由⑰。

兩人論文的途徑有別，講明文術的目的則完全一致。另外像應瑒有
〈文論〉、應貞對文學有所汎議，都是劉勰〈序志〉鄭重提到的。儘
管亡佚無考，卻不能否定他們對《文心雕龍》的影響。綜合前述各
家，可見《文心雕龍·序志》於魏晉文論有所取擇。

柒、結語

　　以上就《文心雕龍》的理論體系，分文原論、文體論、文術論、
文評論、〈序志〉五部分，來闡述劉勰對魏晉文論的繼承與折衷。其
文原論主要立足於葛洪、傅玄、李充、摯虞、皇甫謐的觀點；文體論
主要濫觴於曹丕、陸機、摯虞、李充、傅玄、桓範的基礎；文術論主
要奠基於陸機、曹丕、摯虞、陸雲、左思、曹植的成說；文評論主要
採擷了曹丕、曹植、葛洪、李充的看法；〈序志〉則有桓範、葛洪發
其端緒。或明採前修的論述，或暗用先賢的觀點，進而推闡出嚴密的
理論架構；不避雷同，不爲苟異，力求客觀至當。《文心雕龍》之所
以集魏晉文論的大成，正如泰山不辭細壤，河海不擇涓流，所以能造

---

⑰　同⑨。

其高廣，沾溉無窮。由於魏晉文論的材料豐富，《文心雕龍》的內涵奧衍，在推勘上，只能採酌一二，管窺蠡測；還無法盡情包羅，鉅細靡遺。如想深入探討劉勰與魏晉重要文論家的密切相關性，另有拙著《魏晉文論與《文心雕龍》》可按⑱。

事實上，劉勰的偉大，還不僅僅在於持論上的參稽眾說，折衷恰當，所以超邁魏晉；更重要的是思想上的高瞻遠矚。王師更生在〈劉勰是個什麼家〉當中，推崇他寫《文心雕龍》：

> 除了「體大慮周，籠罩群言」，這些一般性的條件，爲眾所周知外，至少下列五點是現在所謂「文評家」、「文學理論家」、「文學家」不會有，或不會全有的特質，那就是：一、對民族文化的高度認同，二、徵聖宗經的思想體系，三、文學濟世的偉大抱負，四、騁績垂文的高尚風骨，五、折衷古今的卓越眼光。由此觀之，我們只有尊稱劉勰爲「文學思想家」，才能得其爲文用心之「眞」和用心之「全」⑲。

其所以爲「文學思想家」，除了「折衷古今的卓越眼光」，更充分反映在「騁績垂文」的濟世襟抱。劉永濟說劉勰「實針砭當世文風」、「未可純以齊梁文士目之」；又引顧亭林：「文須有益於天下」語，肯定「彥和有焉。」⑳都足以印證《文心雕龍》確屬救世的「入道見志之書」；劉勰誠爲「樹德建言」的偉大思想家。這是繼承並折衷魏晉文論，又能獨步前賢而昭昭不朽的關鍵。

---

⑱ 原稿重新修訂，擬在近期出版。
⑲ 見《北京大學學報》（哲學社會科學版）一九九六年第二期，頁八十六。
⑳ 見《文心雕龍校釋·議對第二十四·釋義》。

《文心雕龍》之經學思想
與兒童讀經教育之關係初探

臺南師範學院語教系

林登順

壹、前言

　　《文心雕龍》到底是一部寫作的書呢？或是修辭、文章作法的著作？歷來諸多學者各有論述，也都有一定的道理。至於較有共識的即是，作者劉勰的中心思想，仍以儒家爲主，這在《文心雕龍》中，是能充分顯示的。劉勰在《文心雕龍·序志》就明確表示自己崇儒的傾向：

> 予生七齡，乃夢彩雲若錦，則攀而采之。齒在逾立，則嘗夜夢執丹漆之禮器，隨仲尼而南行。旦而寤，迺怡然而喜。大哉，聖人之難見也，乃小子之垂夢歟！自生民以來，未有如夫子者也。敷讚聖旨，莫若注經，而馬鄭諸儒，弘之已精，就有深解，未足立家。唯文章之用，實經典枝條，五禮資之以成，六典因之致用，君臣所以炳煥，軍國所以昭明，詳其本源，莫非經典。

　　在以上引文中，劉勰不但表現對孔子深深的崇敬之情，更提出應根據儒家經典去矯正當時的文風思潮，這是建構他思想體系的基礎。

　　而在《文心雕龍·原道篇》他又言：「道沿聖以垂文，聖因文而明道。」說明了文、道、聖三者的關係，文是道的具體表現，而聖人

之文又是闡明「道」最典型的表現。至於聖人之文的代表就是「經典」。

「經典」是寫作的典範,治事的通衢,因此,「百川騰躍,終入環內」,不但後世各種文體皆本於經典,更是文學創作的崇高理則,「文能宗經,體有六義:一則情深而不詭,二則風清而不雜,三則事信而不誕,四則義貞而不回,五則體約而不蕪,六則文麗而不淫。」強調內容與形式的完美相稱。

而在〈徵聖篇〉中更列舉「政化」、「事績」、「修身」崇尚「文」的具體例證,說明人的道德修養、感情陶冶與文章、文學、及社會生活緊密的結合;這是經典所垂示的。

所以在現代提倡兒童讀經教育,一點也不陳舊落伍,但是現今國內教育理論深受五四影響,不知傳統文化之最高智慧,在有用無用之間游疑,而錯失兒童讀經的最佳時期,因此,透過劉勰的闡析,以發世人「兒童讀經」無用之疑慮,以期經學教育之落實、扎根。

貳、《文心雕龍》宗經思想之闡述

一、經學與文學之關系

劉勰「文之樞紐」的思想基礎是由〈原道〉、〈徵聖〉、〈宗經〉、〈正緯〉、〈辨騷〉等篇所構成。所原之道,就是儒家之「道」;儒家之道乃是本乎自然流露,所以《毛詩序》云:「發乎情,止乎禮義。」因此,文學內容所要表達之道,歸結而言即是「表現感情」。所徵之聖,就是儒家之「聖」;〈原道篇〉言:「道沿聖以垂文,聖因文而明道」,聖人是最完整、周密體悟、把握道的代表者,所以要徵驗於聖人,向聖人學習,即要「師乎聖」;而聖人用以闡明「道」之文就是「經典」,所以要宗經,效法於儒家經典,以儒家經典為依據、典範。

　　所以〈宗經篇〉說：「洞性靈之奧區」「義既挻乎性情」。「情」是文學的本質，而經書之文即有「洞情靈奧區」的特性，經書之義即有「挻乎性情」的本質。

　　此外，〈宗經篇〉又言：「極文章之骨髓」，這是因爲「聖因文而明道」（〈原道〉），「道」是天地自然之法理，「文」是「道」的顯現，聖所垂之文就是經書。〈原道篇〉言：「心生而言立，言立而文明。」「言之文」就是文章，以表達人情，模仿自然，經書用以明道，當然也是表達人情，模仿自然；只是就本質講，經書比一般文章更爲精粹，所以〈序志篇〉說：「唯文章之用，實經典枝條。」經典是根幹，是「恆久之至道，不刊之鴻教。」「旁通而無滯，日用而不匱」（〈宗經〉）因此〈宗經篇〉又言：「〈繫〉稱旨遠辭文，言中事隱。」「《書》實記言，言昭灼也。」「《詩》主言志，故最附深衷矣。」「《禮》以立體，採掇片言，莫非寶也。」「《春秋》辨理，一字見義，以先後顯旨。其婉章志晦，諒已邃矣。」《易經》、《書經》、《詩經》、《禮經》、《春秋》等五經是經書的代表，其語言及表現技巧，乃文學的精髓，文化、文明演進的自然成就。所以，〈宗經篇〉又說：「揚子比雕玉以作器，謂五經之含文也。」也就是說，五經實含濃厚的文學成分。

　　此外，〈宗經篇〉亦言：「若稟經以制式，酌雅以富言，是即山而鑄銅，煮海而爲鹽也。」意思是說，作家若能根據經書來制定體式，參酌五經雅言來豐富文學的語言，就如同入礦山來煉銅，煮海水以製鹽，是取之不盡，用之不竭的。而且劉勰還認爲，經是絕對，是一種記載恆久至道，不刊鴻教的經典文章，更是所有文體的淵源，因此，〈宗經篇〉言

　　　　故論、説、辭、序，則《易》統其首；詔、策、章、奏，則
　　　　《書》發其源；賦、頌、歌、讚，則《詩》立其本；銘、

> 誅、箴、祝，則《禮》總其端；記、傳、盟、檄，則《春
> 秋》爲根。

所以，劉勰認爲，後代的諸體文章皆源於五經。因此，在其它篇章也
可見到這種主張，如〈詮賦篇〉他說：「賦也者，受命於詩人……賦
自《詩》出，分歧異派。」這裡所謂的「詩人」即是《詩經》的作
者，「詩」即《詩經》。此外，〈頌贊篇〉也說：「四始之至，頌居
其極。」他依據〈毛詩序〉所言，風、大雅、小雅、頌爲四始，所
以，《詩經》頌篇爲後世頌體的根源。〈明詩篇〉亦云：「按〈召
南〉、〈行露〉始肇半章；孺子〈滄浪〉，亦有全曲；〈暇豫〉優
歌，遠見《春秋》；〈邪徑〉童謠，近在成世；閱時取徵，則五言久
矣。」意謂五言詩乃源於《詩經》。

另外，由於經書具有表現情感的文學本質，成了文學的精髓，後
世創作時文辭取材的園地，所以，諸子百家的創作仍脫不了這範圍，
如〈宗經篇〉所言：「並窮高以樹表，極遠以啓疆，所以百家騰躍，
終入環內者也。」李曰剛說這是「樹立文章之體式，來源最古；開闢
後學之疆宇，流澤孔長。後世百家蜂起，諸子爭鳴，皆莫能出其範圍
也」①王更生也說：「並且，群經的內涵無限崇高，以樹立文章的規
模；無限的廣遠，來開拓文章的領域。所以後世雖有無數作家，在文
壇上齊足並馳，但終究不能突破五經的範圍。」②樹立了後世創作及
批評的規範與標準。而要達到那些標準境界呢？就是：

> 一則情深而不詭，二則風清而不雜，三則事信而不誕，四則義
> 貞而不回，五則體約而不蕪，六則文麗而不淫。

這六種標準，包舉了文章的內容與形式。前四項是指內容方面；後二

---

① 見李曰剛《文心雕龍斠詮》上，國立編譯館，一九八二年五月，頁一一三。
② 見王更生《文心雕龍讀本》上，文史哲，一九八三年十一月，頁四五。

項則就形式而言。

這六種境界，每項都含有合及不合經典兩方面，因此，這「六義」也就成了後世文學創作的標準及禁忌，也成了文學批評的標準和依據；也成了貫串《文心雕龍》全書衡文的標準，肯定作家作品與否的準則。③

由以上所論可知，劉彥和認為經學乃後代各體文學之源，也是文學修辭斟酌的典範，更是文學批評的準則。因此，《文心雕龍》篇題雖有不同，但皆以宗經為依歸，就如百川匯海，萬壑競流，總不脫依經附聖的大洪流中。

二、宗經思想與人文教化

劉勰在〈原道篇〉提出「道沿聖以垂文，聖因文以明道」的關係，「文」是體現「道」，而聖人之「文」又是闡明「道」的最高、最典型的體現，經典就是聖人之文的代表。至於聖人之文能闡明什麼「道」？為何要「徵聖」「宗經」呢？

首先，劉勰認為聖人重「政化」、「事績」、「修身」。〈徵聖篇〉云：

> 先王聲教，布在方冊，夫子風采，溢於格言。是以遠稱唐世，
> 則煥乎為盛；近褒周代，則郁哉可從。此政化貴文之徵也。鄭
> 伯入陳，以立辭為功，宋置折俎，以多文舉禮。此事績貴文之
> 徵也。褒美子產，則云：「言以足志，文以足言」；泛論君
> 子，則云：「情欲信，辭欲巧」。此修身貴文之徵也。

---

③ 以上論述《文心雕龍》之經學與文學關係，主要參閱洪順隆，〈由《文心雕龍·宗經篇》論經學與文學的關係〉，《文心雕龍研究》第二輯，中國文心雕龍研究會編，北京大學出版社，一九九六年九月，一版一刷。王更生，《文心雕龍研究》，文史哲，一九七九年五月，增訂初版，頁二八三至二九九。孫蓉蓉，《文心雕龍研究》，江蘇教育出版社，一九九四年十一月，頁四五至五二。陳允鋒，〈論劉勰之道與「文之樞紐」的關係〉，《瀋陽師範學院學報·社科版》，一九九八年五月，頁十八至二一。

　　所謂「政化貴文」，即聖人之文對政治教化起了重要作用。劉勰以爲，古代聖王之敎，都在經典之中，孔夫子的精神，也見於典籍中，孔子稱頌唐堯、周代的文化興旺，豐富多采，乃是政敎重視文章的證明。

　　劉勰有此看法，乃是源於中國古代對文化的認識。古代原始氏族，多有把「舞蹈」、「詩歌」、「音樂」三位結爲一體的儀式，這不僅是娛樂活動，更是一種政治手段，藉此以維繫群體生活，鞏固社會組織。這就是「樂正」樂以致和的作用。據《國語·周語下》伶州鳩回答王的話說：

> 夫政象樂，樂從和，和從平。聲以和樂，律以平聲。……於是乎氣無滯陰，亦無散陽，陰陽序次，風雨時至，嘉生繁祉，人民龢利，物備而樂成，上下不罷，故曰樂正。

在此，把「樂」的各種聲音之和，擴及宇宙之和，因而透過「樂」對人們情感的影響，使自然與社會得到和諧的發展。所以，孔子認爲詩可以「興觀群怨」，能夠陶冶情感、觀察社會、團結群體、怨刺上政的作用。因此，〈毛詩序〉說：「故正得失、動天地、感鬼神、莫近於詩，先王以是經夫婦，成孝敬，厚人倫，美敎化，移風俗。」劉彥和承繼這些思想，強調在聖人經典中，「文」的政治敎化作用。

　　至於「事績貴文」方面，透過「文」達到建功立業的成效，也處處可見。如春秋時，士大夫在外交場合以誦詩來酬賓達意，往往能顯其才華，並助其建功立業。所以在〈才略篇〉劉勰就說：「九代之文，富矣盛矣；其辭令華采，可略而詳也……及乎春秋大夫，則修辭聘會，磊落如琅玕之圃，焜耀似縟錦之肆。」並列舉了諸多用文采辭令在政治、外交、文化各方面建功立業的事跡。而這些「文」的根源即是經典。

　　而談到「修身貴文」，是指文章在個人品行修養上的重要性，此

一論點，亦承繼中國古代文、德關係而來。承上文所述，「樂」對社會政治有很大作用，同時，它對人倫道德的影響也不小。據《左傳·襄公十一年》記載：「夫樂以安德，義以處之，禮以行之，信以守之，仁以厲之，而後可以殿邦國，同福祿，來遠人，所謂樂也。」至於孔子，他重視文，更重視德，《論語·憲問》謂：「有德者必有言，有言者不必有德。」到了荀子，他也強調：「雖庶人之子孫也，積文學，正身行，能屬於禮儀，則歸之卿相士大夫。」（《荀子·王制》）劉彥和在這些思想基礎上，也強調道德修養對作家的重要，反對「有文無質」，主張德才兼備，所以立有〈程器篇〉加以專論，他說：「志足而言文，情信而辭巧，乃含章之玉牒，秉文之金科矣。」意志充足，言語文雅，情感真摯，遣辭精巧，這是為文的不二準則，而這些特點，在經典之中處處可見，充分顯現，尤其才、德兼備的要求，更是經典的特色。

可見，聖人之「文」在內容上是「政化」、「事績」、「修身」三者兼具的。除此之外，在形式上也有四個基本特點。〈徵聖篇〉云：

> 夫鑒周日月，妙極幾神；文成規矩，思合符契；或簡言以達旨，或博文以該情，或明理以立體，或隱義以藏用。

透過聖人全面的考察自然萬物，以通曉奧妙的「道」理，而後著文，因此，聖人之文是合於實際與客觀，足為後世文章的楷模與範式。而聖人之文能「達旨」、「該情」、「立體」、「藏用」，就在於它們有「簡言」、「博文」、「明理」、「隱義」的表達方式。

所以，他又舉經書為例說明：「故《春秋》一字以褒貶，〈喪服〉舉輕以包重，此簡言以達旨也。」（〈徵聖篇〉）《春秋》記事簡約，常一字之間寓有褒貶。如隱公元年記載：「鄭伯克段於鄢。」其用一個「克」字，就揭露鄭莊公的陰險狠毒。至於《禮記》亦有文

字簡練的特性，如《禮記·曾子問》言：「緦不祭」。就舉穿細麻輕喪服者，不參加祭禮；可想而知服重喪者，更是不可。以簡要的語言就能表達深刻的意旨。

至於「〈邠詩〉聯章以積句，〈儒行〉縟說以繁辭，此博文以該情也。」（〈徵聖篇〉）《詩經·豳風·七月》敘述農民一年的辛苦生活及農事活動，內容很豐富，全詩分八章，乃國風詩中最長的一首。而《禮記·儒行》論儒者之行為、志節，分十六種，無法簡言，因此，必須用繁多的文辭來包舉豐富的內容。

此外，〈徵聖篇〉又言：「書契決斷以象〈夬〉，文章昭晰以效〈離〉，此明理以立體也。」這是說，文字的使用要明確，就如《易經》〈夬〉卦之決斷萬事一般；文章要清晰，就如《易經》〈離〉卦顯示日月麗天一樣。

而〈徵聖篇〉又提到：「四象精義以曲隱，五例微辭以婉晦，此隱用以藏用也。」象《易經》上的「四象」④，《春秋》中的「五例」⑤，都是含義經精微，文辭婉轉隱晦。如此隱約其義，是藏而待用，亦是經典的特性之一。

在闡述這四種不同的表達方式後，劉勰特別指出：「故知繁略殊制，隱顯異術，抑引隨時，變通適會。」可見聖人之經典，是順應不同的時機、場合而采用不同的體制，也能根據不同的情況際會來取捨變化。這是非常人文性的。所以，聖人之文是「文成規矩，思合符契。」又「銜華佩實」，既有充實的內容，又有華美的形式，充滿著

---

④ 《易經》的「四象」，是指六十四卦中的實象、假象、義象、用象。如乾象天，為實象。引申為父，為假象。乾，健也，為義象。乾有四德，元亨利貞，君子行此四德，就可得到和諧貞正，是為用象。

⑤ 《春秋》的「五例」，乃五種寫作體例，據杜預《春秋經傳集解》序言：「為例之情有五，一曰微而顯，二曰志而晦，三曰婉而成章，四曰盡而不汙，五曰懲惡而勸善。」

人文的需求，又是參天地、效鬼神、酌自然規律而成的，可說具有「天人合一」的高度交融，因此，徵聖宗經，則文有師矣。

參、《文心雕龍》之宗經思想與兒童讀經教育之結合

一、兒童讀經之意義

基於劉勰如此宗經的精神，回過頭來，檢視近幾十年來，文人看待經書的態度。讀經存廢的問題，在清末首度被提出，⑥但缺乏有力支持，故不被採行。到了辛亥革命推翻了傳統的君主專制，亦逼使舊式教育作必要改革，因此，民國元年的教育部在蔡元培主導下，「小學堂讀經科一律廢止」⑦，到了民國元年五月，教育部又頒行「廢止師範中小學讀經科」⑧，至此，蔡氏欲革除的目標，即是京師大學堂的經科。到了民國元年的七月，蔡氏又於全國臨時教育會議上，提出「學校不應拜孔案」，認為祀孔有違信教自由，且妨礙教育普及之推行。⑨至此，引起讀經與廢經的軒然大波。到了民國六年，白話宣言出，運動風起雲湧，九年，小學語文課全面改用白話後，國人漸連一般古文都看不來了，小學乃至中學終不復讀經課程，更不用說「讀經」了。

經由這幾十年下來，老、中、青三代的中國人，已不敢也真不會讀經了！如果說，經書如此不值一讀，如何劉彥和這般的推崇？而國

---

⑥ 造成這種情勢，主要有幾點因素，如危機感的驅使，主要是由鴉片戰敗所帶來的影響，而倡導拋棄固有文化，反對讀經；其次乃是廢科舉後，而認為讀經無用；其三乃受西方教育的衝擊，有人自覺讀經不合世界潮流，虛耗腦力；最後，乃在科技人才培養的需求下，欲加強技術人才之培育，即從兒童開始，認為讀經不合時宜。

⑦ 見中華民國史事紀要編委會編，《中華民國史事紀要·民國元年》，中華民國史料研究中心，一九七一年，五月，台北，頁一〇七。

⑧ 見陶英惠，《蔡元培年譜》上，中央研究院近史所，一九七六年，六月，台北，頁三三四。

⑨ 同註⑧，頁三六九。

人不讀經的結果，更理性了嗎？文化教養更提高了嗎？科技是否趕上了西方？充分西化而更受外國人敬重？結果是，語文程度不夠，心量不廣，涵養不深，人生態度無所依歸，社會正義日漸消亡，君子之風日漸遠去，犯罪率日增，年齡層日降，知識分子日遠於自我文化。因此，改革之風再起，尤其教育革新，而最根本近於切身者，即是兒童教育，而童蒙養正最方便簡易可行有效者，即是「兒童讀經」。

二、劉勰之宗經思想與兒童讀經

在兒童讀經過程中，常常被問及的問題即是有用無用，若依《文心雕龍》所提出的宗經理念，正可說明，經之必讀的理由。首先就文學性來說，如上文所論述，劉勰提出了經典本於自然的文質說，經書也是表現感情，可以「吟詠情性」，甚至於可「洞性靈之奧區」，洞達人類性情最精微深奧之處，今日社會如此不安，無所依歸，乃由於人心極度的空虛，人生方向的徹底失落，如能透過情真義切的經文，必能引起共鳴，開闊胸襟，對人生的各項活動，作一較全面合理性的規劃與安排。而經文「義既挺乎性情」，能揉和人的真情實性，其「辭亦匠於文理」，在這種優美的文辭帶領下，使兒童從小就潛移默化於「道心惟微」之中，所謂「開學養正」之功，正由此開始，從小有了默默的醞釀，到了適當的時機，就會豁然開朗，這是文化性永恆性的一面。

而就實用性言，經文是「極文章之骨髓」，〈原道篇〉言：「心生而言立，言立而文明。」「心意」既生，為了表情達意，就有「語言」；有了「語言」就會生「文章」，這是一般人的「情意」文章。而作為「道沿聖以垂文，聖因文而明道」的「明道」文章，自然是一般文章的根本。原本作為表情達意的文學，其本質不應有粗精尊卑之分，只是劉勰認為經書更為精粹罷了。而就功用來看，〈序志篇〉所說：「為唯文章之用，實經典枝條。」文章是「經典」的枝葉，經典

是根幹，所以能「旁通而無滯，日用而不匱」；而表現出「恆久之至道，不刊之鴻教」的特性，因此，「五禮資之以成文，六典因之以致用，君臣所以炳煥，軍國所以昭明。」（〈序志篇〉）而「詳其本源，莫非經典。」（〈序志篇〉）這種大功用，實非一般文章所能比擬的，若能認清此一事實，讓兒童讀經，正是在養成其具有這種大功用最便捷、有效之途。

此外，〈宗經篇〉所言：「若稟經以制式，酌雅以富言，是即山而鑄銅，煮海而爲鹽也。」這是說，五經之雅言乃後代文學的語言礦藏；各種文體的淵源。一個人記憶力的發展，據人類學家及心理學家的研究，乃自零歲開始，一至三歲即有顯著的發展，三至六歲進展更爲迅速，六至十三歲，則是一生中發展的黃金期，至十三歲爲一生記憶力的最高峰。⑩在這記憶力精華時期，若能多識雅言，涵養精煉語言文字，體會熟悉各體文學的淵源，那麼，十三歲之後，理解力有了長足進展，十八歲以後漸漸成熟，依然可因經驗及思考之磨練而一直有所進步，直到老死。爲何？自小就限制其識字能力的增進，及閱讀能力的開拓，⑪事實上，即如劉勰所言，經典即可提供這些能力的增進，而且是最精粹，最根源的作品。而且，經書更是各類文學創作的規範，文學評論的標準，即〈宗經篇〉所言：「窮高以樹表，極遠以啓疆。所以百家騰躍，終入環內者也。」若能熟記經典，以後對於文

---

⑩ 可參見王財貴，《兒童讀經教育說明手冊》，和裕出版社，一九九七年，十二月，台南，頁三三。

⑪ 目前一般國小六年內所學之生字，約只有二千三百多字；若每天閱讀經典三十分鐘，不出三年，即可識字達三千至五千字以上。這數字，據裘錫圭，《文字學概要》（商務，一九八八年，八月，北京，一版。）第一章所言，即可識得所有報章雜誌之文字達百分之九十九點九九。

章的寫作及閱讀的評論，⑫將有了然於胸的助益，而且可以使作者
「一則情深而不詭，二則風清而不雜，三則事信而不誕，四則義眞而
不回，五則體約而不蕪，六則文麗而不淫。」在寫作時，思想感情深
厚而不詭異，旨趣清新純正而不駁雜，敘事取材而不荒誕，意義正大
而不枉曲，風格體制簡約而不雜亂，文辭雅麗而不淫靡。從內容到形
式的規範、標準，都含括在內，這是研讀經典，可得到的最大實用之
處。

　　除了實用外，研讀經文，更可在社會生活中得到人文的教化作
用，如在〈宗經篇〉劉勰認爲聖人之文重「政化」、「事績」、「修
身」，所以在社會生活，思想道德的修養，感情的陶冶各方面，都有
受經文影響的作用，而在兒童的身上，最明顯的就是班級常規的增
好，「兒童讀經」變成老師班級經營的重要利器，可使班級氣氛融
洽，生活常規進步，敎室管理輕鬆，以致常可獲至學校秩序、整潔的
優勝，使適應不良、學習低成就的學生，在同儕團體中，得到認同與
肯定，甚至使得家長改變，不再只注重所謂的主科學習。⑬這種成效
與劉勰所認知的，可說不謀而合。它是一種從文章、文學中達到順美
匡惡，陶冶性情的廣泛作用，這也是經文中重要的特質——人文關
懷。而在兒童時期推廣，主要是兒童純正，無所旁鶩，記憶力強；而
到了國、高中，自我意識抬頭，聯考壓力，再要下功夫研讀已是事倍
功半。

---

⑫　關於兒童讀經與作文的關係，拙著〈兒童讀經教育與作文關係之初探〉一文，曾在
　　《國小作文敎學與文化互動學術研討會》（花蓮師範學院語教系主辦，一九九八年，
　　五月，花蓮）發表。

⑬　以上所提之例子，除了本人的實驗敎學經驗外，可參見台中縣政府教育局所編，《兒
　　童讀經敎師分享手冊》，一九九八年，六月。及坊間自印的《兒童讀經校園敎師分享
　　手冊》。

肆、結語

　　從以上所述，我們知道，《文心雕龍》的宗經思想，不管在文學關懷上，或人文教化上，都有獨特的見解。雖然它本身都被定位為「文學理論」的專著，確實，它全書體大思精的架構，都圍繞著「文學」這一主題，但真正構成《文心雕龍》的一條大動脈，卻是「經學思想」，雖然，劉彥和並沒有像荀子、揚雄一樣，[14]認為文學、文章必須宣揚儒家文化，但透過宗經思想的「剖情析采」，我們不難感受到，劉勰他深沉的意念，在當時儒家思想受衝擊的時代，他為了突破藩籬，跳出舊窠臼，採用「寓教化於文學」的方式，以闡發聖人之旨，而最直接的方式，即是提倡經典具有崇高的文學地位。此時，經典已非純「文學」，而是具有指導文學方針，及多元教化的「經典」。所以它才能「正緯」、「辨騷」，以批判、通變的角度來衡量前人的成就，但峰回路轉，卻仍是貼著經典立論，也藉著這一立論以針貶時弊，晉、宋以來，文人「各競新麗，多欲練辭，莫肯研術」（〈總術篇〉）缺乏充實內容，因此，「矯訛翻淺，還宗經誥」，必須「望今制奇，參古定法。」（〈通變篇〉）因為經典是「辭約而旨

---

[14]　荀子在〈勸學篇〉，就要求人們學習記載「先王之遺言」的經典，並對《五經》作了極高的評價，他說：「故《書》者，政事之紀也；《詩》者，中聲之所止也；《禮》者，法之大分類之綱紀也；故學至乎《禮》而止矣，夫是之謂道德之極。《禮》之敬文也，《樂》之中和也，《詩》、《書》之博也，《春秋》之微也，在天地之間者畢矣。」在〈王論篇〉又說：「凡言議期命，是非以聖王為師。」〈非相篇〉：「凡言不合於先王，不順禮義，謂之奸言。」至於揚雄，則在《法言·吾子篇》言：「好書而不要諸仲尼，書肆也；好說而不要諸仲尼，說鈴也。」〈寡見篇〉又云：「或問《五經》有辯乎？曰：惟《五經》為辯。說經者莫辯乎《易》，說事者莫辯乎《書》，說體者未辯乎《禮》，說志者莫辯乎《詩》，說理者莫辯乎《春秋》，舍，辯亦小矣。」〈問神篇〉亦言：「書不經，非書也；言不經，非言也。言書不經，多多贅矣。」

豐，事近而喻遠」，而「楚豔漢侈，流弊不還」，就是「建言修辭，鮮克宗經」（〈宗經篇〉）。

　　所以，若去掉「經學思想」，《文心雕龍》便成空中閣樓，毫無落實之感。由於《文心雕龍》在客觀論述文學之中，充滿著「宗經思想」，因此，今日提倡「兒童讀經」之際，正可經由劉勰多元、客觀論述經典的角度，提供對此主題有所質疑者，一些參考的途徑。

　　（以上文章於研討會上，得余培林教授及多位學者指正，謹此誌謝。）

論劉勰《文心雕龍》文學「典律」觀念的形成與傳述

輔仁大學中文系

程克雅

一、「典律」一詞的源流與涵義

將「典律」一詞用來探討《文心雕龍》的價值觀念，是基於劉勰在著作中屢次強調文學的價值應歸諸於經典的立場而來。「典律生成」（canon formation）在現代文學理論而言，被認爲是近一、二十年來西方文學研究的重要主題之一。「典律」相關問題的探究中，有四項主要的課題：

其一、閱讀文學作品典範的建立
其二、典範作品不可動搖的價值
其三、文學作品典律特質的詮釋
其四、文學作品的批評或創作準則

從這四個主要課題，反思中國文學理論中對「典律」相關議題有所關注者，也不乏其人。劉勰《文心雕龍》一書，是其中最具系統性與代表性者。在〈序志〉篇中說明其〈明詩〉至〈書記〉等二十五篇中的寫作體例：

原始以表末，釋名以章義，選文以定篇，敷理以舉統。（〈序志〉第五十）

「原始以表末」相應於「典律」課題中的第三項:「文學作品中典律特質之詮釋」這種詮釋,可能是指個別作品體類,也可能是指環繞一類作品所建立的風格史。「釋名以章義」同時也屬於第三部份「詮釋」的工作,但較「始末」之究不同之處,「釋名義」則是著重於基本涵義的說釋;但仍依據一定的脈絡而爲之。「選文以定篇」可分爲兩部份:一是「選文」,相應於「典律」課題的第一項:「閱讀文學作品典範的建立」。劉勰將此項目列於「始末」「名義」之後,可見在「選文」的標準方面具有一定的前提;再就「定篇」來看,則相應於第四項「文學作品的批評或創作準則」這可以從各篇中針對個別作者或作品的評價性敘述得見。最後一項「敷理以舉統」,相應於第二項「典範作品不可動搖的價值」可以說是爲文學作品建立了價值的依歸。

雖說「典律」二字在本書中不見連言之例,只有對言之例;但其中的觀念問題,仍值得今人加以探索。首先,即就「典律」一詞的源流與涵義提出解析,再依序說釋《文心雕龍》中「典」之涵義,以及《文心雕龍》中「律」之涵義,並參酌現代文學理論中之「典律」觀念,以期甄辨「典」「律」並提在《文心雕龍》文論用語中的涵義。

1·《文心雕龍》中「典」之涵義

分析《文心雕龍》書中提及「典」的字辭涵義,大約可區別爲四類:一是指「經典」,二是指「典則」,三是指「典正、典雅」,四是指「一種特別的文體專稱」。茲即就以上四類分引述說明《文心雕龍》中對「典」不同辭義所蘊含的文學觀念:

其一、經典:

在《文心雕龍》中言及「經典」之處共十六則,主要指以五經爲

核心的經書在文中不但揭舉「五經」的重要，視之爲創作時遵循的典範，對文學作品的內容、思想及風格均有指導的意義，同時也亟稱其爲創作本源的意義與價值。「典」在《文心雕龍》一書中引用的狀況，以「經典義」的解釋最占多數，也最具理論的代表性。劉勰關於強調「五經之重要」的意見如下：

1.爰自風姓，暨於孔氏，玄聖創典，素王述訓。（〈原道〉）
2.稱「敕天之命」。並本經典以立名目。（〈詔策〉）
3.經典禮章，跨周轢漢，唐、虞之文，其鼎盛乎。（〈時序〉）

至於說明「五經」爲創作典範的：
4.夫經典沈深，載籍浩瀚，實群言之奧區，而才思之神皋也。（〈事類〉）

在文學作品內容、思想方面具有指導的意義：
5.又蠶蟹鄙諺，貍首淫哇，苟可箴戒，載於禮典。（〈諧讔〉）
6.至於宗經矩聖之典，端緒豐贍之功。（〈史傳〉）
7.咸敘經典，或明政術，雖標論名，歸乎諸子。（〈諸子〉）

五經在文學作品的風格方面而言，也是創作的依循標準：
8.議貴節制，經典之體也。（〈議對〉）
9.故其大體所資，必樞紐經典，採故實於前代，觀通變於當今（〈議對〉）
10.昔潘勗錫魏，思摹經典，群才韜筆，乃其骨髓峻也。（〈風骨〉）
11.若夫鎔鑄經典之範，翔集子史之術。（〈風骨〉）
12.《孝經》垂典，喪言不文；故知君子常言，未嘗質也。（〈情

采〉）

　　五經成爲文學的本源，正是劉勰亟稱的意義及價值所在：

　　13.至於經典隱曖，方冊紛綸。簡蠹帛裂，三寫易字，或以音訛，或以文變。（〈事類〉）

　　14.車馬小義，而歷代莫悟，辭賦近事，而千里致差。況鑽灼經典，能不謬哉。（〈指瑕〉）

　　此外，經典的實用功能雖成爲文學理論家區辨爲外圍的問題，但卻不能因此否認這正是由經典而帶出來的重要課題。例如以下兩則，即是在肯定文學的實用功能意義層面，追溯到此一問題仍本諸經典：

　　15.經典則言而非筆，傳記則筆而非言。請奪彼矛，還攻其楯矣。何者？《易》之〈文言〉，豈非言文。若筆不言文，不得云經典非筆矣。（〈總術〉）

　　16.唯文章之用，實經典枝條。……五禮資之以成，六典因之致用，君臣所以炳煥，軍國所以昭明。詳其本源，莫非經典。（〈序志〉）

「經典」在劉勰的論述中，不僅是爲文的最高標準，也是文章形製的典範。在性質而言，經典的載記固然列爲「文筆」之「筆」，但不影響經典之「文」所具備的「文學本源」「文學摹擬根據」「文學敎化功能」「文學評價標準」等相關意義。

　　其二、典則：

　　「典」之涵義有規範、法則的意味，劉勰以兩次提及「訓典」、一次以「典訓」稱之；其餘又有「典章」「典儀」「典型」，皆是以具體法式爲評議基礎上，論述不同文體所具備的「典則」性質，見諸

以下六項論例：

　　1.自後漢以來，碑碣雲起。才鋒所斷，莫高蔡邕：觀楊賜之碑，骨鯁訓典。（〈誄碑〉）

　　2.敕都督以兵要，戒州牧以董司。警郡守以恤隱，勒牙門以禦衛，有訓典焉。（〈詔策〉）

　　3.茲文爲用，蓋一代之典章也。構位之始，宜明大體。……使意古而不晦於深，文今而不墜於淺。（〈封禪〉）

　　4.陳政事，獻典儀，上急變，劾愆謬，總謂之奏。（〈奏啓〉）

　　5.必使理有典刑，辭有風軌。總法家之式，秉儒家之文。（〈奏啓〉）

　　6.孫盛、干寶，文勝爲史。準的所擬，志乎典訓，戶牖雖異，而筆彩略同。（〈才略〉）

從以上所引之例的出處來看，〈誄碑〉〈詔策〉〈封禪〉〈奏啓〉及〈才略〉等篇中，前四篇均是屬於《文心雕龍》「文體論」的部份，而且都是歷史散文。至於〈才略〉一篇雖是屬於「文衡論」的部份，但言及孫盛、干寶等，也側重在其撰史的成果。「文體論」的部份，原本就側重創作的法則，「典」觀念中也因而含有創作法則約束、規範的意義。

　　綜合「經典義」及「典則義」二項，關於「典」的概念，是具有文學根源的評價意味。包括對於「經」與「史」的重視，將二者的典範地位特別標舉出來，並明示後學撰述的法則與標準。

　　其三、典正、典雅：

　　「典正」被視爲一種美感或文學風格的評述，可以藉由個別作品實例展現。劉勰在以下的評述中，所列之例皆屬「選文定篇」的實際作品；同時也分布在「文原論」「文體論」「文術論」「文衡論」各

不同的論文範疇之中，計有十三則，茲列舉如下：

1.至於張衡〈怨〉篇，清典可味，〈仙詩〉緩歌，雅有新聲。（〈樂府〉）

2.馬以騷體製歌。〈桂華〉雜曲，麗而不經，〈赤雁〉群篇，靡而非典。（〈樂府〉）

3.原夫頌惟典雅，辭必清鑠，敷寫似賦，而不入華侈之區。敬慎如銘，而異乎規戒之域。（〈頌讚〉）

4.贊曰：銘實表器，箴惟德軌。有佩於言，無鑒於水。秉茲貞厲，敬言乎履。義典則弘，文約爲美。（〈銘箴〉）

5.崔駰〈達旨〉，吐典言之裁。（〈雜文〉）

6.建安之末，文理代興，潘勗九錫，典雅逸群。（〈詔策〉）

7.歷鑒前作，能執厥中，其致義會文，斐然餘巧。故稱「〈封禪〉麗而不典，〈劇秦〉典而不實」。（〈封禪〉）

8.觀伯始謁陵之章，足見其典文之美焉。（〈章表〉）

9.是以模經爲式者，自入典雅之懿。（〈定勢〉）

10.若愛典而惡華，則兼通之理偏，似夏人爭弓矢，執一不可以獨射也。（〈定勢〉）

11.章表奏議，則準的乎典雅。（〈定勢〉）

12.……分經以典奧爲不刊，非以言筆爲優劣也。（〈總術〉）

13.凡精慮造文，各競新麗，多欲練辭，莫肯研術。……辯者昭晰，淺者亦露；奧者複隱，詭者亦典。（〈總術〉）

「典正」「典雅」不但是來自於五經文體的主要風格的規摹鎔鑄，也在在影響著對後世作風格的評述。在以上十三條述評之中，具有「典雅」「典正」風格的上乘之作，須「模經爲式」，張衡、崔駰、潘勗等人之作，堪稱有此成果；特定的文學體裁，也必須以「典

雅」風格爲標準，「章」「表」「奏」「議」等不同的文體，其典型
風格的叙述，即屬於此。

其四、「典」爲一種文體的專名：

除了以上列舉的項目，「典」更在經典中形成了一種特別的文學
體裁，這一類型的體裁，乃是通稱記述君王政略及有關事務的文類。
在確立了這種文類的特質之後，連帶也形成了別文類風格的探討。
「典」的引述，有時屬於某種專書或文體名稱。指特定專書、專篇
的，其本身即已形成文學上的典範；指特定文體的，其內容風格也受
到某種程度的規範和約束。這一類的述評共計十六則：

1.橋公之鉞，吐納典謨；朱穆之鼎，全成碑文，溺所長也。
（〈銘箴〉）

2.詳夫漢來雜文，名號多品。或典、誥、誓、問；或覽、略、
篇、章。或曲、操、弄、引；或吟、諷、謠、詠。總括其名並歸雜文
之區（〈雜文〉）

3.唐、虞流于典謨，商、夏被于誥誓。（〈史傳〉）

4.比堯稱典，則位雜中賢。（〈史傳〉）

5.雖湘川曲學，亦有心典謨，及安國立例，乃鄧氏之規焉。
（〈史傳〉）

6.若秦延君之注《堯典》，十餘萬字。（〈論說〉）

7.昔黃帝神靈，克膺鴻瑞，勒功喬岳，鑄鼎荊山。大舜巡岳，顯
乎虞典。（〈封禪〉）

8.首胤典謨。（〈封禪〉）

9.及揚雄〈劇秦〉，班固〈典引〉，事非鐫石，而體因紀禪。
（〈封禪〉）

10.〈典引〉所，雅有懿乎。（〈封禪〉）

11.然則敷奏以言，則章表之義也；明試以功，即授爵之典也。（〈章表〉）

12.是以章式炳賁，志在典謨，使要而非略，明而不淺。（〈章表〉）

13.至若胤征羲和，陳〈政典〉之訓。（〈事類〉）

14.蒍敖擇楚國之令典，隨會講晉國之禮法。（〈才略〉）

15.而樂府清越，〈典論〉辯要，迭用短長，亦無懵焉。（〈才略〉）

16.詳觀近代之論文者多矣：至於魏文述典、陳思序書、應瑒文論、陸機〈文賦〉、仲洽〈流別〉、宏範〈翰林〉，各照隅隙，鮮觀衢路。或臧否當時之才，或銓品前修之文，或汎雅俗之旨，或撮題篇章之意。魏典密而不周，陳書辯而無當，應論華而疏略，陸賦巧而碎亂。（〈序志〉）

「典」做為專書、專名、特定文體名稱，仍是臚列「選文定篇」的實際作品提出評論。對以上作品的選擇，也同樣分布在「文原」「文體」「文術」「文衡」「總論」等各個範疇。基於「典」之「風格義」「專名義」皆可以藉由各篇所舉而申說涵義，可以確立《文心雕龍》一書中，「典」的稱引與概念是具有普遍性的。

2・《文心雕龍》中「律」之涵義

釐析《文心雕龍》中「律」之涵義，可得「音律」、「律則」、「律令」等三項，茲一一說明如下：

其一、音律、聲律、韻律

《文心雕龍》述及「律」的相關評述中，「音律」義占最多數，無論「音律」、「聲律」、「韻律」、「鍾律」等，皆是強調文學的聲律節奏之美。計有十六則，茲列舉如下：

1.若乃羲農軒皞之源，山瀆鍾律之要。（〈正緯〉）

2.樂府者，聲依永，律和聲也。（〈樂府〉）

3.自咸、英以詩官採言，樂盲被律。志感絲篁，氣變金石。（〈樂府〉）

4.延年以曼聲協律，朱、馬以騷體製歌。〈桂華〉雜曲，麗而不經，〈赤雁〉群篇，靡而非典。（〈樂府〉）

5.暨後郊廟，惟雜雅章，辭雖典文，而律非夔、曠。（〈樂府〉）

6.然杜夔調律，音奏舒雅，荀勖改懸，聲節哀急。（〈樂府〉）

7.觀其序事如傳，辭靡律調，固誄之才也。（〈誄碑〉）

8.鴻律蟠采，如龍如虹。（〈封禪〉）

9.觀其體贍而律調，辭清而志顯。（〈章表〉）

10.繁約得正，華實相勝，脣吻不滯，則中律矣。（〈章表〉）

11.積學以儲寶，酌理以富才，研閱以窮照，馴致以懌辭。然後使玄解之宰，尋聲律而定墨，獨照之匠，闚意象而運斤。（〈神思〉）

12.贊曰：神用象通，情變所孕。物以貌求，心以理應。刻鏤聲律，萌芽比興。結慮司契，垂帷制勝。（〈神思〉）

13.夫音律所始，本於人聲者也。聲含宮商，肇自血氣，先王因之，以制樂歌。故知器寫人聲，聲非學器者也。（〈聲律〉）

14.故言語者，文章神明樞機；吐納律呂，脣吻而已。（〈聲律〉）

15.響在彼絃，乃得克諧，聲萌我心，更失和律，其故何哉？良由內聽難為聰也。（〈聲律〉）

16.古之佩玉，左宮右徵，以節其步……贊曰：標情務遠，比音則近。吹律胸臆，調鍾脣吻。聲得鹽梅，響滑榆槿。割棄支離，宮商難隱。（〈聲律〉）

以上所舉，依篇章的分布於「文原」「文體」「文術」「文衡」等不同的論文範疇之中，可以了解：「聲律」的調諧，是劉勰論文的基本觀點，也是具有普遍意義的觀點。

其二、規律、律則

劉勰述及「文律」、「規律」、「律則」，是取「律」的抽象涵義。這一類的評述較少，但是「典律」之「律」在涵義探究中的重心，計有四則：

1.贊曰：文律運周，日新其業。變則其久，通則不乏。趨時必果，乘機無怯。望今制奇，參古定法。（〈通變〉）

2.古之佩玉，左宮右徵，以節其步，聲不失序。音以律文，其可忘哉。（〈聲律〉）

3.春秋代序，陰陽慘舒，物色之動，心亦搖焉。蓋陽氣萌而玄駒步，陰律凝而丹鳥羞。（〈物色〉）

4.贊曰：洪鍾萬鈞，夔、曠所定。良書盈篋，妙鑒廼訂。流鄭淫人，無或失聽。獨有此律，不謬蹊徑。（〈知音〉）

審音定律，具有聲音節奏的規範涵義，〈聲律〉〈知音〉二篇，仍是就基本的意義論音律的規範與規則；但〈物色〉所謂「陰律」之「律」即屬於抽象的自然變化規律。至於〈通變〉所贊「文律運周」，則又更進一步，將文學變化的規律寄託於文人瞻古望今，追求通變之上。

其三、律令、律法

與「典則義」相同的是，「律」字在《文心雕龍》中也有「律令」、「律法」的含義。同樣在論及撰述時強調「規範」「法則」：

1.又郊祀必洞於禮，戎事必練於兵。田穀先曉於農，斷訟務精於

律。然後標以顯義，約以正辭。（〈議對〉）

　　2.筮，則有方術占試。申憲述兵，則有律令法制。（〈議對〉）

　　3.律者，中也。黃鐘調起，五音以正。法律馭民，八刑克平。以律爲名，取中正也。（〈書記〉）

　　4.漢初草律，明著厥法。（〈練字〉）

　　5.爰至有漢，運接燔書，高祖尚武，戲儒簡學。雖禮律草創，《詩》《書》未遑。（〈時序〉）

　　在第三項〈書記〉篇中所引，將「音律」「法律」等具有相同性質的說法等列並觀，賦予評價的說辭：「中正」。「中」與「中正」一方面是創作的標準，一方面也是衡量優劣所持的依據。

3·「典」「律」並提在《文心雕龍》文論用語中的涵義

　　「典」「律」並提在《文心雕龍》文論用語中，只有以下兩則實例，嚴格而言，都不屬於「並提」「對言」，只能說是同時提及。先就第一則加以詮釋：

> 若乃羲農軒皞之源，山瀆鍾律之要，白魚赤烏之符，黃金紫玉之瑞。事豐奇偉，辭富膏腴，無益經典而有助文章。是以後來辭人，採摭英華，平子恐其迷學，奏令禁絕。（〈正緯〉）

「羲農軒皞」「山瀆鍾律」「白魚赤烏」「黃金紫玉」等四項並列，是指緯書篇什，在「事類」「辭章」方面，固然受到肯定；但在某種標準而言，是「無益經典」。所以，「鍾律」之華美，仍須合於經典，經典的優先性不言而喻。

　　再就第二則而言：

> 暨後郊廟，惟雜雅章，辭雖典文，而律非夔、曠。（〈樂府〉）

　　「辭雖典文，而律非夔、況」一句中，事實上是「辭」、「律」對言的，「典文」之謂，涉及經典的修辭風格，意指樂府詩郊廟詩歌之屬。至於「律」，仍是指「聲律」，意指郊廟詩歌中雜有雅章，音律未能沿夔、況之舊。綜合以上二則意見而言，無論並提與否，「典」意指「經典」為主、「律」意指「鍾律」「音律」為主；而「典」較「律」更具有優先性，「律」蘊涵在「典」的範圍中，可以說是《文心雕龍》「典」、「律」的基本涵義。

4·現代文學理論中之「典律」觀念

　　在透過以上的探討之後，幾乎可以確定，《文心雕龍》中具有「崇典」、「重律」的觀念，而且有典律觀念，但是不見「典律」二字連言以表達這一觀念的術語。同時具有「價值」和「規律」含義的，是藉「文律運周」（〈通變〉）之「文律」一詞來表達的。另一方面，在現代文學理論的譯述中，「典律」一詞被用為「canon」的翻譯，茲在此即就現代文學理論中對「典律」觀念的說明，試圖聯繫、比較古典文學理論依據與現代文學理論的關係。在基本的涵義方面，蔡振興在其〈典律、權力、知識〉（蔡，1995.4）一文中有言：

　　根據《牛津英文大辭典》的解釋，「典律」有五個意義：

　　⑴指「尺度」法律或教堂的法令

　　⑵法律、準繩、詔書

　　⑶一般性的型式、法典

　　⑷基督教會所認可的聖書篇章選集

　　⑸使徒經書

　　總括來說，典律指一種普遍性的規則，可供後人當行為、道德、信仰、主 體建立之準則。①

---

① 蔡振興著：〈典律、權力、知識〉，頁五一至七二。

在以上的名義解釋中，標舉文本、建立準則可以說是「典律」的使命與目的，因此，後人在文學的成就上容或有變化，但其核心概念，仍是踵步前人開列的價值體系，即使是刻意求變，也不離其宗。這一原理，適可映證比較文學學者吳潛誠在《感性定位》一書中，屢次提及「經典」與「典律」的相關論述：

> 文學經典（literary canon）的觀念，在後結構批評時代的確頗受質疑。
> 一些原屬於邊際觀點的批評理論，諸如解構批評，馬克思學派、女性主義、少數族裔、後殖民論述等等，紛紛指陳：傳統經典或文學評鑑標準乃是特定的人群在特定的情況下，遵照特定的意識形態或目的，依據特定的標準所建構、形塑而成；而且，無可避免地忽略、壓抑了其他文本。尤其是女性、少數族群和被壓迫民族作品。②

這一項意見明顯的表述了「典律」建立時的時代處境和歷史意義：對照劉勰所處齊梁時期的文學評鑑標準、基本課題與現代二十世紀文學理論家反省的文學評鑑標準、基本課題，皆有對治當下阿曲之意。就劉勰而言，是基於「靡麗文風」的對治，而倡議回歸經典；就現代文學理論而言，是基於「意識型態」與「特定功能」的對治，而倡議多元觀點，重視「少數、弱勢」觀點及文本。前者固然以「尊經」「重視經典」為詮釋的核心；但後者在「重建經典」的實踐中，更進一步表現出以「經典觀念」為詮釋的方法。

> 晚近的批評工作者動輒把典範觀念歸諸文化霸權的宰制。……西

---

② 見〈外國文學典範與本土文學價值〉，頁一二五至一三〇。

方激進的批評家在攻訐經典的時侯，實際上心目中仍默存經典觀念。他們的眞正企圖，與其說是一舉取消經典，不如說是在奪取詮釋權。……經典觀念僅管有其附帶缺點，畢竟是有用的。簡單的說，它肯定某些作品比其他作更有價值，更値得研究探討。③

由這一段話的含意可見，「經典」的實質並不隨著「五經」「諸子」「史傳」之日遠而失去意義；建立經典是在「典律」的觀念之下，爲每一個時代的作品找尋後續發展規律，這正是《文心雕龍》中所謂的「文律」，也可以說是與現代文論「典律」相應的思想基礎。

二、《文心雕龍》中相應於文學「典律」的觀念表述

在前一節的析論中已提及《文心雕龍》「典」、「律」之涵義是具有普遍性的，依近世以來學者爲《文心雕龍》區分的五個主要範疇（見李、王、周）④可以較實際的鉤稽出相應於「典律」的基本觀念及評價標準。茲就「文原論」「文體論」「文術論」「文衡論」與「總論」等五方面一一詳述之。

1·以《文心雕龍》「文原論」爲價值基礎

所謂「文原論」即指「文之樞紐」的五篇，包括〈原道〉〈徵聖〉〈宗經〉〈正緯〉〈辨騷〉等五篇。關於文學的起源，在《文心雕龍》的「文原論」中，一般認爲是宗主儒家經典。但究其所述，實際上仍推其極於「自然」，不論是「合於自然」或是「摹擬自然」。

---

③ 見〈外國文學典範與本土文學價值〉收入《感性定位》一書，台北：允晨文化出版社；民國八十三年八月，頁一二五至一三〇。

④ 這五項對文心雕龍體系的區分，一般常見於民國以來學者《文心雕龍》相關著作。如：李曰剛著《文心雕龍斠詮》（1982）、王師更生著《文心雕龍研究》（1976）王師更生《文心雕龍研究·增訂本》（1984）牟世金著：《文心雕龍研究》（1995）祖保泉著《文心雕龍解說》（1997）等。

吳潛誠先生在〈擺盪在自然與詩篇之間─文學作品的摹仿〉一文中述及原型批評家傅萊在《批評解剖》中的主要觀念：

> 正如一項新的科學發現徵顯了某些自然秩序中原已潛伏的東西，同時又與業已存在之科學的整體結構發生邏輯關係，新的詩篇徵顯了某些語文秩序中原已潛伏的東西。

不可否認的，文學起源於自然。在《文心雕龍·原道》篇中有如下的論述：

> 心生而言立，言立而文明，自然之道也。

> 傍及萬品，動植皆文。龍鳳以藻繪呈瑞，虎豹以炳蔚凝姿；雲霞雕色，有踰畫工之妙；草木賁華，無待錦匠之奇。夫豈外飾，蓋自然耳。

一般的解釋，均認爲劉勰所謂「自然」是「自然而然」之意。不僅是一切文學的來源，也是文學價值的根源。這一意見，在其他篇章中也屢次提及，但引進了典型作品爲評議的基準：

> 人稟七情，應物斯感，感物吟志，莫非自然。（〈明詩〉）

在這一段說明了文學根源於自然的原理，是跨越文類、具有普遍性的。從典型作品遍布不同文類來看，提供了證明：

> ……安仁輕敏，故鋒發而韻流。士衡矜重，故情繁而辭隱。觸類以推，表裡必符。豈非自然之恆資，才氣之大略哉。（〈體性〉）

> 是以模經爲式者，自入典雅之懿。效〈騷〉命篇者，必歸豔逸之

華。綜意淺切者，類乏醞藉，斷辭辨約者，率乖繁縟。譬激水不漪，槁木無陰，自然之勢也。（〈定勢〉）

「潘安仁」「陸士衡」為代表典型風格的作者，「模經為式」「效騷命篇」則為代表典型風格的作品。在評斷高下的層級來看，「典雅」、「艷逸」絕非並列，蘊涵評價義；「輕敏」、「矜重」各標特色，僅具描述義。劉勰置評價義的「模經為式」觀念於描述義的「才氣殊異」之先，是基於「自然之勢」比「自然之資」更具優先性的緣故。在這一前提之下，文采的創造和形態，「自然」也成為衡量的標準：

> 夫心生文辭，運裁百慮，高下相須，自然成對。（〈麗辭〉）

> 故自然會妙，譬卉木之耀英華；潤色取美，譬繒帛之染朱綠。朱綠染繒，深而繁鮮；英華曜樹，淺而煒燁。秀句所以照文苑，蓋以此也。（〈隱秀〉）

文采的創造既以「自然」為根源、依傍，而文學作品的累積、變化，除了從萬物、自然的範疇中產生之外，文學中自成範疇而成的內在關係，也成為文學理論不能忽視的問題。劉勰有云：

> 夫情致異區，文變殊術，莫不因情立體，即體成勢也。勢者，乘利而為制也。如機發矢直，澗曲湍回，自然之趣也。圓者規體，其勢也自轉。方者矩形，其勢也自安：文章體勢，如斯而已。（〈定勢〉）

文學作品的不同形態與變化，在「自然萬物」的比擬印證之下，足以說明其機趣萬端的展現，合於「自然」的描述，也是文勢變化的正

鵠。

　　回顧前述傅萊的觀念中同時又蘊含了另一個意見，那就是後來作者對前人名著的蹈襲、點化、再製。所以傅萊又謂：

> 文學也許會以生命、現實、經驗、自然、想像的真理、社會狀況或其他東西作爲它的「內容」；但文學本身不從這些東西產生，詩只會從其他詩篇中產生；小說只會從其他小說中產生。文學自成其形，不受外在因素塑造成形，文學的「形式」不存在於文學之外，諸如奏鳴曲、賦格曲、迴旋曲的形式不能存在於音樂之外。（頁97）

因此，模仿自然、模仿既有文本，可說是新作創生時並進的兩重法則。這種意見傅萊明確的指出評論之道：

> 任何一首詩不僅可以當作自然的模仿，也可以當作其他詩篇的模仿來檢驗。（頁95～96）

從劉勰「文原論」到傅萊「文學原型」的論述，我們可以得知，文學作品不但可以原於自然，模仿自然；同時也可以原於既有作品，模仿既有作品。這二者俱合於「自然」的評價標準，不致衝突。形成後來創作的法則和文學變化新生的基礎。

2·以「文體論」爲觀念核心

　　所謂「文體論」即指「論文叙筆」的二十篇，包括〈明詩〉至〈書記〉等。在這一部份之外，亦即「文原論」的內容中，議及「典律」的建立成型，「原始以表末」、「敷理以舉統」可謂爲理論與評價基礎，檢閱這一部份的表述，以「文體論」爲核心的意見比比皆是：

> 故論、說、辭、序，則《易》統其首。詔、策、章、奏，則
> 《書》發其源。賦、頌、詞、讚，則《詩》立其本。銘、誄、
> 箴、祝，則《禮》總其端。記、傳、銘、檄，則《春秋》爲
> 根。並窮高以樹表，極遠以啓疆。所以百家騰躍，終入環內者
> 也。(《宗經》)

究論各種文體的根源，皆指向五經典型文本；各種文體的特質，也不
脫五經既有的風格。在宗經的主張之下，列舉各種涵蓋於五經之中的
文體風格：

> 若稟經以製式，酌雅以富言，是仰山而鑄銅，煮海而爲鹽也。故
> 文能宗經，體有六義：一則情深而不詭，二則風清而不雜，三則
> 事信而不誕，四則義直而不回，五則體約而不蕪，六則文麗而不
> 淫。(〈宗經〉)

以上所舉「體有六義」，正是在「宗經」綱領以下，開列不同文體風
格，這六項風格在經典的基礎上具有正面的評價意義；另一方面，在
〈體性〉篇中也有「數窮八體」的說法：

> 若總其歸塗，則數窮八體。一曰典雅，二曰遠奧，三曰精約，四
> 曰顯附。五曰繁縟，六曰壯麗，七曰新奇，八曰輕靡。典雅者，
> 鎔式經誥，方軌儒門者也。遠奧者，馥采典文，經理玄宗者也。
> 精約者，覈字省句，剖析毫釐者也。顯附者，辭直義暢，切理厭
> 心者也。繁縟者，博喻釀采，煒燁枝派者也。壯麗者，高論宏
> 裁，卓爍異采者也。新奇者，擯古競今，危側趣詭者也。輕靡
> 者，浮文弱植，縹緲附俗者也。故雅與奇反，奧與顯殊，繁與約
> 舛，壯與輕乖。文辭根葉，苑囿其中矣。(〈體性〉)

這八種不同的文體形容，較〈宗經〉篇的六種文體更不具評價性質，而更朝著美感賞鑒的方式陳述。接續這八種風格，劉勰也列舉了各體之下代表作品：

> 若夫八體屢遷，功以學成，才力居中，肇自血氣。氣以實志，志以定言，吐納英華，莫非情性。是以賈生俊發，故文潔而體清。長卿傲誕，故理侈而辭溢。子雲沈寂，故志隱而味深。子政簡易，故趣昭而事博。孟堅雅懿，故裁密而思靡。平子淹通，故慮周而藻密。仲宣躁銳，故穎出而才果。公幹氣褊，故言壯而情駭。嗣宗俶儻，故響逸而調遠。叔夜儁俠，故興高而采烈。安仁輕敏，故鋒發而韻流。士衡矜重，故情繁而辭隱。觸類以推，表裡必符。豈非自然之恆資，才氣之大略哉。（〈體性〉）

總括以上列舉的十二位作家，在文章風格方面也衍生出十二種相應的表現，「觸類以推」「表裡必符」是劉勰在此所持的觀點。文體在此不僅是作品風格的問題，也連帶包含著作家質性才略的影響。〈體性〉篇在《文心雕龍》的理論架構中雖屬於「文術論」的範疇，但在相互對照之下，可以得見劉勰在「典律」觀念形成上，關於以「文體」為觀念核心的具體論述。

延續劉勰的基本說法，在「文體論」的部份既非僅討論個別文體風格的問題同時也凸顯了「選文以定篇」執行「典律」建立的具體內容。劉勰在〈明詩〉篇中列舉三代至秦十項詩歌之例，又列舉兩漢以來十項詩歌之例，分別以四言、五言不同結體著稱後世。從「感物吟志」為基準，到「順美匡惡」、「諷怨為刺」，詩義與風格的結合主導典律的基準；再由兩漢「匡諫之義」「附物切情」來看，雖能跳脫經典的束縛，正視了後來五言的發展；但是「清典可味」「雅有新聲」的說法，仍是將「經典」的規範性，轉而用在詩歌合於「經典」

的典雅風格描述上。

劉勰繼之列舉漢末魏晉以來「建安」「正始」以來五項詩歌之例；又列舉晉世南朝宋以來五項詩人、詩歌風格之例。「造懷指事」「驅辭逐貌」可說是建安詩歌的特徵，「嵇志清峻」「阮旨遙深」堪為正始詩歌之標舉，詳究評議內容，仍是以詩旨為優先考量。至於劉勰論及近世詩歌，僅能以「儷采百字之偶，爭價一句之奇。情必極貌以寫物，辭必窮力而追新。」為近世之所競逐，在文采的講究上固勝乎前人，但在詩旨的成就上與疇昔有所不同。綜合〈明詩〉一篇，劉勰做出如下結論：

> 故鋪觀列代，而情變之數可監；撮舉同異，而綱領之要可明矣。若夫四言正體，則雅潤為本。五言流調，則清麗居宗。

總括的說，從「規範」變化為「風格」的描述，在文體論中也是具體而微的透露以經典風格為評選的優先標準：四言詩以「雅潤」為本，五言詩以「清麗」為宗主，皆呼應著在〈宗經〉及〈體性〉篇中先設的標準。

3·以「文術論」確立創作法則

所謂「文術論」即指以創作法則為主要內容的二十篇，包括〈神思〉至〈總術〉，從創作法則的確立來論究「典律」觀念，在前述所謂原型評論家「模仿自然、模仿既有文本」的論點，在《文心雕龍》中的論述多集中在「文術論」的部份。基本的論述在〈通變〉篇贊語中有云：

> 文律運周，日新其業。變則其久，通則不乏。趨時必果，乘機無怯。望今制奇，參古定法。

「文律」的演變運行與時遞移,「參古定法」具有一定的規範、取法之效。相較於取法既有文本的原型論點,「文術論」從創作構思、參酌古人、斟酌章句、用事寓意等無所不論。而前述創作過程中每一個相關的環結,劉勰除了講求個別篇章的裁成之外,也貫注著「崇古」「尊經」的立場,例如〈事類〉篇有云:

> 夫經典沈深,載籍浩瀚,實群言之奧區,而才思之神也。……綜學在博,取事貴約。校練務精,捃理須覈,眾美輻輳,表裡發揮。

在〈練字〉篇中也強調運用古言古語的意義:

> 若夫義訓古今,興廢殊用,字形單複,妍蚩異體。心既託聲於言,言亦寄形於字。諷誦則績在宮商,臨文則能歸字形矣。

在〈隱秀〉篇中列舉多項代表作說明寓意的設計其來有自,循「指篇」、「摘句」之道可成為後來作品探求複意重旨的意蘊:

> 將欲徵隱,聊可指篇。古詩之離別,樂府之長城,詞怨旨深,而復兼乎比興。陳思之〈黃雀〉,公軒之〈青松〉,格剛才勁,而並長於諷諭。叔夜之□□〔〈贈行〉〕,嗣宗之□□〔〈詠懷〉〕,境玄思澹,而獨得乎優閑。士衡之□□〔放〕,彭澤之□□〔豪逸〕,心密語澄,而俱適乎□□〔壯采〕。

在以上段落中列舉六項作品實例,徵隱之道,在於追尋佳篇篇旨,也就是形容「古詩」「樂府」的「詞怨旨深」。詩旨的強調,時至後來,無論是「諷諭」、「玄思」等詩例,相同的意趣均表現在詩旨的深奧與多重涵義之上。劉勰繼之又曰:

如欲辨秀，亦惟摘句：「常恐秋節至，涼奪炎熱」。意悽而詞婉，此匹婦之無聊也。「臨河濯長纓，念子悵悠悠」，志高而言壯，此丈夫之不遂也。「東西安所之，徘徊以旁皇」，心孤而情懼，此閨房之悲極也〉。「朔風動秋草，邊馬有歸心」，氣寒而事傷，此羈旅之怨曲也。

在以上段落中又列舉了四句詩例，均屬詩旨的點染。在祖保泉《文心雕龍解說》中認爲「辨秀」「摘句」並不僅限在「秀句」中尋索其意，而仍是藉完整的「佳篇」詩旨來審鑒章句意旨。累積以上的說釋，可以確定的是在「文術論」中，雖然重點是回顧整個文學創作過程；但 以「篇旨」「章旨」等作品意義的論定，建立文學典律中關於創作法則的觀念。

4·以「文衡論」集結批評主張

所謂「文衡論」即指以評論標準爲主要內容的五篇，包括〈時序〉、〈物色〉、〈才略〉、〈知音〉至〈程器〉五篇。這五篇以文學評價爲主要內容，在關於典律的建立與觀念方面，乃是集結前述的批評主張而成：「文原論」中的文本於自然；「文體論」中以多種文體風格爲觀念核心、以經典風格爲最高崇尙；「文術論」中的著重「篇旨」「詩旨」等。茲即就五篇中所述，一一證說。

首先，以〈時序〉篇爲例，劉勰在文中有三段話最具代表性：

時運交移，質文代變，古今情理，如可言乎。……故知歌謠文理，與世推移，風動於上，而波震於下者。

故知文變染乎世情，興廢繫乎時序，原始以要終，雖百世可知也。

劉勰又在贊語中說：

　　蔚映十代，辭采九變。樞中所動，環流無倦。質文沿時，崇替在選。

「時代」與眾多作者作品交織而出的文學系譜，說明了劉勰在此篇中處理的基本課題，這不但因為時序一篇居於「文衡論」之首，而表現了對文學史的重視；也同時形成對文學評價觀念原則的掌握，與變化原理的申述。

　　其次，再以〈物色〉篇為例，即是在文學源於自然、取法於自然的主張下發展出來的評述。劉勰有云：

> 歲有其物，物有其容；情以物遷，辭以情發。……是以詩人感物，聯類不窮。流連萬象之際，沈吟視聽之區；寫氣圖貌，既隨物以宛轉。屬采附聲，亦與心而徘徊。（〈物色〉）

「物」與「辭」間藉著「情」予以聯繫，不但表達文采來自自然，也呈現著重作者有感於自然的觸動力量。劉勰繼而說明在感物之餘，情意貴有餘的評價崇尚：

> 是以四序紛迴，而入興貴閑，物色雖繁，而析辭尚簡。使味飄飄而輕颺，情曄曄而更新。古來辭人，異代接武，莫不參伍以相變，因革以為功。物色盡而情有餘者，曉會通也。若乃山林皋壤，實文思之奧府，略語則闕，詳說則繁。（〈物色〉）

　　再者，以〈才略〉〈程器〉二篇為例，對文學家與文學作品之間的關聯，與夫文體風格方面的各種表現，是這兩篇品第論述的重心，劉勰在〈才略〉篇中列舉九代之文計共百家有餘，歷數其文學成就與得失之跡；又在〈程器〉篇中列舉文士德行有疵議者，凡四十家之多，不掩文章器識之成就。正反典型之間，足以消解向來糾纏不清的

文學評價疑義，爲文本提供建立典律時，一致的標準和依據。從重視文體、風格的獨特性來看，劉勰的觀點可以說是爲文學提供了允當客觀的準則。這一準則無疑是典律形成時不可或缺的。

最後，以〈知音〉篇爲例，固然「博觀圓照」是其倡議，然而充份掌握關於篇旨詩旨全然之意、諷諭之思，仍是堪稱「知音」的必要條件。劉勰有云：

> 凡操千曲而後曉聲，觀千劍而後識器；故圓照之象，務先博觀。閱喬岳以形培塿，酌滄波以喻畎澮，無私於輕重，不偏於憎愛。然後能平理若衡，照辭如鏡矣。是以將閱文情，先標六觀：一觀位體，二觀置辭，三觀通變，四觀奇正，五觀事義，六觀宮商。斯術既形，則優劣見矣。（〈知音〉）

一般所謂「相知」不外是同聲相應，同氣相求，這並不是客觀品評文學的法則。劉勰既已明悉了「人莫圓賅」之義，乃在〈知音〉篇開列六項賞鑒之道，可說是在文體風格爲觀念核心下，提出分辨殊相的品評法則；但這並不是多重的法則，而是終歸於「形」「理」相證的原理：

> 夫綴文者情動而辭發，觀文者披文以入情，沿波討源，雖幽必顯。世遠莫見其面，覘文輒見其心。豈成篇之足深，患識照之自淺耳。夫志在山水，琴表其情，況形之筆端，理將焉匿。故心之照理，譬目之照形，目瞭則形無不分，心敏則理無不達。……夫唯深識鑒奧，必歡然內懌，譬春臺之熙眾人，樂餌之止過客。蓋聞蘭爲國香，服媚彌芬；書亦國華，翫澤方美。知音君子，其垂意焉。（〈知音〉）

「綴文者」、「觀文者」在情意的表達與接應之間相契相發，文體固然可以變化多端，識深鑒奧的讀者仍能在領略篇旨之際歡然滿足。

5·以〈序志〉篇為「總綱」的統貫觀照

劉勰既為文學品評建立了基本的觀念，在全書的配置結構上，藉著全書總綱的〈序志〉一篇，可看出其自覺的安排。劉勰自云其撰著動機，也提出了以經典為本源的崇尚：

> 唯文章之用，實經典枝條，五禮資之以成，六典因之致用，君臣所以炳煥，軍國所以昭明，詳其本源，莫非經典。

基於「文原論」中〈徵聖〉〈宗經〉等篇章的闡明，又在〈序志〉篇中的回應，劉勰所建立的典律基礎，正是具有價值、教化意義的經典，連帶述及「摹擬自然」「文體風格」「諷諫寓意」等相關議題時，也持一貫的觀點，強調對經典的重視。劉勰在〈序志〉篇中說明全書的體例：

> 蓋《文心》之作也，本乎道、師乎聖、體乎經、酌乎緯、變乎騷，文之樞紐，亦云極矣。若乃論文敘筆，則囿別區分，原始以表末，釋名以章義，選文以定篇，敷理以舉統，上篇以上，綱領明矣。至於割情析采，籠圈條貫，摛神性，圖風勢，苞會通，閱聲字，崇替於〈時序〉，褒貶於〈才略〉，怊悵於〈知音〉，耿介於〈程器〉，長懷〈序志〉，以馭群篇。下篇以下，毛目顯矣。

指出「文之樞紐」、「文之綱領」、「文之細目」，做為主要的規劃，在一篇中，又以「原始以表末」「釋名以章義」「選文以定篇」「敷理以舉統」四項為基本的內容。這四項內容並不是只限於上篇以

上，爲明綱領而撰寫的篇章，而是在全書中，或析論文體、或論評作家、或品賞作品，均會出現的述評體例。這四項體例對照現代文學理論中關於「典律」的諸項課題，具有相通的意義。因此〈序志〉篇一方面既是《文心雕龍》一書的總序，也是「文原論」「文體論」「文術論」與「文衡論」等的總綱，集結各部份對典律建立的立場和意見，仍是普遍而一貫的。

三、《文心雕龍》文學典律的傳述與意義

1、閱讀文學作品典範的建立

作品實例系譜之建立與評價，依影響詩學的主要批評家卜倫看來，認爲是「沒有文本，只有文本之間的關係而已」···在《西方正典》（1994）一書中，卜倫尊奉莎士比亞爲西方正典的核心，並以之作爲評判的標竿。其次，一連串在這一觀點之下的列舉的作品實例，可以說是「文學作品典範」的建立，同時也是一種評價標準的建立。⑤相似的作法，在《文心雕龍》中已有實際的執行，在《文心雕龍》各篇中，均列舉出典範作品，而因應不同篇章的主題，形成一連串具有文學史觀與評價觀點的系譜，這一系譜即具有典律的意義及特質。在附錄中，茲列出《文心雕龍》各篇列舉實例作品的計數與主要評述，可以藉此看出劉勰在選取實例時，有以下四種情形：

　　其一、引用以說明作品沿革
　　其二、引用以呈現作者風格
　　其三、引用以排比作品類型
　　其四、引用以對比正負評價

---

⑤　見哈羅德·布魯姆原著，高志仁譯《西方正典》，立緒文化；台北，一九九八年一月。

在這四種不同的說明型式之下，《文心雕龍》實例在單篇中引用的多寡並不足以提供解說的依據，但在計數的考察之後，幾乎可以確認劉勰在引錄申述之餘側重的專題。如〈通變〉〈時序〉〈才略〉等篇，在內容中均引用大量作者作品，且歷敘九代以降之文學變化。劉勰建立「典律」在評價、實例、歷史等方面均有考量。

　　成為典律中的代表作品，在實例典型與傳述法則上，尚有值得探討之處。茲分就「篇旨」、「修辭法則」、「譬喻類型」的變化等項目說明其涵義。首先，在「篇旨」的討論方面，劉勰有云：

> 將覈其論，必徵言焉：故其陳堯、舜之耿介，稱湯、武之祗敬，
> 典誥之體也；譏桀、紂之猖披，傷羿、澆之顛隕，規諷之旨也；
> 龍以喻君子，雲蜺以譬讒邪，比興之義也。（〈辨騷〉）

「典誥之體」「規諷之旨」「比興之義」三項連結起來，可以說是考察為文主旨、掌握主題的要素，在〈神思〉篇中亦云：

> 贊曰：神用象通，情變所孕。物心貌求，心以理應。刻鏤聲律，
> 萌芽比興。結慮司契，垂帷制勝。（〈神思〉）

劉勰所謂「物心貌求，心以理應」的原理，在〈物色〉、〈知音〉等篇中也有相同的論點，所重仍是在於篇章含意、主題方面的探究及鑒賞。其次，從對修辭法則的重視來看，〈序志〉篇謂「割情析采，籠圈條貫，摛神性，圖風勢，苞會通，閱聲字」等相關於「文術論」的篇章，也著重作品共有的修辭法則，更析解出作品特有修辭成果的價值。再就「譬喻類型」來看，〈比興〉篇中有云：

> 《詩》文弘奧，包韞六義；毛公述傳，獨標「興」體。豈不以
> 「風」通而「賦」同，「比」顯而「興」隱哉。故「比」者，附

也;「興」者,起也。附理者切類以指事,起情者依微以擬議。
起情故「興」體以立,附理故「比」例以生。「比」則畜憤以斥
言,「興」則環譬以記諷。蓋隨時之義不一,故詩人之志有二
也。

「比興」即具譬喻的作用,劉勰將「比」區別爲四類,而言:

夫「比」之爲義,取類不常。或喻於聲,或方於貌,或擬於心,
或譬於事:
宋玉〈高唐〉云:「纖條悲鳴,聲似竽籟」,此比聲之類也。
枚乘〈菟園〉云:「焱焱紛紛,若塵埃之間白雲」,此則比貌之
類也。
賈生〈鵩賦〉云:「禍之與福,何異糾纆」,此以物比理者也。
王褒〈洞簫〉云:「優柔溫潤,如慈父之畜子也」,此以聲比心
者也。
馬融〈長笛〉云:「繁縟絡繹,范蔡之説也」,此以響比辯者
也。
張衡〈南都〉云:「起鄭舞,蠟曳緒」,此以容比物者也。
若斯之類,辭賦所先。

「比體雲構」的情形在文學作品中的表現盛行於賦體,劉勰不是僅排
列出作品中所見的現象,他也有譏評:

日用乎「比」,月忘乎「興」,習小而棄大,所以文謝於周人
也。……
故比類雖繁,以切至爲貴,若刻鵠類鶩,則無所取焉。

先後作品之間在運用各種文術而形成的新變,成爲文論者必究的

課題。這種看法，在西洋近世文論言及典律議題時，也投注了相同的重視。卜倫（又譯為哈洛德·布魯姆）所著《影響的焦慮—詩歌理論》一書的緒論中，率先提出後世文學作品對前人作品的六種修正比，並做術語說明如下：

其一、克里納門（Clinamen）詩的誤讀或有意誤讀，一個詩人偏移他的前驅。

其二、泰瑟拉（Tessera）取自古代的神秘祭祀儀式，做為一種表示認可身份的憑信物。這是一種以對偶的方式對前驅的續完。詩人以這和方式閱讀前驅的詩，從而保留原詩的詞語。

其三、凱諾西斯（Kenosis）旨在打破與前驅的聯繫。原意是基督放棄神性，接受由神到人的降級。詩人採取衰退（ebbing）的方式和某一位前驅的「衰退之詩」聯繫。

其四、魔鬼化（Daemonization）朝向個人化的「逆崇高」運動，是對前驅的「崇高」的反動。詩人將前驅的影響力固定化，且抹去了前驅之詩的獨特性。

其五、艾斯凱西斯（Askesis）旨在達到孤獨狀態的自我淨化運動。詩人有意的確立自己和前驅的詩的關係，致使前驅詩作受到縮削。

其六、艾坡弗拉代斯（Apophrades）為雅典城邦的典故，意指「死者回歸」重新肯定前驅的光輝，並借助出後進詩作的修正顯示其成果。……新「詩」的成就使前驅之「詩」在讀者眼中不是前驅所成就，反倒是後進寫出了前驅詩人那頗具特色的作品。

在卜倫（又譯為布魯姆）的《比較文學影響論—誤讀圖示》一書中，基於其前一著作《影響的焦慮—詩歌理論》而進一步撰成了文學作品文本的「誤讀圖示」如下：

修正主義 的辨證法	詩歌中 的想像	修辭學 的比喻	心理防禦	修改比率
限制 替代	在場/不在場	諷喻/提喻	反應形成	克里納門：Clinamen
表現	部份對整體 或整體對部 份	提喻	轉向反對 自我 顛倒	泰瑟拉：Tessera
限制 替代	充滿和虛實	轉喻 孤立 復歸	消除	凱諾西斯：Kenosis
表現	高和低	誇張 曲言	壓抑	魔鬼化：Daemonization
限制 替代	内部和外部	隱喻	昇華	艾斯凱西斯：Askesis
表現	早和遲	代喻	内射	艾坡弗拉代斯：Apophrades

在以上所列舉的兩組解說圖示中，可以看出，典律論者著重的不僅是經典的「不變」價值，而是後出文學作品的「可變性」到底基於哪些方面。劉勰重視「經典」固然如前所述，但在這一問題上，也同樣的在實例作品的列舉評述中表達其意：

> 夫設文之體有常，變文之數無方，何以明其然耶？凡詩賦書記，名理相因，此有常之體也。文辭氣力，通變則久，此無方之數也。名理有常，體必資於故實。通變無方，數必酌於新聲。故能騁無窮之路，飲不竭之源。然綆短者銜渴，足疲者輟塗，非文理之數盡，乃通變之術疏耳。（〈通變〉）

文學作品可變化的基礎是在「文辭氣力」上，所以從方法的層面來看，文學作品的名理體製是固有的，但文辭的變化、氣力的異使，卻可令新作不竭而出。劉勰又說：

……莫不因方以借巧，即勢以會奇，善於適要，則雖舊彌新矣。是以四序紛迴，而入興貴閑，物色雖繁，而析辭尚簡。使味飄飄而輕舉，情曄曄而更新。古來辭人，異代接武，莫不參伍以相變，因革以爲功。物色盡而情有餘者，曉會通也。（〈物色〉）

「物色」所觸不外是相同的情景，但作者卻能令有餘之情，在「析辭尚簡」的原則下呈現，這不僅是修辭、文辭的問題，同時也是對文篇篇旨表達的注重。典律在實例系譜與實例新變的原則之下，建立了嚴密的內容和細部的課題，也爲文學史觀提出了內部的標準。

2·作品實例典型與詮釋法則

作品實例典型的傳述與詮釋法則二者密不可分：選文定篇是一種詮釋，更具評價的意味。現代比較文學學者周英雄有言：

> 比較文學應從思想史的觀點，看必讀經典的形成過程（canon formation）從大處著眼，看歷史文化如何注入必讀經典；另外也從小處下手，看個人的主體性如何進入必讀經典。[6]

此外，許經田也認爲：

> 典律作品本身規範著「正確的」閱讀它的方法，也就是典律化的詮釋，典律與典律化的閱讀乃成爲一體之兩面：作者因其「典律性」（canonicity）夠資格納入典律的價值，而納入典律，閱讀則因作品爲典律作品而認定其具有典律性並闡明之，這種存在於典律作品與典律化閱讀的循環關係（ci－rcularity）最清楚的呈現了典律的權威性與規範性。（頁二七）

---

[6] 見周英雄著《必讀經典、主體性、中西比較文學》，頁一至二二。

典律（或典律化的閱讀）都帶有特定的價值觀，這點是毋庸置
疑。意欲取代現行典律的新典律也必然有其特定的價值觀。⑦

這兩位學者所主張的要點大致可歸納如下：

其一、從「思想史」的觀點察考典律形成的過程

其二、「典律化」的價值觀貫串於闡釋、閱讀的循環關係中。

就第一項主張來看，劉勰在多篇章中提及「九代」，在九代思想人事
文章的錯綜交織中，呈現不同範疇論評文學作品的風貌；再就第二項
來看，無論是「文原論」「文體論」「文術論」「文衡論」任一範
疇，劉勰均致力於闡明經典體製意旨恆久、不變的價值，著重「傳
注」。在實例作品典型的建立、傳述與詮釋法則方面緊扣著現代所重
視的課題。

其次，在文學作品的批評或創作準則方面，吳潛誠先生譯介〈強
勢批評家卜倫和他的《西方正典》〉一文時，評述卜倫建立「西方正
典」的主要觀點及源流：

卜倫最常被討論而且與正典觀念有關的理論要算「影響詩學」，
他在《影響的焦慮》（1973）《誤讀之地圖》（1975）《玄秘哲
學與批評》（1975）《詩與壓抑》（1976）等書中，嘗試證明：
詩人全都在回應先行的大詩人；任何一種詩都被採併，挪用先驅
作品。後起的詩人必須追隨那些成就已獲得承認而被納入正典中
的先驅詩人。……（晚出的）強勢詩人設法藉由焦慮、反抗、嫉
妒、壓抑和啓示等方式，去「誤讀」強勢的先驅詩人。加以修
正、併吞、否定、壓抑、依賴、崇拜、漠視。──也就是透過
「創造性」的矯正，企圖在早已過份擁擠的文學傳統中爭得一席

---

⑦　許經田著〈典律、共同論述與多元社會〉，頁二三至四三。

之地。其成就端看他擺脫/修正先驅詩人的程度而定。

舉例來說，渥茲華斯的〈序曲〉便應看成〈失樂園〉的強勢誤讀。（strong misreading or misprison）在卜倫看來，「沒有文本，只有文本之間的關係而已」……在《西方正典》（1994）一書中，卜倫尊奉莎士比亞為西方正典的核心，並以他作為評判的標竿。

對前人既有作品刻意採取對立、企求變化，是後來詩人新變的手段，也是新典律形成的契機。但萬變不離其宗的是固有典律的核心，如謂卜倫尊奉莎士比亞為西方正典的核心，彌爾敦為「誤讀」觀點下新典律的開啓；那麼，早在齊梁時代的劉勰，也揭示了儒家六經為中國文學正典核心，但不同的是，在〈雅〉〈頌〉、《春秋》之後，屈騷楚辭的發展，卻不見得是「誤讀」，也同樣表示新典律的開啓。西方文論「正典/誤讀」的思考模式與中國文論經典「正/變」的文學史觀固然有內容的差異，但概念結構、形式卻具有值得比較的意義。

四、結論

在討論劉勰《文心雕龍》文學「典律」觀念的形成與傳述之後，可簡要歸納出本文的主要結論：

關於「典律」一詞的源流與涵義方面：

其一、《文心雕龍》中「典」之涵義，主要著重於「經典」，其中包含「經典專名」義、「典則」義、「文體專名」義等項目，三項互有關聯，均具正面的價值意味，是劉勰典律觀念的核心。

其二、《文心雕龍》中「律」之涵義，主要著重於「聲律」，其中包含「聲律」義、「律令」義、「文律」義等項目，前二項密不可分，第三項僅此一見；但卻呈現出劉勰典律觀念中著重文學變化規律

的意味。

其三、「典」「律」並提在《文心雕龍》文論用語中的涵義，看來是各具其義，並非連言；但僅就此例，即可得見劉勰認為「典」比「律」更具優先性。同時，「律」也必須合於「典」的準則，才得能有合理的評價。

其四、比較現代文學理論中之「典律」觀念，可以得見現代學者的典律課題與典律建立實踐中，在《文心雕龍》中即已具備系統性的表述。這也是在共同基礎上得以進一步比較其相應與差異的開端。

關於《文心雕龍》中相應於文學『典律』的觀念表述，茲依民國以來《文心雕龍》學者所分析的主要範疇來一一探究，可以看出劉勰典律觀念建立的系統：

其一、以《文心雕龍》「文原論」為價值基礎：劉勰主張文原於道，實屬於以合於「自然」、取法「自然」為崇尚的觀念，在〈原道〉〈物色〉等篇中均有強調。

其二、以「文體論」為觀念核心：劉勰的文體論實為文學風格為主要內容，在著重各種風格的立場下，建立典律所列舉的實例篇什對文學內部問題的標準具有相當的說明價值。

其三、以「文術論」為創作法則：文辭氣力，為數殊方，是劉勰在建立經典不移的意義之下，同時也認許的新變之道。這是文學理論「正/變」二者看似對立，卻又並存的前提。其中主要的衡量標準仍指向「篇旨」「章旨」的判斷。

其四、以「文衡論」為批評主張：劉勰在這一部份即綜結前三項所述及的主張，同時藉列舉「九代」「十代」之作家作品，一一析評得失，一方面實踐典律實例的開列，一方面回歸其著重「經典」的主張。

其五、以〈序志篇〉為「總綱」的統貫觀照：劉勰在此篇中總叙

撰《文心》的動機，並述各篇的體例，在分條叙目中，正可相應現代「典律」課題中實際執行的各個項目。

　　關於《文心雕龍》文學典律的傳述與意義探討方面，在閱讀文學作品典範的建立上，劉勰《文心雕龍》中確切引述實例作品的篇章佔絕大多數；在實際引述中，加上源流的叙明、正負評價的對立、文體風格類型的排比、個別作家作品的特質描述。多方面建立了典律在文學作品內部考量的標準。再則，作品實例典型與詮釋法則方面，劉勰蘊涵著文學史流變的觀念與對經典傳注的重視，相應現代學者對典律議題重視的方向，正說明這一方向的研討具有一定的價值。而劉勰所持「正/變」相承的文學史觀與現代學者卜倫所持「正典/誤讀」相對的典律主張，其中的差異，在文學心理學、文學社會學與文學史的各個相關層面，仍有待進一步的探討。

參考書目：

㈠《文心雕龍》相關著述及論文：

　1·專著及論文集

　黃季剛著：《文心雕龍札記》，上海古籍出版社；上海，一九九
　　　五年，重印。

　范文瀾著：《文心雕龍注》，開明出版社；台北，一九六九年，
　　　第七版。

　徐復觀著：《中國文學論集》，學生書局；台北，一九八五年一
　　　月，學五版。

　所收論文：

　〈《文心雕龍》的文體論〉頁一至八三。

　〈《文心雕龍》淺論之一：自然與文學的根源問題〉頁三八五至
　　　三九一。

〈《文心雕龍》淺論之二：原道篇通釋〉頁三九二至三九九。

〈《文心雕龍》淺論之四：文體的構成與實現〉頁四〇七至四一三。

〈《文心雕龍》淺論之六：文之樞紐〉頁四二五至四三六。

〈《文心雕龍》淺論之七：文之綱領〉頁四三七至四四四。

徐復觀著：《中國文學論集續編》，學生書局；台北，一九八一年十月，台一版。

所收論文：

〈王夢鷗先生「劉勰論文的觀點試測」一文的商討〉頁一六五至一八四。

李曰剛著：《文心雕龍斠詮》，國立編譯館；台北，一九八二年五月，初版。

王師更生著：《文心雕龍研究》，文史哲出版社；台北，一九七六年，初版。

王師更生著：《文心雕龍研究‧增訂本》，文史哲出版社；台北，一九八四年，初版。

楊明照、吳聖昔論文：《文心雕龍研究、解譯》，木鐸出版社；台北，趙仲邑、陸侃如譯解 一九八三年九月，台一版。

蔣祖怡著：《文心雕龍論叢》，上海古籍出版社；上海，一九八五年八月，第一版。

詹　鍈著：《文心雕龍義證》，上海古籍出版社；台北，一九八九年八月，第一版。

吳聖昔著：《劉勰文學思想建構及精髓》，貫雅出版社；台北，一九九二年，台一版。

牟世金著：《文心雕龍研究》，人民出版社；北京，一九九五年，第一版。

祖保泉著：《文心雕龍解說》，安徽教育出版社；安徽，一九九
　　　七年二月，初版。

2·期刊、研討會論文

王夢鷗著：〈劉勰論文的觀點試測〉收入《中外文學》：八卷八
　　　期古典文學研究會：《文心雕龍綜論》，學生書局；台灣，
　　　一九八八年八月，第一版。

所收論文：

顏崑陽著：〈論《文心雕龍》「辨證性的文體觀念架構」—兼辨
　　　徐復觀、龔鵬程「《文心雕龍》的文體論」〉，頁七三至
　　　一二四

賴麗蓉著：〈《文心雕龍》「文體」一詞的內容意義及「文體」
　　　的創造〉頁一二五至 一五六

岑溢成著：〈劉勰的文學史觀〉頁一九七至二一四

(二)外文譯著

徐文博　譯：《影響的焦慮：詩歌理論》，久大文化；台北，一
　　　九九0年十二月。

哈羅德·布魯姆原著朱立元、陳克明 譯：《比較文學影響論：誤
　　　讀圖示》，駱駝出版社；台北，一九九二年十一月。哈羅德
　　　·布魯姆原著

高志仁　譯 ：《西方正典》，立緒文化；台北，一九九八年一
　　　月。哈洛·卜倫原著所

收相關評論：

彭鏡禧著：〈期待多元的世界文學經典論集〉頁九至十一

吳潛誠著：〈強勢批評家卜倫和他的《西方正典》〉頁十二至十
　　　七

劉紀蕙著：〈西方正典之外〉頁十八至二十

林玉珍著：〈一部充滿焦慮的美學傳道書〉頁二一至二三

呂健忠著：〈激情年代的一泓清泉〉頁二四至二五

劉介民著：《比較文學方法論》，時報文化出版；台北，一九九
　　　　○年五月，初版。

陳東榮 主編：《典律與文學教學》，書林出版；台北，一九九
　　　　五年四月，一版。

陳長房

所收論文：

陳長房著：〈典律與文學教學〉（代序）

周英雄著：〈必讀經典、主體性、中西比較文學〉，頁一至二
　　　　二。

許經田：〈典律、共同論述與多元社會〉，頁二三至四三。

蔡振興：〈典律、權力、知識〉，頁五一至七二。

陳昭瑛：〈霸權與典律：葛蘭西的文化理論〉頁七五至一一九。

單德興：〈重建美國文學：典律與脈絡─勞特的個案研究〉頁一
　　　　二三至一五○。

張漢良：〈典律與比較文學〉頁三一五至三一六。

王德威著：《如何現代，怎樣文學？》，麥田出版；台北，一九
　　　　九八年，初版。

吳潛誠著：《感性定位：文學的想像與介入》，允晨文化；台
　　　　北，一九九四年，初版。

㈢外文著作

John Guillory：”Cultural Capital：The Production of Literary
Canon Formation（U of ChicagoP,1993）

Harzard Adams：”Canons：Literary Criteria/Power Criteria,”
Critial Inquiry 14（Summer, 1988）：748－764.

Bloom, Harold：" The Anxiety of Influence ", Oxford ； New York ：Oxford University Press, 1973.

Bloom, Harold：" A map of misreading ", Oxford ； New York ： Oxford University Press, 1980.

Bloom, Harold： " The Western Canon：The Books And School of the Ages ", New York ： Riverhead Books, 1995.

附　錄

篇名	序號	選評實 例計數	性質	重要評語
〈原道〉	第一	易書詩三例	作品	道沿聖以垂文，聖因文以明道
〈徵聖〉	第二	春秋喪服 邠詩儒行 子政稚圭 顏回仲尼	作品 作家	四象精義以曲隱，五例微辭婉晦 ……徵之以周孔，則文有師矣
〈宗經〉	第三	易張十翼 書標七觀 詩列四始 禮正五經 春秋五例	作品	三極彝道，訓深稽古，致化歸一 性靈鎔匠，文章奧府，分教斯五
〈正緯〉	第四			
〈辨騷〉	第五			
〈明詩〉	第六	九代34例	作者	四言正體，則雅潤爲本 五言流調，則清麗居宗
〈樂府〉	第七			
〈詮賦〉	第八	二十家26例	作者	睹物興情，情以物興，故義必明 雅物以情觀，故辭必巧麗。
〈頌讚〉	第九	16例	作者	頌主告神，義必純美
〈祝盟〉	第十	祝14例 盟6例	作者	祝史唯談，立誠在肅，脩辭必甘
〈銘箴〉	第十一	銘26例 箴9例	作者	箴誦於官，銘題於器
〈誄碑〉	第十二	誄16例 碑9例	作者	碑實銘器，銘實碑文 因器立名，事先於誄
〈哀弔〉	第十三	哀辭8例 弔辭16例	作者	賦憲之謚，短折曰哀。弔者至也
〈雜文〉	第十四	三類26例	作者	文章之枝派，暇豫之末造

〈諧讔〉	第十五	俳諧16例 讔語12例	作者	諧之言皆也，辭淺會俗，皆悅笑也 讔者隱也，遯辭以隱意，譎譬以指事
〈史傳〉	第十六	25例	作者	史者使也，執筆左右，使之記也
〈諸子〉	第十七	先秦10例 漢代80餘家	作者	諸子者，入道見志之書
〈論說〉	第十八	論30例 說16例	作者	論也者，彌綸群言，而研精一理者也 凡說之樞要，必使時利而義貞 進有契於成務，退無阻於榮身
〈詔策〉	第十九	26例	作品	皇帝御寓，其言也神，淵嘿黼扆 而響盈四表，唯詔策乎
〈檄移〉	第二十	檄12例 移3例	作者	凡檄之大體，不可使義隱，必事昭而理 辨氣盛而辭斷。……固明舉之義也。 移風易俗，令往而民隨者也。
〈封禪〉	第二一	15例	作者	蓋一代之典章也。構位之始，宜明大體，樹骨於訓典之區，選言於宏富之路。
〈章表〉	第二二	18例	作者	章表之為用也，所以對揚王庭，昭明心曲。章以造闕，風矩應明；表以致禁，骨采宜耀。
〈奏啟〉	第二三	21例	作者	陳政事、獻典儀、上急變、劾愆謬，總謂之奏。
〈議對〉	第二四	諮議20例 對策5例	作者	周爰諮謀，是謂為議。駁議偏辨，各執異見；對策揄揚，大明治道
〈書記〉	第二五	34例	作品	書之為體，主言者也。
〈神思〉	第二六	10例	作者	形在江海之上，心存魏闕之下。
〈體性〉	第二七	12例	作者	宜摹體以定習，因性以練才。
〈風骨〉	第二八	8例	作者	怊悵述情，必始乎風；沈吟鋪辭，莫先乎骨

〈通變〉	第二九	5例	作品	文辭氣力，通變則久，此無方之數也……通變無方，數必酌於新聲。
〈定勢〉	第三十	4例	作者	情致異區，文變殊術，莫不因情立體即體成勢也。
〈情采〉	第三一	4例	作者	文采所以飾言，而辨麗本於情性
〈鎔裁〉	第三二	4例	作者	規範本體謂之鎔，剪截浮詞謂之裁
〈聲律〉	第三三	4例	作者	凡聲有飛沈，響有雙疊，雙聲隔字而每舛，疊韻雜句而必睽。
〈章句〉	第三四	8例	作品 作者	宅情曰章，位言曰句
〈麗辭〉	第三五	10例	作品	夫心生文辭，運裁百慮，高下相須自然成對
〈比興〉	第三六	20例	作品	比者附也；興者起也。
〈夸飾〉	第三七	7例	作者	使夸而有節，飾而不誣，亦可謂之懿也
〈事類〉	第三八	16例	作者	蓋文章之外，據事以類義，援古以證今者也。
〈練字〉	第三九	16例	作者	綴字屬篇，必須練擇
〈隱秀〉	第四十	3例	作品	隱也者，文外之重旨也；秀也者，篇中之獨拔者也。隱以複意爲工，秀以卓絕爲巧。
〈指瑕〉	第四一	9例	作者	慮動難圓，鮮無瑕病。
〈養氣〉	第四二	4例	作者	吐納文藝，務在節宣，清和其心，調暢其氣
〈附會〉	第四三	4例	作者	夫才量學文，宜正體製……首尾周密，表裡一體，此附會之術也。
〈總術〉	第四四			
〈時序〉	第四五	60例	作者	文變染乎世情，興廢繫乎時序，原始以要終，雖百世可知也。
〈物色〉	第四六	11例	作品	物色盡而情有餘者，曉會通也。
〈才略〉	第四七	100例	作者	豈非崇文之盛世，招才之嘉會哉？……此古人所以貴乎時也

〈知音〉　第四八　　18例　　　　　作者　音實難知，知實難逢。
〈程器〉　第四九　　34例　　　　　作者　窮則獨善以垂文，達則奉時以騁績
〈序志〉　第五十　　8例　　　　　　作者　長懷序志，以馭群篇

《文心雕龍》之文體觀念

陳　拱

　　近世對於《文心雕龍》文體觀念之誤解有二：一曰混淆於文類，二曰歧出於風格。本文目的，要在闡發彥和原旨，糾正世人之所以錯誤，彰顯其本有之面目。

　　黃侃氏《文心雕龍札記》釋〈體性〉篇之「體」爲「文章形狀」，此言本是。蓋彥和所謂體即文體，文體爲具體之物，必有形、有狀。故以體爲文章形狀，並不誤也。雖不誤，然亦不能遽停於此。今即停於此，故人亦無由知其所謂形狀矣。彼應稍作深入探索，就彥和書中所言之文體而會通之，以明此文章形狀之究竟也。苟能如是矣，則依《札記》今日對從事《文心》工作者之影響而言，可能形成以下之兩大作用：一則當可澄清《文心》文體觀念之混淆，二則應可阻遏此一觀念之歧出。惜乎！其淺嘗即止也，而終未能及此。言之，殊深惋惜！

　　漢、魏傳統之文體觀念，六朝作者均極重視，及至唐、宋以後，或因古文運動之盛行，而漸趨式微，久而久之，即以文類（文章種類，如詩、賦、書記等）爲文體矣。如南宋理宗時，章樵升《古文苑·序》，即以所錄之歌、詩、賦、書、狀……等，而稱之爲「爲體二十有一」，或有以爲此即誤文類爲文體之始者。其後，明代不少選文之家，如吳訥之《文章辨體》，內集四十九體，外集五體：其所謂體，實指文章之種類，顯係誤文類爲文體者。而繼起者，如徐師曾之

《文體明辨》，賀復徵之《文章辨體匯選》皆相繼誤文類爲文體者。自此以後，無不以文類爲文體矣。影響所及，明、清以下治《文心》者，亦莫不誤也。曹學佺《文心雕龍序》云：「《雕龍》上二十五篇，銓次文體，下二十五篇，引文術。」黃叔琳《文心雕龍輯註·例言》曰：「上篇備列文體，下篇極論文術。」《四庫全書提要·總目》有言：「〈原道〉以下二十五篇論文章體製，〈神思〉以下二十四篇論文章工拙。」時至今日，就《文心》原書而言，在篇章方面雖略有改正，然莫不以上篇，即自〈明詩〉至〈書記〉之二十篇爲文體論者，其誤依然。

此種誤文類爲文體之意：自文類而言，無異於以文類取代文體；轉就文體而言，亦正表示文類之混淆於文體，而使文體觀念歸於湮沒而已。文體觀念之湮沒甚久，已有五、六百年於茲矣，欲自其與文類之混淆中澄清而出，恐非易事也。

然而，事實上，亦確有更困難者，即文體之歧出於「風格」是也。此一歧出，未詳起於何時，以吾人所最先接觸者言，則爲郭紹虞之《中國文學批評史》。《批評史》嘗引彥和〈體性〉篇之言「八體」一段而言：「若總其歸塗，則數窮八體，一曰典雅、二曰遠奧、三曰精約、四曰顯附、五曰繁縟、六曰壯麗、七曰新奇、八曰輕靡」。郭氏於此，以爲「此所謂八體，不是指文章的體製，而是指文章的風格。就文章的風格而加以區分，這應當算是最早的材料了。後來日本《文鏡祕府論卷四·論體》篇有博雅、清典、綺豔、宏壯、要約、切至六目，是就《文心雕龍》所舉八體，稍加改易，而去了新奇、輕靡二體。」

按郭氏此言，殊極輕率。彥和此處所言八體，本爲八種文體，既有名稱，下文還有解釋，而彼卻謂其非指文章體製。體製，即文體也。此詞，彥和自己亦嘗使用。蓋文體必須經嚴密之組織、構造始

成，故可謂之爲體製。是則彥和所明言者乃文章之文體：郭氏卻必謂其非指文章「文體」，此爲對彥和所言之否定，爲負面者，而彼卻未能說出任何理由，此其一；又郭氏必以彥和所言之八體，爲指文章「風格」，此爲彼對自己所言之肯定，爲正面者，但亦未能說出任何理由，此其二。由此可知，郭氏以「風格」易彥和所言之「文體」，正、反兩面，皆無任何理由可說，乃徒自空言耳，何能成說？而其下文所言，亦無理由。所謂「就文章的風格而加以區分，這應當算是最早的材料」：何謂「最早的材料」？彥和所言者爲文體，而非風格，何能謂之爲最早？其下及遍照金剛之六體，彼又將其說成六目，並以此六目爲彥和八體中割去二體而成。夫既言風格矣，又云六目、又云八體、二體，凡此所言，皆因無理可直而心虛、技窮，故言無定辭也。言之，可悲！

　　以彥和文體爲風格，本爲「易辭逃難」之伎倆，然亦表示文體觀念之一大歧出。文體之歧出於風格，視其混淆於文類，必更不易使其回首者。何以故？蓋文體雖不可訓而難知，文類卻可訓而易明。夫文類者，文章之種類也。凡詩、賦、書記……皆文類也。此非易知而易明乎？而每一文類，均須有其相應而切合之文體，比如曹丕《典論·論文》所謂「奏、議宜雅」者是也。奏、議爲文類，雅爲文體。明乎此，則二者即可澄清，而令類歸類而體歸體矣。是以體雖難曉，一旦混淆澄清，終將成爲可曉之物也。而其歧出於風格，則並不同。文體爲不可訓者，風格則尤不可訓，二者皆不可訓，自亦難說而難曉也。今既有人以風格易文體，直是求之不得，何所忌而不從耶？且風格一辭，新穎、時髦，使用又便，故盲者風從，此起、彼應，一窩蜂而說風格矣。近更有人作《文心雕龍風格學》者，以風格爲「文章的風範和格局」，此乃析詞以自誣耳，非訓釋也。若問：文章之風範與格局究爲何物？二者究具於文章何處？恐瞠目而不知所對也。彼以風格言

〈體性〉篇之「八體——八種風格」，及賈誼等十二人之「風格與個性之關係」，雖其所言，無一可通，卻儼然以風格成論矣！可見文體之歧出於風格，有似於「覆水之難收」也。數年前，徐復觀先生嘗以文體混淆於文類爲《文心雕龍》之死結。今若就其歧出於風格而言，則應尤爲適切矣。

欲解除此一死結，必須明彥和文體觀念之本有面目。《文心》原書對於文體觀念之表出，原有基礎成份，亦有高層建築。如〈風骨〉篇之文風、文骨，〈定勢〉篇之文勢，〈隱秀〉篇之隱體、秀體：皆彥和文體觀念之高層建築也。（〈隱秀〉篇殘缺，其言隱體者，彥和原旨尙顯明而可見；言秀體者，雖全由後人所補，然卻甚爲精審，應無悖於彥和之意。故不必如近代人之皆持否定態度也。）此三篇所論之文風、文骨、文勢及隱體、秀體，皆專篇論列，似爲前所未有，當屬彥和承傳統而創發者，且其困難度極高，必須先明其基礎成份，然後進而加以探索，始可有效。唯其基礎成份，並無專篇，均散見於全書各篇之中，必須會通各篇所言，細察、詳審而善會之，始能掌握。且欲澄清混淆、糾正歧出，其基礎成份，遠較高層建築爲重要。故以下即就其基礎成份言之。

就其基礎成份言，原書有二重要名詞，即體要與體貌是也。體要之體以要見，體貌之體以貌見。於此二者，吾人曾謂之爲文體觀念之二根本成份。茲分兩項申叙，藉供初徑。

㈠關於體要之體者。文體觀念之根本成份，以體要之體爲首出。而「體要」一詞，在魏、晉、南北朝之現存文獻中，除彥和《文心》外，似甚少見。唯《中興書目》嘗以李充《翰林論》爲「論爲文體要」之書。《翰林論》雖遺佚已久，但由此推想，其內容應屬論文章之體要者。因此，《文心》之重視體要之體，自應有所承矣。

然彥和書中用體要全詞者亦並不多，大多用「體」字、「要」

字，甚至用他詞代替者。此就讀者而言，往往不易集中注意力，以求明其究竟。尤有甚者，即使用全詞，有時亦不免使人甚感突兀。如〈徵聖〉篇引《易》稱：「辨物正言，斷辭則備」；《書》云「辭尚體要，不唯好異。」〈風骨〉篇之「《周書》云：『辭尚體要，不唯好異』，蓋防文濫也。」〈奏啓〉篇之「是以立範、運衡，宜明體要。」諸如此類所謂「體要」者，若不能會通其上下文，甚至全文、全書，即無由明其所言。故一般注釋之家，多僅能注其辭之來源，錄《周書》原文，加《孔傳》之解釋了事，而於劉氏之用意，惟有置之不問矣。至於語譯，則多有不倫、不類之說，所謂「大體綱要」、所謂「眞諦要領」、所謂「體察要義」，誠可謂無奇而不有也。殊不知體要一詞，爲不可望文生義者。

　　體要一詞，望文生義之語譯，固必令人啼笑皆非。但欲直接訓釋，似亦無此可能。故欲明其究竟，實非另覓蹊徑不可。今試看《文心·序志》篇所言。〈序志〉篇有言云：「文章之用，實經典枝條……。而去聖久遠，文體解散。辭人愛奇，言貴浮詭。飾羽、尚畫，文繡鞶、帨。離本彌甚，將遂訛、濫。蓋《周書》論辭，貴乎體要；尼父陳訓，惡乎異端。辭、訓之異，宜體於要。於是搦筆、和墨，乃始論文。」按此所言，乃彥和自述其所以作《文心》以論文之重要動機，彼意以爲：即因「去聖久遠」，文學界「文體解散」，故作書論文。而吾人於此，須盡力注意者，即：「體要爲文章之本」。

　　彥和以爲文章之用，乃經典之枝條。然因去聖久遠，以致「文體解散」，所以形成「辭人愛奇，言貴浮詭，飾羽、尚畫，文繡鞶、帨」之大流弊。而此四句所表示者，即在辭人愛奇之風氣下，文辭浮詭失經，文采過盛，流於淫侈。此一流弊之實，彥和以爲「離本彌甚，將遂訛、濫。」訛者，僞也、詐也。僞、詐則失本。濫者，謂文辭、文采之侈濫也。而其下文引「《周書》論辭，貴乎體要」之「體

要」，應即指上述「離本彌甚」之「本」而言者。如是，則彥和所謂
「體要」，應屬文章之本矣。而上述「去聖久遠，文體解散」之文
體，即指此體要之體而言者。

體要既係文章之本，其末應即文辭、文采。或因〈序志〉篇不需
言末，故彥和僅言其辭詭而采濫。而於〈詮賦〉篇，論賦之流弊時，
則確係本末並舉者。故〈詮賦〉篇云：「逐末之儔，蔑棄其本，雖讀
千賦，愈惑體要，遂使繁華損枝，膏腴害骨，無貴風軌，莫益勸戒。
此揚子所以追悔於雕蟲，貽誚於霧穀者也。」彥和此言，要者以逐末
之儔，一則棄本，再則逐末。自前者言，彼輩「雖讀千賦，愈惑體
要」，此爲逐末之後果，由棄本而愈惑於本也。再自後者言，彼輩所
作，「使繁華（花）損枝，膏腴害骨」，因辭、采過盛而害本也。由
此可知，體要爲本，而過盛之辭、采，則其末也。過盛之辭、采固可
說末，即正常之辭、采，與體要之體對言，亦不能不謂之爲末也。

體要爲本，辭、采爲末。於此，姑不論其本末之關係如何，僅就
文章本身而言，任何文章，除文辭、文采外，即屬內容與意義。故
《文心·鎔裁》篇有言曰：「萬趣會文，不離辭、情。」此就成文而
言，意謂以多種意趣體會一成文，總不離兩者：辭與情。辭爲文辭，
必該文采。情者，情實之情，應指內容而言。但言內容，尚有更重要
者，此即意義是也。意義與內容，二者必融而爲一。故言內容，必該
意義。是以就成文而言，必可分解爲二：其一爲內容與意義，此爲
本；其另一爲文辭、文采，此爲末。由是而言，彥和以體要爲文章之
本，以辭、采爲末：其所謂體要者，必指文之內容與意義無疑矣。而
文之內容與意義，必須經由嚴密之組織與構造而成體者，故可謂之爲
文體，體要之體。

㈡關於體貌之體者。文體觀念之另一根本成份，即體貌之體。體
貌亦稱聲貌，亦稱情貌。如原書〈原道〉篇有言云：「《龍圖》獻

體，《龜書》呈貌。」此爲體貌一詞之分說，表示傳統上《河圖》、
《洛書》之文之體貌。又如〈辨騷〉篇叙王逸之言曰：「名儒辭、
賦，莫不擬其儀表，所謂金相、玉質，百世無匹者也。」此爲王氏論
屈文對後世之影響（見《楚辭章句·序》），彼所謂「儀表」，實指
屈子文中之儀表，亦即言其體貌之體也。〈辨騷〉篇亦言屈子之文
云：「論山水，則循聲而得貌；言節候，則披文而見時。」此爲彦和
之言。前句言讀者循其文辭聲律，即可想像其山水景物之象。此言聲
貌。後句言從其文辭之色采所表，即可體認其不同節候之景，此言體
貌。彦和以此言屈文之體貌與聲貌，皆以貌見，並無過多之差異，但
見屈原表出技巧之高妙耳。〈明詩〉篇有言曰：「驅辭、逐貌，惟取
昭晰之能。」此言建安時五言詩製作之情。所謂「驅辭、逐貌」者，
亦即：表出詩意、構作體貌之謂也。彦和以爲，彼時對於此二者，僅
取顯明而已。該篇又曰：「儷采百字之偶，爭價一句之奇，情必極貌
以寫物，辭必窮力而追新。」此爲南朝宋初及以後，在山水詩形成及
盛行時，形構體貌或聲貌之情，其所成之文體，即〈體性〉篇所言之
「新奇」是也。所謂「儷采百字之偶」，蓋謂偶辭成體之甚多，皆體
貌之體也。至謂「情必極貌以寫物」，詞義頗深。情者，情實之義，
指詩之內容。句意謂：必使內容極端具形化爲體貌之體也。然山水詩
除自然景物外，別無其他內容可言，故使詩之內容極端具形化之結
果，依然寫其景物而已，故云「寫物」。而此所寫之「物」，亦正當
時最爲流行之「形似」之體也。又〈詮賦〉篇言：「及靈均唱
《騷》，始廣聲貌。」此以聲貌代賦一類文章之發展。又曰：「述
客、主以首引，極聲貌以窮文。」此雖兼及荀賦，實則以宋玉之賦而
言者，故其下文謂其「實始淫麗」也。又曰：「子淵〈洞簫〉，窮變
於聲貌。」此言王褒〈洞簫〉賦之特色，在聲貌上有極致之變化也。
又〈夸飾〉篇有云：「至如氣貌山、海，體、勢宮殿，嵯峨揭業、熠

燿焜煌之狀；光采煒煒而欲然，聲貌炎炎其將動矣。」此言司馬相如及揚雄等善於夸飾者，所構之山、海、宮、殿之形象，聲貌，均有炎炎將動之狀。又〈時序〉篇論三曹（曹操父子）之詩、賦等文時有曰：「並體貌英逸，故俊才雲蒸。」此以「體貌英逸」評三曹文章。凡此所叙，有關體貌及聲貌二詞，皆彥和用以評古人文章者。

又原書〈練字〉篇有言曰：「夫文象列而結繩移，鳥跡明而書契作，斯乃言語之體貌，文章之宅宇也。」按此段所言，彥和之意，蓋由文象以言言語之體貌，並進而言文章之體貌。其為首之二句，實言文字發明以後，代替結繩之治。文字原為具體之物，必有象，故曰文象。而言語雖無象，然必有聲。聲亦具體之物，本可以聲貌言之，或因其具體性不及文象之穩定，故彥和始能以文象為言語之體貌。而言語可以代文章，故言語之體貌亦即文章之體貌也。宅宇為一比擬，應用以代體貌者。彥和此義，視漢、魏傳統，可能為一新創之說也。

又〈物色〉篇叙《詩經》中頗多形相云：「故灼灼狀桃花之鮮，依依盡楊柳之貌；杲杲為日出之容，漉漉擬雨雪之狀；喈喈逐黃鳥之聲，喓喓學草蟲之韻。皎日、嘒星，一言盡相；參差、沃若，兩字窮形。並以少總多，情貌無遺矣。雖復思經千載，將何易奪？」此段，彥和舉出三百篇中之「灼灼」、「依依」、「杲杲」、「漉漉」、「喈喈」、「喓喓」及「皎日」、「嘒星」、「參差」、「沃若」，共十種體貌及聲貌，彥和總稱之為情貌，故曰：「情貌無遺矣」。凡此所舉，皆屬詩人上乘之作，彥和以為「雖復思經千載，將何易奪？」而吾人於此，應會通各篇所言，循其聲、采與情態而分別加以體認、玩味，則必能知其所以為體貌與聲貌矣。

體貌一詞，本用以表徵人之具體形相、儀態或氣象者，起源甚早，戰國時代，已有普遍之使用，唯未知何時轉用於文學，成為文章之形狀耳。至於聲貌及情貌，則當在體貌一詞用於文學以後所形成，

應屬晚出。在文學上，此三者皆較有清楚之概念。吾人可以如此說：凡由表態（形）、表色之詞所構成之形象，可稱之爲體貌；凡由表聲、表韻之詞所構成之形象，則可稱之爲聲貌。二者雖可分，然亦不盡可分。因能表態之詞，同時亦能表聲故也。如「灼灼狀桃花之鮮，依依盡楊柳之貌」：灼灼固可以色言，實兼表態；依依雖善於表態，但亦未嘗不善於表聲。明乎此，則知二者之可分而不可分矣。故凡詞之具形、色、聲者，皆可構成文章形象，此種形象即文體，聲貌及體貌之體。而文體必出於情性，故統於情性而言，無論體貌、聲貌，皆可謂之爲情貌矣。此三詞可分別使用，而以體貌最古，以體貌爲代表，似較妥善，亦方便。

　　體貌與體要結合，即可成一整全之文體。此爲在創作上須注意之事。故彥和〈附會〉篇有言曰：「夫才童學文，宜正體製。必以情志爲神明，事、義爲骨髓；辭、采爲肌膚，宮、商爲聲氣。然後品藻玄、黃，摛振金、玉，獻可、替否，以裁厥中。斯綴思之恆數也。」按此段蓋由學爲文章而言「宜正體製」之義。正者，端正之謂。體製者，謂文體之製作也。爲文而能正其體製，則不僅可成一上乘之作，亦必有其整全之文體矣。

　　如何正？曰：「必以情志爲神明」而正也。蓋人體必有神明，文體亦須有神明。而文體之神明，彥和以爲必須由情志爲之。情志爲情性之別名，乃劉氏系統之創作之精神本源。以情志爲神明，此實統於情志而言，若以其內容成份言之，則所謂神明者，應指情志之情、理而言。情、理者，文意之源，故可謂之爲神明也。夫言爲文、構體，文意必本於情、理。彥和原意如此。故〈鎔裁〉篇有云：「情、理設位，文采行乎其中。」按此二句言臨文寫作，命意、修辭之事，言甚簡而意賅。情爲情感之情，理則事理、道理之理，二者皆情性之重要內容成份。唯此二者如何能言設位？細尋其旨，吾人以爲：作者爲文

之始,其作爲創作本源之情性,必由其自身分化出心(志)、情、理三成份,以心(志)爲主宰,而使情、理二者遞轉爲一篇之意義,爲某種一定範圍之意義,有如設位然。此之謂情、理設位。此種遞轉,可稱之爲異質之遞轉。經此遞轉,情、理轉爲意義,不再以價值概念之面目出現(理本屬價值概念,情若能正,亦爲價值概念)。而此一遞轉,應由心(志)之運作而成,乃心(志)之創作活動,於臨文之際,必須擔負之首要任務也。

由心(志)之運作,使情、理轉爲一篇之意義以後,於是而始有正式之命意活動。命意之事,固必以意爲主,然亦不能徒意,必須另有內容。內容之於文意,實有撐架之用,亦有體現之功。故言命意,必有賴於內容之支撐以體現之,始能克竟全功。是以彥和有「(必以)事、義爲骨髓」之說。彼所謂義,必指一篇之意義,至所謂事,應即吾人所謂內容是也。意義原屬抽象者,內容則爲具體之物。內容與意義結合,意義可因之而具體化以成體,有如人體之骨髓然:此即「以事、義爲骨髓」之所以爲喻也。骨髓者,應即骨骼之代詞也。或因髓之字音較佳,故用以爲代也。

依彥和系統,意義必本於情性之情、理,此爲主觀者。至於內容,則必由題材構成,而題材必取自外在世界,乃爲客觀者。如是,則命意之功,須視某一定範圍之文意,向外汲取題材,循文意所須而安排之、組織之,以爲內容,而文意即憑此內容而體現者也。故言內容,必該意義,言意義亦該內容:二者本爲兩物之融合而爲一體,故可分而不可分者。可分爲原則地言,不可分則實際地言。而命意亦稱結構:就意義言,謂之命意;就內容言,謂之結構。命意、結構,其事一也。

唯此所謂一體,必經嚴格之組織,始成。蓋當文意融入內容,或有偏長,必須剪截,或有歉虛,亦須補足之、彌縫之,此之謂「獻可

替否，以裁厥中」。並使其有倫、有序，條理具而層次明，成為一有機之整體，和諧之統一。如是，則可如古文家所言「譬萬山磅礡，必有主峰；龍袞九章，但挈一領」。亦可如彥和所言「首尾圓合，條貫統序」也。此之謂篇體，全篇之體要之體。此種篇體，因其均衡而統一，故亦必具藝術性焉。

　　全篇之體要之體，有似於人體之骨骼，神明即內具於其所涵之意義中。循其意義以敷辭，並循辭以飾采，則可成為人體之肌膚矣。故曰：「（必以）辭、采為肌膚。」唯肌膚應予美化，始易於與外界相通。故曰：「（必以）宮、商為聲氣。」宮、商雖代聲律，實該其他有關之文采。聲律，本辭之善於表聲者，自屬於文采，而辭亦有善於表形（態）、表色者，亦並文采也。故彥和此句，以宮、商為聲氣，其意實言：運用各種文采，形構聲貌或體貌之體也。至如何形構？則彥和僅有「品藻玄、黃，摛振金、玉」二句而已。蓋亦無一定而特別之方法可言也。原書〈通變〉篇，嘗舉述枚乘、相如、馬融、揚雄及張衡等五家所構作之「水天一色」之貌，彥和以為「並廣寓極狀，而五家如一」，「莫不相循，而參、伍因革，通變之數也。」數者，術也，此通變之術之實例，乃一具體而可行之方也。

　　體要之體以要見，體貌之體以貌見。合體要與體貌為一整全之文體，此乃彥和文體觀念之基礎成份。而體要之體必由內容、意義構成，體貌之體必由文辭、文采構成。此實為理解彥和文體觀念之重要蹊徑。《文心》全書所涉之文體觀念，並非少數。如自〈明詩〉以至〈書記〉之二十篇，分我國文學作品為詩、賦等二十大類，有每類均有文體者，有合數類為某文體者，所言大體皆體要與體貌並舉；而〈體性〉篇之典雅等八體，八種基型文體，除新奇一體，僅言其體貌外，其餘七者皆體要與體貌並舉；其下文又有由才性以言文體，所舉之賈誼與相如等十二家之文體，有少數僅舉其體要或體貌外，亦多屬

二者並舉；另如〈定勢〉篇言「即體成勢」，其所列舉之二十二類文章，並規以典雅等六種文體，亦有少數僅言體要或體貌者外，亦多屬二者並舉。

從事《文心》研究者，若能由辭、采與意義兩方面探索之、研求之，對於文體觀念，當可迎刃而解也。如是，則可不再混於文類，而歧於風格矣！若猶未也，則上述文體觀念之基礎成份，勢必繼續分崩離析，而其高層之建築，亦非危危而傾墜不可矣！試思，此於《文心》之傷害又將如何耶？

《文心雕龍》文類系統新析

中國文化大學中文系

洪順隆

壹、序言

　　中國自三國時代，曹丕撰《典論·論文》，就對文體提出四科八體之說①。到了晉朝，陸機〈文賦〉分文體爲十類，概述其主要特性②。而同時的李充撰《翰林論》、摯虞撰《文章流別論》，對多類文體之源流、特性、創作要求作較系統的闡述③，它們都是劉勰撰寫《文心雕龍》以前的前驅著作，提供劉勰撰寫《文心雕龍》的有益的借鏡。

　　劉勰生在曹、陸、摯、李之後，他眼看傳統中國文學，累積了衆多的創作經驗，許許多多的作品已經在長期的文學實踐中創造出來，並且在作品體制方面也相對穩定了下來。覺得有必要從理論上對於衆多的作品以及前人的創作經驗加以總結、辨析、歸類，以便爲後世有志寫作的人提供有益的服務。於是，參考前驅者在文體上分類的成

---

① 《典論·論文》云：「蓋奏議宜雅；書論宜理；銘誄尚實；詩賦欲麗。」分文體爲〈奏議〉、〈書論〉、〈銘誄〉、〈詩賦〉等四科，每科二體，共八體。

② 〈文賦〉云：「詩緣情而綺靡，賦體物而瀏亮，碑披文以相質，誄纏綿而淒愴，銘博約而溫潤，箴頓挫而清壯，頌優游以彬蔚，論精微而朗暢，奏平徹以閑雅，說煒燁而譎誑。」分文體爲〈詩〉、〈賦〉、〈碑〉、〈誄〉、〈銘〉、〈箴〉、〈頌〉、〈論〉、〈奏〉、〈說〉等十類。

③ 《文章流別論》、《翰林論》，今已不全，唯由現存殘文以及散見的許多僅對一體或數體的闡釋，可推知其內容都是對文體特性及分類的研究與探索。

果，遍讀以前叢書、個人文集的目錄，遍覽其前的代表作品，加以類聚群分，在文體論中，撰寫二十篇，分論三十三體的文類特性④。他的文體論是如何劃分文類呢？這是這篇論文想要探討的問題。

貳、《文心雕龍》文體分類概說

前面說過，劉勰撰寫《文心雕龍》，目的在於教人寫作。教人寫作就得使人弄清文類，提供範作，指導寫作方法和認知文章的好壞。所以，全書分總論、文體論、創作論、文學評論等四大部份。總論，論文的樞紐；文體論，論文的類型，各類型的名號、性質，以及歷代的代表作品，寫作要求；創作論，從種種不同角度論寫作方法；文學評論，包含文學史、作家論、鑒賞論、作家品德論等方面。概括各代文學的特色供後人借鑒；講歷代作家的優缺點，以便就自己所近作模仿對象的選擇；指示鑒賞的規律，以便甄別作品的好壞，可資選佳作以臨摹的參考；說作家品德，要學習者把「窮則獨善以垂文」作爲寫作修養並重的準則，以求文以見人⑤。文體論的部份〈明詩第六〉至〈書記第二十五〉，共二十篇，除〈明詩〉、〈樂府〉、〈詮賦〉、〈雜文〉、〈史傳〉、〈諸子〉、〈封禪〉外，其餘均每篇分論二體。

因此，劉勰在全書中，把文體分爲三十三類，即詩、樂府、賦、頌、贊、祝、盟、銘、箴、誄、碑、哀、弔、雜文、諧、讔、史傳、諸子、論、說、詔、策、檄、移、封禪、章、表、啓、議、對、書、

---

④ 有人把〈辨騷〉從樞紐中析出，以爲劉勰「將文體歸納爲三十五體。」或「三十四體」（一九八二年一月《山東大學文科論文集刊》刊載于維章〈劉勰論文體〉分爲三十五種。一九九二年一月《文心雕龍學刊》第六輯刊載羅宗強〈劉勰文體論識微〉分爲三十四種）此不用其說。）

⑤ 參考周振甫《文心雕龍今譯》（中華書局、1995·4）頁387～387。

記。其中雜文又分爲十九種，詔策分爲七種，而記則包括二十五種，實共八十種⑥。爲了討論的方便，這裡先把雜文，詔策、記中的細類放在一邊，就二十篇中的三十三體作分析。這三十三支類分屬〈明詩〉、〈樂府〉、〈詮賦〉、〈頌贊〉、〈祝盟〉、〈銘箴〉、〈誄碑〉、〈哀弔〉、〈雜文〉、〈諧讔〉、〈史傳〉、〈諸子〉、〈論說〉、〈詔策〉、〈檄移〉、〈封禪〉、〈章表〉、〈奏啓〉、〈議對〉、〈書記〉等二十篇中。劉勰將它們分屬兩大類（系統），兩大系統即「文」和「筆」。在劉勰之前，文壇上早已流行著「文筆說」。《晉書·蔡謨傳》：「文筆議論，有集行於世。」《南史·顏延之傳》：「竣得臣筆，測得臣文。」晉時，文人早已將文學作品二分化，把散文稱作「筆」；相對地，把講究聲韻、偶語、藻采等的整齊功夫的作品歸屬「文」。於是當時的文體分類，乃由此形式上的分類標準，把所有文學作品分爲「文」和「筆」兩大系統⑦。劉勰受他們的影響，在《文心雕龍》中，按形式「押不押韻」歸類，依先「文」後「筆」的秩序編次，把論述文體的二十篇詮說，依序編排。他在〈序志篇〉中說：「若乃論「文」叙「筆」，則囿別區分。」說明他分類的綱目和區囿。又在〈總術篇〉說：「今之常言，有「文」有「筆」，以爲：「無韻者，筆也；有韻者，文也。」「韻」是聲音同和，故《說文新附》云：「韻，和也。」《六書故》云：「韻，音響相諧也，聲相應爲韻。凡詩必有韻。」所以，我們可以說凡詩文講究音響相諧，聲相應的作品，就叫韻，「無韻者筆」是把不押韻的文統歸一類稱爲「筆」；「有韻者文」是把押韻的詩文歸屬一大類稱爲「文」。看來，劉勰在這一層次是站在作品的形式的視點，對於齊，

---

⑥　參考羅宗強〈劉勰文體論識微〉。

⑦　參考阮元《文筆說》（台北·世界書局、與劉師培《中古文學史》合版本）（此外，章炳麟有〈文筆辨〉、郭紹虞有〈文筆與詩筆〉、王肇祥有〈文筆考〉）。

梁以前的作品作了總體的觀察的。

　　觀察文學作品，對它作類聚再群分，於是劉勰依當時作品的形式
——韻的有無，先列有韻的「文」；後列無韻的「筆」。有韻的文
下，再分〈明詩〉、〈樂府〉、〈詮賦〉、〈頌贊〉、〈祝盟〉、
〈銘箴〉、〈誄碑〉、〈哀弔〉等八篇，詮釋十三體的作品；無韻的
「筆」下，又分〈史傳〉、〈諸子〉、〈論說〉、〈詔策〉、〈檄
移〉、〈封禪〉、〈章表〉、〈奏啓〉、〈議對〉、〈書記〉等十
篇，詮釋十七體的作品；〈雜文〉、〈諧讔〉兩篇可屬「文」，也可
屬「筆」，排在「文」和「筆」的交叉地帶，詮釋三體的作品。所
以，《文鏡秘府論》約略的說：「文者，詩、賦、銘、頌、箴、贊、
弔、誄等是也；筆者，詔、策、移、檄、章、奏、書、啓等也。即而
言之，韻者爲文，非韻者爲筆。文以兩句而會，筆以四句而成。文繫
于韻，兩句相會，取于諧合也；筆不取韻，四句而成，在于變通。故
筆之四句，比文之二句，驗之文、筆，率皆如此也⑧。」其實六朝時
代文、筆之分，並不是只限於「韻」、而是也把「偶語」和「藻采」
包含在內的，沒有押韻而「偶語」、「藻采」文句整齊的作品，也有
歸入「文」系統的，通觀《文心雕龍》文體論二十篇中屬於「文」的
例作，就有不少例証。所以劉師培《中古文學史》云：「是偶語、韻
詞，謂之「文」，以韻詞爲主，無韻而偶，亦得稱「文」。」所以
「韻」、「偶語」、「藻采」是劉勰把文學作品分爲「文」、「筆」
兩大系統的切入點了。

　　劉勰當年由於對劉宋以來文壇上出現的「訛濫」文風懷有不滿之
思，在他撰寫《文心雕龍》時，存有「正末歸本」的糾正文風的企

---

⑧　見《文鏡秘府論校注》西卷〈文筆十病得失〉（弘法大師撰、王利器校注、中國社會
　　科學出版社、1983、7）頁474《文筆式》。

圖，想藉此指示寫作的正確的「準則」，而他的指示方法又是透過對各體的文學作品的論述，提供練習模仿的參考，於是他博覽眾作，依眾作的類似點歸納綜合作出文體的分類，在各類的源流演變中，總結出寫作「准則」，指示模仿佳作，戒忌浮濫的對象，給人們從理論上提供範本和方法、方式，以期後世創作走上正確的發展軌道。這種撰著動機規範了他的「類聚群分」的原則：就如他在〈序志篇〉中所說的：「原始以表末，釋名以章義；選文以定篇；敷理以舉統。」「原始表末」，所以說明文體的源流演變；「釋名以章義」，所以解釋文體的名稱和含義；「選文以定篇」，是選擇範文來舉例說明；「敷理以舉統」，是從理論上說明各種文體的寫作要求。劉勰以他的博覽深思，精分細剖，在文體的劃分上，不但比陸機多出二十三種；而且他的辨體正名，對於文體名號和性質的說明，也遠較曹、陸諸人詳審。而在文體的詮釋上又讓讀者了解文體名稱的概念，以及概念的形成過程，用實際作品作証明，並作為寫作參照，讓讀者在寫作時依樣求合，寫出合乎要求的作品。無疑是指導寫作的科學方法，讓讀者在了解文體範作，掌握各文體寫作規律，是寫作的不二指南。但由於劉勰太專注於寫作方法的提示，而忽略了文體名稱乃前人所定，實際作品乃眾多作者的匠心傑作，他們的命名和寫作雖前後有所依循，而用意未必一致，這就造成劉勰在「類聚群分」實際作品（或依前人的類聚群分時的取捨）時，出現了分類上的盲點，留給後人指摘瑕疵的空間。

參、《文心雕龍》文體分類的瑕疵

劉勰專心於創作方法指導，在文體分類上出現了瑕疵這件事，前人早已有所指摘：比方王運熙·周鋒《文心雕龍譯注》〈樂府篇·題

解〉指說：⑨

「樂府」其實只是詩歌中的一類。⑩

這指摘，意思是說「樂府」是「詩」下的細類，應歸入「詩」支類中，不應獨立與「詩」和其他「文章」在同一層次並列。又周振甫《文心雕龍今譯》〈祝盟篇·淺釋〉指出：

從《春秋》下來，劉勰把「祝文」的範圍擴大了。像張老去賀趙武新屋；《楚辭·招魂》要把魂招回來；漢武帝請方士求仙；漢朝的秘祝把災禍移到臣民身上；善童的驅疫鬼；東方朔的罵鬼；漢朝的祭文、哀策文，都歸入祝文，這就有些亂了。周朝的「祝文」從告神到告鬼，神和鬼結合，所以求仙也是〈祝〉，趕疫鬼、罵疫鬼也是「祝」，祭鬼也是「祝」；但張老的祝賀跟神鬼無關；〈招魂〉也不是告神鬼，這些都不該列入祭文的。這也說明祭文不必成為一體。向神求福的韻語可歸入詩；求福的散文可歸入雜文；向人祝賀和罵鬼的求仙都這樣。只有「祭文」可歸入〈哀弔〉；〈招魂〉可歸入〈詮賦〉。把「祝盟」作為文體未免分得過于繁瑣了。盟辭同祝文一樣，也不必成為一體⑪。

周先生發現劉勰在〈祝盟篇〉中所列舉的作品，和同類中的其他作品，在某方面缺乏「類聚」的共性，所以主張把〈祝盟〉類解散，以韻的形式、鋪敘的形式或其他標準，為那些解散了的作品找歸宿，把它們分配到適當的族群中去，以免繁瑣，這是因同類中某因素缺乏共性的瑕疵。又周振甫《文心雕龍》〈銘箴第十一·淺釋〉說：

這裡講到「始皇勒岳」，即秦始皇〈刻石〉，是紀功銘，〈頌贊〉曰：「秦政刻文。爰頌其德。」是功德頌。同一刻石，既稱

---

⑨ 見《中古文學史》。

⑩ 見《文心雕龍譯注》（上海古籍出版社、1998、4）頁49。

⑪ 見《文心雕龍今譯》〈祝盟第十·淺釋〉頁90。

「頌」，又稱「銘」，因爲它都是頌功德的韻語。這説明文體分
得過于繁碎，免不了可以一文可以歸入兩體了。

以上的指摘是發現劉勰的文體分類有一文類的作品分散歸入兩體
的現象，又是另一個方面的瑕疵。又詹鍈《文心雕龍義證》上·〈哀
弔第十三〉引《文章流別論》云：

哀辭者，誄之流也。⑫

這是指〈哀弔〉與〈誄碑〉不當分而分，是同體兩分之瑕疵。又
趙仲邑《文心雕龍譯注》〈雜文·題解〉云：

劃分文體的界限，是可以有些交叉的。有許多文體劉勰都歸入爲
〈雜文〉，但又認爲可以「各入討論之域」，劃歸別的論文體的
專篇中討論。

他是據劉勰的話，指出〈雜文〉與其他許多文體有交叉之瑕庇。
而周振甫《文心雕龍今譯》〈雜文第十四·淺釋〉，就更具體的指
出：

就本書説，對問可以歸入〈辨騷〉；設問和七可以歸入〈詮
賦〉。

王運熙·周鋒《文心雕龍譯注》〈雜文第十四〉也指出：

對問、七兩體，著重鋪敍，體式接近辭賦。後世有些文人把它們
歸入辭賦類。

綜合趙、周、王等指摘⑬，〈雜文〉與其他文體相涉，對問屬
〈騷〉體；設問和七屬〈辭賦〉，也是同體異分的瑕疵。借周振甫先
生的話説，就是犯「繁碎」的毛病了。又詹鍈《文心雕龍義證》〈論

---

⑫　見《文心雕龍義證》上（上海古籍出版社、1989、8）頁463。

⑬　三人的話分別見《文心雕龍譯注》〈雜文·題解〉（趙仲邑著、漓江出版社、1985、
　　1）頁119、《文心雕龍今譯》〈雜文第十四·淺釋〉頁122，《文心雕龍譯注》〈雜文
　　第十四·題解〉（上海古籍出版社）頁108。

說第十八〉引劉師培〈論文雜記〉云：

> 九家之中，凡能推闡義理，成一家之言者，皆爲論體。儒家之
> 中，如《禮記·表記》《中庸》各篇，皆論體也。即道家、法
> 家、雜家、墨家之中，亦隱含「論」、「辨」兩體……。

劉師培的指摘是說〈諸子〉和〈論說〉，其實是一體。再者，周
振甫《文心雕龍今譯》〈論說第十八淺釋〉也指出：

> 他（劉勰）講「論」的「條流多品」，也有不夠確切的。象「傳
> 者轉師，注者主解，贊者明意。」「序者次事，胤者引辭。」
> 都不算論說。象注〈堯典〉、解《尚書》，只是注解而不是辯
> 論，不必歸入〈論說〉。只有王弼解《易》，闡説他的思想，可
> 以算〈論說〉。

周先生指摘的是《文心雕龍》在〈論說〉一體中。「類聚作品不
夠精審，把不是類同的作品攬進了〈論說〉體了。綜合劉、周二人的
指摘⑭，〈論說篇〉既有與〈諸子〉分家的不當；又有「類聚」不精
的瑕庇。詹鍈《文心雕龍義證》中〈封禪第二十一〉引章學誠〈詩
教〉云：

> 若夫〈封禪〉、〈美新〉、〈典引〉，皆頌也。

以爲〈封禪〉與頌同。詹氏又引《文體論纂要》云：

> 如司馬相如的〈封禪文〉、揚雄的〈劇秦美新〉，班固的〈典
> 引〉皆是。此種文章，實與設辭托諷的〈賦〉相遠，而與稱頌功
> 德的〈頌〉相近，當歸入〈頌贊〉一類。

所指摘的與章學誠同，認爲〈封禪〉不當與〈頌贊〉分家。詹先
生自己也認爲：

---

⑭ 劉師培語見《文心雕龍義証》中〈論説第十八〉頁664、周振甫語見《文心雕龍今譯》
〈論説第十八〉頁165。

其實〈封禪〉不能算作一種獨立的文體。把〈封禪文〉歸入〈頌贊〉一類，還是比較合適。

綜合上面的引述，他們指摘的也是一體多分的瑕庇⑮。又周振甫在《文心誰龍今譯》〈奏啓第二十三·淺釋〉指摘云：

> 劉勰把〈章表〉、〈奏啓〉、〈議對〉分爲三類，是不夠明確的。姚鼐在《古文辭類纂》裡把這三類總稱〈奏議〉，則比較恰當。〈奏〉同〈表〉很難分別，〈章表〉裡說：「奏以按劾」；〈表〉以陳請。」就劉勰自己講的，也並不都是這樣。如「王綰之奏勳德」、「賈誼之務農」，也不是按劾。再説〈啓〉，劉勰認爲：「斂飭入規，促其音節。」提出收斂短促，是指簡短説的。但又說：「自晉以來盛啓，用兼表奏。」那已同表奏一樣了。總之，這樣分體，不免繁碎⑯。

這是指摘劉勰對作品性質認識不清，以致有的不必分而分，造成一體之分，表、奏乖離；但有時又說是「兼用」，都是分體繁碎，造成的瑕庇。

肆、《文心雕龍》文體分類視點

綜觀上引諸家的指摘，概括言之，《文心雕龍》文體分類的瑕疵，有下列數端：

1、一體多分，造成「群分」不當，層次混淆，界限不明。

2、「類聚」不當，一體多類，造成作品混雜，共性模糊，同床異夢。

3、作品性質認識不清，分合不一，造成鳩居鵲巢。

---

⑮　三方面的指摘，見《文心雕龍義證》中〈封禪第二十一〉頁793～795。
⑯　周振甫的指摘見《文心雕龍今譯》〈奏啓第二十三·淺釋〉頁210。

4、一類之中，既有「群分」的不當；又有「類聚」的浮濫，瑕疵多端。

諸家指摘雖是確實，但所言皆是瑕疵的現象，《文心雕龍》二十篇〈文體論〉為什麼會出現那些瑕疵呢？我想透過文類學分類視點來說明這個問題。

案文類是指某一時代文學作品在某一共同視點下群聚的類例，它們是在統一的視點下，依類相聚而成，類的普遍共性便是在類的統一視點下的相似處，就是全類聚合的共同因素。所以韋勒克和華倫說：「文學上的種類是一種制度。」「類型的理論是基於秩序的原理。」「類型，我們認為它是文學作品的一種組合。在理論上基於外在形式（特別是韻律和結構）以及內在形式（態度、語調、目的）──明白的說：題材和讀者。」而有人認為分類工作的進行，應遵循兩個原則：一、分類過程必須是嚴格的推理過程；二、同一功能性範疇的分類系統中，不可以使用多重標準。遵循這兩個原則進行分類，所建立的文類方能完成分類的功能系統。又有人認為：「文體分類是一種概念的邏輯運動，必須遵守分類規則，這樣才能保證它的正確性、合理性和科學性。」他把文體分類的具體規則，概括為「單一性」、「確定性」、「相稱性」和「靈活性」四種。三方面的意見綜合起來，兩個原則和四種規則是文類分類的原理，「單一性」、「相稱性」是「同一功能範疇的分類系統中不可使用多重標準」的具體化準則；「確定性」和「靈活性」是對於類聚的組合工作的限制和調節，保證分類工作遵循嚴格的推理過程──概念的邏輯活動。分類視點（標準）要在內在形式和外在形式兩方面尋找。這樣的文類是一種具有制度性，又符合秩序的原理的組合，也方能完成分類功能系統。具體一點說，文類要在同一視點（標準）下建立；分類的視點要放在文本的內在形式（主題、題材）和外在形式（語言、組構、技巧）同一層次

上；文類要有系統，系統的層次要秩序井然，不能上下相侵犯，左右相糾纏，破壞分類的功能⑰。

古人說：「方以類聚，物以群分。」今人說：「凡有文章，倘若分類，都有類可歸……分類有益于揣摩文章⑱。」「類聚群分」是分類學的基本原理，事物的系統就是憑這個基本原理的運用建立起來的。劉勰深知箇中的道理，爲前人的作品和創作經驗作了類聚群分的工作，歸納組織，撰成《文心雕龍》一書。書中，他深諳「分類有益於揣摩文章」的奧妙，所以，在按前人將所有作品分爲「文」、「筆」二大系統後，爲了便於後人「揣摩文章」，就又在二大系統之下遵循傳統「類聚」、「群分」的原則，劃分支類，上引諸賢所指摘的瑕疵，就在他爲二系統劃分支類時產生的。但劉勰何以會在劃分支類時，發生那些瑕疵呢？這就得看他劃分支類的方法了。

劉勰依傳統文體論，以押韻的形式爲標準，將齊、梁以前的文學作品劃分爲「文」、「筆」二大類，本無可厚非，但他進一步爲二系統劃分屬下支類時，卻是如何處理呢？

我曾由分類視點切入，觀察《文心雕龍》二十篇文體論中所劃分的三十三類，發現在「文」系統下，他分別以三種視點去類聚有韻的作品。〈詩〉和〈賦〉分別是由形式視點去類聚的；〈誄〉、〈碑〉、〈哀〉、〈弔〉則是分別由題材視點去類聚的；〈樂府〉、〈頌〉、〈贊〉、〈祝〉、〈盟〉、〈銘〉、〈箴〉分別是由用途視

---

⑰ 以上三方面的意見分別見《文學論──文學研究方法論》第七章〈文學類型〉（王夢鷗、許國衡譯、志文出版社、1987）頁378～387。張漢良《比較文學理論與實踐》第三篇〈文學研究〉8〈何謂文類？〉一、〈文類的認知基礎〉（臺北、東大圖書公司、1986·02）頁111。《文章寫作學──文體理論知識部份》（朱艷英主編、麗文文化公司、1994·11）第一章〈文體概論〉第四節〈文體的分類方法〉三〈文體分類的規則〉頁33～34。

⑱ 分別見於《易·繫辭上》、《魯迅全集》第6卷、頁3。

點去類聚的。〈雜文〉、〈諧〉、〈讔〉分別是由形式視點去類聚的，由於其族群有「文」有「筆」，所以成了「文」、「筆」交流區。在「筆」系統下，他也分別以三種視點去類聚無韻的作品。〈論〉、〈說〉、〈議〉、〈對〉是分別由形式視點去類聚的；〈史傳〉、〈諸子〉分別是由題材視點去類聚的；〈詔〉、〈策〉、〈檄〉、〈移〉、〈封禪〉、〈章〉、〈表〉、〈書〉、〈記〉分別是由用途視點去類聚的。這樣分類的結果，如依分類視點觀察，《文心雕龍》「文體論」的文類系統，便如下面圖表所示：

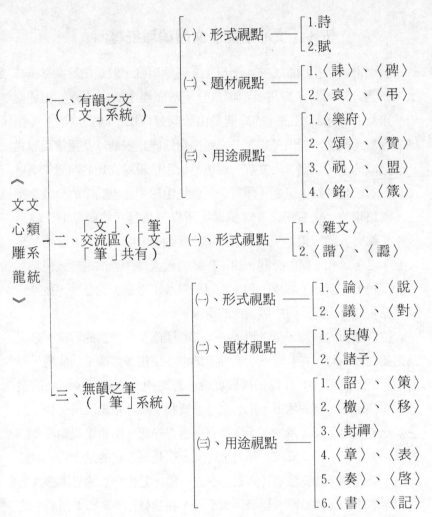

　　由上面的圖表，《文心雕龍》文體論的各種文類的分類視點明白地呈現出來了。《文心雕龍》文體論提供給我們的是次級層次多種標準分類學。

伍、《文心雕龍》文體論瑕疵尋源

前引群賢所指摘的《文心雕龍》文體論瑕疵,就是由於劉勰爲二大系統劃分支類時,採用多種標準分類法而產生的。〈詩〉和〈樂府〉以及「神求福韻語」的分開是由於劃分標準不同造成的;〈招魂〉列於〈祝文〉而與〈賦〉分家是由用途視點歸納以及用途和形式相隔造成的;〈祝盟〉獨立成一體也是依用途視點立類的誤置;秦皇〈刻石〉既是〈銘〉又是〈頌贊〉,也是由於用途視點中的分歧才產生的兩屬現象。〈哀弔〉和〈誄碑〉所以分更是用途視點的分歧造成;〈雜文〉成一體,更是視點不清導致的結果。其他〈對問〉和〈七〉之所以和〈賦〉分開,除了押韻的因素外,恐怕是形式視點本身的問題吧。至於〈論說〉和〈議對〉以及〈諸子〉的分散,更是形式視點和題材視點銀河中隔造成的現象。

綜合上面的論證,可以斷言,《文心雕龍》文體論的瑕疵,是因爲劉勰在分類時,在「同一功能性系統中」使用多重標準造成的。群賢指摘不無道理,唯群賢指摘瑕疵時,忽略視點的統一,區域的嚴守,矯枉過正,有的地方,把「文」系統和「筆」系統混爲一談,如主張把〈議對〉與〈章表〉、〈奏啓〉合在一起,由用途視點看〈議對〉、〈章表〉、〈奏啓〉都是上行文,都是臣告君的話合爲一類是對的,但他們不知劉勰爲〈議對〉另立一體,是由論說的思維形式上的因素著眼的,由於兩者類聚因素不同,在劉勰把不同標準所產生的異象,看作是同層次的歧異,所以才將它們分開,如不明層次再將它們合在一起,就產生此合彼離,把「文」、「筆」搞亂了。又如〈諸子〉和〈論說〉如由思維形式看,當放在一類,然由題材視點和單篇、專著的區別看,則又應該分開了。又如〈封禪〉和〈頌贊〉、〈銘箴〉早已由於第一層次押韻的形式視點而分開了,如合之,則是

破壞了「文」、「筆」的族群界限，違背分類原理矣。因此，討論《文心雕龍》文體論的文類系統，是不能無視於今日科學的文類學原理的。

陸、結論

　　《文心雕龍》文體論可分兩個層次來談：第一層，把齊梁以前的所有文學作品，一分爲二，分類的標準是「押韻」、「藻采」、「偶語」等，大致合乎分類學原理。第二層再把「文」和「筆」的作品細分，「文」系分十三支類；「文」「筆」交流區有三支類；「筆」系分十七支類，共三十三支類。近今學者研究《文心雕龍》，紛紛指陳文體論二十篇瑕疵。這些瑕疵的發生，都是由於分類視點不統一導致。分類視點不統一，於是產生一類多體，如〈雜文〉那樣超文體的瑕疵；又產生一體多分，如〈明詩〉和〈樂府〉以及〈頌贊〉、〈銘〉等的跨文體、亂層次的瑕疵等等。解決之道，首先要釐清視點，調準角度，其次要整理層次，確定作品共性；再次詳細分析作品的形式、內容、用途，以爲審查準確度的準備；最後建立科學的文類網路與《文心雕龍》的傳統系統配合，完成《文心雕龍》文體論的科學系統，保存傳統的系統面貌。讓《文心雕龍》文體論的傳統走向現代，旣可使傳統科學化，又不至於數典忘祖了。

劉勰《文心雕龍》文體論選體、分體、論體的特色

台灣師範大學國文系

劉　渼

壹、前　言

　　劉勰《文心雕龍‧明詩》以下二十篇，在論述每一文體時，是以「原始以表末，釋名以章義，選文以定篇，敷理以舉統」四大綱領爲依歸，探究各體的淵源與流變，詮釋文體名稱與定義，標舉代表作家與作品並加以評定，闡明各體文章的基本寫作方法和藝術風格特色，故循此四大綱領，足以洞悉每一文體的內涵。然綜觀此二十篇，劉勰在文體的選擇、分體設篇及論述三方面亦頗具特色，此實與其自身的宗經思想、兩漢以來史家目錄之學與當時的文學環境息息相關，由於魏晉文士有意識地創作各體文章，劉勰於是針對當時各種文體加以辨析，故在選體上具有時代的意義與普遍的特徵。劉勰並本其文源於經的觀點及當時的文筆說，復參酌史志目錄，作爲設篇分體的標準，故有標準的多重性與設篇的層次性二大特點。至其觀點的文學性，方法的多樣與靈活，下語的精準無誤，皆爲其論述上的特色，茲分別加以說明：

貳、選擇文體的特色

　　劉勰文體論幾已囊括當時所有的文體①，在時間上雖承接先秦、兩漢，然以魏晉以來爲主；在搜羅上多達一百七十餘種，故於文體的選擇方面，有時代性與普遍性的特色。

一、時代性

　　劉勰論文，以經世致用爲主，故於文體的選擇上，首重現實能用，具有時代的意義。觀其所選，皆魏晉以來通行於世者，此可由以下三方面加以印證：一、是其所舉作家與作品，雖以魏晉爲斷限，然各體文章至梁代仍有實際作品爲證。二、是其所未舉例者，自魏至梁亦有作品可資印證。三是劉勰所選各體，於魏業已發展完成，且較之兩漢又有新變。

　　觀劉勰所舉代表作家與作品，於曹魏，有曹植等人的祝辭、謎語、封禪。於西晉，有陸機的頌、弔、連珠、論、移、議、奏牋；潘岳的祭文、誄、哀辭、諧辭；左思的七體；張華、傅玄的樂府；張載的銘文；劉琨的盟文、章表。於東晉，有郭璞的詩、贊、對問；孫綽的碑文；溫嶠的箴、詔策、奏；郭璞、袁宏的賦；杜夷的子書；桓溫的檄等，故劉勰於「選文以定篇」以魏晉爲斷限②；劉宋以後，或述其梗概，如〈明詩〉篇「宋初文詠，體有因革，莊老告退，而山水方滋，儷采百字之偶，爭價一句之奇，情必極貌以寫物，辭必窮力而追新，此近世之所競也。」或略而不論，〈奏啓〉篇所謂「事舉人存，

---

① 徐復觀〈讀王利器文心雕龍校證〉云：「《文心雕龍》概括當時劉勰所足以把握之一切作品種類。」陸侃如、牟世金《文心雕龍譯注》亦云：「當時已出現的各種文體，基本上是包羅無遺了。」頁四六。

② 其中唯有〈史傳〉篇「王韶續末而不終」舉劉宋王韶爲例，觀《南史》本傳云：「因私撰《晉安帝陽秋》，及成，時人謂宜居史職，即除著作郎佐，使續後事，訖義熙九年。」知其書距東晉恭帝亡國尚有七年，故其人雖入宋代，其書則仍屬晉代。

故無待泛說也。」按明張溥《漢魏六朝百三名家集》及清嚴可均《全梁文》，梁代諸帝及群臣於劉勰所論諸體多有撰述，如梁武帝有〈逸民詩〉、〈清暑殿劾柏梁體〉聯句、〈擬青青河畔草〉、〈圍棋賦〉、〈硯銘〉、〈凡百箴〉、〈菩提達磨大師碑〉、〈連珠〉、〈求讜言詔〉、〈與群臣論明堂制〉、〈謚始興王冊〉、〈賜左丞范縝璽書〉、〈申飭刑政令〉、〈敕何胤〉、〈法解大品經序〉、〈移京邑檄〉、〈申飭選人表〉、〈孔傳舜典議〉、〈答陶弘景論書書〉及《通史》贊、序等。梁簡文帝有〈大法頌〉、〈司徒始興忠武王誄〉、〈大同哀辭〉、〈祭灰丈人文〉、〈七勵〉、〈草堂傳〉、〈勸醫論〉、〈移市教〉、〈爲南平王拜大司馬章〉、〈爲人作造寺疏〉、〈賀洛陽平啓〉、〈草書狀〉等。沈約有〈梁甫吟〉、〈白馬篇〉、〈江南曲〉、〈昭君辭〉、〈冠子祝文〉、〈齊明帝哀策文〉、〈奏彈王源〉、〈齊臨川王行狀〉等；江淹有〈弔劉範文〉、〈奏記南徐州新安王〉、〈到主簿日詣建平王牋〉、〈爲蕭太尉上便宜表〉等；劉思效有〈上齊高帝表陳讜言〉；郭祖深有〈輿櫬詣闕上封事〉；徐勉有〈爲書誡子崧〉等，足覘劉勰所選各體，於梁代仍有實際的作品可資印證。

　　其所未舉例者，在張溥及嚴可均等輯佚書中，皆有魏、晉、劉宋、齊、梁各代作品可資佐證，聯句：有東晉陶潛〈聯句〉；劉宋鮑照〈自下登樓連句〉；梁武帝〈清暑殿劾柏梁體〉等。讜言：有劉宋文帝〈求讜言詔〉；梁武帝〈求讜言詔〉等。詩：有齊王融〈雜體報范通直〉、〈書遊迴文詩〉；劉宋王韶之〈詠雪離合〉等。典：有晉范汪〈祭典〉。諺：有晉摯虞〈遷宅諺〉。誓：有晉王羲之〈爲會稽內史稱疾去郡於父墓前自誓文〉。問：有晉步熊〈答束晳問〉。覽：有晉應貞〈華覽〉。略：有晉杜預〈上黜陟課法略〉。曲、操：有劉宋鮑照〈蕭史曲〉、〈代別鶴操〉。弄：有梁武帝〈江南弄〉。引：

有晉石崇〈思歸引〉。吟、謠、詠：有晉夏侯湛〈山路吟〉、〈寒苦謠〉、〈離親詠〉。譜：有晉杜預〈宗譜〉。籍：有晉范甯〈廚籍教〉。簿：有宋闕名〈奏定法加鹵簿〉。錄：有齊卞彬〈禽獸決錄目〉。方：有魏韋誕〈墨方〉、〈筆方〉。術（曆）：有晉杜預〈長曆〉。律：有梁任昉〈為梁公請刊改律令表〉。令：有魏曹操〈選舉令〉。制：有魏曹丕〈終制〉。券：有晉石崇〈奴券〉。解：有魏何晏《論語集解》。諜：有齊綦母珍之〈自諜求封〉。狀：有梁江淹〈建平王太妃周氏行狀〉等。知〈明詩〉、〈雜文〉、〈奏啟〉、〈書記〉等篇末附論，皆當時通行的文體。

　　劉勰所舉文體，於漢末魏初已大致成型③，其中部分文體較之兩漢又有新變，如「啟」，〈奏啟〉篇云：「孝景諱啟，故二漢無稱。至魏國箋記，始云啟聞；奏事之末，或云謹啟；自晉來盛啟，用兼表奏。陳政言事，既奏之異條；讓爵謝恩，亦表之別幹。」知「啟」始於魏晉，由箋記、奏表轉化而成，故其作用相同。漢代以來，政府官書於結語處，多表明文體④，故以「啟」字作結者，逐漸成為一種眾所公認的文體⑤。魏時已有以「啟」名篇者，如劉輔〈論賜諡啟〉、高柔〈軍士亡勿罪妻子啟〉；晉人會稽王道子、王導、王彪之、李重、范甯、熊遠、孔安國、何瑾、陸無等人皆有啟，總數已逾二十篇，其中以陸雲所作最多，有〈諫吳王起西園第宜遵節儉啟〉、〈請

---

③　據《全三國文》，曹氏父子與建安以來文人於各體文章多有創作，足覘劉勰所論諸體，於曹魏時期業已大致定型。

④　如《全後漢文》卷十九有范升〈奏難費氏易左氏春秋立博士〉，末云：「謹奏左氏之失凡十四事。」又卷五九有周舉〈對策問旱災〉，末云：「學薄智淺，不足以對。」卷九四有毛玠〈對狀〉，末云：「謹以狀對。」

⑤　箋、表、書、疏之末，多以「啟」字作結，如郗超〈與桓溫箋〉，末云：「啟超言。」庾翼〈北伐至夏口上表〉，末云：「啟聞。」陸雲〈與兄平原書〉，末云：「謹啟。」范甯〈為豫章臨發上疏〉，末云：「臣啟事，付外詳擇。」以上分見《漢魏六朝百三名家集》與《全晉文》。

吳王引師友文學觀書問道啓〉、〈請防不法啓〉等。劉宋以後，啓文
用途大增，幾與表奏無異，如王曇首〈南台不開門啓〉，乃奏事者；
袁瑝〈劾苟萬秋啓〉，乃彈事者；江夏王義恭〈薦沈邵啓〉、鮑照
〈通世子自解啓〉等，則又爲「表之別幹」⑥。齊代諸帝於答詔中多
言因某人啓事而答⑦，足證其用已廣。至於「彈事」，〈奏啓〉云：
「後之彈事」，知其名乃後起者，故不舉代表作家與作品。觀漢代按
劾之奏多稱「劾……奏」，如孔光〈劾紅陽侯王立奏〉；晉以後則多
稱「彈……奏」，如晉蔡廓〈彈謝察奏〉；劉宋王弘〈彈謝靈運
奏〉；齊孔稚圭〈奏彈王融〉；梁任昉〈奏彈劉整〉⑧等。故由
「啓」、「彈事」二體的發展，知當時文體較之兩漢又有新變。

　　王師更生於《文心雕龍新論》中指出，劉勰是以當代通行的文體
爲文體分類的依據，足證劉勰選體是以當時文體爲主，具有時代的意
義。

二、普遍性

　　劉勰所選文體包羅宏富，兼綜有韻之文與無韻之筆，並著重文學
特性與實用價值。舉凡雜文之屬與書記之篇，皆加以網羅，種類多達
一百七十有餘，故其選體具有普遍性。此一方面與當時作家有意識地
創作各體文章有關；另一方面，也和部勒群書的分類觀念有關。

　　在魏晉作家群中，以曹氏父子及張、潘、左、陸最爲突出，不僅

---

⑥　據《全宋文》，宋人臨川王義慶、江夏王義恭、衡陽王義季、王曇首、王僧達、鄭鮮
　　之、謝莊、顏測、王弘、袁瑝、薛安都、蕭惠開、沈亮、顧琛、袁粲、鮑照等人皆有
　　啓，卷四七收錄鮑照九篇啓文，所作最多。
⑦　如東昏侯〈誅謝朓詔〉乃因「公等啓事」；明帝〈罪王敬則詔〉乃因「謝朓啓事」；
　　武帝〈又答王晏〉乃因「數常啓」。齊人豫章王嶷、始安王遙光、竟陵王子良、孔稚
　　圭、王儉、王融、魚復侯、蕭景先、王顯、王僧虔、褚淵、張沖、沈憲、垣崇祖、劉
　　休、劉俊、呂安同、崔祖思、崔元祖、謝朓、杜光懿等人皆有啓，總數已逾五十篇，
　　以上分見《全齊文》。
⑧　分見《四庫全書》一三九六冊、一三九八冊、一三九九冊。

因其作品具有獨特的藝術風格，同時對文章各體，有全面性的把握。茲以曹氏父子爲例，張溥《漢魏六朝百三名家集》收曹操的各體文章有令、敎、表、奏事、策、書、尺牘、序、祭文、樂府十種；收曹丕的有賦、詔、令、策、敎、表、書、序、論、議、連珠、銘、文、哀策、誄、制、樂府、詩十八種；收曹植的有賦、騷、令、表、章、書、序、七、論、說、謳、碑、頌、贊、銘、文、誄、哀辭、樂府、詩二十種。至於晉代陸機的作品，則有賦、表、牋、書、七、連珠、論、議、頌、贊、箴、策、傳、碑、誄、弔、哀辭、樂府、詩、序、銘⑨二十一種。由於作家在各體文章上有傑出的表現，所以劉勰於論文敘筆時盡量收羅，此其一。

又當時的目錄學家，在部勒群書時觀照的層面極爲廣泛，如梁元帝蕭繹《金樓子·著書》篇，列有《碑集》、《辯林》、《詩英》、《形神記》、《晉仙傳》、《繁華傳》、《補闕子》、《譜》等，其中包括碑、辯、詩、記、傳、子、譜等⑩。梁阮孝緒《七錄》將《漢書·藝文志》諸子略、兵書略合爲子兵錄；方技略、術數略合爲術技錄；又受時代撰著風氣的影響，特增記傳錄與文集錄等，其中記傳錄有國史部、職官部、譜狀部、簿錄部等；術技錄有曆算部、五行部、雜占部、刑法部、經方部等，其收錄情形皆可由《文心雕龍》論文敘筆得到印證，可見劉勰選體與當時目錄學家部勒群書的觀念有關，此其二。

劉勰在文體的選擇上，既受當時創作風氣的影響，復與各體文集

---

⑨ 序、銘二體見嚴可均《全晉文》。

⑩ 又葛洪《抱朴子》序言自述其將「碑、頌、詩、賦」集成百卷；「軍書、檄、移、章、表、箋、記」三十卷；神仙、良吏、隱逸、集異等傳各十卷；所鈔「五經、七史、百家之言、兵事、方技、短雜奇要」三百一十卷；「金匱藥方」百卷；「肘後要急方」四卷，除五經外，史、傳、諸子、方技、雜事、藥方，皆爲其所重視，故與碑誄詩賦等文類之體及移檄章表等筆類之體並提。

的編纂與部勒群書的分類觀念有關，所以特具時代性與普遍性的雙重
特色。

參、分體設篇的特色

劉勰論述文體，在設篇分類上，如何使衆體無倒置之乖與棼絲之
亂，實爲首要之務。觀其分別以文筆、經典、史志爲分類的標準，故
標準的多重性，爲其分類的一大特色。其於篇目首分文、筆兩類，或
獨體成篇，或兩體合篇，而各篇之中又有附論，形成層次分明的架
構，故立篇的層次性，爲其設篇的又一特色，以下分別說明之：

一、標準的多重性

劉勰善於區別部類⑪，其文體論首先以當時流行的文筆說，將衆
體區分爲有韻之文與無韻之筆兩大類；其次本其宗經思想，將各種文
體依經類聚，約分爲五類⑫；再依史家目錄爲準，安排各體的分合與
順序。

關於文、筆兩分，魏晉以來文論家所言⑬與總集序說⑭已隱然可
見；而「文筆」名稱的正式提出，則在兩晉時期⑮；至於文筆名義的
辨析，則始於劉宋，如范曄〈獄中與諸甥侄書〉：「手筆差易，文不

---

⑪ 《梁書·劉勰傳》云：「博通經論，因區別部類，錄而序之，今定林寺經藏，勰所定
也。」

⑫ 黃廣華〈從系統論看文心雕龍的理論結構體系〉言四大綱領爲「縱向」的結構；「文
筆兩分」，依據經典的五分爲「橫向」的結構，見《文心雕龍學刊》第五輯。

⑬ 如魏曹丕《典論·論文》所論詩賦、銘誄屬「文」；奏議、書論屬「筆」。晉陸機〈文
賦〉所論詩、賦、碑、誄、銘、箴、頌屬「文」；論、奏、說屬「筆」。

⑭ 如西晉摯虞《文章流別論》現存頌、詩、七、賦、箴、銘、誄、哀辭、文、圖讖、碑
銘皆屬「文」。東晉李充《翰林論》現存書、議、表、駁、論、檄皆屬「筆」，請參
拙作《魏晉南北朝文論佚書鉤沈》。

⑮ 如《晉書·蔡謨傳》：「文筆論議，有集行於世。」，故清劉光剣〈文筆考〉云：「考
《晉書·蔡謨傳》，文筆肇端，自茲以降，厥名用彰矣。」（《文選樓叢書·學海堂初
集》卷七）。

拘韻故也。」⑯；又劉勰〈總術〉篇引顏延年語：「顏延年以爲筆之爲體，言之文也；經典則言而非筆，傳記則筆而非言。」顏氏以文采的有無區分言、筆⑰，然其欲以言、筆區分經典與傳記，爲劉勰所反對，劉勰指出「經傳之體，出言入筆」，又說：「文以足言，理兼《詩》、《書》。」故經傳是不以言、筆爲分的。別目兩名，始於「近代」。劉勰對文筆的辨析，不但說明了以語言形式上韻的有無爲文筆區分，是當時最普遍的一種說法⑱，也爲其文體論，奠定了理論的基礎。故劉師培《中古文學史》云：

> 即《雕龍》篇次言之，由第六迄第十五，以〈明詩〉、〈樂府〉、〈詮賦〉、〈頌贊〉、〈祝盟〉、〈銘箴〉、〈誄碑〉、〈哀弔〉、〈雜文〉、〈諧讔〉諸篇相次，是均有韻之文也。由第十六迄於第二十五，以〈史傳〉、〈諸子〉、〈論說〉、〈詔策〉、〈檄移〉、〈封禪〉、〈章表〉、〈奏啓〉、〈議對〉、〈書記〉諸篇相次，是均無韻之筆也。此非《雕龍》隱區文、筆二體之驗乎？

所以文、筆兩分，爲劉勰文體分類的第一重標準。

劉勰於〈宗經〉篇將各種文體推原於經典：

> 論說辭序，則《易》統其首；詔策章奏，則《書》發其源；賦

---

⑯ 黃侃《文心雕龍札記·總術》言文筆以有韻、無韻爲分，濫觴於范曄、謝莊。

⑰ 此乃受當時清談的影響，《世說新語·文學》載樂廣善於清言而不能筆著，云：「樂令善於清言，而不長於手筆，將讓河南尹，請潘岳爲表，潘云可作耳，要當得君意，樂爲述己所以爲讓標位，二百許語，潘直取錯綜，便成名筆。」知時人以爲言、筆最大的區別在於文采的有無。

⑱ 當時有關文筆的辨析，說法極夥，黃侃《文心雕龍札記·總術》指出：「案《文心》之書，兼賅眾制，明其體裁⋯⋯既不從范曄之說，以有韻、無韻分難易，亦不如梁元帝之說，以有情、采、聲律與否分工拙，斯所以爲籠圈條貫之書。」

頌歌贊，則《詩》立其本；銘誄箴祝，則《禮》總其端；紀傳
盟檄，則《春秋》爲根。

爲遵從文、筆兩分的第一重標準，劉勰將與《詩》、《禮》有關的
「文」體置於最前，將與《春秋》、《易》、《書》有關的「筆」體
列於其後。篇次的安排，亦大體依照上述順序，如「賦、頌、歌、
贊」源自《詩》，故〈明詩〉、〈樂府〉、〈詮賦〉、〈頌贊〉四篇
先後並列；「銘、誄、箴、祝」出於《禮》，故〈祝盟〉、〈銘
箴〉、〈誄碑〉三篇前後相次；「紀、傳、盟、檄」來自《春秋》，
故〈史傳〉篇爲筆體之首；「論、說、辭、序」始於《易》，故〈論
說〉篇又其次；「詔、策、章、奏」起於《書》，故〈詔策〉篇與
〈章表〉、〈奏啓〉兩篇相應。至於〈宗經〉篇未涉及的文體，亦可
歸於經典，如〈雜文〉、〈諧讔〉二篇文體多源於《詩》；〈封禪〉
乃「禋祀之殊禮」，出自《禮》；〈諸子〉本於《易》；〈議對〉與
章奏用同，可統於《書》。王師更生有〈五經與後世各種文體關係系
統圖〉，將文體論二十篇依經典區分爲五大類[19]，知五經爲劉勰分類
的第二重標準。

西漢文章除詩賦、史書與官府文書外，尚有子書和爲數極少的單
篇作品如碑文、書牘之類，漢成帝命劉向父子部勒群書而奏《別
錄》、《七略》，其中除〈兵書略〉外，餘皆爲劉勰所取資。

〈明詩〉篇指出：「至成帝品錄，三百餘篇，朝章國采，亦云周
備。」觀班固《漢書·藝文志》：「成帝時，詔光祿大夫劉向校經
傳、諸子、詩賦。」知劉勰於詩體分類上參考了向、歆父子之書。
〈樂府〉篇云：「昔子政品文，詩與歌別，故略具樂篇，以標區

---

[19] 見《中國古代文學理論的秘寶——文心雕龍》頁一六五至一六七。

界。」由於向、歆父子將〈六藝〉與〈詩賦〉分略，「詩」屬〈六藝略〉，歌歸〈詩賦略〉，故劉勰於〈明詩〉之外，特立〈樂府〉一篇；〈詮賦〉篇云：「繁積於宣時，校閱於成世，進御之賦，千有餘首。」指成帝時劉向的校閱，知劉勰於賦體分類上亦曾參酌〈詩賦略〉。〈諧讔〉篇云：「漢世《隱書》，十有八篇，歆、固編文，錄之賦末。」今觀班固《漢書‧藝文志‧詩賦略》「雜賦」十二家，《隱書》十八篇適居其末。又云：「文辭之有諧讔，譬九流之有小說，蓋稗官所採，以廣視聽。」《漢書‧藝文志‧諸子略序》：「小說家者流，蓋出於稗官。」、「諸子十家，其可觀者九家而已。」故劉勰將〈諧讔〉列於〈雜文〉之後，文類之末⑳。〈諸子〉篇云：「逮漢成留思，子政讎校，於是《七略》芬菲，九流鱗萃，殺青所編，百有八十餘家矣。」《漢書‧藝文志‧諸子略》的統計適得一百八十九家㉑。〈章表〉篇云：「按《七略》、《藝文》，謠詠必錄；章表奏議，經國之樞機，然闕而不纂者，乃各有故事，而布在職司也。」亦間接說明《七略》、《漢‧志》為其重要的參考指標。《七略》、《漢‧志》雖為史志目錄，然「為我國文體論的開祖」㉒，故劉勰取為設篇分類第三重標準。

今人言分類有三大原則㉓：一是包舉，指「一個事物內部所包含的各小類的總和，應等於事物的全體」；二是對等，指「事物的各小

---

⑳ 段熙仲〈文心雕龍中雜文諧讔二篇是文非筆〉云：「我以為《錄》、《略》、《漢志》對此點的影響不小……〈諧讔〉篇之所以附於論『文』之末，可能是以目錄學者衡量。」見《活頁文史叢刊》第六輯一〇五號。

㉑ 又〈諸子〉篇「原始以表末」介紹十家，多據《漢書‧藝文志‧諸子略序》，如「墨翟執儉确之教」，《漢‧志》云：「茅屋采椽，是以貴儉。」「青史曲綴以街談」，《漢‧志》云：「街談巷語，道聽塗說。」故范文瀾《文心雕龍注》云：「案以上十家，並本《漢書‧藝文志》。」

㉒ 見蔣伯潛《文體論纂要》頁五。

㉓ 見夏丏尊、葉聖陶、宋雲彬、陳望道合著《開明國文講義》。

類之間，要互相排斥，既不能重疊，也不能越級」；三是正確，指「用統一標準」使之正確無誤㉔。以此三大原則與劉勰文體分類標準相較，則文筆與經典可分別「包舉」劉勰所收的全部文體，且使各體之間相互「對等」，既不重複，也不越界；故其文體能夠統一於一個分類標準之下，正確而無誤，知劉勰的文體分類標準，完全符合近人所謂的三大原則。

二、立篇的層次性

　　劉勰文體論運用上述標準，作為分體設篇的依據，層次分明，井然有序，構成極完密的理論體系㉕：

　　先言第一個層次：文、筆兩分。〈明詩〉篇為文類之首，云：「自商暨周，〈雅〉、〈頌〉圓備，四始彪炳，六義環深。」「四始」、「六義」實與〈詮賦〉、〈頌贊〉兩篇相呼應，故此兩篇首句分別為：「《詩》有六義，其二曰賦。」、「四始之至，頌居其極。」〈史傳〉篇為筆體之首，云：「言經則《尚書》，事經則《春秋》，唐虞流於典謨，夏商被於誥誓。洎周命維新，姬公定法，紬三正以班歷，貫四時以聯事。」舉《春秋》以領〈史傳〉，舉《尚書》以領〈詔策〉、〈檄移〉、〈章表〉、〈奏啓〉、〈議對〉。觀〈史傳〉篇稱孔子「因魯史以修《春秋》」、左丘明「實得微言，乃原始要終，創為傳體。」說明魯史、《左傳》與《春秋》經的關係，故後代史、傳皆由此出。〈詔策〉云：「其在三代，事兼誥誓。」〈檄移〉云：「昔有虞始戒於國，夏后初誓於軍，殷誓軍門之外，周將交刃而誓之。」乃呼應〈史傳〉篇「夏商被於誥誓」；〈章表〉、〈奏啓〉同引《尚書·堯典》「敷奏以言」；〈議對〉篇引《尚書·堯典》

㉔　參劉志勇《中國語文文體詞典·序》。
㉕　徐召勛《文體分類淺談·劉勰的文體分類思想》亦指出有三級類目，頁一〇六。

「堯咨四岳」，乃呼應〈史傳〉篇「唐虞流於典謨」，明示詔策、檄移、章表、奏、議諸體源於《書》。故〈史傳〉篇首舉《春秋》、《尚書》二經，以總領筆體。知劉勰以〈明詩〉、〈史傳〉爲文、筆之首，統領以下諸篇；足覘文、筆是劉勰設篇分體的第一個層次。

次言第二層次：是各篇所標示的文體及其篇次關係。篇目上的各體，爲劉勰主要論述的文體㉖，有「獨體設篇」者，有「兩體相近，合爲一篇」者，有「衆體雖繁而無類可歸，凡屬有韻的都收錄到〈雜文〉，無韻的都收錄到〈書記〉」者。王師更生指出曹丕將兩體相近者合論，及陸機獨體單論的方式，給劉勰設篇分體極大的啓發㉗。劉勰對重要的文體，如詩、賦皆獨體設篇；某些文體爲二字者，如樂府、諸子、封禪，由於不易合論，故單獨立篇。其餘篇目，除〈雜文〉一篇，難以具體指出其所包含的文體外，餘皆兩體合論。劉勰並指出兩體合論的理由，如〈頌贊〉，言贊體爲「頌家之細條」，指頌與贊兩體有源流本末的關係；〈檄移〉言移體「意用小異，而體義大同，與檄參伍。」指其體義相近，故兩體合論。〈銘箴〉言銘、箴兩體「警戒實同」；〈誄碑〉言「樹碑述亡，同誄之區。」；〈章表〉指章表作用「所以對揚王庭，昭明心曲。」皆因其作用相同而合論。〈議對〉指對策、射策：「二名雖殊，皆議之別體。」此又以別體而合論者也。因知合篇的兩體於源流、體義、作用等方面均有深厚的關係。劉勰於論述時，大抵以居首者爲主，其次者爲從㉘，主詳而從略，如〈奏啓〉篇將奏體分爲陳事之奏與按劾之奏，論述極爲詳盡；於啓體則簡略帶過。其他如〈頌贊〉、〈祝盟〉、〈論說〉、〈檄移〉等篇皆是。

㉖　計有三十四種，同⑲，頁一二一。
㉗　見王師更生《文心雕龍新論》，頁二五。
㉘　參張少康《文心雕龍新探》，頁一八六。

關於各篇篇次,則以五經爲準,史志爲輔。首先看文類十篇,可分爲四大部分:一是與《詩》有關的四篇,〈明詩〉居首;〈樂府〉爲次;〈詮賦〉、〈頌贊〉又其次。二是與《禮》有關的四篇,禮是講人、我關係的,其中又分對神和對人兩部分,〈祝盟〉居首,因其用以告神,爲簡短的韻語,類似詩歌,故次於〈頌贊〉㉔。〈銘箴〉居次的原因,以其對人能起警戒的作用。〈誄碑〉、〈哀弔〉皆與亡者有關,觀摯虞《流別論》:「哀辭者,誄之流。」誄係累計死者之德行,故次以對亡者的哀弔。三是〈雜文〉篇。四是〈諧讔〉篇,因「遵循班固《漢·志》的成例」,故置於最後。接著看筆類十篇,亦可分爲四大部分:一是與《春秋》有關的〈史傳〉篇,此篇列爲筆首,說明傳記文學在散文中的卓越成就。二是與《易》有關的〈諸子〉、〈論說〉篇,依傳統經、史、子的觀念,故次於〈史傳〉篇㉚。三是與《書》有關的〈詔策〉、〈章表〉、〈奏啓〉、〈議對〉等篇。由於詔策章表等體乃漢以後的定制,故列於先秦史、子諸體之後。其中又以君、臣關係爲序,詔策爲「王言」,故列於首。又《左傳·成公》十三年言「國之大事,在祀與戎。」戎以討有罪,祝以報成功,皆爲「王言」,故〈詔策〉之後,次以〈檄移〉、〈封禪〉㉛。〈章表〉以下爲臣子陳謝、糾彈、進言之作,奏啓爲「主動進言」、議對爲「被動獻說」,故二篇相次㉜。四是〈書記〉篇,總攬筆體所未納入的文體,作爲收束。

再言第三層次:附論。王師更生指「附論」乃「雜體之文,不足

㉔ 參見周振甫《文心雕龍今譯·祝盟》篇。

㉚ 同㉔。

㉛ 見劉永濟《文心雕龍校釋·檄移》篇「釋義」。

㉜ 見李師曰剛《文心雕龍斠詮·議對》篇「題述」。

以特立專篇,乃依其品性何屬,即附錄於何篇之末。㉝」此又可分爲兩種:一是各篇中的附論,所論各體與篇目上的文體有密切關係,如〈詔策〉篇附論「戒」、「敎」、「命」三體,范文瀾《文心雕龍注·詔策》云:「戒、敎、命皆尊長示卑下之辭,然不限於君臣之際,故彥和於篇末附論之。」〈明詩〉篇附論三六雜言、離合、回文、聯句等詩體,云:「巨細或殊,情理同致,總歸詩囿,故不繁云。」其中唯〈詮賦〉、〈銘箴〉、〈哀弔〉、〈諸子〉、〈封禪〉五篇未見附論。二是〈雜文〉、〈書記〉兩篇的附論,有餘論的性質,囊括文、筆兩類其他篇中所未能涵蓋的文體。〈雜文〉篇以「存目」爲主,云:

> 詳夫漢來雜文,名號多品。或典、誥、誓、問,或覽、略、篇、章,或曲、操、弄、引,或吟、諷、謠、詠。總括其名,並歸雜文之區;甄別其義,各入討論之域;類聚有貫,故不曲述也。

「總括其名,並歸雜文之區」說明各體存目的性質。至於「甄別其義,各入討論之域」,范文瀾《文心雕龍注·雜文》以爲典可入〈封禪〉篇;誥可入〈詔策〉篇;誓可入〈祝盟〉篇;問可入〈議對〉篇;曲、操、弄、引、吟、諷、謠、詠可入〈樂府〉篇;章可入〈章表〉篇;覽、略、篇或可入〈諸子〉篇。至於〈書記〉篇,范文瀾《文心雕龍注·書記》以爲廣義的書記,「凡書之簡牘,記之以表志者,片言隻句,皆得稱之爲書記。」故附論有譜、籍、簿、錄、方、術、占、式、律、令、法、制、符、契、券、疏、關、刺、解、諜、狀、列、辭、諺二十四種文體,云:「夫書記廣大,衣被事體,筆劄

㉝　見王師更生《文心雕龍研究》,頁三二五。

雜名，古今多品。」「雜名」、「多品」，亦有存目性質。故劉勰附
論各體，爲其立篇的第三層次。

　　劉勰將百餘種文體層次井然地加以組織，形成完密而周全的理論
體系，劉永濟《文心雕龍校釋·章表》贊其「分合之際，具見別
裁。」范文瀾《文心雕龍注·原道》亦美其「排比至有倫序」，故標
準的多重性與立篇的層次性，爲其分體設篇的最大特色。

肆、論述文體的特色

　　劉勰文體論內容雖依四大綱領進行，然其論述並非平面的資料堆
砌，觀其體大慮周，籠罩群言，歸功於論述上有三大特色：一是方法
的多樣性；二是論點的文學性；三是用語的精準性。茲就此三點說明
之：

一、方法的多樣性

　　劉勰於四大綱領中所運用的方法各有側重：「釋名以章義」以訓
詁學的方法詮釋文體命名的由來與定義；「原始以表末」以歷史敘述
法闡明文體的淵源與流變；「選文以定篇」則運用獨論、比論、合論
三種方法評論作家與作品，於比論中，或古今對比，或同代相較，以
彰顯作品的優劣、正反、華實與異同；於合論中，列舉法與概括法並
用，將遠古至宋齊近三千年的文學史料網羅殆盡㉞；「敷理以舉統」
運用了歸納、綜合等法，將前人創作經驗歸納出具體的寫作原理與藝
術要求。故其所運用的方法具有多樣性的特色。

　　劉勰於實際運用上述諸法時，又極爲靈活，如〈明詩〉篇提出
「閱時取證」與「比采而推」的兩種論證法，前者乃歷史敘述法，後

㉞　王師更生言劉勰「以文學發展史觀爲論敘的方式，是屬於歷史性的、時間性的」復言
　　劉勰「以作家爲評述中心的方式，是屬於社會性的、空間性的」綜合上述二大條例，
　　爲其「單論、合論與比論的憑藉」。同㉝，頁三二八至三三一。

者是比較法。於「闕時取證」中，首先舉出春秋的《詩經·召南·行露》，其前兩章首四句已用五言，如「誰謂雀無角，何以穿我屋？」其次說明戰國時，《孟子·離婁》與屈原〈漁父〉所引孺子之歌：「滄浪之水清兮，可以濯我纓。」亦全篇爲五言。又《國語·晉語》載春秋時優施爲里克唱〈暇豫歌〉：「暇豫之吾吾，不如鳥烏，人皆集於苑，己獨集於枯。」已有三句五言。最後《漢書·五行志》載成帝時童謠：「邪徑敗良田，讒口亂善人，桂樹華不實，黃爵巢其顚，故爲人所羨，今爲人所憐。」已全首五言。劉勰於此雖未質定李陵、班婕妤詩的眞僞，然據春秋以來詩歌爲證，其時已有創作五言詩的歷史條件㉟。又於「比采而推」中，就傳說中部分古詩爲西漢枚乘所作及〈孤竹〉一篇爲東漢傅毅的作品，探究作者誰屬問題，劉勰採用比較法觀五言詩的辭采，以爲「結體散文，直而不野」，因而推論係「兩漢之作」，此處雖未直言作者誰屬，然答案卻呼之欲出。

　　「敷理以舉統」中亦運用比較法，突破文體間的界限，以闡明各體異同，並往往於「選文以定篇」中舉實例加以印證，如〈頌贊〉篇「敷寫似賦，而不入華侈之區；敬愼如銘，而異乎規戒之域。」分別比較頌與賦、頌與銘的異同；頌與賦於「敷寫」的手法上相似，然文辭的表現則有明顯差異，劉勰評馬融〈廣成頌〉與〈上林頌〉：「雅而似賦，何弄文而失質乎！」即針對此點而言。頌與銘在誠敬謹愼的寫作態度上是相通的，然頌與銘文的規勸警戒不同。又如〈誄碑〉篇言誄「傳體而頌文」；碑「其序則傳，其文則銘」，由於誄、碑兩體係由序文與正文兩部分組成，兩體的序文由記傳體的散文構成，是其同。兩體的正文，誄體「累其德行」，故與「美盛德」的頌體同。碑體因「碑實銘器，銘實碑文」，故與銘文同，劉勰於〈銘箴〉篇評蔡

邑銘文:「朱穆之〈鼎〉,全成碑文。」即針對此點而言,是其異。
復如〈哀弔〉篇:「夫弔雖古義,而華辭未造,華過韻緩,則化而為
賦。」比較了弔與賦在辭采與聲韻上的不同,劉勰評司馬相如〈弔秦
二世文〉:「全為賦體。」乃就此而論。知四大綱領雖各自遵循某些
固定的方法,然於論述時,則靈活運用了各種方法。

　　此外,劉勰對於需要進一步申論的重要問題,則採用「按語」說
明之;對於先秦兩漢部分文章的文體歸屬問題,則以詳略互見法釐清
之。在「按語」方面,如〈明詩〉篇:「按《召南·行露》,始肇半
章……。」〈詮賦〉篇:「按《那》之卒章,閔馬稱亂。」〈史傳〉
篇:「按《春秋》經傳,舉例發凡。」〈諸子〉篇:「按《歸藏》之
經,大明迂怪。」〈章表〉篇:「按《七略》、《藝文》,謠詠必
錄。」皆引經據典,使論述更加深刻與周全。在詳略互見方面,如秦
代刻石分見於〈頌贊〉、〈銘箴〉、〈封禪〉各篇,〈頌贊〉云:
「秦政刻文,爰頌其德。」就「頌德」內容言,故入頌體。〈銘箴〉
云:「始皇勒岳,政暴而文澤。」就刻石性質言,故入銘體。〈封
禪〉云:「秦皇銘岱,文自李斯,法家辭氣,體乏弘潤,然疏而能
壯,亦彼時之絕采也。」此篇雖專指泰山刻石,然就其「銘岱」性
質,可入銘體;就其頌德,可入頌體;此處係就其封禪作用,故入此
篇。前兩篇論秦代刻石,皆簡語帶過;〈封禪〉篇則詳述泰山刻石的
作者與藝術風格,前略後詳,相互參見。又上古帝皇刻石,分見於
〈誄碑〉、〈封禪〉兩篇,〈誄碑〉云:「上古帝皇,紀號封禪。」
是就刻石性質言,故入碑體,然論述極略;〈封禪〉云:「昔黃帝神
靈,克膺鴻瑞,勒功喬岳,鑄鼎荊山。大舜巡岳,顯乎《虞典》
……。」據《管子·封禪》、《史記·封禪書》及《尚書·舜典》,詳
論三皇、五帝時期封禪的情形,論述詳盡,兩篇詳略互見,可以並
參。

劉勰復運用史、論、評相結合的方法，使四大綱領有機地組織成一完整的體系㊱，故方法的靈活運用與多樣性，爲劉勰論述文體的一大特色。

二、論點的文學性

近來有部分學者一方面稱許劉勰對文體辨析的貢獻；另一方面卻以爲其所收錄的文體，範圍過於寬泛，即據以批評其「文學」觀不如蕭統《昭明文選》的選文觀點㊲，此實因其僅見劉勰選體的普遍性，而未察其論述的文學性㊳。

劉勰論述文體時，旨在闡明各體文章的文學特性。首先是於文類各體，強調其抒情性：如〈明詩〉篇言詩的定義，在「持人情性」；〈樂府〉篇言樂歌的目的，在「情感七始，化動八風」；〈詮賦〉篇言大賦「述行序志」，小賦則「觸興致情」；至如贊體須「約舉以盡情」；祝文「宜恭且哀」；盟辭乃「感激以立誠」；誄須「榮始而哀終」；哀則「情主於痛傷」；弔乃「哀而有正」，皆以表述情感爲主。

至於筆類各體，則強調其感染力：如〈檄移〉篇「植義颺辭，務在剛健」，說明檄體寫作宜有壯盛的氣勢，果斷的文辭。〈封禪〉篇「義吐光芒，辭成廉鍔。」言其義理正大，有動人的光芒；文辭犀利，有強大的說服力。〈章表〉篇「雅義以扇其風」指表的寫作應義

㊱　楊明照〈從文心雕龍看中國古代文論史論評結合的民族特色〉、王元化《文心雕龍講疏·文心雕龍創作論八說釋義小引》、牟世金《文心雕龍研究·論文叙筆》、張文勛〈劉勰美學思想面面觀〉等，皆對此有所闡發。

㊲　如彭立勛、曾祖蔭《西方美學與中國文論·論文叙筆——劉勰的文體論》，頁二七〇。

㊳　此一文學特性學者多有論及，如陸侃如、牟世金《文心雕龍注·引論·論文叙筆——對前人創作經驗的總結》云：「由文學、非文學之各體文章，析論文章寫作之原理原則，與文學批評之準則，並據以評論實際之作品，其宗旨在於文學，對詩文創作有指導之意義。」又牟世金《文心雕龍研究》云：「劉勰的論文叙筆，是從文學的角度著手的」、「從各種文體中總結文學經驗的」，頁二一三。

理雅正，能鼓動如風。〈奏啓〉篇「位在鷙擊，砥礪其氣，必使筆端振風，簡上凝霜」、「不畏彊禦，氣流墨中，無縱詭隨，聲動簡外」，所謂筆端振起肅殺之氣、簡上凝結冰霜之嚴、正氣流注於筆墨中、名聲傳播於簡冊外，皆指按劾之奏所傳達出來的威力。〈議對〉篇「風恢恢而能遠，流洋洋而不溢。」以恢宏遼遠的風氣與盛大充盈的水力，喻對策的感染力。至於〈詔策〉篇「授官選賢，則義炳重離之輝；優文封策，則氣含風雨之潤；敕戒恆誥，則筆吐星漢之華；治戎燮伐，則聲存泮雷之威；眚災肆赦，則文有春露之滋；明罰敕法，則辭有秋霜之烈。」舉凡光芒四射的明輝、惠風潤雨的和氣、河漢的星光、震雷的聲威、春露的滋養、九秋的寒霜，無一不形容感人至深的筆力。故劉勰把握韻文的抒情性與筆體的感染力，使各體文章的文學性，得以彰顯。

　　至於論述各體文章的創作過程中，強調情物結合，如〈明詩〉篇「人稟七情，應物斯感，感物吟志，莫非自然」、「婉轉附物，怊悵切情」，劉勰言詩歌創作，是詩人內在情感受到外物的感召，在情景交融中，極其自然地產生了作品。〈詮賦〉篇「舖采摛文，體物寫志」、「情以物興，故義必明雅；物以情覩，故詞必巧麗」言賦家的內在才情，因自然景物而觸發，故內容必明潔典雅；而外在景物，爲其才情的反映，故詞采必巧美艷麗。由於創作上的情物結合，作品必有眞實的情感與鮮明的藝術形象，故亦闡明了文體的文學特性。

　　再是凸顯作家才華與所擅長的文體，如〈銘箴〉篇言「張載〈劍閣〉，其才淸采」指張景陽〈劍閣銘〉文辭省淨淸雅，充分表露其才華。〈誄碑〉篇指蘇順、崔瑗有「誄之才」；蔡邕有碑碣之才。〈詔策〉篇言溫嶠有才，故晉明帝起用爲中書令。〈書記〉言陳遵、禰衡乃「尺牘之偏才」，故無論韻文或筆體，皆須憑藉作家才華，始能成其佳作。

另外，劉勰亦持文學的觀點評論作家與作品，如〈諸子〉篇論諸子的文辭：或「文麗」或「語質」、或「精約」或「博喻」、或「辭雅」或「采奇」、或「辭壯」或「文鈍」，雖文質、博約、奇正、利鈍各不相同，然皆有可觀。又言其內容：或「意顯」或「奧義」、或「理懿」、或「事覈」或「情辨」，於論理、敘事、抒情等方面，雖隱顯不一，但各有側重。於論述各體作法時，如〈祝盟〉言祝文宜「修辭立誠」；盟約宜「感激以立誠，切至以敷辭。」〈論說〉言論體「義貴圓通，辭忌枝碎。」〈議對〉言駁議「文以辨潔為能，不以繁縟為巧；事以明覈為美，不以環隱為奇。」皆扣緊辭、義兩方面而論。由於內容與形式的結合，才能有傑出的作品。

故劉勰秉持文學的觀點，由諸多層面論述各體文章，所以文學性是其論體的另一特色。

三、用語的精準性

劉勰論述文體時，其行文措詞極為精準，茲分由四大綱領加以證明：

在「釋名以章義」方面，觀劉勰對各體所下的定義，如〈章表〉云：「表以陳請。」漢魏以來，表多用以自陳、自試、自理、自劾、自解等，皆陳述一己悃款之情；復用於表慶賀、獻詩文、進諍言、陳政事、讓封爵、薦舉人、追封號、謝恩賜等，知表的內容包羅萬象，故劉勰言「表體多包，情位屢遷。」扣緊「陳請」，詮釋「表」義，精準無比。又〈論說〉篇釋「論」：「論者，倫也，倫理無爽，則聖意不墜。」《說文》段注：「凡言語循其理，得其宜謂之論。」劉熙載《藝概》指出「《文心雕龍·論說》篇解『論』字，有『倫理無爽』及『彌綸群言，研精一理』之說，得之矣。」〈議對〉篇釋「議」：「議之言宜，審事宜也。」《說文》：「議，語也。」段注：「按許說未盡。議者，誼也，誼者人所宜言也，得其宜之謂

議。」故張立齋《文心雕龍註訂·議對》指段氏所言，實本於彥和。凡此，足證劉勰「釋名以章義」的精準性。

在「原始以表末」方面，如〈章表〉篇云：「前漢表謝，遺篇寡存。」知西漢章表，後世少見。又云：「及後漢察舉，必試章奏。左雄表議，台閣爲式；胡廣章奏，天下第一，並當時之傑筆也。」指出安、順二帝時，左雄「表議」爲台閣取法；胡廣「章奏」爲「天下第一」。劉勰將「表、議」、「章、奏」並舉，知漢代各體雖已有區分，然用則兼通。漢末與三國，有孔融〈薦禰衡表〉；諸葛亮〈出師表〉；以及曹植、陳琳、阮瑀等人的表文。晉有張華〈三讓公封表〉、羊祜〈讓開府表〉、庾亮〈讓中書監表〉、劉琨〈勸進表〉、張駿〈請討石虎李期表〉等，皆爲表中名篇。劉勰之於章表，兩漢部分極其簡略，魏晉時期則行文詳盡，足證其準確地把握住章表發展的脈動。又如〈諸子〉篇論述子學的變遷，以爲「兩漢以後，體勢浸弱，雖明乎坦途，而類多依採，此遠近之漸變也。」此說精準地掌握子書發展趨勢，故王師更生《文心雕龍研究》論《文心雕龍》的子學：「彥和證兩漢爲子學變遷的大關鍵、大終結，乃學界公認的確論。爲後此治子學者立一準據。」故「精到」爲劉勰論文體歷史發展的一大特色㊴。

在「選文以定篇」方面，劉勰往往以寥寥數語，精準地概括作家與作品的獨到之處，如〈銘箴〉篇「李尤積篇」，常璩《華陽國志》卷十〈廣漢士女〉著錄其有「百二十銘」，今猶可考見者有八十四篇㊵，知劉勰下語精準。又如〈頌贊〉篇「景純注《雅》，動植必贊，義兼美惡。」觀嚴可均《全晉文》輯郭璞《爾雅圖贊》四十八

㊴　參㉘，頁一九一。
㊵　《全後漢文》卷五十注云：「今搜輯群書，得八十四銘，其餘三十七銘亡。」

則，除天地山水及器物外，動物有蟲、魚、鳥、獸、畜；植物有草、木，故「動、植必贊」；其內容有褒美者，如〈柚贊〉；有貶抑者，如〈蚍蜉贊〉，故「義兼美惡」，知劉勰精準地說明其題材與內容。至如〈明詩〉篇「嵇志清峻，阮旨遙深。」以清高峻烈概括嵇康詩風，以遙遠深沉概括阮籍詩風，詞簡義賅，明張溥《嵇中散集題辭》許爲「定論」。

在「敷理以舉統」方面，如〈誄碑〉篇「屬碑之體，資乎史才。其叙則傳，其文則銘。標叙盛德，必見清風之華；昭紀鴻懿，必見峻偉之烈，此碑之制也。」茲舉蔡邕〈陳太丘碑〉及〈郭有道碑〉爲例：首先，二碑首有小序，詳述其人姓名、字號、年里、家世、官爵、功勳等，如史傳之體，故須「資乎史才」。正文部分，則以四言韻語的銘文爲之。其內容詳述其人德行和生前勳業，足證劉勰對碑文的體制與內容大要，皆能精準地掌握。又如〈哀弔〉篇「原夫哀辭大體，情主於痛傷，而辭窮乎愛惜。幼未成德，故譽止於察惠；弱不勝務，故悼加乎膚色。」茲舉潘岳〈金鹿哀辭〉和〈孤女澤蘭哀辭〉爲例，或云「既披我幹，又翦我根，塊如瘣木，枯荄獨存。」或曰「耳存遺響，目想餘顏，寢蓆伏枕，摧心剖肝。」皆表述悲痛哀傷之情。至云「嗚呼上天，胡忍我門；良嬪短世，令子夭昏。」又曰「彼蒼者天，哀此矜人；胡寧不惠，忍予眇身。」措辭皆傳達對死者的愛憐與惋惜。以上是生者的立場。至於對夭折者的形容，由於內在尙無德養，故稱美僅限於聰明敏慧，如「柔情和泰，朗心聰警」、「淑質彌暢，聰惠日新」。對外尙不足勝任世務，故悼念僅止於髮膚容貌，如「鬒髮凝膚，蛾眉蟫領」、「鬒髮蛾眉，巧笑美目」。劉勰分別由生者、亡者的立場，把握哀辭寫作的大要。

綜合上述，知劉勰靈活運用各種方法，並以文學的論點論述所有文體，且具有精準無誤的優點，是其最大特色。

伍、結　語

　　劉勰文體論論述當時通行的各種文體，故在文體的選擇上，具有時代精神與普遍意義。

　　又其設篇分體，首先以當時流行的文筆說，將文體區分為有韻的「文」與無韻的「筆」兩類；又本其宗經思想，將各體推原於五經。與近人分類的三大原則：包舉、對等、正確不謀而合。最後參酌《七略》、《漢·志》等史家目錄以為輔，故其標準有多重的特性。

　　由於具有上述多重標準，故其篇目的分合與安排至有倫序：首先，以文、筆兩分為第一層次，將〈明詩〉至〈諧讔〉十篇屬文之體置前，〈史傳〉至〈書記〉十篇屬筆之體居後。其次，以篇目上的文體為第二層次，或獨體設篇，或兩體合篇，總計三十四種。最後是各篇中附論的衆體，為第三層次。主、次分明，層次井然。

　　劉勰依四大綱領論述文體時，把握了一定的方法，分別為訓詁法、歷史敘述法、比較法及歸納、綜合法等，於重要問題上復能運用按語法、詳略互見法加以辨析，故方法上有多樣的特徵。其又能靈活運用上述諸法，將四大綱領作有機地組合。至於論述時，秉持文學的觀點，多層面地抉發各體文章的文學特性。而其下語，又都精準無爽。故劉勰於文體的選擇、分體設篇以及論述上，極具獨到的特色。

〈檄移〉的淵源與變遷

美國加州 chip & chip inc. President

林中明

壹、提要

「檄移」是古代戰書討逆，文宣資移的統稱。這種特殊的文體，可以上溯到虞、夏、殷、周的軍誓，「暨乎戰國，始稱爲檄」。它的寫作構勢，可以說是兵法的文用。劉勰說「文變染乎世情，與廢繫乎時序」。縱觀中華詩文諸體，「質文代變」；「歌謠文理，與世推移」。自漢至清，詩、賦、詞、曲、傳奇、戲劇，藝文之體，凡數變矣。然而反觀檄移文章，自漢而清，文理形式竟無大異。近時「文革」，焚毀舊藏，而攻伐文宣，仍以「檄」名。可見「檄」雖舊體，其命維新。它的變遷，大多出於傳播工具的變異，而不是本體的更遷。至於歐希羅馬，自古以來爭戰亦頻，歷史如戰史，然其「檄移」文告，除莎氏劇本及邱翁之檄移文字外，大多乏釆可觀。本文於比較中西檄移文章之外，並嘗試以希臘亞理斯多德的《雄辯之藝術》，綜合曾文正桐城文派「義理、考據、文釆、經濟」四要則，去探討《文心‧檄移》及古今檄文，及其源自《孫武兵經》的共性及文學上的特點。復由檄文的變遷，來檢驗《文心雕龍》的時代性，並謹此就正於方家。

貳、緣始表末

《文心雕龍》這本奇書，內涵淵博，組織嚴密，成就曠古，當無

疑議，然而到了世紀之末，由於電子科技等超線性的成長，人類所擁有的資訊，在數量方面以指數的速度累進。如果就文史哲材料之個人曉悉記憶而言，南北朝的劉舍人恐怕已不及昨日的錢鍾書。若就總體資料之編輯及數量而觀，則《文心雕龍》更渺然不及今日「電訊腦庫」之一束。然而若以相對的成就質量而言，1500年前的劉勰不僅在哲思、文論、邏輯、智術上集前賢之大成，而且字謹言精，於駁雜之材料中，取譬不失精要；而於繁複系統束縛之下，運思又能迭有創見，最難得的是他能以《孫武兵經》的兵略健碩勢理，融通文武二系，大匠舉重若輕，不著痕跡的開闢了文論的新方向①②，連錢鍾書都看走了眼③。所以若以此平準歸零的方式為衡量，則劉勰成就之卓越博大，亦且傲今。

　　《文心雕龍》體大精深，近代專研《文心》的學者，王更生等，曾以文原、文體、文術、文評四論區分之，以便利學術研究討論（王更生《文心雕龍研究‧文體論》文史哲出版社，1979）。其中的「文體論」二十篇④，更高佔全書五十篇中40％的大比例。王更生指出：「其內容又結構緊密，鋪排嚴整，包羅之廣，創例之多，足以和他的文原論、文術論、文評論，鼎足而立，毫無遜色」。然而本世紀以來，研究「文體論」者，十不及一，不成比例，早期學者劉大杰甚至在他的《中國文學發達史》鉅作中說「在全書這是價值最低的一部

---

① 林中明〈劉勰和《文心》裡的兵略思想〉，《文心雕龍研究第二輯》頁311－325，北大出版社1995.8

② 林中明〈劉勰、《文心》與兵略、智術〉，《史學理論研究》頁38－56，中國社會科學院，1996.1

③ 錢鍾書《管錐編‧列子張湛註‧評劉勰》：「綜覈群倫，則優爲之；破格殊論，識猶未逮。」（按：錢氏未識劉勰以兵略經營《文心》，可謂「識猶未逮」，而《管錐編》大多亦不出「綜覈群倫」也。）

④ 20篇文體論，討論34種形式，不僅比曹丕的八種四類和陸機〈文賦〉的十類文體遠遠爲多，既較佛教33天猶多一種。

分」。劉大杰的意見,想來也代表了不少文論研究者的心聲。因為把文體論裡的應用文和如花似蜜的詩詞戲劇相比,把文體論當做果實中有硬殼的乾果也不為過,它們當然不容易引起工作者的胃口。研究文體論的工作也近似於中下游的科技工作,研究者非有發達的理性左腦和集腋成裘的耐性不為功。難怪《文心》中近二分之一的寶藏,竟然埋土集塵,乏人問津,這可真是本世紀研究《文心》的遺憾。

《文心雕龍》內涵博雜。研究《文心》就像是研究一部小型的文學、歷史和社會學史。如果把《文心》比成一株會開花的大樹,那麼「神思」和「情采」等篇就像是耀目的花朵,而「文體論」諸篇,大部分就像是樹的枝葉,非花,非榦,也非根。研究它們就非得有點「多識於鳥獸草木之名」的心理準備不行。再進一步說,人類文藝智術的系統研究,和生物學的分門別類的系統研究也很類似。西方《詩論》的創作人──亞理斯多德,不也就是世界「生物學」的肇始人嗎?所以說,研究《文心》而不研究那高踞40%的「文體論」是不平衡而頗有缺憾的。話再說回來,「文體論」二十篇都是像枝葉、乾果,而無感性和火焰嗎?答案是否定的,因為〈檄移〉篇就是一篇有火有花的壯文,很值得去探討它的文學特色,和在文學史及歷史上的淵源與變遷。

〈檄移〉之文,事兼文武,威敵耀我,乃誓訓生死之壯筆。更因為劉勰年青時對「緯軍國」而騁時績的嚮往,筆下自帶感情,很值得我們留心。〈檄移〉的文體上溯虞、夏、殷、周的軍誓,研究者不僅由之可得三千年前的世情時序,而且又是研究古代軍政文史的富藏⑤。譬如說,把〈牧誓〉的社會歷史學和天文星相合起來研究:江

---

⑤ 王更生《文心雕龍研究·文體論》「這種集大成之作,是值得我們欽佩的,所以居今而欲逆溯中古以前文體論的真相,老實說,還只有靠劉彥和給我們留下的這份文化遺產,否則,我們便很難來禮讚這大漢文學的」。

曉原就能推演出相當可信的《武王伐紂日程表》⑥。他推出周武王是在公元前1045年12月4日誓師，次歲一月三日渡過孟津，1044年一月九日發起「牧野之戰」，仁義之師，以少勝多，大敗兵無鬥志的紂軍。〈牧誓〉一文，不僅給《史記·周本記》提供了第一手的史料，而且爲欣賞文藝作品《楚辭·天問》的「載尸集戰，何所急？」提供了更具體的人事和軍政背景，此所以劉師培在《國學發微》中說：「古人謂學術可以觀時變，豈不然哉！」

參、淵源

因爲世間資源有限，萬物競生求勝，都不免運用戰鬥的思考和手段，企圖在時空和環境的限制下，以最經濟的方式，最少的能量消耗，和最低的熱焗廢產（熱力學第二定律），「違害就利」（《吳子》）來達成最大的效益。所以舉凡經商談判、博奕運動、殺菌醫療以至於文宣選戰各種活動，都不能跳出直接引申《孫吳兵法》，或是順水推舟後的兵略範圍，如果說〈諧讔〉一篇講的是「遊戲文字（諧）」和「文字遊戲（讔）」⑦則〈檄移〉一篇就是以「文章作」的「作戰文章」，所以逆流上溯人類活動，就看到周代《易經》裡的〈師卦〉是從〈訟卦〉而來。因爲〈訟〉而不服乃興「師」動眾，而〈訟卦〉則是由〈需卦〉而來。因爲部落集團由於「需」要不足或不均而導致爭「訟」⑧。

錢鍾書一介書生，竟然特別指出：「曩言心理者，莫不以爭鬥（pugnacity）列爲本能（instinct）之一。吾國先秦諸子早省殺機之

---

⑥　江曉原（上海交大）《武王伐紂日程表》1999.3.5。

⑦　林中明〈談〈諧讔〉──兼說戲劇、傳奇裡的諧趣〉1998.8文心雕龍學會論文。

⑧　蔣凡《周易演說》，湖南文藝出版社，1998.10。

伏於尋常言動矣⑨」錢鍾書在《管錐編》裡談兵，就引《呂氏春秋》裡「古人」的「老話」說「今世之以偃兵疾說者，終身用兵而不自知，字！」

既然人類活動是因「需」而生「訟」，由「訟」而興「師」，於是乎各引兵法，你爭我奪，上下交征利，如孔子所說「好勇疾貧，亂也」（《論語·泰伯》）。現代戰亂的危機也還是不出2400年前曾子的弟子吳子所說的「凡兵之起者有五：一曰爭名，二曰爭利，三曰積惡，四曰內亂，五曰因肌」。近年更有美國政治學者杭廷頓（Huntington），沿襲德國歷史學家史賓格勒（Spengler）和英國的湯恩比（Tonybee）開創的「文明體」架構，以「激水漂石之勢」，提出《文明衝突論》，把達爾文生物競生的觀念提升到比國家更大的八大「文明集團」。由此可見，今後〈檄移〉的應用率，還會上升。今日的世界，螳臂擋車，以小攖大⑩，憤不畏天者寡。較常見的多半還是「八國聯軍」，以大對小，有如「抵落蜂蠆」。有的是以眾對孤，也會有集團對集團，翻江倒海，「惟壓鯨鯢」。〈檄移〉的名稱、格式和露布的方法雖然變異，劉勰對〈檄移〉原則性的論述，仍然經得起時遷域變的考驗。

肆、《孫武兵經》對〈檄移〉的啟發

《孫子》的第一句話既是「兵者，國之大事，死生之地，存亡之道，不可不察也」。就因為兵事是「國之大事，死生之地」，所以

---

⑨　錢鍾書《管錐編》頁224，及頁225 James, Principles of Psychology, ll 409 – 10。

⑩　Satric comedy movie ”The Mouse That Roared ”, about a tiny country, Grand Finwick, developed a mighty destructive bomb, declares war on USA, and asked ＄1M for compensation on losing winery competition to California wine, and won unexpectedly with the bomb, which turned out to be not functional. Columbia, 1959.

「檄移」雖然是偶爾為之，它的情感衝擊力特別大，因此古來檄文雖然數目有限，但卻產生了不少「警句」，它們膾炙人口，差堪比擬詩詞名句。譬如駱賓王為徐敬業所寫的〈討武曌檄684AD〉，集文字、仗式、節奏、韻律、氣勢及義理於一爐。其事雖不成，千載壯其文。其中的名句如「蛾眉不肯讓人，狐媚偏能惑主」和「一坏之土未乾，六尺之孤何托？」，連武后看了都讚嘆地說：「人有如此才而使之流落不偶乎？」可見上乘檄文的魅力。

《孫子》兵法裡首要的觀念乃是：「道，令民與上同意也」。兵法裡的引導軍心，其實和文藝創作裡引導讀者、觀眾，沒有兩樣，所謂「意用小異，而體用大同」是也。〈檄移〉篇裡釋「移」說：「移者，易也；移風易俗，令往而民隨者也」就是《孫子·計篇》裡的「道，令民與上同意也」！人民士兵能與上同心齊意，然後才能「可與之生，可與之死」。孔子說「民無信不立」，孫中山先生《三民主義》裡首言「革命必先革心」，說的也是同一件事。

《司馬法》曰：「禮與法表裡也，文與武左右也」。孫武子文武全才，當然知道領軍得衆，致勝之要在於「告之以文，齊之以武，是謂必取」。而稍後的《尉繚子》也說「兵者，凶器也。戰者，逆德也。爭者，事之末也。故王者伐暴亂，本仁義焉。兵者，以武為植，以文為種。武為表，文為裡」。熟悉兵法的劉勰，因之也在〈檄移〉的第二、第三兩段裡說「周穆西征，祭公謀父稱：『古有威讓之令，令有文告之詞』，即檄之本源也」。春秋周「劉獻公之所謂『告之以文辭，董之以武師』」，也是再度闡明「故檄移為用，事兼文武」。

〈檄移〉既然是「文章作戰」的「文伐」（〈六韜·文伐〉），它寫作的法則自然規隨兵法原則。「兵出須名」，既是《論語》的「必也正名乎？」又是《孫子》的「以正合」。〈檄移〉指出，檄文「雖本國信，實參兵詐」，「譎詭以馳旨，煒曄以騰說」。〈檄移〉

指出，都是兵法中詭道的應用，是謂「以奇勝」。《孫子》說「故兵以詐立，以利動，以分合為變，……奇正之變不可勝窮也」。《孟子》雖說「仁義」，然而他的行文辯論，又有「壯筆」，也有「詭辯」，要之亦不違兵道也。知乎此，我們就不會對「詭譎詐」三字，在《文心》中幾卅見，感到詫異。

　　〈檄移〉開章說「兵先乎聲，其來已久」先聲奪「人」，豔色驚「人」，做勢襲「人」，這些招數其實都是從生物競生的技能裡發展而來⑪。巨猩擂胸以嚇敵，是先以聲奪「人」；毒蛇黃蜂的花斑，是以豔色驚「人」；蠻牛踢地，鼬鼠舉臀，則是做勢襲「人」。〈檄移〉開局的要點，也是起於摹仿自然生物的戰術。施耐庵《水滸傳》裡的老虎，它在「一撲、一掀」之後，緊接著就「一吼」懾敵再加「一剪」三招攻敵絕活。柳宗元《三戒》裡的〈黔之驢〉也有類似的噱頭，它望之龐然如神，鳴而虎大駭，以為且噬己。只是黔驢技窮之後，就成了老虎的大餐。

　　《孫子·軍爭》說：「其疾如風，侵掠如火，動如雷霆」。難怪嫻熟《孫武兵經》的劉勰，在〈檄移〉篇劈頭就說「震雷始於曜電，出師先乎聲威。故觀電而懼雷壯，聽聲而懼兵威」，其後又說「聲如衝風所擊，氣似攙槍所掃」，這都是借助於大自然的天威，也是亞理斯多德說的「文藝起於模仿自然」。莎翁在《亨利第五·二幕四景》裡，借亨利大王之口說戰局「此來像是一陣狂風暴雨，挾著雷霆地震有如周甫天帝」，用的也是同樣的技巧。

　　「致人而不致於人」，這是《孫子》的兵法。檄文的攻守原則也常採用誇張手法和扭曲事實，以揚己損人，來激怒對手，以圖造成敵

⑪　Will Durant, The Mansion of Philosophy, ch. 13, What is Beauty ? New York, 1929詩人騷客筆下看似無邪的麗羽花香，竟然不出生存競爭，自然淘汰這個天演法則。

方心理失衡和反應失策。這就是《孫子》使敵方「怒而興兵，慍而致戰」的心理戰。武則天和曹操能當廷稱讚敵方的檄文，更是懂得借力打力和「反檄移」。他們所突顯的文學修養，王者惜材的胸襟，和勝卷在握的信心，都和謾罵他們的檄文並垂不朽。而當時生死交關的流血爭戰，今日看來，反都成了皮毛餘事。難怪曹丕要嘆讚年壽榮華有盡，「未若文章之無窮」。

〈檄移〉裡講「述此休明，敘彼苛虐」，此非《孫子·計篇》之「主孰有道」者乎？「指天時，審人事，算強弱，角權勢」此又非《孫子·計篇》之「天地孰得，將孰有能，兵眾孰強，士卒孰練」，及《孫子·勢篇》《司馬法·攻權、守權》諸篇之旨乎？以天時、地利、人和爲戰鬥要素，此說《孟子》出於《孫子》之後，或儒門亞聖得之於兵聖孫武子乎？

〈檄移·贊〉曰：「三驅弛網」，意在檄文於攻堅批敵之餘，不要忘記網開一面，這也是《孫子·軍爭》裡的「圍師必闕」和「不戰而屈人之兵」的用兵之法，以最少的戰鬥和最小的犧牲，來爭取最快和最大的勝利。上乘的檄文，足當百萬雄師。

「故檄移爲用，事兼文武」，又再呼應〈程器〉裡「摛文必在緯軍國」的中心精神。

伍、文學特色和缺失

作爲一種文體，〈檄移〉與〈詔策〉〈論說〉〈祝盟〉〈議對〉〈書記〉等《文心雕龍》的篇章同屬政府機關的應用文。但它集陽剛、明確、詭辯、威儡、利誘於一身。它所上演的劇場，是大戰場；它的觀眾讀者，是交戰雙方的千萬軍民；它的音響，是震耳欲聾的殺聲；它的色彩，是腥紅的鮮血……借用莎翁在《亨利第五》中亨利第五威嚇法國的「檄語」：「凶惡的戰爭張著大嘴將要吞噬不少人，

其中有父親，丈夫，剛訂婚的情人；還有寡婦的慟淚，孤兒的哭號，死人的腥血，惟悴少女的呻吟。……將要造成千萬失去丈夫的寡婦；使得母親失掉兒子，使得城堡坍塌……」。在這種環境之下，「檄文」的特色就像是鉅資拍攝的大場面戰爭鉅片，或是以打擊樂器爲主，號角爲副的交響樂⑫，去喚醒那睡著的惡龍。它和講究陰柔媚麗、隱秀飄逸之類的「小型美感文藝片」或「小夜曲」自然而然大不相同。我們可以斷然的說，「檄移」是《文心雕龍》廿篇「文體論」中最具震憾性和生命力的「應用文學」。

作爲政治和戰爭的一種工具，檄文的作者試圖「嚴正的呼籲公義正道」，爲吊民而伐罪，雖然他明知是說假話。它需要有系統的引證事例耀我罪敵，雖然作者蓄意斷章取義，顛倒是非。但最重要的是──作者必需筆端帶有極度的自信和熱情，不然怎能勵己震敵或是自欺欺人？

《老子》說「福禍相依」。「檄移」雖然氣勢宏壯，但「宏壯失之誕……制傷迂闊，辭多言詭異，誕則成焉⑬」。文人或有一時熱血，因而放任其辭，依文勢而造僞事理，誤以爲「氣壯即是理直」，常導致「誣過其虐」。〈夸飾〉的文筆也應該「夸而有節，飾而不誣」，且須「行文可激，但須不害於正」，否則以暴易暴，實不知其可也。劉勰在《文心·論說》裡說「論說」樞要情況之一是「自非譎敵，則唯忠與信」。但劉勰卻不瞭解陸機所說的「說煒曄以譎誑」，其實也就是劉勰自己在〈檄移〉裡所指出「檄移」的特色常在於「譎詭馳旨，煒曄騰說」。而這也是「檄移」文章爲權勢服務，因目的而

----

⑫　沙士比亞《亨利第五》（梁實秋譯）：聽他講述戰爭，你就會聽到一場戰事像音樂一般給你演奏出來。

⑬　《文鏡秘府論·論文體六事》：「叙宏壯，則詔、檄振其響。……苟非其宜，失之遠矣。」

不擇手段的流弊和缺失。

陸、從桐城學派⑭章法⑮看〈檄移〉範例

「成功」的〈檄移〉必需是文、史、哲兼攻的一種文體。因而很適於借用清代桐城派的「義理、考據、詞章」三大作文要則去分析它。而且藉由研習古今檄文，又能以較近的桐城章法去和《文心》的文論相互發明短長，增進瞭解。

桐城文派雖然標示「義理、考據、文章」爲作文三大要素，但三者實難兼得，所以戴震說「欲收天下之巨觀，其可得乎⑯」雖然姚鼐也有不少雄深雅健，三者兼得的文章⑰，但一般人注意到的桐城派文章，也多半止於清雅的「小文章」⑱，它們多半弊於柔弱、拘隘⑲。但以曾國藩提出的「義理、考據、文章、經濟⑳」四項要素爲主軸，輔以八股文「起、承、轉、合」的格局技巧，以觀察分析〈檄移〉之類的「大文章」，也是一種「以舊治古」和「溫故知新」的方法。

一、義理和起式

粗略的來說，「檄移」的起式多用「義理」「正名」來個泰山壓頂。《吳子兵法》說得好：「禁暴救亂曰義」。荀子〈議兵篇〉也

---

⑭　姚鼐〈復秦小山見書〉：「天下學問之事有義理、文章、考據之分，異趨而同爲不可廢。」
⑮　曾國藩《歐陽生文集》：「姚先生獨排眾議，以爲義理、考據、詞章三者不可偏廢，必以義理爲質，而後文有所附，考據有所歸……。」
⑯　戴震《與方熙原書》：「學問之道，大致有三，或事於義理，或事於制數，或事於文章，……三者不相謀，而欲收天下之巨觀，其可得乎？」
　　戴震〈與姚鼐（姬傳）書〉：（治學方法）「義理、考據、詞章三者合一」。
⑰　如姚鼐的〈讀司馬法六韜〉，〈復魯絜非書〉，〈古體詩多首〉等。
⑱　劉熙載說歸有光「小文章好」，章太炎也說「劉才甫（大櫆）小文章好」。
⑲　錢基博《中國文學史·桐城文弊》；曾國藩：「亦頗病宗桐城者之拘拘於繩尺」。
⑳　曾國藩《求闕齋日記》：「經濟之學，孔門政事之科也。」

說：「義者循理，循理故惡人之亂也。彼兵者所以禁暴，除害也，非爭奪也」。所以劉邦和項羽相爭，劉邦藉口為項羽所殺的楚義帝發喪，「袒而大哭，哀臨三日」，著檄移，發使告諸侯，以「義理」責項羽殺義帝江南，大逆無道，乃率五諸侯兵，以義理振煥軍心，竟然首次大勝項羽軍隊於彭城。姚鼐說：「《易》曰『吉人之詞寡』，夫內充而後發者，其言理得而情當」，又說義理的重要在文采之先，「天下事理日出而不窮，識不高於庸衆，事理不足以關係天下國家之故，則雖有奇文與《左》《史》韓歐並立無二，亦無可作」。曾國藩〈論司馬遷之文〉也說「義必相輔，氣不孤伸」。兩位桐城大家都強調「義理」的重要。檄文裡的範例可推宋濂為吳王朱元璋寫的〈諭中原檄〉，他一開題就提出「自古帝士臨御天下，中國居內以制夷狄」的「大道理」，在「義理」上站住腳跟，立於不敗之理，是儒家正宗一脈。而一般群雄相伐的檄文因為無「義理」可據，所以多半講究氣勢。譬如，東漢陳琳的〈為袁紹檄豫州文〉，就是用「非常之人、事、功」的優勢來開局。而南朝丘巨源的〈馳檄數沈攸之罪惡〉開頭更是直說「順逆之勢」。都可算是遵循兵家一系。如果「義理」相當於文史哲中的「哲」，「考據」就相當於史。

　　二、考據和中局的「承」述事理

　　《文心·宗經篇》說：「記、傳、盟、檄，則《春秋》為限」。可見「檄」裡「史」的基礎成份。歷來檄文都要在歷史「考據」上下功夫，力求證明我善而敵惡。但多半是揚己之善而隱己之惡，發人之惡掩人之善，無望於史家之筆。丘巨源的〈馳檄數沈攸之罪惡〉能寫得事實鑿確，宋濂的〈諭中原檄〉能正視「元以北狄入主中國，實乃天授」；反而更能獲得實力相當的敵方之民意和軍心，有效地減低對方的抵抗意志。

　　三、貫穿全篇的文采

　　曾國藩在《桐城文學淵源考》中說：「創意造言，浩然直達，噴薄昌盛，光氣熊熊，意欲效法韓、歐，輔益以漢賦之氣體」。曾國藩的門人，張裕釗也說「因聲以求氣（陽剛），得其氣，則意與辭往往因之而並顯，而法不外是」。文采在〈檄移〉裡具有關鍵性的生死作用。《老子》說：「道失而後德，德失而後義」，所以〈檄移〉文章在掌握不全「義理」的時候，就要借助於偏極化的「考據」。等到「辯者不善，美言不信」而「考據」又不足以服人的時候，「檄移」就要靠「文采」來起死回生。故今檄文之中，文采之盛者，豈盡在駱賓王為徐敬業書〈討武曌檄〉一篇！駱賓王只用了436字，字字珠璣，融義理、考據、經世、濟國於一爐。全文義正辭嚴，氣勢磅礡，非忠義之士，不能出此。而其駢文生猛，對仗起伏，如演精兵，一洗齊梁靡飾之文風。至於語言流暢，聲調鏗鏘，「辭如珠玉」，乃劉勰所讚「程器」之棟材。武曌讀之而嘆「失人」，良有以也。

　　劉勰說，〈檄移〉的文采特色就是「壯筆」[21]。「壯筆」也就是桐城派姚鼐在〈復魯絜非書〉裡所說的「陽剛」的風格，它近乎朗吉努思在〈論崇高〉裡文情的「崇高」，但不是席勒在〈秀美與莊嚴[22]〉裡所說的道德性的「莊嚴」。它雖然注重「皦然明白[23]」「理辨辭斷[24]」，「抗辭書釁」，「厲辭為武」；但都不及「壯有骨鯁」和《文心·定勢篇》所說的「稱勢而不必壯言慷慨」。能「短長錯出，以鼓其跌宕之勢（孫月峰）」者，得《孫子·勢篇》之妙也。傅

---

[21]　《文心·封禪》：「史遷八書，明述封禪者，……祀天之壯觀矣。」

[22]　Friedrich Schiller,《Uber Anmut und Wurder》,《Vom Erhabenen》,《Uber das Erhabene》, 1793.

[23]　Aristotle《The Art of Rhetoric》: Ch. 3. 2.Clanity.

[24]　《文心·定勢》：「符檄書移，則楷式於明斷。」
　　Aristotle《The Art of Rhetoric》: Ch2. 2. 2. Enthymeme－……How we should be able to advise the Athenians either to fight or not to fight a war…….

玄的〈連珠序〉稱贊班固「喻美辭壯，文章宏麗」。曹丕《典論·論文》評「應瑒和而不壯，劉楨壯而不密」。可見「壯筆」的風格不易以力得。陳琳爲袁紹檄曹操，「壯有骨鯁」，氣勢激烈，有如「箭在弦上，不得不發」，雖辱及曹操父祖，而能倖免曹公之戮者，乃以曹操惜「壯筆」之不易得，而亦將用之於檄孫權、劉備也。

再就辭文之風格來看，好的檄文講究「聲如衝風所擊，氣似欃槍所掃」；「言約而事顯」，寧「剛健示速，事昭氣盛」，而不可「辭緩、義隱（與詩詞異）」，和無所取於「曲趣密巧」。這正猶《孫子·作戰篇》所言，「故兵聞拙速，未睹巧之久也」，文武思維之法實無大異也。

四、「收尾」的威嚇、嘲笑和獎賞（窄義的現代經濟觀）

檄文的收關，不外出威嚇、嘲笑和獎賞。中國古代的理論是「一陰一陽，一弛一張之爲道」；一百五十年前的「門羅主義」稱之爲「巨棒與胡蘿蔔」。而現代心理學的理論則是叫威嚇和獎賞，其間小量的威嚇則爲嘲笑。但古今講的都是一回事，或者是如希臘人舊時所云：「太陽之下無新事」。

司馬相如〈諭巴蜀檄〉，就採用嘲笑的方式：「身死無名，謚爲至愚，恥及父母，爲天下笑」。後來陳琳的〈爲袁紹檄豫州文〉也用「爲天下笑」來刺激曹操。東漢伏隆的〈諭青徐檄〉，半勸半嚇，用的文字是「不先自圖，後悔何及」。陳琳的〈檄吳將校部曲〉和稍後的鍾會〈檄蜀文〉，就講得更狠，同樣用「大兵一放，玉石俱碎」來威嚇吳蜀。朱元璋的〈討張士誠檄文〉就更進一步，丟出「移兵剿滅，遷徙宗族……以禦邊疆」的狠話，連宗族都一起算帳，爲後來滅十族開了先河。但宋濂爲明朝定天下的〈諭中原檄〉卻是寬宏大量，他說：「如蒙古、色目，雖非華夏族類，然同生天地之間，有能知禮義，願爲臣民者，與中華之人撫養無異」。於是乎檄文一出，許多蒙

古軍民望旗歸降，先元璋的吳軍，不到三年就拿下了天下，這可以說是隻筆勝於千軍的範例。

柒、從亞理斯多德《雄辯的藝術》看西方檄文

一、與希臘雄辯術的比較

倡「模仿自然說」的亞理斯多德，在《詩論》殘篇之外，又曾留下較完整的《雄辯的藝術》。他的雄辯術近似劉勰〈論說篇〉的論題。劉勰說：「說者，悅也。」亞理斯多德的「雄辯術」也指出雄辯的目標在於說服（persuasion）對手，讓對方覺得高興（happy），自然就會接受你的論點。如果不能說服對手，則採取威脅（ghreatening）的手段，製造恐懼（fear），以使敵人屈服。辯論的技巧，和〈論說〉相似，講求「跡堅求通，鉤深取極……義貴圓通，辭共心密，敵人不知所乘」。〈檄移〉的技巧也和西方的雄辯術一樣，講究言壯且密，復能持論，要能做到操縱證據和感情，詞理俱勝。做到己方的之論和辯護防守，面面俱到，滴水不漏；而破敵之論和駁斥進攻時能咄咄逼人，從而一語釜敵。這種功夫，易學難工，做得好，很不容易，所以希臘羅馬都教授貴族子弟「雄辯術」。歐洲的大學教育，直到19世紀，還講授「雄辯術」。

亞理斯多德在《雄辯術》裡提出三種說服的證明：其一曰「標示」，用的是省略三段論法和歸納法。陳琳批曹操父、祖，不僅是用「勢」，也是用類似的推論法。其二曰「感情」在於操縱對手的喜怒哀樂。譬如友乎敵乎？恐懼和信任，恩惠和罪罰。其三針對敵我的「人格」下手，譬如年紀（豎子）、性別（武則天狐媚）、成就（朱元璋自豪出身布衣）。可以說與〈論說〉〈檄移〉的策略無異。

　　亞理斯多德《雄辯術》裡夸耀㉕的高貴，其實和桐城派的義理很接近。而「考據」一項，即亞理斯多德《雄辯術》中的，「指示證明㉖」中的「三段推論」考證法，和「例證、實據」。莎翁筆下的《亨利第五》，在第二幕第四景裡，就對法國代表說「根據天意與法理……（根據）族譜……他要你歸還他的國土」。亞理斯多德的《雄辯術》也考慮城邦的收益、外交、國防、經貿和立法諸層面㉗。爾後西方的宣戰文件，也都不能脫離這些要素。美國兩次大戰對德日的宣戰書，也都強調榮譽、人民、民主和美國的利益！

　　亞理斯多德《雄辯術》也注重「結尾㉘」，重點也和〈檄移〉使用的揚己抑敵相同，但目的在於贏得對方或取得有利的判決，而不是「槍桿裡出政權」。

　　二、文采和範例：

　　也許是受到亞理斯多德理性思考的影響，西方自希臘以來的檄文，泰半乏采可觀。羅馬的宣戰方式㉙，更是拖泥帶水，宣戰代表一路念戰書到敵營，似乎缺少露布和羽檄的觀念。本世紀初，教皇（UrbanII）發布了一篇極盡鼓舞煽動之能事的宣言，以基督為名，

㉕　Aristotle《The Art of Rhetoric》：Three types oforatory－1. Deliberation, 2 Forenic, 3. Display.

　　Aristotle《The Art of Rhetoric－Display Oratory》：elements of nobility are：justice, courage, restraint, splendour, magnanimity, liberality, prudence and wisdom.

㉖　Aristitle《The Art of Rhetoric：ch. 1 . 2》Demonstrative Proof － enthymeme and example.

㉗　Deliberaton Oratory contains 5 main subject － areas：revenue, foreign policy, defence, trade and legislation.

㉘　Aristitle《The Art of Rhetoric：Part, 3Section 10》：disposing of the listener well towards oneself, amplification of self and diminution of one's adversary ” bring the listner to emotion；and recapitulation. ……An asyndetic ending is appropriate for the speech …… ” I have spoken, you have heard, you have the facts, judge！ ”

㉙　Livy：The Roman Way of Declaring War, c.650 BCE.

號召法國青年和武士東征耶路撒冷，討伐土耳其，保護婦幼，和奪回聖地。就檄文的標準而言，這是一篇極其成功之作。它和1683年，土耳其奧圖曼大帝對德宣戰檄文相比，「情采」「比興」就更明的太多。同世紀可觀之檄文（虛擬），僅見於莎翁的戲劇。譬如《享利第五》裡的「檄語」：「我軍大炮一轟，法國的洞窨穹窿即將齊鳴怒號，宏宣你的罪過，回答你譏諷」；和《凱撒大將》裡，安東尼的羅馬廣場演講「移百姓」等數篇。美國的林肯總統，口才文筆俱佳。但他的「半檄文」《奴隸解放宣言1863》，既無法理考據，也無情致文采可言，只是因為重於義理，故亦成不朽之文獻。美國兩次大戰對德日的宣戰書也是枯肅無文，只有連用兩次「therefore，be it！」的口語話，還顯得有點牛仔的猛勁。

英國議會出身的邱吉爾，可以說是西方近代雄辯的巨擎。二戰時領導大英國協對德作戰的邱吉爾也是深通導民之術。他在鄧克爾克大撤退之後，在英國下議院的演講⑳"……We shall fight on the beaches，we shall fight on the landing grounds，we shall fight in the fields and in the streets，we shall fight in the hills；we shall never surrender！…」音義鏗昂，激奮人心，重振士氣，終於挫敗了德國渡海侵英的計畫。邱翁後來榮獲諾貝爾文學獎，恐怕和他的二戰功業和「告之以文」的訓練有關。這是另一個文武相濟而救幾傾之國的名例。

捌、〈檄移〉的異體和變遷

曾寫《海國圖志》的魏源，曾在他的《孫子集注·序》裡探討人

---

⑳ Winston Churchill，"We Shall Fight on the Beaches……We Shall Never Surrender" June 4, 1940, at House of Commons.

類活動中，兵法運用的情形。他發現「天地間無往而非兵也，無兵而非道也，無道而非情也。……精之又精，習與性成。羿得之以射名，秋以奕，越女以劍」。依照這個準則，「檄移」的運用，其實也是人類和社會團體的「競生本能」，所以也是無往而不可用之。

異體之一：孔德璋的〈北山移文〉

文兼「檄移」「諧謔」二體，是少見之混合體，算是新的文體創造了。

異體之二：檄游魚走獸

譬如韓愈的〈祭鱷魚文〉，就不再是對人的檄文，而是以文章意念試圖逐去為患潮州的鱷魚。韓愈「殺氣騰騰」而實「幽默」[31]的對「擬人化」的鱷魚宣告「……其勢不得不與鱷魚辨……不聽其言……必盡殺乃止。其無悔」。聽說鱷魚竟然離去，勝過秦始皇的射大魚而「壓鯨鯢」無功[32]。

異體之三：無檄之戰──不宣而戰，和戰而不宣

1941年12月7日，日本帝國不宣而戰，攻擊美國珍珠港，創下本世紀偷襲的記錄。

當今的北約對南斯拉夫的轟炸攻擊，出動各型新武器，即是戰而不宣，也是人類歷史上的新戰態。

變相之一：宗教戰爭

孔子和《孫子》都不講鬼神。他們講究盡人事，窮廟算，師法自然。〈檄移〉裡說「表者龜於前驗，懸盤鑑於已然」。可是借鬼神靈異超人力之事跡以鼓舞士氣的習俗，自夏殷商周而起，歷久不衰。三

---

[31] 吳孟復《桐城文派述論》：〈毛穎傳〉〈祭鱷魚文〉〈送窮文〉均來自六朝的〈修竹彈琵琶文〉。

[32] 《史記·秦始皇本記》：「秦皇夢與海神戰，……乃令入海者齎捕巨魚具，而自以連弩候大魚出射之。」

千年前荷馬寫《依利亞特》，就有相同的習俗，而衆英雄的人算，盡皆不如天算。《聖經·舊約》裡的耶和華向他子民所下的「檄移」律令，更是驚心。凡違令者，從「天火焚城」到「疫掃全國」，甚至「水淹世界」。相形之下，大部分中國歷代檄文裡的「大軍一至，玉石俱焚」，算是相當局限了。中國歷史上只有藉宗敎爭皇位的戰爭，而沒有眞正的爲宗敎而戰鬥的戰爭。朱元璋〈討張士誠檄1366〉，則是少見的爭權又鬥敎的檄文㉝。

變相之二：名教戰爭

太平天國建國初期，作戰不利，石達開作檄文，提出「忍令上國衣冠淪於夷狄，相宰中原豪傑還我河山」的革命名句。於是民間遇「賊至爭先迎之，官軍至，皆罷市」（張德堅《賊情彙編》），爆發「檄移」的雄威。其後曾國藩發揮桐城章法，撰寫〈討南粵檄〉，藉保衛名敎，捍衛唐虞孔孟道統㉞爲號召，從而抑止了太平天國假洋敎而興的革命勢力。開〈檄移〉用於「道統、意識」攻防之新紀元。

變相之三：文學檄——文言白話之戰

夫新與舊爭，自古而然，所謂人有不平則鳴，勢有不平則戰。以政治而言，新政必與舊勢相劇戰。就文藝而觀，新文學之觀念，也不能不與舊文藝的框架起頡頏。民初胡適提出的〈文學改良芻議1917〉，雖然也是吸收了前人的論點㉟，但亦可視爲中國新舊文學形態

㉝ 朱元璋〈討張士誠檄1366〉，則是少見的爭權又鬥敎的檄文。「致使愚民誤中妖術，不解偈言之妄誕，酷信彌勒之真有……妖言既行，凶謀遂逞，焚蕩城郭，殺戮士夫，荼毒生靈，千端萬狀」。

㉞ 〈曾國藩·討粵匪檄1854AD〉：「粵匪竊外夷之緒，崇天主之教……舉中國數千年禮儀人倫，《詩》《書》典則，一旦掃地蕩盡。此豈獨我大清之變，乃開闢以來名教之奇變，我孔子、孟子之所痛哭於九原……誓將臥薪嘗膽，殄此凶逆……而且慰孔孟人倫之隱痛……」

㉟ 《文鏡秘府》「文廿八種病」；桐城派「詞必己出，言能盡意」；章學誠《文史通義·古文十弊》。

相爭之「戰書露布」。於是文言文成了阻礙進步的罪首，而桐城派也成了『桐城妖孽』。〈文學改良芻議〉和東漢劉歆「辭剛而義辨」的〈移書太常博士（責讓五經博士）〉，以及梁武帝時范縝的〈神滅論〉，俱屬同類，都可以當得起一個時代裡的文移之道。1960年代臺、港的中西文化論戰，也可視作文化兵爭，而其中的不少文章所帶火藥氣之盛，直逼生死鬥的兵檄。

玖、媒體科技對「檄移」傳播方式的影響

劉勰學貫中印，識通百家，他對文藝的變化更有獨到的見解。他在〈時序〉篇裡就指出：「時運交移，質文代變……歌謠文理，與世推移」。作爲一種大眾文宣，檄文傳播的方式，也就不能不因爲科技變化而與世推移。檄文從言出不留的聲響宣誓起，到定點露布的「播諸視聽」，再到「書以尺二，插羽以示速」（〈檄移〉）傳播遠方，它在這些過程中所顯示的變化，其實就是古代媒體科技對「檄移」傳播方式所造成的結果。本世紀初發明的電話、電報㊱，使得露布羽檄的傳播方式起了跨越空間的大變化。其後空飄、空投傳單以至於衛星電視、網路電訊等科技，也都變成了文宣和檄移的新工具。君不見，網路上各型各態的「宣戰書」（Declaration of War）乎？爲環保可以宣戰，爲工資重要宣戰，就連內政部長，也要借用檄文宣戰的方式，向竊盜宣戰㊲。年青的紅衛兵雖然沒有聽過什麼叫「文心雕龍」，更不知道「檄」「移」之同異，但文革時期億萬的年青人，沒有不知道「炮打某某人」「炮打某某部」之類的「檄文」，不僅要在

㊱　〈梁啓超·中華民國護國軍政府（討袁賊）檄文、電報1916元旦〉：袁世凱不得已，於3.22撤銷帝制，6.6羞憤而死。筆桿之勝於槍桿。

　　〈饒漢祥·爲黎元洪草布·廢督軍制通電1922〉：五大禍害，六不足慮，先決者三。

㊲　中華民國內政部長黃主文，於「全臺防治竊盜會議」會中正式向竊盜宣戰。1999.4.20。

經濟物資上鬥贏，而且要把敵人以古代「檄移」的文宣方式鬥倒鬥臭。奢言「去四舊」易，移好戰之本性難。因此，雖然傳媒科技起了鉅變，但就人性的「不變者而觀之」，〈檄移〉之道未嘗變也。劉勰說「文變染乎世情，興廢繫乎時序，原始要終，雖百世可知也」，由此又得證例。孔子說「溫故而知新」，眞是講得既高明，又現代。

拾、結語

當今此地的文學，受到經濟影響和環境的限制，似乎有一種當年齊梁文學「輕⊗、薄、淺、曉」的傾向，而氣勢磅礴，雷霆萬鈞的壯辭宏文，久未聞焉，遑論「閎廓深遠」入禮出兵之作㊴。〈檄移〉一篇，雖僅爲20篇「文體論」之一，然而它上演的劇場，是最大的劇場——戰場！它面對的讀者，是兩軍龐大的百萬軍民；它的音響配樂是震天的殺聲和爆炸；它的畫料是最驚心動魄的色彩——腥紅的鮮血。好的檄文，義理與考證齊飛，文采與熱情迸放，膾炙人口之作實不讓詩歌詞章專美於前。

今年時值世紀之交，世界各處和戰不定者多有。放眼未來，文明集團之衝突勢或將興。各類戰爭，兵器雖異，然於攻防之際，仍發各類文告勵己罪人，與古人無異。現代宣戰文告雖無「檄移」之古名，然實皆上承〈檄移〉文攻武脅之實體。以其影響巨大，驚心動魄，遠在流行文藝與市井文學之上，故特撰文以論述其古今中外之同異。復以研討〈檄移〉此一「冷門」篇章，更突顯出劉勰當年不僅學問淵博

⊗ 瘂弦《輕文學的現象》1998。
米蘭·昆拉德《生命中不能忍受之輕》：「媚俗（嘩衆取寵）是所有政客的美學理想……媚俗所引起的感情是一種大衆可以分享的東西。」
㊴ 姚鼐〈讀司馬法六韜〉：「班固出之以入《禮經》，太史公嘆其閎廓深遠，則其書可知矣。」司馬遷《史記·司馬穰苴列傳》：「余讀《司馬兵法》，閎廓深遠，雖三代征伐，未能盡其義，如其文也，亦可以少褒矣。」

而且滿腔熱血。因此我們認爲，《文心》雖舊，其道如新，而21世紀
《文心雕龍》之研究，豈猶初生之嬰兒乎！

贊曰

「文攻」「武嚇」，爭戰之常；「九伐先話」，「三驅弛剛」。
以「移」代「檄」，王道之綱；興文偃武，文明大昌。

參考資料

張少康《文心雕龍新探》濟南　齊魯書社，1987

祖金玉《歷代檄文名篇選譯》北京　中國青年出版社，1997

劉洪澤《中國戰書——歷代戰爭文書賞析》北京　解放軍出版
　　社，1996

吳江雄《中華通鑒——影響歷史的一百篇名作》廣西民族出版
　　社，1995

戴景素選輯《中國歷代之宣傳文選》臺北　木鐸出版社，1982

從《文心雕龍‧論説》看唐宋説體寓言

台灣師範大學國文系
顏瑞芳

一、前言

　　「說」是中國古典散中重要的體類之一，自〈文賦〉分文體為詩、賦、碑、誄、銘、箴、頌、論、奏、說十類，劉勰《文心雕龍》「文體論」討論無韻之筆，首〈史傳〉，次〈諸子〉，再次即〈論說〉。其後，諸如北宋姚鉉《唐文粹》、南宋呂祖謙《宋文鑑》、元蘇天爵《元文類》、明徐師曾《文體明辨》、程敏政《明文衡》、清儲欣《唐宋十大家類選》、吳曾祺《涵芬樓古今文鈔》等，都編選「說」體文章，可見說之為體，源遠而流長矣。

　　「說」源於三代，而盛於戰國，至「漢定秦楚，辨士弭節」，而有浸衰之勢。直到中唐，「昌黎韓子，憫斯文日弊，作〈師說〉，抗顏為學者師。迨柳子厚及宋室諸大老出，因各即事即理而為之說，以曉當世，以開悟後學，繇是六朝陋習，一洗而無餘矣。」①韓愈所作〈雜說〉，對後代尤其影響深遠。

　　唐宋以來，這類「即事即理而為之說」的說體作品，林紓稱之為「託諷之文」，是「說之變體」的「寓言」，吳曾祺亦視之為「寓言」。林謂：「《柳州集》，託諷之文可採者有五：曰〈鶻說〉、

―――――――――

① 吳訥《文章辨體‧序說》「說‧解」條。

〈捕蛇者說〉、〈說車贈楊誨之〉、〈譎龍說〉、〈罷說〉。」②又謂：「獨昌黎之〈馬說〉、子厚之〈捕蛇者說〉，則出以寓言，此說之變體也。」③吳云：「自漢以來，著述家所作『雜說』，出於寓言者，十嘗八九。蓋皆有志之士，憫時疾俗，及傷己之不遇，不欲正言，而託物以寄意，此其義也。」④這類文章冶記叙、說理、抒情於一爐，委婉蓄憤、託物寄意，成爲極具藝術魅力的作品。

戰國爭雄，辨士雲湧，造就了辨說的興盛；中唐以後，治道衰弊，醞釀了說體的勃興。而戰國游士辨說與唐宋古文家即事說理，其內涵之相通性與差異處，值得進一步探討。

二、《文心雕龍·論說》對「說」的論述

《文心雕龍》之文體論，依照原始表末、釋名章義、選文定篇、敷理舉統之體例。〈論說〉釋「說」的名義謂：「說者，悅也；兌爲口舌，故言資悅懌；過悅必僞，故舜驚讒說。」從音義方面闡釋「說」的目的，在於說服人，使人心悅誠服，因此往往必須運用動聽的言語。但過度討人喜悅，其情感必虛僞不實，因此虞舜深怕讒言悅語。可見劉勰對「說」的基本立場是：言語「悅懌」而不可「過悅」，情感眞誠而不可虛僞。他之所以批評陸機所稱：「說煒曄以譎誑」，因爲「譎誑」是「過悅必僞」下的產物，違反「說」所須秉持眞誠、忠信的根本原則。

接著，歷叙三代至兩漢「說」的流變。「說之善者：伊尹以論味隆殷，太公以辨釣興周；及燭武行而紓鄭，端木出而存魯，亦其美也。」以伊尹、太公、燭之武、端木賜爲春秋以前之善說者。伊尹論

---

② 林紓《韓柳文研究法》，廣文書局，民國69年，頁92～93。

③ 林紓《畏廬論文》，文津出版社，民國67年，頁14。

④ 吳曾祺《涵芬樓文談》附錄《文體芻言》，台灣商務印書館，民國69年，頁5。

調和美味來譬冶道，太公辨釣魚技術以比況時事，那麼，「說之善者」，似乎自始便離不開巧譬妙喻了。至燭武之說秦伯、子貢之說田常，也都能以機鋒的言辭，針對當時內外形勢作深入的分析，使侵略者心悅誠服撤兵，保存邦國的安全。《史記》中說子貢「利口巧辭」，「子貢一出，存魯亂齊，破吳彊晉而霸越；子貢一使，使勢相破，十年之中五國各有變。」⑤可見子貢的口舌功夫，已不多讓於戰國辨士。

　　戰國時代提供游說策士最佳的舞台，「暨戰國爭雄，辨士雲湧；從橫參謀，長短角勢；轉丸騁其巧辭，飛鉗伏其精術；一人之辨，重於九鼎之寶；三寸之舌，強於百萬之師；六印磊落以佩，五都隱賑而封。」辨說之盛、辨辭之巧、辨舌之利，以及辨士所受的禮遇，都是空前未有的。不過，與春秋時期的說士尚不失忠君愛國，「唯忠與信」的情形相比，戰國說士如蘇秦、張儀之徒，他們並無堅定的政治立場或主張，往往見風轉舵，朝秦暮楚，只要能達到飛黃騰達、爵封祿賞的目的，便不惜一切招搖撞騙，連帶把「說」帶向「煒曄而譎誑」的歧途。

　　游說之士在戰國風光一時，到了秦漢之世，列國紛爭的局面歸於一統，辨士也逐漸消聲匿跡。「至漢定秦楚，辨士弭節；酈君既斃於齊鑊，蒯子幾入乎漢鼎；雖復陸賈籍甚，張釋傅會，杜欽文辨，樓護脣舌，頡頏萬乘之階，抵戲公卿之席，並順風以託勢，莫能逆波而泝洄矣。」楚漢之際的說士酈食其、蒯通下場已迥非昔比，漢代杜欽、樓護等人，雖有好的口才，卻只能迎合帝王的臉色，講些逗趣的話，而不敢違逆意旨進行諫說了。這樣的發展，似又把「說」由「譎誑」帶向「滑稽」、「清談」，離「時利而義貞」的正途愈來愈遠。

─────────────

⑤　《史記‧仲尼弟子列傳》。

最後，〈論說〉篇揭示「說」的要領云：

> 夫說貴撫會，弛張相隨，不專緩頰，亦在刀筆。范雎之言疑
> 事，李斯之止逐客，並順情入機，動言中務，雖批逆鱗，而功
> 成計合，此上書之善說也。至於鄒陽之說吳、梁，喻巧而理
> 至，故雖危而無咎矣；敬通之說鮑、鄧，事緩而文繁，所以歷
> 騁而罕遇也。凡說之樞要；必使時利而義貞，進有契於成務，
> 退無阻於榮身；自非譎敵，則唯忠與信。披肝膽以獻主，飛文
> 敏以濟辭，此說之本也。

先指出「說」貴在投合機緣，順應時勢，且不只靠口舌婉轉勸解，有
時須用筆墨詳細表達。范雎上書秦昭王論疑事，李斯上書秦始皇諫逐
客，便是能掌握時機，言論切中事務，終能功成計合的例子。而鄒陽
的上書「喻巧而理至」，馮衍的說辭「事緩而文繁」，兩者在時機的
把握、用辭的精巧、說理的周至等方面有明顯的差別，其成敗之數當
然是十分清楚了。其次，總結「說」的主要關鍵，在於「時利而義
貞」，「自非譎敵，則唯忠與信」，亦即要取得有利的時機，堅定正
確的立場，秉持忠信的態度。在這樣的前提上，馳騁悅懌的巧辭，才
稱得上是善「說」者。

綜觀《文心雕龍·論說》對「說」的論述可知：劉勰所謂的
「說」，包括說客辨士徒事口舌的「辨說」與形諸筆墨的「書說」，
而「說」的優劣成敗，取決於時機、立場、說理、情感、修辭等五項
因素：㈠在時機上，要能順應時勢，緩急得宜；㈡在立場上，要能持
論正大，進退有據；㈢在說理上，要切中事務，持理周至；㈣在情感
上，要忠悃誠信，披肝瀝膽；㈤在修辭上，要比喻精巧，悅懌動聽。

三、唐宋說體寓言的文學性質

辨士游說之風，盛於戰國而熄於兩漢，《文心雕龍‧論說》所述說士，以東漢光武、明帝年間的馮衍（敬通）最晚，馮氏「歷騁而罕遇」，「文過其實，遂廢於家」⑥，爲風光一時的游士辨說，畫下悲涼的句點。

不過，兩漢除了強弩之末的辨士之「說」，尙有一些以「說」命篇，而用以說明、申釋事理者，如許愼《說文解字》、王充《論衡‧說日》，可稱爲學者之「說」。但無論辨士之「說」或學者之「說」，在魏晉至初唐之間，作品極少。故徐師曾《文體明辨‧序說》云：

> 按字書：「說，解也，述也，解釋義理而以己意述之也。」說之名起於〈說卦〉，漢許愼作《說文》，亦祖其名以命篇。而魏晉以來，作者絕少，獨曹植集中有二首，而《文選》不載，故其體闕焉。要之，傳於經義，而更出己見，縱橫抑揚，以詳贍爲上而已，與論無大異也。

這類以解釋經義爲主的「說」，即使不是因「作者絕少」，恐怕也不合昭明太子「事出於沉思，義歸乎翰藻」的標準。

中唐以後，隨著古文運動的興起，「說」再度成爲重要的文學體類。韓愈文集中有〈雜說四首〉、〈師說〉、〈貓相乳說〉數量雖不多，對後代影響卻很大。柳宗元則有〈天說〉、〈鶻說〉、〈朝日說〉、〈捕蛇者說〉、〈禜說〉、〈乘桴說〉、〈說車〉、〈謫龍說〉、〈復吳子說〉、〈羆說〉、〈觀八駿圖說〉等。這些作品同名

---

⑥ 《後漢書‧桓譚馮衍列傳》。

爲「說」，而性質則大有差別，〈天說〉、〈朝日說〉、〈乘桴說〉
旨在申明義理，是學術性的「說」體；〈鶻說〉、〈羆說〉、〈捕蛇
者說〉等，則是託物寄諷，藉動物故事以寓理，是林紓、吳曾祺所稱
的「寓言」式的「說」體，可稱爲「說體寓言」。柳宗元另有〈三
戒〉，後代仿作有的題爲「戒」，如鄧牧〈二戒〉、貝瓊〈貓戒〉、
周瑛〈饞戒〉；有的題爲「說」，如蘇軾〈二魚說〉、李石〈三蟲
說〉、姚鎔〈三說〉，可見寓言性質的「戒」，到了宋代已與「說」
不分。

　　唐宋說體寓言，大多先敘述故事，再說理寄意。以楊夔〈蓄狸
說〉爲例：

> 敬亭叟家毒於鼠暴，穿埇穴墉，室無全宇；咋嚙籩筐，帑無完
> 物。及賂於捕野者，俾求狸之子，必銳於家畜，數日而獲諸
> 汴，歡踰得駿。飾茵以棲之，給鱗以茹之，撫育之厚，如字諸
> 子。其攫生搏飛，舉無不捷。鼠懾而殄影，暴腥露羶，縱橫莫
> 犯矣。然其野心，常思逸於外，罔以子育爲懷。一旦息其紲，
> 逾垣越宇，倏不知其所逝。叟惋且惜，涉旬不弭。
> 弘農子聞之曰：「野性匪馴，育而靡恩，非惟狸然，人亦有
> 㤉。梁武於侯景，寵非不深矣；劉琨於疋磾，情非不至矣。既
> 負其誠，復返厥噬。嗚呼！非所蓄而蓄，孰有不叛哉！」

文章前半寫敬亭叟爲了制伏鼠暴，買回狸貓以捕鼠，結果老鼠果然絕
跡殄影。狸雖受到主人優渥的撫育，但「野心常思逸于外」，最後還
是逃回郊野去了。後半藉弘農子的評論來說理寓懷，「野性匪馴，育
而靡恩，非性惟然，人亦有㤉。」可見作者是藉狸諷人——那些與狸
一樣野心野性，育而靡恩的人。這樣的人在歷史上不乏例子，侯景、
疋磾即是，而在唐代，渥承皇恩卻野心竊國的藩將更不在少數，這才

是作者通過動物故事、歷史事件，所要諷諭的現實問題。

與楊虁〈蓄狸說〉同樣，詳於故事而略於申說者，尙有來鵠〈貓虎說〉、宋祁〈舞熊說〉、趙湘〈義雞說〉、蘇軾〈二魚說〉、陳師道〈羆說〉、曾丰〈豪豬說〉、王令〈馬說〉、呂南公〈困蚓說〉、李若水〈巢烏說〉等，而李翶〈國馬說〉、〈知鳳說〉、姚勉〈鳳鴉說〉、李綱〈防盜說〉、〈蓄貓說〉、周紫芝〈鼠視說〉、陳造〈斃蜂說〉等，則故事較略而申說較詳。另外，柳宗元〈羆說〉、〈謫龍說〉、羅隱〈說天雞〉、無能子〈鴆說〉、陳傅良〈怒蛙說〉等，則是通篇以敘說故事爲主，只於文末以一二句警語收束，如〈說天雞〉：

> 狙氏子不得父術，而得雞之性焉。其畜養者，冠距不舉，毛羽不彰，兀然若無飲啄意。洎見敵，則他雞之雄也；伺晨，則他雞之先也，故謂之天雞。狙氏死，傳其術於子焉，且反先人之道，非毛羽彩錯、嘴距銛利者，不與其棲，無復向時伺晨之儔，見敵之勇，峨冠高步，飲啄而已。
> 吁！道之壞也有是夫！

狙氏子所畜養的天雞「冠距不舉，毛羽不彰，兀然若無飲啄意」，卻擅於鬥敵、伺晨；其子則專畜「毛羽彩錯，嘴距銛利者」，這樣的雞中看不中用，旣不能伺晨、又不敢鬥敵，「峨冠高步，飲啄而已」。作者以養雞故事設喻，影射晚唐以貌取士，不重實才的黑暗吏治，表達對朝廷埋沒人才的不滿，暗諷當時的達官貴胄是群「峨冠高步，飲啄而已」的衣冠禽獸。不過，這層尖銳的諷刺，作者並不加以申說，只以「吁！道之壞也有是夫！」感慨「道」（雙關養雞之道、用人之道）之敗壞作結，格外深刻含蓄。林紓謂：「凡善爲寓言者，只手寫本事，神注言外。及最後收束一語，始作畫龍之點睛，翛然神

往，方稱佳筆。」⑦說的便是這類作品。

如前所述，唐宋說體寓言多由「故事」和「申說」兩部份構成，具象的故事與抽象的說理相輔相成。而在主題的呈現上，多是通過故事角色的結局、下場，提供人們正面的教戒或反面的借鑑，然後在申說中作不同程度的提示、說明；另有一些則是通過故事中的角色對話來控訴或說理，如柳宗元〈捕蛇者說〉，藉捕蛇者蔣氏一番悍吏叫囂、鄉鄰轉徙的描述，說明自己寧冒死捕毒蛇，不願更役復賦的理由，反映當時「賦斂之毒有甚於是蛇」的社會現象。又如宋庠〈蠶說〉則藉織婦與蠶的對話來寄諷，織婦責問蠶：為何自己經年勤力采桑織布，別人文繡被錦，自己卻卒歲無褐？蠶告訴她：「一室御績而千屋垂繒，十人漂絮而萬夫挾纊，雖使蠶被於野，繭盈於車，朝收暮成，猶不能給，況役少以奉衆，破實而為華哉？」風氣奢靡，生產者少，享受者多，生產所得為官吏、商人剝削，故織婦終年為他人作嫁，自己卻無衣無褐。

唐宋說體寓言是藉「託物取譬」來「抑揚諷諭」⑧，所運用的物類相當廣泛，在畜獸方面，有貓、鼠、馬、虎、羆、熊、猩猩、豪豬等，禽類有鳳、燕、烏、雁、雞、雉、鶻、鴉等，昆蟲有蠶、蜂、蚓、蝗、螢火、蟋蟀等，水族有魚、蟹、金鯉、馬嘉、河豚、烏賊等。諷諭主題則有的在抒發懷才不遇的悲憤，有的在指陳時政的偏差，有的在控訴苛政悍吏擾民，有的在譏嘲軍士的貪懦，有的是警誡嗜財好利者。透過包羅萬象、生動活潑的動物故事，來折射這些思想尖銳、具強烈批判性的主題，達到藉物諭人的目的。

---

⑦ 《韓柳文研究法》，頁95。

⑧ 錢基博謂：韓愈文集「雜著」一類，如〈雜說〉、〈獲麟解〉、〈師說〉等，其體制為「託物取譬，抑揚諷諭，為《詩》教比興之遺。」見《韓愈志》，華正書局，民國74年，頁120。

　　總括而言，唐宋説體寓言有三項重要特質：其一，就思理言，經由因物説理、託物寓理的方式，委婉含蓄地表現批判精神與諷諭主題；其二，就技巧言，經由寓言故事中角色的動作、對話、結局，來對應人間、反映人性，使具象而生動的故事和抽象而嚴肅的思理相結合；其三，就情感言，經由婉切的諷刺，流露出對世道衰弊的憂心，潛藏一顆哀極生靈的淑世情懷。

四、先秦之「説」與唐宋説體寓言

　　先秦的辨説、書説，與兩漢以來解釋經義的經説、唐宋以來託物寄意的雜説，無論內容或形式都有明顯的差異，所以吳訥、徐師曾在推究「説」的起源時，都言〈説卦〉、《説文》，而不提先秦辨説。吳曾祺則進一步指出：「劉彥和《文心雕龍》著〈論説〉一篇，引伊尹論味、太公辨釣及燭武紓鄭、端木存魯，此近於戰國遊士之言，非説體也。説之始興，蓋出於子家之餘緒。」⑨認爲説出於子家餘緒，與遊士辨説無關。而當代文體論者，則多將李斯〈諫逐客書〉與樂毅〈報燕王書〉等，列入戰國「書牘」中討論⑩，這篇被劉勰推爲「上書之善説」的名作，文體性質也就由「説」轉而被歸於「書」。換言之，元代以降選文、論文的學者，大多不認爲唐宋時期相當蓬勃的説體，和先秦的遊士辨説、書説間具有關聯性。

　　不過，如果我們通過《文心雕龍‧論説》對「説」體源流演變、

---

⑨　吳曾祺《文體芻言》，頁5。

⑩　如褚斌杰《中國古代文體概論》（北京大學出版社，1990）將古代散文分爲論説、雜記、序跋、贈序、書牘、箴銘、哀祭、傳狀、碑志、公牘等十類，並謂：「李斯〈諫逐客書〉，實際上是書奏的性質，不過這是臣下王國或侯國的君主，而不是對天子罷了。」（頁390）姜濤《古代散文文體概論》（山西人民出版社，1990）分古代散文爲論説、序跋、奏議、書牘、贈序、詔令、傳狀、碑志、紀事、雜記、箴銘、頌贊、辭賦、哀祭、駢文等十五體。同樣於「書牘」而非「論説」中討論〈諫逐客書〉。

寫作樞要的論述,進而檢視唐宋說體寓言的寫作方式與精神內涵,會發現兩者之間具有相當程度的內在連繫,這可從繼承、發展與導正三方面討論。

　　㈠繼承:唐宋說體寓言繼承了劉勰「宗經」的文學觀,及其所強調的「時利而義貞」、「唯忠與信」的說體基本原則。錢基博曾指出:劉勰論古今文體,其旨歸在於「振經誥以捄雕藻,探理道而砭文華」,正樹立唐宋八家古文之典則。⑪表現在說體寓言上,唐宋說體寓言多針對時事時弊而發,而且持論正大,充滿忠愛國家、關懷民生疾苦之情,正呼應了〈論說〉所謂「順情入機,動言中務」,義貞而忠信的說體特質。例如來鵠〈貓虎說〉,透過農民為迎貓虎而爭執不下,請決於鄉先生:

> 先生听然而笑曰:「為鼠迎貓,為豕迎虎,皆為害乎食也,然而貪吏奪之,又迎何物焉?」

尖銳地諷刺「貪吏猛於虎」的社會現象,反映農民受剝削壓榨的無助,可與柳宗元〈捕蛇者說〉相印證。又如南宋孔武仲〈蝗說〉,謂蝗蟲群飛蔽天,囓食田桑,酷害於一方,而野夫猶啞然笑曰:

> …(蝗)雖甚可畏惡,而其為禍猶有間也。以吾觀之,今天下未嘗有無蝗之國也。民之於民勤矣,罄其貲以裒種、市牛,暴肩背、病手足以趨田事,及歲且成,則老幼相與計曰:「是將償官之逋負也」,又曰:「是將鬻之以足官之賦泉也」,凡終歲砣砣而得之者,皆非吾有…然則其為蝗也大矣!今歲之蝗不過遺種於一方,而每歲之蝗流毒于天下。

---

⑪　《韓愈志》頁2~3。

將官府比擬爲年年爲禍於天下的超級大蝗蟲，吞噬掉農民終年辛勞的收成。〈貓虎說〉中的鄉先生和〈蝗說〉中的野夫，「笑」的背後其實流淌著作者無限悲憫的眼淚。

相較於先秦策士在君王面前陳言辨說，唐宋說體寓言的場景改變了，範圍擴大了，但先秦之「善說」者，和唐宋善爲說體寓言者，卻必須具有相同的特質。

㈡**發展**：唐宋說體寓言「即事即理而爲之說」，藉故事以申理的寫作方式，是〈論說〉篇所論「說」體講求「言資悅懌」、「喻巧而理至」的進一步發展。

善說者往往不直言其理，而是運用巧譬妙喻來烘托，凸顯所要申說之理，〈論說〉云：「說之善者：伊尹以論味隆殷，太公以辨釣興周。」藉調味、釣魚這樣切近的事物來發揮高遠堂皇的治國之道，正如湯所言：「審近所以知遠也，成己所以成人也」⑫讓抽象而高遠的道理，透過具體而切身的譬喻，變得淺顯易懂、生動有趣，使聽者心悅誠服，才稱得上是善說者。李斯諫逐客，便充分運用這種技巧：

> 今陛下致昆山之玉，有隨和之寶，垂明月之珠，服太阿之劍，乘纖離之馬，建翠鳳之旗，樹靈鼉之鼓。此數寶者，秦不生一焉，而陛下悅之，何也？……今取人則不然，不問可否，不論曲直，非秦者去，爲客者逐，然則是所重者在乎色樂珠玉，而所輕者在乎民人也。

藉寶物不擇產地，來凸顯人才非秦者逐的不合理，的確具雄辯之勢。

「寓言的形式，是從修辭學中的比喻，滋長發展而成的一個故

---

⑫　《呂氏春秋‧本味》。

事。」⑬寓言和譬喻都是以事物間的相似點為基礎，以小喻大，以此喻彼，以具體喻抽象，但寓言具有較完整的情節鋪展，增加故事的生動性，如宋呂南公〈困蚓說〉：

> 時雨既休，物類如醒。蚓之壞潛者亦覘然而騰於垤，蜿蜒以恣遊。俄而造乎蟻聚之間，蟻眾初爲之辟易以驚，已復欲有以嘗之，乃追而緣其後，頗覺其不能自救也，則又馳而跨其顛，轉嚌其膚。蚓不勝其侵，震縮而已。於是蟻徒識其果無威能也，相號於穴，傾老小以來，環而傷之，蚓困於戰，跋，幾死。
>
> 嗚呼！明不足以對物，才不足以周身，而恃己長以恣其所之，其不困於侵侮也幸哉。

相較李斯運用昆山玉、隨和寶、明月珠、太阿劍、纖離馬、翠鳳旗、靈鼉鼓等數物以喻人才，呂南公則獨就蚓困於蟻一事深入描寫，諷刺缺乏才識，不知官場險惡，卻「恃己長以恣其所之」的冒進者。前者如機槍，後者如大砲，而其可以增強火力，摧廓對方心靈陣地的功能則是一致的。

(三)**導正**：對於戰國「煒曄以譎誑」、兩漢「順風以託勢，莫能逆波而泝洄」的說體流弊，唐宋說體寓言具有扭轉、導正的意義。

戰國及兩漢辨士游說的目的，大多本乎個人的榮身爵賞，缺乏經世濟民的理想，因此，當有機可進，便鼓動粲粲舌花，譎辭誑言以迷惑君主視聽；看苗頭不對，則調謔詆戲，詼言諧語以取悅帝王臉色。唐宋說體寓言，在古文運動明道致用觀念的籠罩下，所表現出來的氣

---

⑬ 胡懷琛《中國寓言研究》。引自陳蒲清《寓言文學理論歷史與應用》，駱駝出版社，民國81年，頁7。

格，和爲達目的不擇手段，或爲保性命而 畏首畏尾的戰國兩漢策士
說辭，是明顯不同的。韓愈謂：「君子居其位則思死其官，未得位，
則思修其辭以明其道。我將以明道也。」[14]戰國兩漢辨士所欠缺的，
正是這種胸懷、器識。

反映在作品內容上，唐宋說體寓言幾乎無一不是在諷刺朝綱敗
壞、貪吏橫行、群小亂政等現象，作者大多是以在野之身，發「逆波
而泝洄」的逆耳忠言，正如柳宗元〈捕蛇者說〉所冀望的「俟夫觀人
風者得焉」，而能上達君王天聽，以期改弦更張，有裨時政。這樣的
用心在當時或許大多落空，但並無損於對後人的借鑑價值。

由煒曄譎誑到修辭明道，由順風託勢到逆波泝洄，唐宋說體寓言
似乎將誤入歧途的策士辨說，導回〈論說〉篇所規範的正途：「披肝
膽以獻主，飛文敏以濟辭」。

五、結語

「戰國策士遊說，遇不能竟言之人，於不能竟言之事，往往突設
一喩，多方曉譬，而正意止入後瞥然一見，自然不言而喩。」[15]這和
唐宋說體寓言「不欲正言，而託物以寄意」，雖然方式略有差異（前
者爲多方曉譬，後者爲即一事一物取譬），而其藉具體事物以喩理寄
意的申說策略則是一致的。

《文心雕龍‧論說》以先秦兩漢的辨說、書說爲「說」體，而元
代以來文體論者，大多把唐宋說體之文推源於〈說卦〉、《說文》，
或把說體寓言視爲「子家之餘緒」，或將書說由「說」轉歸爲
「書」，如此一來，縱橫辨說與唐宋說體便似乎沒有什麼關聯了。

---

[14] 韓愈〈爭臣論〉。馬通伯《韓昌黎文集校注》，華正書局，民國71年，頁65。
[15] 錢基博《韓愈志》，頁130。

通過〈論說〉篇檢視唐宋說體寓言，可以看出唐宋說體寓言於先秦兩漢說體，有繼承、發展與導正之關係。因此，在強調唐宋說體源於〈說卦〉或說體寓言源於諸子寓言的同時，似乎更應正視其與先秦辨說、書說的關係。

唐宋說體寓言篇目表

序號	作者	篇名	備註
1	韓　愈	貓相乳說	又題爲〈貓相乳〉。《韓昌黎文集校注》（華正）卷二。
2	韓　愈	馬說	又題爲〈說馬〉。《韓昌黎文集校注》卷一。
3	柳宗元	捕蛇者說	《柳河東集》（河洛）卷十六。
4	柳宗元	鶻說	同上。
5	柳宗元	謫龍說	同上。
6	柳宗元	羆說	同上。
7	劉禹錫	說驥	〈因論〉七篇之六。《全唐文》卷六〇八。
8	李　翱	國馬說	《全唐文》卷六三七。
9	陳　黯	本貓說	《全唐文》卷七六七。
10	司空圖	說燕	《全唐文》卷八〇八。
11	來　鵠	貓虎說	《全唐文》卷八一一。
12	楊　夔	蓄狸說	《全唐文》卷八六七。
13	羅　隱	說天雞	《全唐文》卷八九六。
14	無能子	鴆說	《無能子》卷下。
15	無能子	魚說	同上。
16	趙　湘	義雞說	《全宋文》卷一六七。
17	宋　庠	蠶說	《全宋文》卷四三〇。
18	宋　祁	舞熊說	《全宋文》卷五一七。《景文集》卷四十八。
19	宋　祁	雁奴後說	同上。
20	王　令	馬說	《廣陵集》卷十二。

21	蘇　軾	二魚説	《文章辨體彙選》卷四二八。
22	蘇　軾	烏説	同上。此文又見於晁補之《雞肋集》，題爲〈烏戒〉。
23	陳師道	羆説	《文章辨體彙選》卷四二八。
24	呂南公	困蚓説	《灌園集》卷十八。
25	李若水	巢烏説	《忠愍集》卷一。
26	李　綱	蓄貓説	《梁谿集》卷一五七。
27	鄭剛中	戒雞説	《北山集》卷五。
28	周紫芝	鼠視説	《太倉稊米集》卷五十。
29	李　石	三蟲説	《方舟集》卷十三。
30	曾　丰	豪豬説	《緣督集》卷二十。
31	陳　造	斃蜂説	《江湖長翁集》卷二十九。
32	劉學箕	金鯉説	《方是閒居士小稿》卷下。
33	劉學箕	雉説	同上。
34	姚　勉	鳳鴉説	《雪坡集》卷四十。
35	俞德鄰	義貓説	《佩韋齋集》卷十二。
36	孔武仲	蝗説	《清江三孔集》卷十七。
37	孔武仲	雞説	同上。
38	姚　鎔	三説	《齊東野語》卷十四「姚幹父雜文」條。
39	陳傅良	怒蛙説	《宋元明文評註讀本》（中華）。

劉勰與民間文學

空大人文系

方元珍

摘 要

　　劉勰之世，尚無「民間文學」一詞，《文心雕龍》亦無討論之專章，但綜觀全書，卻不乏相關之論述。不但涉及民間文學之體類，如民間故事、謠諺、謎語、民間文書等，涵蓋範圍廣泛；有關民間文學各體作品的寫作原則與特色，亦持論客觀、允當。且當劉勰爲各體文學原始要終時，總不忘追溯民間文學在中國文體發展中之先驅地位，具體陳述民間文學的題材、語言、形式，對文士文學的影響。至於揭示民間文學有益文學創作、足以反映社會生活、輔助人倫教化的功用，更足徵劉勰十分重視民間文學的多元價值。劉勰立論的材料與觀點，不僅提供後世專研民間文學者良好之礎石，其建議後學於民間文學攝取養料，使文學創作能「望今制奇，參古定法」，尋出一條無窮之路的精神，殊可欽敬；尤其對一向重視士大夫作品的中國文學，特別是駢儷唯美文學盛行的南朝，劉勰不偏廢民間文學的折衷態度，眞可謂意義別具，彌足珍貴。

關鍵詞：劉勰，文心雕龍，民間文學，俗文學，大衆文學

劉勰其時,尚無「民間文學」一詞,將「民間文學」視爲專門學問予以探究,當始於一九二二年北京大學歌謠研究會所編之《歌謠周刊》,是系統搜集、研究我國民間文學的起點。其定義,據鄭振鐸《中國俗文學史》說:「何謂『俗文學』?『俗文學』就是通俗的文學,就是民間的文學,也就是大衆的文學」,他將「俗文學」、「民間文學」、「大衆文學」,視爲一物之異名,意指不登大雅之堂,不爲學士大夫所重視,而流行於民間,成爲大衆所嗜好、所喜悅的文學。其後,大陸學者吳蓉章對「民間文學」的義涵有進一步的闡述①,吾以爲可供參考。他說:「所謂民間文學主要是由人民大衆(其主體是勞動人民)集體口頭創作,有時也靠書面傳承的語言藝術。它是反映人民大衆的生活及願望、要求,採用傳統的表現手法,爲人民大衆所喜樂聞見,並廣泛流傳的作品。」換言之,能將個人與集體創作結合、口頭與書面傳承並存,且內容、形式都能反映民間生活與好尚,在民間廣泛流傳的大衆化的文學,即是民間文學。包括散文的民間故事,如神話、傳說、寓言、笑話、韻文的歌謠、長篇叙事詩,以及小戲、說唱文學、諺語、謎語等②。

當劉宋之際,雖無所謂「民間文學」,《文心雕龍》亦無討論的專篇,但綜觀全書,仍不乏相關之論述,無論是民間文學的體類、作法、藝術特色、功用,及其在中國文學發展流變中之地位,均曾述及。這對一向重視士大夫作品的中國文學,尤其是駢儷唯美文學盛行的南朝,劉勰有關民間文學的論見,無疑是難能可貴,且別具意義的。以下乃分別探究彥和對民間文學的論述:

---

① 吳蓉章著《民間文學理論基礎·第二講》。
② 胡萬川著〈從鯽仔魚要娶某－談民間文學〉,收於《文化的活水源頭－民間文學之重要性》。

一、　涵蓋體類廣泛

《文心雕龍》一書，論及我國民間文學，涵蓋之體類相當廣泛。在〈正緯〉、〈辨騷〉等篇，載錄了遠古的神話、傳說、寓言；〈明詩〉、〈樂府〉等篇則列述歌謠，〈諧讔〉篇專論笑話、謎語，屬於有韻的「文」；百姓日用的民間文書，屬於無韻的「筆」；諺語，則見於〈諧讔〉、〈書記〉，或散或韻，不拘一式，並且對於各體類之異名、定義、種類，多有闡述。

以民間故事而言，劉勰重視其在文學上的意義。《文心雕龍·辨騷》篇云：「康回傾地，夷羿彈日，木夫九首，土伯三目，譎怪之談也」，謂《楚辭》之書多引用神話，如共工氏與顓頊大戰，怒觸不周山，使地傾東南；后羿射日，為民除害；及一夫九首，拔木九千；土地神有虎首三目等，充滿譎怪的色彩。〈諸子〉篇云：「若乃湯之問棘，云蚊睫有雷霆之聲；惠施對梁王，云蝸角有伏尸之戰；《列子》有移山跨海之談，《淮南》有傾天折地之說，此踳駁之類也。是以世疾諸子，鴻洞虛誕。按《歸藏》之經，大明迂怪，乃稱羿斃十日，嫦娥奔月。殷《易》如茲，況諸子乎！」則是劉勰建議洽聞之士，應自《列》、《莊》、《淮南》、《歸藏》等典籍，所載共工氏傾天折地、后羿射日、嫦娥奔月、愚公移山、大人跨海、蚊睫有雷霆之聲、蝸角有觸蠻之戰等神話、寓言故事，有所採擇，不宜偏廢。〈誄碑〉篇又云：「若夫殷臣詠湯，追褒玄鳥之祚，周史歌文，上闡后稷之烈，誄述祖宗，蓋詩人之則也」，「周穆紀跡於弇山之石，亦碑之意也」，乃劉勰引述帝嚳之妃吞取燕卵而生商契、周穆王與西王母登山植樹刻石的故事，探索誄碑文體的起源。其所列舉的神話、寓言故事，上起盤古開天、羲農軒轅之世，下迄文字發明以後的商周時期，不僅歷時長久，且自劉勰多引民間故事做為素材，可見其對民間文學

豐富的資產，並未忽視。另如民間流傳蘊含諷刺、幽默性質的滑稽故事，如〈諧讔〉篇說：「諧之言皆也。辭淺會俗，皆悅笑也。」，正以笑話言辭淺顯，應合流俗，難登大雅之堂，因此向不爲人所重視，但劉勰仍納入「諧讔」之文體。

　　在我國古代，民間歌謠都與文士創作的詩歌並稱爲「詩」，而〈時序〉篇說：「昔在陶唐，德盛化鈞，野老吐『何力』之談，郊童含『不識』之歌。有虞繼作，政阜民暇，『薰風』詠於元后，『爛雲』歌於列臣。…〈邠風〉樂而不淫，幽厲昏而〈板〉、〈蕩〉怒，平王微而〈黍離〉哀，故知歌謠文理，與世推移」，係由劉勰於總結歷代民間所詠之詩歌文理時，首度拈出「歌謠」二字。〈明詩〉篇又云：「大舜云：『詩言志，歌永言』，聖謨所析，義已明矣。」，乃爲歌謠釋義，謂歌謠乃民衆吟詠之歌詩，形式短小，且押韻便於記憶、歌唱。此外，《文心雕龍》所舉述的歷代歌謠，散見於各篇。如〈通變〉篇云：「黃歌〈斷竹〉，質之至也；唐歌〈載蜡〉，則廣於黃世；虞歌〈卿雲〉，則文於唐時；夏歌〈雕牆〉，縟於虞代」，爲黃唐虞夏的民歌；〈時序〉篇云：「逮姬文之德盛，〈周南〉勤而不怨；大王之化淳，〈邠風〉樂而不淫。幽、厲昏而〈板〉、〈蕩〉怒，平王微而〈黍離〉哀」，語出《詩經·國風》各篇，是我國最早搜集成冊的周代歌謠；〈明詩〉篇云：「至成帝品錄，三百餘篇，朝章國采，亦云周備」，「〈邪徑〉童謠，近在成世」，則爲漢成帝時所采錄的民歌，與其時流行的童謠。至於以蒐採民間歌謠爲主體的樂府歌辭，劉勰也詳加列述。在〈樂府〉篇中，他上推「鈞天九奏」，下溯「葛天八闋」，依次講論「候人兮猗」的南音、「燕燕往飛」的北聲、「破斧之歌」的東音，「殷整思於西河」的秦音，而後述及漢武帝時始立樂府，廣搜民間歌曲。〈雜文〉篇還述及樂府的異名，說：「詳夫漢來雜文，名號多品，……或曲、操、弄、引，或吟、

諷、謠、詠。總括其名，並歸雜文之區；甄別其義，各入討論之域」，以為曲、操、弄、引、吟、諷、謠、詠，雖總稱為「雜文」，而實可入「樂府」之域，這是由於歌辭內容不同而命題有別的緣故，如〈烏棲曲〉、〈箜篌引〉、〈梁父吟〉、〈寒苦謠〉、〈離親詠〉等，實皆為民間歌曲。是知自劉勰所評述民間歌謠的時代之久遠，內容之豐富，謂其為孔子以後，第一位較全面注意到民歌的學者，實非過譽③。

　　此外，劉勰亦關切屬於民間文學中的諺語、謎語。〈書記〉篇說：「諺者，直語也。喪言亦不及文，故弔亦稱諺」，除了先為「諺語」釋名章義，並分析其類別，視諺語為一種直而無飾的淺語俗說。弔唁之語，即因言不必有文采，亦稱「弔諺」。同篇又說：

> 鄒穆公云：「囊漏儲中」，皆其類也。〈牧誓〉云：「古人有言，『牝雞無晨』」。〈小雅〉云：「人亦有言：『惟憂用老』」。並上古遺諺，《詩》《書》所引者也。至於陳琳諫辭，稱「掩目捕雀」，潘岳哀辭，稱「掌珠伉儷」，並引俗說而為文辭者也。

劉勰列舉周代至魏晉的諺語，「原始以表末」、「選文以定篇」之意，已不言可喻。有關謎語的定義、類別、源流，劉勰亦如數家珍。〈諧讔〉篇說：「謎也者，迴互其辭，使昏迷也。或體目文字，或圖象品物，纖巧以弄思，淺察以衒辭」，乃彥和首次為謎語下定義，並區分其類別，將謎語分為依文字解析、按物象組合二類，謂其心思過於纖巧、文辭衒露易察，可說是劉勰的創見，且立論允當。同篇又說：「讔者，隱也。遯辭以隱意，譎譬以指事也。」「自魏代以來，

---

③　王師更生著《文心雕龍讀本·樂府》。

頗非俳優；而君子喜隱，化爲謎語」，則細述謎語的演變，謂其前身
爲古代的廋詞、隱語，自荀卿的〈蠶賦〉，已開謎語之濫觴。由於文
士官宦喜用隱微的語詞猜謎，謎語乃漸成爲民間文學的體類之一。至
於一些民間生活應用的文書，如醫曆星筮方面的「方術、占、式」、
朝市徵信方面的「符、契、券、疏」、萬民達志方面的「狀、列、
辭、諺」，係與民衆日用息息相關的文字紀錄，稱得上是廣義的民間
文學，亦被劉勰總納入「書記」的文體，足見其涵蓋民間文學體類之
衆多了。

二、 揭示各體類之作法與特色

　　《文心雕龍·序志》篇說：「若乃論文叙筆，則囿別區分」，乃
劉勰自述其將各體文學，依其義蘊、形式有別，加以類聚群分的做
法。民間文學亦然。對於不同體類，如民間故事、諺語、謎語等，劉
勰亦分門別類，說明其寫作特色；部分體類，並提出寫作的指導原
則，足供後學者取法、參考。

　　民間故事中，以神話、傳說最富想像力、傳奇性。《文心雕龍·
正緯》篇，便指出了這方面的特質，云：「若乃羲農軒皞之源，山瀆
鍾律之要，白魚赤烏之符，黃銀紫玉之瑞，事豐奇偉，辭富膏腴」，
總要式地歸納了緯書中有關災異、瑞兆的神話故事，內容豐富奇偉，
辭采華茂瑰麗，爲其創作特色。〈辨騷〉篇亦云：「至於託雲龍，說
迂怪，駕豐隆，求宓妃，憑鴆鳥，媒娀女，詭異之辭也；康回傾地，
夷羿彃日，木夫九首，土伯三目，譎怪之談也」，再次舉述《楚辭》
中的神話傳說，內容怪誕，文辭詭異，故劉勰肯定《楚辭》除了取鎔
經旨以外，亦具有「自鑄偉辭」的特點。又如〈諸子〉篇，劉勰將
《列子》、《莊子》、《淮南子》諸書所載「蚊睫有雷霆之聲」、
「蝸角有伏尸之戰」、「愚公移山」、「大人跨海」、「傾天折地」

等傳說、寓言故事，列爲諸子典籍中「踳駁」之一類，謂世人厭之，認爲彼類之故事「鴻洞虛誕」；雖然如此，但劉勰仍歸結出「《列御寇》之書，氣偉而采奇」，「《淮南》採汎而文麗」的正面評價，可見其基本上仍肯定神話、傳說、寓言故事具有內容豐瞻奇偉、文辭華麗多彩的藝術特色；此一特色，並不因民間故事的內容駁雜，不合經式，便廢而不取。劉勰是論之持平、客觀，誠屬不易。

　　明人李開先曾於《閒居集》提出「眞詩只在民間」之說，以爲如〈山坡羊〉、〈鎖南枝〉等民間歌曲，「譁於市井」，「語意則直出肝肺，不加雕刻」，「以其情尤足感人也」，具有衆口相傳的群衆性，以及情感眞摯、本色自然的特色。其實早在《文心雕龍》，劉勰已有相關的論述。如〈通變〉篇云：「黃歌〈斷竹〉，質之至也；唐歌〈載蜡〉，則廣於黃世，……推而論之，則黃唐淳而質。」指出黃唐時代的歌謠，風格淳厚樸質。〈樂府〉篇又云：「及匹夫庶婦，謳吟土風」、〈頌讚〉篇亦云：「晉輿之稱原田，魯民之刺裘鞸，直言不詠，短辭以諷」，進而舉述歌謠出自於百姓庶民，不知作者爲誰，具有群衆性，且淺直無華，篇幅短小的特點。不但如此，歌謠的音樂性特別強，在上古時期，詩、歌與音樂、跳舞即是緊密結合的。如〈事類〉篇說：「按葛天氏之樂，唱和三人而已」，乃劉勰引文自《呂氏春秋·古樂》篇：「昔葛天氏之樂，三人操牛尾，投足以歌八闋」，以證明其時詩、歌、樂、舞關係的密切。〈明詩〉篇又云：「昔葛天樂辭，〈玄鳥〉在曲，黃帝〈雲門〉，理不空絃」，〈樂府〉篇亦云：「高祖之詠〈大風〉，孝武之歎〈來遲〉，歌童被聲，莫敢不協」，在在強調將歌謠被以樂曲，用來歌唱，音律協和，爲其另一創作特色。爲避免辭曲淫靡，劉勰並進一步揭示其寫作的指導原則，於〈樂府〉篇說：「夫樂本心術，故響浹肌髓，先王愼焉，務塞淫濫」，基於音樂易於深入人心，故劉勰沿續《禮記·樂記》、《漢書

·禮樂志》的觀點，主張「務塞淫濫」，反對鄭聲淫辭，而成爲樂府歌詩的創作準則。此外，劉勰還述及歷代歌謠中，屢見比興、誇飾、雙聲疊韻等作法。如〈比興〉篇云：「澣衣以擬心憂，卷席以方志固，凡斯切象，皆比義也。至如麻衣如雪，兩驂如舞，若斯之類，皆比類者也」，所舉之例均出自《詩經·國風》各篇，乃妙用比喻以說明事物含義、或描繪物象的民間歌謠。同篇又說：「觀夫興之託諭，婉而成章，稱名也小，取類也大。關雎有別，故后妃方德；尸鳩貞一，故夫人象義」，描述《詩經》〈周南〉、〈召南〉諸篇，表現了「依微以擬議」的「興」的手法。類此作品，均獲劉勰之肯定，所謂：「詩人比興，觸物圓覽」，即是讚美《詩三百》的作家，觀察外物細膩周備，並能妥善運用比興的作法。另如〈夸飾〉篇說：「論狹則河不容舠」，語出《詩經·邶風·河廣》，乃民間歌謠以誇張虛飾的手法，形容河面狹小的成例。〈物色〉篇說：「故灼灼狀桃花之鮮，依依盡楊柳之貌，杲杲爲日出之容，瀌瀌擬雨雪之狀，喈喈逐黃鳥之聲，喓喓學草蟲之韻。皎日嘒星，一言窮理；參差沃若，兩字連形，並以少總多，情貌無遺也」，則呈顯《詩經》〈周南〉、〈衛風〉、〈召南〉等篇，善以「灼灼」、「杲杲」、「喈喈」、「喓喓」形容物之形貌聲態，爲民間歌謠多採疊字的示例。至於以「參差」形容荇菜，「沃若」形容桑葉，則是分別用雙聲、疊韻字以窮形盡相，達到「以少總多，情貌無遺」的藝術效果。可見劉勰十分肯定歌謠能善用比興、誇飾、雙聲、疊韻等作法，使具有語言生動、形象鮮明的藝術特色。

　　對於諺語、謎語的作法與特色，《文心雕龍》亦有扼要的論述。〈書記〉篇說：「諺者，直語也。……廛路淺言，有實無華」，認爲來自市井民間的諺語，淺語直言，樸實無華，爲其首要特徵。然而有些諺語不免流於粗俗鄙陋，〈書記〉篇就曾說：「夫文辭鄙俚，莫過

於諺」；〈諧讔〉篇並且爲之舉例，謂魯國所傳有關「蠶績蟹筐」的俗諺，乃「蠶蟹鄙諺」，乃諺語所難避免的另一特點。至於有些俗諺以諧讔的言語表現，被劉勰評爲「本體不雅，其流易弊」，認爲正本清源之道，惟在於「其辭雖傾回，意歸義正」。故言辭或可曲折巧譎，但內容務要義理正當，彥和此語實精要地確指諺語諧說寫作的準則。至如謎語的語言形式，〈諧讔〉篇有言：「纖巧以弄思，淺察以衒辭」，指出謎語具有心思纖巧細密，文辭淺露易察的特質，倘能掌握「義婉而正」、「辭隱而顯」的寫作原則，謎語也就不致淪爲童稚的戲讔之詞，徒供茶餘飯後助興的工具了。

三、　確立民間文學爲中國文學之先驅

當劉勰在爲各體文學與作品原始要終時，總不忘追溯民間文學在中國各體文學發展中的先驅地位，透過《文心雕龍》的解說，更可看出民間文學的題材、語言、形式對文士文學的影響。以民間故事爲例，上古時代有許多神話、傳說故事，被屈原採用，改寫爲《楚辭》，給後代辭人極大的啓發作用。此見於《文心雕龍·辨騷》篇：

> 至於託雲龍，說迂怪，駕豐隆，求宓妃，憑鴆鳥，媒娀女，詭異
> 之辭也；康回傾地，夷羿彈日，木夫九首，土伯三目，譎怪之談
> 也。……語其夸誕則如此，固知《楚辭》者，體憲於三代，而風
> 雜於戰國，乃雅頌之博徒，而詞賦之英傑也。

劉勰指出《楚辭》中的民間故事，富於想像力，充滿夸誕、神奇色彩，不僅是詞賦中的雋品，且「才高者菀其鴻裁，中巧者獵其豔辭，吟諷者銜其山川，童蒙者拾其香草」④，無論是題材、文辭，及體制

---

④　《文心雕龍·辨騷》。

各方面，都對詞人產生影響，而成為漢賦的宗祖。〈時序〉篇又說：「爰自漢室，迄至成、哀，雖世漸百齡，辭人九變，而大抵所歸，祖述《楚辭》，靈均餘影，於是乎在」，更確認漢賦二百年來，同祖風騷，而辭賦之體，最早即脫胎於民間文學。

　　大部分為民間歌謠的《詩經》，〈國風〉各篇可說是中國民間歌謠的先路，其用語、體制，均被文士採用，逐漸形成正統文學。如《文心雕龍·章句》篇說：「又詩人以兮字入於句限，《楚辭》用之，……舜詠〈南風〉，用之久矣」，可尋出「兮」之用字由歌謠一路沿用到《楚辭》的脈絡，同時也清晰可辨由民間文學融入文士文學的軌跡。〈章句〉篇又說：「尋二言肇于黃世，〈竹彈〉之謠是也；三言興於虞時，〈元首〉之詩是也；四言廣於夏年，〈洛汭〉之歌是也；五言見於周代，〈行露〉之章是也；六言七言，雜出《詩》、《騷》」，大要概述〈竹彈〉以來之民間歌謠，為二、四、五、六言詩之先聲。〈明詩〉篇則進一步追溯五言詩體的起源，說：「至成帝品錄，三百餘篇，朝章國采，亦云周備，而辭人遺翰，莫見五言，所以李陵、班婕妤見疑於後代也。按〈召南〉、〈行露〉，始肇半章；孺子〈滄浪〉，亦有全曲；〈暇豫〉優歌，遠見春秋；〈邪徑〉童謠，近在成世；閱時取徵，則五言久矣」，將五言詩在民間醞釀的時間，起始於春秋，對後世五言詩體的確立、演進，有重要的貢獻。除了各體詩以外，民歌與樂府也有承先啓後的關係，〈樂府〉篇說：「暨武帝崇禮，始立樂府。總趙代之音，撮齊楚之氣，延年以曼聲協律，朱馬以《騷》體製歌」，足見樂府歌辭採民間歌曲為主體的演進過程。故劉勰以為樂府詩的起源甚早，如上古時代的「鈞天九奏」、「葛天八闋」，夏禹商周的東、南、西、北各國歌謠，皆開樂府詩的

先河⑤，並對漢魏六朝的樂府民歌、唐詩五代詞均影響深遠。

　　至於《文心雕龍·誄碑》篇云：「周穆紀跡於弇山之石，亦碑之意也」，〈頌讚〉篇云：「晉興之稱原田，魯民之刺裘鞸，直言不詠，短辭以諷，丘明子順，並謀爲頌，斯則野頌之變體，浸被乎人事矣」，乃劉勰上推周穆王與西王母的神話、晉魯百姓吟誦的歌謠，爲碑體、頌體的濫觴，並謂左丘明、子順將歌謠進一步譜爲頌辭的情形。由這段文字叙述，則正統文學脫胎於民間文學，再經文士紀錄、潤飾而成的歷程，已不言而喻。民間文學就其內容、形式對後世的影響而言，確可謂爲我國文學的宗祖。

四、肯定民間文學之功用

　　《論語·陽貨》篇說：「詩可以興，可以觀，可以群，可以怨」，謂讀詩可以感物起興，可以觀風問俗，可以齊一意志，群策群力，更可以調節情性，使人怨而不怒，具有文學、社會、教化方面之功用。以民間詩歌爲主的《詩經》如此，其他民間文學作品亦然，不但對文士創作提供採擷不盡的養料，成爲廣大民衆喜好、欣賞的對象；其表達民衆生活的願望，傳遞人類的經驗、智慧，也具有反映社會生活，有益人倫敎化的價值。

　　以有助文學創作而言，《文心雕龍·正緯》篇說：「若乃羲農軒皞之源，山瀆鍾律之要，白魚赤烏之符，黃銀紫玉之瑞，事豐奇偉，辭富膏腴，無益經典，而有助文章」，肯定緯書中的神話故事，文義虛誕，詞采富麗，足可做爲寫作文章的挹注，故「古來辭人，捃摭英華」，以充實文學的內容，豐富語言的變化。爲此，劉勰特將〈正緯〉篇置於「文之樞紐」的重要地位，一方面固然是爲了釐正緯書的

⑤　《文心雕龍·樂府》。

不可亂經，另一方面也是正視緯書中如神話，即具有輔助爲文的價值。對傳統的奉儒家經典爲圭臬的學者文士而言，這確實是超越時代的睿智卓見。民間故事有助爲文的見解，另見於〈辨騷〉、〈諸子〉篇。〈辨騷〉篇中，劉勰肯定《楚辭》中的神話傳說，乃詭異之辭，譎怪之談，雖不合經誥的體制，但「自鑄偉辭」，足供後世文家，如枚、賈、馬、楊等人，「菀其鴻裁，獵其豔辭」，具有「衣被詞人，非一代也」的卓越貢獻。因此〈諸子〉篇中，劉勰進一步提出了建言，鼓勵洽聞之士，應對諸子書中虛誕迂怪的神話、寓言故事，「覽華而食實，棄邪而採正」，如此方爲「學家之壯觀」。

不但民間故事具有文學上的價值，歌謠、俗諺亦有做爲歷代典則、引文助談的功用。〈才略〉篇說：「五子作歌，辭義溫雅，萬代之儀表也」，即視太康時期的五子之歌，辭意溫厚雅正，足爲後世文章取法。〈書記〉篇說：「夫文辭鄙俚，莫過於諺，而聖賢詩書，採以爲談」，亦認爲俗諺有供聖賢行文措辭之助的效用。即使是劉勰寫作《文心雕龍》，亦不忘數度摘引「晉人貴勝而賤女」、「鄭人買櫝而還珠」⑥、「夏人爭弓矢」、「楚人鬻矛楯」⑦等民間故事，以借喻寫作文章的原理、原則。由此可見，劉勰十分注重民間文學在文學創作上的效益。

就反映社會生活而論，神話、寓言故事，如康回傾地、夷羿射日⑧、嫦娥奔月、移山跨海⑨之說，固然是上古先民對自然現象的解釋與關心，反映其克服艱困生活的鬥志與信心；民間歌謠是人民思想情感的產物，亦可藉以觀察百姓生活，瞭解民心向背，如《文心雕龍

---

⑥ 《文心雕龍·議對》。
⑦ 《文心雕龍·定勢》。
⑧ 同註④。
⑨ 《文心雕龍·諸子》。

·時序》篇說：「歌謠文理，與世推移，風動於上，而波震於下」，即體認歌謠與社會變遷，政治良窳的關係。是以春秋時期善知音理者如師曠、季札等人便深諳「覘風於盛衰」、「鑒微於興廢」之理⑩，藉由審音辨律，以明瞭各國的治亂興衰，故〈樂府〉篇說：「季札觀樂，不直聽聲而已」，認爲音樂除了聽其聲調以外，更重要的是觀察音樂背後所蘊含之社會現象，劉勰所謂「豈惟觀樂，於焉識禮」，正是此意。《文心雕龍·頌讚》篇又舉例說：「夫民各有心，勿壅惟口；晉輿之稱原田，魯民之刺裘鞸」，謂晉魯百姓所以吟誦歌謠，以美刺晉文公、孔子，完全是他們生活狀態，與思想情感的表現。這些歌謠的產生若川流洶湧，無法壅塞，具有反映社會生活的作用。其他的民間文學，如「方、術、占、式」，用於醫術曆法星相卜筮；「符、契、券、疏」，用於市井商賈的徵信；「狀、列、辭、諺」，用於百姓表情達志⑪，皆與民衆作息密不可分，所以劉勰說：「雖藝文之末品，而政事之先務也」，仍肯定其社會應用方面的重要性。

　　對於民間文學有益人倫的教化，劉勰也有具體的陳述。〈辨騷〉篇說：「傷羿、澆之顚隕，規諷之旨也」，可見后羿好射淫游的神話故事，亦可用以戒諫楚君，移易人心。〈明詩〉篇又說：「及大禹成功，九序惟歌；太康敗德，五子咸諷；順美匡惡，其來久矣」，言民衆藉歌謠達到揚善匡惡的效果，由來已久。故當宋國大夫華元棄甲歸來，「城者發睅目之謳」；魯國大夫臧武仲出師不利，「國人造侏儒之歌」⑫，皆寄寓嘲諷勸誡之意。正因劉勰認爲民間文學具有教化意義，是以當他評騭樂府民歌的優劣時，也是依此標準。〈樂府〉篇說：「先王慎焉，務塞淫濫，敷訓胄子，必歌九德，故能情感七始，

---

⑩　同註⑤。
⑪　《文心雕龍·書記》。
⑫　《文心雕龍·諧讔》。

化動八風」，認爲《詩經》的〈風〉〈雅〉諸篇，溫柔敦厚，樂而不淫，哀而不傷，確能達到轉移社會風氣，感化天下人心的目的，可說是樂府歌辭的典範；反之，如兩漢時期相和曲中的〈艷歌何嘗行〉、〈白頭吟〉等表現男女情思的民歌，也因而被劉勰視爲「艷歌婉變，怨詩訣絕」，謂其「淫辭在曲，正響焉生」了⑬。甚至對於市井流傳的「蠅蟹鄙諺，貍首淫哇」，〈諧讔〉篇亦寄予「苟可箴戒，載於禮典，故知諧辭讔言，亦無棄也」的冀望，希望這些諺語俗說，能夠融會義理，適應時事，有益於諷誡人心，做到所謂「會義適時，頗益諷誡」，則諧辭讔言，亦如九流之有小說，必有可觀焉。凡此，皆足徵彥和對於民間文學應具有社會教育的作用，以移風易俗，化動民心，至表重視。畢竟民間文學的親和力、群衆性是廟堂正統文學難望其項背的，清代學者俞樾就曾說；「天下之物最易動人耳目者，最易入人之心。是故老師鉅儒，坐皋比而講學，不如里巷歌謠之感人深也；官府敎令，張布於通衢，不如院本平話之移人速也。」⑭更印證民間文學對大衆感染力之深切。

結 論

綜上所言，劉勰有關民間文學的論述，散見於各篇，雖無系統的專題探究，但歸納而言，具有如下之特色：

首先，劉勰論述民間文學的範疇極廣，涵蓋各體類的名義、種類、作法、藝術特徵，及民間文學的功用等，論點大致正確。不僅給予神話傳說在中國文學創作的一席之地，是其創見；且爲自孔子刪述《詩三百》，將《詩經》提昇到「經典」的地位以後，較全面注意民

---

⑬ 同註⑤。
⑭ 俞樾《春在堂雜文·余蓮村勸善雜劇序》。

間歌謠的第一人。其立論的材料與觀點，足為後代專研民間文學者奠立良好的基礎，提供必不可少之研究素材。

其次，劉勰之所以不偏廢民間文學，其目的在於「望今制奇，參古定法」⑮韠，如黃唐時期的歌謠，質樸自然，宜為後代文辭所取法；先王製作的樂府民歌，富於溫柔敦厚的「詩教」意義，足為魏晉六朝之軌範，這都是「法古」的一面；至於神話傳說，由於「事豐奇偉，辭富膏腴」，劉勰建議後學「酌奇而不失其貞，翫華而不墜其實」⑯；諺語謎語，以其或「文辭鄙俚」⑰、或「弄思衒辭」⑱，而被劉勰寄予「頗益諷誡」⑲的期許，此皆為「制奇」的一面，認為唯有兼顧兩方面，「斟酌乎質文之間，檃括乎雅俗之際」⑳，才能為文學創作找尋出一條可長可久之路。

第三，劉勰文學理論的主軸在於宗經，經典是中國文學特有的泉源，宗法經典，積極方面，可以做到「文能宗經，體有六義」㉑，使文學創作得到萬古常新的溫床；消極方面，可以使得「矯訛翻淺，還宗經誥」㉒，導正文學創作負面的瑕病。故《文心雕龍》討論二十篇文體論，涉及一百七十多種不同的體類，數十位作家的作品，多環繞經典、正統文學立論，如〈宗經〉篇說：「論說辭序，則《易》統其首；詔策章奏，則《書》發其源；賦頌歌讚，則《詩》立其本；銘誄箴祝，則《禮》總其端；記傳盟檄，則《春秋》為根；並窮高以樹

---

⑮　《文心雕龍·通變》。
⑯　同註④。
⑰　同註⑪。
⑱　同註⑫。
⑲　同註⑫。
⑳　同註⑮。
㉑　《文心雕龍·宗經》。
㉒　同註⑮。

表，極遠以啓疆，百家騰躍，終入環內者也」，此正符合中國文學一向重視士大夫所創作的作品的現象；只是劉勰又能彌綸群言，觀照向爲文人學者所忽視的民間文學的領域，不僅將里巷流傳的笑話、諺語、謎語、應用文書，納入文體，採擷緯書神話以入文學領域，謂其「亦無棄矣」㉓；且推本窮源，確立民間文學做爲中國文學先驅的角色，並肯定在其文章創作、觀風問俗，及有益人倫敎化方面的貢獻。劉勰折衷至當的態度，兼具文學、歷史、社會敎育觀點於一身的器識，令人敬佩。

　　除此以外，先秦兩漢以來逐漸形成重視「樂」與「和」、「德」關係的觀點，頗爲強調音樂的中正平和，與具有社會倫理道德的作用。自《左傳·襄公二十九年》記載季札觀周樂，說：「至矣哉！直而不倨，曲而不屈，邇而不偪，遠而不攜，遷而不淫，復而不厭，哀而不愁，樂而不荒，用而不匱，……五聲和，八風平，節有度，守有秩，盛德之所同也。」，至孔子於《論語·衛靈公》篇說：「鄭聲淫」，〈陽貨〉篇說：「惡紫之奪朱也，惡鄭聲之亂雅樂也」，都是前後一貫的價值判斷。劉勰承襲此一觀點，〈樂府〉篇說：「武德興乎高祖，四時廣於孝文，雖摹韶夏，而頗襲秦舊，中和之響，闃其不還」，又說：「豈惟觀樂，於焉識禮」，仍是以「中和」、「奉禮」做爲樂府歌詩的好壞標準。本此思想，《文心雕龍》評騭六朝樂府歌辭說：「俗聽飛馳，職競新異，雅詠溫恭，必欠伸魚睨；奇辭切至，則拊髀雀躍；詩聲俱鄭，自此階矣」㉔，視之爲淫樂鄭聲。對於旣不能適度節制情感，又反映出亂世亡國的哀音，一概予以否定；也因而忽略東晉以來如吳歌、西曲等情感眞摯，本色自然的民歌。這不能不

㉓　同註⑫。
㉔　同註⑤。

說是劉勰思想的侷限性使然。至於今人評論劉勰對民間文學「重視程度是非常不夠的，對民間文學的產生、作用、意義等，都未能作正確深入的論述」⑤，若以知人論世的眼光來看，則又不免持論過苛了。

主要參考書目

文心雕龍斠詮　李曰剛著　國立編譯館（民71）

文心雕龍讀本　王師更生注譯　文史哲出版社（民72）

重訂增修文心雕龍研究　王師更生著　文史哲出版社（民68）

宋本樂府詩集　（宋）郭茂倩編　世界書局（民50）

新校本古謠諺　（清）杜文瀾輯　新文豐出版公司（民75）

中國俗文學史　鄭振鐸著　台灣商務印書館（民54）

中國俗文學史　門巋、張燕瑾著　文津出版社（民84）

民間文學理論基礎　吳蓉章著　四川大學出版社（1988年）

中國文學理論批評發展史　張少康、劉三富著　北京大學出版社
　　（1995年）

中國神話研究　譚達先著　台灣商務印書館（民77）

先秦美學史　李澤厚、劉綱紀著　金楓出版社（民72）

漢魏六朝樂府文學史　蕭滌非著　長安出版社（民70）

民間文學、俗文學、通俗文學命義之商榷　曾永義著　國文天地
　　13卷4期（民86·9）

從〈樂府〉、〈諧讔〉看劉勰對民間文學和通俗文學的態度　王
　　運熙著　收入《文心雕龍探索》（1986年4月）

劉勰論民間文學　牟世金著　中國古代近代文學研究（1989年1
　　月）

---

⑤　牟世金〈劉勰論民間文學〉，《中國古代近代文學研究》，一九八九年一月。

略談劉勰對民間文學的評論　房聚棉著　遼寧大學學報（1994年第6期）

《文心雕龍》中的民間文學觀　江寶釵著　國立中正大學學報人文分冊第八冊第一期（民86）

民間文學述要　鍾敬文著　北京師範大學學報（1984第5期）

試論我國歷代文論中的民間文學理論　陳詞著　中國古代近代文學研究（1983年12月）

意象、意境説與劉勰的創作論

伊里諾大學香檳分校

蔡宗齊

　　雖然劉勰在〈神思〉篇裡首先使用「意象」一詞，現代學者卻很少把劉勰的創作論作爲意象、意境說研究的重要內容。意象、意境說研究與劉勰創作論脫節，這跟「意象」和與其大同小異的「意境」的概念之歷史演變有密切的關係。因爲兩者到唐代才成爲描述創作過程或評價作品的專門術語，學者們討論意象、意境說時很自然地把注意力放在唐代及其以後的文論作品之上。然而，唐代及其以後的批評家雖然諳熟「意象」和「意境」的內涵，卻從不愛用抽象、精確的言語加以闡釋。他們要麼來上幾句印象式的描寫，要麼作詩或引述他人的詩句，讓讀者直觀地把握兩個術語的意義。相比之下，劉勰〈神思〉篇中對意象這個概念作了相當富有邏輯性的闡述。本文試圖先從分析〈神思〉篇中「意」、「象」兩字的本義入手，尋繹劉勰所鑄造「意象」一詞的內涵並用現代的述語加以闡釋，然後再檢討唐代以來批評家如何拓展劉勰「意象」觀的內容，建立了紛呈多彩，富有內在聯係的意象、意境說系統。

一

　　漢魏以降，「意」和「象」已成爲廣泛使用，意義複雜的概念。劉勰鑄造「意象」這一個詞組所取得的是「意」和「象」的何種特定

意涵？這是我們首先要討論的問題。

〈神思〉篇裡，「意」一字單獨使用過好幾次。「意翻空而易奇，言徵實而難巧也。是以意授於思，言授於意。」在這段話裡，「意翻空而易奇」中的「意」是指向存作者心中，未付諸言語的表述內容，與陸機所說「恆患意不稱物，文不逮意」中「意」的意義相同，均屬於莊子在〈秋水〉所描述的經驗性的「意」：「可以言論者，物之粗也；可以意致者，物之精也；言之所不能論，意之所不能察致者，不期精粗焉。」①同時，「意授於思」中的「意」字出現在思、意、言三者構成的認識論框架之中。這一框架可追溯莊子另一段關於「意」的論說：「書不過語，語有貴也。語之所貴者意也，意有所隨。意之所隨者，不可以言傳也。」（〈天道〉）②這裡，「不期精粗」的眞體雖不存於「意」之中，卻爲「意之所隨者」。大概由於此與本體緊密相隨的涵意，「意」這一術語最終經過王弼等人的闡發而演變爲本體的稱謂，構成魏晉玄學認識論中最高的，超經驗性的範疇。雖然劉勰「思—意—言」框架中的「意」並沒有達到玄學家所談意、象、言關係中最高層次的「意」，它仍帶有一定的超經驗性涵義。這主要是由於授予「意」的「思」實屬一種超經驗心理活動。

> 「形在江海之上，心存魏闕之下」；神思之謂也。文之思也，其神遠矣。故寂然凝慮，思接千載；悄焉動容，視通萬里。

劉勰把「文之思」稱之爲「神思」，無疑是要強調其超驗性。「神思」一詞在六朝的玄、釋文獻裡經常使用，專指超驗性宗教心理活動。

---

① 郭慶藩輯，《莊子集釋》（北京：中華書局，1985），第三册，第572頁。
② 郭慶藩輯，《莊子集釋》，第二册，第488頁。

〈管輅別傳〉曰：「於是使梓慎之徒，登高臺，望風氣，分災異，刻期日，然後知**神思**遐幽，靈風可懼。」③

慧遠〈阿毗曇心序〉：「心本明於三觀，則睹玄路之可遊。然後練**神達思**，水鏡六府，洗心淨慧，擬跡聖門，尋相因之數，即有以悟無，推至當之極，每動而入微矣。」④

然而，劉勰的「神思」與這類宗教性「神思」不盡相同。雖然前者亦屬超驗性心理活動，但並非像後者那樣，旨在實現對現實世界永恆的超越。相反，對劉勰來說，作者「神思」之目的在於借助神感的力量自由馳騁於感性世界之中，不僅體驗到其與神明相通的本質，而且尋找出表現此接通超驗與經驗兩個世界之精神活動的最佳形象和語言。劉氏故曰：「故思理爲妙，神與物游。神居胸臆，而志氣統其關鍵；物沿耳目，而辭令管其樞機。樞機方通，則物無隱貌；關鍵將塞，則神有遯心。」這種從超驗到經驗世界的精神活動，用「意」一字來總括極爲恰當。按上引莊子所述，「意」既達於「物之精」（物質現象的本質），又「有所隨」（「意之所隨者，不可以言傳也」，即超驗的世界）。毫無疑問，劉勰接下來所說「闚意象而運斤」和「意授於思」諸語所取的正是莊子所述「意」的雙重意義。

二

劉勰所用「意象」一詞中，「象」字也同樣兼有指涉經驗與超經驗世界的雙重涵義。在王弼等玄學家把「意」提升爲宇宙最終現實之前，「象」似乎較「意」更多地用於指涉宇宙最終現實以及與之溝通

---

③　見陳壽撰《三國志》（北京：中華書局，1959），第三冊，第817頁。除特殊說明之外，本文中引文的劃線皆爲筆者所加。

④　見僧祐撰《出三藏記集》（北京：中華書局，1995），第379頁。

的超經驗心理活動。《老子》把「象」、「大象」視爲「道」的存在
狀態：「道之爲物，惟恍惟惚。惚兮恍兮，其中有象。恍兮惚兮，其
中有物。」⑤「大音希聲，大象無形，道隱無名。」⑥《楚辭·天
問》亦用「像」一字描述形上世界：「上下未形何由考之？冥昭瞢
闇，誰能極之，馮翼惟像，何以識之？」⑦

「象」一字非惟描述形上世界，亦被用來指進入那虛渺無形之域
的心理活動。《莊子·天地》曰：「黃帝遊乎赤水之北，登乎崑崙之
丘而南望，還歸，遺其玄珠。使知索之而不得，使離朱索之而不得，
使喫詬索之而不得也。乃使象罔，象罔得之。黃帝曰：『異域！象罔
乃可以得之乎？』」⑧這裡莊子明確指出，得到宇宙最終現實（玄珠）
的唯一途徑是象罔，絕非知（知識）或離朱（純視覺）。至於「象」
或「象罔」是怎麼樣通達於宇宙最終現實，韓非子作了一番解釋：
「人希見生象也，而得死象之骨，案其圖以想其生也，故諸人之所以
意想者皆謂之象也。今道雖不可得聞見，聖人執其見功以處見其形，
故曰：『無狀無形，無物之象』」。（《韓非子·解老》）⑨此處，
韓非子不但把「無物之象」中的「象」解釋爲「意想」（或說「臆
想」）活動的組成部分，還指出這種超感性的心理活動與實在的感性
物象（「死象之骨」）的緊密的，相互依賴的關係。

魏晉以來玄學、佛家著述對「無物之象」（或稱「大象」）與具
體感性物象的關係作了許多詳盡的解釋。例如，〈管輅別傳〉運用感
應論的觀點來分析兩者互爲表裡的關係：「夫天雖有大象而不能言，

---

⑤　高明撰，《帛書老子校注》（北京：中華書局，1996），第327頁。
⑥　高明撰，《帛書老子校注》第24頁。
⑦　陳子展撰，《楚辭直解》（江蘇：江蘇古籍初版社，1988），第122－123頁。
⑧　郭慶藩輯，《莊子集釋》，第二册，第414頁。此段的劃線源於原文，非筆者所加。
⑨　見張少康，盧永璘輯，《先秦兩漢文論選》，（北京：人民文學出版社，1996），第2
　　08頁。

故運星精於上，流神明於下，驗風雲以表異，役鳥獸以通靈。表異者必有浮沈之侯，通靈者必有宮商之應。」⑩釋慧遠則運用佛家般若宗「不落兩邊」的辯證法加以闡述：「其妙物也，運群動以至壹而不有，廓大象於未形而不無，無思無為，而無不為。是故洗心靜亂者以之研濾，悟徹入微者以窮神也。」⑪此段對「妙物」過程的描述揭示了「象」或「象罔」溝通物象世界與超象世界的特有方式。一方面，它貫通群動的萬物而不滯於現象世界（「而不有」）；另一方面，它「廓大象於未形而不無」，不無即指可呈現出可觀照之象。

　　至於溝通物象世界與超象世界之「象」或「象罔」的自身性質如何，王弼作了這一精闢的闡述。如果說韓非子相信通過「死象」這類具體物象就可通達形上的世界，王弼則強調必須超越「牛馬」之類的物象，去使用先聖所創造的、具有相當抽象性的卦劃卦象，才能觸類無窮從而接通形上的世界。王弼《周易略例·明象》：「故立象以盡意，而象可忘也。重畫以盡情，而畫可忘也。是故觸類可為其象，合義可為其徵。義苟在健，何必馬乎？類苟在順，何必牛乎？」⑫同時，王弼還認為，卦象亦可沿相反的方向運作，把形上的「大象」轉化為可以觀感的對象。王弼〈老子指略〉曰：「故象而形者，非大象也；音而聲音，非大音也。然則四象不形，則大象無以暢；五音不聲，則大音無以至。」⑬

　　王弼對從「大象」到「四象」（即從超驗的「意」到經驗的「象」）轉化的論述為文論家研究文學創作過程提供了重要的思維框

⑩　見陳壽撰《三國志》，第三冊，第814頁。
⑪　見僧祐撰《出三藏記集》，第343頁。
⑫　見北京大學哲學系中國哲學史教研究選注，《中國哲學史資料選輯》（北京：中華書局，1981），上冊，第382－383頁。
⑬　見北京大學哲學系中國哲學史教研究選注，《中國哲學史資料選輯》，上冊，第370頁。

架。陸機和劉勰都運用了玄學意—象—言的框架，藉以追溯藝術創作中神思、感象、立文三大階段，並仔細甄別其各自的特點。陸機〈文賦〉曰：「其始也，皆收視反聽，耽思傍訊，精騖八極，心游萬仞。其致也，情曈曨而彌鮮，物昭晰而互進。」⑭此段以收視反聽，遨遊「無象」之域開始，以情意、物象逐漸明晰呈現而結束。劉勰〈神思〉的篇首部分也是描述同樣的過程。稍有區別的是，劉勰對「無象」的神思和其所喚起的紛呈心象描寫得更加細致：「古人云：『形在江海之上，心存魏闕之下』；神思之謂也。文之思也，其神遠矣。故寂然凝慮，思接千載；悄焉動容，視通萬里；吟詠之間，吐納珠玉之聲；眉睫之前，卷舒風雲之色；其思理之致乎！」在下面緊接的幾句裡，劉勰連續用了三次「神」字藉以進一步強調，心象形成是在「無象」的神思驅動和控制下實現的。

三

上兩章已經明確揭示劉勰所用「意」、「象」二字均取其對經驗與超經驗世界及心理活動的雙重指涉。現在讓我們來考慮為何劉勰要把兩字組合成「意象」一詞。儷對的需要大概是對此最簡單的解釋。由於所取「意」、「象」二字的大義基本相等，劉勰自然地把它們組合使用以加強文章的駢麗。不過，鑄造「意象」一詞更重要的原因是在於揭示「神思」驅動下經驗性心理活動所涉「情」與「物」兩個不同方面。正如上引陸機〈文賦〉那段話所示，此種心理活動包括「情曈曨」和「物昭晰」兩方面。在上引〈神思〉篇段落中，劉勰也注意到「情」與「物」相互相成的關係。神所統領的「胸臆」和「志氣」實屬情的範疇，而神與之同遊，沿耳目而入的則標明是「物」。接下

---

⑭　見郁沅，張明輯，《魏晉南北朝文論》（北京：人民文學出版社，1996），第146頁。

來所用「意象」一詞顯然承接了對「情」與「物」兩方面的指涉。

雖然莊子曾把「意」之所致者解作外部的「物之精也」，「意」字主要指內部的思想情感活動，正如孟子「以意逆志」，劉勰「神居胸臆」這類言語所示。范曄云：「常謂情志所托，故當以意為主，以文傳意。以意為主，則其旨必現。以文傳意，則其詞不流。」⑮盡管劉勰沒有像范曄這樣對「意」與「情志」加以等同，他仍特別強調兩者的密切關係，故說道：「登山則情滿於山，觀海則意溢於海。」「象」與「物」的密切關係不言而喻，這裡無需贅述。

基於上述意與情、象與物的內在關係，劉勰鑄造「意象」一詞無疑旨在說明，「神思」驅動下感性心理活動是以「情」與「物」為中心而展開的。這點可在贊語的頭兩句中得到可靠的印證。

　贊曰：神用象通，情變所孕。物以貌求，心以理應。

這段贊語對〈神思〉前一部分作出了精彩的總結。首先，劉勰以「神用」二字總括神思在「意之所隨」無象之域中馳騁的過程。接著，他對舉「象」，「情」二字，以揭示神思驅動下的兩種不同的感性心理活動。他還運用「通」和「變」兩個《易經》中的重要的術語，闡述了超驗的神思對這兩種心理活動的轉化作用。「神與物遊」過程中呈現的「象」非同一般視覺的物象。它暢通於超驗和經驗世界之間，故曰：「神用象通」。同樣，「神統胸臆」而感發的「情」超越出世俗的喜怒哀樂，具有「不可言傳」的意趣，故曰：「情變所孕」。最後，劉勰又對舉「物」和「心」，進一步說明神思驅動下「象」和「情」兩種活動的審美目的意義。作者澄心內觀，感類無窮，為的是

---

⑮　范曄〈獄中諸甥姪書以自序〉，見《全上古三代秦漢三國六朝文，全宋文》，卷十五。

使自己所抒發的情能感人至深，揭示深奧的人情之理，故曰：「心以
理應。」

綜上所述，我們不難斷定，劉勰所取「意」、「象」的雙重意涵
蓋貫穿了從「神思」到感象、體情的整個過程。據上下文判斷，「闚
意象而運斤」中「意象」一詞顯然標誌此過程之結束，完美的藝術形
象之形成。隨之而來的是把此形象付諸語言的「運斤」過程的開始。
劉勰首創地把「意」和「象」合成一個詞組，不僅標示了藝術形象形
成這一特定的創作，而且指明藝術形象的成因在於創作中超經驗與經
驗性心理活動彼此作用和相互轉化。通過使用「意象」一詞，劉勰既
區別出兩種心理活動的不同之處，又闡明了它們之間複雜的關係及其
相互作用的規律和結果。若說「意象」一詞揭示了兩種心理活動不可
分割的辯證關係，劉勰所用「象」與「情」、「物」與「心」、
「貌」與「理」諸對概念則從不同角度揭示兩種心理活動相互作用所
涉的不同方面。鑒于「意象」一詞統攝性的涵義，我們似乎可以認
爲，它集中地體現了劉勰對創作中超經驗與經驗性心理活動關係的全
面認識。

四

上文對劉勰所用「意象」一詞的涵義和哲學淵源的分析將有助於
我們把握以後文論所見「意境」，「意境」這兩個術語的意義。對於
以後的批評家來說，劉勰鑄造的「意象」一詞已是常用的固定術語，
無需推演其意義。然而，與劉勰一樣，他們運用「意象」或「意境」
一詞，旨在指明超經驗與經驗性心理活動相互作用的過程或結果。因
此，只要把握住「意象」、「意境」這一中心內涵，我們不僅能對這
兩個術語作出準確的現代闡釋，而且還可以整理出歷代意象、意境說
的系統。

基於劉勰對「意象」的理解，我們可把歷代紛繁的意象、意境說歸爲兩大類。第一類側重觀察超經驗與經驗性創作活動相互作用的過程，從藝術創作的角度展開討論。首例應是據稱爲王昌齡撰寫的《詩格》中提出的三境說。

> 詩有三境：一曰物境。欲爲山水詩，則張泉石雲峰之境，極麗絕秀者，神之於心，處身於境，視境於心，瑩然掌中，然後用思，了然境象，故得形似。二曰情境。娛樂愁怨，皆張於意而處於身，然後馳思，深得其情。三曰意境。亦張之於意而思之於心，則得其眞矣。⑯

此處，王氏對劉勰亦步亦趨，而且用幾乎完全相同的術語來描述創作過程。與〈神思〉中所見一樣，他所用「神」、「意」、「思」三者均主要指超經驗心理活動，而「物」、「情」則指經驗性的感象和體情活動。不過，王氏運用術語上仍稍有創新。他用「境」字來取代「物」或「象」字，開了用佛家「境」之概念論詩的先河。與〈神思〉篇一樣，他集中討論超經驗與經驗性心理活動的相互作用。雖然他對兩種心理活動過程的分析不如劉勰那麼細致，他對它們之間相互作用的不同態勢作了的精闢的論述。他把以感象爲主的態勢稱爲物境，以體情爲主的態勢稱爲情境，以超驗之意爲主的態勢稱爲意境。劉勰雖在〈神思〉的贊語裡列出意象中（物）象、情、神的三大要素，卻未以之爲區分超驗與經驗心理活動相互作用態勢的依據。

明清人談文學創作尤爲強調情景的相互關係。他們所用情、景的概念，與劉勰〈神思〉贊語對舉的情、象，王昌齡諸唐人所說的情、

---

⑯ 見郭紹虞，王文生編，《中國歷代文論選》（上海：上海古籍出版社，1979），第二冊，第88–89頁。

境的概念實際上是相通的，只是換用了一個「景」字與情相配而已。
明謝榛《四溟詩話》曰：

> 作詩本乎情景，孤不自成，兩不相背。凡登高致思，則神交古
> 人，窮乎遐邇，繫乎憂樂，以相因偶然，著性於絕跡，振響於無
> 聲也。夫情景有異同，模寫有難易，詩有二要，莫切于斯者。觀
> 則同於外，感則異于內，當自用其力，使內外如一，出入此心無
> 間也。景乃詩之媒，情乃詩之胚：合而爲詩，以數言而統萬形，
> 元氣渾成，其浩而無涯矣。⑰

謝榛步劉勰、王昌齡的後塵，列出創作中景、情、神三大要素。但謝
氏不像王氏那樣試圖區分超經驗與經驗性心理活動不同態勢。在他看
來，無需把「神」驅動下的經驗性心理活動的結果分爲物境和情境，
因爲景、情本身就相互依賴而存在，一經「神」的作用就可數言而融
和爲「統萬形，元氣渾成」的意象。

　　這種對景、情、神三者關係的新觀點普遍爲清代學者所接受。清
王夫之對此觀點作了精闢的概括：「情景名爲二，而實不可離，神於
詩者，妙合無垠。」⑱至於詩人怎樣才能創造出情景妙合的神境，王
夫之作了這番詳細的描寫：「言情則於往來動止飄渺有無之中，得靈
蛩而執之有象，取景則擊目經心絲分縷合之際，貌固有而言之不欺。
而且情不虛情，情皆可景，景非滯景，景總含情，神理流於兩間，天
地共其一目，大無外而細無垠，落筆之先，匠意之始，有不可知者存

---

⑰　見丁福保輯，《歷代詩話續編》（北京：中華書局，1983），下册，第1180頁。
⑱　王夫之《薑齋詩話》，卷二，見北京大學哲學系美學教研室編，《中國美學史資料選
　　編》（北京：中華書局，1980），下册，第278頁。

焉。」⑲。根據這段話判斷，王夫之的情景交融說的似乎是從「神用象通，情變所孕」兩句中推衍出來的。把「神用」下的「象通」解為通于情，即是「景非滯景，景總含情」之義。同樣，把「神用」下的「情變」解為變情或化情為景，即是「情不虛情，情皆可景」之義。不管王夫之是否有意發揮劉勰的觀點，他對言情、取景、神理的描寫無不貫穿著「象通」、「情變」、「神用」的原則。

這種對劉勰「神用象通，情變所孕」觀點的繼承和發揮還可見於其他清人關於情景交融的論說。例如：清章學誠〈易教〉：「有天地自然之象，有人心營構之象。天地自然之象，說卦為天為圜諸條，約略足以盡之。人心營構之象，睽車之載鬼，翰音之登天，意之所至，無不可也。然而心虛用靈，人累於天地之間，不能不受陰陽之消息；心之營構，則情之變易為之也。情之變易，感於人世之接構，而乘於陰陽倚伏為之也。是則人心營構之象，亦出天地自然之象也。」⑳這裡，章氏運用天人合一的感應論，在宇宙觀的最高哲學層次上闡發了「象通」、「情變」的原理。他的推理一環扣一環邏輯思維極為嚴密，與通常對意象、意境的印象式描述迥然不同。

第二類意象、意境說注重研究超經驗與經驗性創作活動相互作用所產生的審美效應。如上所述，第一類論說以討論創作過程為主，兼及作品的審美價值。第二類則恰恰相反，皆以評價作品審美價值為中心任務，時而涉及創作過程。兩者不同的研究重點導致對「意象」的不同處理。第一類多把它拆開來以便展示創作過程中象（物、景）、情、神三者的互動關係，與劉勰在〈神思〉的贊語裡處理方法相似。第二類則多模仿劉勰「闚意象而運斤」一語，把「意象」兩字合起來

---

⑲　王夫之《古詩評選》，卷五，見北京大學哲學系美學教研室編，《中國美學史資料選編》（北京：中華書局，1980），下冊，第282頁。

⑳　章學誠撰，《文史通義校注》（北京：中華書局，1994），上冊，第18–19頁。

作用,指超經驗與經驗性創作活動的結果。此用法首見于王昌齡《詩格》:「一曰生思,久用精思,未契意象,力疲智竭,放安神思,心偶照鏡,率然而生。」㉑司空圖《二十四詩品·縝密》亦取此義:「是有眞跡,如不可知,意象欲出,造化已奇。」㉒

　　到了明清時期,「意象」已不僅指超經驗與經驗性創作活動所喚起的,但尚未付諸語言的藝術形象,還經常用於描述業已完成的作品之審美效應。明王廷相《王氏家藏集》:「夫詩貴意象透瑩,不喜事實粘著,古謂水中之月,鏡中之影,難以實求是也。《三百篇》比興雜出,意在辭表,《離騷》引喻借論,不露本情……。嗟乎!言徵實則寡餘味也,情直致而難動物也,故示意象,使人思而咀之,感而契之,邈哉深矣,此詩之大致也。」㉓明胡應麟《詩藪》:「子建雜詩,全法《十九首》意象,規模酷肖,而奇警絕到弗如。」㉔「興象」與「意象」此義相近,故時常交替使用。由於「興」字與「比興」有淵源關係,故「興象」一詞自唐殷璠首次使用以來經常帶有強調「意」或「情」中的道德倫理因素。胡應麟《詩藪》評《十九首》曰:「興象玲瓏,意致深婉,可以泣鬼神,動天地。」清紀昀《鶴街詩稿序》:「『在心爲志,發言爲詩。』古之風人特自寫其悲愉,旁抒其美刺而已。心靈百變,物色萬端,逢所感觸,遂生寄托,寄托即遠,興象彌深,於是緣情之什漸化爲文章。」㉕

　　近人王國維被譽爲意境說的集大成者。筆者認爲,王氏獲得此殊

㉑　見郭紹虞、王文生編,《中國歷代文論選》(上海:上海古籍出版社,1979),第二冊,第89頁。

㉒　見郭紹虞、王文生編,《中國歷代文論選》(上海:上海古籍出版社,1979),第二冊,第205頁。

㉓　王廷相〈與郭介夫學士論詩緒〉,《王氏家藏集》,卷二十八。

㉔　胡應麟撰,《詩藪》(上海:上海古籍出版社,1979),第30頁。

㉕　紀昀〈鶴街詩稿序〉,《紀文達公遺集》,卷九。

榮，完全在於在巧妙地改造了王昌齡的三境說，把以前有關意象、興
象、意境的論述分爲新的三大種類。他在《人間詞話》列出了其中兩
種：

> 有有我之境，有無我之境，『淚眼問花花不語，亂紅飛過秋千
> 去』。『可堪孤館閉春寒，杜鵑聲裡斜陽暮』。有我之境也。
> 『采菊東籬下，悠然見南山』。『寒波澹澹起，白鳥悠悠下』。
> 無我之境也。有我之境，以我觀物，故物皆著我之色彩；無我之
> 境，以物觀物，故不知何者爲我，何者爲物。㉖

王國維所稱的「無我之境」與王昌齡的「物境」頗爲形似，均以寫物
見勝，不明顯帶有作者的情感。同樣，王國維所稱的「有我之境」亦
與王昌齡的「情境」也不無相似之處，均以抒情爲顯著。王國維的創
新之處在於，他受了西方客觀與主觀以及優美和壯美的美學範疇的啓
發，試圖依據審美過程中所體驗到的詩人心理狀態來區分兩者。他告
示我們，像「淚眼問花花不語，亂紅飛過秋千去」這樣的景物描寫也
能給作品抹上濃厚的感情色彩，絕非只靠「娛樂愁怨」這類情語才能
傳達感情。反之，像「寒波澹澹起，白鳥悠悠下」這樣不著有明顯感
情色彩的詩句亦並非純粹的物境。「以物觀物，故不知何者爲我，何
者爲物」，乃指觀照過程中詩人澹泊的內心融入寧靜的外物之中，故
稱爲「無我之境」。王國維對無我、有我之境所作的這般劃分，較之
王昌齡以「張泉石云峰」界定物境，以「娛樂愁怨」界定情境，顯然
略勝一籌。

　　王國維在《宋元戲曲考》提出了第三種境：「其文章之妙，言亦
一言蔽之曰：有意境而已矣。何以謂之有意境？曰：寫情則沁人心

㉖　見郭紹虞，王文生編，《中國歷代文論選》第四册，第371頁。

脾，寫景則在人耳目，述事則如其口出是也。古詩詞之佳者，無不如是，元曲亦然。」[27]王國維在有我、無我之境之外再設意境，與王昌齡在物境、情境外另立意境的作法頗爲相似。然而，王國維的意境所指的不是以超驗之「意」爲主的創作態勢，而是作品情景交融而產生的審美效應。王國維認爲，意境便是最高的藝術境界，故曰：「能寫眞景物、眞感情者，謂之有境界。否則謂之無境界。」[28]王國維的意境說比起明清以來的情景交融說進了一大步。謝榛王夫之等人多半就情景論情景，王國維則首創地運用現代美學的概念，從審美的角度闡述兩者互爲依存、相互交融的辯證關係。

　　本章的綜述足以證明，唐代以來兩大類意象、意境說與劉勰的創作論有著極深的淵源關係。意象、意境說的倡導者無不像劉勰那樣，注重分析超驗和經驗性心理活動的相互作用，把兩者的互動視爲意象的形成和產生良好審美效應的原因。在討論這兩種心理活動時，他們也像劉勰那樣尤其注意研究情（意、感興）與物（象、景）如何在兩者作用下產生藝術效果。他們在理論上的建樹主要在於，他們仔細地甄別了創作和審美過程中兩種心理互動的不同態勢，並冠上「……象」、「……境」之稱，加以分門別類，終使劉勰綱領性的「意象」觀演變成龐大紛繁的意象、意境說系統。

㉗　見郭紹虞，王文生編，《中國歷代文論選》第四册，第309頁。

㉘　王國維《人間詞話》，見郭紹虞，王文生編，《中國歷代文論選》，第四册，第371頁。

劉勰論比興的現代美學審視

廣州中山大學中文系

邱世友

壹、比興源于自然之道

比興原是儒家關于《詩經》詩法的術語。初見于《周禮·春官》。漢儒以風、雅、頌爲詩之體，賦、比、興爲詩之法。比，《說文》，密也。有周密、親密之意；《荀子·禮論》「順比」楊注：「附會也」。可見附會而周密爲比。興，甲骨文字形爲 𦥑 或作 𦥑，爲由衆人舉起盛祭品的器皿而行祭禮。《說文》從同，非是，但本義同，約定俗成，後世釋興因而有興寄、興會諸義。均自本義「舉起」引伸。誠然，體和法是有內在聯系的。法見于形態者，爲體；體，體現一定的法則者爲法。法所以成體，體必依于法。而體的構成和法的運用都由人。體、法的關係存在于自然宇宙和人與人之間的關係當中。劉勰先列〈原道〉篇爲《文心雕龍》的開端（下引《文心雕龍》只注篇名）。這是體法的基本原理的論證。所謂原道者即自然宇宙之道，體現了天地人之相互關係及規律性。（參考拙文〈關于《文心雕龍》之道〉，《哲學研究》1981年5期）「日月叠璧」、「山川煥綺」，都是天文地理之美，都是「自然之道」的呈現。〈原道〉篇中劉勰所列舉的其他優美的現象依此也得到感悟和理解。宇宙人生的諸種現象是通過「天地之心」的人來體認、來創新的，只有從客觀事物和現象的相互關係、互爲作用才能認識其意義和性質，因而從事于創

造，其中也包括藝術的創造。于是就有比之一法。比是在宇宙人生中，對諸種現象和事物的相同、相似之點進行比較、比擬，從而認識其本質，規範其意義，把握其特徵。誠然，作爲「天地之心」的人不但把握宇宙人生的客觀對象，而且也把握其本人的心靈世界。對于認識抒情主體來說，人的心靈世界也是作爲客觀對象藝術地來認識、來把握的。王國維說的主觀詩人大體是這類抒情詩人。這種詩人專門描寫和揭示他自己的心靈世界。這個心靈世界也與宇宙人生長時期地多方面地正面反面地聯系着，無限豐富。曹子建、李商隱可算是揭示心靈世界的代表人物。詩人對宇宙人生和心靈世界，也可以通過比的藝術認識去把握，也可以通過興的藝術感悟去把握，而且往往二者兼而有之。日人坂田新〈文心雕龍比興疏〉認爲《文心雕龍》中爲比興一詞的意義，「是指受萬象觸發而產生的，成爲文學產生契機的感興。」（《中華文史論叢》1985年第二輯）觸發而感興以生，當指比興源于原道，源于自然之道。這是無疑的。劉勰認爲毛《傳》獨標興體，以比顯而興隱，賦明而興微，而且比賦往往包含于興之內，故云獨標。同時，從形象體系與感情抒發說，獨標興體又是符合詩歌創作實際的。因此，比在形象體系中只屬部分，而興卻是總體。從這個意義上說，比只能是興的一部分，是一種爲了完成興的藝術手段：通過比去認識宇宙人生和心靈世界，也只在比的範圍之內。比如果超出所比的現實和心靈範圍，必然成爲整體形象的感興。誠然，作爲修辭技法的興，也會是個別具體的，也是總體興的一部分。毛《傳》論興雖說獨標，也多論詩的起韵的興體，開頭起韵的兩句若能貫徹全詩，這才能說得上藝術方法的獨標。朱熹《詩集傳》常將毛《傳》釋興改爲賦或比。蓋毛《傳》着重興感而朱《傳》看重具體的鋪寫和展示、切類和切義。如〈關雎〉起韵兩句，毛《傳》：興也。朱《傳》：亦興也。而全首〈關雎〉都是興起詩人和讀者對整體形象的感受和體悟，

從而興起不同的情思、甚至對立的情思因素。〈鹿鳴〉亦然，毛
《傳》獨標興體，主旨在美，三家詩說興的主旨在刺。（詳見陳壽祺
《三家詩遺說考》）而《史記》承齊、魯、韓三家詩之說，認爲「詩
三百篇大抵賢聖發憤之所爲作」（見《史記·自序》）、「周室衰而
〈關雎〉作」（《史記·儒林傳》）、「仁義陵遲，〈鹿鳴〉刺焉」
（《史記·十二諸侯年表》。總而言之，美刺不同，而興感興寄之義
不一。毛《傳》從贊美方面肯定〈關雎〉、〈鹿鳴〉，此一系的學者
無出其右，三家詩及《史記》則以〈關雎〉、〈鹿鳴〉爲諷刺之作，
但比興大致相同。可見言比興而去其內涵，是不能認識其內質的。有
論者以爲劉勰論比興是鄭眾一系而非鄭玄一系，此論未免割裂比興之
體法。董仲舒曰：「詩無達詁」。見仁見智，唯期學者以博學深知解
其說之紛然，不解而自解吧。近代西學有「闡釋循環」之說，謂解釋
文本（Text），側重其中的參照系數（References）。此系數爲變
數，故釋詩者不可一錘定音，免成學閥。唯期斯說有以啓發國人。

　　總之，比和興都是作爲「天地之心」的人去把握宇宙人生的藝術
方法。比是從認識去把握宇宙人生的，興則是從感悟去把握宇宙人
生。同源異流，千態萬狀。

貳、比與興相異的藝術特性

　　比和興都源于道，源于天地人三者的相互關係，但也各自具有不
同的特性。今列舉三點以資說明。

一、興隱而比顯

　　〈比興〉篇云：「比者，附也」，「附理者切類以指事」；「附
理故比例以生」。比以附爲訓，即云「附會」。《荀子·禮論》「順
比」楊注爲「附會」。《文心雕龍》有「附辭會義」之言。指描寫事
物的形象時把作者主體的情感或客體的情理附會上去，故有切合事類

的情理，指陳事物的意義。在這點上明喻固然是顯，暗喻也并非不明。比的表德表意總是表現被比者的性質特點。所以說比顯。因爲作者用比時要做到「寫物以附意，揚言以切事」。通過比，影寫物象，附會意義，發揮語言切中事理的功能。如托圉帷以明君國，嘆移盤而寓興亡。比類無論何等復雜，都有其確定性，都會給人提供指實的可能。從這個意義上說，比也是顯的。這一切對要求曲折深微的感興、興寄、興會來說，都是直率的。因此劉熙載有「寄直于曲」之論。語雖論填詞的手法，也適用于比。這是詞亦離不開比興的緣故。〈比興〉所舉《詩經》的「金錫」、「圭璋」、「螟蛉」、「蜩螗」諸例，「凡斯切象皆比義也」。其中顯暗不同，大小深淺有異，但都可以指實。諸例既附會其意義，也切合其事理。但卻沒有隱的因素：既非寄興無端，比義也是明確的。至于興隱的藝術特性，我們可以從《文心雕龍》有關的論述得到較充分的說明。它不是由暗喻形成的藏而不露，而是藝術上的含蓄蘊藉，所謂「隱義以藏用」（〈宗經〉），乃至「義生（一作主）文外」、「文外重旨」（〈隱秀〉）；「思表纖旨，文外曲致」（〈神思〉）。總而言之，必須求意求義于言象之外。因此興之所發，興會淋漓而重在言外、象外乃至意境之外。詩人興感，創造出深微要眇的意象，且由意象衍引出意象之外的第二重、第三重意象乃至無盡。這是興的藝術任務和手法。而所引發的第二重及以外的意象，自然需要通過讀者的聯想和想像，各隨其生活經驗的深淺、學問修養的醇漓以及性格個性的差異去把捉之。詩人經過一番淋漓盡致的興會之後，創造意象，給出意象的空間和時間，容許讀者根據意象去想像去聯想，進行再創造。故興隱。黃春貴《文心雕龍之創作論》引李查茲（Ｌ・Ａ・Richards）《修辭學原理》于比興分別以不同的聯想加以說明。認爲比是類似之聯想，興是繼起之聯想。前者比與所比必有類似的媒介物。若以胡越肝膽相

喻：得之，胡越雖相遠卻有如肝膽之貼近；失之，肝膽雖相近，有如胡越之遙距。這是切類切象的一種解釋，類似之聯想頗爲新穎。至如興者，西方文論無對應之詞，故繼起之聯想未必盡然。興爲我民族所獨有，葉嘉瑩女士曾言之，前蘇聯伊·李謝維奇亦云：「至于興，在歐洲詩歌中是找不到任何類似概念的。」（〈劉勰與賦比興的概念〉，《文心雕龍研究薈萃》上海書店 1992年版）因此黃氏接着補文曰：「不求形似，隨興所之。」這種補文旣與「繼起之聯想」有聯繫，又不失爲「不求形似」的興感特點，可謂善補闕了。但到底言外之意不復見，「事外遠致」難以意會。（范曄〈獄中與諸甥姪書〉）因爲繼起之聯想始終止于言內，縱有復意，豈易于言外衍引！劉永濟《文心雕龍校釋》云：「有意者比附分明，固顯；無心者無端流露，故隱。」劉氏以有意無意分辨比興，這說明有意者比類切理，進行藝術的分析；無意者則興寄無端，興會淋漓，乃至作者自己也不甚了了，全憑直覺去把握，悟出宇宙人生的某種意義。李曰剛《文心雕龍斠詮》：「（興體）曲比妙喻，以托諷者也。」「曲比妙喻」，正是興體的回環周愜，精妙絕倫的藝術特點。不曲則其喻不深，不妙則其比不感人。詩的感興，只有進入曲比妙喻始可得意境的深微要眇。見仁見智，充類以盡，皆在乎興。

二、興婉而比直

興之托喻，「婉而成章」。《左傳·成公十四年》杜預注「婉，曲也」。興旣然是一種寄興抒情的藝術手法，當以婉曲爲貴，所謂曲盡其妙。藝術作品只有婉曲，始能層層深化，幽約微遠，所創造出來的意境自然是曲折深婉，悱惻纏綿。以歐陽修〈蝶戀花〉（從易安說）結拍「淚眼問花花不語，亂紅飛過秋千去」，極盡婉曲層深而渾成之能事。此可謂「不求形似，隨興所之」者也。毛先舒分析云：「因花而有淚，此一層意也；又且亂落飛過秋千，此又一層意也。人

愈傷心，花愈惱人。語淺而意深，又絕無刻劃費力之迹，謂非屬深而渾成耶？」（王又華《古今詞論》引）據毛氏的分析，全韵以興感爲主，由見落花的飄飛而逐步深入到詞人的心靈深處。從形象自身說，屬遞進的描寫；就形象之外說，是由遞進描寫形成的多層次引發，從而構成一種有寄托而無寄托的興感，令讀者自然聯想黨爭失敗後，歐陽修的沉重心境和北宋時局，無限感慨見于言外，而又集中表現于當年兒女歡愉時所御的秋千。「十五泣春風，背面秋千下」（李商隱〈無題〉）含蓄蘊藉，思致迷茫，又何況當眼的落花飛絮？其曲折深遠，決非「直致所得」。（《二十四詩品》語）劉師培在《論文雜記》中認爲比興同是虛構的，「特興隱而比顯；興婉而比直。」比直，是由于比需要切事附意，具有很强的理性類比。所以羅大經《鶴林玉露》認爲「比賦直言其事，故興多兼比賦，而比賦不兼興。」羅氏是從直接描寫對象來理解比賦的，即除了譬喻之外，不作任何的「言外之意」的藝術處理。這個任務自然落在興上，但又不能全離開比，因此《藝概·詞概》有「寄直于曲」之論。「閱人多矣。誰得似長亭樹？樹若有情時，不會得青青如此」（姜夔〈長亭怨慢〉）。至如〈比興〉篇云：「比則蓄憤以斥言」一語，自來認爲劉勰承鄭玄美刺之說，且多有發揮，是頗稱進步的論點。如黃海章的〈論比興〉（見人民文學出版社《文心雕龍研究論文選》第660頁）在批評鄭玄論比不敢斥言後說：「而劉勰一則說蓄憤，再則說斥言。作者胸中所蓄積的無窮的悲憤到了不能遏止的時候，才借詩歌盡情傾注出來，敢于對統治者大聲斥責。……發展到唐代的杜甫、白居易，便達到了高度。而這種理論，發展到明代的李贄便達到了高峰。」無疑，劉勰論比，這是主要方面。〈比興〉篇還說，「三閭忠烈，依《詩》制《騷》，諷兼比興。」〈情采〉篇又說：「風雅之興，志思蓄憤，而吟咏情性，以諷其上。」〈比興〉、〈明詩〉皆從怨刺觀點評《離

騷》，〈情采〉亦以論風雅之興。這是「憤」的第一義。但是，「憤」之一詞，除了《說文》訓「懣」外，《廣雅》還釋「盈」、釋「積」。蓄憤，乃蓄積之謂，此爲「憤」之第二義。「斥」除指斥、斥責之第一義外，尚有開斥、開而見之之義。《左傳·襄公三十一年》「充斥」注：開斥也。開而後見。花之始開謂開斥，是爲「斥」之第二義。可見，「憤」和「斥」都還有中性詞的意義。王運熙意識到這點，所以他說：「如《詩經》中的金錫以喩明德，圭璋以喩秀民，就不是什麼蓄憤斥言。」（〈談古文論中的比興說〉，《文藝論叢》第四輯）若固執「蓄憤斥言」第一義，勢必認爲劉勰論比，詩例和論點有矛盾，難以調協。這是需要指出的。

三、興廣而比狹

　　陳啓源《毛詩稽古編·六義》言比興之別甚詳。其中云「興廣而比狹」。比狹，在創作上就需要求廣求深，然後始與興幷用。晚清莊棫序《復堂詞》曾精辟地說明：「夫義可相附，義即不深；喩可專指，喩即不廣。托志帷房，眷懷君國，溫、韋以下，有迹可尋。」「相附」屬比，即〈比興〉篇所指的「附理者切類以指事」。所比者必須切合一定的事理或物理。這是基本的，但很不夠。莊認爲所切合的一定事物的道理還沒有體現出最大可能的普遍性。所以「義即不深」。所比者愈具普遍性，其意義則愈普遍愈深刻。詞可以說「假閨房兒女之言通之于《離騷》變《雅》之義」（用朱彝尊〈紅鹽詞序〉語）。如果僅僅切合一定事物之理，閨房兒女之言是斷不能體現「眷懷君國」這樣廣闊而深刻的意義的。同樣，所喩者如果只可專指，指實某類事物某種道理，這也是不可能具有廣泛性的。以詞爲例，如王沂孫〈齊天樂·蟬〉、唐珏〈水龍吟·白蓮〉都寄寓南宋亡國的哀思，以比法寫蟬和白蓮的整體形象，其義不止于對寒蟬和白蓮相附和專指，因此寒蟬和白蓮的整體形象便進入興了。作者與讀者興感無窮，

寄意不盡。如〈齊天樂・蟬〉過片寫道:「銅仙鉛淚似洗,嘆移盤去遠,難貯零露。病翼驚秋,枯形閱世,消得斜陽幾度?餘音最苦,甚莫把淒啻,頓成淒楚。」又如〈水龍吟・白蓮〉寫太液池空,白蓮凋盡,然「冰魂猶在」;後片又寫流離之悲苦,所以說,「不求形似,隨興所之」,衍引出的亡國哀思、恢復的期望和失望,遠而不盡。劉熙載對此作了一定的解釋。他說:「興與比有闊狹之分。蓋比有正而無反,興兼反正故也」(《藝概・詩概》)。比有正而無反的說法并不全面。當比進入興寄的時候,則有反而歸于正的特性,創造新的意境。這時麗辭亦往往具比義了。如「班超生而望反,溫序死而思歸」(庾信〈哀江南賦〉),以典事喻思鄉眷國的強烈情緒,以麗辭的反對展示其相同的意境,形成豐富的內容。劉勰云:「反對者,理殊趣合者也。」「反對爲優,正對爲劣」(《文心雕龍・麗辭》篇)。周振甫有異議。周先生重視正對的對句重出,使意義鮮明;劉勰重視反對的對句相反相成,使內容具有實質性的豐富,因而增加對比的情趣。「正對爲劣」可以舉唐詩爲例。王昌齡〈長信宮詞〉末二句「玉顏不及寒鴉色,猶帶昭陽日影來」,以寒鴉反比玉顏,見己之不如烏鴉,「優柔婉麗,含蓄無窮」(《唐詩別裁》)。而晚唐孟遲的〈長信宮〉以正對寫己之失寵,不能如輕盈的燕子傍御簾飛窺:「自恨身輕不如燕,春來猶繞御簾飛」,可謂無骨詩也。不啻是有厚薄遠近之別。(潘德輿《養一齋詩話》)失在恩盡,戀在殘香,這樣的譬喻是不可能構成深微幽怨的意境的。與王龍標詩比較,可以證明「反對爲優,正對爲劣」之論。由此觀之,劉融齋的「比無正反」之說是不全面的。只能說同一事物的比無正反,不可說意境之比無正反。劉永濟認爲反對所引喻出來的意境「語曲而義豐」,這更說明相反相成的反對豐富了意境內涵。麗辭的反對,無論就意境或修辭說,歷來都是很重視的。如《詩經》的〈邶風・柏舟〉:「我心匪石,不可轉也;我

心匪席，不可卷也」；〈衛風·伯兮〉「其雨其雨，杲杲出日」，都是很好的反比造境，增強了正面抒情的力量。

參、興則環譬以托諷

劉勰在〈比興〉篇中強調比與興的關係說：「興則環譬以托諷」。《漢書·司馬相如傳》：「寓言淫麗，托諷終始」。全句意即回環譬喻，蓄憤而不斥言，使直而能婉，淺而能深，狹而能廣。依劉勰的理解，在藝術創造過程中，往往「賦比興三法同時并用」，而且以興為基礎，為骨幹，展開賦和比的運用。賦是展開具體形象的鋪陳、鈎勒；比則運用譬喻手法進行切意和切象的描寫。周惠惕《詩說》：「獨言興不言比賦，以興兼比賦也」。興既然是一種感興、興會、興寄，一種興象和興趣，是以情意連續、纏綿悱惻、此伏彼起而衍引于無窮的超時空為特徵的。因此，興必須憑藉賦比的藝術技法具體化、形象化。否則便有興而無象。無象的興在作者是不能體現的、渾沌而莫可名狀的藝術心理；在讀者則是不能體認的藝術意境。空無一物的萬象冥匯，這便是無興有興的界綫。空無一物即使興會淋漓時也無從體現其興會狀態；萬象冥匯即使興寄深隱也無從體現興寄情狀。所以萬象冥匯必須通過賦比興的藝術手段才可以臻至：一是具體事物的鋪陳舒寫；一是具體事物的性質、特點切類切理的比況。《文心雕龍·神思》篇云：「夫神思方運，萬塗競萌，規矩虛位，刻鏤無形。」在作者的藝術心理中，虛位者必須藉規矩以成象；無形者必須憑刻鏤以成形。「規矩」「刻鏤」尤需賦比兩法。文學作品離開了具體形象是不可能感受的。即使藝術的抽象派也要憑自己的結構規則給人以形象感受。「聖人有以見天下之賾，而擬諸形容，象其物宜。」（《易·繫辭》）宇宙人生深隱之賾，在史哲理性方面，必須探幽索隱，采取鈎稽的方法；在藝術感性方面，必須模擬其形容，采取賦比

的方法。嚴羽云:「盛唐詩人唯在興趣,羚羊挂角,無迹可求。故其妙處瑩徹玲瓏,不可湊泊,如空中之音,相中之色,水中之月,鏡中之象,言有盡而意無窮。」(《滄浪詩話·詩辨》)言興趣所寄,托諸萬事萬物,而清空其象,使萬象冥匯而無迹,言盡而意趣不盡,理趣不竭。例如崔顥的〈長干行〉:「君家住何處?妾住在橫塘。停船暫相問,或恐是同鄉。」賦也,鋪陳水鄉相遇的情景,而空靈跌宕,一片神行,興感無窮。王船山爲之贊嘆云:「墨氣所射,四表無窮,無字處皆意也。」(《夕堂永日緒論》內篇)感興運以賦法,自然神到如此,亦無類于興了。誠然,也有興兼比或兼比賦的,這就待下文再說了。

然則「興兼比賦」與「諷兼比興」的提法有何同異?用興的目的在于托諷,而用比也歸于托諷。比興均在托諷,所以說是一致的。用賦的目的也總歸乎托諷,所謂「咸有古詩惻隱之義」。劉勰反對兩漢和宋齊沒其諷喻之義的賦兼比,因爲這些辭賦「圖貌山川,影寫雲物,比體雲構」而殊無興寄。從這個角度說「諷兼比興」和「興兼比賦」是基本相同的。所不同者「諷兼比興」重在托諷,以比興手法去完成藝術創作。「興兼比賦」則重在興會,以比賦手法去完成藝術創作。因此「興則環譬以托諷」,回環取譬,托諷深微,寄情婉曲,周惬纏綿。劉勰在〈比興〉篇所舉有關《詩經》的例子固不待言,即以後世有名的詩詞作品如《鶴林玉露》載「賀方回『試問閑愁都幾許?一川烟草,滿城風絮,梅子黃時雨』。蓋以三者比愁之多也,尤爲新奇。兼興中有比,意味深長。」賀方回這首〈青玉案·春暮〉于點染中興兼比況,黃梅時節,如烟似絮,彌川彌城,霏霏微微,閑愁之苦非興則無以托諷,非比無以喻愁。所以在審美上,「兼興中有比,尤爲新奇,意味深長。」又如前文引歐陽修的〈蝶戀花〉深得言外之意,深得《六一詩話》之論旨。前面曾引《文心雕龍》的〈神思〉、

〈隱秀〉等篇有關創作藝術意境的話，都在強調「文外重旨」、「文外曲致」的藝術意境，強調「義生（一作主）文外」的藝術價值，這都是作爲幽隱的興審美特性的體現。也是「環譬托諷」的體現。在〈隱秀〉篇的補文中引古詩〈離別〉樂府〈長城〉以爲「詞怨而旨深，而復兼比興」，是衆所周知的。古詩十九首中的「行行重行行」〈離別〉一首，寫于東漢動亂的年代。社會動亂使人們生離死別。生離往往萌生懷念。懷念久了猶不能相聚，則生怨望。此詩是從怨望而變爲祝願之作，非尋常懷思者可比。「思君令人老，歲月忽已晚」，語殊怨望，而情思悱惻纏綿。「胡馬」、「越鳥」兩句，從對方生發，以借喻游子應當如胡馬、越鳥之戀故鄉。「浮雲」、「游子」兩句怨游子爲人所蔽，也從對方設詞，興起對游子的無窮怨思。「相去」、「衣帶」、「歲月」、「思君」等句寫思婦懷念之情，哀怨纏綿，層層遞寫，興感無端。與前數句設想游子之詞，參錯對比，反復回環，句句轉折，愈轉愈深。劉熙載謂「寄直于曲」亦見于此詩。（《藝概·詞概》）最後以反常頓挫之筆結出「努力加餐飯」意，忠愛之旨含蓄委婉以出之。故興趣深遠，意味濃摯。正如姜白石《詩說》所言：「篇中出人意表皆妙」。「努力」句一結，眞出人意表，妙抒頓挫，幽接混茫。胡應麟評此詩曰：「興象玲瓏，意致深婉」。（《詩藪》）。若將二家合看，「興象玲瓏」，則清空其境；「意致深婉」，則哀怨其情。然多在意境着筆，而結語頓挫者，既出人意表，妙在言外，在意象之外，無限怨思，而忠愛卻深摯矣。是以怨思寄忠愛歟，抑或以忠愛寫怨思歟？二者相反相成，怨思愈深則忠愛愈摯！歷代評是詩者據「咸有惻隱之義」語多發新意，闡釋學者當曰：此闡釋學循環也（The Cycle of hermeneutics）。蓋闡釋文本是一個不可窮盡的歷史過程，所謂充類難盡。此非「文外重旨，文外曲致」而何？非「義生（或作主）文外」而何？這是可以證明「興則環譬以

托諷」最有代表性的詩例。《文心雕龍・明詩》篇「六義環深」，「環」，周也（《左傳・昭公十七年》「環」字杜注）。譬喻環周而興成托諷。諷，固然有諷刺義，亦有諷諭義。諷諭，曉喻之謂，未必總含諷刺，但總以諷刺爲上。

再上溯《詩經》如秦風〈蒹葭〉一篇，毛《傳》以爲興而朱《傳》以爲賦。毛《傳》獨標興體，以蒹葭白露興起秋水伊人的情思。朱《傳》以爲賦，用以鋪敘其情景，以賦托興。〈小序〉云：「蒹葭，刺襄公也。未能用周禮，將無以固其國焉。」《傳》云：「秦處周之舊土，其人被周之德敎日久矣。今襄公新爲諸侯，未習周之禮法，故國人未服焉。」又云：「興也。白露凝戾爲霜然後歲成，國家待禮而後興。」毛《傳》獨標興體，以政敎釋〈蒹葭〉三章。乍讀難明，三讀其意漸解。明而未融，所以陳奐《毛詩傳疏》詳釋三種興法，大抵與毛《傳》相同，唯順逆禮法所得效果有異，同異均表詩人之志。方玉潤《詩經原始》則謂「惜招隱難致也」，且釋云：「周之賢士隱處水湄，招其從仕難致。」其興感雖同，而詩人之志卻有異焉。總而言之，兩漢至淸，言志派釋〈蒹葭〉三章在于興敎順禮，然後國盛，而「欲即轉離」的情致卻是一致的。沈德潛曰：「『蒹葭蒼蒼，白露爲霜』云云，蒼涼彌渺，欲即轉離。名人畫本，不能到也。明人陳子龍謂秦人思西周之詩，卓然特見。」（《說詩晬語》）「蒼涼彌渺，欲即轉離」就〈蒹葭〉的藝術意境說，是眞切的，蘊涵着無窮的意緒，畫面雖係寫男女深秋的追戀，所謂「可見而不可求，則慕說（悅）益至。」（陳啓源《毛詩稽古編・附錄》）其追戀之描寫，企慕之極至，淒婉動人。詩之傾情傾度，傾色傾聲，其意境之蒼涼，思緒之綿邈，含蓄蘊藉，多層次的內在含義，隱然可悟。可謂「興之托義，婉而成章。稱名也小，取類也大」了。（〈比興〉）〈蒹葭〉三章寫男女之情戀，深秋之追逐，而「欲即轉離」，稱名小托體微，

而取類之大，關乎國運興衰、民情順逆，即從方玉潤說，亦具此見。
但整個意境所強調的卻是「欲即轉離」、「可見而不可求」的情意，
亦是詩人作詩之旨。錢鍾書通過中西文學的比較研究，說得更爲透
辟，而且從傳統政敎之旨擴展爲人生哲理：「後世會心者，以爲善道
難即，欲求不遂之致。」「蓋非徒男女之私也」。并引但丁《神曲》
中語爲之佐證：「亦寓微旨于美人隔河而笑」。（《管錐編》第一冊
第123至124頁）那麼，是否只有內在的涵義而無外在的托諷呢？明白
地說，「欲即轉離」、「善道難即」的內在涵義多層次性是否可以衍
引出多層次性的外在涵義呢？前述小序刺襄公未能用周禮不能固國之
說不無「欲即轉離」、「善道難即」之意，即便朱《傳》廢小序仍持
「近而不可至」之說，不在方玉潤「惜招隱難致」之下，所以「明陳
子龍謂秦人思西周之詩，卓然特見」誠非漫言。前文曾說秦人地處西
陲，爲好戰樂鬥之邦，而于政敎文化高度發展的西周不無「欲即轉
離」之嘆、「善道難即」之思。隱約要眇，洵有外在意蘊的多層性。
誠然言寄托，只可意會不可實指，興寄無窮或托乎無端，豈能穿鑿如
皋文釋詞乎？而「義生（主）文外」、「文外重旨」、「思表纖旨，
文外曲致」盡得審美特性，蓋在乎文外的衍引。內在意蘊的層次性愈
多，衍引出外在意蘊層次性也愈多，其美學意義則愈深遠，給人的美
感就愈強。王國維《人間詞話》云「《詩·蒹葭》一篇，最得風人深
致。」這和謝安以《詩·抑》之「訏謨定命，遠猷辰告」爲「雅人深
致」，二者同爲審美的聚焦。雖審美者不盡相同，甚至相反，筆者也
并不首肯謝說，但聚焦確是無疑。五十年代以來，多種中國文學史、
詩選咸以爲秦風〈蒹葭〉一篇反映當時秦地青年男女深秋追逐的情
景，爲反映論的分析成就，雖得生活和環境的眞實描寫，但去言外之
意畢竟甚遠；雖得生活眞實之美，卻未得其全美。蓋自劉勰以還，論
藝者重在言外、象外，乃至意境之外多層次的衍引，以求全美。斯爲

有得。這種意境，這種價值是很超妙的。劉勰為之驚聽回視，發出伊
摯不能言鼎，輪扁不能語斤的驚嘆。豈非論藝的民族特色，又是什
麼？

釋「通變」*

北京中國人民大學中文系

蔡鍾祥

通變說是《文心雕龍》中至關重要的一種理論。許多研究者將「通」與「變」簡單解釋爲今天所謂的繼承與創新，我認爲是不符合劉勰原意的。將「變」置換爲創新，還說得過去：將「通」等同於繼承，則大謬不然。

「通變」作爲哲學範疇源自《周易》，我們要正確理解通變，先應作語源考索。《易》有三義，第一就是變易①「《易》之爲書也不可遠，爲道也屢遷。變動不居，周流六虛。上下無常，剛柔相易，不可爲典要，唯變所適。」（〈繫辭下〉）易道就是變化之道，所以變是《周易》的基本概念。通，亦然，但《易經》中多以「亨」表示，「亨」與「通」同義②通變可謂《周易》之精義，散見於《經》和《傳》，而集中突出闡述通變這對範疇的是《易傳》中的〈繫辭〉。

＊　筆者在〈王弼哲學與《文心雕龍》〉一文（載1986年《文心雕龍學刊》第4輯）的注釋中曾指出：「一些研究者把『通』解釋爲單純的繼承是不夠準確的。《周易》中講『通』，就是指向對立面轉化從而引起事物的質變，所以說『窮則變，變則通，通則久』。」後來不少研究者也對「通變」作了不同的解釋，如詹福瑞先生《中古文學理論範疇·文變》。本文就此問題再加探討，求正於方家。

①　《易》兼有變易、簡易、不易三義，說始於《易緯·乾鑿度》，鄭玄《易贊》及《易論》取之。

②　《廣韻·庚韻》：「亨，通也。」《易·坤·彖辭》：「品物咸亨」。孔穎達疏：「品類之物，皆得亨通」。

舉其要者有：

> 通變之謂事（〈上傳〉第五章）③
>
> 變通配四時（〈上傳〉第六章）
>
> 通其變，遂成天地之文（〈上傳〉第十章）
>
> 一闔一闢謂之變，往來不窮謂之通（〈上傳〉第十一章）
>
> 變而通之以盡利（〈上傳〉第十二章）
>
> 化而裁之謂之變，推而行之謂之通（同上）
>
> 化而裁之存乎變，推而行之存乎通（同上）
>
> 變通者，趣時者也（〈下傳〉第一章）
>
> 通其變，使民不倦（〈下傳〉第二章）
>
> 窮則變，變則通，通則久（同上）

由上引語例可知，除個別稱「通其變」屬於動賓關係外，通變都是並列關係，二者對舉成文，組合為對偶範疇，因此，「通變」亦可顛倒序次稱為「變通」。歷代《易》學注家對「變」闡釋得比較透徹，對「通」往往語焉不詳，一筆帶過。惟獨王弼《周易注》對「通」十分重視，其《周易略例》中專有〈明爻通變〉和〈明卦適變通爻〉二篇紬繹其旨，既釋「變」也解「通」。欲知「通變」，《周易略例》無疑是十分有價值的文獻。何謂「變」？「變」即變化、變易、變革，其義不難明白，故難點是在「通」。何謂「通」？簡而言之，就是貫通、交通、通達。〈明爻通變〉中說：

> 近不必比，遠不必乖。同聲相應，高下不必均也；同氣相求，體質不必齊也。召雲者龍，命呂者律。故二女相違，而剛柔合體。隆墀永嘆，遠壑必盈。投戈散地，則六親不能相保；同舟而濟，則吳越何患乎異心。故苟識其情，不憂乖遠；苟明其趣，不煩強

---

③ 用朱熹注《周易本義》分章。

武。能説諸心，能研諸慮，暌而知其類，異而知其通，其唯明爻者乎？

這段話確是把握了「通」的核心意義。「爻」是言「變」的，但也包孕著「通」的涵義，在一定條件下相反的事物可以相合，這就是「通」。《周易》將眾多紛紜複雜的事物歸結爲「陰」「陽」兩大類，所以「通」的基本模式是陰和陽的交感互通。〈暌·象辭〉說，「天地暌而其事同也，男女暌而其志通也，萬物暌而其事類也」，是王說所本，天地、男女都可歸屬陰陽兩大類。王弼〈暌〉卦注引入《莊子》語云：「至暌將合，至殊將通，恢詭譎怪，遂將爲一」④便是強調絕對對立的事物也可以相通。「通」有兩種形態：一種是靜態的「通」，指不同甚至對立的事物共處於同一個統一體之中。如〈萃〉，〈卦辭〉「亨」，王弼注：「聚乃通也。」「萃」是聚合之象，因其兼容並包，所以是「通」。另一種是動態的「通」，是經過「變」而達到「通」，即所謂「變而通之」，這就與「變」相聯繫。如〈泰〉，卦象是乾下坤上，乾應居上位，坤應居下位，所以就形成位勢，乾欲上而坤欲下，這就是「通」。〈象辭〉云：「泰，小往大來，吉亨，則是天地交而萬物通也，上下交而其志同也。」唐陸德明《經典釋文》云：「泰，大通也。」與之相反的是〈否〉，卦象是坤下乾上，不具備這種位勢，故〈象辭〉云：「是天地不交而萬物不通也，上下不交而天下無邦也」。「通」的反面是「塞」，〈否〉卦即閉塞之象。可見「通」就是陰陽的互動，是開放活躍的狀態，如此才有生命力。反之，便是停滯、僵化，如一潭死水。然而物極必反，事物發展到極端，又會向對立面轉化，如〈困〉卦，「困」的含義是困窮、閉塞。《經典釋文》：「困，窮也。窮悴掩蔽之義。」孔穎達

---

④ 《莊子·齊物論》：「舉莛與楹，厲與西施，恢詭譎怪，道通爲一。」

疏：「困者，窮厄委頓之名。」但於此卻出現了轉機。〈困〉，〈卦辭〉是「亨」，王弼注：「窮必通也，處困而不能自通者，小人也。」這是置之死地而後生。〈繫辭〉中說：「窮則變，變則通」，可見由窮至通，必須經過變。《易傳》作者似乎還未認識到量變與質變的區別，從爻的變化來看，其中包含量變，但因窮而變，因變而通，肯定是質變，特別是卦的轉換，如〈否〉極〈泰〉來，向對立面過渡就是質變。〈繫辭〉中說：「一闔一闢謂之變。」這一闔一闢，即陰陽互轉，應該說也是質變。但無論是質變，還是量變，都產生於事物內部的矛盾運動。虞翻注曰：「陽變闔陰，陰變闢陽，剛柔相推而生變化。」⑤王弼注曰：「凡不合乃變生，變之所生，生於不合者也。」⑥「剛柔相推」，就是陰陽二氣的矛盾運動。變「生於不合」，則更明白地指出了「變」的根本原因是事物的內在矛盾。矛盾不是壞事，恰恰是推進事物發展的動力。而其關鍵是「通」。「往來不窮謂之通」，「通」的貫通之義還表現在變的無窮無盡，永無止息。荀爽注曰：「謂一冬一夏，陰陽相變易也。十二消息，陰陽往來無窮已，故通也。」⑦只有「往來不窮」的「變」，即「通」，才能使事物的生命長久地延續下去，所以說「通則久」。金景芳先生解「《易》，窮則變，變則通，通則久」說：「『窮』謂舊質之量已變至極端，『變』則謂其量已轉化為新質也。通與久是既成為新質，其量又繼續變化也。」⑧這是把「通」理解為質變之後進入新的量變過程。由於《易傳》還沒有建立量變和質變的觀念，所以對「通」的理解極易發生分歧。但我想至少可以推斷，《易傳》中已蘊含這樣的認

---

⑤　見李鼎祚《周易集解》中〈繫辭〉「一闔一闢謂之變」句注。
⑥　見〈革·象辭〉「革，水火相息，二女同居，其志不相得，曰革」注。
⑦　見李鼎祚《周易集解》中〈繫辭〉「往來不窮謂之通」句注。
⑧　《易通》第十章〈《周易》與唯物辯證法〉見《學易四種》第125頁。

識，即決定事物發展、延續的因素是質變。這裡需要探討的是「變」和「通」的走向，《周易》把事物運動的路線看作是圓形的，所謂「周流六虛」，「變通配四時」，變通就象四季一樣，周而復始，循環不已。八八六十四卦就是一個大循環，其中還包括若干小循環，如〈既濟〉、〈未濟〉二卦的交替。王弼注曰：「處〈既濟〉之極，既濟道窮，則之於〈未濟〉。」⑨「〈未濟〉之極，則反於〈既濟〉。」⑩這與《老子》「反者道之動」的觀點是一致的，「反」是向對立面轉化，也是向起點回歸。因為運動是沿著圓周行進的，所以向相反的方向運行，最終必然回到起點。於是「通變」又會導向「反本」，但決不能說「通」就是復古或繼承。《易傳》並非一味談「變」，也論及「常」。例如〈繫辭〉開頭便是「天尊地卑，乾坤定矣；卑高以陳，貴賤位矣；動靜有常，剛柔斷矣」。〈恆·彖辭〉亦曰：「恆，久也。……天地之道，恆久而不已也。」自然界的天尊地卑和人類社會的君貴臣賤，都是不可改易的。這表現了《易傳》作者對既定制度秩序的維護。然而，「通」不屬於「有常」之列，相反，「通」和「變」是與「有常」相對待的。〈繫辭〉中的「通」又有其多義性，通變規律施之於人事，則有「化而裁之謂之變，推而行之謂之通」之說，變不僅要破舊，而且要立新，正如王弼〈鼎〉卦注中所說「革去故而鼎取新。……革既變矣，則制器立法以成之焉。變而無制，亂可待也，法制應時，然後乃吉。」⑪「裁」即裁制，是破舊以後的制定新法，故曰：「化而裁之謂之變」。那麼「通」就是新法的推行，故曰：「推而行之謂之通」。〈繫辭〉舉黃帝、堯、舜古先聖王為範例，說「通其變，使民不倦」，即不斷地改革舊制，裁定新

⑨　〈既濟·爻辭〉「上六，濡其首，厲」注。
⑩　〈未濟·爻辭〉「上九，有孚於飲酒，無咎。濡其首，有孚，失足」注。
⑪　見〈鼎·卦辭〉「元吉，亨」注。

法，就能長期地調動百姓的積極性。對此，陸績有一段闡釋：「陰窮則變爲陽，陽窮則變爲陰，天之道也。庖犧作網罟，敎民取禽獸，以充民食。民衆獸少，其道窮，則神農敎播殖以變之，此窮變之大要也。窮則變，變則通，與天終始，故可久。民得其用，故無所不利也。」⑫由此可見，《易傳》在強調基本原則不可動搖的同時，又是提倡應時之變的革新的。以上將《易傳》中的通變說作了簡略粗淺的概述，顯然這種理論是具有樸素的辯證法思想的。下面再來考察劉勰如何用之於論文。

劉勰將通變說引進文論的領域，有沒有變更《易傳》的本義？我認爲沒有變更，恰恰相反，劉勰是恪遵《易傳》的本義的。《文心雕龍》中有專篇論「通變」，讓我們首先審視〈通變〉篇。〈通變〉起始即曰：「設文之體有常，變文之數無方」。接著便說：「凡詩賦書記，名理相因，此有常之體也；文辭氣力，通變則久，此無方之數也。名理有常，體必資於故實；通變無方，數必酌於新聲」。劉勰把文章的構成要素分爲文體和文數（術）兩個方面，文體是穩定的（有常），文數則是變動的（通變）。可見〈通變〉確實談到了繼承和創新問題。贊語中所云「望今制奇，參古定法」也可以理解爲創新與繼承的統一。但我們應注意到，「通」並不表示繼承，「通」是與「變」結合在一起，與「有常」相對的，同樣的意思在其他篇章中也有所表述，如〈議對〉：「採故實於前代，觀通變於當今。」再看其章節安排，〈通變〉是與〈定勢〉對舉的，〈定勢〉是論常，〈通變〉是論變，畛域分明，當然在〈通變〉中也講到常，在〈定勢〉中也講到變，這正是反映了其觀點的全面辯證，但概念是不容含混的。「通變」的「通」是屬於「變」的範疇，不是屬於「常」的範疇。再

---

⑫　見李鼎祚《周易集解·繫辭》注。

看〈序志〉篇，以「苞會通」一語來指稱〈通變〉篇，那麼「通」是可以包括「變」的。〈神思〉云，「至變而後通其數」，正是「變而通之」。《文心雕龍》中講到「通變」許多處都直接引用或化用〈繫辭〉中的原話，如〈通變〉「通則其（堪）久，變則不乏」，本於〈繫辭〉「窮則變，變則通，通則久」；〈鎔裁〉「剛柔以立本，變通以趨時」，本於〈繫辭〉「剛柔者，立本者也；變通者，趨時者也」。引述至此，我們是否可以作出結論：劉勰所說的「通變」與《易傳》所說的「通變」並無基本涵義的出入，沒有把「通」篡改為「有常」，也就是沒有把「通」解釋為繼承？

　　但說劉勰沒有背離《易傳》通變說的本義，並不是指劉勰沒有創造性的發揮。劉勰運用通變說來分析文學現象，是富有新穎獨到的見解的，決非簡單地搬用傳統的哲學概念，而是參透了具有普遍性的哲理的精髓來洞照文學的特殊問題，建構了文學的通變說。「通變」在劉勰的文論體系中具有非同一般的地位。〈知音〉篇提出文學批評的「六觀」即從六個方面來衡量作品，其中第三觀就是「觀通變」。他的通變觀不僅限於〈通變〉篇中的論述，而且滲透貫串於全書。綜合起來，其通變說大體可以概括為兩大部分，一是文學創作論中的通變說，一是文學發展論中的通變說。

　　先說文學創作論中的通變說。值得注意的在前五篇「文之樞紐」中已貫徹了通變的思想。「原道」、「徵聖」、「宗經」三位一體當然是劉勰標舉的最高原則，但緊接著卻是〈正緯〉和〈辨騷〉兩篇。緯書出自偽撰，不可配經，然而「事豐奇偉，辭富膏腴，無益經典，而有助文章」漢儒集緯通經，固然「乖道謬典」，但緯書中有奇麗的神話、卓爍的辭采，寫文章時是不妨汲取的。所以，〈序志〉篇稱「酌乎緯」。《離騷》為繼《詩經》之後「鬱起」之「奇文」。「辨騷」即辨其與經典之異同。劉勰認為，《離騷》「雖取鎔經意，亦自

鑄偉辭」，有詭異譎怪、夸誕不經之辭，有異乎經典的成分，但「能氣往轢古，辭來切今，驚采絕艷，難與並能」，「金相玉式，艷溢錙毫」。因此，創作也應吸納《離騷》的精華，才能推動文學的新變，故〈序志〉篇稱「變乎騷」。「酌乎緯」，「變乎騷」，體現了劉勰的通變思想，這同王弼所闡發的變「生於不合」，「異而知其通」的《周易》通變思想若合符契。結合文學的特殊性，劉勰創立了「奇」「正」這對範疇。《經》正而《緯》奇，《詩》正而《騷》奇，只有「正」而沒有「奇」，就構不成「剛柔相推」的矛盾運動，也就不可能實現文學的「通變」，但「宗經」的前提的是不能悖逆的，因此他要求「執正以馭奇」，反對「逐奇而失正」，⑬在〈辨騷〉中則謂「憑軾以倚《雅》《頌》，懸轡以馭《楚篇》，酌奇而不失其眞（貞），翫華而不墜其實」。由此可見，劉勰在作爲全書總綱的「文之樞紐」五篇裡，已經揭櫫了他的通變觀。再看〈體性〉篇，列舉八體：「一曰典雅，二曰遠奧，三曰精約，四曰顯附，五曰繁縟，六曰壯麗，七曰新奇，八曰輕靡」。八體也就是八種風格的基本類型。八體又可歸納爲兩兩相對的四組，即「雅與奇反，奧與顯殊，繁與約舛，壯與輕乖」，這與《周易》陰陽、剛柔成對的八卦模式相類。然而對立並非不能相通，因此他又指出「八體雖殊，會通合數」。「會通」這個概念也來自〈繫辭〉：「聖人有以見天下之動，而觀其會通」。⑭荀爽注曰：「謂三百八十四爻，陰陽動移，各有所會，各有所通。」⑮可知「會通」即指矛盾對立的事物在運動過程中的交會互通。文章八體雖然相異甚至相反，仍有相通之處。「得其環中，則輻湊相成」，車輻指向各異，但三十輻共一轂，由車轂這個「環中」來

---

⑬ 見〈定勢〉篇。

⑭ 〈上傳·第八章〉

⑮ 見李鼎祚《周易集解》。

統轄，便成爲一個完整的車輪。八體的會通融合將演化成千姿百態的各種風格。這種會通，不僅是可能的，而且是必要的。所以〈定勢〉篇中便指出：「淵乎文者，並總群勢：奇正雖反，必兼解以俱通；剛柔雖殊，必隨時而適用」。眞正的文章高手，應該兼通各種體式，才能「因情立體，即體成勢」根據表達的內容，選用適宜的體式。「會通」與「適變」在《文心雕龍》中往往對舉聯稱，如〈通變〉，「憑情以會通，負氣以適變」；〈徵聖〉：「變通會適」；〈詮賦〉：「因變取會」；〈章句〉：「隨變適會」。可見「會通」與「適變」是密切相關的，「通變」即「會通」與「適變」的綜合，「通」是指異質事物的貫通，而不是指對前人的繼承，這是昭然若揭的。劉勰認爲，應遵循傳統規範的是「體」：〈通變〉篇講得很明白，「名理相因，體必資於故實」；〈風骨〉篇也提到，「洞曉情變，曲昭文體」，「昭體故意新而不亂，曉變故辭奇而不黷」。「意」要求「新」，「辭」要求「奇」必須「洞曉情變」，但「體」卻不能隨便改動，即不能「通變」或「變通」。劉勰把文體規範看得過死，苛求嚴守前人的範例，在文體論部分尤爲突出，表現了他的保守傾向，但維護文體的相對穩定，還是有合理性的。在〈物色〉篇裡也用了「會通」一詞：「古來辭人，異代接武，莫不參伍以相變，因革以爲功，物色盡而情有餘者，曉會通也。」文學創作，特別是詩賦常借物色以傳情，物色雖然有限，但情感是千差萬別的，因此物色與情感的結合，可以變幻出無窮的淸詞秀句，不會重複。之所以稱爲「曉會通也」，正因爲「情以物遷，辭以情發」，便是異質事物的互感相通。劉勰標榜「擘肌分理，惟務折衷」，⑯「折衷」的實質也就是「會通」，不走極端，而是在兩端之間求得平衡和調諧，所以在〈通變〉

---

⑯ 見〈序志〉篇。

篇中說：「斟酌乎質文之間，而隱括乎雅俗之際，可與言通變矣。」

再說文學發展論中的通變說，也就是通變說在文學史觀中的表現。《文心雕龍》文體論部分，對各種文體的沿革，原始要終，陳述甚詳，遠遠超出了沈約所謂「自漢至魏，四百餘年，辭人才子，文體三變」的大而化之的概括。雖然他力求維護文體規範，對歷代出現的變體、訛體頗多微詞，⑰但他不得不承認，即使「有常」的「文體」也非一成不變的，其描述各種文體的發展過程，都著眼於「古今之變」，故〈明詩〉的結語是：「鋪觀歷代，而情變之數可監」。而尤其令人注目的是，他總結出了文學演變的規律。〈時序〉中揭示了兩條規律，一是「文變染乎世情，興廢繫乎時序」，一是「質文代變」，前者是就文學的外部關係而言，後者則是文學自身內部矛盾運動的法則。「質文代變」之說始於董仲舒，《春秋繁露》中有〈三代改制質文〉一篇，以爲夏主文、殷主質，周主文，漢代繼周，則應「承周文而反之質」，以此列爲《春秋》「十指」之一。⑱而其思想淵源實來自《周易》陰陽對轉之通變說。劉勰關於文學發展規律性的認識，顯然與蕭統相左。蕭統在《文選序》中將「踵其事而增華，變其本而加厲」視爲事物發展的普遍規律，文學亦然，他是爲駢麗文體張目的。用文學發展的歷史事實來驗證，劉勰的觀點更符合於實際，文章不可能越來越華麗，過度的文華流爲形式主義的偏弊，勢必要救之以質樸。繼六朝之後，即開始了文風的改革，文起八代之衰的韓愈倡導的唐代古文運動，正是以較爲質樸的單行散文（即古文）取代駢

---

⑰　如〈頌讚〉篇云：「頌者，容也，所以美盛德而述形容也。」「至於班傅之〈北征〉〈西巡〉，變爲序引，豈不褒過而謬體哉！馬融之〈廣成〉〈上林〉，雅而似賦，何弄文而失質乎？……及魏晉辨（雜）頌，鮮有出轍，陳思所綴，以皇子爲標，陸機積篇，唯功臣最顯：其褒貶雜居，固末代之訛體也」。

⑱　見《春秋繁露・十指》。

文，適應了時代的需要而獲得成功。劉勰似乎早已預見到了這一必然的趨勢，儘管他本人還未能擺脫時風的約束，《文心雕龍》全書仍採用了精緻華美的駢體。〈時序〉雖然以「時運交移，質文代變」起筆，以「質文沿時，崇替在選」卒章，但通篇重在概述「蔚映十代，辭采九變」的演變過程，對「質文代變」或「質文沿時」並未作相應的論證。論述「文變」的走向是在〈通變〉篇，他將從上古到近世的文學嬗變歸結爲：「黃唐淳而質，虞夏質而辨，商周麗而雅，楚漢侈而艷，魏晉淺而綺，宋初訛而新。」由於「宗經」觀念的制約，他將商周視爲文質相稱的頂峰，因爲這是產生經典的時代，這種說法未必確切，且有文學退化論之嫌。但他提出「青出於藍，絳生於蒨，雖逾本色，不能復化」的論斷，則頗有哲學意味。〈繫辭〉說：「窮則變，變則通，通則久」。事物發展到盡頭，如何「變而通之」？出路是向相反的方面轉化，也就是向起點回歸，所以劉勰的方案是：「練青濯絳，必歸藍蒨，矯訛翻淺，還宗經誥。」要矯正輕靡浮艷的訛濫文風，唯一的正確方向是「宗經」，也就是「反本」。〈情采〉篇說：「衣錦褧衣，惡文太章；〈賁〉象窮白，貴乎反本」。[19]可見「反本」思想也是來自《周易》。事物變到盡頭，就要「反本」，才能開啓新一輪的變化，循環如果不把它看成封閉的圓圈，而是螺旋形的上升，這種看法是符合辯證法的。劉勰所昭示的文學發展的走向，與《易傳》所論通變的走向是如出一轍的。我們應當排除其保守的因素，吸收其合理的成分。「通變」旣包含了「反本」，那麼〈通變〉篇論「通變」而以「復古」爲歸宿，也就毫不奇怪了。紀昀評〈通變〉說：「齊梁間風氣綺靡，轉相神聖，文士所作，如出一手，故彥和以通變立論。然求新於俗尙之中，則小智師心，轉成纖仄，明之竟

---

[19]　〈賁·爻辭〉：「上九，白賁無咎」。

陵、公安，是其明徵，故挽其返而求之古。蓋當代之新聲，既無非濫調，則古人之舊式，轉屬新聲，復古而名以通變，蓋以此稱。」他對「通變」的理論內涵是有所領悟的。但我們必須辨明，「通變」通向「復古」卻不可將「通」與「復古」相提並論，以至將「通」附會爲繼承。後來皎然《詩式》中有〈復古通變體〉一節，「通變」小注「通於變也」，正文曰：「反古曰復，不滯曰變。」把通變解釋爲「通於變也」，即「變而通之」之義，他也沒有改變《易傳》的本義。「復古」與「通變」相對，可見也沒有將「通」混同於「復古」。但從《易傳》到《文心雕龍》都沒有把「通變」與「復古」截然對立起來，因爲「通變」的走向是「反本」，所以又可與「復古」相通。皎然所論也是要在「復」與「變」二者之間求得折中平衡。

綜上所述，可以看出劉勰的通變說內容是很豐富的，如果簡單地將「通變」比附爲繼承與創新，不惟會使劉勰的觀點走樣，還會將中國古代哲學中某些富有特色的思想一並丟失，這樣無視「還原」的現代闡釋，就不是我們所要求的。

寫成於1999年1月

參考書目

李鼎祚《周易集解》，上海古籍出版社1989年影印《四庫全書》本。

金景芳《學易四種》，吉林文史出版社1987年版。

周振甫《文心雕龍注釋》，人民文學出版社1981年版。

詹福瑞《中古文學理論範疇》，河北大學出版社1997年版。

樓宇烈《王弼集校釋》，中華書局1980年版。

《文心雕龍》之對偶類型

臺灣師範大學國文學系

蔡宗陽

提要

　　劉勰論對偶之類型有四種：言對、事對、反對、正對。日本遍照金剛卻以爲對偶之類型有二十九種。張仁青先生則以爲對偶之類型有三十種。各家分類不同，茲依句型、寬嚴、內容分類，析論《文心雕龍》原文運用對偶之類型。

　　關鍵詞：文心雕龍、對偶類型、依句型分類、依寬嚴分類、依內容分類。

一、前言

　　劉勰論對偶之類型有四種：言對、事對、反對、正對。①劉氏以爲「言對爲易，事對爲難；反對爲優，正對爲劣」。②「言對爲易，事對爲難」，此就作法之難易而分類。「反對爲優，正對爲劣」，此就內容之優劣而分類。日本遍照金剛則認爲對偶之類型有二十九種。③張仁青先生卻以爲對偶之類型有三十種。④各家分類，見仁見

---

① 詳見《文心雕龍·麗辭》。
② 同註①。
③ 詳見《文鏡秘府論》頁一〇八至一四四，蘭臺書局印行，民國五十八年七月初版。
④ 詳見《魏晉南北朝文學思想史》，頁七十四至八十一，文史哲出版社印行，民國六十七年十二月初版。

智。

　　本文擬依句型、寬嚴、內容分類，闡析《文心雕龍》原文運用對偶之類型。

二、依句型分類

　　黃師慶萱論對偶之類型，依句型分為句中對、單句對、隔句對、長對四種。⑤句中對，也叫當句對。單句對，又叫單對。隔句對，也叫扇面對、扇對、雙句對。長對，又叫長偶對。

㈠句中對

　　《文心雕龍》原文運用句中對者綦多，如〈原道〉云：⑥

　　　　為五行之秀氣，實天地之心生，心生而言立，言立而文明，自
　　　　然之道也。

此言人係五行之秀氣，天地之心生，心生、言立、文明，此乃自然之道。「心生而言立」，是句中對。「心」對「言」，皆是名詞。「生」對「立」，既是動詞，又是平仄協調。又如〈宗經〉云：

　　　　夫文以行立，行以文傳，四教所先，符采相濟，邁德樹聲，莫
　　　　不師聖，而建言修辭，鮮克宗經；是以楚艷漢侈，流弊不還，
　　　　正末歸本，不其懿歟！

此言文行互濟，排斥楚艷漢侈，流弊不還，以強調宗經之美。「楚艷漢侈」，係句中對。「楚」對「漢」，皆是名詞。「艷」對「侈」，皆是形容詞。「正末歸本」，亦為句中對。「正」對「歸」，既是動

---

⑤　詳見《修辭學。第二十三章對偶》。民國六十四年一月初版《修辭學》，將對偶分為句中對、單句對、雙句對、長對四種。七十五年九月增訂初版，將對偶分為句中對、單句對、隔句對、長對四種。

⑥　自此以降，引用《文心雕龍》原文，逕稱篇名。引文以王師更生精校《文心雕龍》原文為主，參閱《文心雕龍讀本》。

詞，又是平仄協調。「末」對「本」，皆是名詞。此外，又如〈徵聖〉云：「固銜華而佩實者也」、「徵聖立言」；〈正緯〉云：「今經正緯奇」；〈辨騷〉云：「依經立義」；〈明詩〉云：「感物吟志」；〈詮賦〉云：「鋪采摛文」；〈祝盟〉云：「甘雨和風」；〈雜文〉云：「碎文瑣語」；〈史傳〉云：「立義選言」；〈諸子〉云：「棄邪而採正」；〈論說〉云：「必使時利而義貞」；〈詔策〉云：「騰義飛辭」；〈檄移〉云：「移風易俗」；〈奏啓〉云：「事略而意誣」；〈議對〉云：「志足文遠」；〈體性〉云：「辭直義暢」；〈風骨〉云：「瘠義肥辭」；〈通變〉云：「競古疏今」；〈事類〉云：「援古以證今者也」；〈比興〉云：「依《詩》製〈騷〉」；〈夸飾〉云：「倒海探珠」；〈物色〉云：「天高氣清」；〈序志〉云：「樹德建言」；這些例句皆屬於句中對。

(二)**單句對**

《文心雕龍》原文運用單句對者甚多，如〈章句〉云：

> 若辭失其朋，則羈旅而無友，事乖其次，則飄寓而不安；是以搜句忌於顛倒，裁章貴於順序，斯固情趣之指歸，文筆之同致也。

此言文章布局須謹嚴，層次應分明，措辭宜文從字順。「搜句忌於顛倒，裁章貴於順序」，係單句對。「搜」對「裁」，皆是動詞。「句」對「章」，旣是名詞，又是平仄協調。「忌」對「貴」，皆是形容詞。「顛倒」與「順序」，係互文。又如〈養氣〉云：

> 吐納文藝，務在節宣，清和其心，調暢其氣，煩而即捨，勿使壅滯，意得則舒懷以命筆，理伏則投筆以卷懷。

此言作文務在節宣，使其心清和，使其氣調暢；一言以蔽之，養氣之道。「清和其心，調暢其氣」，係單句對。「清和」對「調暢」，皆是致使動詞。「心」對「氣」，旣是名詞，又是平仄協調。「意得則

舒懷以命筆，理伏則投筆以卷懷」，亦爲單句對。「意」對「理」，皆是名詞。「得」對「伏」，皆是動詞。「舒」對「投」，皆是動詞。「懷」對「筆」，旣是名詞，又是平仄協調。「命」對「卷」，皆是動詞。此外，又如〈原道〉云：「形立則文生，聲發則章成」、「龍圖獻體，龜書呈貌」；〈徵聖〉云：「含章之玉牒，秉文之金科」、「論文必徵於聖，窺聖必宗於經」；〈宗經〉云：「昭昭若日月之代明，離離如星辰之錯行」；〈銘箴〉云：「有佩於言，無鑒於水」；〈誄碑〉云：「觀風似面，聽辭如泣」；〈哀弔〉云：「情往會悲，文來引泣」；〈諧讔〉云：「心險如山，口壅若川」；〈檄移〉云：「觀電而懼雷壯，聽聲而懼兵威」；〈章表〉云：「言必貞明，義則弘偉」；〈神思〉云：「疏瀹五藏，澡雪精神」；〈體性〉云：「情動而言形，理發而文見」；〈指瑕〉云：「無翼而飛者聲也，無根而固者情也」；〈附會〉云：「畫者謹髮而易貌，射者儀毫而失牆」；〈總術〉云：「控引情節，制勝文苑」；〈時序〉云：「時運交移，質文代變」；〈物色〉云：「目旣往還，心亦吐納」。

〓隔句對

《文心雕龍》原文運用隔句對者，不乏其例，如〈詮賦〉云：

> 荀結隱語，事義自環；宋發夸談，實始淫麗；枚乘〈兔園〉，舉要以會新；相如〈上林〉，繁類以成豔；賈誼〈鵩鳥〉，致辨於情理；子淵〈洞簫〉，窮變於聲貌；孟堅〈兩都〉，明絢以雅贍；張衡〈二京〉，迅拔以宏富；子雲〈甘泉〉，構深偉之風；延壽〈靈光〉，含飛動之勢；凡此十家，並辭賦之英傑也。

劉勰評述自先秦至兩漢辭賦作家及其作品。「荀結隱語，事義自環；宋發夸談，實始淫麗。」係隔句對。「荀結隱語」對「宋發夸談」。「荀」對「宋」，旣是名詞，又是平仄協調。「結」對「發」，皆是

動詞。「隱」對「夸」，皆是形容詞當副詞用。「語」對「談」，皆是動詞。「事」對「實」，「義」對「始」，「自」對「淫」，「環」對「麗」，皆是平仄協調。易言之，第一句對第三句，第二句對第四句，即隔句對。「枚乘〈兔園〉」對「相如〈上林〉」，「舉要以會新」對「繁類以成豔」；「賈誼〈鵬鳥〉」對「子淵〈洞簫〉」，「致辨於情理」對「窮變於聲貌」；「孟堅〈兩都〉」對「張衡〈二京〉」，「明絢以雅贍」對「迅拔以宏富」；「子雲〈甘泉〉」對「延壽〈靈光〉」，「構深偉之風」對「含飛動之勢」；這些例句皆是隔句對。又如〈神思〉云：

> 文之思也，其神遠矣；故寂然凝慮，思接千載；悄焉動容，視通萬里；吟詠之間，吐納珠玉之聲；眉睫之前，卷舒風雲之色；其思理之致乎！

此言神思之妙境，無遠弗屆，不受時間空間限制的情景。「寂然凝慮」對「悄焉動容」、「思接千載」對「視通萬里」；「吟詠之間」對「眉睫之前」；「吐納珠玉之聲」對「卷舒風雲之色」；皆是隔句對。此外，又如〈原道〉云：「林籟結響，調如竽瑟；泉石激韻，和若球鍠」；〈詮賦〉云：「情以物興，故義必明雅；物以情睹，故詞必巧麗」；〈體性〉云：「辭理庸儁，莫能翻其才；風趣剛柔，寧或改其氣」；〈風骨〉云：「練於骨者，析辭必精；深於風者，述情必顯」；這些例句皆是隔句對。

㈣長偶對

《文心雕龍》原文運用長偶對者，比較罕見，但亦不乏其例，如〈辨騷〉云：

> 將覈其論，必徵言焉：故其陳堯舜之耿介，稱禹湯之祗敬，典誥之體也；譏桀紂之猖披，傷羿澆之顛隕，規諷之旨也；虬龍以喻君子，雲蜺以譬讒邪，比興之義也；每一顧而掩涕，歎君

　　門之九重，忠怨之辭也；觀茲四事，同於風雅者也。

劉勰列舉〈離騷〉與經典相同者有四事，蓋「〈離騷〉之文，依經立義」⑦。所謂長偶對，是指語文中，運用第一句對第四句，第二句對第五句，第三句對第六句的一種修辭技巧，也叫長對。「陳堯舜之耿介，稱禹湯之祗敬，典誥之體也」對「譏桀紂之猖披，傷羿澆之顛隕，規諷之旨也」，係長偶對。「陳」對「譏」，皆是動詞。「堯舜」對「桀紂」，皆是名詞。「耿介」對「猖披」，皆是形容詞。「稱」對「陳」，皆是動詞。「禹湯」對「羿澆」，皆是名詞。「祗敬」對「顛隔」，皆是動詞。「典誥」對「規諷」，皆是形容詞。「典誥」原是名詞，這裡當形容詞用；「規諷」原是動詞，這裡當形容詞用。「體」對「旨」，皆是名詞。「虬龍以喻君子，雲蜺以譬讒邪，比興之義也；每一顧而掩涕，歎君門之九重，忠怨之辭也」，亦是長偶對。又如〈練字〉云：

　　　　夫《爾雅》者，孔徒之所纂，而《詩》《書》之襟帶也；《倉頡》者，李斯之所輯，而鳥籀之遺體也。

此言《爾雅》與經典之關係，如衣服與襟帶，是息息相關，所謂「小學通，經學明」是也。李斯所輯《倉頡》一書，係蒐集古文大篆。「《爾雅》者，孔徒之所纂，而《詩》《書》之襟帶也；《倉頡》者，李斯之所輯，而鳥籀之遺體也」，係長偶對。「爾雅」對「倉頡」，皆是書名。「孔徒」對「李斯」，皆是人名。「纂」對「輯」，皆是動詞。「詩書」對「鳥籀」，皆是名詞。「帶」對「體」，皆是名詞。

---

⑦　見《文心雕龍·辨騷》。

三、依寬嚴分類

對偶依寬嚴分類，分為寬對、嚴對兩種。寬對在形式上，不像嚴對極為嚴格，語法結構大致相當即可，不必詞性和平仄；但嚴對必須注意平仄協調，詞彙不能相同的字，語法結構必須相同，詞性應該相同。⑧

㈠寬對

《文心雕龍》原文運用寬對者甚衆，如〈頌贊〉云：

> 原夫頌惟典懿，辭必清鑠；敷寫似賦，而不入華侈之區；敬慎如銘，而異乎規戒之域。

此言寫作「頌」之要領，須典懿清鑠，似賦不入華侈，如銘異乎規戒。「敷寫似賦，而不入華侈之區；敬慎如銘，而異乎規戒之域。」就整體而言，係寬對；有相同的「而」、「之」，且平仄不協調者有之，如「寫」與「慎」皆仄聲。就部分而言，「以」對「如」、「賦」對「銘」；「區」對「域」，既是詞性相同，又是平仄協調，屬於嚴對。又如〈序志〉云：

> 形甚草木之脆，名踰金石之堅，是以君子處世，樹德建言，豈好辯哉？不得已也。

此言人生有限，名聲永恆，惟有樹德建言，方能名垂不朽。「形甚草木之脆，名踰金石之堅。」就整體而言，是寬對；運用相同的「之」字，且平仄不協調者，如「形」與「名」、「草」與「踰」。就部分而言，係嚴對；「草木」與「金石」，既是名詞相同，又是平仄協調；「脆」與「堅」，既是形容詞相同，又是平仄協調。此外，又如

---

⑧ 參閱陸稼祥、池太寧主編《修辭方式例解詞典》，頁六十二至六十三，浙江教育出版社印行，民國七十九年九月初版。

〈原道〉云：「觀天文以極變，察人文以成化」；〈辨騷〉云：「酌奇正而不失其貞，翫華而不墜其實」；〈史傳〉云：「言經則《尚書》，事經則《春秋》」；〈鎔裁〉云：「善刪者字去而意留，善敷者辭殊而義顯」；〈聲律〉云：「由外聽易為巧，而內聽難為聰」；〈麗辭〉云：「罪疑惟輕，功疑惟重」；〈總術〉云：「執術馭篇，似善弈之窮數；棄術任心，如博塞之邀遇」；〈知音〉云：「操千曲而後曉聲，觀千劍而後識器」；這些例句就整體而言，屬於寬對。

㈡嚴對

《文心雕龍》原文運用嚴對者，不乏其例，如〈徵聖〉云：

> 百齡影徂，千載心在。

此言人生有限，百歲時光，如形影忽焉消逝；惟有寄託心志於文章，方能永垂不朽，流傳千年。「百」對「千」，既是詞性相同，又是平仄協調。「齡」對「載」，皆是名詞相同，但平仄不協調，都是仄聲。「影」對「心」，既是名詞相同，又是平仄協調。「徂」對「在」，既是動詞相同，又是平仄協調。「百齡影徂」對「千載心在」，除「齡」與「載」係寬對外，其餘皆是嚴對。又如〈知音〉云：

> 圓照之象，務先博觀。閱喬岳以形培塿，酌滄波以喻畎澮，無私於輕重，不偏於憎愛，然後能平理若衡，照辭如鏡矣。

此言衡文之道，在於博觀、無私、不偏，始能客觀。「平理若衡，照辭如鏡」，係嚴對。「平」對「照」，既是動詞相同，又是平仄協調。「理」對「辭」，既是名詞相同，又是平仄協調。「若」對「如」，既是詞性相同，又是平仄協調。「衡」對「鏡」，既是名詞相同，又是平仄協調。此外，又如〈樂府〉云：「韶響難追，鄭聲易啓。」「韶響」對「鄭聲」，既是名詞相同，又是平仄協調；「難」對「易」，既是詞性相同，又是平仄協調；「追」對「啓」，既是動

詞相同，又是平仄協調；因此「韻響難追」對「鄭聲易啓」，屬於嚴
對。又如〈序志〉云：「振葉以尋根，觀瀾而索源。」「振」對
「觀」，旣是動詞相同，又是平仄協調。「葉」對「瀾」，旣是名詞
相同，又是平仄協調。「以」對「而」，旣是詞性相同，又是平仄協
調。「尋」對「索」，旣是動詞相同，又是平仄協調。「根」對
「源」，名詞相同，但平仄不協調。「振葉以尋根」對「觀瀾而索
源」，除「根」對「源」係寬對外，其他皆是嚴對。

四、依內容分類

《文心雕龍》原文運用對偶，不止依句型分類、依寬嚴分類，尙
有依內容分類。對偶之類型，依內容分類，有下列數端：

(一)數目對

《文心雕龍》原文運用數目對者不鮮，如〈明詩〉云：

> 若夫四言正體，則雅潤爲本，五言流調，則清麗居宗；華實異
> 用，惟才所安。

此言四言詩以典雅溫潤爲主，五言詩則以清新華麗爲本，二者功用迴
異，但以作家才性決定作品風格。「四言」對「五言」，係數目對。
又如〈諸子〉云：

> 身與時舛，志共道中，標心於萬古之上，而送懷於千載之下，
> 金石靡矣，聲其銷乎？

劉勰感慨時舛道申，惟有標心萬古，送懷千載，方能永垂不朽。「標
心於萬古之上」對「送懷於千載之下」，其中「萬」對「千」，旣是
數目對，又是嚴對。「萬」與「千」，旣是詞性相同，又是平仄協
調。此外，又如〈明詩〉云：「儷采之百字之偶，爭價一句之奇」；
〈頌贊〉云：「化偃一國謂之風，風正四方謂之雅」；〈書記〉云：
「萬古聲薦，千里應拔」；〈練字〉云：「富於萬篇，貧於一字」；

〈養氣〉云:「紛哉萬象,勞矣千想」;〈附會〉云:「驅萬塗於同歸,貞百慮於一致」;〈才略〉云:「一朝綜文,千年凝錦」;〈序志〉云:「五禮資之以成文,六典因之以致用」;這些例句皆是數目對。

(二)方位對

《文心雕龍》原文運用方位對者甚多,如〈雜文〉云:

> 自桓麟〈七說〉以下,左思〈七諷〉以上,枝附影從,十有餘家。

此言自桓麟至左思之作品,皆相互欽慕仿效,如枝相附,似影相隨。「下」對「上」,係方位對。「桓麟」對「左思」,是人名對。〈七說〉對〈七諷〉,則為篇名對。又如〈封禪〉云:

> 夫正位北辰,嚮明南面,所以運天樞,毓黎獻者,何嘗不經道緯德,以勒皇蹟者哉?

此言天子治理天下,以德化民,而後封禪勒蹟。「北辰」對「南面」,既是嚴對,又是方位對。「北」對「南」,既是方位對,又是詞性相同,更是平仄協調。「辰」對「面」既,是既是名詞相同,又是平仄協調。此外,又如〈奏啓〉云:「言敷于下,情進于上」;〈神思〉云:「形在江海之上,心存魏闕之下」;〈情采〉云:「鏤心鳥跡之中,織辭魚網之上」;〈麗辭〉云:「驥在左驂,駑為右服」、「左提右挈」;〈夸飾〉云「形而上謂之道,形而下謂之器」;〈隱秀〉云:「隱也者,文外之重旨也;秀也者,篇中之獨拔者也」;〈物色〉云:「窺情風景之上,鑽貌草木之中」;〈程器〉云:「聲昭楚南,采動梁北」;這些例句皆是方位對。其中「聲昭楚南」對「采動梁北」,不止是方位對,又是國名對,亦是嚴對。

(三)人名對

《文心雕龍》原文運用人名對者甚夥,如〈雜文〉云:

> 傅毅〈七激〉，會清要之工；崔駰〈七依〉，入博雅之巧；張
> 衡〈七辨〉，結采錦靡；崔瑗〈七蘇〉，植義純正；陳思〈七
> 啓〉，取美於宏壯；仲宣〈七釋〉，致辨於事理。

此言傅毅、崔駰、張衡、崔瑗、陳思、仲宣之作品特色。「傅毅」對
「崔駰」、「張衡」對、「崔瑗」、「陳思」對「仲宣」，皆是人名
對。〈七激〉對〈七依〉、〈七辨〉對〈七蘇〉、〈七啓〉對〈七
釋〉，皆是篇名對。又如〈章句〉云：

> 賈誼枚乘，兩韻輒易；劉歆桓譚，百句不遷；亦各有其志也。

　　此言劉歆、桓譚之作品，一韻到底；而賈誼、枚乘則四句兩韻即
換韻。「賈誼」對「劉歆」、「枚乘」對「桓譚」，皆是人名對。此
外，又如〈明詩〉云：「大禹成功，九序惟歌；太康敗德，五子咸
諷。」「大禹」對「太康」，係人名對。「九」對「五」，則為數目
對。又如〈論說〉云：「莊周〈齊物〉，以論為名；不韋《春秋》，
六論昭列。」「莊周」對「不韋」，係人名對。又如〈神思〉云：
「相如含筆而腐毫，揚雄輟翰而驚夢；桓譚疾感於苦思，王充氣竭於
思慮；張衡研〈京〉以十年，左思練〈都〉以一紀」；〈麗辭〉云：
「毛嬙障袂，不足程式；西施掩面，比之無色」；〈序志〉云：「涓
子《琴心》，王孫〈巧心〉」；這些例句皆是人名對。

㈣反對

　　《文心雕龍》原文運用反對者特多，如〈正緯〉云：

> 《經》顯，聖訓也；《緯》隱，神教也。

此言經典義理顯明，旨在開示聖人之訓誨，是以聖訓廣；緯書神教隱
晦，藉鬼神以樹立自己之觀點，是故神教宜約。「顯」對「隱」，係
反對；「顯」是正面，「隱」是反面。又如〈情采〉云：

> 虎豹無文，則鞟同犬羊；犀兕有皮，而色資丹漆；質待文也。

　　此言文不厭采之理，舉虎豹，犀兕加以闡述。「無」對「有」，

不止是詞性相同、平仄協調,亦是反對。此外,又如〈宗經〉云:
「辭約而旨豐,事近而喻遠。」「約」對「豐」,係反對;「近」對
「遠」,亦是反對。又如〈辨騷〉云:「氣往轢古,辭來切今。」
「往」對「來」,係反對,又是詞性相同、平仄協調之嚴對。「古」
對「今」,既是詞性相同、平仄協調之嚴對,又是正反對比之反對。
又如〈神思〉云:「意翻空而易奇,言徵實而難巧。」「易」對
「難」,既是正反對比之反對,又是平仄協調、詞性相同之嚴對。又
如〈定勢〉云:「舊練之才,則執正以馭奇;新學之銳,則逐奇而失
正。」「舊」對「新」、「正」對「奇」,皆是正反對比之反對,又
是詞性相同、平仄協調之嚴對。又如〈麗辭〉云:「滿招損,謙受
益。」「滿」對「謙」,既是反對,又是嚴對。又如〈夸飾〉云:
「說多則子孫千億,稱少則民靡孑遺。」「多」對「少」,既是反
對,又是嚴對。又如〈事類〉云:「〈既濟〉九三,遠引高宗之伐;
〈明夷〉六五,近書箕子之貞。」「遠」對「近」,係反對。又如
〈隱秀〉云:「朱綠染繒,深而繁鮮;英華耀樹,淺而煒燁。」
「深」對「淺」既是反對,又是嚴對。又如〈附會〉云:「善附者異
旨如肝膽,拙會者同音如胡越。」「異」對「同」,既是嚴對,又是
反對。又如〈程器〉云:「窮則獨善以垂文,達則奉時以騁績。」
「窮」對「達」,既是反對,又是嚴對。

　　《文心雕龍》原文除運用數目對、方位對、人名對、反對外,尚
運用地名對,如〈麗辭〉云:「漢祖想枌榆,光武思白水。」「枌
榆」對「白水」,係地名對。又有國名對,如〈麗辭〉云;「鍾儀幽
而楚奏,莊舄顯而越吟。」「楚」對「越」,係國名對。「鍾儀」對
「莊舄」,是人名對。「幽」對「顯」,則為反對。又有篇名對,如
〈才略〉云:「殷仲文之〈秋興〉,謝叔源之〈閒情〉。」「秋興」
對「閒情」,係篇名對。「殷仲文」對「謝叔源」,則為人名對。又

有曲名對，如〈知音〉云：「莊周所以笑〈折楊〉，宋玉所以傷〈白雪〉。」「折楊」對「白雪」，係曲名對。「莊周」對「宋玉」，則為人名對。又有書名對，如〈宗經〉云：《尚書》則覽文如詭，而尋理即暢；《春秋》則觀辭立曉，而訪義方隱。」「尚書」對「春秋」，係書名對。又有動物對，如〈原道〉云：「龍鳳以藻繪呈瑞，虎豹以炳蔚凝姿。」「龍鳳」對「虎豹」，是動物對；龍鳳、虎豹，皆是動物。又有神名對，如〈原道〉云：「河圖孕乎八卦，洛書摛乎九疇。」「河」是河神。「洛」，是洛神。「河」對「洛」，既是神名對，又是詞性相同、平仄協調之嚴對。又有顏色對，如〈原道〉云：「丹文綠牒之華。」「丹」，是紅色。「丹」對「綠」，既是顏色對，又是平仄協調、詞性相同之嚴對。「文」對「牒」，皆是名詞。

五、結語

　　《文心雕龍》原文運用對偶之類型，依句型分類，有句中對、單句對、隔句對、長偶對等四種；依寬嚴分類，僅有寬對、嚴對兩種；依內容分類，有數目對、方位對、人名對、反對、地名對、國名對、篇名對、曲名對、書名對、動物對、神名對、顏色對等十二種。

參考書目

文心雕龍札記　黃侃　文史哲出版社

文心雕龍註　范文瀾　學海出版社

文心雕龍校釋　劉永濟　華正書局

文心雕龍新書　王利器　香港龍門書店

文心雕龍斠詮　李曰剛　國立編譯館

文心雕龍研究　王師更生　文史哲出版社

文心雕龍讀本　王師更生　文史哲出版社

修辭學　黃師慶萱　三民書局

修辭學　沈謙　國立空中大學

修辭析論　董季棠　文史哲出版社

修辭學發凡　陳望道　文史哲出版社

修辭方式例解詞典　陸稼祥、池太寧主編　浙江教育出版社

文鏡秘府論　遍照金剛　蘭臺書局

《文心雕龍·體性》
「各師成心，其異如面」説

浙江大學人文學院中文系

韓泉欣

　　中國古代的文學風格論是從作家論的基礎上發展起來的，肇自曹丕《典論·論文》，中經陸機、葛洪、沈約等人，至於劉勰《文心雕龍》而實現大的飛躍，建立起比較完整的理論架構。劉勰的論述既涉及到風格的共性，也涉及到風格的個性：屬於共性方面的，有文體風格和時代風格；屬於個性方面的，即由具體作品體現出來的作家的個人風格。作家的個人風格乃是彦和風格學的基礎與核心，特以〈體性〉專篇詳加討論。

　　按照一般地理解，〈體性〉的「體」指作品體貌，「性」謂作家才性。〈體性〉即討論作品體貌與作家才性之關係。其文有云：

　　夫情動而言形，理發而文見，蓋沿隱以至顯，因内而符外者也。然才有庸俊，氣有剛柔，學有淺深，習有雅鄭，並情性所鑠，陶染所凝，是以筆區雲譎，文苑波詭者矣。故辭理庸俊，莫能翻其才；風趣剛柔，寧或改其氣；事義淺深，未聞乖其學；體式雅鄭，鮮有反其習：各師成心，其異如面。①

　　彦和「各師成心，其異如面」的結論頗近於西人布封「風格即人」之斷語，我以爲對理解和把握其風格理論關係極大，因略述管

---

① 范文瀾《文心雕龍註》，人民文學出版社1978年版，第505頁。下引《文心雕龍》文字皆據此本。

見，求正於方家。

壹

「各師成心，其異如面」，語本《左傳·襄公三十一年》：「人心之不同，如其面焉。」「成心」一詞初見於《莊子》。《莊子·齊物論》：「夫隨其成心而師之，誰獨且無師乎？」郭象註：「夫心之足以制一身之用者，謂之成心。」成玄英疏：「夫域情滯著，執一家之偏見者，謂之成心。」②，今人註莊，多據成疏以「成見」、「偏見」釋之，是爲確解。③蓋《莊子》乃論道之書，莊子所謂「道」有兩種意義：一種是道的宇宙論和本體論意義，如其〈大宗師〉中所言；一種是道的認識論意義，如其〈齊物論〉中所言。根據莊子的觀點，道旣是宇宙萬物的本原，又是宇宙萬物存在、發展、變化之根據，它無時不在，無處不在；但作爲最高的認識，或曰對眞理的認識，道是脫離一切具體事物的抽象。因此從道的觀點看來，宇宙萬物沒有貴賤，沒有是非，不允許有愛憎，也沒有分別或界限，是一種絕對和諧的無差別境界。莊子反對從世俗的觀點和物本身的觀點去觀察世界和認識萬物。對道的體認是超越感性經驗和理論思維的，任何常人的認識，任何是非的分辨，任何愛惡的感情，都是對道的破壞。④先秦諸子百家之所以有如許是非之爭，就因爲「天下大亂，賢聖不明，道德不一，天下多得一察焉以自好」，⑤從一種主觀片面的觀點去觀察問題，在認識上「蔽於一曲」，所以〈齊物論〉開頭，即提出

---

② 郭慶藩《莊子集釋》，中華書局1961年版，第55－61頁。

③ 參張默生《莊子新釋》，齊魯書社1993年版，第100頁；陳鼓應《莊子今註今譯》，中華書局1983年版，第50頁。

④ 參劉笑敢《莊子哲學及其演變》，中國社會科學出版社1988年版，第102－122頁。從宇宙論和本體論的意義說，莊子對道的體認和追求，極富藝術精神，此當別論。

⑤ 《莊子·天下》，郭慶藩《莊子集釋》第1069頁。

「吾喪我」的命題。陳鼓應說：「『喪我』即去除『成心』，揚棄我執，打破自我中心。」⑥張默生說：「本篇既以『齊物論』命題，所以首先提出要『喪我』，我見既除，自無物我的對立了；物我既無對立，即可說是『天地與我並生，而萬物與我爲一』了。」⑦，莊子把「成心」看成是一切是非之爭的根源，反對「隨其成心而師之」，從克服認識上的主觀片面性來說，是有積極意義的；但他同時主張「齊是非」，最終導向相對主義，走到了另一個極端。

劉勰論文，以〈原道〉稱首。紀昀對此評價說：「自漢以來，論文者罕能及此。彥和以此發端，所見在六朝文士之上。」又說：「文以載道，明其當然；文原於道，明其本然，識其本乃不逐其末。首揭文體之尊，所以截斷衆流。」⑧但劉勰在論證人文的本原和文學之特質時，所強調的是兩點：

一、文學所體之道乃是具體的，而非抽象的。〈原道〉的第一句話是：「文之爲德也大矣，與天地並生者何哉？」此點甚可注意。宇宙萬物有其普遍性和共性，這種普遍性和共性是通過具體事物之特殊性、個性來體現的。「道」是宇宙萬物的普遍規律，是所有具體事物的特殊規律的總和；而「德」即指物之爲物的特殊規律或特殊本質。《管子‧心術上》：「德者，道之舍，物得以生生。」又：「故德者，得也；得也者，其謂所得以然也。」可見德者，實乃道之所存；文之爲德，正是說明文學是通過物之爲物的特殊規律或特殊本質來體道的。道之文在具體的文學作品中表現爲德之文，道與德的關係即共性與個性的關係，它們在層次上不同，而並無本質的區別。⑨顯然在

<hr>

⑥　陳鼓應《莊子今註今譯》，第33頁。
⑦　張默生《莊子新釋》，第98頁。
⑧　轉引自周振甫《文心雕龍註釋》，人民文學出版社1981年版，第1－2頁。
⑨　參馮春田《文心雕龍釋義》，山東教育出版社1986年版，第1－6頁。

劉勰看來，文學之體道是不能脫離具體事物的。這是他與莊子的第一點不同。

二、劉勰認爲，文學的體道，必須經過主體的性靈。這與莊子體道之擺脫感覺經驗和邏輯思考，排斥是非之辨和愛惡感情也是不同的。〈原道〉有云：「故兩儀既生矣。惟人參之，性靈所鍾，是爲三才；爲五行之秀，實天地之心。心生而言立，言立而文明，自然之道也。」文章的本意雖是要揭櫫原道、徵聖、宗經三位一體的文學觀，但明顯地帶著崇尚性靈的意味。論及文學創作，則曰「神用象通，情變所孕。物以貌求，心以理應」（〈神思〉），「寫氣圖貌，既隨物以宛轉；屬采附聲，亦與心而徘徊」（〈物色〉），更把文學創作描述爲主客交融並互爲滲透的過程，而在這個過程中，人的情志、神思、文采等，無不發揮著活躍的作用。這就使人不難理解，何以一部成功的文學作品，總會深深地打上主體性靈的烙印；而人文之美不但可以由它所反映的道之美找到根據，而且應當從人的性靈的參與去獲得解釋。我們不能不注意到，對於道與文的相互關係以及人文之美的特質，劉勰在認識上是異常清楚的。殊不見他在〈原道〉中特意提醒人們：「夫以無識之物，鬱然有彩；有心之器，其無文歟！」又在〈序志〉中說：「夫文心者，言爲文之用心也。……心哉美矣，故用之焉。」

如果說整部《文心雕龍》固然以探討「爲文之用心」爲職責，那麼其中之〈體性〉便是試圖回答這樣一個關鍵的問題：作家作爲創作的主體，如何在審美創造中發揮自己的才性，在作品中展示獨具的風格，而使整個文壇呈現波詭雲譎之奇觀？文中劉勰從四個方面分析作家才性的構成，一曰才，二曰氣，三曰學，四曰習。按照現代文藝心理學的觀點，作家的創作個性實質上是一種審美個性；而才、氣、學、習四事，大體包舉了作家審美心理結構的主要方面。曰「各師成

心，其異如面」，說明作家才性的不同，乃是作品體貌各異的根本的原因。故周振甫云：「成心：猶個性。各師成心：各人依據個性寫作。」⑩考慮到劉勰當時並沒有亦不可能把作家個性和創作個性區分開來，可以認為周氏此釋大體近是。

綜上所述，則知劉勰完全改變了「成心」一詞的內涵。莊子講「成心」，是指偏見，所論為認識問題；劉勰講「成心」，是指個性，所論為審美問題。倡以個性論風格，這是劉勰對我國古代美學和文學理論的重要貢獻。

貳

《文心‧體性》從文學作品內容和形式相統一的觀點討論文學風格的問題，其卓異之處不僅在一般地指出作家才性與作品體貌之間存在著內外表裡的關係，更因他通過理論的推闡和提供例證，努力揭示造成文學風格千姿百態、異采紛呈的深層次的原因。

依據劉勰對創作個性所作的靜態分析，創作個性的構成包括才、氣、學、習四個方面的因素。才指才能。作品文辭義理的庸常或傑出，是因為才能的差異。氣指氣質。作品風調趣味的剛健或柔婉，是因為氣質的差異。學指學養，即所受之教育。作品據事類義的淺薄或深邃，是由於學養的不同。習指習染，即所處之環境。⑪作品體式的雅正或俚俗，是由於習染的不同。在四個方面的構成因素中，大抵才、氣為「情性所鑠」，屬於先天的稟賦；學、習為「陶染所凝」，

---

⑩　周振甫《文心雕龍選譯》第310頁。
⑪　沈謙云：「習者，環境之影響也，有時代風氣之影響，有社會習俗之移人，有地理環境之化育，有師友交游之感染。」各據例證，其說甚確，吾從之。參沈謙〈《文心雕龍》論文學風格〉，《臺灣學者中國文學批評論文選》，人民文學出版社1986年版，第55頁。

歸諸後天的修養。黃侃有云:「才氣本之情性,學習並歸陶染,據而論之,性習二者而已。」⑫可知劉勰亦是本之於一種傳統的觀點。《論語・陽貨》:「子曰:性相近也,習相遠也。」人的本性中與生俱來的先天因素是相近的(但應注意,是相近不是相同,相近即意味著差異的存在);而由於所處環境和所受教育的不同,人的本性中後天的因素則顯出很大的差別。所謂人性,應當認為是在先天相近的自然本性的基礎上,由於後天習染而發展起來的不同的社會本性。古人得到的這一認識影響深遠。孔子而後,孟子主性善,荀子主性惡,王充謂人性無善惡。劉劭則曰:「蓋人物之本,出乎情性。」劉昞注云:「性質稟之自然,情變由於染習。是以觀人察物,當尋其性質也。」⑬諸人觀點各有不同,但都承認環境和教育對個性的影響。劉勰論體性,正是把傳統的性習論和人性差異觀在文學理論上作一運用和發揮。

劉勰的運用和發揮是富於創造性的,其要義我們可以概括為三點:

一、指出文學風格之千姿百態,植根於創作個性的千差萬別。文學創作是按作家的創作個性來進行的,所謂「各師成心,其異如面」者即是。在作家才性的構成要素中,先天因素與後天因素固然因人而異,而兩大因素之融會組合亦各有不同,由此形成的此一作家不同於彼一作家的相對穩定的創作個性,乃是文場筆苑之所以產生波詭雲譎的奇異景象的深層次的原因。文中劉勰舉十二家為例,其中兩漢六家,魏晉六家,茲各舉兩家以明之。

㈠「賈生俊發,故文潔而體清。」俊發指才氣卓越。《史記・賈

---

⑫ 黃侃《文心雕龍札記》,中華書局1962年版,第94頁。
⑬ 《人物志・卷上・九徵第一》。

生列傳〉：「文帝召以爲博士。是時賈生年二十餘，最爲少。每詔令議下，諸老先生不能言，賈生每爲之對。」因其才高，故文辭高潔，風格清雅。〈才略〉云：「賈誼才穎，陵軼飛兔，議愜而賦清，豈虛至哉！」意亦同此。

㈡「平子淹通，故慮周而藻密。」淹通，淹博貫通。《後漢書‧張衡傳》：「游於三輔，因入京師，觀太學，遂通五經，貫六藝，雖才高於世，而無驕尚之情。……衡善機巧，尤致思於天文陰陽歷算。」慮周藻密，謂思慮周詳，文藻綿密。〈傳論〉：「故智（知）思引淵微，人之上術。」

㈢「公幹氣褊，故言壯而情駭。」氣褊，謂氣性偏狹。《魏書‧王昶傳》：「東平劉公幹，博學有高才，誠節有大意，然性行不均，少所拘忌。」言壯而情駭，謂語言壯厲，情思驚人。謝靈運〈擬鄴中集序〉：「卓犖偏人，而文最有氣，所得頗經奇。」鍾嶸《詩品》卷上：「仗氣愛奇，動多振絕，眞骨凌霜，高風跨俗。但氣過其文，雕潤恨少。」

㈣「士衡矜重，故情繁而辭隱。」矜重，謂矜持而莊重。《晉書‧陸機傳》：「服膺儒術，非禮不動。」情繁辭隱，即〈才略〉所云：「陸機才欲窺深，辭務索廣，故思能入巧，而不制繁。」

劉勰在舉例後說：「觸類以推，表裡必符；豈非自然之恆姿，才氣之大略哉！」認爲可以在作家才性和作品體貌之間建立起一種對應的關係。所列十二家，大抵舉其一端以言之，把才性和體貌中最突出之點揭示出來，這說明創作個性並非才、氣、學、習四種因素之簡單相加，而必須經過諸因素的協調和整合，才足以形成一種文學風格的特色。

二、在構成創作個性的四因素中，先天的才氣是基礎，是根本；與此同時，強調後天的學習對創作個性的形成有極其重要的作用，主

張以後天的努力補先天之不足。其文有云：「若夫八體屢遷，功以學成，才力居中，肇自血氣；氣以實志，志以定言，吐納英華，莫非情性。」又曰：「夫才由天資，學愼始習，斫梓染絲，功在初化，器成采定，難可翻移。」黃侃《札記》對此有所闡釋，其辭有云：「自此已下，言性非可力致，而爲學則在人。雖才性有偏，可用學習以相補救。如令所習紕繆，亦足以賊其天性，縱姿淑而無成。貴在省其所短，因其所長，加以陶染之功，庶成器服之美；若習與性乖，則勤苦而罕效，性爲習誤，則劬勞而鮮成，性習相資，不宜或廢。……」⑭黃氏此釋頗中肯綮。范文瀾是黃氏的學生，他在註解「習亦凝眞」時進一步證成師說：「眞者，才氣之謂，言陶染學習之功，亦可凝積而補成才氣也。」⑮前人言文學創作，大抵帶著神秘色彩，彥和此論一出，令人有撥雲見山之感，文學創作被置於堅實的基礎之上。

　　三、提出「摹體以定習，因性以練才」，並以之爲創作的指南。其文有云：「故童子雕琢，必先雅制，沿根討葉，思轉自圓，八體雖殊，會通合數，得其環中，則輻輳相成。故宜摹體以定習，因性以練才，文之司南，用此道也。」劉勰認爲，當作者開始學習寫作之時，懸的要高。雅制，指雅正的作品。劉勰以五經爲創作的範式，以爲「聖文之雅麗，固銜華而佩實者也」（〈徵聖〉），是足以代表一種審美理想，而在作家的創作個性中起到主導作用的。但同時劉勰主張，對各體風格的作品應廣泛地學習和摹仿，並且能夠融會貫通，合於創作法則。問題的關鍵，在於「得其環中」。環中，軸心也，此指作家才性。能正確地認識和把握自己的才性特點，並在創作過程中揚長避短，那麼對各種風格的學習不但不會妨礙反而能夠促進其創作個

---

⑭　黃侃《文心雕龍札記》，第98頁。
⑮　范文瀾《文心雕龍註》，第511頁。

性的建構，就好比車輪的輻條湊集於居中的軸心，從而形成獨特的風格，以此劉勰提出「摹體以定習，因性以練才」，即從模仿各種風格中確定自己學習的方向，順著性情和氣質來鍛鍊才能。⑯一種文學風格的特點，是為作家的審美心理結構所決定的；而作家的審美心理結構的形成、發展和變化，又是在藝術實踐過程中實現的。劉勰抓住藝術實踐這一中介環節，提出「摹體以定習，因性以練才」的方針，說明他對文學創作的特點和規律有相當深刻的理解。

　　劉勰有關創作個性構成要素的靜態分析以及關於先天稟賦和後天修養相互關係的觀點，乃至「摹體以定習，因性以練才」寫作南針的提出，都是對古代文學風格論的極大發展。然而文學創作作為一項異常複雜的精神活動，有許多問題即使在今天也還沒有揭開其奧秘，那麼劉勰撰寫〈體性〉之時，留下種種語焉不詳的遺憾，當是不足深怪的。例如作家個性並不等於創作個性。在作家的審美心理結構中，作家個性的有些要素，諸如需要、功能、信念、性格等，其實並不能直接作用於創作過程，這些因素只有滲透、融合到感知、情感、想像中並通過審美個性，才能折射到文學作品裡。所以在作家個性和作品風格之間，有時並不存在一種直接的對應關係。劉勰所舉十二家體性必符之例，當我們試圖加以詮釋時，常不免有多費唇舌而不得要領之憾。再如在作家個性審美心理結構中，先天的才氣固然制約著和規範著創作的過程；而後天的學習，一旦內化為審美個性，則對作品的風格的形成也就會發揮巨大的作用。在藝術實踐中，需要不斷地整合主客體關係，不斷地磨練和協調個性審美心理結構，從而形成不同於他人的鮮明獨特的個性。從這個意義說，文學創作是主客體交互作用下

---

⑯　用周振甫語，見《文心雕龍選釋》中華書局1980年版，第141頁。

不斷建構的心理過程。⑰我們無意苛求一千多年前的古人，對如此複雜的心理過程進行條分縷析的闡釋；同時我們亦不會忘記，劉勰這位偉大的文學理論家，在《文心雕龍》的〈神思〉、〈物色〉等篇中，已經對此作過相當生動的描述。討論到創作的個性和文學的風格，劉勰也沒有停留在靜態的分析。因爲創作固然具有一種相對的穩定性，但它決非靜止的凝固的，而總是表現爲發展的過程。穩定性和新變性的統一，才是創作個性在這一過程中的顯著特點。在〈體性〉中，劉勰說：「八體屢遷。」在〈風骨〉裡，又提出「昭體」而「曉變」。凡此都可以看作是劉勰對此一問題的回答。特別值得注意的是，他在〈時序〉〈才略〉及文體論各篇中，對諸多作家進行歷時的或共時的考察和研究，大抵傾向於對其創作個性和風格特點作動態的把握，我覺得這是他作爲成熟的理論家非常了不起的地方。

參

劉勰在《文心·體性》裡提出「各師成心，其異如面」說，不但指出作家創作個性的千差萬別，乃是造成文學風格千姿百態的關鍵所在，而且在觀念上和在實際操作中，都主張把研究作家個人風格之「異」作爲他從事文學批評和理論研究的基礎。

「各師成心，其異如面」的「異」，應是指作家個人風格的獨特性，即足以把他跟別的作家區分開來的東西。《文心·知音》說：「昔屈平有言：『文質疏內，衆不知余之異采。』見異，唯知音耳。」屈原的話見《楚辭·九章·懷沙》，說他爲人粗疏，拙於言辭，外表不加華飾，但人家就不知他本質樸實，內裡蘊藏著與衆不同的才華。「異采」，在人，爲內在之美，是一種特別優異的品質；在

---

⑰　參陳憲年《創作個性論》，安徽教育出版社1997年版，第57－64頁。

文，則指它的獨特性，顯示作家的個性魅力而別具豐釆的地方。劉勰認為，能夠捉住作品之「異」，才是有眼力的批評家。而對作家來說，真正有風格的作品，既不同於以往，也不重複自己，具備這樣的獨特性，才是有生命力的作品。劉勰當然也研究風格的共性，而任何共性都是通過個性來顯現的，無個性即無共性，所以他的共性研究是以個性研究為基礎的。

〈時序〉論文學的歷史發展，提出「歌謠文理，與世推移，風動於上而波震於下」以及「文變染乎世情，興廢繫乎時序」的著名論點，對各代文學的時代特徵作出非常精闢的概括，迄今為史家所稱引。如論建安文學：

> 觀其時文，雅好慷慨，良由世積亂離，風衰俗怨，並志深而筆長，故梗概而多氣也。

論西晉文學，則曰：

> 然晉雖不文，人才實盛：茂先搖筆而散珠，太沖動墨而橫錦，岳湛曜聯璧之華，機雲標二俊之釆，應傅三張之徒，孫摯成公之屬，並結藻清英，流韻綺靡。前史以為運涉季世，人未盡才，誠哉斯談，可為嘆息！

但具體到每一作家，又往往顯示著不同的色彩。同是建安作家，論王粲則曰「穎出而才果」，論劉楨則曰「言壯而情駭」；同屬西晉太康，論潘岳則曰「鋒發而韻流」，論陸機則曰「情繁而辭隱」（〈體性〉）。

所舉各例都向我們證明，作家的創作固不免受一定的時代條件（如〈時序〉所涉及的政治、思想、學術、文化、風俗、心理等）的制約，從而使其作品帶上時代的投影；但反映在作品裡的，畢竟是作家自己的體驗和感受，認識和理解，並且按照自己的方式和自己的特點來表現。所以在文學作品裡，抹不去的是作家的個性色彩，時代風

格無例外地都表現爲個人風格，劉勰也就是從個人風格中概括出時代風格的。所舉各例，大率如此。

〈定勢〉是專論文體風格的。文體風格的形成是一個歷史過程，而文體風格一旦形成之後它就成爲一種創作的規範，必得爲作家所遵行。劉勰指出：「是以括囊雜體，功在銓別，宮商朱紫，隨勢各配。章表奏議，則準的乎典雅；賦頌歌詩，則羽儀乎清麗；符檄書移，則楷式於明斷；史論序注，則師範於核要；箴銘碑誄，則體制於弘深；連珠七辭，則從事於巧艷：此循體而成勢，隨變而立功者也。」但作家在文體面前決不是消極的和被動的。首先，根據情志表達的需要和個人才性的特點，作家有選擇文體的權利；其次，一個作家長期運用某種文體進行創作，其成功經驗必能對文體風格的發展變化產生積極的影響。〈定勢〉開篇說：「夫情致異區，文變殊術，莫不因情立體，即體成勢也。」既然體是因於情的，勢是依於體的，那麼對於文章體勢，自然應當作動態地考察了。所以劉勰一方面說：「熔範所擬，各有司匠，雖無嚴郭，難得逾越。」同時指出：「然淵乎文者，並總群勢：奇正雖反，必兼解以俱通；剛柔雖殊，必隨時而適用。」歸根到底，文體的風格，還得經由作家創作個性來體現。〈明詩〉有云：「若夫四言正體，則雅潤爲本；五言流調，則清麗居宗：……然詩有恆裁，思無定位，隨性適分，鮮能通圓。若妙識所難，其易也將至；忽之爲易，其難也方來。」黃侃《札記》認爲：「隨性適分四字，已將古今家數派別不同之故包舉無遺矣。」⑱這是極有見地的話。

劉勰的這一觀點甚至影響到他對文學發展的基本態度。〈通變〉是討論文學的繼承和革新的。一般看法，認爲在文學發展過程中，其

---

⑱ 黃侃《文心雕龍札記》第29頁。

先後傳承的一面爲通，其日新月異變化的一面爲變。劉勰說：「凡詩賦書記，名理相因，此有常之體也；文辭氣力，通變則久，此無方之數也。名理有常，體必資於故實；通變無方，數必酌於新聲：故能騁無窮之路，飲不竭之源。」這段話闡明了劉勰對於文學嬗變規律的基本看法。他認爲文學發展過程中的通變之術就是講「參伍因革」，繼承和革新交互錯綜，辯證統一。但在這矛盾統一體中，革新是矛盾的主要方面，繼承本身不是目的，繼承的目的是求變化求發展。文中舉了漢賦創作中「廣寓極狀而五家如一」的例子，認爲「諸如此類，莫不相因」，表明一種鄙棄的態度。以前大陸學界對於〈通變〉的主旨有過熱烈的爭論，有重在通者，有主於變者，有通變並重者，有理論上主變、實踐上重通者。我是比較傾向於主變說的。通變講的是文學自身的發展規律，需要從文學創作的主體方面去尋找根據。劉勰說：「文辭氣力，通變則久。」這是屬於創作主體的。落實到創作過程，劉勰進一步提出：「憑情以會通，負氣以適變。」要求按照表達情志的需要和根據作家才性的特點去貫徹通變的原則。這就充分說明，文學的發展根本離不開創作個性的發展和文學風格的多樣化；文學的恆久的生命力，就在於它自身日新月異的變化和發展。所謂「文律運周，日新其業。變則其久，通則不乏」，這是劉勰得到的結論。由此一視角考察劉氏的文學發展觀，我們確實可以獲致一種新的認識，窺知劉勰在《文心‧通變》中肯定文學新變的原因。

參考書目

牟世金《臺灣文心雕龍研究鳥瞰》，山東大學出版社，1985年版。

周振甫《文心雕龍註釋》，人民文學出版社，1981年版。

沈　謙〈《文心雕龍》論文學風格〉，收入《臺灣學者中國文學

批評論文選》，人民文學出版社，1986年版。

范文瀾《文心雕龍註》，人民文學出版社，1978年版。

陳鼓應《莊子今註今譯》，中華書局，1983年版。

郭慶藩《莊子集釋》，中華書局，1961年版。

陳憲年《創作個性論》，安徽教育出版社，1997年版。

張少康《文心雕龍新探》，齊魯書社，1987年版。

黃　侃《文心雕龍札記》，中華書局，1962年版。

馮春田《文心雕龍釋義》，山東教育出版社，1986年版。

張默生《莊子新釋》，齊魯書社，1993年版。

詹　鍈《〈文心雕龍〉的風格學》，人民文學出版社，1982年版。

劉笑敢《莊子哲學及其演變》，中國社會科學出版社，1988年版。

《文心雕龍》風骨諸家說辯正

湖北大學中文系

郁　源

　　自黃侃《文心雕龍札記》首啓《文心雕龍》之義理研究以來，在《文心雕龍》的所有理論範疇中，研究者對「風骨」的理解歧異最多。究其原因，除了「風骨」一詞本身具有本源義、比喩義、象徵義、抽象義等多義性，而劉勰在《文心雕龍》中又多處在不同意義上使用該詞之外，研究者自身在研究方法和角度上的不統一也是一個原因。有的從人物品評的角度研究「風骨」，有的從理論體系的角度研究「風骨」，有的從劉勰在《文心雕龍》全書中對「風」與「骨」的論述來研究「風骨」，有的則聯繫同時代和前後時代其他藝術評論中對「風骨」一詞的使用來研究「風骨」。這些研究無疑都是必要的，但其中必須有一個基點，即應以《文心雕龍·風骨》篇爲中心、爲依據來進行研究。劉勰在〈風骨〉篇中曾對「風」與「骨」作分別的論述，在其他地方也曾多次分別談到「風」與「骨」，但這兩種不同情況是不能等量齊觀的。「風骨」作爲一個完整的文學理論範疇，是劉勰首先提出並在〈風骨〉篇中進行論述的。除了在〈風骨〉篇中完整地使用過「風骨」一詞外，《文心雕龍》的其他篇目再沒有出現過。因此，劉勰在〈風骨〉篇中對「風」與「骨」所作的論述，具有對「風骨」下定義的意義，而在其他地方談到的「風」與「骨」卻沒有這種意義。所以，在對「風骨」的研究中，我們是否可以確定以下兩

條原則:一、對「風骨」的理解應以〈風骨〉篇爲據。凡無據之談皆不取,以減少對「風骨」理解上的混亂;二、對〈風骨〉篇中可以產生歧義或多義理解的字句,則應參照《文心雕龍》他處所論,以酌定其義。

據有關資料統計,歷來對「風骨」的不同解釋不下十餘種①。如果以上確定的原則是可行的話,那麼,我們首先可以排除以下諸說:一、「風」即文辭,「骨」即文意②。這與〈風骨〉篇所論顯然矛盾。〈風骨〉篇云:「情之含風,猶形之包氣。」「深乎風者,述情必顯。」可見「風」與情感不可分,而情感屬於內容範疇,說「風」即文辭顯然不妥。〈風骨〉篇又云:「結言端直,則文骨成焉。」「練於骨者,析辭必精。」可見「骨」與文辭結構有關,包括形式的因素在內,說「骨」即文意當然不準確。二、「風」是浪漫主義,「骨」是現實主義③。這是離開《文心雕龍》原文的一種臆測和發揮之辭,不足爲據。三、「風」指教化作用,「骨」指挺拔的文辭④。〈風骨〉篇云:「《詩》總六義,風冠其首,斯乃化感之本源,志氣之符契。」「詩有六義」之說是〈毛詩序〉提出來的,劉勰所言之「風」固然與儒家教化作用有關,但卻不等於教化作用。從上面引用的這句話來看,首先,「化感」不等於教化,「化感」強調的是一種潛移默化的感染;其次,「斯乃化感之本源」是說,「風」是產生「化感」作用的「本源」,也就是說,「化感」作用是從「風」那兒來的,「風」與「化感」作用顯然是雖然相關卻完全不同的兩件事

---

① 上海書店出版社《文心雕龍學綜覽》第160頁載汪涌豪統計爲12種;香港《民報月刊》1987年10月號載陳耀南〈文心風骨群說辨疑〉一文概括爲10類。
② 舒直〈略談劉勰的風骨論〉,載《光明日報》1959年8月16日。
③ 王達津〈古典詩論中有關詩的形象思維表現的一些概念〉,載上海古籍出版社《古代文學理論研究》第1輯。
④ 杜黎均《文心雕龍文學理論研究和譯釋》,北京出版社1981年版。

物，怎能說「風」就是教化作用呢？四、「風」和「骨」都既包括思想內容，又包括藝術形式⑤。從〈風骨〉對「風」的全部專門論述來看，「風」與情、志、意、氣緊密相關，而並不包含藝術形式的因素。當然，在合論「風骨」的時候，曾有這樣的句子：「捶字堅而難移，結響凝而不滯，此風骨之力也。」似乎這裡包含「風」在內的「風骨之力」，都是指文字的表現形式了，但結合〈風骨〉篇全文對「風」與「骨」分別所下的定義來看，這裡「風骨之力」中的「風骨」顯然是偏義詞，是指「骨」而已，說的是「骨」所表現的一種力量。另外，〈風骨〉篇中還有「骨采未圓，風辭未練」這樣的句子，似乎據此就可說「骨」便是「采」，「風」便是「辭」了，但這裡的「骨采」其實是「骨」與「采」對舉，「風辭」其實是「風」與「辭」對舉，因而決不能說「骨」等於「采」，「風」等於「辭」。

除上述之外，其餘各家對「風骨」的解釋雖互有不同，但大致可以分為兩派。一派認為，「風」與「骨」分指文章的內容和形式。「風」即文意，或關乎文意，是就文章的內容而言的；「骨」即文辭，或關乎文辭，是就文章的形式而言的。如黃侃、范文瀾、王運熙、周振甫、寇效信、牟世金、張文勛等皆持此說；另一派認為，「風」與「骨」皆指文章的思想情感內容，但「風」指情志，是文章的主觀內容；「骨」指事義，是文章的客觀內容。如劉永濟、廖仲安、劉國盈、郭晉稀、張少康等則持此說。這兩派立論各有所據，互相辯駁，影響最大。總的看來，這兩派對於「風」的理解分歧不大，基本上認為「風」屬於文章內容範疇，我也這樣認為。從〈風骨〉篇論「風」所涉及的創作主體範疇而言，有「情」、「志」、「意」、「氣」等，這裡有兩個問題應當辯明，一是情、志、意並非文章的全

---

⑤　黃海章〈談風骨〉，《羊城晚報》1962年8月16日。

部內容,而只是其中的一部分,即主體意識與傾向部分;文章內容的另一部分,用劉勰的話來說即「事義」,用我們的話來說即題材,是不包括在內的,雖然二者有著不可分割的聯係。二是情、志、意、氣與「風」都有關係,但就劉勰所論來看,情與「風」的關係最爲直接,居於中心的地位:「情之含風,猶形之包氣。」「怊悵述情,必始乎風。」「深乎風者,述情必顯。」對於情與「風」的關係之密切之直接,可謂陳述再三。所以應當說,劉勰所說的「風」是偏重於主體的情感內容而言的。但「風」所要求的不是一般的感情,「風」是對感情的某種特定要求。「情之含風,猶形之包氣」,情之必須符合「風」的要求,猶如人之軀殼(形)不能沒有生命(氣)一樣,否則,文章就缺乏生氣,不能動人。具體說來,我以爲「風」包含以下三方面的要求:(1)鮮明、強烈的情感色彩。「風」所要求的主體情感,不是淺薄的感情,不是平平淡淡的感情,而是眞實、深厚、強烈的感情。所謂「深乎風者,述情必顯」,便是這個意思。(2)這種深厚、強烈、鮮明的感情應當充滿一種剛健挺拔、悲慨怨憤之氣。所謂「怊悵述情,必始乎風」,「意氣駿爽,則文風生焉」,「剛健旣實,輝光乃新」等 等,便是對感情的這樣一種要求。「風」所包含的這個要求,與劉勰不滿萎靡柔弱的齊梁文風,提倡「慷慨以任氣,磊落以使才」的建安文學有關。劉勰在〈明詩〉與〈時序〉篇中對建安文學都作了高度的評價,指出它的 特點便是「雅好慷慨」,「梗概而多氣」。在這一點上,劉勰與鍾嶸是十分一致的。鍾嶸在〈詩品序〉中也提倡「建安風力」,嘆息晉代的玄言詩「理過其辭,淡乎寡味」,「皆平典似〈道德論〉,建安風力盡矣」。因而鍾嶸所說的「風力」,也是強調一種怨憤的感情。他在〈詩品序〉中指出社會上種種不同的生活現象,可以引起詩人兩種不同的感情,一種是「嘉會寄詩以親」,一種是「離群托詩以怨」。對「寄詩以親」的一面,作

者並不強調,而對「托詩以怨」的一面,他卻作了細緻的分析和論述。他舉出了屈原被逐、昭君出塞、妻離子別、孀婦之淚,以及戰爭所造成的「骨橫朔野,魂逐飛蓬」的悲慘景象等等,鍾嶸認為,這類黑暗、動亂、苦難的現實生活,必然要引起詩人的怨憤之情。劉勰在揭示建安文學「梗概而多氣」的特點之後,指出造成這一特點的社會原因是「良由世積亂離,風衰俗怨」之故。而劉勰、鍾嶸之所以提倡「風」所包含的這種情感色彩,也是由魏晉南北朝動亂不安、悲慘苦難、民不聊生的社會現實所決定的。由此可見,劉勰與鍾嶸所標舉的「風力」,包含著對文學面向黑暗的社會現實的批判職能的強調。(3)以情動人,具有強大的藝術感染力。〈風骨〉篇一開頭,劉勰便點明他所說的「風」來自〈毛詩序〉的「六義」。〈毛詩序〉對「六義」排列的次序是:「風、賦、比、興、雅、頌」,所以劉勰說:「詩總六義,風冠其首。」〈毛詩序〉所說的「風」就含有感染、教化的意思:「風,風也。風以動之,教以化之。」劉勰也正是據此稱「風」為「斯乃化感之本源」,「風」所包含的感情猶如風吹草動一般,在不知不覺之中,潛移默化,感動讀者。這是就「風」所有的感染作用而言的,但是〈毛詩序〉還從上下兩方面指出了「風」所包含的教化內容,即所謂:「上以風化下,下以風刺上。」前者強調上對下的教育與感化,後者強調下對上的諷刺與批判。可見〈毛詩序〉所說的「風」本來也包含有對現實的批判內容,再聯繫上述劉勰對慷慨怨憤之情的強調,我們可以看到,劉勰所說的「風」,不但強調以情動人,而且強調情對現實的批判內容。歸結起來,我認為,「風骨」中的「風」是指對社會現實具有批判傾向的剛健、慷慨之情在文學作品中得到鮮明的表現而具有的一種強大的藝術感染力。如果用最簡單的話來概括,可以說,「風」就是情的感染力。

　　上述對「風骨」作不同解釋的兩大派,最主要的分歧是在對

「骨」的不同理解上。黃侃首創「骨」是文辭形式之說，劉永濟首創「骨」是「事義」內容之說。此後，廖仲安、劉國盈的〈釋風骨〉⑥一文首先站在劉永濟一邊而駁黃侃；接著，寇效信〈論風骨〉⑦一文則站在黃侃一邊而駁廖、劉之說；牟世金的〈從劉勰的理論體系看風骨論〉⑧基本上支持寇效信之論而重申黃說；張少康的《文心雕龍新探·風骨論》⑨則駁牟世金之論而偏於劉永濟之說；之後，牟世金的〈風骨考論〉⑩又駁劉永濟、廖仲安、張少康之說。兩派互相辯駁，雖各有所據，卻各執一端之辭，故難以說服對方。總的看來，黃侃派論「骨」強調以〈風骨〉爲據，劉永濟派論「骨」側重聯繫〈風骨〉篇以外的其他文字。強調以〈風骨〉爲據，這固然是對的，但由此得出「骨即文辭」的結論，不見得是對〈風骨〉篇原文的正確理解。聯繫〈風骨〉篇以外的文辭，這固然是必要的，但由此得出「骨即事義」的結論，卻不免與〈風骨〉篇原文有所矛盾。先看〈風骨〉篇原文：「沉吟舖辭，莫先於骨。故辭之待骨，如體之樹骸。」這句話說明，在寫作的過程中，辭與骨的安排有一個先後的問題，先確立骨，然後才斟酌著展開辭句；如果打比方的話，辭與骨的關係猶如身體與骨架的關係，先有骨架，然後才有身體。可見辭是有賴於骨的，辭並不就是骨。那麼「骨」是否就是劉永濟一派所說的「事義」了呢？〈風骨〉篇原文又說：「結言端直，則文骨成焉。」「練於骨者，析辭必精。」可見「骨」又是一種精練、端直的語言結構形式，怎能不顧這一點而說「骨即事義」內容呢？那麼，「骨」是否又如黃侃派所

⑥ 載《文學評論》1962年第1期。
⑦ 載《文學評論》1962年第6期。
⑧ 載上海古籍出版社《古代文學理論研究》第4期。
⑨ 齊魯書社1987年版《文心雕龍新探》第124頁。
⑩ 〈風骨考論〉，載齊魯書社《文心雕龍學刊》第6輯。

説屬於語言結構形式而與「事義」沒有關係了呢？否，〈風骨〉篇原文又云：「若瘠義肥辭，繁雜失統，則無骨之徵也。」這説明「骨」是包含對「義」的要求在內的，一方面不能「瘠義」無內容，另方面不能「失統」無條理。牟世金堅持「骨即文辭」之説，認爲「瘠義肥辭」應釋作「瘠義的肥辭」，所以這句話只強調辭而不強調義⑪。我認爲這一看法是不妥當的。「瘠義肥辭」顯然是並列結構的對偶詞組，「義」與「辭」相對，「瘠」與「肥」相對，「瘠義」與「肥辭」並列而對偶，這句話應當是從義與辭兩方面來説的，此其一也；退一步説，「瘠義肥辭」即使視爲偏正結構，作「瘠義的肥辭」講，它也包含著「辭」不能「瘠義」的要求，此其二也；第三，遇到這種可以作不同解釋的語句時，我們應該參閱劉勰的其他論述，以擇定其義。劉勰在〈附會〉篇中曾這樣説，文章寫作應當「以情志爲神明，事義爲骨髓，辭采爲肌膚，宮商爲聲氣」，這裡雖然是以人體的不同部分來比喻情志、事義、辭采、宮商在文章中的不同地位和作用，但劉勰所説的「風骨」本身便是包含著比喻義的特定文學理論範疇，而且在〈風骨〉篇中，劉勰有時也把「骨」稱作「骨髓」：「昔潘勗錫魏，思摹經典，群才韜筆，乃其骨髓峻也。」把潘勗文章的「骨髓」與司馬相如文章的「風力」相對而論。可見「骨」或「骨髓」應該包括「事義」在內。張少康《文心雕龍新探·風骨論》更列舉了除〈風骨〉篇之外十四處有關「骨」的論述，証明無一不與義、意等文章內容有關⑫。由此看來，我們既不能把「骨」純粹歸結爲「事義」內容的範疇，也不能把「骨」純粹歸結爲文辭形式的範疇。

---

⑪　見〈風骨考論〉，載齊魯書社《文心雕龍學刊》第6輯。
⑫　齊魯書社1987年版《文心雕龍新探》第125－128頁。

那麼，對「骨」應該作怎樣的理解呢？上面曾經說到，劉勰是從「情」的角度來論述「風」的。至於「骨」，我認爲，劉勰是從「理」的角度來論述的。「理」包括義理和文理，劉勰所說的「骨」正是要求義理與文理的統一。這從上面所引〈風骨〉篇「瘠義肥辭，繁雜失統，則無骨之徵也」這句話中可以看出。這句話是從反面來論述「骨」的特徵的。劉勰認爲「無骨」的特徵（「無骨之徵」）有兩方面表現，一是義理貧乏而辭藻豐富（「瘠義肥辭」），二是文理不清，結構混亂（「繁雜失統」）；反過來說，「骨」的 特徵就是義理內容豐富，文理結構有序，二者達到統一。

「骨」包含著對「義」的要求，這個「義」主要是指「事義」，這從上引〈附會〉篇所說「事義爲骨髓」便可証明。但牟世金對此有批駁，他舉出〈體性〉中「辭爲肌膚，志實骨髓」之語爲據，認爲如果據〈附會〉篇把「骨髓」解釋爲「事義」，那麼也可以據〈體性〉篇把「骨髓」解釋爲「情志」，這麼一來「骨髓」既指「事義」，又指「情志」了。而且，用「志實骨髓」來解釋〈附會〉篇所說「必以情志爲神明，事義爲骨髓」，那麼「情志」在〈體性〉篇中是「骨髓」，在〈附會〉篇中又是「神明」了。總之是自相矛盾，無法統一。所以他認爲，這些都是比喻，不能作爲解釋「骨」或「骨髓」的依據⑬。我不同意這個看法。

我們可以把「骨髓」和「骨」看作是同義語，這一點牟世金也是這樣認爲的。他說，〈風骨〉篇中「這個『骨髓峻』乃和下句的『風力遒』相對而言，明明是劉勰 所舉『風』、『骨』較爲典型的各一例証。則『骨髓』一詞，無疑是『風骨』之『骨』的不同說法。」⑭

---

⑬　見〈風骨考論〉，載齊魯書社《文心雕龍學刊》第6輯。
⑭　見〈風骨考論〉，載齊魯書社《文心雕龍學刊》第6輯。

綜觀《文心雕龍》，除〈風骨〉篇使用「骨髓」之外，尚有四處使用
「骨髓」一詞：

> 「經也者，恆久之至道，不刊之鴻教也。故象天地，效鬼神，參
> 物序，制人紀，洞性靈之奧區，極文章之骨髓者也。」（〈宗
> 經〉）

> 「夫銓序一文為易，彌綸群言為難。雖復輕採毛髮，深極骨髓，
> 或有曲意密源，似近而遠，辭所不載，亦不勝數矣。」（〈序
> 志〉）

> 「夫才量學文，宜正體制，必以情志為神明，事義為骨髓，辭采
> 為肌膚，宮商為聲氣。」（〈附會〉）

> 「才性異區，文辭繁詭，辭為肌膚，志實骨髓。」（〈體性〉）

上述四處中真正對「骨髓」的內涵作出解釋的，其實只有「事義
為骨髓」一句，其他各處均無此義。但牟世金把〈體性〉篇中的「志
實骨髓」一句也看作是對「骨髓」內涵的解釋。他把「志實骨髓」中
的「實」理解為「實在就是」，所以這句話的意義就成了「情志實在
就是骨髓」，於是就有了矛盾。其實這是一種誤解。我認為，「辭為
肌膚，志實骨髓」中的「實」，應當作「充實」講。在〈體性〉篇
中，上句之前有「氣以實志，志以定言」之語，便是把「實」作「充
實」講的。所以「志實骨髓」的意思是要把「情志」充實到「骨髓」
中去，而「骨髓」是什麼呢？這便是〈附會〉篇中所說的「事義為骨
髓」。要把「情志」充實到「骨髓」中去，也就是要把「情志」充實
到「事義」中去，這正好說明「情志」是作品的主觀內容，是作者思
想情感和傾向性的體現；而「事義」是作品的客觀內容，是作者在文
章中的描寫對像和所用的材料。作品的主觀內容必須和作品的客觀內
容統一起來；作家的思想感情和傾向總是要融入到作品所描寫的對象
中去；作品所用的材料自然表現着作者的思想感情和傾向。

這裡需要進一步討論的問題是,「事義」是否就是「事類」,就是文章所運用的典故?有的學者持這種看法⑮。我認爲「事義」的含義大於「事類」。所勰所說的「事類」是「據事以類義」(〈事類〉)之意。這裡所說的「事」,主要指記載在古書中的發生於古代的事,也就是典故,所以「事類」是指用典故來說明相應的道理。「事義」中的「事」,當然也包括典故在內,但其含義要比典故大得多,是指文章所取用的事例、素材等客觀事實,「義」指文章取用的客觀事實所包含的道理。「事義」就是劉勰在〈宗經〉中所說的「事信而不誕」、「義直而不回」,這兩方面的統一。〈知音〉篇提出「六觀」,其中「五觀事義」,也就是看這二者是否符合上述的要求。

但是,如果像劉永濟一派那樣,把「骨」僅僅理解爲文章所取用的客觀材料和所包容的道理,即「事義」,這也是片面的。我認爲「骨」不僅包含義理,同時還包括文理。所謂文理,也就是文章的結構。作爲文學理論範疇的「骨」本來是從人體中的「骨」借用來的。沒有骨架,人體不可能形成;沒有文章的結構,文章的體制也不可能形成,所謂「辭之待骨,如體之樹骸」(〈風骨〉)便是這個意思,所以劉勰有時把「骨」稱之爲「骨體」或「骨制」,如云:「甘意搖骨體,艷辭動魂識」(〈雜文〉),「骨制綿密,辭貫圓通」(〈封禪〉)等。其實劉永濟《文心雕龍校釋》在解釋「骨」是什麼的時候,也注意到了結構問題:「骨者,樹立結構之物,以喻文之事義也。」他認爲「骨」雖然與結構有關,但不包括結構在內。「骨」是結構賴以樹立起來的東西,這東西便是「事義」,「骨」僅是「以喻文之事義也」。我以爲這樣的理解不免狹隘,與劉勰所論並不相符。

---

⑮ 見〈風骨考論〉,載齊魯書社《文心雕龍學刊》第6輯。

比如劉勰在〈封禪〉篇中一方面批評揚雄的〈劇秦美新〉一文模仿司馬相如，充滿著虛幻不實的「詭言」和「神怪」，另方面又肯定他的文章體制結構十分嚴密（「骨制綿密」）；又如〈檄移〉篇云：「相如之〈難蜀老〉，文曉而喻博，有檄移之骨焉。」司馬相如的〈難蜀老〉既非檄文，檄文是軍隊出發征討前發佈的說明征討理由的告；也不是移文，移文是批評、責難對方的文章，最早的移文是司馬相如之後劉歆寫的〈移太常〉。把產生在檄移之前、非檄非移的〈難蜀老〉稱爲「有檄移之骨」，是說它已經具有了檄移之文體制結構的基本特點，所以劉勰這裡所說的「骨」是指骨架、構造的意義。由此看來「骨」是「事義」與結構的統一是無疑的了。

　　文章的結構，包括材料組合和語辭構造兩個方面。文章的客觀內容是指作家爲表達自己的情志所取用的事實、材料，也就是我們今天所說的題材，如何安排題材，這就形成了文章的骨架。材料組合嚴整不嚴整，合理不合理，這就是有「骨」或無「骨」的標準之一。劉勰所說的「骨制綿密」，指的就是文章所取用的材料，組合安排十分嚴整合理。《文心雕龍》中的〈附會〉篇便是專門談這個問題的；「何謂附會？謂總文理，統首尾，定與奪，合涯際，彌綸一篇，使雜而不越者也。若築室之須基構，裁衣之待縫緝矣。」「附會」就是匯總「文理」，連綴材料，使之密合無際，猶如衣服的剪裁縫緝，猶如建屋須確立基本構架，談的便是文章的總體結構問題。由此可見，「附會」離不開「事義」，「附會」是根據表達情志的需要對「事義」作出選擇和結構安排。所以〈附會〉接著說：「夫才量學文，宜正體制。必以情志爲神明，事義爲骨髓，辭采爲肌膚，宮商爲聲氣。」以人體作比，情志猶如人的精神生命，事義猶如人的骨架，辭采猶如人的肌膚，音律猶如人發出的聲音。人的精神生命（情志）是貫穿在骨髓（事義）、肌膚（辭采）等肉體之中的。

「骨」是義理（事義）與文理（結構）的統一。文章的結構，除了總體的材料組合之外，還包括語辭的構造。劉勰所說的「骨」，其中之一的內涵便是對語辭構造的特定要求。〈風骨〉篇云：「沉吟舖辭，莫先於骨。」「結言端直，則文骨成焉。」「練於骨者，析辭必精。」這裡所說的「骨」，就是詞句的構造條理明晰，繁簡適宜，字字精當，端直有力，所謂「捶字堅而難移，結響凝而不滯，此風骨之力也」。〈附會〉篇在論述文章結構的時候，也談到了對辭句構造的上述要求：「附辭會義，務總綱領。驅萬途於同歸，貞百慮於一致：使眾理雖繁，而無倒置之乖；群言雖多，而無棼絲之亂，……首尾周密，表裡一體，此附會之術也。」由此看來，劉永濟一派把對語辭的要求完全排斥在「骨」的內涵之外，也是不符合劉勰的原意的。

總起來說，我認為劉勰所說的「骨」，既包含對事義的要求，也包含對如何安排事義的要求，還包含對文辭的要求，是義理與文理的統一。

在對《文心雕龍》「風骨」的研究中，除了黃侃一派和劉永濟一派之外，還存在一個第三派。這一派中的各人對「風骨」的解釋雖互有差異，但在把「風骨」解釋為某種力量這一點上卻是共同的。其中大多數人認為，「風」是一種情感的力量，「骨」是一種邏輯的力量[16]。我基本上同意這種說法。劉勰在談到「風骨」的時候，往往兼用「風力」、「骨力」、「風骨之力」等字眼。我認為「風骨」就是作品情與理結合所產生的一種動人的藝術力量。若分而言之，「風」側重於情的感染力，「骨」側重於理的說服力。這種說服力是由真實的依據（「事信而不誕」），正確的思想（「義直而不回」），嚴密

⑯ 如羅宗強〈非文心雕龍駁義〉，載《文學評論》1978年第2期；葉朗《中國美學史大綱》，北京大學出版社出版；涂光社〈《文心雕龍·風骨》篇簡論〉，載《古代文學理論研究》第3輯，上海古籍出版社出版。

的結構和明晰精當的文辭（「附會之術」）的完美統一所產生的。有
人把「風骨」視爲劉勰所提倡的最高的美，其實不是。「風骨」是作
品內在的力量，它雖然包含對文辭構造的某種要求，但並不包括辭藻
修飾的文采在內。在〈風骨〉篇中，劉勰認爲最高的美，是「風骨」
與「文采」的統一，他比作「藻耀而高翔」的鳳凰；如果文章雖然
「骨勁而氣猛」，很有力量，但缺乏文采，那就像黑色的鷹隼了；至
於僅有文采而缺乏「風骨」的力量，那就成了羽毛雖然美麗卻飛不
高、飛不遠的野雞了。

「通變」解義

河北大學中文系

詹福瑞

　　「通變」是劉勰《文心雕龍》提出的理論內涵豐富、對後代產生了很大影響的理論範疇。然而多年來學術界對「通變」之義歧解較多，莫衷一是。本文沿波討源，試圖通過求解《周易·繫辭》的「通變」本義來解釋《文心雕龍》「通變」的涵義，進而論述《文心雕龍·通變》篇的理論內容及理論意義。不當之處，敬請方家指正。

壹

　　研究《文心雕龍》的人對「通變」有多種解釋。

　　第一種是「復古」說。紀昀說：「齊梁間風氣綺靡，轉相神聖，文士所作，如出一手，故彥和以通變立論。然求新於俗尚之中，則小智師心，轉成纖仄，明之竟陵、公安是其明徵，故挽其返而求之古。蓋當代之新聲既無非濫調，則古人之舊式轉屬新聲。復古而名以〈通變〉，蓋以此爾。」①黃侃《文心雕龍札記》云：「此篇大指，示人勿爲循俗之文，宜反之於古。……彥和此篇，既以通變爲旨，而章內乃歷舉古人轉相因襲之文，可知通變之道，唯在師古，所謂變者，變世俗之文，非變古昔之法也。」②

---

①　《文心雕龍》道光十三年本，卷六。
②　范文瀾《文心雕龍注》引，人民文學出版社1978年版，第521、522頁。

　　第二種為「繼承與革新」說。這是當今學術界比較流行的一種觀點。如郭紹虞、王文生主編《中國歷代文論選》云：「〈通變〉……提出了文學發展中的繼承與革新問題，表現了劉勰的文學歷史觀點，與〈時序〉相表裡。在文學發展過程中，就其先後傳承的一面而言則為『通』，就其日新月異的變化而言則為『變』。『通』與『變』對舉成文，是一個矛盾的兩方面；把『通變』連綴成詞，則是就兩方面之間的關係說的。」③郭晉稀《文心雕龍注釋》：「在文學的發展過程中，就其不變的實質而言則為通，就其日新月異的現象而言則為變。通與變對舉成文，指文學發展過程中矛盾的兩個方面。本篇討論通與變，就是討論文學發展中繼承與革新的辯證關係。」④牟世金前期亦持這種觀點。⑤

　　第三種觀點是「會通適變」說。劉建國〈「通變」雜談〉認為，〈通變〉篇主要是「研究怎樣『會通』，怎樣『適變』，怎樣在『會通』的基礎上『適變』，即怎樣在領會掌握文學發展的規律的基礎上適應變化的潮流進行革新」。⑥祖保泉《文心雕龍選析》亦持相近意見。

　　第四種意見是「變新」說。牟世金的《文心雕龍研究》認為：通變「主要是指『文辭氣力』方面的發展創新。『通變』二字本身并無繼承與革新之義。」又云：「『通變』之義，主要是『文辭氣力』的表達方法的變新。」⑦

　　那麼，「通變」這一概念的理論內涵究竟是什麼呢？

③　上海古籍出版社1979年8月版，第262頁。
④　甘肅人民出版社1982年3月版，第366頁。
⑤　陸侃如、牟世金《文心雕龍譯注》，齊魯書社1982年9月版，第118頁。
⑥　《文心雕龍學刊》第一輯。
⑦　《文心雕龍研究》，人民文學出版社1995年8月版，第396頁。

貳

　　凡研究〈通變〉篇的人都認為，劉勰「通變」的概念來自《周易·繫辭上》和《繫辭下》。因此，考察《繫辭》有關「通變」的含義，對理解《文心雕龍·通變》篇的理論內涵是十分有幫助的。

　　《繫辭上》單言「通」者有四處：其一：「通乎晝夜之道而知。」孔穎達疏：「言聖人通曉於晝夜之道。」⑧其二：「感而遂通天下之故。」孔穎達疏：「有感必應，萬事皆通。」高亨注：「以誠感之，則《易經》能通天下之事，所以能貫通天下人之思想。」⑨其三：「唯深也，故能通天下之志。」金景芳解：「惟有極深，方能通曉天下的道理。」⑩其四：「是故聖人以通天下之志。」義同第三條。從上注可見，「通」有通曉和貫通二義。

　　《繫辭》言「通變」者，只有一條：「極數知來之謂占，通變之謂事。」王弼注：「物窮則變，變而通之，事之所由生也。」孔穎達疏：「物之窮極，欲使開通，須知其變化，乃得通也。凡天下之事，窮則須變，萬事乃生，故云『通變之謂事』。」高亨注：「通事物之變化，采取行動，是謂之事。」「通變」，是通事物之變化。

　　《繫辭》言「通其變」有二條。第一條：「參伍以變，錯綜其數，通其變，遂成天下之文。」孔穎達疏：「通極其陰陽相變也。」高亨注：「《易經》以卦爻之變反映事物之變，故通《易經》卦爻之變，則能定天下事物之文。」第二條：「通其變，使民不倦。」孔穎達疏：「通其《易》之變理，於是廣制器物。」高亨注：「此言黃帝、堯、舜通於事物之變化。」從這二條注看，「通其變」，即通於

⑧　《周易正義》卷七，《十三經注疏》本。下引孔疏同此書。
⑨　高亨《周易大傳今注》卷五，齊魯書社1980年3月版。下引高注同此書。
⑩　金景芳、呂紹綱《周易全解》，吉林大學出版社1989年6月版，下引同此書。

事物的變化。

　　《繫辭》言「變通」者有三條。第一條:「變通莫大乎四時。」孔穎達疏:「謂四時以變得通,是變中最大也。」金景芳解:「世界上能反映變通的東西非一,但四時最大。」第二條:「變通者,趣時者也。」孔穎達疏:「其剛柔之氣,所以改變會通,趣向於時也。」高亨注:「人之行事有變通,乃急趨以應當時之需要也。」金景芳解:「『變通』是剛柔之變通。『變』是一剛一柔,剛柔相推,往來交錯;『通』是剛柔迭用,相推而不窮。」第三條:「變通配四時。」義同第一條。「變通」,是指事物因變化而通達。

　　《繫辭》又有「變而通之」條:「變而通之以盡利。」王弼注:「極變通之數則盡利也。故曰:《易》窮則變,變則通,通則久。」孔穎達疏:「『變』謂『化而裁之』,『通』謂『推而行之』,故能盡物之利也。」金景芳解:「這個『變』,是說爻本不吉,可以變而爲吉;爻本吉,可以變而爲凶。不吉,就是窮;變而爲吉就是通。」「變而通之」,即上「變通」之意。

　　《繫辭》又有多處「變」和「通」並提。第一處:「一闔一闢謂之變,往來不窮謂之通。」孔穎達疏:「『一闔一闢謂之變』者,開閉相循,陰陽遞至,或陽變爲陰,或開是更閉;或陰變爲陽,或閉而還開。是謂之變也。『往來不窮謂之通』者,須往則變來爲往,須來則變往爲來,隨須改變,不有窮已,恆得通流,是謂之通也。」高亨注:「宇宙之門一閉一開,萬物一入一出,是謂之變;閉開入出,往來不窮,是謂之通。」金景芳解:「戶不停地關上打開,就是變;往來無窮地變,就是通。」第二處:「化而裁之謂之變,推而行之謂之通。」王弼注:「乘變而往者,無不通也。」金景芳解:「『通』是了無凝滯,運用無窮的意思。」又云:「事物發生質變之後,繼續發展變化,就是通。」由上可見,通,就是無窮之變。第三處:

「《易》窮則變，變則通，通則久。」王弼注：「通變則無窮，故可久也。」孔疏：「言《易》道若窮，則須隨時改變。所以須變者，變則開通得久長，故云『通則久』也。」通，即通達。

以上，我們對《周易·繫辭上》和《繫辭下》有關「通」和「變」的諸多條文字進行了分析。從以上分析可以總結出以下幾點：

其一，「通」有通曉、貫通和通達之意。

其二，「通變」和「通其變」，都有通於變化之意。

其三，「變通」，指事物因變化而通達。

《周易》言變，這是人所共知的問題。作爲《周易》的通論，《繫辭》的主要內容是揭示《周易》的義蘊和作用。它認爲：《易經》反映了宇宙萬物的紛紜變化，人應通曉這一變化，利用這一變化，因變化而通達。所以，「通變」和「變通」，反映了《易經》作用的兩個方面，通於變化和因變而通。

劉勰的《文心雕龍》正是在這兩個意義上使用「通變」這一概念的。

《文心雕龍·通變》篇有五處使用「通變」一詞，有兩處是給「通變」定性：

> 夫設文之體有常，變文之數無方，何以明其然耶？凡詩賦書記，名理相因，此有常之體也；文辭氣力，通變則久，此無方之數也。名理有常，體必資於故實；通變無方，數必酌於新聲。故能騁無窮之路，飲不竭之源。

從這一段論述來看，「通變」是與「名理相因」的「有常之體」相對立的一個概念。所謂「有常之體」，即相對穩定之體，是指文章寫作中比較穩定、代代相因的一些因素，如文章體裁的規格要

求，「序志述時」的原則等等。而「通變」，則是指文章中類似「文辭氣力」這樣的永遠發展變化的不穩定的因素。它是沒有定規的，要時時「參酌於新聲」，以取得無窮的發展。劉勰在《文心雕龍・議對》篇云：「採故實於前代，觀通變於當今。」又〈鎔裁〉篇云：「剛柔以立本，變通以趨時。立本有體，意或偏長；趨時無方，辭或繁雜。」也說明「通變」是趨時而變的因素。劉勰說「變則可久，通則不乏」，只有不斷地變化，才能使文章永遠發展。

由上可見，「通變」這一概念內涵的核心是趨時而變。所謂「通變」，即如《周易・繫辭》所說的「通其變」，也就是通於文章的變化。通於文章的變化，既有洞曉文章變化的含義，又有文章因變而得通達永久的意思。

舊說多把「通」理解為繼承，其實，從劉勰的論述中可以看出，「通變」非但不含繼承之意，而且恰恰相反，是意義完全與因承相對的一個概念。

肆

「通變」，是通於文章之變，而使文章之事永遠發展。那麼，文章又當如何「通變」呢？這就涉及到了「通變之術」的問題。

《文心雕龍・通變》篇有三處談到「通變之術」，除「然綆短者銜渴，足疲者輟塗，非文理之數盡，乃通變之術疏耳」，是談通變對於文學創作的重要意義之外，其餘都是談通變的原則和方法，即如何通變的問題。

「文律運周，日新其業。」對於文學的發展，劉勰認識到了它因時而變的規律。〈通變〉篇說：

> 是以九代詠歌，志合文則。黃歌〈斷竹〉，質之至也；唐歌〈在昔〉，則廣於黃世；虞歌〈卿雲〉，則文於唐時；夏歌「雕

牆」，縟於虞代；商周篇什，麗於夏年。至於序志述時，其揆
一也。暨楚之騷文，矩式周人；漢之賦頌，影寫楚世；魏之策
製，顧慕漢風；晉之辭章，瞻望魏采。榷而論之，則黃唐淳而
質，虞夏質而辨，商周麗而雅，楚漢侈而豔，魏晉淺而綺，宋初
訛而新。從質及訛，彌近彌澹。

九個朝代的歌詩，從總體上表現出由質樸向文麗發展的趨向。然
而，同是因時之變，商周前與商周後的文章卻有根本的不同。商周前
的歌詩由質變麗，卻未離「序志述時」的原則，故虞夏歌詩雖質而
辨，商周的作品雖麗而雅。而楚漢之後的文學作品，卻「競今疏
古」，爭著模仿近世的作品，疏略了古人文則，因此，文風爭艷，
「風味氣衰」。

對於商周以後「競今疏古」的文變，劉勰是不滿意的。他認為
「夫青生於藍，絳生於蒨，雖踰本色，不能復化」。當世的文學作品
雖然在文采方面超過了往代，然而這種變化卻不能保證文變長久。其
主要原因，即在於其「近附而遠疏」，丟掉了古代的寫作原則。所
以，劉勰主張：通於文章的變化，必須先要宗法經書，處理好質樸與
文采、雅正與通俗的關係：「故練青濯絳，必歸藍蒨，矯訛翻淺，還
宗經誥。斯斟酌乎質文之間，而櫽括乎雅俗之際，可與言通變矣。」

這就涉及到了繼承與創新的話題，即〈通變〉篇所說的因與變的
問題。

劉勰為通變確立了一個基本的原則：「望今制奇，參古定法。」
〈通變〉篇云：

是以規略文統，宜宏大體。先博覽以精閱，總綱紀而攝契，然後
拓衢路，置關鍵，長轡遠馭，從容按節，憑情以會通，負氣以適
變，采如宛虹之奮鬐，光若長離之振翼，迺穎脫之文矣。

劉勰認為：文學有它變的因素和要求，也有相對穩定的因素和需

要。就相對穩定的因素來說,「詩賦書論,名理相因,此有常之體
也」。文體的規格要求是穩定的,任何時期的作家都必須遵守。其
次,無論文學如何發展變化,都不能離開「序志述時」的性質和功
能,所謂「序志述時,其揆一也」。這就是文學創作中必須考慮和發
揚的「文統」和「大體」。文學創作中,因時而變的因素是「文辭氣
力」,即文學作品的形式和風貌。作品的形式和風貌,取決於時代,
也取決於作家的情感和氣質個性,它們會因時代、作家的不同而變化
各異。因此,「文辭氣力」,要「憑情以會通,負氣以適變」,即因
情感和氣質個性而變化。在因與變這兩個因素中,變是最活躍的因
素,對文學的發展起著重要的作用,它應該是矛盾的主要方面。因
此,劉勰主張「趨時必果,乘機無怯」,要抓住機會果敢地創新出
奇。正出於新變的觀念,劉勰在〈通變〉篇批評了漢賦循環相因的現
象:

> 夫誇張聲貌,則漢初已極。自茲厥後,循環相因,雖軒翥出轍,
> 而終入籠內。枚乘〈七發〉云:「通望兮東海,虹洞兮蒼天。」
> 相如〈上林〉云:「視之無端,察之無涯,日出東沼,月生西
> 陂。」馬融〈廣成〉云:「天地虹洞,固無端涯。大明出東,月
> 生西陂。」揚雄〈校獵〉云:「出入日月,天與地沓。」張衡
> 〈西京〉云:「日月於是乎出入,象扶桑於濛汜。」此並廣寓極
> 狀,而五家如一。諸如此類,莫不相循。

劉勰所舉上例,恰恰是應「望今制奇」的「文辭氣力」部分。然
而應該制奇卻反因循守舊,對此,劉勰是不滿意的。所以,緊承此
段,劉勰提出正面主張:「參伍因革,通變之數也。」只有錯綜變
化,有因承有革新創造,才是通變的原則和方法。可見趨時之變,對
於文學創作和文學發展來說,都是必不可少的。

然而,文壇上的這種趨時的變化,又必須是建立在相對穩定因素

之上的。在因和變這兩個因素中，因是基礎。文章之變若失去了這個基礎，就不會永久。所以，作家必須首先掌握文體的規格要求，遵循抒寫情志的原則。而文體的規格要求和序志述時的原則，是靠前人的文章代代相傳下來的。尤其是經書，更是各種文體的源頭、寫作的典範。因此，要想掌握文體的規格要求和序志述時的原則，就要向古人學習，求教于經書：

> 若夫鎔鑄經典之範，翔集子史之術，洞曉情變，曲昭文體，然後能莩甲新意，雕畫奇辭。昭體，故意新而不亂；曉變，故辭奇而不黷。若骨采未圓，風辭未練，而跨略舊規，馳騖新作，雖獲巧意，危敗亦多，豈空結奇字，紕繆而成經矣？⑪

只有「博覽」、「精閱」經史子書，才能了解感情變化的關鍵，掌握文章的體制，即所謂「總綱紀而攝契」、「參古定法」。那麼，在此基礎上萌生的文章新意，雕畫的麗藻奇辭，才不會違背寫作的規則，文章的發展才是正常的、持續的。劉勰說：「參伍因革，通變之數也。」〈物色〉篇也說：「古來辭人，異代接武，莫不參伍以相變，因革以爲功，物色盡而情有餘者，曉會通也。」文章需要異代相變，而這種變化，只有建立在因承基礎之上才有功效。因此，在因承之上求取革新變化，才是通變的正確原則和方法。

綜上所述，通變的原則和方法，就是處理好因承和變革的關係，在因承的基礎上求變。可具體表述如下：學習古人，尤其是經書，掌握文體要求和序志述時的原則，在此基礎上，根據時代作家的情感和氣質個性，求得文章的變化和創新。文壇只有這樣才會得到永久發展。

---

⑪ 《文心雕龍·風骨》。

伍

劉勰的《文心雕龍·通變》篇，是先秦以降闡述文變思想至爲系統而又深入的理論。它的理論價值和意義，表現爲以下兩個方面。

首先，劉勰提出「通變」這一概念，來概括通文章之變的思想，對這一概念作了明確的定性，從而使這一概念成爲中古文學批評中重要的理論範疇。這一概念所涵括的洞曉文章之變和文章因變得通的思想，反映了劉勰發展的文學觀。過去，評價劉勰的文學發展觀，常常認爲它是復古的文學觀。前文所舉的紀昀和黃侃的見解，就是這種認識的代表。其實，「通變」這一概念內涵的核心是趨時而變。劉勰力主宗經，學習古人的目的，是要解決如何使文變永久的問題，立足點仍是在「變」上。這是我們研究劉勰的文學發展觀必須要弄清的一個問題。

其次，劉勰所提倡的「通變之術」，充滿了文學發展的辯證思想，與齊梁趨新、復古的文學發展觀相比，劉勰的理論較好地解決了文學發展中因與變的關係。體因有常，文變無方的思想，正確地總結出了文學發展的規律。「望今制奇，參古定法」的主張，也是解決齊梁文學如何向前發展的高明見解。關於這個問題，筆者撰有〈望今制奇，參古定法〉一文，論之較詳，文章見《文心雕龍學刊》第四輯。

《文心雕龍·情采篇》句子分析

台灣師範大學國文系

黃春貴

　　一千四百多年來，只要談起我國的文學理論或批評，沒有人會漏掉劉勰的《文心雕龍》，也幾乎人人都會對於這一本書加以無窮的讚美和歌頌。它體大思精，內容豐富，為我國古代文學理論批評史奠定了良好的基礎，並對歷代文學理論和批評領域，產生極為重大、深遠的影響。即使到二十世紀末的今天，《文心雕龍》所談及的各種問題，譬如文學作品的創作過程和寫作技巧、文學作品的批評態度和衡量標準、文學作品和社會脈動以及時代變遷的關聯、文學作品優良風格的建立和維護、作家情性和文學體裁的密切關係等等，仍舊難能可貴，具有非常實際的功用和價值。

　　但是，儘管《文心雕龍》的價值再高，功用再大，如果不能對它所揭櫫的諸多問題有真正的認識和領會，一切都是枉然。這種現象就如同有人進入寶山，卻不知何者是寶，也不知如何挖寶，空手而歸，有什麼意義呢？因此，澈底仔細地研究、閱讀這一本文學理論批評的專著，是有心人士必不可少的一項功夫。可惜的是要能夠確實掌握和理解這一本書，並不是一件很容易的事。因為整本《文心雕龍》都是以南北朝時期流行的駢體文寫成，駢體文的最大特點就是注重對偶、字數四六、講究平仄、用典頻繁，而這一些特點，與其說是駢體文的優點，還不如說是它的缺陷和致命傷。為了遷就字數和對偶，劉勰在

寫《文心雕龍》的時候，不但動輒使用各種複句，而且經常省字減句，把文句緊縮到了極點，企圖以最少的字數和最多的複句，表達最大的文章內容和含意。如此一來，必然加深文章的深度和難度，產生許多不必要的誤會和干擾。尤其是今天我們普遍使用語體的白話散文，跟劉勰所處的南北朝時期所盛行的駢體文，不管是措詞或造句的方法都有著天地般的差異，因此所造成的閱讀困境和障礙，也就不難想像。爲了深入理解《文心雕龍》的內涵，吸取其中文學理論批評的精華，就不能不對作者措詞造句的語法結構有所認識和研究，如此才能夠掃除攔路虎，破解閱讀上的迷思。基於這樣的一個理念，才會讓我想對《文心雕龍》的語法結構有所了解和突破，俾能一窺書中的堂奧。以下便舉《文心雕龍·情采篇》一文爲例，從句子的成分和層次兩個角度進行全面性的分析和探討。

　　1.①聖賢書辭，總稱文章，│②非采而何？

　　按：這是一個包含二個分句、一個層次的一重複句。這一個層次在①和②之間（用│表示），沒有關聯詞語，前後兩個部分是承接關係的聯合複句。①句是一個主謂句，名詞短語「聖賢書辭」充當主語，其中「聖賢」是定語，「書辭」是中心語。動詞短語「總稱文章」充當謂語，其中副詞「總」是狀語，動詞「稱」是述語，名詞「文章」是賓語。②句是一個緊縮短語組成的非主謂句，由副詞「非」和連詞「而」組成關聯詞語，對「采」和「何」這兩個名詞賓語，表示選擇關係；從意念上去體會，在反問的語氣中，取「采」捨「何」的意思很明顯。

　　2.①夫水性虛而淪漪結，‖②木體實而花萼振，│③文附質也。

　　按：這是一個包含三個分句、二個層次的二重複句。其中第一層

次在①②和③之間（用｜表示），沒有關聯詞語，前後兩個部分是承
接關係的聯合複句。第二層次在①和②之間（用‖表示），沒有關聯
詞語，前後兩個部分是並列關係的聯合複句。①句是一個緊縮短語組
成的主謂句，「夫」是句首語氣助詞，「水性虛而淪漪結」本身由兩
個因果關係的子句緊縮而成，其中名詞短語「水性」和「淪漪」都是
主語，形容詞「虛」和動詞「結」都是謂語，連詞「而」是表示因果
關係的關聯詞語。②句是一個緊縮短語組成的主謂句，「木體實而花
蕚振」本身由兩個因果關係的子句緊縮而成，其中名詞短語「木體」
和「花蕚」都是主語，形容詞「實」和動詞「振」都是謂語，連詞
「而」是表示因果關係的關聯詞語。③句是一個主謂句，名詞「文」
充當主語，動詞短語「附質」充當謂語，其中動詞「附」是述語，名
詞「質」是賓語，「也」是句末語氣助詞。

　　3.①虎豹無文，‖‖②則鞟同犬羊；‖③犀兕有皮，‖‖④而色
資丹漆；｜⑤質待文也。

　　按：這是一個包含五個分句、三個層次的三重複句。其中第一層
次在①②③④和⑤之間（用｜表示），沒有關聯詞語，前後兩個部分
是承接關係的聯合複句。第二層次在①②和③④之間（用‖表示），
沒有關聯詞語，前後兩個部分是並列關係的聯合複句。第三層次在①
和②之間、③和④之間（各用‖表示），分別以「則」、「而」為關
聯詞語，左邊前後兩個部分是假設關係的偏正複句，右邊前後兩個部
分是轉折關係的偏正複句。①句是一個主謂句，名詞短語「虎豹」充
當主語，動詞短語「無文」充當謂語，其中動詞「無」是述語，名詞
「文」是賓語。(2)句是一個主謂句，連詞「則」是表示假設關係的關
聯詞語，名詞「鞟」充當主語，形容詞短語「同犬羊」充當謂語，其
中形容詞「同」是述語，名詞短語「犬羊」的前面省略介詞「於」，

二者組成介賓短語，充當述語「同」的補語。③句是一個主謂句，名詞短語「犀兕」充當主語，動詞短語「有皮」充當謂語，其中動詞「有」是述語，名詞「皮」是賓語。④句是一個主謂句，連詞「而」是表示轉折關係的關聯詞語，名詞「色」充當主語，動詞短語「資丹漆」充當謂語，其中動詞「資」是述語，名詞短語「丹漆」的前面省略介詞「於」，二者組成介賓短語，充當述語「資」的補語。⑤句是一個主謂句，名詞「質」充當主語，動詞短語「待文」充當謂語，其中動詞「待」是述語，名詞「文」是賓語，「也」是句末語氣助詞。

4.①若乃綜述性靈，‖②敷寫器象，‖③鏤心鳥跡之中，‖④織辭魚網之上，│⑤其為彪炳，‖⑥縟采名矣。

按：這是一個包含六個分句、二個層次的二重複句。其中第一層次在①②③④和⑤⑥之間（用│表示），沒有關聯詞語，前後兩個部分是承接關係的聯合複句。第二層次在①②③④之間、⑤和⑥之間（各用‖表示），都沒有關聯詞語，左邊前後四個部分是並列關係的聯合複句，右邊前後二個部分是因果關係的偏正複句。①句是一個無主語的非主謂句，連詞「若乃」是轉折敘述前面句子的關聯詞語，動詞短語「綜述性靈」充當謂語，其中動詞短語「綜述」是述語，名詞短語「性靈」是賓語。②句是一個無主語的非主謂句，動詞短語「敷寫器象」充當謂語，其中動詞短語「敷寫」是述語，名詞短語「器象」是賓語。③句是一個無主語的非主謂句，動詞短語「鏤心鳥跡之中」充當謂語，其中動詞「鏤」是述語，名詞「心」是賓語，名詞短語「鳥跡之中」的前面省略介詞「於」，二者組成介賓短語充當述語「鏤」的補語。④句是一個無主語的非主謂句，動詞短語「織辭魚網之上」充當謂語，其中動詞「織」是述語，名詞「辭」是賓語，名詞短語「魚網之上」的前面省略介詞「於」，二者組成介賓短語充當述

語「織」的補語。⑤句是一個主謂句，代詞「其」充當主語，動詞短語「爲彪炳」充當謂語，其中動詞「爲」是述語，名詞短語「彪炳」是賓語。⑥句是一個主謂句，名詞短語「縟采」充當主語，名詞活用爲動詞的「名」充當謂語，「矣」是句末語氣助詞。

5.①故立文之道，其理有三：|②一曰形文，‖③五色是也；‖④二曰聲文，‖⑤五音是也；‖⑥三曰情文，‖⑦五性是也。

按：這是一個包含七個分句、三個層次的三重複句。其中第一層次在①和②③④⑤⑥⑦之間（用|表示），沒有關聯詞語，前後兩個部分是總分關係的聯合複句。第二層次在②③、④⑤和⑥⑦之間（各用‖表示），都沒有關聯詞語，前後三個部分是並列關係的聯合複句。第三層次在②和③之間、④和⑤之間、⑥和⑦之間（各用‖表示），都沒有關聯詞語，三者前後兩個部分都是承接關係的聯合複句。①句是一個主謂句，連詞「故」是連接前面句子的關聯詞語，名詞短語「立文之道」是外位主語，名詞短語「其理」充當本位主語，動詞短語「有三」充當謂語，其中動詞「有」是述語，數詞「三」是賓語。②句是一個主謂句，數詞「一」充當主語，動詞短語「曰行文」充當謂語，其中動詞「曰」是述語，名詞短語「形文」是賓語。③句是一個主謂句，名詞短語「五色」充當主語，判斷動詞「是」充當述語，後面承上省略賓語「形文」，二者組成動詞短語充當合成謂語，「也」是句末語氣助詞。④句是一個主謂句，數詞「二」充當主語，動詞短語「曰聲文」充當謂語，其中動詞「曰」是述語，名詞短語「聲文」是賓語。⑤句是一個主謂句，名詞短語「五音」充當主語，判斷動詞「是」充當述語，後面承上省略賓語「聲文」，二者組成動詞短語充當合成謂語，「也」是句末語氣助詞。⑥句是一個主謂

句，數詞「三」充當主語，動詞短語「曰情文」充當謂語，其中動詞「曰」是述語，名詞短語「情文」是賓語。⑦句是一個主謂句，名詞短語「五性」充當主語，判斷動詞「是」充當述語，後面承上省略賓語「情文」，二者組成動詞短語充當合成謂語，「也」是句末語氣助詞。

6.①五色雜而成黼黻，‖②五音比而成韶夏，‖③五情發而爲辭章，｜④神理之數也。

按：這是一個包含四個分句、二個層次的二重複句。其中第一層次在①②③和④之間（用｜表示），沒有關聯詞語，前後兩個部分是承接關係的聯合複句。第二層次在①②③之間（各用‖表示），都沒有關聯詞語，前後三個部分是並列關係的聯合複句。①句是一個緊縮短語組成的主謂句，名詞短語「五色」充當主語，動詞和動詞短語連用的「雜而成黼黻」充當謂語，其中連詞「而」是關聯詞語。②句是一個緊縮短語組成的主謂句，名詞短語「五音」充當主語，動詞和動詞短語連用的「比而成韶夏」充當謂語，其中連詞「而」是關聯詞語。③句是一個緊縮短語組成的主謂句，名詞短語「五情」充當主語，動詞和動詞短語連用的「發而爲辭章」充當謂語，其中連詞「而」是關聯詞語。④句是一個承上隱含主語「此」的非主謂句，名詞短語「神理之數」充當謂語，「也」是句末語氣助詞。

7.①孝經垂典，‖②喪言不文；｜③故知君子常言，未嘗質也。

按：這是一個包含三個分句、二個層次的二重複句。其中第一層次在①②和③之間（用｜表示），連詞「故」是關聯詞語，前後兩個部分是因果關係的偏正複句。第二層次在①和②之間（用‖表示），沒有關聯詞語，前後兩個部分是承接關係的聯合複句。①句是一個主

謂句，專有名詞「孝經」充當主語，動詞短語「垂典」充當謂語，其中動詞「垂」是述語，名詞「典」是賓語。②句是一個主謂句，名詞短語「喪言」充當主語，動詞短語「不文」充當謂語，其中副詞「不」是狀語，名詞活用爲動詞的「文」是述語。③句是一個無主語的非主謂句，連詞「故」是關聯詞語，動詞短語「知君子常言，未嘗質」充當謂語，其中動詞「知」是述語，動詞短語「君子常言，未嘗質」充當述語「知」的賓語，其中名詞短語「君子常言」是這一個動詞短語的述語，動詞短語「未嘗質」是這一個動詞短語的賓語，其中副詞「未嘗」是狀語，形容詞活用爲動詞的「質」是述語，「也」是句末語氣助詞。

8.①老子疾僞，‖②故稱：「美言不信」；｜③而五千精妙，‖④則非棄美矣。

按：這是一個包含四個分句、二個層次的二重複句。其中第一層次在①②和③④之間（用｜表示），連詞「而」是關聯詞語，前後兩個部分是轉折關係的偏正複句。第二層次在①和②之間、③和④之間（各用‖表示），分別以「故」、「則」爲關聯詞語，左邊前後兩個部分是因果關係的偏正複句，右邊前後兩個部分是承接關係的聯合複句。①句是一個主謂句，專有名詞「老子」充當主語，動詞短語「疾僞」充當謂語，其中名詞活用爲動詞的「疾」是述語，名詞「僞」是賓語。②句是一個承上省略主語「老子」的省略句，連詞「故」是關聯詞語，動詞短語「稱：『美言不信』」充當謂語，其中動詞「稱」是述語，主謂短語「美言不信」充當述語「稱」的賓語，其中名詞短語「美言」是這一個主謂短語的主語，動詞短語「不信」是這一個主謂短語的謂語，其中副詞「不」是狀語，動詞「信」是述語。③句是一個主謂句，連詞「而」是關聯詞語，專有名詞「五千」充當主語，

形容詞短語「精妙」充當謂語。④句是一個承上省略主語「五千」的省略句，連詞「則」是關聯詞語，動詞短語「非棄美」充當謂語，其中副詞「非」是狀語，動詞「棄」是述語，形容詞活用爲名詞的「美」是賓語，「矣」是句末語氣助詞。

9.①莊周云：「辯雕萬物」，|②謂藻飾也。

按：這是一個包含二個分句、一個層次的一重複句。這一個層次在①和②之間（用|表示），沒有關聯詞語，前後兩個部分是承接關係的聯合複句。①句是一個主謂句，專有名詞「莊周」充當主語，動詞短語「云：『辯雕萬物』」充當謂語，其中動詞「云」是述語，動詞短語「辯雕萬物」充當述語「云」的賓語，其中連動短語「辯雕」是這一個動詞短語的述語，名詞短語「萬物」是這一個動詞短語的賓語。②句是一個無主語的非主謂句，動詞短語「謂藻飾」充當謂語，其中動詞「謂」是述語，名詞短語「藻飾」是賓語，「也」是句末語氣助詞。

10.①韓非云：「豔乎辯說」，|②謂綺麗也。

按：這是一個包含二個分句、一個層次的一重複句。這一個層次在①和②之間（用|表示），沒有關聯詞語，前後兩個部分是承接關係的聯合複句。①句是一個主謂句，專有名詞「韓非」充當主語，動詞短語「云：『豔乎辯說』」充當謂語，其中動詞「云」是述語，謂語前置的主謂短語「豔乎辯說」充當述語「云」的賓語，其中前置的形容詞結構「豔乎」形式上充當這一個主謂短語的狀語，名詞短語「辯說」是這一個主謂短語的謂語。②句是一個無主語的非主謂句，動詞短語「謂綺麗也」充當謂語，其中動詞「謂」是述語，形容詞短語活用爲名詞短語的「綺麗」是賓語，「也」是句末語氣助詞。

11.①綺麗以豔說，‖②藻飾以辯雕，│③文辭之變，於斯極矣。

按：這是一個包含三個分句、二個層次的二重複句。其中第一層次在①②和③之間（用│表示），沒有關聯詞語，前後兩個部分是承接關係的聯合複句。第二層次在①和②之間（用‖表示），沒有關聯詞語，前後兩個部分是並列關係的聯合複句。①句是一個無主語的非主謂句，形容詞活用作名詞的「綺麗」原本應在介詞「以」後面，此時提前以加強語氣，二者組成介賓短語充當狀語，動詞短語「豔說」充當謂語。②句是一個無主語的非主謂句，名詞短語「藻飾」原本應在介詞「以」後面，此時提前以加強語氣，二者組成介賓短語充當狀語，連動短語「辯雕」充當謂語。③句是一個主謂句，名詞短語「文辭之變」充當主語，動詞短語「於斯極」充當謂語，其中介賓短語「於斯」是狀語，名詞活用作動詞的「極」是述語，「矣」是句末語氣助詞。

12.①研味孝、老，‖②則知文質附於性情；│③詳覽莊、韓，‖④則見華實過乎淫奢。

按：這是一個包含四個分句、二個層次的二重複句。其中第一層次在①②和③④之間（用│表示），沒有關聯詞語，前後兩個部分是並列關係的聯合複句。第二層次在①和②之間、③和④之間（各用‖表示），都以「則」為關聯詞語，二者前後兩個部分都是假設關係的偏正複句。①句是一個無主語的非主謂句，動詞短語「研味孝、老」充當謂語，其中動詞短語「研味」是述語，專有名詞短語「孝、老」是賓語。②句是一個無主語的非主謂句，連詞「則」是關聯詞語，動詞短語「知文質附於性情」充當謂語，其中動詞「知」是述語，主謂短語「文質附於性情」充當述語「知」的賓語，其中名詞短語「文

質」是這一個主謂短語的主語，動詞短語「附於性情」是這一個主謂短語的謂語，其中動詞「附」是述語，介賓短語「於性情」是補語。③句是一個無主語的非主謂句，動詞短語「詳覽莊、韓」充當謂語，其中動詞短語「詳覽」是述語，專有名詞短語「莊、韓」是賓語。④句是一個無主語的非主謂句，連詞「則」是關聯詞語，動詞短語「見華實過乎淫奢」充當謂語，其中動詞「見」是述語，主謂短語「華實過乎淫奢」充當述語「見」的賓語，其中名詞短語「華實」是這一個主謂短語的主語，動詞短語「過乎淫奢」是這一個主謂短語的謂語，其中動詞「過」是述語，介賓短語「乎淫奢」是補語。

13.①若擇源於涇渭之流，‖②按轡於邪正之路，｜③亦可以馭文采矣。

按：這是一個包含三個分句、二個層次的二重複句。其中第一層次在①②和③之間（用｜表示），「若……亦」是連詞和副詞配合使用的關聯詞語，前後兩個部分是假設關係的偏正複句。第二層次在①和②之間（用‖表示），沒有關聯詞語，前後兩個部分是並列關係的聯合複句。①句是一個無主語的非主謂句，連詞「若」是表示假設條件的關聯詞語，動詞短語「擇源於涇渭之流」充當謂語，其中動詞「擇」是述語，名詞「源」是賓語，介賓短語「於涇渭之流」是補語，其中「於」是介詞，名詞短語「涇渭之流」是賓語。②句是一個無主語的非主謂句，動詞短語「按轡於邪正之路」充當謂語，其中動詞「按」是述語，名詞「轡」是賓語，介賓短語「於邪正之路」是補語，其中「於」是介詞，名詞短語「邪正之路」是賓語。③句是一個無主語的非主謂句，動詞短語「亦可以馭文采」充當謂語，其中副詞「亦」是表示前文假設條件所產生結果的關聯詞語，充當狀語，能願動詞「可以」也是狀語，動詞「馭」是述語，名詞短語「文采」是賓

語，「矣」是句末語氣助詞。

14.①夫鉛黛所以飾容，‖②而盼倩生於淑姿；|③文采所以飾
言，‖④而辯麗本於情性。

按：這是一個包含四個分句、二個層次的二重複句。其中第一層
次在①②和③④之間（用|表示），沒有關聯詞語，前後兩個部分是
並列關係的聯合複句。第二層次在①和②之間、③和④之間（各用‖
表示），都以連詞「而」爲關聯詞語，二者前後兩個部分都是轉折關
係的偏正複句。①句是一個主謂句，「夫」是句首語氣助詞，名詞短
語「鉛黛」充當主語，動詞短語「所以飾容」充當謂語，其中連詞
「所以」是狀語，動詞「飾」是述語，名詞「容」是賓語。②句是一
個主謂句，連詞「而」是關聯詞語，名詞短語「盼倩」充當主語，動
詞短語「生於淑姿」充當謂語，其中動詞「生」是述語，介賓短語
「於淑姿」是補語，其中「於」是介詞，名詞短語「淑姿」是賓語。
③句是一個主謂句，名詞短語「文采」充當主語，動詞短語「所以飾
言」充當謂語，其中連詞「所以」是狀語，動詞「飾」是述語，名詞
「言」是賓語。④句是一個主謂句，連詞「而」是關聯詞語，名詞短
語「辯麗」充當主語，動詞短語「本於情性」充當謂語，其中名詞活
用作動詞的「本」是述語，介賓短語「於情性」是補語，其中「於」
是介詞，名詞短語「情性」是賓語。

15.①故情者文之經，⫼②辭者理之緯；‖③經正而後緯成，⫼
④理定而後辭暢，|⑤此立文之本源也。

按：這是一個包含五個分句、三個層次的三重複句。其中第一層
次在①②③④和⑤之間（用|表示），沒有關聯詞語，前後兩個部分
是承接關係的聯合複句。第二層次在①②和③④之間（用‖表示），
沒有關聯詞語，前後兩個部分是承接關係的聯合複句。第三層次在①

和②之間、③和④之間（各用‖表示），沒有關聯詞語，二者前後兩個部分都是並列關係的聯合複句。①句是一個主謂句，連詞「故」是連接前面句子的關聯詞語，名詞短語「情者」充當主語，名詞短語「文之經」充當謂語。②句是一個主謂句，名詞短語「辭者」充當主語，名詞短語「理之緯」充當謂語。③句是一個緊縮短語組成的主謂句，「經正」和「緯成」都是主謂短語組成的子句，連詞「而後」是表示這兩個子句具有假設關係的關聯詞語。④句是一個緊縮短語組成的主謂句，「理定」和「辭暢」都是主謂短語組成的子句，連詞「而後」是表示這兩個子句具有假設關係的關聯詞語。⑤句是一個主謂句，代詞「此」充當主語，名詞短語「立文之本源」充當謂語，「也」是句末語氣助詞。

16.①昔詩人什篇，爲情而造文；｜②辭人賦頌，爲文而造情。

按：這是一個包含二個分句、一個層次的一重複句。這一層次在①和②之間（用｜表示），沒有關聯詞語，前後兩個部分是並列關係的聯合複句。①句是一個主謂句，時間副詞「昔」充當整句的狀語，名詞短語「詩人什篇」充當主語，動詞短語「爲情而造文」充當謂語，其中介賓短語「爲情」是狀語，連詞「而」是用來連接「爲情」這一狀語對謂語的修飾關係，動詞短語「造文」是謂語，其中動詞「造」是述語，名詞「文」是賓語。②句是一個主謂句，名詞短語「辭人賦頌」充當主語，動詞短語「爲文而造情」充當謂語，其中介賓短語「爲文」是狀語，連詞「而」是用來連接「爲文」這一狀語對謂語的修飾關係，動詞短語「造情」是謂語，其中動詞「造」是述語，名詞「情」是賓語。

17.何以明其然？

按：這是一個表示疑問語氣的單句，屬於無主語的非主謂句。

「何以明其然」本身是動詞短語充當謂語，其中介賓短語「何以」是「以何」的倒文，充當「明」的狀語，動詞「明」是述語，名詞短語「其然」是賓語。

18.①蓋風雅之興，志思蓄憤，而吟詠情性，‖‖②以諷其上，‖③此為情而造文也；|④諸子之徒，心非鬱陶，‖‖⑤苟馳夸飾，‖‖‖⑥鬻聲釣世，‖⑦此為文而造情也。

按：這是一個包含七個分句、四個層次的四重複句。其中第一層次在①②③和④⑤⑥⑦之間（用|表示），沒有關聯詞語，前後兩個部分是並列關係的聯合複句。第二層次在①②和③之間、④⑤⑥和⑦之間（各用‖表示），沒有關聯詞語，二者前後兩個部分都是承接關係的聯合複句。第三層次在①和②之間、④和⑤⑥之間，（各用‖表示），分別「以」、「苟」為關聯詞語，左邊前後兩個部分是目的關係的偏正複句，右邊前後兩個部分是轉折關係的偏正複句。第四層次在⑤和⑥之間（用‖‖表示），副詞「苟」是關聯詞語，前後兩個部分是目的關係的偏正複句。①句是一個主謂句，「蓋」是句首語氣助詞，名詞短語「風雅之興」充當主語，因果複句組成的子句「志思蓄憤，而吟詠情性」充當謂語，其中主謂短語「志思蓄憤」是原因分句，動詞短語「吟詠情性」是結果分句，連詞「而」是關聯詞語。②句是一個無主語的非主謂句，連詞「以」是表示目的關係的關聯詞語，動詞短語「諷其上」充當謂語，其中動詞「諷」是述語，名詞短語「其上」是賓語。③句是一個主謂句，代詞「此」充當主語，動詞短語「為情而造文」充當謂語，其中介賓短語「為情」是狀語，連詞「而」是用來連接「為情」這一狀語對謂語的修飾關係，動詞短語「造文」是謂語，其中動詞「造」是述語，名詞「文」是賓語，「也」是句末語氣助詞。④句是一個主謂句，名詞短語「諸子之徒」

充當主語，主謂短語「心非鬱陶」充當謂語，其中名詞「心」是這一個主謂短語的主語，判斷動詞「非」是述語，名詞短語「鬱陶」是賓語。⑤句是承上省略主語「諸子之徒」的省略句，動詞短語「苟馳夸飾」充當謂語，其中副詞「苟」是狀語，動詞「馳」是述語，名詞「夸飾」是賓語。⑥句是一個無主語的非主謂句，連動短語「鬻聲釣世」充當謂語，其中「鬻聲」和「釣世」是兩個連用的動詞短語。⑦句是一個主謂句，代詞「此」充當主語，動詞短語「為文而造情」充當謂語，其中介賓短語「為文」是狀語，連詞「而」是用來連接「為文」這一狀語對謂語的修飾關係，動詞短語「造情」是謂語，其中動詞「造」是述語，名詞「情」是賓語，「也」是句末語氣助詞。

19.①故為情者，要約而寫眞；｜②為文者，淫麗而煩濫。

按：這是一個包含二個分句、一個層次的一重聯合複句。這一個層次在①和②之間（用｜表示），沒有關聯詞語，前後兩個部分是並列關係的聯合複句。①句是一個主謂句，連詞「故」是連接前面句子的關聯詞語，名詞短語「為情者」充當主語，緊縮短語「要約而寫眞」充當謂語，其中「要約」是形容詞短語，「寫眞」是動詞短語，連詞「而」是表示這兩個短語具有並列關係的關聯詞語。②句是一個主謂句，名詞短語「為文者」充當主語，緊縮短語「淫麗而煩濫」充當謂語，其中「淫麗」和「煩濫」都是形容詞短語，連詞「而」是表示這兩個短語具有並列關係的關聯詞語。

20.①而後之作者，採濫忽眞，遠棄風雅，近師辭賦；｜②故體情之製日疏，‖③逐文之篇愈盛。

按：這是一個包含三個分句、二個層次的二重複句。其中第一層次在①和②之間（用｜表示），連詞「故」是關聯詞語，前後兩個部分是因果關係的偏正複句。第二層次在②和③之間（用‖表示），沒

有關聯詞，前後兩個部分是並列關係的聯合複句。①句是一個主謂句，連詞「而」是轉折敘述前面句子的關聯詞語，名詞短語「後之作者」充當主語，三個並列關係的動詞短語「採濫忽眞，遠棄風雅，近師辭賦」充當謂語，其中「採濫忽眞」是並列關係的動詞短語，動詞「採」和「忽」都是述語，名詞「濫」和「眞」都是賓語；另外，形容詞活用作副詞的「遠」和「近」都是狀語，動詞「棄」和「師」都是述語，名詞短語「風雅」和「辭賦」都是賓語。②句是一個主謂句，連詞「故」是關聯詞語，名詞短語「體情之製」充當主語，主謂短語「日疏」充當謂語。③句是一個主謂句，名詞短語「逐文之篇」充當主語，形容詞短語「愈盛」充當謂語，其中副詞「愈」是狀語，形容詞「盛」是述語。

21.①故有志深軒冕，‖‖②而汎詠皋壤；‖③心纏幾務，‖‖④而虛述人外；|⑤眞宰弗存，‖⑥翩其反矣。

按：這是一個包含六個分句、三個層次的三重複句。其中第一層次在①②③④和⑤⑥之間（用|表示），沒有關聯詞語，前後兩個部分是承接關係的聯合複句。第二層次在①②和③④之間、⑤和⑥之間（各用‖表示），左邊前後兩個部分是並列關係的聯合複句，沒有關聯詞語，右邊前後兩個部分是因果關係的偏正複句，沒有關聯詞語。第三層次在①和②之間、③和④之間（各用‖‖表示），左邊前後兩個部分是轉折關係的偏正複句，連詞「而」是關聯詞語，右邊前後兩個部分是轉折關係的偏正複句，連詞「而」是關聯詞語。①句是一個主謂句，連詞「故」是連接前面句子的關聯詞語，不定指代詞「有」充當主語，主謂短語「志深軒冕」充當謂語，其中名詞「志」是這一個主謂短語的主語，形容詞活用作動詞的「深」是述語，名詞短語「軒冕」是賓語。②句是一個隱含主語「他」的非主謂句，「汎詠皋壤」

本身是動詞短語充當謂語，其中副詞「汎」是狀語，動詞「詠」是述語，名詞短語「皋壤」是賓語。③句是一個承上省略不定指代詞「有」充當主語的省略句，主謂短語「心纏幾務」充當謂語，其中名詞「心」是這一個主謂短語的主語，動詞「纏」是述語，名詞短語「幾務」是賓語。④句是一個隱含主語「他」的非主謂句，「虛述人外」本身是動詞短語充當謂語，其中形容詞活用作副詞的「虛」是狀語，動詞「述」是述語，名詞短語「人外」是賓語。⑤句是一個主謂句，名詞短語「眞宰」充當主語，動詞短語「弗存」充當謂語，其中副詞「弗」是狀語，動詞「存」是述語。⑥句是一個無主語的非主謂句，動詞短語「翩其反」充當謂語，其中副詞短語「翩其」是狀語，動詞「反」是述語，「矣」是句末語助詞。

　　22.①夫桃李不言而成蹊，‖②有實存也；│③男子樹蘭而不芳，‖④無其情也。

　　按：這是一個包含四個分句、二個層次的二重複句。第一層次在①②和③④之間（用│表示），沒有關聯詞語，前後兩個部分是並列關係的聯合複句。第二層次在①和②之間、③和④之間（各用‖表示），沒有關聯詞語，前後兩個部分是因果關係的偏正複句。①句是一個主謂句，「夫」是句首語氣助詞，名詞短語「桃李」充當主語，緊縮短語「不言而成蹊」充當謂語，其中動詞短語「不言」和動詞短語「成蹊」由關聯詞語「而」組成轉折關係。②句是一個無主語的非主謂句，動詞短語「有實存」充當謂語，其中動詞「有」是述語，主謂短語「實存」是賓語，「也」是句末語助詞。③句是一個主謂句，名詞「男子」充當主語，緊縮短語「樹蘭而不芳」充當謂語，其中主謂短語「樹蘭」和形容詞短語「不芳」由關聯詞語「而」組成轉折關係。④句是一個無主語的非主謂句，動詞短語「無其情」充當謂語，

其中動詞「無」是述語，名詞短語「其情」是賓語，「也」是句末語
助詞。

　　23.①夫以草木之微，依情待實；|②況乎文章，述志爲本，‖
　　③言與志反，⫿④文豈足徵？

　　按：這是一個包含四個分句、三個層次的三重複句。其中第一層
次在①和②③④之間（用|表示），連詞「況乎」是關聯詞語，前後
兩個部分是遞進關係的聯合複句。第二層次在②和③④之間（用‖表
示），沒有關聯詞語，前後兩個部分是轉折關係的偏正複句。第三層
次在③和④之間（用⫿表示），副詞「豈」是關聯詞語，前後兩個部
分是假設關係的偏正複句。①句是一個無主語的非主謂句，「夫」是
句首語氣助詞，介賓短語「以草木之微」充當狀語，並列關係的聯合
短語「依情待實」充當謂語，其中「依情」和「待實」都是動詞短
語。②句是一個主謂句，連詞「況乎」是表示比前文更進一層的關聯
詞語，名詞「文章」充當主語，主謂短語「述志爲本」這一個子句充
當謂語，其中動詞短語「述志」是這一個主謂短語的主語，動詞短語
「爲本」是這一個主謂短語的謂語。③句是一個主謂句，名詞「言」
充當主語，動詞短語「與志反」充任謂語，其中介賓短語「與志」是
狀語，動詞「反」是述語。④句是一個主謂句，名詞「文」充當主
語，動詞短語「豈足徵」充當謂語，其中副詞「豈」是狀語，能願動
詞「足」也是狀語，動詞「徵」是述語。

　　24.①是以聯辭結采，‖②將欲明理；|③采濫辭詭，‖④則心
　　理愈翳。

　　按：這是一個包含四個分句、二個層次的二重複句。其中第一層
次在①②和③④之間（用|表示），沒有關聯詞語，前後兩個部分是
並列關係的聯合複句。第二層次在①和②之間、③④之間（各用‖表

示），左邊前後兩個部分是目的關係的偏正複句，副詞「將」是關聯詞語；右邊前後兩個部分是假設關係的偏正複句，連詞「則」是關聯詞語。①句是一個無主語的非主謂句，連詞「是以」是連接前面句子的關聯詞語，並列關係的聯合短語「聯辭結采」充當謂語，其中「聯辭」和「結采」都是動詞短語。②句是一個無主語的非主謂句，動詞短語「將欲明理」充當謂語，其中副詞「將」是狀語，能願動詞「欲」也是狀語，動詞「明」是述語，名詞「理」是賓語。③句是一個無主語的非主謂句，並列關係的聯合短語「采濫辭詭」充當謂語，其中「采濫」和「辭詭」都是主謂短語。④句是一個主謂句，連詞「則」是表示前文假設條件所產生結果的關聯詞語，名詞短語「心理」充當主語，動詞短語「愈翳」充當謂語，其中副詞「愈」是狀語，動詞「翳」是述語。

25.固知翠綸桂餌，反所以失魚。

按：這是一個無主語的非主謂句，而且屬於結構比較複雜的單句。連詞「固」是連接前面句子的關聯詞語，動詞短語「知翠綸桂餌，反所以失魚」充當謂語，其中動詞「知」是述語，主謂短語「翠綸桂餌，反所以失魚」充當述語「知」的賓語，其中並列關係的名詞短語「翠綸桂餌」是主語，動詞短語「反所以失魚」是謂語，其中副詞「反」是表示轉折關係的關聯詞語，連詞「所以」是表示因果關係的關聯詞語，動詞「失」是述語，名詞「魚」是賓語。

26.①「言隱榮華」，|②殆謂此也。

按：這是一個包含二個分句、一個層次的一重複句。這一個層次在①和②之間（用|表示），前後兩個部分是承接關係的聯合複句。①句是一個主謂句，名詞「言」充當主語，動詞短語「隱榮華」充當謂語，其中動詞「隱」是述語，名詞短語「榮華」的前面省略介詞

「於」，二者組成介賓短語充當述語「隱」的補語。②句是一個無主語的非主謂句，動詞短語「殆謂此」充當謂語，其中副詞「殆」是狀語，動詞「謂」是述語，代詞「此」是賓語，「也」是句末語氣助詞。

27.①是以衣錦褧衣，‖②惡乎太章；∣③賁象窮白，‖④貴乎反本。

按：這是一個包含四個分句、二個層次的二重複句。其中第一層次在①②和③④之間（用∣表示），沒有關聯詞語，前後兩個部分是並列關係的聯合複句。第二層次在①和②之間、③和④之間（各用‖表示），沒有關聯詞語，二者前後部分都是目的關係的偏正複句。①句是一個無主語的非主謂句，連詞「是以」是連接前面句子的關聯詞語，連動短語「衣錦褧衣」充當謂語，其中「衣錦」和「褧衣」是兩個連用的動詞短語，前一個「衣」和「褧」都是述語，「錦」和後一個「衣」都是賓語。②句是一個無主語的非主謂句，動詞短語「惡乎太章」充當謂語，其中動詞「惡」是述語，「乎」是句中語氣助詞，形容詞短語「太章」是賓語。③句是一個主謂句，名詞短語「賁象窮白」充當主語，其中「賁象」是連帶式定語，名詞「窮」是中心語，形容詞「白」充當謂語。④句是一個無主語的非主謂句，動詞短語「貴乎反本」充當謂語，其中形容詞活用作動詞的「貴」是述語，「乎」是句中語氣助詞，動詞短語「反本」是賓語。

28.①夫能設模以位理，擬地以置心，心定而後結音，理正而後摛藻，‖②使文不滅質，博不溺心，正采耀乎朱藍，間色屏於紅紫，∣③乃可謂雕琢其章，彬彬君子矣。

按：這是一個包含三個分句、二個層次的二重複句。其中第一層次在①②和③之間（用∣表示），副詞「乃」是關聯詞語，前後兩個

部分是承接關係的聯合複句。第二層次在①和②之間（用‖表示），
沒有關聯詞語，前後兩個部分是假設關係的偏正複句。①句是一個無
主語的非主謂句，「夫」是句首語氣詞，能願動詞「能」充當狀語，
它和後面一長串並列關係的緊縮短語「設模以位理，擬地以置心，心
定而後結音，理正而後擒藻」組成能願合成謂語。其中第一個緊縮短
語「設模以位理」裡面，「設模」和「位理」這兩個動詞短語具有目
的關係，連詞「以」是關聯詞語；第二個緊縮短語「擬地以置心」裡
面，「擬地」和「置心」這兩個動詞短語具有目的關係，連詞「以」
是關聯詞語；第三個緊縮短語「心定而後結音」裡面，主謂短語「心
定」和動詞短語「結音」具有承接關係，副詞「而後」是關聯詞語；
第四個緊縮短語「理正而後擒藻」裡面，主謂短語「理正」和動詞短
語「擒藻」具有承接關係，副詞「而後」是關聯詞語。②句是一個無
主語的非主謂句，動詞「使」充當述語，後面一長串並列關係的主謂
短語「文不滅質，博不溺心，正采耀乎朱藍，間色屏於紅紫」都是述
語「使」的賓語。其中第一個主謂短語「文不滅質」裡面，名詞
「文」是主語，動詞短語「不滅質」是謂語，其中副詞「不」是狀
語，動詞「滅」是述語，名詞「質」是賓語；第二個主謂短語「博不
溺心」裡面，形容詞活用作名詞的「博」是主語，動詞短語「不溺
心」是謂語，其中副詞「不」是狀語，動詞「溺」是述語，名詞
「心」是賓語；第三個主謂短語「正采耀乎朱藍」裡面，名詞短語
「正采」是主語，動詞短語「耀乎朱藍」是謂語，其中動詞「耀」是
述語，介賓短語「乎朱藍」是補語；第四個主謂短語「間色屏於紅
紫」裡面，名詞短語「間色」是主語，動詞短語「屏於紅紫」是謂
語，其中動詞「屏」是述語，介賓短語「於紅紫」是補語。③句是一
個無主語的非主謂句，「乃可謂雕琢其章，彬彬君子矣」本身是動詞
短語充當謂語，其中副詞「乃」是表示承接關係的關聯詞語，能願動

詞「可」是狀語，動詞「謂」是述語，兩個並列短語「雕琢其章，彬
彬君子」是述語「謂」的賓語，其中「雕琢其章」是動詞短語，「彬
彬君子」是名詞短語，「矣」是句末語氣助詞。

29.贊曰：言以文遠，誠哉斯驗。心術既形，英華乃贍。吳錦好
　渝，舜英徒豔。繁采寡情，味之必厭。

　　按：這是一個無主語的非主謂句，而且是一個結構比較複雜的超
句，連動短語「贊曰」充當述語，以下四個並列句子組成的句群「言
以文遠，誠哉斯驗。心術既形，英華乃贍。吳錦好渝，舜英徒豔。繁
采寡情，味之必厭」共同充當述語「贊曰」的賓語。句群的第一句
「言以文遠，誠哉斯驗」是一個複句，前後兩個部分是承接關係的聯
合複句，前一個分句「言以文遠」中，名詞［言］充當主語，動詞短
語「以文遠」充當謂語，其中介賓短語「以文」是狀語，形容詞活用
作動詞的「遠」是述語；後一個分句「誠哉斯驗」中，形容詞短語
「誠哉」是提前的謂語，名詞短語「斯驗」是主語。句群的第二句
「心術既形，英華乃贍」是一個複句，前後兩個部分是承接關係的聯
合複句，前一個分句「心術既形」中，名詞短語「心術」充當主語，
動詞短語「既形」充當謂語，其中副詞「既」是狀語，動詞「形」是
述語；後一個分句「英華乃贍」中，名詞短語「英華」充當主語，動
詞短語「乃贍」充當謂語，其中副詞「乃」是狀語，形容詞活用作動
詞的「贍」是述語。句群的第三句「吳錦好渝，舜英徒豔」是一個複
句，前後兩個部分是並列關係的聯合複句，前一個分句「吳錦好渝」
中，名詞短語「吳錦」充當主語，動詞短語「好渝」充當謂語，其中
形容詞活用作動詞的「好」是述語，動詞活用作名詞的「渝」是賓
語；後一個分句「舜英徒豔」中，名詞短語「舜英」充當主語，動詞
短語「徒豔」充當謂語，其中副詞「徒」是狀語，形容詞活用作動詞

的「豔」是述語。句群的第四句「繁采寡情,味之必厭」是一個單句,並列關係的名詞短語「繁采寡情」充當主語,緊縮短語「味之必厭」充當謂語,其中動詞短語「味之」和動詞短語「必厭」具有假設關係,前一個動詞短語「味之」中,名詞活用作動詞的「味」是述語,代詞「之」是賓語,後一個動詞短語「必厭」中,副詞「必」是狀語,動詞「厭」是述語。

經過以上針對《文心雕龍·情采篇》一文的句子做了地毯式的分析以後,不難發現《文心雕龍·情采篇》一文的句子和我們今天所通行使用的句子,無論在組織成分和結構層次上都存有極大的差距。仔細統計,整篇文章中,除了兩個單句外,其餘都是複句,甚至還有超句。其中一重複句有6句,二重複句有14句,三重複句有5句,四重複句有1句。在句子成分中,有相當高的比率是以複雜的短語擔綱,包括各種動詞短語、名詞短語、形容詞短語、主謂短語等,相對地,以詞扮演句子成分的數量就少得多了。這就難怪《文心雕龍》雖然長久以來一直吸引著歷代的讀書人去探討和研究,卻也讓無數的讀書人吃盡了苦頭,傷透了腦筋,經常陷溺在語法的迷霧中,無由撥雲見日,看到藍天。

參考書目

1・王師更生著・《文心雕龍研究》・臺灣文史哲出版社・1979年5

2・黃師錦鋐編・《文心雕龍論文集》・臺灣學海出版社・1979年1月

3・黃春貴著・《文心雕龍之創作論》・臺灣文史哲出版社・1978年4月

4・周振甫注・《文心雕龍注釋》・臺灣里仁書局・1984年5月

5・陸侃如/牟世金著・《文心雕龍譯注》・濟南市齊魯書社・1981年3月

6・趙仲邑著・《艾心雕龍譯注》・桂林市漓江出版社・1982年4月

7・鍾子翱/黃安禎著・《劉勰論創作之道》・北京市長征出版社・1984

年8月

8‧許世瑛‧《中國文法講話》‧臺北市臺灣開明書局‧1955年9月

9‧許世瑛‧《常用虛字用法淺釋》‧臺北市復興書局‧1976年8月

10‧王力著‧《中國現代語法》‧北京市商務印書館‧1985年6月

11‧呂叔湘著‧《呂叔湘文集》‧北京市商務印書館‧1990年6月

12‧高更生著‧《漢語語法專題研究》‧濟南市山東教育出版社‧1990年7月

13‧段德森著‧《實用古漢語虛詞》‧太原市山西教育出版社‧1990年9月

14‧房玉清著‧《實用漢語語法》‧北京市北京語言學院‧1992年1月

15‧楊伯峻/何樂士著‧《古漢語語法及其發展》‧北京市語文出版社‧1992年3月

16‧陳霞村著‧《古代漢語虛詞類解》‧太原市山西教育出版社‧1992年4月

17‧黎錦熙著‧《新著國語文法》‧北京市商務印書館‧1992年12月

18‧陳高春主編‧《實用漢語語法大辭典》‧北京市中國勞動出版社‧1995年5月

19‧李林著‧《古代漢語語法分析》‧北京市中國社會科學出版社‧1996年5月

20‧高更生/王紅旗著‧《漢語教學語法研究》‧北京市語文出版社‧1996年8月

《文心雕龍》「比興」論
對清代詩話之影響

中山大學中文系

廖宏昌

「比興」云者，最早出現於《周禮‧春官‧大師》，曰：「（大師）教六詩：曰風、曰賦、曰比、曰興、曰雅、曰頌。」①漢代多位儒家學者都嘗從經學爲的角度，對「賦」、「比」、「興」的名義進行討論，認爲三者是《詩》的三種表現方法，強調人倫教化，重視言志諷諭。隨著文學觀念漸漸明確，魏晉六朝文學創作風氣的繁榮，文學理論批評有了深入的研討，「比興」名義的認識和概括，才能從文學的角度有其歷史性的突破，劉勰《文心雕龍》立〈比興〉之篇，對「比興」理論的敘述誠有指標性之意義。而清代是我國傳統學術綜結的時代，詩話之數量與質量也都超越前人②，對「比興」理論的多向演進脈絡，亦皆有準確的發揮和明晰的勾勒。本文理繹《文心雕龍》與清代詩話在「比興」理論之傳承，庶幾有助於探索其發展軌跡。

壹、劉勰之前的「比興」說

「比」、「興」二字初見並列於《周禮‧春官》，漢代《毛詩序》承《周禮》「六詩」之序，又將「六詩」改稱「六義」，

---

① 周禮注疏，（十三經注疏本，台北；藝文印書館，1979）卷23。

② 郭紹虞《清詩話續編序》云：「詩話之作，至清代而登峰造極。清人詩話約有三四百種，不特數量遠較前代繁富，而評述之精當亦超越前人。」見郭編《清詩話續編》，台北；木鐸出版社，1983。

「比」、「興」的名義，一同《周禮》，皆未作具體的詮釋。現存對「比」、「興」之解釋，最早見於西漢之毛傳，次則有東漢鄭玄、鄭衆之注。毛傳不及「比」、「賦」，而「獨標興體」③，在注文中以「興」釋詩，其「興」體之名義又有兩種可言，一謂：「興，起也。」④起，有發端之意，《說文》亦訓「興」爲起⑤，是「興」的原始本義，屬於一種表現手法。晉摯虞在《文章流別論》中繼承此說，稱：「興者，有感之辭也。」⑥二乃結合「比」、「興」，附會禮樂政教而成之「興」⑦，是「興」的衍生義。

　　毛傳「興」體之二義，又分別爲鄭衆、鄭玄所繼承，唯毛傳獨標「興」體，二鄭則「賦」、「比」、「興」兼標。鄭玄在注《周禮》「六詩」時云：

> 風言賢聖治道之遺化也，賦之言鋪，直鋪陳今之政教善惡。比見今之失，不敢斥言，取比類以言之。興見今之美，嫌於媚諛，取善事以喻勸之。雅，正也，言今之正者以爲後世法。頌之言誦也，容也，誦今之德，廣以美之。鄭司農（衆）云：……時禮樂自諸侯出，頗有謬亂不正，孔子正之，曰比，曰興。比者，比方於物也，興者託事於物。⑧

唐孔穎達認爲：「司農又云：興者，托事於物。則興者，起也；取譬

---

③ 語見劉勰著、范文瀾註：《文心雕龍註》（香港：商務印書館，1986），卷8〈比興〉第36。

④ 見《詩經·大雅·大明》「維以侯興」下。（十三經注疏本）

⑤ 許慎撰、段玉裁注：《說文解字注》（台北：藝文印書館，1979），篇上。

⑥ 摯虞：《文章流別論》（《全晉文》卷77，嚴可均校輯，京都：中文出版社，1981）

⑦ 如對《詩經·國風·關雎》，毛傳云：「興也。后妃說樂君子之德，無不和諧，又不淫其色。慎固幽深，若關雎之有別焉，然後王以風化天下，夫婦有別則父子親，父子親則君臣敬，君臣敬則朝廷正，朝廷正則王化成。」

⑧ 見《周禮·春官·大師》（十三經注疏本）卷23。

引類，起發己心，詩文諸舉草木鳥獸以見意者，皆興辭也。」⑨是以鄭衆繼承毛傳「興」之本義的。鄭玄很明顯則是繼承毛傳「興」之衍生義，且以「興」貫通「賦」、「比」，故〈關雎〉以下百十六首皆繫之以「興」，附會於禮樂教化。劉勰即是兼用二義，再融入己見，逐步發展形成其「比興」論的。

貳、《文心雕龍》的「比興」論

劉勰論「比興」，在持用「興」之本義時，說：「興者，起也。……起情者依微以擬議，起情故興體以立。」⑩其沿襲毛傳，踵武鄭衆之跡如是，此外，他也參酌摯虞直言心理感受之意見，強調情的重要性，即此，「興」之爲義，即是借某事物之特徵，借題發揮，以抒發作者之思想情感。劉勰在此就很自然地將「興」納入藝術構思的範疇之中，「興」於是就成爲心物相感之關鍵。劉勰又云：「觀夫興之託諭，婉而成章，稱名也小，取類也大。關雎有別，故后妃方德，尸鳩貞一，故夫人象義。」⑪則在發揮「興」之衍生義，強調「興」的託諭，注重詩歌情意纏綿，委婉動人，蘊含無窮，不僅體認了詩歌的藝術特徵，而且注意了詩歌的審美要求。

在「比」體之名義，劉勰云：「比者，附也；……附理者切類以指事，……附理故比例以生。」⑫又云：「何謂爲比？蓋寫物以附意，颺言以切事者也。」⑬基本上，此一詮釋是承繼鄭衆之言，欲以某具體事物作比喻，藉以表現某一思想情感。劉勰又根據被比主體之

---

⑨ 見《詩經·毛詩序》（十三經注疏本）。
⑩ 見劉勰著、范文瀾注：《文心雕龍註》（香港：商務印書館，1986），卷8〈比興〉第36。
⑪ 同⑩。
⑫ 同⑩。
⑬ 同⑩。

不同，將「比」分爲「比義」和「比類」二種；比類是以物比物，比義是以物比心；比義相對於比類，較爲抽象、複雜，故後代的詩論家，在肯定劉勰比類之同時，將比義歸入「興」之中，以「比興」並稱，或直以「興」省稱之。

劉勰論「比興」，是綜結前人意見而成的，但並非全無取捨，即如鄭玄前引文中，「比」單指過失，「興」專用讚美，將「比」、「興」判然分爲美刺二端，似乎過於專斷，故劉勰在吸收其合理的成份，肯定「比興」有美刺的功能；進而提出「比則畜憤以斥言，興則環譬以託諷」⑭，「比」是激憤情感的直斥，「興」是委婉情感的託諷，將「比」、「興」突顯成表現思想情感的兩種不同方式，因此，劉勰有「比顯而興隱」⑮之語。

諸此，是劉勰比興理論之大較，其後歷經各朝代諸多理論家的援引發揮，注入新義，因各有側重，而名稱亦繁，要皆可在劉勰的立論中尋其脈絡，勾勒其發展之軌跡。比興理論發展到清代，雖然學派相互傾軋，詩話汗牛充棟，然亦能擇其獨標「比興」入其詩論者，理繹其立論之大要。

參、清代詩話之「比興」論

清代詩論家之論「比興」，因各有側重，有諸多脈絡的展現，今尋「比興」在詩論中的地位、在創作理論、意境理論、思想內容表現理論及鑒賞理論諸方面，探求其理論之發揮。

一、在詩論中的地位

朱自清認爲後世論詩，皆以「比興」爲金科玉律之一⑯，王師更

---

⑭　同⑩。
⑮　同⑩。
⑯　朱自清：《詩言志辨》（台北：台灣開明書店，1975），頁49。

生更直指「比興」爲修辭的兩張王牌之一⑰，至於劉勰於《文心雕龍》專立〈比興〉之篇，「比興」在詩論中的地位，自然受到歷代詩論家所肯定。清代詩話中對「比興」在詩論中的地位，更是推崇備至，從而在各個側面以論述之。

　　論「比興」在詩論中之地位，當首推吳喬（1611－1695）、馮班（1614－1681）及賀裳（？－？）三人，三人相互爲友，對重比興的詩學理論亦有共同的主張。吳喬在其《圍爐詩話》中即將「比興」視爲詩歌創作優劣之關鍵，他說：

　　　詩之失比興，非細故也。比興是虛句活句，賦是實句。有比興
　　　則實句變爲活句，無比興則實句變成死句。⑱

實句者，表達思想內容之文字；又何謂活句？何謂死句？馮班嘗詮釋云：

　　　詩有活句，隱秀之詞也；直敘事理，或有詞無意，死句也。隱
　　　者，興在象外，言盡而意不盡者。秀者，章中迫出之詞，意象
　　　生動者也。⑲

將「比興」手法，認定爲意境理論的集中表現，因此，藝術形象之靈動與否，即在乎「比興」手法之運用。此外，吳喬更據「比興」以爲衡量唐、宋詩之優劣標準。他說：

　　　唐詩有意，而托比興以雜出之，其詞微而婉，如人而衣冠。宋
　　　詩亦有意，唯詞而少比興，其詞徑以直，如人而赤體。⑳

唐詩微婉，宋詩徑直，此吳喬據「比興」以爲評判者。至如馮班，即

---

⑰　王師更生：《文心雕龍研究》（台北：文史哲出版社，1979），頁388。

⑱　吳喬：《圍爐詩話》（郭紹虞編《清詩話續篇》本。台北：木鐸出版社，1983），卷1。

⑲　馮班：《鈍吟雜錄》（台北：廣文書局，1969），卷5。

⑳　同⑱。

直謂「比興乃詩中第一要事」,「比興是詩中作用」㉑。賀裳在《載酒園詩話》中,亦據「比興」闡明詩歌創作的藝術規律㉒。重「比興」,乃三人共同之特點。

除此,方東樹(1772－1851)亦稱:

> 詩重比興。比但以物相比,興則因物感觸,言在於此而義寄於彼,如〈關雎〉、〈桃夭〉、〈兔罝〉、〈膠木〉。解此則言外有餘味,而不盡於句中。又有興而兼比者,亦終取興不取比也。若夫興在象外,則雖比而亦興。然則,興最詩之要用也。㉓

又曰:

> 正言直述,易於窮盡,而難於感發人意。托物寓情,形容摹寫,反復詠歎,以俟人之自得,所以貴比興也。㉔

其所以貴「比興」者,是相較於「正言直述,易於窮盡,而難於感發人意」之「賦」而言的。而相較於「比」和「興」,方東樹又認為「興」更適於含蓄蘊藉之情懷表達,其「言外有餘味」,故「興」之於詩歌,最為要用。

且無論合舉「比興」,或獨標「興」體,在上文諸多方面受詩論家之論述,其在詩學理論中之地位,自不待言。

二、在創作理論方面

劉勰在前引文中認為:「比」、「興」皆須藉外在事物以展現之,缺乏外在事物,固不足以觸發情思;缺乏物象,情思亦必然頓失寄托。因此,在他指出物對「比」、「興」作用之同時,又提出作者

㉑ 同⑲,卷4。

㉒ 賀裳:《載酒園詩話》(《清詩話續編》本)。

㉓ 方東樹:《昭昧詹言》(台北:廣文書局,1967)卷18。

㉔ 同㉓。卷21。

主體情思在「比興」內部結構中之作用，他說：「起情，故興體以立。」㉕即觸物興情，「興」之表現手法方能成立。至於「比」，他說：「或喻於聲，或方於貌，或擬於心，或譬於事。」㉖都離不開作者要表達之思想情感。除此，劉勰談到「比興」時，尚要求「擬容取心」，也就是創作必欲細緻刻劃事物的容貌和外形，攝取事物的精神和本質，而其過程自亦不能離開具體形象，在描摹表象之際，亦能揭示其現實意義，此即「比興」手法之運用。

王夫之（1619－1692）在創作理論即重「比興」，他在詩學上主張情景相生，強調寫景以寓情，其《薑齋詩話》即指出：

> 興在有意無意之間，比亦不容雕刻。關情者景，自與情相爲珀芥也。情景雖有在心在物之分，而景生情，情生景，哀樂之觸，榮悴之迎，互藏其宅。㉗

認爲離開景則情無所寄托，離開情則景無所依傍，情景交融，而後方能形成文學的藝術形象，唯其關鍵，就在於「興」。王夫之又嘗例言發揮道：

> 近體中二聯，一情一景，一法也。「雲霞出海曙，梅柳渡江春。淑氣催黃鳥，晴光轉綠蘋。」「雲飛此閡輕陰散，雨歇南山積翠來。御柳已爭梅信發，林花不待曉風開。」皆景也，何者爲情？若四句俱情而無景語者，尤不可勝數，其得謂之非法乎？夫景以情合，情以景生，初不相離，唯意所適。截分兩橛，則情不足興，而景非其景。㉘

㉕　同⑩。

㉖　同⑩。

㉗　王夫之：《薑齋詩話》（郭紹虞編校《清詩話》本。台北：西南書局，1979），卷上。

㉘　同㉗，卷下。

以爲杜審言〈和晉陵陸丞相早春游望〉之詩，四句皆景，而景中皆有
情在；在李嶠〈奉和聖制從蓬萊向興慶閣道中留春雨中春望之作應
制〉一詩亦然，何處無情？皆可稱情景雙收之作。觀夫王夫之論情景
交融之得意處，就在於他認爲藝術創作構思的過程中，情與景是同時
發生而不可分離的，兩者自始至終是相互觸發，相互依存的，極其深
入精采。而他之所以有如此透闢之論，無非在於他能從「興」字出
發，把握「興」之理論、性質作詮釋的。即此，王夫之甚而認爲詩與
非詩之標準，即在於可「興」不可「興」㉙。

　　葉燮（1627－1703）之《原詩》也有類似的談論，認爲詩人之所
以有美妙的創作，即在於「興」，他說：

> 原夫作詩者之肇端而有事乎此也，必先有所觸以興起其意，而
> 後措諸辭、屬爲句、敷之而爲章。當其有所觸而興起也，其
> 意、其辭、其句劈空而起，皆自無而有，隨在取之於心。出而
> 爲情、爲景、爲事，人未嘗言之，而自我始言之。故言者興聞
> 其言者，誠可悅而永也。㉚

創作過程中之辭、句、章和情、景、事，皆隨「興」而至，「興」至
則「劈空而起」，化無爲有，精品佳構，情景交融；無「興」則一切
茫然，了不可尋，表達作者之思想自不可得。

　　吳雷發（？－？）之《說詩菅蒯》亦謂：

> 作詩自宜搜索枯腸，然著不得勉強。故有意作詩，不若詩來尋
> 我，方覺下筆有神。詩固以興之所至爲妙。唐人云：「幾處覓
> 不得，有時還自來。」進乎技矣。㉛

其論近似王夫之，強調詩歌的自然靈妙，而非勉強寓意。

㉙　王夫之：《唐詩評選》（《船山全書》本，長沙：嶽麓書社，1996）。
㉚　葉燮：《原詩》（《清詩話》本），內篇上。
㉛　吳雷發：《說詩菅蒯》（《清詩話》本）。

「比興」在創作理論之關係如此。

三、在意境理論方面

有關意境之理論，劉勰提及「比顯而興隱」，何謂「隱」？其〈隱秀〉曰：「隱之為體，義生文外，祕響傍通，伏采潛發。」[32]劉勰又云：「隱也者，文外之重旨者也。」[33]又以為「隱以複意為工」[34]，其〈物色〉更指出：「物色盡而情有餘。」[35]諸此，皆其詩歌尋求言外之意、文外之旨的意境理論。茲舉數家發揮此論者以為代表。

沈德潛（1673－1769）論詩重在「蘊蓄」，也強調詩歌的言外之意、味外之味。嘗謂：

> 事難顯陳，理難言罄，每託物連類以形之；鬱情欲舒，天機隨觸，每借物引懷以抒之；比興互陳，反覆唱歎，而中藏之懽愉慘戚，隱躍欲陳，其言淺，其情深也。倘質直敷陳，絕無蘊蓄，以無情之語而欲動人之情，難矣。[36]

所謂「託物連類」、「借物引懷」，進而「比興互陳，反覆唱歎」，即欲創造意境，在此，他認為詩歌之事、理、情正是借「比興」以表現的，蘊藉含蓄而不質直敷陳，方能臻極言淺意深、反覆唱歎之妙，諸此，反映了沈德潛對詩歌意境理論的掌握，所以，他認為讀《詩經》必須知其「可以興」，苟「但求訓詁，獵得詞章記問之富」，則「雖多奚為」[37]？

李重華（1682－1754），有《貞一齋詩說》，其詩論亦重意境，

㉜　同⑩，卷8〈隱秀〉第40。

㉝　同㉜。

㉞　同㉜。

㉟　同⑩，卷10〈物色〉第46。

㊱　沈德潛：《說詩晬語》（《清詩話》本），卷上。

㊲　同㊱。

謂「詩之尤貴神也，惟其意在言外也」⊗，並認爲有「興」而後意境具，他說：

> 興之爲義，是詩家大半得力處。無端説一件鳥獸草木，不明指天時而天時恍在其中；不顯言地境而地境宛在其中；且不實説人事而人事已隱約流露其中。故有興而詩之神理全具也。⊗

「興」是構成詩歌意境之主要方法，其重大意義就在於通過具體物象，含蓄巧妙地把天時、地境、人事生動地表現出來。

王士禎（1634－1711）之詩學理論，主神韻，講境界，認爲只有「佇興而就」，方能「自然入妙」，他說：

> 蕭子顯云：登高極目，臨水送歸；蚤雁初鶯，花開花落；有來斯應，每不能已；須其自來，不以力構。王士源序孟浩然詩云：每有制作，佇興而就。余平生服膺此言，故未嘗爲人強作，亦不耐爲合韻詩也。⊗

即知他極重視藝術創作中「興」之萌發，興會神到，天然入妙，不可湊泊，若苦吟強作，神韻必失。他又說：

> 南城陳伯璣允衡善論詩，昔在廣陵評予詩，譬之昔人云「偶然欲書」，此語最得詩文三昧。令人連篇累牘，牽率應酬，皆非偶然欲書者也。⊗

又云：

> 越處女與勾踐論劍術曰：「妾非受於人也，而忽自有之。」司馬相如答盛覽曰：「賦家之心，得之於内，不可得而傳。」雲門禪師曰：「汝等不記己語，反記吾語，異日稗販我耶？」數

⊗　李重華：《貞一齋詩説》（《清詩話》本），〈論詩答問三則〉。
⊗　同⊗，〈詩談雜錄〉。
⊗　王士禎：《帶經堂詩話》（台北：廣文書局，1971），卷3。
⊗　同⊗。

語皆詩家三昧。㊷

所謂「偶然欲書」、「忽自有之」，皆指詩歌創作重在興會神到，唯
其如是，方能達到神韻的境界。由此，他又指出詩歌不能隨處以邏輯
思考以詮釋之，說：

> 香鑪峰在東林寺東南，下即白樂天草堂故阯；峰不甚高，而江
> 文通〈從冠軍建平王登香鑪峰〉詩云：「日落長沙渚，層陰萬
> 里生。」長沙去盧山二千餘里，香鑪何緣見之？孟浩然〈下贛
> 石〉詩：「暝帆何處泊？遙指落星灣。」落星在南康府，去贛
> 亦千餘里，順流乘風，即非一日可達。古人詩祇取興會超妙，
> 不似後人章句，但作記里鼓也。㊸

此即詩歌藝術之別於數理科學，處處講究確切時間、地點，畢竟藝術
真實迥異於生活真實，藝術至境，苟過份求實，必傷其真美。王士禎
重視「興會超妙」，故能深入藝術至境。

以上有關意境理論之發揮，尤以王士禎生動的例舉說明，更能深
入體會其精蘊。

四、在表現思想內容方面

劉勰在〈比興〉篇中，有感於當時賦頌的「比體雲構」，哀歎其
「興義銷亡」，明白指出「月忘乎興」的「習小而棄大」現象，其最
終目的，即是要求詩歌必須含富深刻的思想內容，因此，比興理論之
觸角又伸向作品的思想內容。唐代陳子昂感歎「齊梁間詩，采麗競繁
而興寄都絕」㊹，故將「比興」的內涵轉向「興寄」，要求詩歌具有
豐富的思想內容，如此轉化，或許也是受到劉勰將「比興」和社會政

㊷ 同㊵。

㊸ 同㊵。

㊹ 語見陳子昂：〈與東方左史虬修竹篇序〉（轉引自郭紹虞編《中國歷代文學論著精
選》）。

治之諷諭相聯繫之觀點的影響⑮。

至清代的詩論家，如方東樹之《昭昧詹言》卷一，即提倡「興象高妙」⑯，他又說：

> 大抵游山固以寫情為本，然必有敘，有興寄，否則不知作者為何人，游為何時、何地、何情，與此地故事，交代不明，則為死詩無人。⑰

其評為「死詩無人」，很明顯是指作品缺乏思想內容，以致失卻其存在之意義。

沈德潛於此亦嘗發表意見，云：

> 詩之為道，可以理性情，善倫物，感鬼神，設教邦國，應對諸侯，用如此其重也。秦漢以來，樂府代興，六代繼之，流衍靡曼。至有唐而聲律日工，托興漸失，徒視為嘲風雪，弄花草，游歷燕衍之具，而詩教遠矣。⑱

以為唐詩無關乎教化，其可取的，唯在於體格而已。雖然出發點在恢復詩教，但對風花雪月，空疏堆砌，無益社會民心之思想內容，提出了嚴厲的批判，將美刺諷諭和比興理論一併倡導。

其實，「托喻」是「比興」理論的最原始內容，至清代，立論較偏向儒家教化者，皆深愛取之。

五、在鑒賞理論方面

劉勰論「比」時，要求「或喻於聲，或方於貌，或擬於心，或譬於事」，強調詩歌要能提供讀者形象化的直接感受。論「興」之手法

---

⑮　劉勰云：「楚襄信讒，而三閭忠烈，依《詩》制《騷》，諷兼比興；炎漢雖盛，而辭人夸毗，詩刺道喪，故興義銷亡。於是賦頌先鳴，故比體雲構，紛紜雜遝，信舊章矣。」（同⑩）劉勰將「比興」直接與國家政治社會風氣聯繫。

⑯　同㉓，卷1。

⑰　同㉓，卷6。

⑱　同㊱。

時，指出：「觀夫興之託諭，婉而成章，稱名也小，取類也大。」認爲委婉動人的佳構，其用墨有限，而意蘊無窮。此理論之形成，與孔子詩教有關，而孔子談《詩》論「興」，基本上是在詮釋詩義，而不是討論創作的。即此，後代的詩論家，發揮「比興」在鑒賞理論方面之論述，即有多項精闢之意見。

袁枚（1716－1798）之《隨園詩話》，即嘗從鑒賞的角度論「興」，他說：

> 萬華亭云：孔子「興於詩」三字，抉詩之精蘊。無論貞淫正變，讀之而令人不能興者，非佳詩也。㊾

又云：

> 孔子曰「不學詩，無以言」，又曰「詩可以興」，兩句相應。惟其言之工妙，所以能使人感發而興起；倘直率庸腐之言，能興者其誰耶？㊿

其謂「使人感發而興起」，即是予人以審美感受，讀之令人不能「興」之詩歌，自然是「直率庸腐之言」，美感獨缺。因此，袁枚是以審美的角度論「興」。

至於詩歌可以「興」人者，何哉？以其情也。吳喬即曾說：

> 人有不可已之情，而不可直陳於筆舌，又不能已於言，感物而動則爲興，托物而陳則爲比。是作者固已醖釀而成之者也。所以讀其詩者，亦如飲酒之後，憂者以樂，莊者以狂，不知其然而然。(51)

「興」和情可謂互爲表裡。物因情而感，故有「興」；詩歌之足以「興」人，即因情故。吳喬之論，頗能揭示「興」之內涵。

㊾ 袁枚：《隨園詩話》（台北：長安出版社，1978），卷16。

㊿ 同㊾，卷1。

(51) 同⑱。

除此，吳喬更認爲評詩須先識得詩中之「比興」，他說：

> 唐人詩被宋人說壞，被明人學壞。不知比興而說詩，開口便錯。義山〈驕兒〉詩，令其莫學父，而於西北立功封侯，托興以言己之有才而不遇也。㉜

鑒賞必欲避其附會偏差，即在於先識得詩中「比興」處，誠直抉詩歌鑒賞之隱痛，西方結構主義之不全然適用於詩歌鑒賞，恐怕即在於識得「比興」。

既知「比興」，而以「比興」進行鑒賞，尚有可議者，一曰忌穿鑿：施閏章（1618－1683）即言：

> 注杜詩者，謂杜語必有出處，然添卻故事，減卻詩好處。如「五更鼓角聲悲壯，三峽星河影動搖」，蓋言峽流傾注，上撼星河，語有興象。竹坡乃引《天官書》：天一鎗棓矛盾，動搖角，大兵起。謂語中暗見用兵之意，頓覺索然。㉝

此注書家之穿鑿附會者。二曰牽強索解：賀貽孫（1605－？）曾言：

> 梅聖俞有《金針詩格》，張無盡有《律詩格》，洪覺範有《天廚禁臠》，皆論詩也。及觀三人所論，皆取古人之詩穿鑿扭捏，大傷古作者之意。三書流傳，魔魅後人，不獨可笑，抑復可恨。不知詩人托寄之語，十之二三耳，既云託寄，豈使人知？若字字穿鑿，篇篇扭捏，則是詩謎，非詩也。《三百篇》中有比、有興、有賦，盡如聖俞、無盡、覺範所言，則《三百篇》字字皆比，更無賦、興，千古而下，衹作隱語相猜，安能暢我性情，使人興觀群怨哉！惟子美詠物諸五言，則實有寄托，然亦不必牽強索解，如與癡人說夢也。㉞

㉜　同⑱，卷5。
㉝　施閏章：《蠖齋詩話》（《清詩話》本）。
㉞　賀貽孫：《詩筏》（《清詩話續編》本）。

此詩論家之穿鑿和牽強索解者。三曰求時事實之：沈德潛有言：

> 阮公〈詠懷〉，反覆零亂，興寄無端，和愉哀怨，俶詭不羈，
> 讀者莫求歸趣，遭阮公之時，自應有阮公之詩也。箋釋者必求
> 時事以實之，則鑿矣。⑤'

此箋釋者求時事實之者。三者皆有過猶不及之嫌，仍未得鑒賞之本
領。

　　而王夫之在鑒賞理論中，認為讀者自由解讀作品的主張，無疑是
歷史性的突破，他說：

> 「詩可以興，可以觀，可以群，可以怨。」盡矣。辨漢、魏、
> 唐、宋之雅俗得失以此，讀《三百篇》者必此也。「可以」云
> 者，隨所以而皆可也。於所興而可觀，其興也深；於所觀而可
> 興，其觀也審。以其群者而怨，怨愈不忘；以其怨者而群，群
> 乃益摯。出於四情之外，以生起四情；遊於四情之中，情無所
> 窒。作者用一致之思，讀者各以其情而自得。故〈關雎〉，興
> 也，康王晏朝，而即為冰鑒。「訏謨定命，遠猷辰告」，觀
> 也；謝安欣賞，而增其遐心。人情之遊也無涯，而各以其情
> 遇，斯所貴於有詩。⑤

在此，讀者對於作品而言，並非被動的存在，而是主動的參與。作品
用「興」去誘發讀者，，讀者用「興」去發掘作品的內蘊。從接受美
學的觀點視之，王夫之的理論思想，具有重大的意義。

　　就本節諸項而言，鑒賞理論在清代展現了完整的系統，是值得深
思探究者。

---

⑤　同㊱。

⑤　同㉗。

肆、結語

魏晉六朝是吾國文學自覺的時代,劉勰綜結經學家和文學家「比興」理論之過渡,一方面要求藝術形象托喻政敎風化的思想內容,一方面開拓以審美藝術特徵的形象思維,後代之「比興」理論幾乎都是由此衍化出去的,且無論其立論並「比興」,或「比」「興」對舉,以至單稱爲「興」,甚或自鑄其他如「興會」、「興象」等之偉詞,其宏旨皆可自劉勰立論中尋其理論之基礎。本文在〈淸代詩話之「比興」論〉一節中,分「比興」在詩論中的地位、在創作理論、意境理論、思想內容表現理論及鑒賞理論諸項,雖未能將淸代詩話論及「比興」者,全數網羅細述,然亦彰顯其立論之大者,突現出「比興」理論在詩學中之重要性。

《文心雕龍‧神思》篇之玄蘊

屏東師院語教系

李慕如

壹、前言

　　劉勰《文心雕龍》殫思淬慮，敷陳詳覈，今日得幸，重行披閱是書。試專注索探〈神思〉篇之玄蘊幽隱。

　　本文正論有三——

　　先、探索〈神思〉篇寫作背景，藉以明其承緒與通變。

　　次、由內質探其情文——神思定義、產生、陶鈞營構及修正。

　　參、試由其理論弘富以驗其外象內質之是否相符？

　　《文心雕龍》（以下簡稱《文心》）以37000字評隲周、漢～宋齊之兩千年文作，成書時已得沈約稱美。黃山谷以之與《史通》並列；何義門引之與《文選》同唱。近世魯迅《詩論題記》，甚至以與亞里斯多德《詩學》並為「開源發流」之楷式巨構。王夢鷗〈《古典文學的奧秘——《文心雕龍》〉尤譽為「披誦十代」之文評。本文析論〈神思〉，乃依〈附會〉篇之言——由為文之情志，事義、辭采、宮商。〈情采〉篇之言形文、聲文、情文，以析其內質外象，企能疏鑿其可觀之玄蘊。

貳、〈神思〉篇寫作之背景

一、承緒「宗經」傳統

王師更生講授《文心》全書，重言「宗經」思想之貫串一書。蓋「五經」乃「群言之祖」、「極文章之骨髓」、「洞性靈之奧區」。如〈原道〉篇以人文「肇自太極」。〈體性〉篇以「典雅」爲爲文風格之首。〈風骨〉篇以文家修養，首在宗經。〈通變〉篇言夸飾當斟酌《詩》、《書》。而〈事類〉、〈練字〉、〈指瑕〉各篇，亦無不言鑽灼經典、模經典範，爲其標竿。而〈宗經〉篇尤具體標出─「文能宗經」之衡文標準在「六觀」。如〈明詩〉篇以「繼軌周人」以評韋孟之四言詩。〈事類〉篇以「頗酌於詩書」以評揚雄〈百官箴〉。〈才略〉篇以「詩人之告哀焉」以評太史公《史記》。〈諸子〉篇以「咸叙經典」以評陸賈《新語》。〈史傳〉篇以「儒雅彬彬」以評班固《漢書》云云，乃劉勰之言經典能以「根柢槃深，枝葉峻茂」，而沾漑後世也。又如宋‧王禹偁〈答張扶書〉即云：「爲文而捨六經，又何法焉？」清‧姚鼐《惜抱軒文集》四云：「六經之文，聖賢述作之文也。」清‧吳曾祺《涵芬樓文談‧宗經》：「學文之道，首先宗經」。後世爲文，遠紹劉勰，以「論文必徵於聖；窺聖必宗於經者」。至宋之陳騤、李塗。元之郝經、劉壎。明之宋濂、屠隆。清之梁章鉅、方宗誠，乃至林紓，皆有類似之言。

〈神思〉篇言控馭情源、構思運思，似與經典無涉。細繹之，可述者多矣。如言「陶鈞文思，貴在虛靜」即化用《易經‧繫辭》。書中所云「神思」、「疏瀹」、「燭照」、「輪扁」等語，皆得自《莊子》；而「關鍵」、「司契」等語，又得自《老子》。而「形在江海之上，心存魏闕之下」，乃儒家積極入世之想。至兼重才、學，正《論語‧爲政》：「學而不思則罔」之引申。而篇中以「志氣」爲統「神思」關鍵。「王充氣竭於思慮」亦類《孟子‧公孫丑》之言「持志養氣」‧而饋貧拯亂由「博一」，亦類《中庸‧哀公問政》言「博學」。《論語‧八佾》言「子入太廟，每事問」。《荀子‧勸學》言

「學不可以已」。「貫一」之說，亦類《論語‧里仁》言孔道可一以
貫之。重「思」之見又同《論語‧爲政》「學而不思則罔。」《書‧洪
範》：「思曰睿」。《詩經》：「思之思之，鬼神通之」。甚而篇中
所舉才思緩急之十二例，多爲熟諳儒典者，則〈神思〉篇，自潛具傳
統「宗經」之意。

二、受時風習染

　　〈神思〉篇，旨在言靈感之「神」，何也？溯《文心》成書於南
朝齊和帝（西元501年），時正交織正始熾溺玄風與太康繁文縟旨。
由此流衍之玄學，多爲虛蕩之清談與人之回歸自然。據趙翼《廿二史
劄記‧六朝清談之習》言，其時玄學主流在「三理」（養生、言盡
意、聲無哀樂論）、「四本」（才性之同、異、合、離）等，皆浮遊
於時空外之概念名勝中。又據劉永濟《文心雕龍校釋》謂—六朝玄學
重老、莊—如阮籍〈達莊論〉、何晏〈無名論〉、裴頠〈崇有論〉。
而玄學中又滲入佛理。如湯用彤《漢魏兩晉南北朝佛教史》謂，時有
「形神生滅」、「果報有無」、「頓漸之爭」。而「形神生滅論」，
承阮籍〈達莊論〉之「形神在我而道德成」，而言「神」重「形」。
而佛教之言「形神生滅」，又以「神」並不隨「形」而亡、「神」始
終能控掌萬有，與「道」常相左右。此一玄佛同重「神」之時風，
〈神思〉篇承之而言「靈感」之得，有如「神」助。蓋思緒之紛杳泉
湧，超越時空，正可「思接千載」、「視通萬里」，由是物我泯沒，
情滿意溢，自感物成文。

　　又〈神思〉篇言構思三層次「思」→「意」→「文」，與時風
「言意之辨」相涉。蓋六朝之言名理言意，區分爲二—除歐陽建、王
茂弘力主「言盡意」（言、意之合一，正似形影、聲響）。而多數玄
學者皆由「體無」（本無末有）以道「言不盡意」。如荀粲、王弼、
歐陽堅石、皆以「道」之理難詮。而何晏〈無名論〉、郭象之注

《莊》等，皆類是。又嵇康〈聲無哀樂論〉言：「聖人識鑒，不藉言語」、「心之與聲，明爲二物」，至支遁通〈逍遙游〉，以「莊子建言大道，寄旨鵬鷃」皆與「言不盡意」合軌。

又玄風所趨，亦緣《莊子》「得魚忘筌」，謂形名不足以釋「道」之虛妙。據《高僧傳》即引晉釋僧肇〈涅槃無名論〉云：「道不可以形名得。」又宋·釋竺道生云：「象以盡意、得意象忘；言以詮理，入理則言息。」而梁、釋慧皎亦云：「至理無言。」

劉勰處玄佛皆重「言不盡意」中，所言之「思」→「意」→言（構思由「思」而醞釀成「意」，以精適之「言」表之），略同王弼《周易略例·明象》以虛設之意→象→言（尋言觀象；尋象得意）。而〈神思〉篇則主「意可盡意」云：「辭令管其樞機」。〈物色〉篇直引《詩經》·〈大車〉、〈小星〉之「皎日嘒星」一言窮理；「參差沃若」兩字窮形，則語文可窮理窮形。又〈夸飾〉篇云：「談歡則字與笑並，論戚則聲共泣偕。」王夢鷗〈劉勰論文的特殊見解〉亦稱美〈神思〉篇之「言盡意」，乃爲「邁越前人之卓識也」，其言正是。

三、一己之通變

劉勰重視傳統，於〈體性〉篇言「方軌儒門」、〈指瑕〉篇言「鑽灼經典」。然又重視創新，文由「變」中來，既由〈知音〉篇言「圓照之象，務先博觀。」〈通變〉篇言「變則可久；通則不乏。」「憑情以會通，負氣以適變」。又〈風骨〉篇云：「若夫鎔鑄經典之範……然後能孚甲新意，雕畫奇辭。」

劉勰之重通變創新，於〈神思〉篇中，言構思之道，緣－「心生」→「言立」→「文明」之神妙，而申之以虛靜養心，博練馭文，積學謀篇、博一綴慮而得杼軸獻功，皆一己之含蘊所得，非因襲而未變也。

參、內質上──構思理論──（情文）

〈神思〉篇為《文心雕龍》（以下簡稱《文心》）五十篇之第廿六篇，亦「文術論」廿篇之首。旨在探索為文構思之「想像力」（或稱「靈感」）之培養與掌握。

一、「神思」定義

據《說文》言─神　：「天神引出萬物者也。从示申聲」。此一形聲字乃示主宰陰陽不測之造物者。而思　：「从心从囟」（ㄒㄧㄣ）。」此一象上有「百會穴」之頭蓋骨之會意字，言用腦思考，即可通事理。故「神思」者，指靈感之來，如有神助。

溯「神思」一詞，來源甚早─首見於曹植〈寶刀賦〉云：「據神思而造像。」南朝宋、宗炳〈畫山水序〉云：「萬趣融其神思。」而孔融〈薦彌衡表〉則云：「思若有神之語。」蕭子顯《南齊書‧文學傳論》亦云：「屬文之道，事出神思，感召無象，變化無窮。」西晉‧陸機〈文賦〉又云：「思風發於胸臆，言泉流於唇齒。」劉勰承源接流，由創作經驗以申言靈感培養，抉發為文用思之妙諦。故於〈神思〉篇首即化用《莊子‧讓王》篇云：「身在江海之上，心在魏闕之下」以狀神思要妙，自一語道破，力透紙背。

然「神思」之浮現腦際，湧出眼前，常超越時空，難以名狀。如清‧馬榮祖《詩品集解‧續詩品注‧文頌》亦以「神秘」詮釋「神思」曰：「冥冥濛濛，忽忽夢夢……，神遊無端，思抽有緒。躡電追風，知在何許。倏忽得之，日光如炬。」其言正是！

二、神思產生

1.神與物遊─情景交融

〈神思〉篇首云：「思理為妙，神與物遊」。作者構思神妙，端在作者胸臆之「精神」，與由視聽而入之「外物」，交感互動，相需

相濟。亦即〈神思〉篇末贊云：「物以貌求，心以理應。」

　　夫「神思」雖可馳騁而難捉摸。如：東坡〈臘日遊孤山〉詩云：「作詩火急追亡逋，清景一失後難摹。」然「神」既爲心之主宰，自可制約。嵇康《養生論》即云：「精神之於形骸，猶國之有君也。」劉勰即重心物之交感。如〈物色〉篇云：「寫氣圖物，既隨物以宛轉；屬采附聲，亦與心而徘徊。」即直道內情外景之交融。劉永濟《文心雕龍校釋》即申此云：「內心外境之表見，其隱顯深淺，咸視志氣，辭令爲權衡。」而黃侃《札記》亦云：「必令心境相得，見相交融也。」其言正是。

　　以下試將劉勰言情景交融而后文生之構思意，藉王師更生《中國古代文學的秘寶—文心雕龍·五》之圖解①迻錄於次：

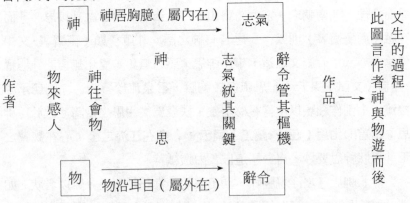

　　2.構思三層次—思→意→言

　　劉勰承《詩·大序》言心志生文，既於〈原道〉篇言「心生而言立，言立而文明」。又於〈神思〉篇進言「意授於思，言授於意」，推言構思三層次爲思→意→言。又云：「神居胸臆，而志氣統其關

---

① 見王師更生《中國古代文學理論的秘寶——文心雕龍》五，頁187「內情與外景交融而後文生的藝術構思圖」。

鍵；物沿耳目，而辭令管其樞機」。推重「志氣」為構思「關鍵」；「辭令」為構思「樞機」。以下試分言之：

①志氣

「志氣」即「情志」與「氣質」，類思想感情，乃推動想像之翅，其既能引發萬緒歸宗；亦能助人捕獲形象於大千世界。如〈明詩〉篇云：「怊悵切情」。〈樂府〉篇云：「情感七始」。〈情采〉篇云：「吟詠情性」。〈神思〉篇云：「神用象通，情變所孕。」而〈夸飾〉篇所謂：「談歡則字與笑並；論戚則聲共泣偕」即類陸機〈文賦〉云：「思涉樂其必笑；方言哀而已嘆。」以例明之。如「杯弓蛇影，」則人必先具恐懼情志，始將「杯內弓影」想像為「蛇影」，故「想像」乃由思想情志孕出，逆推之，亦可由想像推出原作情志。

②辭令

情志既孕，必賴辭令出之寫定。「辭令管其樞機」之重「辭」，即〈神思〉篇云：「言語者，文章關鍵，神明樞機。」〈麗辭〉云：「心生文辭」。「心」、「言」之疏密不同。〈聲律〉篇云：「內聽為難」。〈夸飾〉篇云：「心聲鏖起」。故〈神思〉「言半折心始」，指出言易翻空也。

言是否足意？又與時風攸關。如〈通變〉篇言九代詠歌「由質而訛」，已明「言」隨「時而遞嬗」。又據《世說新語‧文學》言「言盡意」之論，乃六朝玄學「三理」之一。言之是否盡意？乃源於時人。即《易‧繫辭上傳》云：「立象以盡意，繫辭焉以盡言」之不同詮釋而起。〈神思〉篇云：「辭令管其樞機」、「半折心始」、「意授於思；言授於意」等，自與「言意辨」相關。

三、神思內在陶鈞在─虛靜養心、疏瀹養氣

1.虛靜養心

文思通塞，未有定也。《莊子‧知北遊》云：「其來无跡；其往無崖。」袁守定《佔畢叢談》云：「靈感之來，如木之生春；靈感之去，如水之赴壑。」陸機〈文賦〉亦云：「吾未識夫開塞之所由。」劉勰接緒以言一文思營構在「虛靜養心」。

劉勰何以言虛言靜？蓋六朝玄學，祖述老莊，以「虛無」為本。《莊子》「庖丁解牛」既由「遊刃有餘」言「虛」。〈人間世〉又由「心齋」言由虛涵掌握道體。《老子》38章，既以「無」為天地之始。王弼《周易略例‧明象》進言由「貞一」始可返歸「無」之道體。何晏《論語集解》亦言：「遊刃皆虛。」是以〈神思〉篇言虛靜養心，亦或受時流若干影響。又李曰剛《文心雕龍講疏》詮釋「虛靜」曰：「虛者，謂排除雜念，使胸中一塵不染。靜者，謂靜化玄思，方寸不亂。」

細繹劉勰以虛靜養心，術在「無務苦慮」、「不必勞情。」然又引《莊子‧知北遊》所云：「齋戒疏瀹而心志；澡雪而精神。」即求「心」之虛靜，雖不必勞情苦慮，然必經「疏瀹」、「澡雪」之「心齋」過程。又因作者才性遲速不同，故必濟以「博而能一」，由是文思陶鈞，其過程，即為─虛靜→心齋→能一。

2.疏瀹養氣

劉勰除由《莊子》等玄學中肯定「神」，又重「氣」。所謂「神居胸臆，而志氣統其關鍵」、「方其搦翰，氣倍辭前」，則「神」、「氣」二者不惟相輔，「氣」且為「神」有無之關鍵。故言陶鈞文思，正在「疏瀹五藏，澡雪精神」。而「疏瀹」指「氣」；「澡雪」指「神」。而養氣類似之言，又見於〈養氣〉篇接緒以言─「節宣」衛氣。

細繹〈神思〉篇並舉「神」、「氣」，正類嵇康〈養生論〉之「修性以保神」；而「養氣調神」之論，正時風之同趨也。然劉勰之

言「氣」，並不同於《典論‧論文》之言「才氣」、「逸氣」、「齊
氣」。蓋劉勰之言氣—由「人」言，為氣旺神酣；自「文」言，即僧
肇《般若無知論》之所謂「機神洋溢」之境，即由衛氣養神得宜，自
能縱筆舒懷，展現佳篇。茲列神思培養圖②：

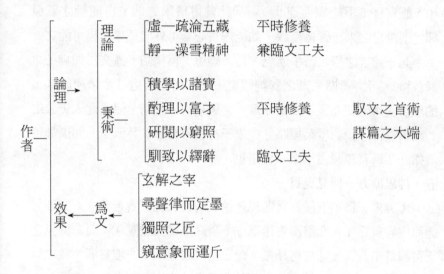

四、神思外在營構—積學、酌理、研閱、馴致

〈神思〉篇以文思外在儲養在：「積學以儲寶、酌理以富才、研
閱以窮照、馴致以繹辭。」即積學（平日累積學問，充實知識）、酌
理（斟酌情理、豐富素材）、研閱（體驗生活、加強照鑒），又臨文
操觚能馴致（順應情致，演繹巧辭）。

溯兼才學之論，始自《典論‧論文》。惟言先天才氣「父兄不能
以移子弟」，全然忽略後天學養。陸機〈文賦〉亦類。云：「舞者赴
節以投袂；歌者應絃而遣聲」言曼舞輕歌，技藝天成，而〈神思〉篇

---

② 同註1頁187。

言才學外，〈事類〉篇亦云：「才自內發、學以外成」。〈體性〉篇
以風格體製，得自作家才性③。

後世言才學者，如王安石〈上人書〉以爲文自得在－挾學明道。
方苞論文亦及之，云：「苟無其材，雖務學，不可強而能也；苟無其
學，雖有材，不能驟而逮也。」④此言得積學之助，自能輔才氣發
揮。則神思之來，雖難控馭，如能內養心氣；外向積學，自可能之。

此一兼言才學之持平所見，乃〈神思〉篇精髓。蓋文思如神，才
又各異，可恃者惟平素之餐經饋史，又「何勞苦慮」？積學既久，
酌理自明、研閱亦多，抽毫命筆，文思泉湧，至精至變。此太史公之
「讀萬卷書」、「行萬里路」亦朱子〈觀書有感〉詩云：「問渠那得
清如許？爲有源頭活水來。」是也。

五、神思療方─博見與貫一

〈神思〉篇第五段－言運思遲速之病在「理鬱者苦貧」（文理欠
通而內容貧乏）。「辭溺者傷亂」（辭藻堆砌而雜亂）。而「博見」
正可饋貧；「貫一」亦可拯亂。此正范文瀾注云：「理貧者，救之以
博；辭亂者，救之以練。」進而言「博見」之方，則參之〈事類〉之
據事援古，自辭理豐贍。又輔之〈知音〉篇言六觀之一「博觀」，自
足評文照辭。至「貫一」之術，如參研（鎔裁）「標三準」－爲文自
「百節成體」「萬趣會文」。而〈附會〉篇言「驅萬塗於同歸，貞百
慮於一致」又〈章句〉篇言：「啓行之辭，逆萌中篇之意；絕筆之
言，追媵前句之旨」，亦即《文鏡秘府論》云：「建其首，則思下辭
而可承；陳其末，則尋上義而不相犯；與其中，則前後相附依。」此

---

③ 見王師更生《文心雕龍讀本》下冊，頁十九，言《文心》一書特殊辭彙甚多。如用
「體」字構成之195句式中，即有「體勢」、「體貌」等十二種。〈體性〉篇乃逆溯爲
文之風格體製，得自作家情性，故謂「體性」。

④ 見《四部備要》卷六《望溪文集·答申謙居書》。

博一以綴慮饋疾，自是馭文謀篇，拯亂治貧之方。

又神思強化在——

六、杼軸獻功

陸機〈文賦〉云：「雖杼軸於予懷，怵他人之我先。」〈正緯〉篇云：「絲麻不雜，布帛乃成」，言素材經想像構思以成文，猶絲麻經杼軸紡績而成布。作家原有之拙辭庸事（即陸機所謂之「榛楛勿剪」、鍾嶸所謂：「言在耳目之內」。金聖嘆所謂之「人人心中所有、筆下所無」），如何由想像以成巧義新意？自必由「麻」經紡績「杼軸」以成「煥然乃珍」之布？此正回應前文，言文思神奇也。即「寂然凝慮，思接千載，悄然動容，視通萬里」。亦陸機〈文賦〉云：「觀古今於須臾，撫四海於一瞬。」蕭子顯《南齊書‧文學傳論》云：「屬文之道，事出神思，感召無象，變化不窮。」

然「拙辭或孕於巧義，庸事或萌於新意」。細觀前人多以此「杼軸獻功」而「文貴修飾」。如黃侃《札記》云：「杼軸獻功，此言文貴修飾潤色。拙辭孕巧義，修飾則巧義顯；庸事萌新意，潤色則新意出。」此乃未明劉勰不尚雕藻浮豔；又未體悟「視布於麻」之比喻。蓋「內容」如原為「庸事」，則形式如何修潤，亦難出「新意」。反之，如「內容」本身已孕有「巧義」，自毋需以華辭以代樸納之「拙辭」。唯貴以「想像」營組調整之。

而「杼軸之功」最大呈現為何？此一「思表纖旨，文外曲致」如何由「神」而「學」？〈神思〉篇末，言由玄學而「至精而後闡其妙」、「至變而後通其數」卒至「窮則變，變則通，通則久」。即由可恃之外在積學→內在虛靜—博一——出「神思」，則創作活動之構思，已由僵化而內省入神，而靈感泉湧，自為積極可行之心靈活動。

肆、外象上—理論與實作圓合

《文心》既爲一代巨製，理論弘富而精當，究其所言是否與其實作相應？以下試以〈神思〉篇爲例，析分如次：

一、結構綿密〈鎔裁〉

《文心》全書首尾一貫，百慮一致。范文瀾言其行文之例，於注〈神思〉時云：「各篇前後相銜，必於前篇之末，預告後篇之將論者。」黃侃《札記》〈總術〉篇亦云「彥和之撰斯文，意在提挈綱維，指陳樞要。」職是之故，全書成文大端在「情」、「采」二字。即其書「文體論」引〈總術〉言之「圓鑒區域」。〈序志〉篇言之「囿別區分」），亦其書「文術論」（即〈序志〉篇所言之「籠圈條貫」）。至文體論之舖叙，如〈序志〉篇所言「原始以表末、釋名以章義、選文以定篇、敷理以舉統。」即以遞進法以言文體，故可「綱舉目張，明白可見」。至文術創作論之舖叙，則由整體而「籠圈條貫」，就其範圍籠而圈之，因其情采條而貫之，即以衆星拱月法以舉毛目。而二十篇之內容或各有偏重，而能情采相宜。如〈鎔裁〉篇云：「萬報會文，不離辭情。」〈章句〉篇云：「外文綺交，內義脈注」等。

二、章句聯璧〈章句〉

〈神思〉篇之營造字句疏密、平仄聲氣如繭抽緖。如：

1.章法縝密

〈神思〉篇凡六八八字，分爲七段－首言「神思」定義。次言神思之妙及陶鈞之法。參言神思之運。肆言文思遲速。伍言運思之方在博一，陸言如何由「學」而「神」。末總以贊，總結前文，勉人運思。

2.句法奇偶

①駢散參差－於六六對等或上四下六中，突一散句以承繼，呈錯綜整齊之互出。如：「形在江海之上，心存魏闕之下，神思之謂也。」

②整齊駢偶－「人之稟才，遲速異分；文之制體，大小殊功」。則吟誦自出貫珠振玉、聯璧疊章之美。

③排句－或四句連下，或六者齊列，如「積學以儲寶、酌理以富才、研閱以窮照、馴致以繹辭。」

1.字法鱗次

①關鍵字－如「思理為妙，神與物遊。神居胸臆，而志氣統其關鍵。」由「神」、「物」二字為眼目，以言心物交融。

②疊字法－「物沿耳目，而辭令管其樞機；樞機方通，則物無隱貌。」則「物」、「樞機」重出，具轉關制輪，開闔變化之妙。

三、音韻諧調〈聲文〉

由〈聲律〉篇統合劉勰之論聲文之疾徐有原則五－重天籟自然，（然受時風習染，亦不忽視人為音律）。重靜心凝慮之「內聽」以審音。由陰陽清濁之相間與雙聲疊韻之錯綜，使行文轆轤交往、逆鱗相比。重「異音相從」之「和」與「同聲相應」之「韻」。末言不雜古音、方言、求用韻清切。以下分言：

1.和諧美

〈神思〉篇之重「和」－由平仄抑揚律及節奏輕重律得見。如「刻鏤聲律，萌芽比興」（仄仄平仄，平平仄平）。即合平仄抑揚。而「悄然動容，視通萬里；吟詠之間，吐納珠玉之聲。」（仄平仄平，仄平仄仄；平仄平平，仄仄平仄平平。）四字句節奏點在二、四字；六字句則在第二字。又平聲為揚、仄聲為抑。平聲重讀；仄聲

輕讀⑤。如此諷誦，自有輕重之美。

2.韻律美

《文心》全書祖《史記》、《後漢書》篇末有「贊」。而「贊」則用韻。如〈頌贊〉篇言「盤桓乎數韻之辭，約舉以盡情」。細繹《文心》全書，押平聲者九，上聲者十二、去聲者二十、入聲者六⑥。如〈神思〉篇末贊以四字爲韻－「孕」以證切；「應」，於證切；「與」，許應切；「勝」，詩證切，屬《廣韻》第四十七證韻，韻母爲　，韻極清切。

四、辭采華實（形文之一）

《文心》成書於駢儷極盛之齊梁，爲文自具特色。即：

1.兼宗駢散

就文學發展長流言，韻文早於散文。如皇古文學中之〈竹彈謠〉、〈擊壤歌〉，乃至五經（除《禮》、《春秋》外），皆爲韻文。而《文心》之論文，原始於五經，亦未偏廢傳記、子、史。自齊、梁後，駢儷正盛。裴子野〈雕蟲論〉、《顏氏家訓》乃至劉知幾《史通》皆斥其輕綺。唐、宋之韓愈、歐陽修力倡古文，曾鞏、王安石、三蘇群力附和，氣勢大盛。而駢散兼宗之《文心》於此駢散，互爲雄長中，皆未受重視。至明、楊用修，始因悅其「辭采文筆」而稍予推崇。又經梅、王校注，黃叔琳箋釋，章學誠徵引，始受重於世。

細繹〈神思〉及他篇，爲文皆以四言爲正格，而於四、六後，以散行收束。如〈神思〉篇次段云：「夫神思方運，萬塗競萌……登山則情滿於山；觀海則意溢於海，我才之多少，將與風雲而並驅矣。」除虛字外爲四、四、四、四、六、六、四、五句矣。

---

⑤　見王師更生《文心雕龍導讀》頁54。
⑥　見《清華學報》十一卷三期。

2.文質相得—以狀「神思」之要妙

文學之美安在？我國文獻罕及之。近代自蔡元培以「美育」爲天下倡。朱光潛《文藝心理學》之引意克羅齊《美學原理》，中國始影行西方重「美」。《文心》一書言「美」之文句凡63條，卻未明言「美」[⑦]。夫爲文之美，貴在能化抽象之情理爲具象之事，方爲「美」。《文心》成於文浮於質，惟務雕琢之時，質乎？文乎？

〈原道〉篇：「有心之器，其無文歟？」重「文」。〈徵聖〉篇云：「言足志」、「情欲信」重質。而〈情采〉篇云：「文附質」、「質待文」言文質相得，「本乎自然」而〈通變〉篇云：「斟酌乎質文之間」，其言最爲明達，乃劉勰公允之論也。

劉勰之文質相得，最足代表，乃〈神思〉篇首，以精確文辭以狀構思奇妙。即：「文之思也，其神遠矣。故寂然凝慮，思接千載；悄焉動容，視通萬里。」蓋「神思」爲文章最難狀之內質。黃侃《札記》即言憑心構象之方有二：「一則緣此知彼，有校量之能；一則即異求同，有綜合之用」則校量綜合後，必能凸顯「神思要妙」，此乃東坡〈偃竹記〉云：「畫竹必先得成竹於胸中。」「胸中竹」乃「質」也。又英‧艾略特（T‧S‧Eliot）《文學論》以「想像」可以使人點鐵成金，化內質爲外象也。

3.口尚自然——狀文思運行

《文心》一書以駢文寫就，乃受時代洪流影響。而劉勰尚自然修辭，用意在拯治藻飾文風。故〈麗辭〉篇云：「高下相須，自然成對」。〈明詩〉篇云：「感物吟志，莫非自然。」〈神思〉篇言文思之運，難以捉摸，無以言筌，故曰：「神思方運，萬途競萌，規矩虛位，刻鏤無形。」蓋文思泉湧，紛至沓來，如登山涉海，展翅翶

---

⑦　見王師更生《文心雕龍研究》頁199。

翔，所訂規範，一皆無涉，此言巧於以「自然之方」，以狀文思之運行也。

4.尚潤色——夸飾與潤色

《文心》有〈夸飾〉專篇，即以經傳所載，史籍所論，無不有夸飾，雖不合自然，亦有存在必要。即《莊子》云：「兩喜必多溢美之言；兩惡必多溢惡之言。」王充《論衡》亦云：「舉人不增其美，則聞者不快其意。」故增美益惡之潤色，乃屬必要。

〈神思〉篇即為文術論之首，自為創作之靈魂，足以統領〈體性〉以下諸篇，而其末段舉伊摯、輪扁以言「思表纖旨，文外曲致」之難以言狀，而回應前旨，以言潤色之必要。

五、比喻巧敷（形文之二）

比喻修辭為以此喻彼，言近旨遠法。有「喻於聲」、「方於貌」、「擬於心，譬於事」等。使人視而可識，察而見意。

〈神思〉篇所用比喻之例甚夥。如以「形在江海之上，心在魏闕之下」以狀神思。又以「寂然凝慮，思接千載；悄焉動容，視通萬里」以狀文思之神妙。尤各舉文思遲速之六例，最足代表「比」意。如相如之含筆而腐毫、揚雄之輟翰而驚夢、桓譚之疾感於苦思、王充之氣竭於沈慮、張衡之研〈京〉以十年、左思練〈都〉以一紀。此文思之緩也。淮南崇朝而賦〈騷〉、枚皋應詔而成賦、子建援牘如口誦、仲宣舉筆似宿構、阮隔據案而制書、禰衡當食而草奏，此文思之速也。張衡、左思，文思之緩也。而淮南王、枚皋、子建、仲宣蓋文思遲速，不惟源於天賦，因於篇製，亦攸關文術之生熟也。

六、用典折衷（形文之三）

夫為文能本諸舊言，綜輯故實為貴。齊、梁爭用僻典，求字字有來歷，則文愈勝而質愈漓。《文心雕龍·事類》篇以「事得其要」、「用舊合機」以增益文章典贍，內容深度。自不同鍾嶸《詩品》之反

對侈言用事、拘攣補衲。細繹〈神思〉篇之用典引事頗夥。如：

1.用《周易》者，「文之思也，其神遠矣」，出自《周易‧說卦傳》：「神也者，妙萬物而為言者也。」「陶鈞文思，貴在虛靜」出自〈繫辭上傳〉：「易，無思也，無為也。寂然不動，感而遂通天下之故。」又「至精而後闡其妙，至變而後其數。」亦出自〈繫辭‧下傳〉：「窮則變，變則通，通則久。」此外用《易》尚有「樞機」、「訓致」、「會章」、「意象」等⑧

2.用《老》、《莊》者

〈神思〉篇首釋「神思」即化用《莊子‧讓王》：「中山公子牟謂瞻子曰：『身在江海之上；心居魏闕之下，奈何？』」「玄解」之「宰」，用《莊子‧養生主》「庖丁解牛」事。「疏瀹」出自〈知北遊〉。「燭照之匠」出自〈天運〉篇。「語斤」出自〈徐無鬼〉篇。「輪扁」出自〈天道〉篇。又「關鍵」出自《老子》第27章：「無關鍵而不可開。」、「司契」出自《老子》79章：「有德司契」。

3.用《文心‧雕龍》本書者：

如「貫一」見〈附會〉篇。「刻鏤聲律」見〈聲律〉篇。「萌芽比興」見〈比興〉篇。「體變遷貿」見〈體性〉篇。

4.其他

如「陶鈞」見《史記‧魯仲連鄒陽傳》。「定墨」見《禮記玉藻》。「神思」見曹植〈寶刀賦〉。朱宗炳〈畫山水序〉，孔融〈薦衡表〉。而才思遲速十二例－如「相如」事見《西京雜記》二。揚雄事見桓譚《新論》。子建事見《文選‧楊脩答臨淄候箋》，餘亦見各史書。

---

⑧　見《文心雕龍研究論文集》頁85～124，王仁鈞〈文心雕龍用易考〉。

伍、結論

劉勰論文能彌綸群言，獨抒己見，故能承《典論》、〈文賦〉而爲論文鉅製。職是之故，黃山谷以之與《史通》並舉；何義門與之與《文選》同唱，自非偶發。

《文心》一書，乃以「宗經思想」爲主線，貫串「控引情源」之五綱（〈神思〉、〈體性〉、〈風骨〉、〈通變〉、〈定勢〉）與「制勝文苑」之四目（〈情采〉、〈聲律〉、〈章句〉、〈麗辭〉），又益以〈養氣〉、〈鎔裁〉，遂串成創作完整體系。故〈神思〉篇乃示人進行構思與培養想像之方。中除予「神思」具體定義，狀其神妙外，又言神思之遲速與救弊。

〈神思〉篇精義玄蘊，經以上析分－內質之情文，除言陶鈞文思在重「神與物遊」、「虛靜心氣」。又兼重才學，與餖拯理鬱、辭溺。而外象方面則重鎔裁章句，及聲文音韻、形文之辭采，比喻與用典。

細繹《文心》與陸機〈文賦〉雖同爲「每自屬文」「觀才士之所作」，總結所得，即由〈神思〉與〈文賦〉比並言──狀神思之妙──〈神思〉言「寂然凝慮，思接千載；悄然動容，視通萬里」同〈文賦〉：「精騖八極，心游萬刃。」「觀古今於須臾，撫四海於一瞬。」〈神思〉言運思之弊云：「半折心始」，同〈文賦〉：「恆患意不稱物，文不逮意。」又〈神思〉言「積學以儲寶，酌理以富才」即〈文賦〉云：「收百世之闕文；採千載之遺韻」等。然〈文賦〉只言現實；〈神思〉進言方術。

《文心》之可貴，在成書之時，正逢山水名理盛極。〈神思〉之作，欲示人如何構思，以寫就令人蘊深含、神采飛動佳製，以拯陷溺「辭鋒理窟」之時病。此其一也。

又〈神思〉言構思神妙，人於有意無意，可知不可知之則理中，欲由可恃之「學」而入不可知之「神」，此其二也。

容或《文心》一書之言，或受時代拘限，尚有未盡，展望未來，仍有續貂之作，詳述齊、梁以降者，則幸甚幸甚。

陸、參考文獻

一、專書

《文心雕龍校釋》　劉永濟　台北：正中　民57年

《文心雕龍註訂》　張立齋　台北：正中　民57年

《文心雕龍注》　范文瀾　台北：開明　民58年

《文心雕龍》　施友忠　台北：中華　民59年

《文心雕龍研究論文集》　黃師錦鋐等　淡江學院中文研究室　民59年

《文心雕龍析論》　李中成　台北：大聖　民61年

《文心雕龍注》　黃叔琳　台北：中華　民62年

《文心雕龍札記》　黃侃　香港：新亞　民62年

《文心雕龍導讀》　王師更生　台北：華正　民66年

《文心雕龍之創作論》　黃春貴　台北：文史哲　民67年

《文心雕龍研究論文選粹》　王師更生　台北：育民　民69年

《文心雕龍研究》　王師更生　台北：文史哲　民73年

《文心雕龍與經學》　蔡師宗陽　民78年

《文心雕龍讀本》　王師更生　台北：文史哲　民84年

二、單篇論文

〈劉彥和文學創作的理論體系與實際〉　王師更生　《國文學報》八期，頁1～44，民68年6月。

〈試探《文心雕龍》在「中國文學史上的地位」〉　王師更生
　　師大學報》廿期，頁61～73。

〈文心雕龍回顧與前瞻〉　王師更生　《中華文化復興月刊》七
　　卷六期，頁1～39。

〈文心雕龍之想像論〉　黃春貴　《中華文化復興月刊》七卷四
　　期，頁30～33。

〈文心雕龍神思論〉　曾一慈　《台北商專學報》，頁32～39。

〈玄學與神思〉　施淑女　《文心雕龍研究文集》，頁1～32。

〈從《文心雕龍》看傳統與文學創作的關係〉　施淑女，頁249
　　～355。

〈釋〈神思〉篇「杼軸獻功」說〉　王元化　上海：古籍，1992
　　年見《文心雕龍疏》頁105～109。

附錄《英文摘要》

An Analysis of 「The LIterary Heart and the Carvign of Drgons.
The Morvelous Thought」

By Lee，Muh－Ru

Synopsis

「The LIterary Heart and the Carving of Dragons」（文心雕
龍）is one of the great books in chinese literature，which is highly
extolled by its abudant contents and well orginazation.

Mr. Chi－Kqang Huang（黃季剛）appraised that：″The auto-
hor（劉勰）had described subjects in detail and cited examples
extensively.″

＜The Marvelous Thought＞（神思）is in Chapter 26 discussing
the methodology of inspiration and plot in literary styles.

In this article，I will explore the ″theory″ and ″structure″

of ＜The Marvelous Thought＞.

·Theory

1.Context is linked with image － which generates inspiration.

2.To creste inspiration is to cultivate the siprit and mood then tor be skillful at writing.

3.Education is as important as talent.

4.To creat inagination，one must be well experienced and completely penetrating.

5.Modification will compenstat the insufficiency for imagination.

6.Following ancient saints' adages and classics are also important.

·Structure

1.Well － orginaged

2.Balanced wording

3.Harmomic rhymes

4.Beautiful sentences but natural expression

5.Ingenious metaphors

6.Relavent and skillful quots

《文心雕龍》之作品結構理論闡微
～取徑英加登之現象學文論

中興大學中文系

尤雅姿

壹、導論

一、研究動機概述

　　劉勰對於文學作品的藝術組織結構分析，一以貫之地遍佈於《文心雕龍》五十篇當中，然又以下篇的〈定勢〉以迄〈總術〉等十五篇為開發重鎮，劉勰在各個專篇上均作了深化的論述，使這一部份的研究範疇成為中國古典文藝理論有關文術論的命題集散地。

　　在這十五篇之中，針對文本以論作品藝術結構的又以卷七及卷八的十篇為最積極確鑿，它們依序是〈情采〉、〈鎔裁〉、〈聲律〉、〈章句〉、〈麗辭〉、〈比興〉、〈夸飾〉、〈事類〉、〈練字〉與〈隱秀〉等，劉勰以一貫而分殊的文學思維態度，將上述命題作一立體、多層次、有機的組織剖析，充分呈現出他對作品結構層次的全盤掌握與清晰的理論佈置。

　　本文的研究目的是想重新詮釋並評述劉勰在作品結構理論上的美學造詣，採行的研究方法是以現象美學流派的文學理論進行比較對勘，嘗試透過一個嶄新的視窗來觀測《文心雕龍》的理論高度，取徑的研究路線則是羅曼‧英加登（Roman Ingarden 1893－1970）的現象學文論。英加登是本世紀現象美學理論的創始人兼首要代表，國籍

波蘭，是傑出的哲學家、美學家及文學理論家。早年師事胡塞爾
（Edmund Husserl），胡塞爾是現象學派創始人，對英加登的哲學
傾向有深遠的影響，英加登接受了胡塞爾的意向性學說，以現象學還
原的方法建立了嚴謹精密的科學信念，但他卻不贊成胡塞爾的先驗唯
心主義，而強調本體論應被置於優先地位，並以之爲認識論和價值論
的研究依據，循此思路，英加登致力使文學研究成爲一門精密的學
科，他運用現象哲學方法分析文學的存在性質和共同的形式結構，完
成了獨樹一格的現象學文論體系。

　　英加登獨創的現象學文論向以體大慮周，論證精詳見長，他的文
學藝術作品本體論，文學藝術作品認識論主導了二十世紀西方文論的
趨勢並產生了廣遠的影響，因此，他是足堪與劉勰的《文心雕龍》相
提並論的；再就劉勰而言，他的經院研修背景，使他具備深厚而嚴明
的哲學思維基礎，所以能寫成大判條例，圓鑒區域的《文心雕龍》，
對中國古典文論作出了集大成與開先河的重要貢獻。他和英加登雖然
存在著極爲顯著的時空落差，但兩人的哲學思維、文論造詣都具備著
相映相召的對勘條件，此外，他們對文學作品的結構概念也聚焦在複
合式多層次的有機組織原則上，所以，本文援用英加登的藝術作品本
體論體系，將它與《文心雕龍》的相關命題進行參照會通，希望能賦
予《文心雕龍》日新又新的時代價值，也期盼有益於《文心雕龍》研
究範疇的拓展，於此，尚祈博雅君子匡我不逮。

二、研究範疇的初步說明

　　㈠「文學作品」與「文學的藝術作品」之概念區別

　　英加登有關文學的研究著作有《文學的藝術作品》（一九三一

年）和《對文學的藝術作品的認識》（一九三七年）①，兩書堪稱姐
妹篇，前者專致於對文學作品的結構形式與存在方式之研究，後者承
續前書的研究基礎，以現象學的原則，考察讀者對文學作品的認識經
驗。英加登在《文學的藝術作品》中試圖爲文學作品、美文學作品以
及科學著作②等三種作品劃分出義界，他認爲文學作品是一個意義非
常廣泛的概念，它包括各種以語言爲媒介的作品，可以是口傳文學，
它們根據那些朗誦或吟唱者的記憶，進行世世代代的口頭複製，這些
作品雖然沒有固定在書面形式中，但卻依靠語音材料而長期存在。文
學作品當然更包括那些以紙張、墨迹爲物質基礎，通過語詞音義爲中
介的書面形式作品。在上述的口傳與書面作品之中，卻只有講究語言
藝術，本身具備審美價值的文學作品，才是英加登所聲稱的「文學
的藝術作品，它相當於純文學，或美的文學，或是文藝作品等名稱
的概念。至於科學著作，因爲語言的結構方式和作品的基本功能都和
文學的藝術作品大異其趣，所以英加登認爲它不應該和文學的藝術作
品混爲一談，首先，科學著作中所有的陳述都是判斷。它們未必都正
確，也不必都不正確，但它們全都自稱是正確的。與此相對照的是文
學的藝術作品只包含擬判斷，這些判斷並不自稱是正確的，即使它們
具有眞理，我們也不應把文學的藝術作品看作是隱蔽的哲學體系作
品，而區別眞判斷和擬判斷陳述並不是根據句子的形式來劃分，同一

---

① 羅曼·英加登著、陳燕谷、曉未譯。《對文學的藝術作品的認識》（原書名：Cognition
of the Literary work of Art），商鼎文化出版社一九九一年十二月台灣初版
② 英加登用「文學作品」一詞指所有書面的或口頭的作品；用「文學的藝術作品」指美
的文學作品。不屬於後一個範疇的最重要作品英加登稱爲「科學著作」，但這裡所使
用的「科學」一詞係按照德文 Wisens chaftlich（合乎科學的）一詞的意義來使用的，
它包含自然科學和任何嚴肅的研究領域。本文爲求行文便利，間用文學作品、文學藝
術作品、文藝作品，或逕稱作品，其定義悉指純文學作品，即英加登的「文學的藝術
作品」。

個句子經常可以既是判斷，也可以是擬判斷。英加登認為一個真正的判斷必須設定它的對象之存在；而一個擬判斷卻不必要求陳述任何獨立於作品世界而存在的東西。其次，科學著作中也可能含有審美相關性質，但是它們並非是必要不可的，有時審美相關性質的出現反而是一種可以省去的奢侈，甚或妨礙作品在陳述時應力求達到的透明功能。但是就文學的藝作品而言，審美相關性質不僅是作品本質的構成要素更是作品能否達成審美具體化的第一要素。再者，科學著作的陳述功能在於把讀者的意向指向超越了作品存在的客體。這些相關客體的知識是由作品中判斷句的意義所確定的，其所構成的對象是獨立於作品的一種自身存在，與文學的藝術作品恰形成顯著的差別，因為藝術作品所描繪的對象必須存在於作品之中，不是獨立於作品世界而存在的客體，讀者透過句子的意向性關聯物與事態相結合將之投射出來，所以應當專注於作品之中所構成的對象。彷彿它們具有自己的準實在性。

根據英加登所論述的概念，我們可以界定出本文的研究範疇係指「文學的藝術作品」，而不是所有的文學作品，也不是自然科學、社會科學、人文科學等任何嚴肅的學術著作，所以，並不包涵政治的、教育的、歷史的書面（或口頭）作品，以《文心雕龍》的研究對象來說，除了《詩經》，其餘的經典均不宜以文學的藝術作品看待，其他如〈祝盟〉、〈銘箴〉、〈誄碑〉、〈史傳〉、〈諸子〉、〈論說〉、〈詔策〉、〈檄移〉、〈封禪〉、〈章表〉、〈奏啓〉、〈議對〉及〈書記〉等也只能視為寬泛意義上的文學作品，它們有的是哲學類著作，如《易經》及諸子學說；有的是歷史類著作，如《春秋》、《尚書》及史傳類作品；又有的是以政治或教育功能為主的作品，如詔、策、檄、移、封禪文、章、表、奏、啓、議、對、書、記、銘、箴等，這些作品的功能固定在傳達一個獨立於作品存在的客

體之知識，即使它們有時也能構成某種特殊的審美價值，但這些審美
價值只是第二性，是從屬的附加價值；這正如同文學的藝術作品也可
能具有哲學意義，或者發揮著某些社會教育的功能，但這只是附加的
意義和從屬的功能，文學的藝術作品並不是爲了增進學術知識、改造
世道人心而存在的，它的本質功能在於體現特殊的審美價值，使讀者
可以觀照它們並對它們進行審美體驗，這個過程本身就具有諸般價
值。因此，在《文心雕龍》的研究對象中，符合文學的藝術作品是
《詩經》、《楚辭》以及〈明詩〉、〈樂府〉、〈詮賦〉等各篇論及
之作品，但劉勰爲求完備，又將其餘文學作品中具有審美價值的篇章
吸收進來，既作文學史暨文學批評史的研究對象，也將個別作品中的
創作成就抽繹出來，統一於下篇之中建立一套完整的文術論思想體
系。不過，如從嚴謹精密的現象學文論來檢視，則劉勰的文學概念仍
有值得商榷之處，第一：他將科學著作中具有審美價值的作品提昇到
文學的藝術作品之林，未能辨清其第一性與第二性之主從功能區別；
第二：他令文學的藝術作品如《詩經》、《楚辭》和抒情詩歌文體等
所附帶發揮的社會功能竄昇到作品的第一性價值，未能固守美文獨立
的審美本質。然而，劉勰如此的研究態度亦有他自己的學術立場與立
命之道，前者如他在〈總術〉所言：

> 今之常言，有文有筆，以爲無韻者筆也，有韻者文也。夫文以
> 足言，理兼詩書，別目兩名，自近代耳。顏延年以爲筆之爲
> 體，言之文也；經典則言而非筆，傳記則筆而非言。請奪彼
> 矛，還攻其楯矣。何者？易之文言，豈非言文，若筆不言文，
> 不得云經典非筆矣。將以立論，未見其論立也。予以爲發口爲
> 言，屬筆曰翰，常道曰經，述經曰傳。經傳之體，出言入筆，
> 筆爲言使，可強可弱，六經以典奧爲不刊，非以言筆爲優劣

也。

此處的「文」相當於文學的藝術作品概念，而「筆」則指除去「文」
以外的一切形諸文字的書面製作；又，「言」指口傳文學，所謂「發
口爲言」，但也包括語錄體的文字製作，即「經傳之體，出言入
筆」。劉勰在此篇試圖矯正顏延之的「文筆說」，他將「言」納入文
章之列是一明智看法，以情采聲律作爲論文叙筆的標準則無異於顏延
之的文筆說概念，但是，爲了矯訛翻淺而高揭宗經大旗，並進而以經
傳典誥爲文章之淵府的文學理論就有混淆體用範疇的缺陷，而這也又
與劉勰著書立命的態度密切相關，他在〈序志〉中自述「嘗夜夢執丹
漆之禮器，隨仲尼而南行，旦而寤，廼怡然而喜，大哉聖人之難見
哉，乃小子之垂夢歟！」，可見其文論思想係奉儒家之聖賢與經典爲
圭臬。關於這一點，自然是劉勰的立場，但就學術論著之研究態度而
言，卻不夠客觀超然。

雖然如此，由於劉勰在《文心雕龍》的二十篇文體論中，爲求完
備，除了小說未獲重視以外，幾乎已蒐羅了一切的文學作品，在這爲
數豐饒的研究樣品上，充分供應給他作爲提煉文藝理論時所需的各式
原礦，此所以他在〈神思〉以迄〈總術〉等十九篇闡論文藝創作原理
時，顯得遊刃有餘、左右逢源，而且所建構出的文論體系也系統分
明，層次豐富，論說精緻，統攝了藝術神思、文章風格、結構佈局、
情感、辭采、聲律、章法、句法、詞法、字法、比興、夸飾、事類、
隱秀等命題，因而能在《文心雕龍》全書中脫穎而出，成爲最有價值
的理論勝場。

在確認了英加登關於文學作品與文學的藝術作品等兩個概念之
後，我們能理解《文心雕龍》在範疇界定上的瑕疵，也可以在釐清瑕
疵之後，獲得更明澈的義界，並把研究的焦點投注於他的文學創作理

論體系，本文將先討論劉勰的作品結構理論。

　　㈡關於現象學的「純粹意識」與「意向性」之概念說明

　　「純粹意識」與「意向性」是現象學的中心概念。所謂「純粹意識」是知識的確定性基礎，胡塞爾為針砭實證主義的自然態度與主觀主義的歷史態度所形成的知識危機，提倡以典型哲學的思維態度與方法直接面對「實事本身」，實事本身的獲得必須經過對存在的懸置以及對歷史的懸置，前者的思維態度是暫時擱置外部世界是否獨立於意識而實存的問題；後者的思維態度則是暫時擱置歷史所給予的先入觀念與思想，然而，所謂的擱置只是懸置不決，暫時放棄對它們作出正確與否的論斷，並不表示否定了客觀的世界與既有的思想觀念，胡塞爾認為這樣的思維態度，可以防弊自以為是的專斷與盲視。

　　在經過了上述兩種懸置之後，胡塞爾認為我們可以返回知識的確定性基礎，亦即「純粹意識」上，我們憑藉本質直覺在內在直觀中把握和描述意識活動以及由意識活動所構成的對象——「意識客體」，或稱「意向性對象」。直觀，在現象學術語中的含義是指徹底而直接地面對認識對象，這種直接的經驗不存任何假設，它是形成認識對象的必要條件。直觀方法的要諦首在摒除偶然因素，其次在於把握那些使現象成為可能的必要因素；測定的方法是「想像變換法」（Variation imaginative），將該現象置於不同的條件下，要是缺乏某一條件而使某現象立即成為無法想像者，則該條件就成為必然因素，也是該現象之本質。③，因此，在直觀本質的基礎上，我們得以據此來分析意識對象－包括內在的、外在的、事物的或過程的方式，以便確定它們基本的必要的特徵，它同時也著重於把那些在一般心理行為中僅僅是潛在的要素牽引到清晰的意識中來，所以它是一種反思的，非經驗

---

③　參沈清松著《現代哲學論衡》，頁322—323黎明文化事業公司一九九四年十月出版。

的哲學研究方式，有助於爲文學這一門學科建立精密的學術基礎，提供給文學評論者更確定的概念和周詳的程序解釋，這也是本人所以援取以驗証《文心雕龍》的目的。

胡塞爾曾經就「純粹意識」的確切性作過以下的論證：他認爲儘管我們不能直接確定外部世界是否獨立於意識而實存，也不能直接確定先入之見是否可靠，但我們可以直接確定外部世界和先入之見都必須呈現於我們的意識之中才與我們相關這一「實事」，因此，可以推斷我們正在意識著的「純粹意識」是確切無疑的。當在進行意識活動時，我們的心理必然會指向某種對象，或者與某種對象發生關涉，而這個對象由於是由意識活動所構成，所以稱之爲「意識客體」，或是「意向性對象」。就文學而言，文學的創作與審美活動是活躍地行進於讀者－作品－作者之間的意識活動，所以，文學的藝術作品是一種「意向性客體」，它跨接在具體個人的意向性活動及文學藝術作品的客體存在上，無論是創作者或是讀者；也不論是否有效構成精確的審美對象，它都取決於審美經驗進程中的意識活動，所以，文學的藝術作品是存在於主體間際的意向性客體。

英加登繼承了胡塞爾的意向性學說，並以之作爲美學和文學研究的重要範疇，但是，他傾向於實在論，反對把知識的基礎建立在純粹意識之上；他希望確立獨立於意識的實在，在意識和實在之間建立以實在爲基礎的對象性關聯，分析我們知識對象的存在性質和方式，因爲我們認識對象的方式係取決於對象的存在方式與形式結構，所以英加登志在考察分析實在的和可能的對象的基本結構，論者遂稱他是一位具有實在論傾向的現象哲學家，他闡釋「意向性對象」有兩類，第一類是認知行爲的意向性對象，包括客觀實在的物質對象與數學等觀

念性對象④，這兩類對象都與人的認知意向相對應，不過，它們卻具有一種離開認識主體而得獨立存在的「自足性」。第二類是純粹意向性對象，包括各類藝術作品，它們與人的鑒賞、審美意向相對應，純粹意向性對象有一部分基本屬性是客觀的物質存在，但另有一部分的屬性需要依賴鑒賞主體加以填補，所以是「不自足」的。文學的藝術作品正是這樣一種異質存在的、純粹意向客體，同時也是一個非自足性的意向性客體，它的存在取決於作者或接受者的意向行為，但它同時也在某種物理基礎上具備其實體基礎，並且也唯有依附在這個物理基礎之上，作品才得以成為主體間際可接近的對象，此所以文學的藝術作品在作者的意識活動終結之後仍然得以繼續存在，靠著作品的物質基礎，審美接受者便可重構作家的意向形式，英加登在《對文學的藝術作品的認識》中解說了這個觀點⑤：

> 文學作品是一個純粹意向性構成（a purely intentional formation），它存在的根源是作家意識的創造活動，它存在的物理基礎是以書面形式記錄的本文或通過其他可能的物理複製手段（例如錄音磁帶）。由於它的語言具有雙重層次，它既是主體間際可接近的又是可以複製的，所以作品成為主體間際的意向客體（an intersubjective intentional object），同一個讀者社會相聯繫。這樣它就不是一種心理現象，而是超越了所有的意識經驗，既包括作家的也包括讀者的。

　在掌握了有關「純粹意識」、「意向性」以及「純粹意向性對

---

④　參朱立元、張德興著《現代西方美學流派詳述》頁45，上海人民出版社一九八八年十月初版。所謂物質對象，例如紙張和墨跡是客觀存在著的真實的客觀；而數學的對象，例如一個數字或一個幾何圖形，是一種觀念性對象。

⑤　詳參該書頁12。

象」等概念以後，我們便可切入英加登對於文學的藝術作品之結構層次分析理論，亦即他的文學本體論。

三、對文學的藝術作品之結構層次分析

建立在「意向性學說」和「實在論」的基石上，英加登完成了獨特而深入的文學本體論，他將文藝作品的內在結構剖析爲四個獨立、異質而又相互依存的四個層次。㈠：字音、語詞聲音構成以及一個更高級的語音組合現象之層次。㈡：意群層次，即句子意義和全部句群意義所構成的層次。㈢：多重圖式化外觀層次，作品描繪的各種對象透過這些圖式化外觀呈現出一個連續體。㈣：在句子投射的意向事態中體現的客體層次。以上這四個層次互爲條件，逐漸深入，由第一層次的語詞聲音層，組成了第二層次的句群意義層；再由以上兩層提供給第三層，作爲其多重圖式化外觀的系統方向，之後，第一層與第二層及第三層又共同組成了第四層：意向客體所體現的世界。各個層次在其所屬的結構單元中按照各自的材料及內容衍生出相互的內在聯繫與本質上的彼此伺應，這種內在的聯繫與本質上的伺應是有其秩序的，它們含有類似時間結構的運動性質，從橫向的並時性而言，文學作品所具有的各個層次、各個部分，都在同一時間上，以其有序的舒張特性，把所有貯存的文學層次同時鋪展擴延；其次，從縱向的歷時性而言，文學作品的各個層次，如字音、語詞、句群、章節、篇目等，又以其有序的延伸特性，在時間進程中逐層遞進展開；所以，文學作品的分層結構原理，除了從橫軸上把握外，也必須從縱軸上理解，英加登告訴我們⑥：

　　文學作品實際上擁有「兩個維度」：在第一個維度中所有層次

---

⑥ 詳參該書頁11。

的總體貯存同時展開，在第二個維度中各部分相繼展開。

由是而知，一部具有肯定價值的文學藝術作品，必然在它的結構上呈現出縱橫多元而有序和諧的複調性（poly phony）藝術價值。

在簡介了這套備受西方美學界讚譽的現象學文論⑦以後我們應可察覺它與劉勰的文術論體系具有「情往似贈，興來如答」的呼應關係，甚而《文心雕龍》與英加登文學理論並聯對流的研究電場也能呼之欲出了，如〈練字〉、〈聲律〉可與語詞聲音現象層次相對應，〈麗辭〉、〈章句〉、〈比興〉、〈夸飾〉、〈事類〉等可與句群意義層相映照，而這兩個層次構成了語詞和文句，是作品最基本的和先決的構造，它們既能傳達意義，也可以構成作品音韻之美的物質基礎。至於第三層和第四層是文學作品內容的深層結構，它們提供讀者一個綱要略圖或圖式化勾勒的結構，讀者必須運用想像在觀賞中加以補充，以便進行意向客體之再現，有關這兩個層次在《文心雕龍》中的相應篇章是〈神思〉、〈情采〉、〈物色〉、〈定勢〉、〈總術〉、〈隱秀〉等，它們旨在論述藝術想像、表層與深層的結構配置、藝術的格式塔性質，以及藝術作品的形而上質等命題，因此可與第三與第四層次相互論究。

貳、在〈練字〉、〈聲律〉上詮釋《文心雕龍》有關字音與高一級語音組合現象層次之觀點

一、基本概念的說明

---

⑦ 美國當代文學理論家雷納·韋勒克稱譽英加登同克羅齊、瓦勒里、盧卡契爲近代西方四大批評家。美國美學家比爾茲列稱讚他的《文學的藝術作品》與法國現象學美學主要代表杜弗萊納的《審美經驗的現象學》爲兩本最傑出的現象學美學著作。目前，西方美學界已公認英加登的現象美學是本世紀最重要的美學成果之一。詳參朱立元、張德興著《現代西方美學流派詳述》頁43。

　　字音與高一級的語音組合現象是文藝作品結構中最為基本的層次，因為文學是以文字符號為觀念載體的語言藝術，一旦缺乏文學和語音作為視知覺與聽知覺的中介媒材，文學活動必然因缺乏想像的條件而立即終止，所以，文字和語音組合的雙重語言學結構是文學藝術作品的第一層次結構，同時也是讀者閱讀作品必經的初步階段。

　　文字作為觀念的標誌而成為文學的必然條件，沒有這個條件，文學將是不可能的現象，根據現象學派想像變換法的檢測方式，凡是沒有某一條件，某現象立成無法想像者，該條件便成為必然因素，亦即為該現象之本質，而所謂本質，即是事物之所以為事物之所在，因此，文字是文學的本質，也就是說文字是文學之所以為文學之所在。

　　再就認識過程而言，主體間際共通的文字語言，是促成讀者接近作品的首要前提，所以，作品用以書寫的文字語言必須既是讀者和作者雙方都精通嫻熟的母語，不然至少也要是能流利讀寫的其他語言，除此之外，文字、語音、書寫規則都應服膺於典型的語言契約，文學的藝術作品築基於此，作品的語境方能實現，主體間際的交流活動才不會窒礙膠著，劉勰在〈練字〉指出：「先王聲敎，書必同文；輶軒之使，紀言殊俗，所以一字體，總異音。」強調書寫符號以統一共通性為溝通的前提。

　　形符和語音一體兩面地構成文字，但文字並非僅是物性的孤立狀態，它同時也攜帶意義。但是，文字必須進入詞彙之中才有確定的意義，而詞彙又必須再進入句子之中並且在與其他的詞彙相互作用之下，詞彙與詞彙之間的樊籬才會因為被泯除而獲得了更大的意義單位－句子，由是，個別的文字、語音乃攀升為高一級的語音組合，直接與意義相關，遞進為意義單元，成為作品的第二層結構，一旦未能認清作品此一結構系統，極可能在作品的各個層次，各個部分發生或大或小的瑕疵，如「單舉一字，指以為情。」（〈指瑕〉）、「或義華

而聲悴，或理拙而文澤。」（〈總術〉）

　　文字作為文學的本質，兼具形、音、義等多方面功能。從字形而言，它經由視知覺的認識過程直接辨認了字形本身所表現的視覺外觀，進而超越簡單的感性知覺，將字形作為表現意義的書面符號，又進而與某種密切相關的視覺意象發生聯繫。從聽覺性質而言，它與文字所代表的聲音型態，如聲調、語音、力度等物理素材直接結合，再者，和辨認聲音型態幾乎同步發生且不可分離的是文字意義的理解與掌握；所以，文字不但攜帶了形符和聲音的外觀，也發揮了指涉意義的功能，三者共同組成了文字的軀幹，並且以複合的統一軀幹分別在三個面向作字形、字音、字義的載體表現，如果作家或讀者能夠充分掌握這個三合一的文字軀幹，他還能發現伴隨其間的情感性質，因為人類發聲的事實是與內在的意識活動相連綴的，〈體性〉即說：「夫情動而言形，理發而文見，蓋沿隱以至顯，因內而符外者也。」簡言之，作為文學要件的文字匯注著視覺理解、聽覺理解，並交織著意向性的情感，所以是文學藝術作品的基礎結構層。

　　〈練字〉開宗明義即說：「夫文象列而結繩移，鳥跡明而書契作，斯乃言語之體貌，而文章之宅宇也。」劉勰在此指出：文字乃是紀錄語言體貌的書面符號，同時也是文學作品所憑藉偃仰活動的根據地，他以「宅宇」作為載體的譬喻，傳神地標明文字具有客觀的物理存在性質。他又說：「字形單複，妍媸異體，心既託聲於言，言亦寄形於字，諷誦則績在宮商，臨文則能歸字形矣。」這一段理論在詮證文字兼具字形外觀的繁簡美醜，和聲音外觀的抑揚頓挫，所以要在視知覺上體察臨文時的形象美感、在聽知覺上聆賞諷誦時的音韻美感，並且注意整體之統一和諧，使作品的視聽外觀呈現出鮮美的體貌，〈神思〉說：「吟詠之間，吐納珠玉之聲；眉睫之前，卷舒風雲之色。」〈總術〉也說：「視之則錦繪，聽之則絲簧。」除了視聽上的

物理價值外，劉勰也強調它們必須和情感性質密切聯絡，以圓滿完成總體價值，〈情采〉說得昭晰明白：

> 立文之道，其理有三：一曰：形文，五色是也；二曰聲文，五音是也；三曰情文，五性是也。五色雜而成黼黻，五音比而成韶夏，五情發而爲辭章，神理之數也。

這段叙述再一次重申文學審美現象係以文字的形符、聲符作爲感官感覺的基礎材料，透過文本中的文詞結構和節奏、旋律等形聲條件，創造出具有審美藝術價值的語境，使作品所欲傳達的情感得以成功地煥發流露出來，是爲立文之道。

二、文字語音的一次性及二次性認識進路

從縱向的歷時性維度而言，作品中的語音層次是憑藉著字形以飛快的方式被聽取及被看到，並且一般是以接近於同步的運動速度過渡到與它相聯繫的意義意向上，但如果是從橫向的共時性維度而言，我們可以把飛快的過渡速度暫時凍結，將它揭離成一次性的物性狀態與二次性的現象狀態。

就一次性的物質狀態而言，文字是一個一個個別獨立的字體本身，字音也是一個一個個別獨立的語音本身，它們都是以物理形式而存在著的。就高一級，即二次性的現象狀態而言，文字並不是以個別獨立的形式進入到我們的知覺之中，而是攜帶著意義與其應當連綴的字共構成一個完整的語詞，進而作爲一個觀念的標誌被理解；聲音亦然，它不是個別式的純粹聽覺材料，如語音之高低、長短、強弱等聲音細節，而是更高一級的語音組合現象，英加登稱之爲「典型的語音形式」，以此形式存在於主體間際。

在一般的情況下，正確認識文學作品的進路是以飛快、毫不停頓的魚貫速度，從一次性的物質狀態渡過到高一級的語言本體狀態，即

使我們並非感知不到個別獨立的文字或語音本身，而且，它們也只是退居於意識的邊緣域，並沒有完全從我們的意識中消失，但是，我們在創作或閱讀文學作品時，知覺的注意力並不是駐足在個別的文字或聲音上，而是完整的語音、語詞形式上，除非是個別文字之形、音、義特徵由於某種緣故而顯得特別重要，它才會由意識邊緣域行進到知覺中心，不然，在閱讀時，我們掌握的仍然是流動塊狀的典型語詞及完整的語音形式。但這並不是說讀者可以不必在意文字及語音學層次，而是提醒我們總體地掌握作品的有機結構，對一次性的文字、語音保持著「視覺」與「聽覺」，但不宜特別專注到令它們成為強調的焦點，以致於干擾了正常且正確的閱讀進路。關於上述的可能情況，我們可以在下述兩個情況中說明，當在進行文字校對時，視知覺因為落實於一個一個的形符上，導致對文句意義的「視而不見」；又或者在聆聽談話或詩文朗讀時，聽知覺若是以一個一個獨立的聲音細節來把握時，必定會造成「聽而不聞」的情況。〈章句〉曾說：「句司數字，待相接以為用；章總一義，須意窮而成體。」劉勰已經呼籲：文學以完整的語言現象為本體。

　　就讀者的認識進路而言，自然是以一次性同步轉化至二次性為最流暢，但是，就作家在進行創作而言，其認識進路極可能因推敲琢磨而踟躕於文字與語音的物質材料上，此所以作為作家的劉勰在《文心雕龍》一書中有精微細緻的闡述分析，而致力於認識論且本身並非作家的英加登則著墨不多。

　　劉勰在著述《文心雕龍》時，適逢美文學鼎盛時期，此外，聲律論的研究風潮方興未艾，他在這樣昌明的文學環境中建設創作原理，因而有更長足的理論表現。就〈聲律〉來說，劉勰側重於對一次性的語音素材作各種分析，他細膩地解說脣吻吐納與喉舌吟詠的感官活動變化，並分析聲韻與喉脣開闔運轉的配合關係，並且擅長掌握聲調、

韻律、節奏等的組織型態，此外，如果聲韻、節奏、旋律能圓滿而和諧地構成，則語音層次固有的情感性質也會萌發出來，所以他對聲律的論點是偏重於物性的聲音狀態，但也涉及心理的情感狀態，〈聲律〉的贊辭說：「標情務遠，比音則近。吹律胸臆，調鍾脣吻。聲得鹽梅，響滑楡槿。割棄支離，宮商難隱。」

文學作品中的語音學層次雖然是一次性的，但它們從語音序列中產生出統一而完整的語言模式，譬如是一段韻文、一截詩篇，這些語音形式會衍出節奏、韻律、力度等現象，而且也會帶來語音表達的直覺性質，譬如「玲玲如振玉」、「纍纍如貫珠」等直覺體驗，所以，不論我們是確實地朗讀，或是無聲地默讀，語音學性質的層次已滲透到作品的情境基調，並在作品的總體效果中增添了聲音的力與美，〈聲律〉說：「聲畫妍蚩，寄在吟詠；滋味流於字句，氣力窮於和韻。」

繼續討論劉勰對於作爲形符而魚貫出現的一次性文字本身之觀點。英加登認爲：在流暢而順利的閱讀進路上，我們是感知不到個別的字母本身。如果確實注意到，則表示閱讀的注意力業已分散，所以，他並未闡述此一進路可能產生的審美細節，但是在《文心雕龍》中，劉勰卻從創作的審美進路上仔細分析個別文字獨特的形體特徵，他幾乎是以對繪畫線條的視知覺方式來評論作品中的字形排列結構，〈練字〉抽繹出的字形審美原則是多元而統一的和諧美感，積極而言，必須掌握個別文字的獨特造型特徵，包括字形全體的美醜、偏旁部首的構造、筆劃多寡等條件，這些是就單一的字體而言；此外，還要注意個別文字與篇章文句的整體配置結構，盡量講究均衡和諧的鮮明美感，達到「聲畫昭精，墨采騰奮。」若從消極而言，則要避免可能損壞總體視覺外觀的字形組合，〈練字〉說：「綴字屬篇，必須練擇：一避詭異，二省聯邊，三權重出，四調單複。」此外，也要避免

使用艱難冷僻的文字，以防傷害到作品在意義傳達上的功能，並且也破壞了整體的視覺印象，〈練字〉說：「今一字詭異，則群句震驚；三人弗識，則將成字妖矣。」

綜觀劉勰在文字及語音結構層的理論建設表現，其基本概念精確明晰，未遑多讓於哲學家出身的英加登，至於在文字及語音組合的現象本體論分析，劉勰從創作論出發，英加登由認識論出發，兩個不同方向的論點既有會通交集所在，也有各自的理論勝場，但劉勰以漢字為研究對象，漢字的構造以象形、形聲、會意為大宗，故劉勰得就字形與字音的物理狀態詳細辨析詮證，全面掌握了文字的聲音外觀、字形體貌的基本審美印象，就這一部分的學理成就來說，確實是比英加登更為出色，但我們也應該考慮到英加登所使用的是拼音的印歐語系語言，它們無由在一次性的語音及字形上充分表現；另外，英加登的學術背景是哲學家及數學教授，他對文學的研究任務著重於本體論、認識論和價值論，較生疏於從作家立場作創作進程的鉤稽分析。

參、在〈鎔裁〉、〈章句〉、〈附會〉上詮釋《文心雕龍》有關意群層次的觀點

一、基本概念說明

意群層次指的是句子意義和全部句群意義的層次，這一層次是作品整體結構中的關鍵位置，它制約著其他的結構層次，但它的構成又得仰賴於字音與高一級的語音組合現象，所以第一層與第二層互為條件，箇中往來滲透的脈絡約如下述的說明，即：字詞並不只是孤立的語言構成，字詞還可晉身句子之中以獲得更高一級的意義。晉身於句子之中的字詞勢必與其他的字詞彼此接觸，字詞經接觸而相互作用並引發詞意的變化，在此變化之中，字詞的原屬意義並非徹底改變或是完全消失，只是促成個別字詞與個別字詞間的界限撤離，個別的字詞

與字詞遂在句子的單位中衍生出更大的「意義」，其後，句子與句子又組成了句群，意義單位與意義單位繼續締結，進而構成全部句群意義此一層次。

劉勰對此一層次之結構序列有周到的論述，〈附會〉說：「何謂附會？謂總文理，統首尾，定與奪，合涯際，彌縫一篇，使雜而不越者也。」〈章句〉也以具體生動的宅位區畛、衢路交通等譬喻，離析出字句篇章的語義層構現象：

> 夫設情有宅，置言有位，宅情曰章，位言曰句。故章者，明也；句者，局也。局言者，聯字以分疆；明情者，總義以包體；區畛相異，而衢路交通矣。夫人之立言，因字而生句，積句而成章，積章而成篇；篇之彪炳，章無疵也；章之明靡，句無玷也；句之清英，字不妄也；振本而末從，知一而萬畢矣。

從劉勰的論述得知：他與英加登都不曾視字、句、篇、章為一個比鄰著一個的孤立單位，而是秉持著一種有機體的組織觀點來理解文學藝術作品的結構系統，強調各種分等級次序的功能必須相互依存、相互適應；互相補充、互相確定，藉以共同完成有機體的生命形式並發揮其生命功能；在文學藝術作品的機體組織內，各級單位相當於生命體的器官形式，他們有互相區別的所屬功能，其結構地位也維持著一定的等級序列，分別向上或向下排列，實現著對機體運作所應擔負的義務，在有機體之中，沒有一個器官是孤立自足的，所以各器官都無法脫離生命體，抑或擺脫與之協作的其他器官，否則將造成對生命機體的嚴重干擾，危害各功能的均衡運轉，如果某層級的損害尚可由其他器官進行修護補償，尚未造成各個器官的互解停擺，那麼生命機體的損耗可能只削弱了它的生命力而不會造成死亡；但如果損傷或反常的破壞過分嚴重，生命機體無法自行修護調校，那麼機體組織的凋

蔽枯竭將是失敗作品的唯一命運。劉勰在〈附會〉中即以肝膽⑧、骨髓、神明、肌膚、聲氣來傳達作品的結構狀態，他說：

> 夫才量學文，宜正體製，必以情志爲神明，事義爲骨髓、辭采爲肌膚，宮商爲聲氣，然後品藻玄黃，摛振金玉，獻可替否，以裁厥中，斯綴思之恆數也。凡大體文章，類多枝派，整派者依源，理枝者循幹，是以附辭會義，務總綱領，驅萬塗於同歸，貞百慮於一致，使眾理雖繁，而無倒置之乖，群言雖多，而無棼絲之亂；扶陽而出條，順陰而藏跡，首尾周密，表裡一體，此附會之術也。

　　根據〈章句〉、〈附會〉之論述，我們發現劉勰對於句子以及句群所構成的意義層次有成熟精湛的理論表現，他全面掌握文學作品複合而統一的結構原則，扣住章句在作品結構序列中的關鍵地位，沿著序列方向的延伸性與擴展性，分別闡述了句子與字、詞、章、篇「原始要終，體必鱗次。」的上下隸屬關係，同時也透析了宮商、辭采、事義、情志等「外文綺交，內義脈注。」的浸潤關係，契合了英加登揭示的文學作品雙維度特性，即文學的藝術作品在第一個維度中，字、詞、句、章、篇等各部分有序地動態展開，在第二個維度中，字形、字音、字義以及句子的情志、事義、辭采、宮商等所有層次的總體貯存同時綻露；所以兩個人都從相繼性和並列性來考察句子的結構體質。

二、從意向性與功能性討論句子的意群層次

　　依照英加登的解釋，「意義」是指「與字音有關的一切事物，這些事物在與字音的關聯中構成一個詞。」，而與字音有關的一切事物

---

⑧　〈附會〉：「善附者異旨如肝膽。」，〈比興〉亦說：「物雖胡越，合則肝膽。」

指的是意向性關聯物。意向性關聯物可區分為單個的意向性客體和系列的意向性事態；前者對應的是一個單詞，後者對應的是一個句子；而無論是意向性客觀還是意向性事態，作為意向性關聯物都是有別於客觀實存的物質，所以是一種「擬判斷」、「准實在」的陳述；讀者必須瞭解句子的對象是意向性關聯物，而不是句子的意義本身；意義是為了達到意指對象所必經的渠道，因此，在創作或閱讀文學作品時，作者與讀者絕對必須思考筆下眼前的句子意義，但也應該理解它們還不是意向客體，我們猶須努力晉身到由句群意義所確認的對象領域之內。所以，按照胡塞爾的嚴格說法是：意義根本不是對象，因為，當積極地對一個句子進行思考時，我們所注意的就不是意義，而是通過它，或在它之中確認所思考的對象，並且是在構成或實現了句子的意義時，才抵達了句子的對象，也就是句子的意向性關聯物，包括意向性客體和意向性事態，所以，英加登說句子的直接對象是它們的純粹意向性關聯物，它們有非常多樣的種類和形式，它們的多樣性和句子的各個種類是吻合的。⑨

　　劉勰在〈章句〉中也說：「句司數字，待相接以為用；章總一義，須意窮而成體。其控引情理，送迎際會，譬舞容迴環，而有綴兆之位；歌聲靡曼，而有抗墜之節也。」他用靡曼迴環的歌聲舞影作譬喻，以說明意向性關聯物在字句篇章之間送迎際會地運轉著，而由「章總一義，須意窮而成體。」和「搜句忌於顛倒，裁章貴於順序，斯固情趣之指歸，文筆之同致也。」和〈附會〉的：「統緒失宗，辭味必亂；義脈不流，則偏枯文體。」等論述看來，劉勰也已經辨明情志理趣才是章句的指歸對象，但他強調要精心配置首尾相銜的合適語境與之作表裡的對應，這樣，意向性關聯物才得以成功實現，達到

---

⑨　參該書頁40。

「環情節調，宛轉相騰。」（〈章句〉）亦即自然和諧，巧妙生動的結合狀態。

　　繼續討論句子的功能性。

　　在文字語言的使用規則上，幾乎都是一詞多義的，關於這一事實，我們可以從任何一部詞典中輕易驗證，但是，在文學作品之中，由句法及句意所組成的語境，得極為堅定地限制住這些多義性的字詞現象，通過作者巧構佈置的語境，一個句子中的詞義能從若干不同的詞義中被揀擇出來，所以句子的句法結構既設定了詞義，也顯現了再現客體，這是其功能性，英加登在《對文學的藝術作品的認識》中嘗言：

> 句子的意向性關聯物，特別是發揮再現客體功能的事態，在它們的「材料內容」和句法結構以及它們的互相聯繫方面，都依賴於意向性地投射它們的句子結構。所以對事態的藝術描繪的有效性同句子的有效性是相聯繫的，特別是那既作為特殊構造的語義單元又作為語音材料（包括從語詞聲音序列中產生的語言材料，例如節奏、句子韻律等等）的句子。

　　一般說來，我們都是在有效的句子形式之中發現語詞及句子的意義，而一當意義授予給語詞後，它便是一個「派生的意向」（a derived intention），它是在客觀的句法基礎上發生的心理經驗，具有和語詞相應的結構，這個心理行為以重新構成或再次意指的方式賦予語詞及句子以意義，也就是派生的意向，意向可以為對象、特徵、關係以及純粹性質命名，但是在各種意義進入相互聯繫中，或意向性關聯物進入相互聯繫之中時，它也可以發揮圖式化勾勒和顯現客觀的功能，一如劉勰在〈物色〉中以《詩經》的詩句詮證那些既作為特殊構造的語義單元又作為語音材料的句子們，如何以有效的句法結構「寫

氣圖貌」、「屬采附聲」，也就是討論詩句發揮再現客體的功能，他說：「灼灼狀桃花之鮮，依依盡楊柳之貌，杲杲爲出日之容，瀌瀌擬雨雪之狀，喈喈逐黃鳥之聲，喓喓學草蟲之韻，皎日嘒星，一言窮理；參差沃若，兩字窮形。並以少總多，情貌無遺矣。」

按照現象學的文學理論，這些充滿色澤、聲情與律動的詩句，它們之所以能構成一個完整的客觀情境，是因爲在連續的句子系統組織中，針對一個事物的描述對象投射出一個共同相應的事態群，所有這些事態群又都同時屬於一個並且是同一個事物，這一個事物遂根據句子的意義群所陳述的各種事件形成彼此間因果聯繫的邏輯關係，或者只是緊密地彼此跟隨著彼此，每一個事態都從不同的角度或不同的環境中共同揭示這個事物。英加登說：「如果這個句群最終構成一部文學作品，那麼我就把互相關聯的句子的意向性關聯物的全部貯存稱爲作品『描繪的世界』⑩」。而當讀者在閱讀過程中熟悉描繪世界時，他就獲得了關於這個事物更加鮮明、更加精確的知識，甚或也經歷了這個事物的命運；以〈物色〉之例來說，就是在「情往似贈，興來如答」的主客聯繫狀態基礎上，通過句群的描述，從遠近大小的不同角度來描繪事態，如「天高氣清」、「霰雪無垠」、「清風明月」、「白日春林」之相對於遠而大的角度；又如「玄駒步」、「丹鳥羞」、「一葉迎意」、「蟲聲引心」之相對於近而小的角度；而在這些連續相應的事態群之中，讀者經句子的意義群渠道，多次完成「客

---

⑩　參該書頁30。

觀化」（objectification）的活動⑪，遂得以從個別的意向及事態中構成一個完整的客觀情境，再現了如〈桃夭〉、〈采薇〉、〈伯兮〉、〈角弓〉、〈葛覃〉、〈草蟲〉…等自足的世界及其情感氛圍中，可見，句群意義層次所發揮的功能正是意向事態的世界描繪。

　　在劉勰的論述中又可以看出，他從字數的奇偶參伍中掌握語詞聲音序列中的雙聲、疊韻和反複的旋律，又從它們彼此之間的相互聯繫擴展到意向性客觀及事態之間的相互輝映等語言層次，試圖立體地詮釋句子的結構是如何地在其展開過程中為它們意向性投射的關聯物窮理寫貌，即使援用的《詩經》文例是那樣簡潔樸素，這個原理依舊深刻永恆，確實「雖復思經千載，將何易奪。」而英加登也屢次強調：句子的句法結構同描繪世界及其中發生的事件在閱讀過程中和讀者維持著極為密切的聯繫，這種聯繫一方面植根於句子結構，另一方面植根於描繪世界對讀者顯現的形貌和個性；所以，唯其築基於這個聯繫構造之上，如〈物色〉所舉稱的詩句才得以鮮明生動的體貌再現桃花之鮮、楊柳之貌、出日之容、雨雪之狀、黃鳥之聲、草蟲之韻，以及日月星辰、水陸草木等情態，只不過英加登還深究了修辭句法的結構因素，如名詞、動詞、連接詞、主語、謂語、獨立句、複合句等之間

---

⑪　英加登認為：為了使描繪世界獲得它的獨立性，讀者必須完成一種綜合的客觀化，把各個句子投射的各種細節聚集起來並結合成一個整體。這種綜合的客觀化並非把一個一個的事實加起來，而是使它們成為一體。通過事實與細節的交織，讀者把握住一個一體化的事態或對象的形象。英加登強調：只有通過綜合的客觀化，再現客體才對讀者呈現出它們自己的擬實在性。這個擬實在性有它自己的面貌、命運和動力。只有在這樣的「客觀化」之後，讀者才能目睹那些事件和客體，彷佛就在目前，於是，他以審美態度理解它們並以相應的情感作出審美價值的反應，詳參《對文學的藝術作品的認識》頁47。

的組合分析，而劉勰則不然，他是從字數上之單複繁簡⑫、文藻上之肥瘠妍媸⑬、聲氣上之抑揚通塞⑭、情志上之豐儉隱顯⑮上研析考究，而箇中差異應該是源自於印歐語系和古典漢語在本質上的差異。

不論是英加登的文法結構分析，還是劉勰的文術論分析，這些分析的具體結果都可以作爲審美價值質素的對照基礎，例如語法意義上的簡潔或複雜、句子意義結構是否清晰透明，在展開句子的過程中是自由流暢，還是迴環曲折，其結構序列的動力與速度如何…這些產生於句子以及意群結構的性質，將有力地影響作品的風格面貌，劉勰在〈體性〉曾指出：「複采典文」形成遠奧的風格；「覈字省句」形成精約的風格；「辭直義暢」形成顯附的風格；「博喻釀采」形成繁縟的風格；「卓爍異采」形成壯麗的風格；「危側趣詭」形成新奇的風格；「浮文弱植」形成輕靡的風格。他高瞻遠矚的文論建設契合著本世紀卓越的現象學文論，雙方殊途同歸地揭示：句子以及意群結構的性質將深刻制約著作總體的風格特徵。不過，必須再細緻聲明的是：有些句子的語義結構形式簡潔明瞭，所以形成了顯附明暢的作品風格；有些句子的語義結構形式複雜博深，所以形成了遠奧婉晦的作品風格，但並不能就草率地以爲結構簡單樸素的短句就是易於理解的；

---

⑫ 〈章句〉：「若夫筆句無常，而字有條數，四字密而不促，六字格而非緩。或變之以三五，蓋應機之權節也。」以上言單複。〈鎔裁〉：「精論要語，極略之體；游心竄句，極繁之體，謂繁與略，隨分所好。引而申之，則兩句敷爲一章；約以貫之，則一章刪成兩句。」以上言繁簡。

⑬ 〈情采〉：「夫水性虛而淪漪結，木體實而花萼振，文附質也。虎豹無文，則鞟同犬羊；犀兕有皮，而色資丹漆，質待文也。若乃綜述性靈，敷寫器象，鏤心鳥跡之中，織辭魚網之上，其爲彪炳，縟采名矣。」

⑭ 〈聲律〉：「凡聲有飛沈，響有雙疊；雙聲隔字而每舛，疊韻離句而必睽；沈則響發而斷，飛則聲颺不還，並轆轤交往，逆鱗相比，迕其際會，則往蹇來連，其爲疾病，亦文家之吃也。」

⑮ 〈情采〉：「爲情者要約而寫真，爲文者淫麗而煩濫。」

而結構複雜精巧的長句就是不易理解的，所以，風格的隱奧顯附與句子結構的難易長短有相對的關係，而無絕對的必然關係，雖然，有時候它們確實是相關相繫地伴隨著出現。

肆、在〈神思〉、〈比興〉、〈隱秀〉上詮釋《文心雕龍》有關圖式化外觀及再現客體層次的觀點

一、基本概念說明

　　文學藝術作品的圖式化外觀層次和再現客體層次是植基於第一和第二等語言學結構層次之上的深層結構，此外，圖式化外觀的現實化⑯和具體化與再現客體的客觀化和具體化是同時進行的，所以本節將這兩個層次合併討論。在這一部分的學理建設，英加登的現象學文論有獨步創發的傑出表現和精密細緻的現象分析，而《文心雕龍》雖有〈神思〉、〈比興〉、〈事類〉、〈夸飾〉、〈麗辭〉、〈隱秀〉等或部分，或較全面地討論，但仍是吉光片羽地印象式點染，未見完整圓密的論述，不過這並不表示劉勰輕視文藝作品的深層結構，或無力深究作品的具體實現，可能的原因應是他將作品的客觀化和具體化理念散置於相關篇章，因爲它們是作品結構的終極實現，所以會滲透到各篇的討論脈絡，以作爲文藝作品的審美旨趣，另外一個原因可能是：這部分的認識過程微妙玄奧，劉勰採印象式的審美體驗以言傳，以會意，較不易作理性認識的細緻分析，尤其他又以駢儷的美文作傳達的工具，因此，有關文學藝術作品的深層結構必須借助英加登的理論進行補充說明，尤其是牽涉到讀者的認識過程部份。

　　現象學文論認爲文學的藝術作品是一個圖式化構成（a schematic

---

⑯　英加登認爲：讀者的作用就在於使自己適合於作品的暗示和指示，不是現實化地隨意選擇的任何外觀，而是現實化由作品暗示的那些外觀。參《對文學的藝術作品的認識》頁57。

formation），而作品的具體化就是由不斷上升的各層次之相關性質所共組而成，並且終結於一種主導性質，也就是作品價值的產生，如劉勰說：「炳爍聯華，鏡靜含態，玉潤雙流，如彼珩珮」（〈麗辭〉）；或「談歡則字與笑並，論感則聲共泣偕。」（〈夸飾〉）都在描繪作品的具體化構成後引發帶有情感色彩的審美性質。

所謂「圖式化構成」係指任何一部文學的藝術作品在全部句群意義這一層次上，僅能以有限的文句表現有限的意向性關聯物，而這些意向性關聯物也只是呈顯在有限時空中的某些事態，所以，一部作品的意向性關聯物充其量也只能是事物之多重圖式化方面的連續組合體或綱要式的外觀，作品乃是通過這個圖式化外觀建造而成的，它近似有機生命體的基本骨架。由於作品只能是綱要式勾勒略圖，所以它必然包含著許多的「不定點」（places of indeterminacy），這些字裡行間的空間處需要由讀者的想像活動來填充，作品的具體化才得實現，作品的描繪世界也才可以呈現，但這時的再現客體已經不是基本骨架的圖式化外觀而已，讀者的創造性、綜合性想像活動已經為這個骨骼架構賦予了血肉，所以英加登認為只有從圖式化構成的作品本身過渡到它的具體化，我們才能把作品看成是一個展開的過程，作品及其具體化的各個因素在這個過程中才開始呈現出生命的外觀和功能。

二、《文心雕龍》的相關觀點發微

劉勰已經領悟句子及意義群層次所建立的外觀是有限的綱要略圖，所以他建議從兩方面經營文學藝術作品的理想結構，第一是把握圖式化外觀的架構，務必使它能以少總多地發揮生動勃發的功能；第二是用心營造不定點的質量配置，以期積極主動地提供讀者相應於作品的提示和暗示，並且經由不定點的補充實現，幫助讀者在圖式化外觀的基礎上完成客體再現的層次。

(1)圖式化外觀的相關看法

　　關於圖式化外觀的觀點，劉勰在〈夸飾〉有言：「夫形而上者謂之道，形而下者謂之器；神道難摹，精言不能追其極；形器易寫，壯辭可得喻其眞。」；顯示他深察作品多重圖式化構成的必然性，因爲「神道難摹」而「形器易寫」，這句話如果用在作品本體上，更可以看出句群只能透過外觀上的圖式形器來描繪難以盡摹的作品全體世界。此外，〈情采〉說：「爲情者要約而寫眞」；〈物色〉說：「皎日嘒星，一言窮理；參差沃若，兩字窮形，並以少總多，情貌無遺矣。」〈總術〉說：「三十之輻，共成一轂…乘一總萬，舉要治繁。」〈比興〉說：「稱名也小，取類也大。」又〈事類〉說：「事得其要，雖小成績，譬寸轄制輪，尺樞運關也。」劉勰在上述這些篇章中以一轂統輻、戶樞制關的譬喻和《詩經》中以一言兩字勾勒情貌外觀的例證等資料，說明文學藝術作品的結構原則是建立精約得體的綱要外觀，這些外觀要十分考究，才能自動上升到寫眞盡貌的再現客體層次，所謂制輪運關、乘一總萬等的比喻，就是在形容圖式化外觀以待機狀態蓄勢待發的潛力。

　　作品本身的圖式化外觀雖然只是處於潛在的待機狀態，但這個「外觀」層次在文學藝術作品中發揮著極其重要的作用，特別是對於在具體化中構成審美價值方面有相當重要的影響，因爲具體化的生成、發展與實現，都必須立足於圖式化的外觀。所謂外觀，係英加登所使用的術語，偏於廣義的解釋，意指感性知覺主體所體驗的一切心理物理結構外觀。其實，這個外觀應可以用六根、六境、六識合成十八界的佛理來詮證，劉勰精研佛理，對此自然有深入的領會，所以他能扣緊外觀的聽知覺結構、視知覺結構、認識和審美上的相關結構，在〈知音〉中標示的六觀⑰已見其全貌，而當中的「觀置辭」、「觀

---

⑰　六觀是：一觀位體，二觀置辭，三觀通變，四觀奇正，五觀事義，六觀宮商。

事義」和「觀宮商」更直接和眼識、意識、聽識具體關涉，其他如〈定勢〉說的：「繪事圖色，文辭盡情。」、「宮商朱紫，隨勢各配。」及「此循體而成勢，隨變而立功者也。雖復契會相參，節文互雜，譬五色之錦，各以本采爲地矣。」；又如〈比興〉的：「或喻於聲，或方於貌，或擬於心，或譬於事…圖狀山川，影寫雲物，莫不織綜比義，以敷其華，驚聽回視，資此效績。」這些文句透露出劉勰明白知覺主體（包括作者和讀者）從六根門體驗到呈顯在圖式化外觀中的六境，再由六根與六境的接觸互動而產生了六識的感知，繼而展開了六觸及其後一連串的受想思等認識及審美活動，如果展開過程順利圓滿，讀者不但能忠實生動地重構及再現客體，他同時也能沈醉於審美情感的體驗當中，前者如劉勰提到的：「氣貌山海，體勢宮殿，嵯峨揭業，熠燿焜煌之狀，光采煒煒而欲然，聲貌岌岌其將動矣。」（〈夸飾〉）；後者如：「視之則錦繪，聽之則絲簧，味之則甘腴，佩之則芬芳。」（〈總術〉）和「是以四序紛迴，而入興貴閑；物色雖繁，而析辭尚簡；使味飄飄而輕舉，情曄曄而更新。」（〈物色〉）

　　用現象學文論的理路來推敲劉勰寄託於駢文字句中的相關觀點，也許可以有效補充《文心雕龍》在作品深層結構上的理論間隙，試由前段的引用資料來重建其間讀者的認識過程。

　　就作品本身而言，圖式化外觀只是處於潛在的待機狀態中，它們在未被讀者現實化和具體化之前，是某種保持不變結構的先驗圖式，獨立於讀者的各種知覺變化經驗。然而一旦讀者發現並且體驗到作品那些處於待機狀態的直觀材料外觀時，這些被體驗到的作品外觀就會刺激主體發揮知覺的功能，或是要求主體進行一個生動的再現活動。如果讀者在閱讀時確能進行至少一個的再現活動，這就表示他能夠在生動的再現材料中創造性地體驗直觀外觀，從而使再現客體直觀地呈

現出來，具有再現的外觀。當讀者接受由作品賦予的提示和暗示，並準確地體驗到作品「包含在待機狀態」的那些多重外觀，在某種程度上他就在自己的想像中看見它，而它也以近乎完整的形式呈現給他，這時的讀者遂與描繪的對象進行更直接的交流。就《文心雕龍》而言，〈神思〉說：「神用象通，情變所孕。物以貌求，心以理應。刻鏤聲律，萌芽比興。」、〈知音〉說：「綴文者情動而辭發，觀文者披文以入情，沿波討源，雖幽必顯，世遠莫見其面，覘文輒見其心。」即在描述循認識與審美進路重建客體的歷程，而首要前提則仍在建造一個具有蓄勢待發能量的圖式化外觀及其連續體。

(2)不定點的相關看法

繼續闡述劉勰關於不定點的看法。

現象學文論聲明文學藝術作品包含一系列的「不定點」，尤其是在客體層次上，這一方面是因為圖式化構成必然造成的情況，另一方面則肇因於文學作品是一種「擬判斷」的陳述性質。英加登指出：在作品句子的基礎上，凡是不可能說某個對象或客觀情境是否具有某種特徵的地方，就是不定點出現的所在處。

不定點的出現並非是創作上失誤的結果，也不是偶發脫序的情況，相反的，它是任何一位作家的任何一部作品都必然會發生，也必須要發生的普遍情況，因為作家不可能用有限的語詞和句子在作品描繪的各個對象中明確而詳盡無遺地建立無限多的確定點，所以，文學作品描繪的每一個對象、人物、事件等等，都包含著許多不定點，特別是對人事物遭遇的描繪根本無法遍透一切時空和事件，因此，理想的文學作品結構並不是盡可能地使再現客體的細節都被明確地限定下來，相反的，明智的作法應該是慎選重要而有利於作品的某些人事物時地的特性和狀態，並且賦予一個適當的圖式化外觀來配置；其餘的東西最好處於不確定狀態，或僅僅為它們勾勒出一個輪廓，這樣，讀

者既可以近似地、模糊地猜測出它們，而它們也被作者刻意保持爲模糊的，以避免紫之奪朱地干擾作品的重要特徵。

劉勰在〈史傳〉談及紀人紀事之文的寫作要領時，有一段論述頗能看出他對不定點與再現客體間的相關看法，文說：「尋繁領雜之術，務信棄奇之要，明白頭訖之序，品酌事例之條，曉其大綱，則衆理可貫。」他注視到紀傳文體必須明智地安排事例確定點與不定點的結構形式，使事例分明，條理一貫，大綱昭晰，且最好以下列四種結構樣態爲圭臬：「或簡言以達旨，或博文以該情，或明理以立體，或隱義以藏用。」（〈徵聖〉）

劉勰在〈物色〉還提到有些不定點並非是消極地發生，而是積極地被作者設置出來，作者刻意抑制某些部分或略寫，或不寫，令這些不被明確說出來的不定點更富暗示的魅力，也就是：「思表纖旨，文外曲致，言所不追，筆固知止。」這些被作家佈置在字裡行間的不定點或空白處，由於得到文章止步的鬆綁權利，使讀者在文本允許的範圍內，更可以主動積極地進行具體化，一個成功的填補方式往往使作品光輝四溢，引人入勝，那文外的纖旨曲致也因爲讀者的現實化而變得更鮮明，更獨特，更多采多姿；當然，我們也不能排除下列兩種情況，其一是有些不定點只是文本中無關緊要的空隙；其二是有些讀者對不定點的填補方式不佳，使作品黯然失色，碌碌平庸，此所以劉勰說：「文情難鑒，誰曰易分。」又說：「豈成篇之足深，患識照之自淺耳。」（〈知音〉）

由於不定點的意義及價值一般說來是含蓄蘊藉的，所以要設置或判讀出具有重要審美意義之不定點是一件不易的活動，職此之故，隱幽的不定點雖然是藏身於黑暗處，但作家總要爲它先行設置好一個顯而易見的明確語境作爲前提才方便烘托，現象學文論的這個原理恰好與〈隱秀〉遙相呼應。

不定點相當於「隱」；鮮明特定的語境相類於「秀」；劉勰說隱和秀的巧妙組合可以達到「深文隱蔚、餘味曲包。」的審美價值，他用「祕響傍通，伏采潛發」、「珠玉潛水，而瀾表方圓」的譬喻描述「隱」在作品結構中的存在狀態和審美功能，但隱是無法孤立懸置的，它必須和秀互生相長，所謂「文之英蕤，有秀有隱。」而被作家蓄意擱置的「隱」，它們之所以能在祕而不宣的埋藏下猶可「動心聲耳，逸響笙匏」，關鍵前提是句子以及相互聯繫的句組意群要有鮮明生動的語境，唯其如此，讀者才能充分掌握描繪世界，唯其能充分掌握描繪世界的提示，讀者才能恰如其分地填補留白的不定點，以便展開「互體變爻，而化成四象。」的審美體驗，所以「隱」是埋伏，「秀」是前導；埋伏以深密藏匿為本，前導以獨拔張皇為要，因此劉勰用「卉木之耀英華」、「繪帛之染朱綠」來形容繁鮮煒燁的秀句，它相類於鮮明的語境。

任何不定點都可以用好幾種方式來填補並且仍然和作品的語義層次協調一致，英加登因而考察到完成不定點的可變性界限總是等於或大於二，因為可變性界限如果等於一，那它就是確定點而不是不定點。令人驚奇的是一千五百年前的劉勰就有遙契這項論據的先見之明，〈隱秀〉說：「隱也者，文外之重旨者也。」又說：「隱以複意為工。」、「互體變爻，而化成四象。」其中的「重旨」、「複意」、「互體」在在表達他對不定點完成後的可變性界限數目至少要等於二的卓識。

現象學文論強調文學藝術作品所使用的陳述句是「擬判斷」，擬判斷的句子特徵是具有雙重的意義，這些句子對讀者有一種暗示的力量，使他接受從句子直觀材料中產生的字面意義，但語詞及句群意義卻又滲透著某種朦朧的另一個意義，由於擬判斷句含有暗示力量，所以儘管讀者不能直接從字面形式上確認它，但文本的這股暗示力量令

他相信在意象中顯現出來的另一重意義是可能的，不過即使如此，字面的意義也依舊存在，並未遁失，於是，這兩重意義就共存於作品中，閃爍掩映成趣。

我們可以在〈比興〉、〈事類〉考辨劉勰的相關見解。雖然他運用的是言約旨豐的文言駢體，但徵諸上下文理及舉用的文例也能察得其中的理念。他說：「何謂爲比？蓋寫物以附意，颺言以切事者也。故金錫以喻明德，珪璋以譬秀民，螟蛉以類敎誨，蜩螗以寫號呼，澣衣以擬心憂，席卷以方志固，凡斯切象，皆比義也。至如麻衣如雪，兩驂如舞，若斯之類，皆比類者也。」《詩經》中的這些例句都具有「附意」、「切事」的眞正意義；但這些眞正意義是依附於「寫物」與「颺言」的字面意義，雖然這兩重意義都在各自所屬的層次有淺深表裡前後之別，但在作品的內容與形式中，它們都有各自不同的功能，任何一重都不容漠視；如果其中一個層次佔據了前景，當然，其他層次只能在後面通過它來顯示自己，但是，前景只是一種荃蹄似的工具，它使其他層次經過自己的顯示而呈現出來，在〈比興〉之中有不少的例證可說明前景與主題的關係，例如：金錫、珪璋、螟蛉、蜩螗、澣衣、席卷、白雪、舞容等是爲前景這一重意義；而通過它們呈露的主題是：明德、秀民、敎誨、號呼、心憂、志固、麻衣、兩驂；劉勰還將這兩重意義的結合類型概括爲四種：「或喻於聲，或方於貌，或擬於心，或譬於事。」經由聲、貌、心、事等圖式化外觀投射的描繪世界來發現詩歌中的新焦點。如果「字面的」陳述和「眞正的」意指之間的聯繫堅定明確，那麼可以歸之於「比」；如果兩者之間的聯繫迷離閃爍，並且在迷離閃爍中獲致獨特的藝術效果，那麼可以以「興」稱之，劉勰說：「比顯而興隱」、「興者…依微以擬議…婉而成章，稱名也小，取類也大。」不論是比，是興；是譬喻，是象徵；劉勰已深入研析箇中的文學原理在於兩個語言意義層次之間的結

合，他用「擬」、「依」、「切」、「附」來指認其間的結合狀態；可見對於英加登文學作品是「擬判斷」陳述的理論，劉勰早有專篇闡論，即使語彙不同，亦不妨害其本質上的會通。

當然，文學的藝術作品之所以得獲建構、理解；不定點之能被設置、填補；句子描繪的客體層次得獲具體實現，在在需要積極能動的想像力，藝術想像的思維活動是一切作品的創作泉源，從現象學派而言，文學更是一種「游心內運」的純粹意向性活動，從劉勰將〈神思〉繫於下篇文術論之首，即可意會出其重要地位，他說：「寂然凝慮，思接千載；悄焉動容，視通萬里；吟詠之間，吐納珠玉之聲；眉睫之前，卷舒風雲之色；其思理之致乎！」這段文字說明劉勰認爲想像活動往來於感覺經驗與精神活動之間，感覺經驗以視知覺的形象與聽知覺的聲律爲要，但這些想像活動又可突破身根觸境的限制，所以是純粹意向性活動的動力，也是構成藝術創作與審美活動的本質，這個理念，是《文心雕龍》與英加登一致認可的。

伍、結論

英加登與胡塞爾均是哲學碩彥，但他們一致認爲哲學不是一種智力訓練，也不是衆多知識之中的一種學門，而是一種可以爲所有其他學科提供研究基礎的「精密科學」，哲學應可對其他學科－例如文學－的概念和程序作出解釋，爲它們的確定性評價提供基礎，所以，他們乃以研究哲學的方式進行其他學科的研究。以英加登而言，他試圖分析的是－知識對象的存在性質和方式，而他最感興趣的知識對象是美學與文學。他的著作志在使文學研究成爲一門精密學術，他闡明文學的對象，以及對象如何呈現於意識，因此，他的著作是文學哲學，他既爲文學研究奠立確實的基礎，又實際地處理作品的各類研究，包括作品的存在方式和形式結構，儘管有人指責他的研究過於抽象，但

這正是他的研究宗旨與勝場，他致力的目標就在超越個別的實際作品評價，他要證明一切文學作品均有共同的形式結構，而他也以三十年的光陰取得了卓越的成就。

本文的研究主旨在於以新的研究方法拓展《文心雕龍》的學術領域，希望借助現象哲學研究的成就賦予《文心雕龍》具有前瞻性的理論詮釋，然而學殖甚瘠，闕誤必多，所敢獻曝者，唯作拋磚引玉之期盼。

在研究的過程中，深刻體察到劉勰歷久彌新的理論精義，以「獨步千古，領先群倫」的稱譽譽之，也當之無愧，尤其是在和以嚴謹周密著稱的英加登作品對勘之後，更能發現其珍貴價值，然由於駢文的寫作格套、徵聖宗經的主觀立場，再加上任何一部作品均不可免的綱要式外觀，也滋生了研究上的困難，關於這個方面的得失研析應可另篇討論。

論《文心雕龍》之裁章修辭藝術

實踐大學通識教育中心

胡仲權

壹、前言

篇章的結構，大抵皆依聯字成詞，組詞成句，綴句成章，積章成篇的內在關係而構成，《文心雕龍·章句》上說：

> 夫人之立言，因字而生句，積句而爲章，積章而成篇。

即在說明此內在關係，其中「章」現代多指段或段落，由句子或句群組成，乃表達篇章意義層次的基本單位，《文心雕龍·章句》說：「章總一義，須意窮而成體。」即是此意，由於「章」在篇章意義層次的表現上，標誌著作者情思發展的步驟，因此裁章方法的順當與否，常是篇章意義能否準確傳達，以及意義表現能否鮮活、生動的重要關鍵。

從修辭學研究的角度來看，「章」能提供句子或句群，在連接與貫通上的某些特定語言環境，這些語言環境，正好可以使句子或句群，於組合編織的過程中，顯現出修辭的效果，因此，裁章藝術也常常是決定篇章修辭效果的重要因素，現代修辭學的研究，不再侷限於字詞、句子的研究，而擴大爲句群綜合表現的探索，特別注意語境修辭效果，正顯示著裁章修辭研究的發展趨勢與重要性。

劉勰《文心雕龍》於篇章修辭實踐方面，表現手法豐富，本文擬以其爲對象，就其裁章修辭藝術加以分析說明，以揭示其於裁章修辭

藝術上的貢獻，在研究方法上，首先分析《文心雕龍》全書中，各「章」之內句子或句群組織，於意義表達的前後連繫間，所呈現出的結構層次類型；其次，論述《文心雕龍》裁章的辭格修辭方法及效果；最後，總結全文，以說明《文心雕龍》裁章修辭藝術的特色和價值。

貳、 文心雕龍中章的結構層次類型

章由句子或句群組織而成，主要在集中表達完整的情思，以顯示其意義指標，在句子或句群前後的銜接連繫之間，呈現了不同類型的組織結構層次，這些不同類型的組織結構層次，提供了句子或句群組織意義發展上的語言環境，使其得以有效地展現修辭效果，就《文心雕龍》而言，其章的結構層次，主要有以下幾種類型：

一、 單一層次類型：

即句子或句群組織的意義指標，集中並完整地表達單一情思的結構層次①，例：

> 樂府者，聲依永，律和聲也。〈樂府〉

> 事類者，蓋文章之外，據事以類義，援古以證今者也。〈事類〉

上述二例，首例以五聲依曲辭長短為節奏，律呂諧和五聲，集中詮釋樂府體裁詩歌的特徵；第二例則以據引事物來類比義理，援用舊聞來驗證現況，集中說明事類的寫作技巧，兩例在意義指標上，均指向單一目標，是為單一層次類型的組織結構。

二、 多重層次類型：

即句子或句群組織的意義指標，分別表達兩種以上情思的結構層

---

① 此處所謂層次，係就意義表達的完整度為標準，由於表達一完整意義，有時僅需單一句子即可，有時卻需句群組織方能完整表達，因此，每一層次的意義組織結構，是由句子或句群組織建構完成的。

次，由於各層次之間前後銜接關係的不同，而形成以下數種多重層次類型的組織結構②：

(一)平行關係類型：

即各層次之間，於前後銜接之際，意義指標無先後次序的關係，也無交錯互涉，或意義轉折的現象，各層次的意義指標皆獨立而平行，例：

> 「律」者，中也。黃鐘調起，五音以正，法律馭民，八刑克平，，以律爲名，取中正也。「令」者，命也。出命申禁，有若自天，管仲下令如流水，使民從也。「法」者，象也。兵謀無方，而奇正有象，故曰法也。「制」者，裁也。上行於下，如匠之制器也。〈書記〉

上述例子，係針對四個意義指標：律、令、法、制。所做的論述，全章共分四個層次，各層次之間無從屬交錯之關係，乃平行關係的多層次組織結構類型。

(二)遞進關係類型：

即各層次之間，於前後銜接之際，意義指標顯示出程度及次序增強或減弱的現象，使各層次之間的接續呈現逐漸遞進的關係，例：

> 昔在陶唐，德盛化鈞，野老吐「何力」之談，郊童含「不識」之歌。有虞繼作，政阜民暇，「薰風」詠於元后，「爛雲」歌於列臣，盡其美者何？乃心樂而聲泰也。至大禹敷土，「九序」詠功，成湯聖敬，「猗歟」作頌。逮姬文之德盛，周南勤而不怨；大王之化淳，邠風樂而不淫。幽、厲昏而板蕩怒，平王微而黍離哀。故知歌謠文理，與世推移，風動於上，而波震於下者也。

---

② 此處所謂多重層次，各層次之間的區隔標準，在於意義指標的不同，雖各層次之間也存在著意義表達上的銜接關係，然每一層次的意義指標卻是獨立的，與另外的層次顯然有方向上的差異。

〈時序〉

上述例子，於意義指標上，分別針對唐、虞、夏、商、周五個時代論述，全章共分五個意義層次，各層次之銜接按時間之先後順序依次前後接續，乃遞進關係的多層次組織結構類型。

㈢因果關係類型：

即各層次之間，於前後銜接之際，前一層次的意義指標，為後一層次意義指標形成的原因，後一層次意義指標，為前一層次意義指標造成的結果，使層次接續呈現前因後果的關係，例：

> 予生七齡，乃夢彩雲若錦，則攀而採之。齒在踰立，則嘗夜夢執丹漆之禮器，隨仲尼而南行，旦而寤，迺怡然而喜，大哉！聖人之難見也，乃小子之垂夢歟！自生民以來，未有如夫子者也。敷讚聖旨，莫若注經，而馬鄭諸儒，弘之已精，就有深解，未足立家。唯文章之用，實經典枝條，五禮資之以成文，六典因之以致用，君臣所以炳煥，軍國所以昭明，詳其本源，莫非經典。而去聖久遠，文體解散，辭人愛奇，言貴浮詭，飾羽尚畫，文繡鞶帨，離本彌甚，將遂訛濫。蓋周書論辭，貴乎體要，尼父陳訓，惡乎異端，辭訓之奧，宜體於要，於是搦筆和墨，乃始論文。

〈序志〉

上述例子，由幼齡的特殊夢境，至成人後聖人垂夢的經驗，欲敷讚聖旨注經，卻無法超越馬鄭諸儒立家，轉而思考文章與經典的密切關係，再想到當時文體解散，愛奇浮詭的訛濫現象，於是決定提筆論文，前後共計六個層次，每一層次意義指標前後因果相生，緊密銜接，乃因果關係的多層次組織結構類型。

㈣總分關係類型：

即各層次之間，第一層次的意義指標是綜合其他層次意義指標的總論，其他層次的意義指標則是第一層次意義指標部份分支的續論，

例：

> 人之稟才，遲速異分，文之制體，大小殊功：相如含筆而腐毫，揚雄輟翰而驚夢，桓譚疾感於苦思，王充氣竭於思慮，張衡研京以十年，左思練都以一紀，雖有巨文，亦思之緩也；淮南崇朝而賦騷，枚皋應詔而成賦，子建援牘如口誦，仲宣舉筆似宿構，阮瑀據案而制書，禰衡當食而草奏，雖有短篇，亦思之速也。〈神思〉

上述例子，先綜述行文構思的遲速有才智上的不同天賦，以及篇幅長短有不同的功能，再舉司馬相如、揚雄、桓譚、王充、張衡、左思六例，分述思緩之巨文；接著以淮南王劉安、枚皋、曹植、王粲、阮瑀、禰衡六例，分述思速之短篇，先總論後分論，乃總分關係的多層次組織結構類型。

意義層次的呈顯，於修辭實踐上具有相當重要的地位，鄭文貞〈篇章的修辭問題〉指出：

> 層次、段落的安排同表達效果的關係更加密切。文章要做到條理清楚，進而波瀾起伏，主要取決于層次、段落安排得當、巧妙。（《修辭學論文集·第二集》二八五頁，中國修辭學會編·福建人民出版社，一九八四年第一版一刷。）

據此，則意義組織結構層次，於裁章修辭實踐過程中，實具有影響修辭效果的功能。

就修辭效果的角度而論，單一層次的句子或句群組織結構，能呈現明快而簡明扼要的修辭效果。至於多重層次的句子或句群組織結構，由於層次間組合關係的不同，而有不同種類的修辭效果：平行關係的類型，各層次之間並列相續，形成了波瀾起伏、並肩排比的修辭效果；遞進關係的類型，各層次之間依序發展，形成了韻律節奏的修辭效果；因果關係的類型，各層次之間環扣相生，形成了密合緊湊的

修辭效果；總分關係的類型，各層次之間先合後分，形成了主從相續，條理分明的修辭效果。

綜合以上所述，可知意義結構層次，所提供的語言環境，使句子或句群組織所凝聚的意義指標，於不同的組合關係中，展現了不同功能的修辭效果，足見其於裁章修辭中的重要性，同時，由《文心雕龍》的例證，足以說明劉勰於此方面實具有特殊而多元化的表現。

參、《文心雕龍》裁章之辭格修辭方法

辭格即修辭格，乃積極修辭表現中，為提昇表達效果，有意識設計的特定修辭方式，就《文心雕龍》裁章修辭方式考察，其運用辭格修辭的方法，及其所產生的修辭效果，主要有以下幾種類型：

一、連用感嘆以強化情思：

感嘆來自人類自然且強烈的情感，在作品中運用嘆詞或助詞，常可強化意念，達到提振並搖撼讀者心靈力量的功能，劉勰常於章段中連用感嘆的修辭方式，強化情感及思想，例：

> 若乃飛廉有石棺之錫，靈公有奪里之證，銘發幽石，噫可怪矣！
> 趙靈勒跡於番吾，秦昭刻博於華山，夸誕示後，吁可笑也！〈銘箴〉

上述例子中，連用了嘆詞「噫」及助詞「矣」構成的「噫可怪矣」，以及嘆詞「吁」和助詞「也」構成的「吁可笑也」，以強化飛廉、衛靈公、趙武靈王、秦昭王四人，勒石銘刻的夸誕可笑。

二、善於譬喻以扭轉難易

譬喻乃依據心理的類化作用，利用一些常見而易知的經驗，來比方說明一些少見而難解的事物或道理，以達到轉難解為易知的效果，劉勰善於章段關鍵處運用譬喻的手法，以達轉難為易的效果，例：

> 若情數詭雜，體變遷貿，拙辭或孕於巧義，庸事或萌於新意，視

布於麻，雖云未費，杼軸獻功，煥然乃珍。至於思表纖旨，文外曲致，言所不追，筆固知止，至精而後闡其妙，至變而後通其數，伊摯不能言鼎，輪扁不能語斤，其微矣乎！〈神思〉

上述例子中，首言情理詭異複雜，續論未潤色之作品會使巧義變拙辭，新意成庸事，接著借機杼加工，使布麻成色澤煥然的布料，譬喻作品潤色加工而成為佳作的功能。其次，文章再論言外之意，而借《呂氏春秋·本味》的「伊摯不能言鼎」例，譬喻「只可意會，不能言傳」的道理③，又借《莊子·天道》的「輪扁不能語斤」例，譬喻「得手應心，口不能言」的道理④，二例借以說明「至精而後闡其妙，至變而後通其數」的道理，並顯示何以劉勰擱筆不論之原因，全章將抽象的道理，以具體的事物或史例，加以譬喻說明，使讀者能轉難為易，得到確切地體悟。

三、 適時婉曲以流露蘊藉

婉曲乃以婉轉曲折的文辭，不直接抒寫本意，改以烘托或暗示本意的修辭法，劉勰善於適當時機，運用婉曲的手法，以表現出含蓄蘊藉的意味，例：

宋代逸才，辭翰鱗萃，世近易明，無勞甄序。〈才略〉

上述例子，乃在檢論歷代作家才性識略之後，適時接續的短章，全章避開對劉宋作家才性識略的直接評論，顯示劉勰本人溫柔敦厚的批評修養，全章也流露出含蓄蘊藉的意味。

---

③ 按《呂氏春秋·本味》：「湯得伊尹，祓之於廟，明日設朝而見之，說湯以至味。曰：鼎中之變，精妙微纖，口弗能言，志弗能喻。」其中伊尹即伊摯，全文旨在說明文章微妙意旨，非語言所可充分形容。

④ 按《莊子·天道》：「臣也以臣之事觀之。斲輪，徐則甘而不固，疾則苦而不入。不徐不疾，得之於手而應於心，口不能言，有數存焉於其間。」此為輪扁對桓公所說之話，旨在說明斲車輪之技藝，雖得手應心，卻口不能言，劉勰借以說明言語欲形容文章妙旨，得有奧妙的技術。

四、大量引用以強化論證

　　引用舊稱用典，即援用徵引他人的文辭或俗諺、歷史掌故等的修辭法，劉勰常於全章大量引用，做爲其論證時的論據，以強化其論證時的說服力，例：

> 昔漢武愛騷，而淮南作傳，以爲：「國風好色而不淫，小雅怨誹而不亂，若離騷者，可謂兼之。蟬蛻穢濁之中，浮游塵埃之外，皭然涅而不緇，雖與日月爭光可也。」班固以爲：「露才揚己，忿懟沈江；羿澆二姚，與左氏不合；崑崙懸圃，非經義所載；然其文辭麗雅，爲詞賦之宗，雖非明哲，可謂妙才。」王逸以爲：「詩人提耳，屈原婉順，離騷之文，依經立義，駟虯乘鷖，則時乘六龍；崑崙流沙，則禹貢敷土；名儒辭賦，莫不擬其儀表，所謂『金相玉質，百世無匹』者也。」及漢宣嗟嘆，以爲：「皆合經傳」。揚雄諷味，亦言：「體同詩雅」。四家舉以方經，而孟堅謂不合傳，褒貶任聲，抑揚過實，可謂鑒而弗精，翫而未覈者也。〈辨騷〉

　　上述例子，劉勰大量引用了淮南王劉安、班固、王逸、漢宣帝、揚雄五人，關於〈離騷〉的評論，並分析指出，班固認爲〈離騷〉不合經傳，其他四人則竭力表彰，比之經義，最後評論五人皆是任意褒貶，與事實有出入，且品鑒不夠精覈，由於引用了五人的評論內容，強化了其最後論證的憑據，增強了說明力，並爲後一章段立下論證的基礎⑤。

五、疊用示現以狀溢目前

　　示現乃運用想象力與形象化的語言，形容或描繪某些人、事、

---

⑤　後一段落，劉勰延續此章的論點，分別論證〈離騷〉同於風、雅與異乎經典的四事，可說是進一步強化其論點，由於章與章的銜接屬謀篇修辭之範疇，本文以裁章修辭研究爲對象，故此處闕而不論。

物，使其狀溢目前，讓人如身歷其境、親聞親見的修辭法，劉勰善於
大量疊用示現手法，使描寫對象狀溢目前，例：

> 文之為德也，大矣！與天地並生者，何哉？夫玄黃色雜，方圓體
> 分，日月疊璧，以垂麗天之象；山川煥綺，以鋪理地之形；此蓋
> 道之文也。仰觀吐曜，俯察含章，高卑定位，故兩儀既生矣。惟
> 人參之，性靈所鍾，是謂三才。為五行之秀氣，實天地之心生，
> 心生而言立，言立而文明，自然之道也。旁及萬品，動植皆文：
> 龍鳳以藻繪呈瑞，虎豹以炳蔚凝姿，雲霞雕色，有踰畫工之妙；
> 草木賁華，無待錦匠之奇，夫豈外飾，蓋自然耳。至於林籟結
> 響，調如竽瑟，泉石激韻，和若球鍠，故形立則文生矣，聲發則
> 章成矣。夫以無識之物，鬱然有采，有心之器，其無文歟？〈原
> 道〉

上述例子，極力運用想像力，描寫渾沌初開、天玄地黃、五色雜
揉、天圓地方截然分立，日月如圓璧於天空重疊交替運行，山川河流
於大地鋪陳條理有次流域的自然景象，屬追述示現手法，又以龍鳳麟
羽上吉祥的藻飾、虎豹毛色上斑爛的姿彩，雲霞如雕工般的景色，草
木如錦繡般的花朵，林間風籟如竽瑟的音響，流泉激石如鐘磬的韻
律，描繪出動植物與自然背景交織的畫面，屬想像示現手法，全章疊
用示現手法，使狀溢目前，讓讀者如身歷其境。

六、連續設問以交織曲折

設問乃於行文中，刻意設計問句的形式，變平叙的語氣為詢問的
語氣，以吸引對象注意的修辭法‧由於問句使讀者於平叙的閱讀之
中，產生頓挫而回逆的思考方向，因此若於章段中連續設問，即會產
生順逆交織的波瀾曲折效果，劉勰則善於裁章時，運用此類修辭手
法，例：

> 觀夫後漢才林，可參西京；晉世文苑，足儷鄴都；然而魏時話

言，必以元封為稱首，宋來美談，亦以建安為口實，何也？豈非崇文之盛世，招才之嘉會哉？嗟夫！此古人所以貴乎時也。〈才略〉

上述例子，論時代潮流與文學演進的關係，其中連設二問句，第二問句又隱含回答第一問句之意圖，使答而兼問，提問與激問二法交融，文意波瀾曲折。

七、反復類疊以加深印象

類疊即運用同一字詞或語句，在語文中反復疊現的修辭法，劉勰常於裁章之時，反復將某些字詞加以隔離使用，不斷疊現，以達加深印象之效果，例：

今之常言，有文有筆，以為無韻者筆也，有韻者文也。夫文以足言，理兼詩書，別目兩名，自近代耳。顏延年以為：「筆之為體，言之文也；經典則言而非筆，傳記則筆而非言。」請奪彼矛，還攻其楯矣。何者？易之文言，豈非言文；若筆果言文，不得云經典非筆矣。將以立論，未見其論立也。予以為：「發口為言，屬翰曰筆，常道曰經，述經曰傳。經傳之體，出言入筆，筆為言使，可強可弱。六經以典奧為不刊，非以言筆為優劣也。」昔陸氏〈文賦〉，號為曲盡，然汎論纖悉，而實體未該。故知九變之貫匪窮，知言之選難備矣。〈總術〉

上述例子，全章旨在分析當時「文」、「筆」、「言」之文體三分法的失當，全章「文」、「筆」、「言」三字不斷隔離疊現，加深讀者對全章探討主題的印象。

八、交織兼用而深刻透徹

劉勰於裁章之辭格修辭手法中，常將幾種辭格交織兼併在一起運

用⑥使其闡述的事理更加深刻透徹，例：

> 夫銓序一文爲易，彌綸群言爲難，雖復輕采毛髮，深極骨髓，或
> 有曲意密源，似近而遠，辭所不載，亦不可勝數矣。及其品評成
> 文：有同乎舊談者，非雷同也，勢自不可異也；有異乎前論者，
> 非苟異也，理自不可同也。同之與異，不屑古今，擘肌分理，唯
> 務折衷。按轡文雅之場，環絡藻繪之府，亦幾乎備矣。但言欲盡
> 意，聖人所難，識在缾管，何能矩矱，茫茫往代，既洗予聞；眇
> 眇來世，尚塵彼觀也。〈序志〉

上述例子中，「銓序一文爲易，彌綸群言爲難」以及「輕采毛
髮，深極骨髓」是單句對兼對襯法；「曲意密源」是句中對兼故復
法；「有同乎舊談者，非雷同也，勢自不可異也；有異乎前論者，非
苟異也，理自不可同也。」是長偶對兼對襯法；「茫茫往代，既洗予
聞；眇眇來世，尚塵彼觀。」是隔句對兼對襯法，全章令人印象深刻
且論理透徹。

九、錯綜套用而變化生動

劉勰於裁章之辭格修辭手法中，另一個值得注意的特點，就是在
一種辭格中，又錯雜綜合幾種辭格，使句子或句群組織出現變化生動
的效果⑦，例：

> 故知詩爲樂心，聲爲樂體，樂體在聲，瞽師務調其器，樂心在
> 詩，君子宜正其文。〈樂府〉

---

⑥ 黃民裕《辭格匯編·辭格的綜合運用·二、兼用》：「就是幾種辭格交織在一起運用，
從這個角度看是這種辭格，從另一個角度看又是另一種辭格，幾種辭格完全融爲一
體。」（頁二八四，湖南出版社，一九九一年六月第二版二刷）按此說，則兼用之修
辭法，在於融合不同辭格的特點，一方面加深讀者的印象，一方面則使情思之表現更
爲深刻透徹。

⑦ 套用與兼用不同，套用乃多元組合爲一體，即多種的辭格錯雜綜合爲一種新格式的修
辭法；兼用則是一體呈現多元，即一種固定形式的辭格兼含另外形式辭格的修辭法。

上述例子中，一、五句及二、三句兩組爲回文，四、六句則是隔句對，形成回文中有回文，又間雜對偶的變化生動句群。

綜合以上所論，可知《文心雕龍》於裁章方面，所使用的辭格修辭方法，以及這些手法所呈現的修辭效果，就其於此方面的表現而觀，實是豐富而多元。

肆、結　論

總合以上的分析，可看出《文心雕龍》於裁章修辭藝術的表現，實有其不可忽視的特色與價值，就特色言，《文心雕龍》於章的結構層次上，展現了單一及多重兩種類型的結構層次，涵蓋層面甚爲完整，其中多重層次結構內各層次之間的銜接，又呈現了平行、遞進、因果、總分四種關係結構，使修辭效果朝多元化的方向呈顯，達到全面性的修辭藝術效果。

其次，辭格修辭手法的表現，將辭格的運用由字詞的修辭，推展至句子或句群組織的修辭，擴大了辭格修辭的領域，同時，樹立了裁章修辭於辭格修辭上的典範，使裁章藝術技巧更爲明確可行。

另外，就價值論，傳統的修辭學研究，多半忽視語境修辭的領域，《文心雕龍》於章的結構層次上的表現，對於句子或句群組織，在意義指標指引下，由不同關係結構所提供的語言環境，形成的不同意義表現內涵，能提供一定程度的研究參考價值。

再者，向來的修辭學研究，大多集中於消極修辭標準，以及積極修辭中的辭格理論研究，對於篇章修辭的研究，則明顯有著數量不足的現象，《文心雕龍》於裁章修辭方面的表現，足資篇章修辭研究之參究，以彌補此方面研究之不足。

最後，一般修辭學研究，多偏向於理論部門的研究，而傳統關於《文心雕龍》的研究，也多側重於文學理論的研究，實踐部門的研究

顯然不足，《文心雕龍》裁章修辭藝術的表現，不僅可引導修辭學研究中，關於實踐部門的研究風氣，更可彌補《文心雕龍》研究領域前述之空缺，此又其價值中不可忽視的部份。

引用及參考書目

王更生　文心雕龍讀本　文史哲出版社　一九八三年十一月

王德春·陳晨　現代修辭學　江西敎育出版社　一九八九年三月

文心雕龍國際學術研討會論文集　　日本九州大學中國文學會主編
　　文史哲出版社　一九九二年六月

沈　謙　修辭學　國立空中大學　一九九一年五月

胡仲權　文心雕龍之修辭理論與實踐　東吳大學博士論文　一九九八
　　年五月

修辭學論文集·第二集　中國修辭學會編　福建人民出版社　一九八
　　四年三月

徐炳昌　篇章的修辭　福建敎育出版社　一九八六年十一月

黃慶萱　修辭學　三民書局　一九八五年九月

黃民裕　辭格匯編　湖南出版社　一九九一年六月

鄭文貞　段落的組織　福建人民出版社　一九八五年一月

鄭文貞　篇章修辭學　廈門大學出版社　一九九一年六月

黎運漢·張維耿　現代漢語修辭學　書林出版有限公司　一九九一年
　　九月

《文心‧神思》中「神」「志氣」
「辭令」「玄解之宰」之層次與關係

東海大學哲學系

林顯庭

摘　要

劉勰於《文心‧神思》篇指出：創作者（主體）審美思維的整個心路歷程爲：

一、藝術心靈會邀通志氣及言語思考機制，對事物做出如下五個審美步驟：

1.直覺式的觀照（必須在虛靜的心境下才能擁有此一能力）

2.關切式的理解（包括：投注性格成分或先驗基像到事物的形相上，以發現事物的生命力特質或神韻）。

3.理解或鑑賞後，會對內先向自己訴說一遍，以求取母語思考結構之認可。

4.整編、精鍊繁多的美感印象，成爲具體（具像化）的美感形象。

5.凝釀美感形像成爲可被知性心靈描摩的鮮明意象。

而完成鑑賞。

以上這些步驟，合起來即是「神與物遊，而志氣統其關鍵，辭令管其樞機」的眞確意義。

二、神、玄解之宰居於主體的最內在一層……心靈層，兩者要向外鑑

賞或寫作，都須扣通（並邀約）另兩個居於次內一層的心理活動
範疇……志氣與辭令……之放行與引領，始克完成。這是主體受
內在結構的層次之限制，不得不如此。」然而四者合作，也的確
讓主體完成一次全整的體美創作之歷程。

三、藝術心靈在完成其構思鑑賞，釀得意象之後，會從主導的位置
　　退下，報由主體另派知性心靈主持傳達、寫作之任務。這是受
　　任務性質不同……前者主審美鑒賞，後者主創作傳達……之限
　　制，所不得不爾之區分。此一區分，更加顯出主體的內在結構
　　之完善。

以上三點，皆可謂發前人所未見之秘，開後來文藝理論縝密架構
之先河。

關鍵詞：內在言語思考機制　內在訴說　先驗基像

前　言

劉勰所著《文心雕龍》是一部豐贍縝密的文藝創作論兼批評論之
巨作，吾人在研讀、嗟賞它的當兒，最感興趣與好奇的，毋寧是它對
於「創作者（主體）審美、構思、寫作之心路歷程有無清楚的介紹或
系統性的交代呢？」這一課題吧！因為研賞它，畢竟是想幫助自己提
昇寫作與鑑賞的能力啊！不是嗎？

劉勰撰寫《文心・神思篇》，即旨在探討「主體如何先委任其藝
術心靈進行觀照、鑑賞、訴說、凝釀意象等審美思維活動；以及如何
改派知性心靈主持動筆寫作任務」這一整套審美創作之心路歷程。這
歷程的前後兩階段分別由兩個心靈範疇來主持，劉勰稱前者為
「神」；而稱後者為「玄解之宰」（另稱獨照之匠）。

劉勰在篇中還提到：藝術心靈從內在向外觀照、鑑賞之際，會先
遇上兩個心理活動範疇的把關（或管制）；那就是志氣跟辭令。藝術

心靈若不先通過這兩個心理活動範疇所把守的關卡，便無法遂行其觀照鑑賞之活動。

如此一來，似乎有四個「內在範疇」在操控或管理主體的審美思維與創作之活動。它們之間在層次上有無區隔？它們之間又有何種互動或串聯之關係？尤其是「辭令」何以竟能控管「神」鑑賞外物之樞機？最最令人費解與好奇。

筆者請分四章，予以討論，此即：一、「辭令管制著神鑑賞事物之樞機」的真確意義。二、神、志氣、辭令、玄解之宰在主體內的層次分佈。三、神主導審美構思活動之心路歷程。四、玄解之宰的任務與演出。

最後於第五章提出結論。

壹、「辭令管其樞機」的真確意義

吾人試觀此句之上下文：

> 思理爲妙，神與物遊；神居胸臆，而志氣統其關鍵；物沿耳目，而辭令管其樞機。樞機方通，則物無隱貌；關鍵將塞，則神有遯心。

意即：當審美心靈要從主體的內在深處出來鑑賞外物之際，需先照會（或扣通）志氣與辭令這兩個關卡，否則，縱使外物在耳、目之前聳動游走，兩個關卡中有任何一處不予放行，則審美心靈將遁回內在深處，審美活動便在剛要起步時就夭折了。

審美心靈纔剛起步要出來游賞外物，就須先通過「志氣」這一心理活動之層次，雖突兀，但還算可解，因意志到底是人內在的心理活動層中極重要的範疇之一。而審美心靈剛起步就須先會通「辭令」這一關卡，則頗費解；因爲，此刻顯然還未到實際寫作（傳達）的階

段，還用不到向外說出的「語言」（包括文字）；則此處的所謂「辭令」顯非形諸聲音或符號的具體的外在語文。那麼，劉勰在此處所舉的「辭令」，是指什麼樣的言語機制？

案：劉勰在〈聲律篇〉中提到：

> 故，言語者，文章神明樞機。吐納律呂，唇吻而已。

他認為：「言語」才是文章（文學作品）被主體以筆端及語彙加以傳達出來的關鍵因素，亦即：主體之所以能用筆端及語彙寫作出文學作品來，其先在的決定因素在於「言語」。至於已形諸聲音或符號的「帶有音調變化的語言」，只要稍稍運用唇吻便可辦到，無甚稀奇。

值得注意的是：他說這個先在的因素是「言語」，而非「語言」。

「語言」是主體已經向外說出的話語（包括文字），而「言語」可以只是主體關切、理解（包括詮釋及鑑賞）了某一件事物之際，在內心對自己先說一遍，以求「內在徵驗機制」予以認證的言說（或訴說）。而這種「主體在理解了一件事物之後，以『言說』向內求取『徵驗機制』之認證」的過程，極可能即是劉勰所舉的「辭令」。

這一道理，看似太過玄妙，而且劉勰眞的必須分別「語言」與「言語（言說）」之不同嗎？有無其他哲學家之說法來幫助吾人對此一觀點做出認同？筆者請以中、西兩大哲學家之見解，來協引吾人對此一課題做出探討與研判：

(一)中國哲學家荀子的說法：

荀子在《荀子·正名篇》中說：

> 心有徵知。徵知，則緣耳而知聲可也；緣目而知形可也。然

而，徵知，必將待天官之「當簿其類」，然後可也。五官
「簿」之而不知，心徵知而無「説」，則人莫不然謂之不知。

　　荀子指出：主體的心，有理解、詮釋五官感知到的對象之作用，
五官所感知到的感覺印象，心會向內傳遞，直接訴諸內在某種「徵驗
機制」以求取驗證，在該印象與內在的心理基象①符驗之後，會將之
列入認記檔案中予以歸建，而成爲經驗知識。這整個過程，荀子稱它
做「當簿其類」，「當簿」就是按冊檢證個別事相或印象而予以存認
入檔之意，「其類」則指內在某種先驗的典範或基象。

　　荀子認爲，心就是以這樣的徵驗過程而建立知識的。然而他又
說，就在心以內在基象或典範對五官傳來的感受予以檢證而得到符驗
之際，會把此番符驗之心得或領受，先對內向自己訴說一遍，必須如
此，才算完成驗證，也才會形成知識。否則，若「無『説』」的話，
則仍不算眞的得到知識—「不知」。顯然，心在感覺印象與內在基象
符驗之際，所向內訴說的話，並非有聲音有符號之語言文字，而爲一
種內在言說，且必發生在主體剛完成對外物理解或鑑賞之階段。

　　荀子接著於同篇之稍後處還說：「辨説也者，心之象道也。」象
字在此爲動詞，有相符或互映、互證之意；荀子此兩句是說，心以鑒
察及詮說客界事物的方式，來映現或證取道的客觀法象。

　　心以什麼基礎來鑒察、詮說客界？顯然是用其先天稟具之典範或
基象，這是一種先驗的衡準吧！此所以荀子在〈解蔽篇〉提到：

---

①　心理基象（Scheme）：近代心理學家容格（Jung）、皮亞傑（Piaget）等即使用此一
辭語；指人類一些與生俱來的、先於經驗而在的心靈認察、鑑賞、辨知之能力。雖不
立即相等於德哲康德（kant）所說的「感性認知之先驗能力——時、空二範疇」及
「悟性認知之先驗能力——十二範疇」，但意義上有些類近，同指人類生命中一些先
於經驗而與生俱來的辨認、鑒賞、識查外界事態型類的能力。心理基象，有時亦被稱
爲「心理圖式」。

聖人……兼陳萬物，而中懸衡焉。是故眾異不得相蔽以亂其倫
也。何爲衡？曰：道。

道竟然也可以在人的心中而成爲一種衡準，也可見道在荀子的心
目中，除了可以展現其客觀法像之外，也可以以一種先驗的基像或範
式入居人的心中，而爲主體鑒賞客界事物之衡準。

歸納荀子以上的見解，可知他意在強調：內在訴說（言說）之給
出過程帶動著主體鑒知與描繪外物之活動。如果拿這樣的說法，來對
照劉勰提出之「辭令管領著主體鑑賞外物之樞機」，則辭令是指什
麼，就呼之欲出了。

劉勰從年輕時期即「篤志好學，……遂博通經論」②，對於荀子
以上這些說法不容不知，而若說他所提出的「辭令掌管文藝心靈鑒賞
並訴說外物之樞機」「言語是文章被構思與被開顯的樞機」「辭令即
是一種內在訴說，帶動著主體之鑒賞、思維取向」等意見，是有所本
於上述荀子的這些說法，似乎並不爲過。因荀子說「心待天官當簿其
類，然後有『說』，然後成知」這段話中的「心」原可包括審美心
靈，而天官（耳目鼻舌身所具之聞見嗅味觸五種覺知能力）在廣義上可
包括直覺能力，當簿其類在廣義上可包括主體投注其性格於審美對象
上，以發現物的神韻或生命力特質。如此一來，「辭令」的意義相當
於荀子的「心之徵知過程所必須出現的向內訴說」，而顯示著劉有所
本於荀，可說並不爲過。

(二)西哲海德格之説法

近代德國哲人海德格（M. Heidegger 1889～1976）認爲：
人打從認淸自己是以「緣在」（Da－sein）（或譯「此有」）的

---

② 見《南史》卷七十二、列傳第六十二〈劉勰傳〉。

身份被投擲而來，且需寄寓於此世，除了會感到無奈、惶惑之外，也開始會想要理解這一包括自己在內、與自己息息相關的世界。他的理解進路，先是透過內在先驗的認鑒範疇，去迎視，甚至編設他及他的世界所各宜呈顯的面向或樣態。再來，他會熱切地投入自己替自己編設好的人生舞臺及角色扮演。他以這樣的方式，理解了他的世界，也理解了他扮演其角色於此世之意義（存在的價值）。當他有了此番理解（包括主觀上的詮釋），便會想要有所陳述，他會以對內訴說（Rede，或譯「言說」）的方式在心中對自己先說一遍，此即對自己清楚地表達「自己（包括其世界）的意義」，這一表達在獲得「理性機制」予以認同之後，才會進一步以合乎母語文法結構的話向外說出，這時所說出的話，才是語言（Sprache）。

　　海氏因此指出：內在訴說（言說）才是陳述的基石，它與人的心境、理解，同樣具有原初性③。它是人（此有、緣在）向自己開顯「世界及我」這一整體之存在意義或美感意象的表達方式。

　　然而，海氏是否曾提出：此有（人，緣在者）對自己及世界做出詮釋與理解之時，係透過內在那種先驗範疇去檢證他的體驗？

　　當然，海德格並未明白使用過「先驗範疇」「基像」「圖式」這一類的字眼，但，誠如項退結先生在其《海德格》一書中所指述的：海氏曾經指出，想要創造一種完全不受觀察者之立場所影響的歷史

---

③　以上係整理並濃縮採擷項退結先生《海德格》（東大圖書，1989）一書中第77頁到86頁之間介紹海德格論「此有如何開顯自己及世界」的文字，依項先生的註記，此一部分所相當的海氏原著，則在德文本的《存在與時間》（Sein und Zeit，Tübingen：Max Niemeyer, 1957）從134頁到165頁。筆者如有因理解錯誤而致文意歧出或訛謬，自然是以兩位專家前輩之原著文字爲準。讀者可能的話，請自行參考原著該部份之文字爲是。

學，終究只是個幻想，既使是對自然界的認知，也並非完全沒有預設。④。

海氏能指出：人（此有）在向外說出他對「自己（含其世界）」理解到了什麼的話語之前，在內心其實老早已啓動了「內在言語思維機制」去關切、去詮釋、去理解他的處境，也早已以內在訴說的方式，向自己表達了所鑒取、所觀解到的「世界之意象或意義」，有了這一層內在訴說（言說）的行動之完成，才會進一步按母語語法邏輯去思索恰當的語詞，來形諸語言（文字、語彙）。因此可以說「內在言語思考」先於「言說」，「言說」又先於具體語言（文字、語彙）。海氏此番見解，大大有助於吾人對劉勰所提出之「辭令」是什麼？它又何以「管統著藝術心靈審美創作之樞機」這一課題的索解。

吾人藉由上述兩位中西哲學家之說法的幫助，並參考劉勰自己所說的「言語者，文章神明樞機」這句話，有把握可以說，〈神思〉篇中辭令管其樞機的「辭令」應是指整個「言語思考結構」而言，包括：1.以先驗的心理基像檢驗耳、目等五官傳回來之初步覺知而形成感覺經驗。2.再投注性格成份以覆檢該對象，使成爲一種關切式的理解，也成爲對內訴說的基本資料。3.對內訴說會引導藝術心靈向對象做深刻的鑒賞，鑑賞到對象的生命力特質或神韻之後，會助藝術心靈進一步將美感形像凝鍊成意象。沒有這些步驟，縱使物沿耳目，主體之藝術心靈也無法加以鑒賞，遑論對之作描述了。所以辭令是內在言語機制之思維的歷程，從啓動先驗基像開始，一直到有了內在訴說並指向意象爲止。但，卻不包括後來向外說出的語言。

---

④ 見項退結《海德格》，東大圖書印行本，頁83。項先生註記：此見德文版《存有與時間》第152頁，三行。

貳、神、志氣、辭令、玄解之宰在主體內之層次

　　經由上一章之論叙，吾人已大致可以知道「神、志氣、辭令」之各指向何種意義，但於玄解之宰，猶未加以探討而顯得定位未明，尤其它是藉由《莊子》的典故轉依而來的專有名詞，若不加以探明，恐無從清楚其意涵而定其範疇，以及判定其主體內之居於何種層次。

　　茲請從頭替這四個屬於主體內在之範疇，做出名詞解釋：

　　1.神——在〈神思〉篇中，此一名詞指的是主體的藝術心靈（或稱審美心靈）。

　　2.志氣——是主體的心理活動之一。它是「意志」表現於外的強度指向。

　　3.辭令——是主體為了深切審鑑事物所啓動的「內在言語思維機制及思維之歷程」，用來幫助藝術心靈進行觀照、鑑賞之活動，但只到發展出內在訴說為止，不包括向外說出的語言。詳見前第一章所論。

　　4.玄解之宰——在〈神思〉篇中，此詞指的是主體的知性心靈（建構知理系統之心靈），它與篇中另一名詞：「獨照之匠」同指主體的知性心靈。

　　玄解之宰或獨照之匠，在意義上，確實可以指主體的知性心靈嗎？當然這兩個專有名詞都出自於《莊子》的典故，吾人有必要將它們的出處找出來，加以探明，才能判斷它們是否真的可指主體的知性心靈。

　　「玄解之宰」，用的是《莊子・養生主》中庖丁解牛的典故；庖丁自言其解牛的技巧是：「依乎天理，批大郤，導大窾，因其固然……。」即要依照牛身天然的節理，而進刀剖解其經脈大隙，此種完全訴諸理知的行動，做主的當然是知性心靈。「獨照之匠」，用的是

《莊子·徐無鬼》的典故：「匠石運斤成風，聽而斲之（指沾於郢人鼻尖的水泥屑），盡堊（水泥屑）而鼻不傷。」這一行動，一面要聽斧頭揮轉如風聲音，一面要削去郢人鼻尖之水泥屑，完全以現實工具，解決現實問題，做主的當然不會是文藝心靈或道德心靈，而是知性心靈。

以上四個與審美創作有關之主體的內在範疇，兩個屬心靈層，兩個屬心理層，其層次上之分佈爲：

㈠主體的最內在一層──心靈層。心靈有三大創建機能，分別是：

⑴創造德行的「道德心靈」。

⑵建構知理系統的「知性心靈」。

⑶創作藝術的「審美心靈」（或稱藝術心靈）。

㈡主體的次內在一層──心理活動層。心理活動多方多元而複雜，約略歸納有：

⑴慾望活動。

⑵感情、情緒活動──包括憂、慮、念、想、感觸、感受等等。

⑶思考活動──被母語之結構所帶動的思考模式（又稱：言語思維機制）。

⑷意志活動──志氣。

⑸意識活動。

㈢主體的外圍一層──即身軀，包括：耳、目等感官及其感覺活動、血肉髮膚以及生理機能。

茲以簡圖表示如下：

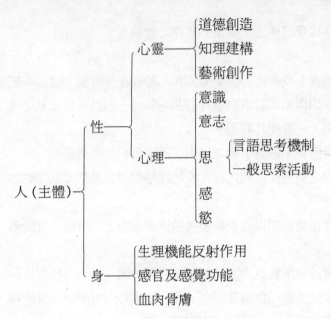

道德創造
知理建構
藝術創作
意識
意志
思
言語思考機制
一般思索活動
感
慾
生理機能反射作用
感官及感覺功能
血肉骨膚

參、「神」主導審美構思之心路歷程

「神」即上列圖表中之藝術心靈，劉勰所描述的藝術心靈之審美構思歷程相當細膩，但劉勰之叙述在步驟上有些跳躍與錯落，茲依美學上之常識，予以整理如下：

一、審美先期之預備階段

㈠虛靜——滌除官覺、欲望所激出之願想、雜念、俗慮、凡情。
虛靜後之心田所剩下之唯一機能是直覺觀照。

㈡振刷精神器宇——提昇生命力之強度，培養創作氣勢。

㈢檢視內在擁有——此處劉勰用「積學以儲寶」一句，易使人誤以為：方要審美，才想積學，不太遲乎？其實劉勰指的是檢視一向之學養中所可派上用場之寶貝，即內在擁有，因這些跟啓動鑒賞有密切關係。

㈣留意寫作條理之琢磨，以提昇寫作之自信。

二、觀照鑒賞

㈠神須先照會（或邀通）心理層次中之志氣這一關卡，因志氣把
守著心靈由內出而對事物進行觀照的關口。所以有賴志氣之放
行與帶引，一齊向外觀照。

㈡⑴神啓動直覺，觀照事物之形相，而得到初步之美感。

⑵將初步之美感回注到內在，喚起性格中與此美感可以呼應之
成分。

⑶將此性格成分配以直覺觀照再投注到事物上，做第二度的鑒
賞。

⑷性靈貫注到事物之內在，鑒賞到它的神韻、生命力特質……
等等，使美感印象越發鮮明。此一步驟乃西方美學所說的移
情作用。

⑸把鮮明的美感回收，準備釀成意象。

（案：以上五步驟，乃劉勰所說的「研閱以窮照」一句，研閱兩字
太精簡，但配以窮照兩字則表示出：「神」對事物必發出不止一
次的觀照、鑒賞。）

㈢神在此時，復須照會並邀約屬於心理層次之「言語思考機制」
這一樞機，來一起詮釋、品鑒這第二遍獲得的美感，使它精練
化，使它具像化，進而形成「內在訴說」，並對自己先說一
遍。這一步是極其必要的，劉勰以「馴致以懌辭」來形容它。
因它是未來實際寫作或向外說出的雛形。

這句話正呼應了前文「辭令管其樞機」一句之真確意義。
懌辭並非尋找文面上之詞彙，而係以「內在言語思維」來錘鍊
美感，使它凝煉成「內在訴說」，這是可被描摩或說出之意象
的雛型。

　　關於使美感精練化、具像化，劉勰於稍後另處還用了「神
思方運，萬塗競萌，規矩虛位，刻鏤無形」四句來形容，這是
指藝術心靈既兩度鑑賞到物的美感印象，這些美除了形相之美
以外，還包括了事物之神采、氣韻、風姿、生命力強度、生命
力特質等等，的確是「萬塗競萌」，而且都是抽象式的感受，
所以是「虛位的」，也是「無形的」；因而藝術心靈於此時必
須邀約「辭令」（內在言語思考機制）予以簡汰、編整、錘
鍊，使它們精練化、具像化。這就如登山，初只見亂山橫前，
俯瞰則大地塊然，光影陸離而已，但是若經藝術心靈配合著辭
令機制，加以精簡、編整，則山之拔聳、谷之峻深、壁之矗
挺、崖之懸仄、川原織錦、花樹交映，物物就緒，景景具像；
又如觀海之時，初只見汪洋滿目，難分涯涘，逮藝術心靈攜辭
令機制予以規理、雕整，則海天蒼茫、波涌起伏、遠帆漁影、
近岸濤聲，一一入思，景景得位。人生此際，真有高情滿山，
意氣盈海，才思飄灑，驅策風雲之感。

　　這是劉勰給出作者在觀照鑑賞達到最奧妙、最深刻階段，
所領受到的最高超、最昂揚的心情。

　　接下來就要漸漸懂得降溫了，何以故？此即藝術心靈即將
進入下一「準備創作」之階段。

三、準備進行創作下之重大轉折

　　當美感漸漸被精練化，具像化，而漸次被凝釀成可描摩之意象
時，即是藝術心靈準備要進行創作之時刻了。

　　然而，重大的轉折也就在此刻發生！

　　這時藝術心靈會發覺：意象在漸通向鮮明飽和時，仍屬活潑、巧
俏而不羈，可以隨興浮顯異趣、翻騰奇姿，然而，就在飽和那一刻，
藝術心靈打算要形諸實際語言、文字而加以傳達描寫之時，卻不得不

遷就以下幾個現實狀況而做考量：

　　1.現實之文法邏輯上之要求。

　　2.讀者看得懂且能接受之所謂雙向溝通之要求。

　　3.媒材之選擇與使用上之合不合度之問題。

　　4.創作技巧（筋肉習慣、手感等）之訓練、養成上是否成熟之問
　　　題。

　　有了上列幾個現實條件的限制，在創作上就難以隨興拈妙、逢意合巧了。

　　於是藝術心靈在此際，下了一個嚴謹的判斷：決定報知主體，由主體另外派任知性心靈來主持實際寫作之任務。這是劉勰於文中所下「**然後使玄解之宰，尋聲律而定墨；獨照之匠，闚意象而運斤**」兩句話之眞諦。定墨、運斤都指寫作；尋聲律指注意音階律動變化上之規定。闚意象指以合理度來檢視意象之可被描摩性，去掉其中過於反覆模糊或奧誕玄怪部分，而傳寫其逼眞生動之部分，以上這些行動都必須仰仗知性心靈來主持。

　　有人誤以爲「玄解之宰、獨照之匠」仍指藝術心靈而言，這是忽略了「然後使」三個字的文法制約性；所謂「然後」，當然是指藝術心靈凝釀得意象之後。而「使」字爲動詞，其上當然須有一主詞，此主詞不可能是被「使」這一動詞所罩及之「玄解之宰、獨照之匠」這兩個受詞。所以，筆者認爲「然後使」三個字，顯然強調著：主體於此時刻，另外使派知性心靈執行「尋聲律」、「闚意象」、「定墨」、「運斤」的任務。

肆、玄解之宰（獨照之匠）的任務演出

　　雖說實際寫作受限於現實狀況的考量而難以隨興拈妙、迎意合巧。但知性心靈既接下了主持寫作之任務，當然會要求手、口在語言

文字之運用上要儘量與意象密接。

　　意象既然可以在「內在訴說」階段，被藝術心靈及辭令機制對內向自己描摹（言說）了一遍，則要找到恰當的語言（文字）來密切傳達這一意象，對知性心靈而言，應該還算辦得到的事。

　　因為意象的釀成、獲得，如上所述，要經過藝術心靈搭配內在辭令機制，做出重重的審美思維；一方面要對外觀照事物的形相，同時對內檢證其與心中先驗之基像是否符驗，二方面要汰整、錘鍊美感，使之精練化、具像化；三方面要透過內在訴說，將精練、具像化的美感凝釀成可被描摹之意象，這是劉勰所說「意授於思」之階段，假如這階段中的每一步驟都相當嚴密的話，那下一階段的「言授於意」——要求語言、文字針對意象的鮮明性、可描摹性做出適當的、密接的傳寫，就是知性心靈必須負責的任務了。要達成這一任務，看似容易，因為只要語言（文字）能與意象密接、印合就可，其實並不簡單，因為稍有疏失而讓語不對意、字不契理、詞不生動、句不傳神的話，就要失之毫釐而謬以千里了。

　　何以會有如此疏失？劉勰指出：有些人的知性心靈在此要緊時刻，不知按線索回顧一下先前藝術心靈如何由觀照、鑑賞而形成對內訴說，再進而釀得意象之理路，以尋找可供描繪之素材、可供剖析之心路歷程、可供表白深沉的人格自我之機會，而只一味地向外要求美感形相之重現；也有些人的知性心靈睡著了，以致明明一些可貼切傳寫意象的符號（語彙、文字）就在自己學養所及以內，卻不知活用，而光歎思殫慮竭，意隔山河。

　　劉勰勸這些人要趕快重新調養心術，振刷精神，不必刻意費勁地勞情苦慮，只要秉持正面健康之價值觀、充實學養器識，砥礪虛靜澄懷之功夫、淬鍊直覺觀照、鑑賞訴說之心靈能力，培育寫作時舉綱張目之智思，則不愁辦不到「思—意—言」三者密切配合的「密則無

際」之寫作要求。而要如何辦到「思—意—言」三者密接配合，尤其後二者的貼切挈會？應該是劉勰之所以從〈神思〉以下，接寫〈體性〉〈風骨〉〈通變〉〈鎔裁〉〈聲律〉〈練字〉……等二十種有關寫作技巧之篇章的用意吧！這些都有賴知性心靈進一步加以探求、揣摩、遵守、融貫，然不在本文範圍之內，恕不擬追析續究。

伍、結　論

「神」（藝術心靈）、「玄解之宰」（知性心靈）、「志氣」「辭令」（內在言語思考機制），四者皆為主體內在之思維活動範疇。雖前兩者屬心靈層，而後兩者屬心理活動層，但四者互動、關聯、應接配合之關係極為密切。劉勰發現：「神」要從內在深處出來鑑賞事物之際，須先照會並邀約志氣與辭令這兩個心理活動範疇一起進行，否則，在得不到此兩範疇之放行與引領下，藝術心靈將因無法獨力進行審美而停擺，確實是劉勰之睿見。

又，劉勰也見到：「辭令」作為主體內在的語言思考機制，其在主體的整個審美活動中實佔極重要之關鍵地位：它一方面協助藝術心靈向內檢視先驗的基像或性格特質成份，以符驗感官傳進來的事物之形相，一方面引領藝術心靈向事物之生命力特質作進一步之鑑賞（包括詮釋與理解），以得到第二度的美感，另一方面還幫助藝術心靈簡汰、整編、錘鍊美感，使之具像化，再進而以內在訴說的方式，襄助藝術心靈將具像化的美感凝釀成可被描摹的意象。劉勰以「辭令管其樞機……樞機方通，則物無隱貌」，及「馴致以懌辭」等幾句話，道出了藝術心靈主導審美思維之心路歷程中最重要也最奧妙的階段，同時也道出了千古不傳之秘。

再者，劉勰指出，藝術心靈在完成其審美構思，凝釀得意象之後，會從主導的位置上退下，報由主體另派知性心靈執行實際傳寫之

任務，也可說是發前人所未見的「審美活動進行中，主體可以視需要，調換不同之心靈範疇來主持不同階段之審美任務」的千古之秘。

　　劉勰於神思篇之討論中所展現的三項創見，緊實貫聯著「神」「玄解之宰」「志氣」「辭令」四者之互動關係；此「神思」（藝術心靈的審美構思）之所以爲神思（神妙的思維）者乎！

劉勰「見異，唯知音耳」
說的規律性意義

中國文藝理論學會會長

徐中玉

壹

《文心雕龍·知音》篇中有云：

> 昔屈平有言：「文質疏內，眾不知余之異采。」見異，唯知音耳。

很多研究者對屈原這句話作出了自己的解釋，解釋雖不盡相同，甚至差距頗遠，但都表現了對這問題的重視。因爲劉勰緊接屈原這句話後面所說的「見異，唯知音耳」，涉及到要作爲一個名副其實的「知音」者必須具有的眼力——「見異」。當時人們不了解、看不到屈原的「異采」，也就是沒有「見」出他的「異」來，所以未能成爲他的「知音」。在批評、鑑賞中，「見異」既如此重要，那麼，「異采」究應如何解釋？怎樣才能具有「見異」的眼力？劉勰書中有沒有這樣可以給人啓發的例子？當然都會引起人們極大的興趣。

但劉永濟《文心雕龍校釋》卻這樣說：

> 按兩「異」字應作「奧」。後人據誤本《楚辭》改此文耳。觀下文「深識鑑奧」可知。詳見〈序志〉篇。

劉氏所說兩「異」字，即指「異采」、「見異」中這兩個「異」字。他以爲應改正作「奧采」和「見奧」。「異」改成「奧」，雖只

一字之改，意義卻距離不小。異，這裡是卓異、獨特的意思；奧，這裡是深秘不易窺見的意思，兩字之意有聯繫，卻並不相同。如果應該改「異」爲「奧」，當然也可以進行研究，問題便比較單純，而且終究是另一個問題了。

「異」字一作「奧」的問題，其實在後漢王逸的《楚辭章句》裡已提出來了。他還是依「異」字來注解的，「異采」乃「異藝之文采也」。不過他附記道：「徐廣曰：『異』，一作『奧』」。宋洪興祖《補注》無此說。朱熹《楚辭集注》也注明了「『異』，一作『奧』」，不過同樣地他並未採用「奧」字，說「異采」乃「殊異之文采」。王朱二人筆下的「一作」，到劉氏筆下變成了「應作」。究竟據「誤本」改「奧」爲「異」的後人是誰？「誤本」究竟誤不誤？爲什麼過去的注家和現當代的許多注者或譯者絕大多數仍用「異」字？當代個別譯者雖也採用「奧」字，爲什麼仍把「采」譯成含糊籠統的「高貴品質」？

看來，過去當曾有過這種本子，其《九章·懷沙》中這句作「奧采」。但爲什麼作「奧彩」的定是正本，而作「異采」的定是誤本？我不知道劉氏是否另有考證，單這樣下判斷，而不考慮長期以來絕大多數學者採用的情況，總覺得沒有說服力。「一作」是承認有此異文，可備思考，「應作」便以「異采」爲錯誤了。劉氏之說並不可靠。

因爲：第一，爲什麼說兩「異」字應作「奧」？「異采」是屈原的文字，「見異」是劉勰所寫。所謂「後人據誤本《楚辭》改此文耳」，充其量也只能說「異采」中這一個「異」字是錯了，難道劉勰所寫的「見異」中這個「異」字，也是後人把「奧」字改成的？「誤本」楚辭，按理說應與正本《文心雕龍》無關。劉氏說兩「異」字均應作「奧」，那是連帶把劉勰的原文也給改了。劉勰這裡所以寫爲

「見異」，必然同所據楚辭本子「異采」一致，至少他遵從並信用的
是作「異采」的這種本子。須知在《文心雕龍》中，劉勰在自己的文
字中，還曾兩次用過「異采」字樣：

> 壯麗者，高論宏裁，卓爍異采者也。①

> 若氣無奇類，文乏異采，碌碌麗辭，則昏睡耳目。②

這裡所用的「異采」，同屈原句中「異采」的意思基本一致。而
且在〈辨騷〉中，劉勰也正是用這樣的語言來描寫屈原的「異采」
的：

> 觀其骨鯁所樹，肌膚所附，雖取熔經意，亦自鑄偉詞，故〈騷
> 經〉〈九章〉，朗麗以哀志；〈九歌〉〈九辯〉，綺靡以傷情；
> 〈遠遊〉〈天問〉，瑰詭而惠巧；〈招魂〉〈招隱〉，耀艷而深
> 華；〈卜居〉標放言之致，〈漁父〉寄獨往之才。故能氣往轢
> 古，辭來切今，驚采絕艷，難與並能矣。

> 不有屈原，豈見〈離騷〉，驚才風逸，壯志煙高。

所謂「自鑄偉詞」、「放言之致」、「獨往之才」，所謂「驚采
絕艷」、「驚才風逸」，以及「難與並能」、「壯志煙高」等等，難
道不都是明顯地在讚賞他的「異采」？這裡顯然並不是在描寫屈原的
什麼「奧采」。是否「驚采」、「驚才」兩個「驚」字，也得改為
「奧」字呢？儘管劉勰也講了些不同意楚辭的話，總體來說他確是屈
原的知音，他是「見」到了屈原的出眾之處——「異」的。不僅兩個
「驚」字不能改，兩個「異」字也都不應改。

第二，劉氏所謂「觀下文『深識鑑奧』可知」，這也不成理由，
反倒可以證明前文「異采」是對的。因為下文是這樣的：

---

① 〈體性〉。
② 〈麗辭〉。

> 夫唯深識鑑奧，必歡然內懌，譬春臺之熙眾人，樂餌之止過客。
> 蓋聞蘭爲國香，服媚彌芬；書亦國華，翫澤方美。知音君子，其
> 垂意焉。③

這是說如要成爲作者的知音，必須具有深刻的識力，看到其人其文一般難以悟解的奧處，必須反覆研究玩味，才能發現其人其文的卓異出眾之處。這裡用「奧」字是對的，「深識鑑奧」、再三「翫澤」之後，才得見其異，知其美。所以，我認爲在這裡「可知」的，並非前面兩「異」字應作「奧」，卻是這裡的「奧」字用得對，它爲前面「見異」提出了必須具備的條件。

第三，劉氏所謂「詳見〈序志〉篇」，好像從〈序志〉篇裡，可以更詳地找地「兩『異』字應作『奧』」的證據。反覆閱讀〈序志〉，不知劉氏所謂「詳見」，究何所指。劉勰自序作書之志：

> 有同乎舊談者，非雷同也，勢自不可異也；有異乎前論者，非苟
> 異也，理自不可同也。同之與異，不屑古今，擘肌分理，唯務折
> 衷。④

這段話說得極好。總的精神是反對雷同，期於獨得。同乎舊談者既非雷同，異乎前論者亦由對理有了深識。「同之與異，不屑古今」，劉勰其人其書之「異采」躍然紙上。可以「詳見」的我覺得正在於此。

總之，劉氏提出的這些見解，個人認爲並不足以影響我們對劉勰所說「見異，唯知音耳」這一命題的極大興趣。

貳

對屈原所說「文質疏內，眾不知余之異采」這句話，歷來注釋頗

---

③ 〈知音〉。
④ 〈序志〉

多歧義，今譯也很少完全相同。關於「文質疏內」，古人如王逸注作
「言己能文能質，內以疏達」；宋洪興祖《補注》作「疏，疏通也，
訥，木訥也」；朱熹《集注》作「文質，其文不艷也，疏，迂闊也，
內，木訥也」；清王夫之《楚辭通釋》作「疏內，內通而外不炫
也」；戴震《屈原賦注》作「言文不過乎質，望之似疏，又且內藏
也。」今人如郭沫若《屈原賦今譯》作「我文質彬彬，表裡通達」；
譚戒甫《屈賦新編》作「文疏通而質木訥」。關於「異采」，古人如
王逸作「異藝之文采」，朱熹作「殊異之文采」；今人如郭沫若作
「出眾」，還有分別譯成「卓越光采」、「內在的美」、「高貴品
質」、「出眾的才能」、「獨特的文采」、「作品的特異之點」、
「作品的獨創性」等等的。比較起來，再結合屈原的創作和個性看，
「文質疏內」作為「他文章通達，個性樸直、堅執」來理解，似恰切
些。文雖通達，樸直堅執的個性卻容易觸犯人，而且難於得人理解。
所以他的出眾的品格、才能和特異的文采便不能為人們所知，甚至還
遭受一些人的群起而攻。這對屈原誠然是一大打擊，一種不幸，但對
有志於成為作者的「知音」的批評者、鑑賞者來說，卻深刻地提出了
一個要求，即必須能夠看出這種作者及其作品的與眾不同、特異之處
來。「異采」不僅指文采，必然也應包括通過他的作品所表現出來的
品格與才能。〈辨騷〉稱屈原之作「奇文鬱起」、「詞賦之英傑」、
「自鑄偉詞」、「驚才絕艷」，是讚其文彩；「楚人之多才」、「獨
往之才」、「驚才風逸」，是讚其才能；「蟬蛻穢濁之中，浮游塵埃
之外，皭然涅而不緇，雖與日月爭光可也」，便是讚其非常的品格
了。

　　劉勰在這裡所講的「異」，誠然大致兼指作者的品格、才能與文
采。但是否批評、鑑賞者僅僅見到了這些「異」就已盡「知音」之能
事了呢？我認為在劉勰的整個文論體系裡，另外還有一些重要的內容

不可忽視。

　　整部《文心雕龍》裡，出現「異」字多達60多處。僅就這個出現次數看，即可知道劉勰對這問題之重視。當然，在出現的這許多「異」字中，不少只是表達了相對於「同」的「不同」含義，對這種情況可以不論。值得注意的在於：

　　第一，劉勰見出了各家作品之「異」處，承認其中有些「異」處實際正是其出眾、不凡處，即使整個作品仍存在某種不足，他還是兼容並包的。如：

　　　觀夫荀結隱語，事數自環；宋發巧談，實始淫麗；枚乘〈菟園〉，舉要以會新；相如〈上林〉，繁類以成艷；賈誼〈鵩鳥〉，致辨於情理；子淵〈洞簫〉，窮變於聲貌；孟堅〈兩都〉，明絢以雅贍；張衡〈二京〉，迅發以宏富；子雲〈甘泉〉，構深偉之風；延壽〈靈光〉，含飛動之勢。凡此十家，並辭賦之英傑也。⑤

　　　至於文舉之薦禰衡，氣揚采飛；孔明之辭後主，志盡文暢，雖華實異旨，並表之英也。⑥

　　　張衡通贍，蔡邕精雅，文史彬彬，隔世相望。是則竹柏異心而同貞，金玉殊質而皆寶也。⑦

　　劉勰對某些作家作品，既指出其長處也指明其短處。如對司馬相如：「相如好書，師範屈、宋，洞入誇艷，致名辭宗；然覆取精意，理不勝辭，故揚子以為文麗用寡者長卿，誠哉是言也。」⑧他對陸機

---

⑤　〈詮賦〉。
⑥　〈章表〉。
⑦　〈才略〉。
⑧　〈才略〉。

也是如此。褒貶各有輕重，但從不輕易一筆抹煞。而對「分歧異派」⑨的作家作品，只要眞有貢獻，各具特色，便一概予以承認。「知多偏好，人莫圓該。慷慨者逆聲而擊節，醞藉者見密而高蹈，浮慧者觀綺而躍心，愛奇者聞詭而驚聽。會己則嗟諷，異我則沮棄」，⑩這種以我爲主的主觀主義批評只能造成「東向而望，不見西牆」的結果。他有意追求的正是「無私於輕重，不偏於憎愛」的客觀分析態度。

　　第二，劉勰「見」出了各家作品之「異」處，並非與其間的「同」處絕無聯繫，「異」「同」往往密切聯繫，而且隨時變通，相資相適。他看到某種文體的作品，如「子雲之表充國，孟堅之序戴侯，武仲之美顯宗，史岑之述熹后；或擬淸廟，或範駉那，雖淺深不同，詳略各異，其褒德顯容，典章一也。」⑪在共同的要求下盡可寫出各異的作品，作品雖各異卻仍未離開共同的要求。另有些文體名目雖異，要求基本相同，但同中又須有異，需要細辨。如「箴誦於官，銘題於器，名目雖異，而警戒實同。箴全禦過，故文資確切；銘兼褒讚，故體貴宏潤。其取事也必覈以辨，其摛文也必簡而深，此其大要也。」⑫有些作家作品風格不同，寫法亦異，但給人的印象卻同樣深刻，因爲它們中間流露出來的思想感情及其藝術造詣同樣感人。如「嵇康師心以遣論，阮籍使氣以命詩，殊聲而合響，異翮而同飛。」⑬劉勰所講的「同」，往往即指各類事物包括各類文藝創作的幾個層次的一般原理、規律、要求；他所講的「異」，往往即指作家

---

⑨　〈詮賦〉。
⑩　〈知音〉。
⑪　〈頌讚〉。
⑫　〈銘箴〉。
⑬　〈才略〉。

作品中體現出來獨自的、特異的風格、個性和富有創造性的思想才能、藝術才能。共同規律應該遵循，如何體現如何運用卻完全可以聽由各人自由發揮、自由創造。強調共同規律不等於「雷同」，千篇一律、千人一面地來摹仿、寫作，這才是「雷同」。劉勰是最反對「俗情抑揚，雷同一響」⑭、「後人雷同，混之一貫」⑮的。正因為「同」與「異」是一般與特殊、共性與個性的關係，所以劉勰也深深感覺到兩者常常聯結著、互相滲透著。例如講到文章，「或簡言以達旨，或博文以該情，或明理以立體，或隱義以藏用」，寫得各不相同；「《易》稱辨物正言，斷辭則備；《書》云辭尚體要，弗惟好異」，正言與體要是共同要求。要求雖然是共同的，寫起來卻盡可以各不相同，可以各有特點。對前者，他指出：「故知繁略殊形，隱顯異術，抑引隨時，變通會適」，各不相同的寫法可以適應不同的需要和情況。對後者，他又指出：「雖精義曲隱，無傷其正言；微辭婉晦，不害其體要。體要與微辭偕通，正言共精義並用。」⑯共同的要求完全可以用各具特色的方法方式來表現，原不必拘守一律。「同」與「異」既有區別又有聯繫，所以寫作文章，必須「離合同異，以盡厥能」⑰，要求全面考慮，適當配合。從某種角度看，寫作文章正是「同」與「異」的統一，批評鑑賞，亦當在此著眼。如果能做到這一點，「撮舉同異，而綱領之要可明矣」⑱。在批評鑑賞中，見不到、說不出此作家作品與彼作家作品之異同，不能說明所以形成這種異同的原因，顯然算不得已成知音。

---

⑭　〈才略〉。
⑮　〈程器〉。
⑯　上引均見〈徵聖〉。
⑰　〈章句〉。
⑱　〈明詩〉。

　　第三，劉勰並不認為任何「異」處都好，他不贊成好奇尚異。他鄙棄「莫顧實理」的「棄同即異，穿鑿旁說」[19]；他指責有些「苟異者以失體成怪」[20]；他提醒人「若術不素定，而委心逐辭，異端叢至，駢贅必多」[21]；他反對用字詭異，「今一字詭異，則群句震驚，三人弗識，則將成字妖矣。」[22]他既見到某些「異」處的積極作用，也見到另外一些「異」處的消極作用。見到這些問題，無疑也很有利於培養批評鑑賞者成為知音的識力。當然，「異」處究起什麼樣的作用，還要根據實踐來檢驗，不能單憑批評、鑑賞者的判斷。劉勰對〈離騷〉「異乎經典」的詭異之辭、譎怪之談、狷狹之志、荒淫之意等四事的批評，就因自己思想還受有經典、風雅的束縛，並不全符實際。

參

　　批評、鑑賞者需要從作家作品中「見異」。「異」是怎樣形成的呢？對此，劉勰的觀察相當全面。

　　第一，這是由於各人的思想感情有異，而人的思想感情又是從客觀存在的事物引起的。「人稟七情，應物斯感，感物吟志，莫非自然。」[23]客觀事物多種多樣，而且不斷在變化之中，人的思想感情必然也是如此。思想感情不僅因物而異，也因時因事因人因體而異，這就需要摸索、創造出種種不同的表現方法。所以說：「情致異區，文

---

[19]　〈史傳〉。
[20]　〈定勢〉。
[21]　〈銘箴〉。
[22]　〈練字〉。
[23]　〈明詩〉。

變殊術」㉔,「時運交移,質文代變」㉕,「情數詭雜,體變遷貿」,㉖「文術多門,各適所好」。㉗創作有其客觀規律、一定之理;同中有異,不落套－雖層次有別,其實也是一種規律。「各適所好」,對客觀事物,對創作主體,也對各色各樣的讀者,都可以這樣說。是必然的,也是需要的。

第二,這是由於各人的才性有異。「人之稟才,遲速異分」「駿發之士,心總要術,敏在慮前,應機立斷;覃思之人,情饒歧路,鑑在疑後,研慮方定。機敏,故造次而成功;慮疑,故愈久而致績。」㉘這是人的才能表現有遲有速。「是以賈生俊發,故文潔而體清;長卿傲誕,故理侈而辭溢;子雲沈寂,故志隱而味深;子政簡易,故趣昭而事博;孟堅雅懿,故裁密而思靡;平子淹通,故慮周而藻密;⋯⋯」㉙這是人的個性有別,「性各異稟」。㉚才性不同,對同一事物所生的思想感情也會在表現上產生差異。這些差異只會使創作顯得豐富而多樣,沒有什麼壞處。

第三,這是由於各人的學識有異。有人能看到事物的深際,看到現象背後的本質,有人能把對象描寫得很形似逼真,提供不少細節的真實,卻未必蘊有深意。創作上如此,批評鑑賞上亦有這種情況。「豈成篇之足深,患識照之自淺耳」。㉛自己見多識廣,博觀約取,「目瞭則形無不分,心敏而理無不達」,就能深識鑑奧,成為作者的

㉔ 〈定勢〉。
㉕ 〈時序〉。
㉖ 〈神思〉。
㉗ 〈風骨〉。
㉘ 〈神思〉。
㉙ 〈體性〉。
㉚ 〈才略〉。
㉛ 〈知音〉。

知音。如果只是看到一點零碎浮淺的現象，缺乏認識生活、評價生活的能力，寫出的作品深廢淺售，可能騙得過流俗的眼光，卻決難逃過精鑑之士的指摘。

第四，這是由於各人的所習有異。「桓譚稱『文家各有所慕，或好浮華而不知實覈，或美衆多而不見要約』；陳思亦云：『世之作者，或好煩文博采，深沉其旨者；或好離言辨白，分毫析釐者；所習不同，所務各異』。」㉜所習有異，所寫自然不同。所習未必都好，一旦走了錯路，回來就難了，「故童子雕琢，必先雅製，沿根討葉，思轉自圓」。㉝

「異」的造成，如上所說，從〈明詩〉的「人稟七情，應物斯感」，〈時序〉的「時運交移，質文代變」，到〈體性〉的「才有庸儁，氣有剛柔，學有淺深，習有雅鄭」，劉勰大體已指出來了。創作上存在著這麼多的「異」處，是好事還是壞事？劉勰的回答很清楚：「是以筆區雲譎，文苑波詭者矣」㉞，即是說這樣就使文壇上風雲變幻，波浪拍天，蔚為大觀了。總的說，是好事。因為庸儁、剛柔、淺深、雅鄭之類，區別總會有，怎樣去評定，卻並不是很簡單、一目瞭然的事情，而且讀者的需要也不同。容許不同的東西都放出來，能讓大家來比較判斷，經過實踐的檢驗，千姿百態比之整齊一律，無論從繁榮創作還是提高批評質量講，都要好得多。劉勰自然有他自己的審美理想，但他並不想定於一尊，而承認「各師成心，其異如面」㉟的局面，我覺得是明智的。「華實異同，唯才所安」，這是一面，「隨

㉜　〈定勢〉。
㉝　〈體性〉。
㉞　〈體性〉。
㉟　〈體性〉。

性適分，鮮能通圓」㊱這是另一面。「故宜摹體以定習，因性以練
才」，㊲這是他揭示努力方向之一端。「憑情以會通，負氣以適
變」，㊳則是其另一端。〈通變〉篇的讚語：「文律運周，日新其
業，變則其久，通則不乏。趨時必果，乘機無怯，望今制奇，參古定
法。」這段話不妨看作他對創作發展規律的極好總結：過去的經驗應
該參考，優異的作品還得根據當前的趨勢來創造，這樣做必須要果
斷，要有勇氣；創作的發展需要不斷創新，繼承有利於創新，但只有
善於變化才能使創新得以保持長久的生命。創新是不斷改革、推陳、
衝破舊觀念、舊框框的結果。劉勰雖然說過不少「徵聖」、「宗經」
的話頭，其實他並沒有成為「聖」、「經」的馴服的奴隸，很大程度
上只是利用它們的招牌來講他當時條件下自己論文的主張罷了。即如
對屈原的〈離騷〉，儘管曾指出了它的「異乎經典」的地方，可是對
屈原與〈離騷〉之「奇文」、「多才」、「英傑」、「驚采」的讚
賞，豈非情見乎辭，千百年來鮮與倫比嗎？他對一切優異的表現，明
顯地表示了歡迎。他對一切不同意見的爭論，只要言之成理，持之有
故的，都不一筆抹煞。像「議」與「對」這種文章，就是專用來爭論
的，「趙靈胡服，而季父爭論；商鞅變法，而甘龍交辨；雖憲章無
算，而同異足觀。」如非「迂緩之高談」，「刻薄之僞論」，各執異
見，互相辯難，正可以「大明治道」。㊴政治上如此，文學創作上何
嘗不一樣。千篇一律之作，哪有什麼作用可言。

　　「見異，唯知音耳」，「知音」是怎樣「見異」的？「良書盈
篋，妙鑑乃訂」，需要高妙的鑑賞能力。劉勰標出的「六觀」之法，

㊱　〈明詩〉。
㊲　〈體性〉。
㊳　〈通變〉。
㊴　〈議對〉。

可以參考。關鍵要做到「深識鑑奧」，而在此之前，則「務先博觀」，操千曲而後曉聲，觀千劍而後識器，通過公平、周密的比較研究，「閱喬岳以形培塿，酌滄波以喻畎澮」[40]，作品的高下大小，有沒有或有多少優異創新的地方，自然就明白了。鑑而精，玩而覈，且有「變則其久」的新眼光來看待，作家作品的「異采」就一定能被「見」出來。

　　「見異，唯知音耳」是劉勰提出的一個極爲精采的命題。對我們今天研究作家、作品，開創文藝理論研究的新局面，也有積極的現實意義。我們必須從長期不利於探索文學創作的特殊規律、不利於肯定作家作品某些優異的創造、新的嘗試──這種「左」傾思想和個人崇拜的老框框的束縛中解放出來。共同規律和特殊規律，共同要求和特殊表現，都是應該研究的。同中有異，異中有同，分析與綜合，辯證統一，有利於認清文學藝術的全貌，奧蘊。一味講同，不能講異，一見異就先抹煞、排斥，視「見異」者爲異端，以爲必定有礙於求同，有損於同，這是不合實際，也不科學的。當前，我們正在進行社會主義四化建設，爲了發展生產力，不僅在現代化物質文明方面需要對外開放，在精神文明方面也不能繼續閉關自守，有待於吸收同我們固有的東西存在差異，但卻有益，是人類創造出來的現代化的養料。求同存異，求同取異，對繁榮創作，深化理論研究，都有益處。劉勰在這方面的理論遺產，非常值得我們重視、探討。

40　〈知音〉。

《文心‧時序》篇與
《文選》時義觀比較研究

長春師範學院中文系
趙福海

　　《文心雕龍》三萬七千餘字，是中國第一部「體大思精」的文論專著；《昭明文選》六十一萬餘字，是中國現存第一部詩文總集。兩書被譽為六朝文學之「雙璧」。胡應麟說：「蕭統《文選》，鑒別昭融；劉勰之評，議論精鑒。」①孫梅說：「昭明纂輯《文選》，為詞宗標準；彥和此書，實總括大凡，妙抉其心。二者宜相輔而行也。」②黃侃則稱《文選》與《文心》「笙磬同音」。③兩書既有相契之處，又有相異之點。以〈時序〉篇與「時義」觀相較，當可見之。

　　劉勰生於公元465年，卒於520年，蕭統生於公元501年，卒於531年，比劉勰小三十多歲。劉勰天鑒十三年（515年）任昭明太子蕭統東宮通事舍人，管章奏。④統「深愛接之」。劉勰「《文心雕龍》成書於齊末」，蕭統《文選》「成書於梁代中期」⑤，約晚於《文心雕龍》三十年。無論從劉勰與蕭統的關係上看，還是從《文心》與《文

---

① 見（明）胡應麟《詩藪‧內篇》頁40，上海古籍出版社1979年新版。
② 見（清）孫梅《四六叢話‧序》。轉引自李暉《〈昭明文選〉與〈文心雕龍〉》，吉林文史出版社1998年6月版。
③ 駱鴻凱《文選學‧纂集第一》頁10。中華書局1938年版。
④ 參見陸侃如、牟世金《文心雕龍‧引論》頁8。齊魯書社1981年3月版。
⑤ 參見劉躍進《中國中古文獻學‧〈文心雕龍〉研究文獻》頁325。江蘇古籍出版社1997年12月版。

選》成書時間上看，皆可推想，蕭統編撰《文選》不可能不受到劉勰
文學思想的影響。楊明照先生推斷：「舍人深得文理者，與昭明相處
既久，奇文共賞，疑義與析，必甚得君臣魚水之遇，其深被愛接也
宜。又按昭明生於中興元年九月，時《文心》書且垂成，而後來選樓
所選者，往往與《文心》『選文定篇』合，是《文選》一書，或亦受
有舍人之影響也。」⑥統觀《文選序》和選篇，即可看出〈時序〉影
響之所在。

壹

《文心雕龍‧時序》是一篇文學流變簡史。重在探討文學與社會
生活的關係。文學之興衰，質文之代變，皆與時代密切相關。劉勰概
括為「時代交移，質文代變」。「文變染乎世情，興廢繫乎時序。」
並且認為這不是個別偶然現象，而是帶普遍性的規律：「原始以要
終，雖百世可知也。」

〈時序〉云：「蔚映十代，辭采九變。」起自上古，下及宋齊，
論及唐、虞、夏、商、周、漢、魏、晉、宋、齊十代。「質文升降之
故，風雅正變之由」⑦皆有所論。九次文風大變為：

第一次是周末，變風變雅作。詩由歌頌演為譏刺。「昔在陶唐，
德盛化鈞」，「有虞繼作，政阜民暇」，故人「心樂而聲泰」，詠功
「頌德」之作興。文風如同世風一樣質實。但到夏商周，特別是周代
末期，「王道衰，禮義廢，政教失，國異政，家殊俗，而變風變雅作
矣」⑧。「幽、厲昏而〈板〉〈蕩〉怒，平王微而〈黍離〉哀」

---

⑥　轉引自顧農《文選與文心》頁93。貴州人民出版社1998年6月版。
⑦　見（清）孫梅《四六叢話‧卷一‧序》，轉引自，《文學八論‧中國文學批評》頁
　　44。北京市中國書店1985年6月版。
⑧　見《毛詩序》。《文選》卷四十五，頁637。中華書局1990年北京版。

（〈時序〉）就是明證。

　　第二次是戰國，楚辭出於縱橫。此時「角戰英雄」，「百家飆駭」。「鄒子以談天飛譽，騶奭以雕龍馳響。」屈原作品可與日月爭輝，宋玉辭采則美如風雲，變幻多姿。「觀其艷說，則籠罩《雅》、《頌》。故知煒燁之奇意，出乎縱橫之詭俗也。」（〈時序〉）這是作家受到縱橫家的影響而發生的第二次文風大變。

　　第三次是西漢，漢賦以大爲美。「爰自漢室，迄至成哀，雖世漸百令，辭人九變，而大抵所歸，祖述《楚辭》，靈均餘影，於是乎在。」（〈時序〉）最能體現西漢文學時代風貌的是漢賦。「逮孝武崇儒，潤色鴻業，禮樂爭輝，辭采競鶩。」（〈時序〉）「故言語侍從之臣，若司馬相如、虞丘壽王、東方朔、枚皋、王褒、劉向之屬，朝夕論思，日月獻納。而宮卿大臣御史大夫倪寬、太常孔臧、太中大夫董仲舒、宗正劉德、太子太傅蕭望之等，時時間作。」⑨至「孝成之世，論而錄之，蓋奏御者千有餘篇，而後大漢之文章，炳焉與三代同風。」⑩漢賦以大爲美，規模大，氣魄大，空間大。但這不能簡單歸結爲漢武帝「潤色鴻業」，好大喜功所致，更不能以辭藻推砌而蔽之。當與漢代人的時空意識，與泱泱大國的時代心理相表裡。由《楚辭》演進爲漢賦，是文風第三次大的轉變。

　　第四次是東漢，先靡儒而後俳優。此時「群才稍改前轍，華實所附，斟酌經辭，蓋歷政講聚，故漸靡儒風者也。」（〈時序〉）這主要是前此出現一批經學大家，如班固、傅毅、崔駰、崔寔，以及王逸、王延壽、馬融、張衡、蔡邕等，幾代大學者，聚徒講經，故文風染上儒風，雖「才不乏時，而文章不選，存而不論。」文風由華而趨

──────────

⑨　見班固〈兩都賦序〉。《文選》卷一，頁21－22。中華書局1990年8月北京版。

⑩　見班固〈兩都賦序〉。《文選》卷一，頁21－22。中華書局1990年8月北京版。

實。「降及靈帝，時好辭制，造羲皇之書，開鴻都之賦，而樂松之徒，招集淺陋，故楊賜號爲驩兜，蔡邕比之俳優，其餘風遺文，蓋蔑如也。」（〈時序〉）因靈帝好學，侍中樂松借機引來一些無行趨勢之徒，喜陳方俗閭里瑣事，取悅靈帝。爲了競名逐利，樂松者流，「連偶俗語，有類俳優。」（《後漢書·蔡邕傳》）使文風由「靡儒風」趨質實而又變造作淺薄之文，出現「俳優文學」，劉勰視爲文風之第四次演變。

第五次是建安時期，梗概而多氣。「觀其時文，雅好慷慨，良由世積亂離，風衰俗怨，並志深而筆長，故梗概而多氣也。」（〈時序〉）文士所以「雅好慷慨」，作品所以「梗概多氣」，皆由經歷連年戰亂所致。這是第五次文風演變。

第六次是曹魏，篇體輕淡。「於時正始餘風，篇體輕淡。」文風所以出現這種變化，〈明詩〉篇講得清楚：「及正始明道，詩雜仙心，何晏之徒，率多浮淺。」「其時玄風漸興，學者唯老莊是宗，故云詩雜仙心。」⑪士大夫尚玄遠禍，故建安慷慨之風衰竭。這是文風第六次演變。

第七次是西晉，流韻綺靡。「晉雖不文，人才實盛：茂先搖筆而散珠，太沖動墨而橫錦，岳湛曜聯璧之華，機雲標二俊之采，應傅三張之徒，孫摯成功之屬，並結藻清英，流韻綺靡。」（〈時序〉）此時一反玄風清淡，而浸染輕綺，這是文風第七次演變。

第八次是東晉，玄風大煽。「自中朝貴玄，江左稱盛，因談餘氣，流成文體。是以世極迍邅，而辭意夷泰；詩必柱下之旨歸，賦乃漆園之義疏。」（〈時序〉）

第九次是劉宋，英采雲構。「孝武多才，英采雲構。自明帝以

---

⑪　見范文瀾《文心雕龍·明詩》注〔二八〕，頁88。人民文學出版社1962年北京版。

下，文理替矣。」「王袁聯宗以龍章，顏謝重葉以風采。」（〈時序〉）劉勰在〈明詩〉中說：「宋初文詠，體有因革，莊老告退，而山水方滋；儷采百字之偶，爭價一句之奇，情必極貌以寫物，辭必窮力而追新：此近世之所競也。」顯然對其詭巧訛濫持批評態度。這是文風第九次演變。劉勰對蕭齊大加恭維之後，以「鴻風懿采，短筆敢陳？風言贊時，請寄明哲」（〈時序〉）幾句話支開，不表明自己真實看法，因而也未論及文風的演變。

〈時序〉講兩個重要問題：一是文風十代九變的史實；二是探求文風演變的原因。劉勰從文風九變中，理清了文學與世情，文學與政治，文學與治亂，一言以蔽之，文學與時代之關係。

對「文變染乎世情，興廢繫乎時序」，不能理解得太機械。這是駢文句式，兩句表達一個不可分割的完整意思。時序和世情都是動態的。時代變遷，自然要引起「世情」的變化；世情的變化，必然要反映時代的變遷。在中國文藝思想和文學理論發展中，起實際作用的，主要是儒道佛三家。三家分兩派；佛老合流爲一派，儒家爲一派。「儒家的影響主要是在文學的外部發展與時代變遷的關係等方面；而佛老的影響則主要是在文學的內部規律方面，即文學的構思與創作，文學的美學特徵，文學的風格等方面。」⑫

〈時序〉篇主要論述的是文學外部規律問題。

第一，文學與政治的關係。《毛詩序》云：「治世之音安以樂，其政和；亂世之音怨以怒，其政乖；亡國之音哀以思，其民困。」劉勰正是從這一基本觀點出發，來看待文學與政治關係的。「陶唐」「德成化鈞」，「有虞」「政阜民暇」，故百姓「心樂而聲泰」，老農才唱出〈擊壤歌〉，兒童才吟出〈康衢謠〉。大舜在上寫了〈南風

---

⑫　張少康《古典文藝美學論稿》頁2－3。中國社會科學出版社1998年版。

詩〉，群臣在下和其〈卿雲歌〉。大禹功高，萬民作頌。而到周之幽、厲二王，昏庸無道，於是產生了〈板〉〈蕩〉之詩，以表達民怨。周至平王走下坡路，於是產生了〈黍離〉之詩。劉勰由此引出一條規律：「故知歌謠文理，與世推移。」政治如風，文學似波，「風動於上，而波震於下者也。」（〈時序〉）

　　封建統治者對文學的態度，也是政治影響文學的重要因素。每個封建帝王，都是其當代政治的最高代表，因而他的思想也是那個時代思想傾向的總代表。他對文學提倡或壓制，必然會形成一種社會風氣或政治力量，此不能不對文學的盛衰，文風的演變產生重大影響。如「沛公不喜儒，諸客冠儒冠來者，沛公輒解其冠，溲溺其中。」[13]因高祖尚武，「戲儒簡學」，唯「大風鴻鵠之歌」堪稱「天縱之英作。」王更生教授從〈時序〉中得出一個結論：「文運的升降，和政治的遞嬗，帝王的愛好，息息相關。」[14]如秦始皇焚書坑儒，視文為「五蠹六虱，嚴於秦令」，故「秦世不文」。而「魏武以相王之尊，雅愛詩章；文帝以副君之重，妙善辭賦；陳思以公子之豪，下筆琳琅：並體貌英逸，故俊才雲蒸。」出現了七子雲集鄴下，建安文學繁榮的局面。

　　第二，文學與世情的關係。「縱橫詭俗」是戰國時代之世情。清代學者章學誠說：「戰國者，縱橫之世也。」又說：「至戰國而抵掌揣摩騰說以取富貴，其辭敷張而揚厲，變其本而加恢奇焉。」[15]「春秋以後，角戰英雄」，縱橫家者流，抓住群雄爭霸，各圖一統的時代心理，縱橫捭闔，極盡誇張之能事，東西南北，侃論天下大勢，以博爭雄者賞識和重用。此種社風世情，有助於形成《楚辭》艷說奇辭的

---

⑬　《史記・酈生陸賈列傳》，見《史記論文》六冊頁83，中華書局發行。
⑭　王更生《文心雕龍新論》頁67。臺灣文史哲出版社1991年版。
⑮　見葉瑛《文史通義校注》頁60－61。中華書局1985年5月版。

風格。屈原是最重要的楚辭作家，又是楚國的政治家和外交家。「為楚懷王左徒，博聞強志，明於治亂，嫻於辭令。入則與王圖議國事，以出號令；出則接遇賓客，應對諸侯。」⑯可以推想，無縱橫詭俗之能，便難以應對諸侯。屈原楚辭的風格顯然受到這種世情的影響。劉勰正是從二者的內在聯系中抽繹出「故知煒燁之奇意，出乎縱橫之詭俗」的理論。

　　溺乎玄風是魏晉時代之世情。傅玄說：「魏氏放誕之論，盈於朝野。」⑰據劉師培《魏晉文學之變遷》所論：「魏代自太和迄正始，文士輩出。其文約分兩派：一為王弼、何晏之文，清峻簡約，文質兼備，雖闡發道家之緒，實與名法家言為近也。此派之文，蓋成於傅嘏，而王何集其大成；夏侯玄鐘會之流，亦屬此派；溯其遠淵，則孔融王粲實開其基。一為嵇康阮籍之文，文章壯麗，總采騁辭，雖闡發道家之緒，實與縱橫家言為近者也。此派之文，盛於竹林諸賢；溯其遠源，則阮瑀陳琳已開其始。」⑱此時作家只是「闡發道家之緒」，對文學創作無太大消極影響。至晉，特別是東晉，玄風大煽，文風發生了根本變化。〈明詩〉篇說：「江左篇制，溺乎玄風，嗤笑徇務之志，崇盛亡機之談。」此與〈時序〉篇所論一致。玄風浸染文風。「永嘉時，貴黃老，稍尚虛談。于時篇什，理過其辭，淡乎寡味。爰及江表，微波尚傳。孫綽、許詢、桓、庾諸公，詩皆平典似《道德論》，建安風力盡矣」。⑲

　　但是玄學給予文學的影響是複雜的。〈時序〉講的是消極的一面。「事實上，玄學對文學的影響還有積極的一面，這就是玄學的言

---

⑯　《史記‧屈原賈生列傳》，見《史記論文》六冊頁14，中華局發行。

⑰　《文選》（李善注）頁693。中華書局1990年8月北京版。

⑱　劉師培《中國中古文學史‧論文雜記》頁35。人民文學出版社1984年5月北京出版。

⑲　張少康《文心雕龍新探》頁238。齊魯書社1987年4月版。

不盡意論，形神關係論，虛實關係論等，對六朝乃至整個中國文學的發展以及中國古代文學藝術的民族傳統之形成，都有著不可估量的深刻影響。」「劉勰本人的創作思想，實際上也是以玄學道家的美學和文藝思想爲主的。」⑳

第三，文學與社會 治離之關係。建安魏晉時期，戰亂頻仍，經濟凋弊，民不聊生。「文學蓬轉」，漂流四方。滿目瘡痍，一派慘象：「白骨露於野，千里無雞鳴。」（曹操〈蒿里行〉）「出門無所見，白骨蔽平原。」（王粲〈七哀詩〉）陸機哀婉「天道信崇替，人生安得長，慷慨惟平生，仰望獨悲傷。」曹丕長嘆：「人亦有信，憂令人老，嗟我白髮，生一何早。」（〈短歌行〉）阮籍則念天地之悠悠，人生之短暫：「人生若塵露，天道邈悠悠。」（〈詠懷詩〉）劉琨嘆息「功業未及建，夕陽忽西流。」（〈重答盧諶詩〉）「亂世出英雄。」渴望建功立業，方輯區宇的文人志士多有。這是一個蒼涼挾帶豪氣的時代。李澤厚先生對這一時期人的覺醒促進文的自覺有過精辟的論述。他說：「這種對生死存亡的重視、哀傷，對人生短促的感慨、唱嘆，從建安到晉宋，從中下層直到皇家貴族，在相當一段時間中和空間內瀰漫開來，成爲整個時代的音調。」㉑

這個時代的音調，「它實質上標誌一種人的覺醒，即在懷疑和否定舊有傳統標準和信仰價值的條件下，人對自己生命、意義、命運的重新發現、思索、把握和追求。」㉒「而流傳下來的大部份優秀詩篇，都正是在這種人生感嘆中抒發著蘊藏著一種向上的、激動人心的意緒情感。」㉓「在『對酒當歌，人生幾何』底下的是『烈士暮年，

---

⑳ 李澤厚《美的歷程》（李澤厚十年集）頁90，安徽文藝出版社1994年1月版。
㉑ 李澤厚《美的歷程》（李澤厚十年集）頁90，安徽文藝出版社1994年1月版。
㉒ 李澤厚《美的歷程》（李澤厚十年集）頁90，安徽文藝出版社1994年1月版。
㉓ 李澤厚《美的歷程》（李澤厚十年集）頁90，安徽文藝出版社1994年1月版。

壯心不已』的老驥長嘶，建安風骨的人生哀傷是和建功立業『慷慨多氣』結休交融在一起的。」[24]〈明詩〉說：「暨建安之初，五言騰踊，文帝陳思，縱轡以騁節，王徐應劉，望路而爭驅，並憐風月，狎池苑，述恩榮、叙酣宴；慷慨以任氣，磊落以使才；造懷指事，不求纖密之巧，驅辭逐貌，唯取昭晰之能；此其所同也。」這就是建安風骨，此時文學的主要特徵。

貳

　　「時義」一詞，在《文選》中出現4次：(1)《文選序》：「文之時義遠矣哉。」(2)謝惠連〈雪賦〉：「雪之時義遠矣。」(3)范蔚宗〈逸民傳論〉：「《易》稱〈遯〉之時義大哉。」(4)王簡栖〈頭陀寺碑文〉：「時義遠矣。」後三種雖然也含有時間、時機的意思，但都不是如《文選序》表述出的完整時義觀。

　　蕭統《文選序》表述的時義觀點，早有選學家和文論家關注。方孝岳先生曾論述過時義觀的重要意義。他引用了《文選序》中的這樣一段：「文之時義遠矣哉。若夫椎輪為大輅之始，大輅寧有椎輪之質。增冰為積水所成，積水曾微增冰之凜，何哉？蓋踵其事而增華，變其本而加厲，物既有之，文亦宜然；隨時變改，難可詳悉。」然後說：「他標出『時義』二字，眞是有絕頂的聰明，過人的領悟，本來屬典忘祖，固然是可恥的；而食古不化，也未嘗不可笑。人間無事不受環境的變遷和思想的潮流所影響，文學也不能例外，知道『時義』；才可以算個通人」。[25]方氏之論可謂精到，但完整的『時義』內涵，還應該包括被方氏省略的「觀乎天文，以察時變；觀乎人文，

---

[24]　李澤厚《美的歷程》（李澤厚十年集）頁90，安徽文藝出版社1994年1月版。

[25]　方孝岳《中國文學批評》頁42。見《中國文學八論》，北京市中國書店1985年6月版。

以化成天下」的內容。王弼解釋這兩句說：「觀天文則時變可知也；觀人文則化成可知也。」蕭統引《易經》的話，在於說明天文與人文的統一。即日月山川的天文與相應的人間文字表達的人文，其內容與功用，可借以觀察天下演變而致成功的跡象和道理。蕭統的時義觀點是貫穿整部《文選》的基本觀點，選篇、定體、分類、編次等皆是在「時義」觀指導下進行的。

時義觀體現了中國古代「天人合一」的哲學思想。《文選序》引《易經》做為立論的哲學依據。而《易經》被儒家推爲「群經之首」，中國文化之發端。「《易經》仰觀天文，俯察地理，中通萬物之情；窮天人之際，探索宇宙人生必變、所變、不變的大原理；通古今之變，闡明人生知變、應變、適變的大法則，以爲人類行爲的規範；這一天理即人道的天人合一的哲學思想，稱爲『天人之學』，爲我國傳統文化的基礎，一切學術思想的根源，也是我國傳統文化的最大特色。」㉖《文選·西都賦》對未央宮的描寫，就體現了「天人合一」的思想。司馬相如說：「賦家之心，包括宇宙。」未央宮就是上象天、下法地的。「宮殿是小宇宙，宇宙是大宮殿。『體象乎天地，經緯乎陰陽。據坤靈之正位，倣太紫之圓方。』賦家要把時人所理解的天體及其運動縮寫在宮宇及其構架之中。以有限見無限，從無限歸有限。目前一切物象都是有限的，同時又是與天之高地之遙的無限連在一起的。」㉗甚至西漢定都長安也說成與天相應：「仰悟東井之精，俯協河圖之靈」，「天人合應，以發皇明。」，又如〈魯靈光殿賦〉，其位置「承明堂於少陽，昭列顯於奎之分野。」「觀其結構，規矩應天，上憲觜陬。」此「坤靈之寶勢，承蒼昊之純殿；包陰陽之

㉖　孫振聲編著《白話易經》頁1－2。臺灣星光出版社1981年9月版。

㉗　《西都賦·題解》，陳宏天、趙福海、陳復興主編《昭明文選譯注》頁16。吉林文史出版社1987年6月版。

變化,含元氣之煙熅。」時義觀念,實質也就是觀察時變的天文和與
之相應觀察化成天下的人文。這是蕭統用道家思辯的方法,「來理解
儒家天人感應、天人合一的宇宙觀歷史觀,用之於文章便是要求具有
歷史的時代意義的內容。」⑳

　　因此蕭統的「時義」觀,應該包括三個方面的具體內容:㉓

　　第一要有反映時代的內容,即反映能代表一個時代特點的作品,
突顯一個作家成就和個性的作品。「在思想上不拘一家,在藝術上不
限一體,歷史縱向呈現發展變化,時代橫向表現各種差別」,基本
上,「擇優選取了各個時代有代表性,有影響的好的或較好的各體文
章。」㉚如屈原賦可「與日月爭光」,〈離騷〉「金相玉質,百氏無
匹。」蕭統選錄包括〈離騷〉在內的《楚辭》共10首(〈漁父〉)、
〈卜居〉有人認為是他人為悼念屈原而作的)。劉勰謂「秦世不文」
蕭統獨具慧眼,選錄〈上書秦始皇〉一篇。駱鴻凱肯定其在駢文發展
史上有特殊功績,開設喻隸事之風。賦在中國文學史上占有重要地
位,它是純文學發達的標誌。《文選》60卷,賦就19卷。劉勰〈詮
賦〉云:「荀結隱語,事數自環;宋發巧談,實始淫麗;枚乘〈菟
園〉,舉要以會新;相如〈上林〉,繁類以成艷;賈誼鵩鳥,致辨於
情理;子淵〈洞簫〉,窮變於聲貌;孟堅〈兩都〉,明絢以雅贍;張
衡〈兩京〉,迅發以宏富;子雲〈甘泉〉,構深偉之風;延壽〈靈
光〉,含飛動之勢。凡此十家,並辭賦之英杰也。」所列十位辭賦
家,九位《文選》有賦作入選(枚乘〈七發〉實為賦)。劉勰所舉八

---

⑳　倪其心〈關於《文選》和文選學〉。參見《昭明文選研究論文集》頁5、4、2。吉林文
史出版社1988年6月版。

㉓　倪其心〈關於《文選》和文選學〉。參見《昭明文選研究論文集》頁5、4、2。吉林文
史出版社1988年6月版。

㉚　倪其心〈關於《文選》和文選學〉。參見《昭明文選研究論文集》頁5、4、2。吉林文
史出版社1988年6月版。

首賦，蕭統選入七首，且皆有特點，不僅能代表個人的成就，在漢賦發展中亦各有里程碑意義。詩文選篇亦基本如此。

第二要有教化功能。這也是以儒家思想爲淵源的中國文學的一個傳統。其顯著特點就是以國家爲中心，爲國家的政治服務。（封建社會皇權是國家的象徵）。《文選》之體可分三大類：賦、詩和文。而每體從選篇到編次都體現了這一指導思想。如《文選》共選56篇賦，分京都、郊祀、籍田、畋獵、紀行、游覽、宮殿、江海、物色、鳥獸，志、哀傷、論文、音樂、情等15類。賦體不一，又以類分。各類排序，「京都」爲先。開篇就是八大京都賦：班固〈西都賦〉、〈東都賦〉；張衡〈西京賦〉、〈東京賦〉、〈南都賦〉；左思〈蜀都賦〉、〈吳都賦〉、〈魏都賦〉。因爲京都是帝王所居，政令所出，乃一國之中心，蕭統京都居首，顯然是刻意而爲之。詩以補亡爲先，雜文以詔令爲先，都體現著以國家爲中心，爲國家政治服務的思想。劉樹清先生以「辭賦首京都」，「詩歌首補亡」，「散文首詔令」[31]的次文特點，來說明蕭統把政治教化放在首位是很有說服力的。有人視《文選》爲形式主義的代表作，是爲藝術而藝術的，這是不符合實際的。

《毛詩序》云：「風，風也，教也；風以動之，教以化之。」，又說：「上以風化下，下以風刺上。」而這些都是爲「化成天下」的總目的服務的。因此蕭統選賦，把有無諷諫意義放在首位。他不選陶淵明的〈閑情賦〉，並批評說：「白璧微瑕，惟在〈閑情〉一賦。楊雄所謂『勸百而諷一』者，卒無諷諫，何足搖其筆端？惜哉，亡是可

---

[31] 劉樹清〈傳統文化心理的獨特表達方式——論文選次文的豐富意蘊〉。參見趙福海主編《文選學論集》，吉林文史出版社1992年6月版。

也。」㉜所選之賦，皆首先著眼於有無教化功能。能否起到「抒下情而通諷諭」，「宣上德而盡忠孝」的作用。即使「情」類，如宋曹的〈洛神賦〉、〈神女賦〉、〈登徒子好色賦〉，也在宣傳「揚詩守禮，終不過差」，即「發乎情，止乎禮」的儒家詩教。至於文的諷練意義則更直接，如東方曼倩的〈非有先生論〉，通過非有先生答吳王問的形式，勸漢武帝虛心納諫，勵精圖治。一答吳王問，吳王「將竦意而聽焉。」二答吳王問，「吳王懼然易容，捐薦去几，危坐而聽。」三答吳王問，「吳王穆然，俯而深惟，仰而泣下交頤。」吳王一旦認識問題關係到國運王祚，便採取一系列措施整頓朝綱：「正明堂之朝，齊君臣之位，舉賢才，布德惠，施仁義，賞有功；躬親節儉，減後宮之費，捐車馬之用；放鄭聲，遠佞人，省庖廚，去侈靡，卑宮館，壞苑囿，填池塹，以與貧民無業者；開內藏，振貧窮，存者老，恤孤獨，薄賦斂，省刑罰。」於是「海內晏然，無下大治。」當然這是東方朔設計的理想政治，天堂之國，未必果然。一些史論，如干令升的《晉紀‧總論》、范蔚宗的〈宦者傳論〉、沈休文的〈恩幸傳論〉等，都是歷史的一面鏡子。《晉紀‧總論》更是直接告誡封建統治者以史為鑒。國家應該「積基樹本」。「基廣則難傾，根深則難拔，理節則不亂，膠結則不遷。」而晉八王之亂，造成「風俗淫僻，恥尚失所」的局面：「學者以老莊為宗，而黜《六經》；談者以虛薄為辯，而賤名儉；行者以放濁為通，而狹節信；進仕者以易得為貴，而鄙居正；當官者以望空為高，而笑勤恪。」㉝「由是毀譽亂於善惡之實，情慝奔於貨欲之徒，選者為人擇官，官者為身擇利。而秉鈞當

㉜ 蕭統《陶淵明集序》，見季羨林總編《傳世藏書》頁3309。海南國際新聞出版社1996年版。

㉝ 《文選‧晉紀總論》頁692。中華書局1990年8月北京版。

軸之士，身兼官以十數」。㉞「世族貴戚之子弟，陵邁超越，不拘資次，悠悠風塵，皆奔競之士，列官千百，無讓賢之舉。」㉟陰陽易位，黑白顚倒，且「上有所好，下必甚焉。」「國之將亡，本必先顚，其此之謂乎！」

　　第三隨著歷史發展而變化。盡管「隨時變改，難可詳悉」，但總的趨勢可以斷定：「踵事增華、變本加厲」。這不單是形式的演進，而是指內容與形式統一的整個文。蕭統用了兩個比喩，呼應《易經》天人合一之說。一個由椎輪到大輅，一個由積水到增冰。前者謂物質文化，屬人文，後者謂自然變化，屬天文。「事出於沈思，義歸呼翰藻」，或謂這是蕭統選文的標準，確切地說，它應該是整個時義觀的組成部分。事物的發展，總是由簡單到複雜，由低級到高級，文也是如此，它應該隨時變改，隨功用變改。沈思翰藻反映六朝文學之時風，反映對文之功用越來越高的要求，符合時義之觀點。

參

　　〈時序〉篇和時義觀體現劉勰和蕭統文學觀相契相異之處頗多，我以爲至少有兩點是最突出的。第一，從「天人合一」的哲學思想出發，把文的敎化功能放在首位。劉勰雖然在〈時序〉篇裡沒有論述「天人合一」思想對文學的產生與發展的指導意義，但在〈原道〉篇早已開宗明義闡述得明白。他說：「文之爲德也大矣，與天地並生者何哉？夫玄黃色雜，方圓體分；日月疊璧，以垂麗天之象；山川煥綺，以鋪理地之形；此蓋道之文也。仰觀吐曜，俯察含章，高卑定位，故兩儀生矣。惟人參之，性靈所鐘，是謂三才。爲五行之秀，實

㉞　《文選・晉紀總論》頁692。中華書局1990年8月北京版。
㉟　《文選・晉紀總論》頁692。中華書局1990年8月北京版。

天地之心。心生而言立，言立而文明，自然之道也。」又說：「觀天文以極變，察人文以化成；然後能經緯區宇，彌綸彝憲，發揮事業，彪炳辭義。」關於九次文風演變的評價，亦足以表示劉勰對政治教化的重視。同是重視文學的社會功用和教化功能，蕭統較劉勰更全面。他贊賞文體「衆制鋒起」，說「譬陶匏異器，並爲入耳之娛；黼黻不同，俱爲悅目之玩。」㊱這與漢宣帝的看法相近：「辭賦大者與古詩同義，小者辯麗可喜。如女工有綺縠，音樂有鄭衛，今世俗猶皆以此虞說（悅）耳目，辭賦比之，尚有仁義風諭，鳥獸草木多聞之觀，賢於倡優博弈遠矣。」宣帝只講賦有娛悅耳目的作用，而蕭統則推展至他認爲屬於文學範圍的多種文體。在《文選》音樂類，以傅毅的〈舞賦〉昭示蕭統自己這一觀點：「（楚王）謂宋玉曰：『如其鄭何？』玉曰：『小大殊用，鄭雅異宜。』」於是奏鄭衛、「娛密座」、「接歡欣」，「文人不能懷其藻」，「武毅不能隱其剛」，就連在群臣面前一向威嚴的襄王聽了鄭衛之音，觀了陽阿之舞，亦「嚴顏和而怡懌」，「幽情形而外揚。」，㊲

　　第二，〈時序〉篇與時義觀，都認爲「文」是不斷發展變化的。劉勰說：「時運交移，質文代變。」「質文沿時，崇替在選。」蕭統說：「（文）隨時變改，難可詳悉。」但細較起來，蕭統之「變」重新變，而劉勰之變重傳統。如詩，劉勰以四言（即以《詩經》）爲正宗。〈明詩〉云：「若夫四言正體，則雅潤爲本色；五言流調，淸麗居宗。」「因爲《詩經》以四言爲主，所以稱四言爲正體，要求雅

㊱　〈文選序〉《文選·舞賦》，見《文選》頁2、頁246－247。中華書局1990年8月北京版。

㊲　〈文選序〉《文選·舞賦》，見《文選》頁2、頁246－247。中華書局1990年8月北京版。

潤；五言詩是四言詩的流變，當時注重辭藻，所以崇尙淸麗。」㊳顯
然劉勰有褒四言貶五言之傾向。蕭統則不然。他說：「自炎漢中葉，
其途漸異：退傅有『在鄒』之作（四言），降將著『何梁』之篇（五
言），四言五言區以別矣。又少則三字，多則九言，各體互興，分鑣
並驅。」不僅沒有貶四言詩的意味，且從《文選》所選之詩，看出他
更欣賞五言詩。《文選》共選詩431首，四言詩32首，占7.4％；五言
詩396首，占91％。這和本朝鍾嶸觀點一致。《詩品序》云：「五言
居文詞之要，是衆作之有滋味者也，故云會於流俗。豈不指事造形，
窮情寫物，最爲詳切耶！」㊴再拿《文選》選篇的時代差異，與《文
心雕龍》提及篇目的時代差異相較，可見蕭劉二氏對古今的不同態
度。莫礪鋒先生所列的比較表㊵一目了然：

書名 時代	文 心 雕 龍		文 選	
	所錄作家人數	所占比例	所錄作家人數	所占比例
先秦	38	15.4％	5	3.8％
西漢	41	16.7％	18	13.8％
東漢	50	20.3％	21	16.1％
魏	42	16.7％	14	10.8％
晉	62	25.2％	45	32.3％
南北朝	13	5.3％	27	20.8％
總計	246	100％	130	100％

　　由此可以看出：《文心雕龍》的基本傾向，詳古略今；《昭明文
選》的基本傾向，詳今略古。這個問題章學誠在《文史通義》中早已
揭櫫過。他說《文選》選篇，「昭明草創，與馬遷略同。由六朝視兩
漢，略已，先秦略之略已。周則子夏〈詩序〉、屈子〈離騷〉而外，

㊳　周振甫《文心雕龍注釋·明詩》注〔30〕。人民文學出版社1981年版。
㊴　陳延杰《詩品注》頁2。人民文學出版社1962年北京版。
㊵　莫礪鋒〈從《文心雕龍》與《文選》之比較看蕭統的文學思想〉，見《古代文學理論
　　研究》第十輯，頁178。上海古籍出版社1985年6月版。

無他策焉。亦猶天漢視先秦，略已，周則略之略已。」㊶《文心》與
《文選》異同之處尚多，僅舉《時序》與「時義」略陳管見而已。

㊶　葉瑛《文史通義注》頁837。中華書局1985年5月北京版。

灑筆以成酣歌和墨以藉談笑
——劉勰論「魏氏三祖」

福建師範大學中文系

穆克宏

「魏氏三祖」是指魏太祖武帝曹操、魏高祖文帝曹丕、魏烈祖明帝曹叡。在《文心雕龍》中，劉勰對他們都有精湛扼要的論述。這些論述，每條雖然往往只有三言兩語，但是，綜合起來，常常是比較完整的作家論，對我們研究作家頗有啓發。應當引起我們的重視，本文擬就劉勰對「魏氏三祖」的論述，加以評論，不當之處，還望方家和讀者指正。

論曹操

曹操，字孟德，是傑出的政治家、軍事家，也是傑出的文學家。劉勰說：「魏武以相王之尊，雅愛詩章。」（《文心雕龍·時序》，下引《文心雕龍》，只注明篇名）證之史籍，確實如此。曹操博覽群書，手不釋卷。曹丕《典論·自敘》云：「上雅好詩書文籍，雖在軍旅，手不釋卷。」《三國志·魏書·武帝紀》注引《魏書》云：「（曹操）御軍三十餘年，手不捨書，晝則講武策，夜則思經傳，登高必賦，及造新詩，被之管絃，皆成樂章。」其著作，《隋書·經籍志》著錄：「魏武帝集二十六卷，梁三十卷，錄一卷。梁又有武皇帝逸集十卷，亡。」「魏武帝集新撰十卷。」宋以後亡佚。明代有輯本。據中華書局1974年出版的《曹操集》，曹操詩今存二十六首（其中〈塘

上行〉一首,《樂府詩集》作魏武帝作,而其題解則認為係甄后所作。《玉台新詠》作甄后作,而題下又曰:「一作魏武帝辭。」從內容看,當以甄后作為是。文今存一百四十餘篇(包括殘篇)。

曹操的詩歌都是樂府詩,有四言的、五言的、雜言的。從詩歌的內容看,大致可分為三個方面。一是反映當時動亂的社會現實。如他的〈薤露行〉、〈蒿里行〉都是這方面的著名作品。前詩寫董卓之亂給人民帶來的災難。公元189年4月,漢靈帝死,少帝即位,年十四歲。何太后臨朝,宦官專權。大將軍何進密召董卓進京誅滅宦宮,謀洩,何進被殺,少帝被劫持。董卓兵到,少帝還宮,卓旋廢少帝,立陳留王劉協為帝,協年九歲,卓自任相國。關東州郡起兵討董卓。卓逼獻帝遷都長安,驅民數百萬入關,沿途死傷無數。卓兵縱火焚燒洛陽,至二百里內,屋室蕩盡,滿目淒涼。此詩就是這一悲慘現實的寫照。後詩與漢末各地軍閥討伐董卓,爭權奪利,百姓遭殃。「白骨露於野,千里無雞鳴。生民百遺一,念之斷人腸。」寫軍閥混戰給人民造成的痛苦,慘不忍睹,使人肝腸寸斷。明人鍾惺說此詩是「漢末實錄,真詩史也」(《古詩歸》卷七),洵為的評。

一是表達自己的政治抱負和政治理想。如〈短歌行〉。此詩開頭「對酒當歌,人生幾何」,雖然流露了一些消極思想。但是,其基調是高昂的。「青青子衿,悠悠我心。但為君故,沉吟至今。呦呦鹿鳴,食野之萃。我有嘉賓,鼓瑟吹笙。」表現了詩人求賢若渴的心情。「山不厭高,水不厭深,周公吐哺,天下歸心。」表明一個君主如能像周公那樣對待賢者,天下的人自然會衷心的擁護你。這樣慷慨悲涼的名篇,抒寫了自己的政治抱負,也表現了詩人橫槊賦詩的英雄氣概。清人陳祚明說:「此是孟德言志之作。」(《采菽堂古詩選》卷五)確實如此。

曹操的〈對酒〉和〈度關山〉,都是寫自己的政治理想的。前者

描繪了一幅太平盛世的圖景；後者說當政者應當勤儉、守法、愛民，二者的思想是一致的。

爲了實現自己的政治抱負和理想，必須具有雄心壯志。〈步出夏門行〉「東臨碣石」一首是描繪自然景色的名作，但大自然的美景表現了詩人壯闊的情懷。〈神龜雖壽〉一首中說：「老驥伏櫪，志在千里。烈士暮年，壯心不已。」形象地寫出詩人進入晚年而壯心不已。

三是游仙詩。詩人還寫了一些游仙詩。如〈氣出唱〉寫「駕六龍，乘風而行」，〈陌上桑〉寫「駕虹蜺，乘赤雲」，〈秋胡行〉寫「我居崑崙山」，「神人共遠游」，〈精列〉寫「思想崑崙居」，「志意在蓬萊」，都表現了詩人追求長生的思想。這是當時社會上道教人士服食求仙行爲在詩人思想上的反映。

以上詩歌創作表明，說曹操「雅愛詩章」，是完全符合事實的。

曹操的散文，大都是令、敎、書、表，多爲殘篇。按照魯迅的分析，他的散文具有淸峻、通脫的特點。他被魯訊許爲「改造文章的祖師」（〈魏晉風度及文章與藥及酒之關係〉）評價是比較高的。劉勰對曹操的散文有一些比較具體的論述。

〈章表〉篇云：「曹公稱爲表不必三讓，又勿得浮華。所以魏初表章，指聲造實，求其靡麗，則未足美矣。」曹操說爲表不必三讓。當出於建安元年（196）曹操〈上書讓增封〉，此文云：「臣雖不敏，猶知讓不過三。所以仍布腹心，至於四五，上欲陛下爵不失實，下爲臣身免於苟取。」「不必三讓」與「讓不過三」，表達有異，寓意實同。又爲表「勿得浮華」，出處無考。有的研究者引用《三國志·魏書·武帝紀》注引《魏書》曰：「（操）雅性節儉，不好華麗，後宮衣不錦繡，侍御履不二採，帷帳屏風壞則補納，茵蓐取溫，無有緣飾。」（詹鍈《文心雕龍義證·章表》篇注）此叙曹操生活儉樸，借此說明曹操要求章表「勿得浮華」，實風馬牛不相及也。劉勰指出：

「魏初章表，指事造實，求其靡麗，則未足美矣。」所論甚是。劉師培亦認爲漢魏之際「奏疏之文，質直而屛華」（《中國中古文學史》第三課〈論漢魏之際文學變遷·附錄〉）。所見略同。我認爲，魏初章表質直之風，與曹操的提倡當有一定的關係。

〈詔策〉篇云：「魏武稱作敕戒當指事而語，勿得依違，曉治要矣。」意思是說，曹操說撰寫敕戒，應當根據事實說話，不得猶豫不決，這樣就懂得治術了。曹操論敕戒語無考。曹操所稱敕戒，即戒敕。〈詔策〉篇還說道：「漢初定儀則，則命有四品：一曰策書，二曰制書，三曰詔書，四曰戒敕。」而戒敕的作用是「敕戒州部」。這些論述的根據是蔡邕的〈獨斷〉。〈獨斷〉云：「漢天子正號曰皇帝，自稱曰朕……其命令一曰策書，二曰制書，三曰詔書，四曰戒書。」又云：「戒書、戒敕刺史太守及三邊營官。被敕文曰『有詔敕某官。』是爲戒敕也」。從戒敕的作用看，曹操提出的寫作要求是很恰當的，故爲劉勰所引用。

〈章句〉篇云：「昔魏武論賦，嫌於積韻，而善於資代。」積韻，指重複多韻。資代，《玉海》作貿代，是。貿，指變化。貿代，這裡是指換韻。曹操論賦語已不可考。賦基本上是押韻的。押韻的規律常見的是隔句押韻，也有逐句押韻的。如古賦和文賦，押韻則比較自由。但是，不論怎樣押韻，韻腳皆不宜重複。韻腳重複不僅使人感到韻律單調，而且也影響文情的表達。所以，曹操關於賦作用韻的看法是完全正確的。

〈章句〉篇又云：「又詩人以兮字入於字限，《楚辭》用之，字出於句外。尋兮字成句，乃語助餘聲。舜詠〈南風〉，用之久矣。而魏武弗好，豈不以無益文義耶！」這裡講的是曹操對詩歌中兮字的態度。劉勰認爲，《詩經》用的兮字在句內。《楚辭》用的兮字在句外。此說不全面，《詩經》用的兮字有書句內的，如〈蓼莪〉：「父

兮生我，母兮鞠我。」也有用在句外的，如〈采葛〉：「如三月
兮」，「如三秋兮」，「如三歲兮」等。《楚辭》用的兮字有在句外
的，如〈離騷〉：「皇覽揆余於初度兮，肇錫余以嘉名。名余曰正則
兮，字余曰靈均。」也有在句內的，如〈招魂〉：「兮歸來哀江
南。」曹操不喜在自己的作品用兮字，這是他的自由，無可非議。他
認爲兮字「無益文義」，即對作品內容沒有益處，是不恰當的，事實
上兮字作內語助詞，對作品內容的表達是有一定作用的。

　　〈事類〉篇云：「故魏武稱張子之文爲拙，然學問膚淺，所見不
博，專拾掇崔、杜小文，所作不可悉難，難便不知所出，斯則寡聞之
病也。」這一段話是說，曹操批評張子文章的拙劣。其原因是學問膚
淺，見聞不廣，專門拾取崔、杜二人的小文來寫作，寫出的文章經不
起追究，一追究便不知出處。這是孤陋寡聞的毛病。張子爲誰？趙仲
邑根據《三國志‧邴原傳》裴松之注引《邴原別傳》定爲張範。見其
《文心雕龍譯注‧事類》篇注。崔、杜爲誰？楊明照疑爲崔駰父子和
杜篤。見其《文心雕龍校注拾遺‧事類》篇。趙、楊之說未必確切，
亦可備一說。〈事類〉篇說：寫文章「才爲盟主，學爲輔佐，主佐合
德，文采必霸、才學褊狹，雖美少功。」曹操批評的張子，就是「才
學褊狹」的例子。

　　〈養氣〉篇云：「至如仲任置硯以綜述，叔通懷筆以專業，旣益
之以歲序，又煎之以日時，是以曹公懼爲文傷命，陸雲嘆用思之困
神，非虛談也。」這裡講到王充、曹襃勤苦著書的事跡，又講到曹
操，陸雲對作文苦思影響身體的憂懼與慨嘆。曹操的憂懼已不可考。
陸雲的慨嘆，見〈與兄平原書〉。劉勰的〈神思〉篇已論及藝術構思
之艱苦，他說：「相如含筆而腐毫，揚雄輟翰而驚夢，桓譚疾感於苦
思，王充氣竭於思慮，張衡研〈京〉以十年，左思練〈都〉以一
紀。」司馬相同、楊雄、桓譚、王充、張衡、左思苦思苦想，勤奮著

述，自然要傷害身體。所以〈神思〉篇又說：「秉心養術，無務苦慮；含章司契，不必勞情也」。〈養氣〉篇強調愛精保氣，正是對〈神思〉篇的一個補充。曹操的憂懼只是這個補充的一個例證。

最後要提及的是曹操對人才的愛惜。〈檄移〉篇說：「陳琳之〈檄豫州〉，壯有骨鯁，雖奸闊攜養，章密太甚，發丘摸金，誣過其虐；然抗辭書釁，皦然露骨矣。敢指曹公之鋒，幸哉免袁黨之戮也。」這是說，陳琳的〈為袁紹檄豫州〉一文，說曹操的父親曹嵩是邪惡狡詐宦官的養子，說曹操設置發丘中郎將，摸金校尉專幹掘墳摸金的卑鄙勾當，都太過份了。但是，在袁紹失敗以後。陳琳歸順曹操，曹操並沒有把他殺掉。《三國志·王粲傳》云：「陳琳，字孔璋，避難冀州，袁紹使典文章。袁氏敗，琳歸太祖。太祖謂曰：『卿昔為本初移書，但可罪狀孤而已，惡止其身，何乃上及父祖邪？』琳謝罪。太祖愛其才而不咎。」正是由於曹操能愛惜人才，人才能為其用，他開創的事業為魏國的建立奠定了基礎。

論曹丕

曹丕，字子桓，是三國時魏國的開國皇帝、文學家。他是曹操的次子，其兄曹昂早逝，故曹操的爵位由他繼承。建安二十五年（220），曹丕代漢，為大魏皇帝。在位五年又七個月。魏黃初七年（226），曹丕卒，享年四十。《三國志·魏書》文帝紀云：「帝好文學，以著述為務，自所勒成垂百篇。」又云：「文帝天資文藻，下筆成章，博聞彊識，才藝兼該。」曹丕《典論·自叙》云：「上雅好詩書文籍……余是以少誦詩、論，及長而備歷五經、四部，《史》、《漢》諸子百家之言，靡不畢覽。」其著作，《隋書·經籍志》著錄《列異傳》三卷，《典論》五卷，《魏文帝集》十卷，梁二十三卷。《士操》一卷（按，《操》當作《品》。操乃其父諱，不得名書）。

皆已散失。現在常見的有明張溥輯《漢魏六朝百三名家集》本《魏文帝集》二卷和近人丁福保輯《漢魏六朝名家集初刻》本《魏文帝集》六卷。

　　曹丕的文學作品有辭賦，詩歌和散文。《文心雕龍·時序》篇說：「文帝以副君之重，妙善辭賦。」曹丕賦今存二十八篇，多爲殘篇。其中〈柳賦〉、〈寡婦賦〉、〈出婦賦〉是較好的作品。〈柳賦〉詠柳，實借物以抒情。〈柳賦·序〉云：「昔建安五年，上與袁紹戰於官渡，時余始植斯柳，自彼迄今，十有五載矣。左右僕御已多亡，感物傷懷，乃作此賦。」賦中又云：「感遺物而懷故，俯惆悵以傷情」。曹丕作賦的目的十分明顯。但是，筆鋒一轉；賦中又寫道：「豐弘陰而博復兮，躬愷悌而弗倦。四馬望而傾蓋兮，行旅仰而回眷。秉至德而不伐兮，豈簡車而擇賤。」寫柳蔭廣被，似寄託了作者的政治抱負和理想，頗不同於一般賦柳感傷之作。〈寡婦賦〉其序云：「陳留阮元瑜與餘有舊，薄命早亡，每感存其遺孤，未嘗不愴然傷心，故作斯賦，以叙其妻子悲苦之情。」這裡說明了作者作賦的緣由和賦的內容。賦云：「惟生民兮艱危，在孤寡兮常悲。人皆處兮歡樂，我獨怨兮無依。撫遺孤兮太息，俛哀傷兮告誰？三辰周兮遞照，寒暑運兮代臻。歷夏日兮苦長，涉秋夜兮漫漫，微霜隕兮集庭，燕雀飛兮我前。去秋兮就冬，改節兮時寒。水凝兮成冰，雪落兮翻翻。傷薄命兮寡獨，內惆悵兮自憐。」以季節景物的變化，襯託寡婦的哀愁，如泣如訴，凄切動人。〈出婦賦〉寫一個因爲無子、色衰被丈夫休去婦女的悲哀。她與丈夫，昔日恩恩愛愛，如比翼之雙飛；如今疏遠分離，若驚風之吹塵。賦中寫婦女出門的情景云：「被入門之初服，出登車而就路。遵長途而南邁，馬躊躇而回顧。野鳥翩而高飛，愴哀鳴而相慕。」馬兒躊躇、回顧以襯托棄婦的眷戀之情。如此離別，令人黯然神傷。

魯迅說：「曹丕做的詩賦很好。」（〈魏晉風度及文章與藥及酒之關係〉）確實如此。但是，比較起來，曹丕詩的成就高於他的賦。〈明詩〉篇云：「暨建安之初，五言騰踊：文帝、陳思，縱轡以騁節；王、徐、應、劉，望路而爭驅。」這裡將曹丕與曹植並提，說明劉勰對曹丕詩歌成就的重視。但是，從《文心雕龍》全書看，劉勰對曹植的評價還是高於曹丕的。〈明詩〉篇說，四言詩，五言詩「兼善則子建、仲宣」。〈事類〉篇說：「陳思，群才之英也。」〈指瑕〉篇說：「陳思之文，群才之俊也。」凡此等等，都表明了劉勰的思想傾向。而鍾嶸《詩品》將曹植列入「上品」，將曹丕列入「中品」，就更為明確了。

曹丕的詩歌今存約四十首。樂府詩約占一半。其中〈燕歌行〉（二首）其一最有名。這一首樂府詩。庾信說：「〈燕歌〉遠別，悲不自勝。」（〈哀江南賦〉）可見這一樂府詩題多半寫離別之情。此詩寫一個女子在秋夜裡懷念她遠方作客的丈夫，語言清麗，情緻婉轉，纏綿悱惻，淒婉動人。清人王夫之評曰：「傾情、傾度、傾色、傾聲，古今無兩。」（《古詩評選》卷一）應當指出，〈燕歌行〉是中國文學史上第一首完整的七言詩，在我國詩歌發展史上占有十分重要的地位。〈雜詩〉二首是曹丕的名作。二首皆寫游子思鄉之情。「漫漫秋夜長」一首寫秋夜不眠；起而彷徨。白露沾裳，仰望月光。草蟲悲鳴，孤雁南翔。游子懷鄉，斷絕中腸。「西北有浮雲」一首以浮雲比游子，隨風漂泊，久留異地，懷念故鄉。清人陳祚明說：「二詩獨以自然為宗。言外有無窮悲感，若不止故鄉之思。寄意不言，深遠獨絕，詩之上格也。」（《采菽堂古詩選》卷五）〈善哉行〉，是四言詩中的名作，亦寫游子懷鄉之情。詩云：「上山採薇，薄暮苦飢。谿谷多風，霜露沾衣。野雉群雊，猿猴相追。還望故鄉，鬱何壘壘！高山有崖，林木有枝。憂來無方，人莫之知。……」陳祚明評

曰：「此首客行之感，言之酸楚。發端四句，情在景事中。『憂來無方』，言憂始深。意中有一事可憂，便能舉以示人，憂有域也。惟不能示人之憂，戚戚自知，究乃並己亦不自知其何故，耳觸目接，無非感傷，是之謂『無方』。非『無方』二字不能寫之。『高山』二句，興語，高古。……」（《采菽堂古詩選》卷五）陳氏所評頗為確切。

〈芙蓉池作〉，是游宴詩中的佳作。此時一開始就寫道：「乘輦夜行游，逍遙步西園。」是寫夜遊西園的詩。西園，即銅雀園。曹植〈公宴〉詩云：「公子敬愛客，終宴不知疲。清夜遊西園，飛蓋相追隨。」也是寫自己陪伴曹游銅雀園的事。當時作家如王粲、劉楨、阮瑀、應瑒等人都有這一類遊宴時。曹丕此詩主要寫園內景色，詩云：「雙渠相溉灌，嘉木繞通川。卑枝拂羽蓋，修條摩蒼天。驚風扶輪轂，飛鳥翔我前。」語言生動，寫景如繪，對後世的山水詩有直接的影響。此類詩作還有〈于玄武陂作〉，寫景亦佳。陳祚明評曰：「柳垂有色，色美在垂；群鳥有聲，聲美非一。水光泛濫，與風澹蕩。佳處全在生動。」曹丕還有一些寫自己的政治理想和軍事活動的詩，也有感嘆人生無常的詩，就不一一述及了。

〈時序〉篇講到曹操、曹丕和曹植「並體貌英逸，故俊才雲蒸」的情況，值得注意。由於曹氏父子尊重人才，所以許多文士眾集在他們周圍。如王粲、陳琳、徐幹、劉楨、應瑒、阮瑀，以及路粹、繁欽、邯鄲淳、楊修等人，他們大都屬於鄴下文人集團。「傲雅觴豆之前，雍容衽席之上，灑筆以成酣歌，和墨以藉談笑。」就是他們活動的情景。曹丕是鄴下文人集團的領袖。他在〈與吳質書〉中回憶他們聚會的情況就更為具體了。他：「每念昔日南皮之遊，誠不可忘。既妙思六經，逍遙百氏，彈棋閒設，終以博弈，高談娛心，哀箏順耳。馳騖北場，旅食南館，浮甘瓜於清泉，沈朱李於寒水。皦日既沒，繼以朗月，同乘並載，以游後園，輿輪徐動，賓從無聲，清風夜起，悲

筋微吟，樂往哀來，淒然傷懷。余顧而言，茲樂難常，足下之徒，咸以爲然。」歲月荏苒，人生無常。這種愉快的聚合，轉瞬即逝。建安二十二年（217），瘟疫流行，王粲、徐幹、陳琳、應瑒、劉楨，相繼去世，昔日美好的聚會成爲日後傷心的回憶。不過，這一段風流佳話卻永遠載入史冊，流傳人間。

在文學理論批評方面，曹丕的成就卓越。他的《典論·論文》是中國文學理論批評史上著名的文學論文。它論述了文學批評的、建安主要作家、文氣說、文體分類、文學的價值等問題，體現了建安文學的時代精神。〈序志〉篇論及此文，說：「詳觀近代之論文者多矣。至於魏文述典，陳思序書，應瑒文論，陸機〈文賦〉，仲洽《流別》，弘範《翰林》，各照隅隙，鮮觀衢路。……魏典密而不周，陳書辯而無當，應論華而疏略，陸賦巧而碎亂，《流別》精而少巧，《翰林》淺而寡要。……並未能振葉以尋根，觀瀾而索源。不述先哲之誥，無益後生之慮。」這裡，，對《典論·論文》等文論都進行了批評。《典論·論文》是細密而不完備。它們共同的缺點是都不能從枝葉尋究到根本，從觀察波瀾去追溯到源頭。它們不闡述聖人的教導，因此對後人的寫作是沒有益處的。顯然，劉勰是以儒家思想爲標準評論魏晉以來的文論。這對於反對齊梁時代文學重形式的傾向是具有積極意義的，但是，同時也反映了劉勰思想的局限性。

劉勰有關曹丕的論述還有涉及文體論、創作論和批評論的內容。

〈銘箴〉篇云：「魏文〈九寶〉，器利辭鈍。」曹丕的〈九寶銘〉，據其《典論·劍銘》序云：「余好擊劍，善以短乘長。選彼良金，命彼國工，精而煉之，至於百辟。其始成也，五色充爐，巨橐自鼓，靈物彷彿，飛鳥翔舞。以爲寶器九：劍三：一曰飛景，二曰流采，三曰華鋒。刀三：一曰靈寶，二曰含章，三曰素質。匕首二：一曰清剛，二曰揚文。露陌刀一：曰龍鱗。因姿定名，以銘其柎。」可

見〈九寶銘〉是三劍，三刀、二匕首，一露陌刀的銘文。這些兵器極
其銳利，而銘文比較質直，故說：「器利辭鈍」。

　　〈諧讔〉篇云：「至魏文因俳說以著笑書，薛綜憑宴會而發嘲
調。雖抃笑衽席，而無益時用。」曹丕著《笑書》事，未詳。曹丕同
時人邯鄲淳著有《笑林》三卷。清人姚振宗曰：「按《文心·諧讔》
篇曰：『至魏文因俳說以著《笑書》。』或即是書。淳奉詔所撰者，
或即因《笑書》別爲《笑林》，亦未可知。」（《隋書·經籍志考
徵》子部九）曹丕著《笑書》事，史籍無任何記載，已不可考。

　　《諧讔》篇又云：「自魏代以來，頗非俳優，而君子嘲隱，化爲
謎語。謎也者，迴互其辭，使昏迷也。或體目文字，或圖象品物，纖
巧以弄思，淺察以衒辭，義欲婉而正，辭欲隱而顯。荀卿〈蠶賦〉，
已兆其體。至魏文，陳思，約而密之。……」曹丕、曹植所作謎語，
如劉勰所說是簡約而精密的。但早已失傳，故亦無可考。

　　〈書記〉篇云：「公幹箋記，麗而規益，子桓弗論，故世所遺，
若略名取實，則有美於爲詩矣。」這是說，曹丕在《典論·論文》中
沒有論及劉楨的箋記，因而一般人不知道。如果不論稱譽而取其實
質，劉楨的箋記比他的詩更美。按劉楨箋記蕭統《文選》未收。近人
李詳《文心雕龍補注》引《三國志·魏書·刑顒傳》載劉楨〈諫曹植
書〉和《王粲傳》注引《典略》劉楨〈答魏文帝書〉，認爲「此皆彥
和所謂麗而規益者」，誠然。以上是論述《文心雕龍》文體論中涉及
曹丕及其有關的作品。

　　〈風骨〉篇云：『故魏文稱，文以氣爲主，氣之清濁有體，不可
力強而致。』故其論孔融，則云『體氣高妙』；論徐幹，則云『時有
齊氣』，論劉楨，則云『有逸氣』。公幹亦云：『孔氏卓卓，信含異
氣，筆墨之性，殆不可勝。』並重氣之旨也。」曹丕在《典論·論
文》中認爲「文以氣爲主」，提出文氣說。氣原是哲學範疇，曹丕用

於文學領域。曹丕所謂氣,是指作家的個性、氣質。表現在文章中,即風格。氣有清有濁,即有陽剛之氣和陰柔之氣。這在文章中就形成了俊爽超邁和凝重沉鬱兩種不同的風格。我們知道,風格的形成有多種因素,曹丕僅僅看到作家的個性、氣質,是不夠全面的。但是,曹丕的文氣說對後世有深遠的影響,故受到劉勰的重視。

〈總術〉篇云:「知夫調鍾未易,張琴實難。伶人告和,不必盡窕槬之中;動用揮扇,何必窮初終之韻?魏文比篇章於音樂,蓋有徵矣。」意思是說,敲鍾彈琴都不易,樂師奏樂和諧,不一定音節高低都恰好,樂師彈曲,不一定自始自終皆合音律。曹丕把文章比作音樂,是有根據的。曹丕的比喻,見《典論·論文》,他說:「文以氣為主,氣之清濁有體,不可力強而致。譬諸音樂,曲度雖均,節奏同檢,至於引氣不齊,巧拙有素,雖在父母,不能以移子弟。」文章與音樂確有相似之處,曹丕的比喻是有道理的。以上是論述《文心雕龍》創作論中涉及曹丕的理論。

〈才略〉篇云:「魏文之才,洋洋清綺,舊談抑之,謂去植千里。然子建思捷而才儁,詩麗而表逸;子桓慮詳而力緩,故不競於先鳴;而樂府清越,《典論》辯要,迭用短長,亦無懵焉。但俗情抑揚,雷同一響,遂令文帝以位尊減才,思王以勢窘益價,未為篤論也。」這是以曹丕與曹植比較。劉勰認為曹植「思捷而才儁,詩麗而表逸」,曹丕「樂府清越,《典論》辯要」,各有所長。如「文帝以位尊減才,思王以勢窘益價」,是不公平的。但是,縱觀《文心雕龍》全書,劉勰對曹植的評價仍高於曹丕。這一點前文已經論及,不再重複。這說明劉勰對作家的評價,總體上是客觀的,實事求是的。

〈知音〉篇云:「至於班固、傅毅,文在伯仲,而固嗤毅云『下筆不能自休』。及陳思論才,亦深排孔璋,敬禮請潤色,嘆以為美談,季緒好詆訶,方之田巴,意亦見矣。故魏文稱『文人相輕』,非

虛談也。」這是說，班固譏嘲傅毅，曹植排斥陳琳，劉修喜愛批評別
人的文章，都是「文人相輕」的毛病。自古以來的事實證明曹丕說的
「文人相輕」，並不是空話。但是，要公正地進行文學批評，不改掉
「文人相輕」的毛病是不行的。

　　〈程器〉篇云：「而近代辭人，務華棄實，故魏文以為『古今文
人，類不護細行』。韋誕所評，又歷詆群才。後人雷同，混之一貫，
吁可悲矣。」劉勰認為，近代作家力求虛名，不顧實際。所以曹丕以
為古今文人都不拘小節，韋誕評作家多所指責。後人和他們一樣，都
認為文人無行。真是可悲啊！這裡，劉勰一面對認為文人都是無行的
看法表示不滿；一面希望文人注意品德修養。以上是論述《文心雕
龍》批評論中涉及曹丕的一些批評理論。

　　綜上所述，劉勰對曹丕的評價是比較全面而公允的。

論曹叡

　　曹叡，字元仲，曹丕之子。黃初七年（226），曹丕卒，叡即皇
帝位，是為魏明帝，在位十三年。景初三年（239），曹叡卒，享年
三十四。《三國志·魏書·明帝紀》注引《魏書》曰：「（叡）自在東
宮，不交朝臣，不問政事，唯潛思書籍而已。」其著作，《隋書·經
籍志》著錄：「《魏明帝集》七卷，梁五卷，或九卷，錄一卷。」宋
以後散失。嚴可均《全三國文》輯錄其文二卷，共九十一篇。逯欽立
《先秦漢魏晉南北朝詩·魏詩》卷五輯錄其詩十四首。

　　〈時序〉篇講到曹叡「制詩度曲」，但是，曹叡詩不如乃父乃
祖，所以鍾嶸《詩品》將他列入「下品」，評曰：「曹公古直，甚有
悲涼之句。叡不如丕，亦稱三祖。」既然合稱「三祖」，說明曹叡詩
還是有一定成就的。清陳祚明說：「明帝詩雖不多，當其一往情深，
克肖乃父。如閒夜明月，長笛清亮，抑揚轉咽，聞者自悲。」（《采

菽堂古詩選》卷五）給予較好的評價。《采菽堂古詩選》選錄其詩五首，都是樂府詩，其中〈種瓜篇〉較爲有名。此詩寫一個新婚女子以生動的比喩表示要與丈夫一起生活的願望，擔心被丈夫遺棄。這反映了封建社會婦女的悲慘命運，具有一定的社會意義。

　　從中國文學史上看，曹叡的樂府詩成就平平，而曹操、曹丕的樂府詩成就是比較高的。劉勰對「魏氏三祖」的樂府詩都持否定態度。〈樂府〉篇云：「至於魏氏三祖，氣爽才麗，宰割辭調，音節靡平，觀其『北上』衆引，『秋風』列篇，或迷酣宴，或傷羈戍，志不出於淫蕩，辭不離於哀思，雖三調之正聲，實《韶》、《夏》之鄭曲也。」這是說，曹操、曹丕和曹叡三人，氣質爽朗，才情華美，他們改作的歌辭曲調，音調浮靡，節奏平淡，看曹操的〈苦寒行〉、曹丕的〈燕歌行〉等篇，有的敘述歡宴，有的感傷遠征，思想感情不免放蕩，文辭離不開悲哀。雖然它們是平調、清調、瑟調的雅正樂曲，但是與《韶》、《大夏》等古樂比較，就成了靡靡之音了。劉勰論樂強調「中和之響」，所以對「魏氏三祖」的樂府詩進行了嚴厲的批評。但是，這個批評是不公正的，反映了他保守的儒家正統思想。

　　〈序志〉篇云：「至明帝纂戎……徵篇章之士，置崇文之觀，何劉群才，迭相照耀。」這裡說到魏明帝曹叡即位之後，設置崇文觀，搜羅天下文士。何晏、劉劭等人文采照人。據《三國志·明帝紀》記載，「（青龍四年夏四月），置崇文觀，徵善屬文者以充之。」崇文觀中有哪些文士，主要有何宴和劉劭。何晏是玄學家，《三國志·何晏傳》說他「好老莊言，作《道德論》及諸文賦著述凡數十篇」。據《隋書·經籍志》著錄，有魏尚書《何晏集》十一卷。宋以後散失。嚴可均《全三國文》輯錄其文〈景福殿賦〉、〈道德論〉、〈無名論〉、〈無爲論〉等十四篇。另有《論語集解》完整地保存下來，收入《十三經注疏》中。從文學角度看，他的〈景福殿賦〉最值得重

視。此賦描寫許昌景福殿，歌頌曹魏政權，文辭典麗精工，爲大賦中的名篇。其詩僅存〈言志詩〉三首，鍾嶸《詩品》評曰：「平叔『鴻鵠』」之篇，風規見矣。……雖不具美，而文采高麗，並得虬龍片甲，鳳皇一毛。事同駮聖，宜居中品。」（《詩品》卷中）按「鴻鵠」，指〈言志詩〉，此詩首句爲「鴻鵠比翼飛」。可是，劉勰對何晏詩的評價不同，他說：「及正始明道，詩雜仙心，何晏之徒，率多浮淺。」（〈明詩〉）進行了批評。劉劭是哲學家。他曾受詔編《皇覽》。《三國志·劉劭傳》說：「劭嘗作〈趙都賦〉，明帝美之，詔劭作〈許都賦〉、〈洛都賦〉。時外興軍旅，內營宮室，劭作二賦，皆諷諫焉。……凡所撰述，《法論》、《人物志》之類百餘篇。」他最著名的著作是《人物志》，此書探討封建社會人才選拔問題，對魏晉玄談有很大的影響。崇文觀還有一個重要人物是王肅。王肅是經學家。他曾兼任崇文觀祭酒。《三國志·王肅傳》說：「肅善賈、馬之學，而不好鄭氏，採會異同，爲《尚書》、《詩》、《論語》、《三禮》、《左氏》解，及撰定父朗所作《易傳》，皆列於學官。」王肅擅長賈逵、馬融之經學，不好鄭玄的經學。鄭玄經學雜糅含古文，王肅以今文說駁鄭玄之古文，以古文說駁鄭玄之今文，僞造孔安國《尚書傳》、《論語注》、《孝經注》、《孔子家語》、《孔叢子》五書，被皮錫瑞斥爲「經學之大蠹」（《經學歷史》五〈經學中衰時代〉）。這是今文學派的觀點，批評中不免夾雜了感情。平心而論，代表純粹古文學派王肅的經學是不應該一筆抹煞的。崇文觀中還有哪些人，由於史籍雖然寫詩作曲，已不能與其父祖相比，雖然注意搜羅文士，與建安時亦不可同日而語了。

〈時序〉篇云：「灑筆以成酣歌，和墨以藉談笑。」頗能繪出「魏氏三祖」喜愛文學，作詩制曲的情狀。曹氏一家三代之風流，成爲中國文學史上光輝燦爛的篇章，令後人驚嘆不已。劉勰對「魏氏三

祖」的論述，雖不那麼全面、系統，卻不乏精金美玉，值得我們珍視。我們認爲，《文心雕龍》作家論，內容豐富，精義迭出，深入研究這些論述，對於我國齊梁以前文學史和古代文論的研究將大有裨益。

一九九八年五月廿六日完稿

《文心雕龍》
「批評論」與現代文藝批評

鄭州大學名譽教授

李景瀁

論文摘要

梁代以前，古典文學批評的專著，非《文心雕龍》（以下簡稱《文心》）莫屬，可說是文學批評中的一部《論語》，而另有不同的特色；是科學的，有條理的，體大思精，一氣呵成的鉅著。

在劉大杰氏的《中國文學發展史》中，就《文心》的內容，區分爲：一序言、二緒論、三文體論、四創作論、五批評論等五個部分。而《文心》全書五十篇是渾然一體的，牽一髮可以動全身，深入索解，是無法區分的。但爲了說明的方便，我頗贊同有些區分。猶如選美的評頭論足，然後再及渾身的總評，也是可取的辦法。

茲就「批評論」的〈體性〉，〈指瑕〉，〈時序〉，〈物色〉，〈才略〉，〈知音〉，〈程器〉等七篇，略述其與現代文藝批評不可分割之處，以見古典與現代的文藝批評，在空間上相較，雖有時過境遷的現實改變，但在文藝原理和外在的技巧上，卻是一仍其舊貫。

古往今來的文學批評，在某種意義上，祇能算是一種框框，即使現代的文藝批評，也已落入自己的框框而不自覺，如要擺脫自我設限的束縛，唯有從文學和文藝的世界觀中去求鬆綁。這就要靠慧心明眼的文學批評家，如何地融古會今，再造文學批評的光輝。

壹、〈體性〉，文體各異其「性」有八

「體」與「性」連詞互義，意在文章內涵的區別。「體式雅鄭、鮮有反其習：各師成心，其異如面。」俗所謂「文如其人」，讀者或批評家不難從作品的內容覘知其人的性情。

「若總歸其塗，則數窮八體。」現對「八種體類」略述拙見。

「一曰典雅」：像官辦報刊的社論，國家慶典的文告，以及宣導政令的報導等等；都是說理明白，意旨正大，雖然有其可讀性，但做為一般的文藝閱讀就嫌過於嚴肅。所以現代所謂典雅，要避免「裝模做樣」，最好用輕鬆、幽默的文字，淺近地表明正大的真理，如果能隨機引用幾句典故、成語，也足以使讀者感到作者是「鎔式經誥，方軌儒門。」自然有其典雅的一面，至於散文的典雅，要避免有說教的氣氛。

「二曰遠奧」：詩歌或散文的抒寫，有時會觸及深遠玄妙的哲理，如果能用深入淺出的文句，寫出類似佛、老或儒家的哲言。辭藻要求其雋永含蓄，豈不正是：「馥采典文，經理元宗」的風格了麼！如果喜歡希臘哲學，就不妨發抒一下蘇格拉底（Socrates）的外國「遠見」。

「三曰精約」：對於事理也好，物理也好，有所剖析的話，就必須精於此事物之理；不僅是文辭簡潔，而且句中的每一字、一辭，都得切中肯綮，堅不可移。不當省的文句，決不能省，不可多的字、辭，一定要刪。這種技巧，適於法律條款、政治或邏輯，甚至科技論文的撰寫。而如果要求散文的「精約」，也非此莫屬。有人認為：好文章，就是要文字簡潔得不能再簡。訓練初學作文的學生，也許是對的，於作者而言，未免小看了。因為：「數字省句」之外，還要「剖析毫釐」呢！

「**四曰顯附**」：抒情也好，敘事也好：都在於直抒胸臆，使讀者有深得我心的共鳴。不必說教，即足以收到文章的效果。「**辭直義暢，切理厭心**」。這種風格，正是古今通用，甚至連批評家都會為之心胸開朗。

「**五曰繁縟**」：效「**顯附**」而筆力不逮的作者，容易流於「**繁縟**」，如曹丕《典論：論文》說：「**武仲以能屬文……下筆不能自休。**」有的作者性好鋪張；一辭一句已夠表達文意了：卻惟恐不夠詳細，於是再加上辭雖異而義實同的一句，如果意猶未足，下面的三點補充，有如宿構。為了自我肯定，結語再加一句強調的呼籲，到底是完成了既「繁」且瑣，「縟」而不麗的大作。即使有「狗尾」之嫌，也不待他人「續貂」！

有如根深葉茂的大樹：文辭的繁縟，貴乎自然。這就有期於博學而肆志的作者去：「**博喻釀采**」而「**煒燁枝派**」了。

「**六曰壯麗**」：如果能芟割繁瑣而為「**壯麗**」，不僅可見作者的工力，而且使篇章的氣勢高闊，文句富麗。對人物而言，刻畫皇室貴冑、高官顯宦，對事物而言，鋪叙宮殿的宏偉，以及豪華歡宴或如後車千乘的畋獵場景；同時，對此必須有諷喻的「**高論**」而成就卓見的「**宏裁**」。要給人以「**卓爍**」為氣。「**異采**」其辭的觀感。

「**七曰新奇**」：獨創的文句而不失清新；超逸的思路，既不落俗套，也不背離正常的情理。傳奇的寫作，要避免危言聳聽。儘管在於引起讀者的好奇和興趣，也不可在新奇的文句下隱藏著弔詭的閃爍，如一般所謂「詭才」的作品，無益於君子而有助於小人。對於「**擯古競今，危側趣詭**」的作者，正是一劑針砭，而現代的批評家，習慣稱贊和獎勵，所以對於「**危側趣詭**」之作，竟成了熟視無睹的情況了。

「**八曰輕靡**」：文辭的不夠端重，又加學無根柢。無風骨且鄉愿。從「**浮文弱植，縹緲附俗**」句看來。「**輕靡**」的「靡」正有「見

風披靡」;「隨風轉舵」的意味。《晉書、潘岳傳》「岳性輕躁趨世利,與石崇諂事賈謐,每候其出,輒望塵而拜。構愍、懷;岳之辭也!」正是「安仁輕敏,故鋒發而韻流」的注腳。在彥和卒後(約在西元五三九年)體性輕靡的代表如:〈梁、簡文帝、自序〉「余七歲有詩癖,長而不倦。」〈本紀〉在此句下有:「然傷於輕豔,當時號曰《宮體》」的說明。而輕豔的「宮體」詩,以現代的眼光來看,所抒寫的男女之情以及聲色犬馬之樂也非常有古典的「含蓄」。

「新奇」的後遺症,既已「危側趣詭」而「輕靡」所表現的則是「縹緲附俗」,可說是二「體」近「性」有如孿生兄弟,無疑是現代最受歡迎的文藝風格。從「宮體」發展到「性開放」的文藝時代。如何拿捏現代的「新奇」和「輕靡」,就有待時麾的年輕作家多用一些智慧了。

「八體」可以「屢遷」,即如現代也不乏兼擅詩歌,散文,小說以及劇本的作者,包括古文、駢文的撰寫;固然是才華橫溢,也未嘗不是「功以學成」,但因「表裡必符」所以,無以改變的就是文如其人的風格。「豈非自然之恆資,才氣之大略哉!」

更以青少年作者的可塑性很大,「學慎始習」,也很必需,有了「童子雕琢,必先雅製」的基礎之後,「八體」盡管「雖殊」,也能「會通合數」。

再因作者「才有天資」,何況「八體」各有擅場,彥和並未加軒輊。人到中年的作者,其學養及寫作技巧,多半已成定型,「故宜摹體以定習,因性以練才」。以使其作品定「性」而成「體」,以待批評家的「體」察文「性」,坦然面對「審察」,至少具備了大作家的風度,當然更會禁得起真正的考驗!

貳、〈指瑕〉瑕不掩瑜·會心不遠。

白璧既然不能無瑕，則「指瑕」當不致淪為「吹毛求疵」的批評，此蓋彥和命篇之用意。「陳思之文，群才之俊也。而武帝誄云：尊靈永蟄，明帝頌云：聖體浮輕。浮輕有似於胡蝶，永蟄頗疑於昆蟲施之尊極，豈其當乎！」這是文義不倫的瑕疵，對於才高八斗的曹植也不假顏色，似乎惟恐由他起了「示範」作用罷。

「若夫注解為書……西京賦稱中黃育獲之疇，而薛綜謬注謂之閹尹，是不聞執雕虎之人也。」對於古書的注解，無法要求眾人皆通，但對於作者而言，應有起碼的要求，即是：「若夫立文之道，惟字與義；字以訓正，義以理宣。」能讀通了古文，古書的注解，也並非易事。等而下之，像錯別字以及用辭的錯誤；而批評家除了人情的顧慮，又因為已成了普遍現像，所以只好視若無睹了。如以國文系師生的眼光視之，可說是滿目「瑕疵」。隨意俯拾所見的二例，如：

（一）、作文題目〈如何做人〉，某生破題首句是：「人為百獸之王……」

（二）、某秘書草擬賀辭，有「……蔣公的功業之盛，真是『罄竹難書』……」。

成語典故的用錯，和不明注解有連帶關係。這還算比較「高級」的錯誤。時至今日，大眾化的俗文學愈多；字辭的誤用也愈趨駁雜，影響所及，文理的思路常與文情的抒寫，混淆不清：「懸領似如可辯，課文了不成義；斯情訛之所變，文澆之致弊……舊染成俗，非一朝也。」

那些水準較差的文藝作品；粗看文句，可以略知大意，全篇看來，主題有些模糊。細看其遣辭造句的雅俗，正誤。則有許多短語，簡直無法以訓詁，或是約定俗成的合乎邏輯的語法來索解了。由眾人

的誤解，而形成的錯誤，如：

㈠、無聊閒扯，打發時間，北京一帶方言叫「泡蘑菇」，粗話必須粗解；男人身上纔有那話兒，美其名曰「蘑菇」。想「泡」的話，只有找「女人」或「小姐」給「泡」。現在用「泡妞」二字，「蘑菇」不見了，不如光用「泡」字，纔省略得不失本義。

㈡、「拉屎」、「撒尿」，雖然粗俗，卻無語病。現在用「大便」、「小便」代「稱」。無奈許多年靑的媽媽會問小孩：「大便『大』出來沒有！」硬把名詞兼副詞的「大」當做動詞用，這「大」字，可是被大大的糟塌了。

㈢、「活寶」或說「寶裡寶氣」，指其人三三八八，有如二百五或半吊子。很有譏諷之意。但有很多人用「活寶」二字來恭維某人的可愛，得寵，難得的人物。只是沒敎他像戲臺上的小丑那般「耍活寶」了。

「文人好異」是無可厚非的，但鑄造新詞，不光要天才，也得靠工力。可是，類似這些錯誤的，有語病的「新詞」，卻被不斷地「創造」出來。它們夾雜在正確的文句中出現，旣然無人「指瑕」，漸漸地被「默許」而「就地合法」，「順理成章」地「約定俗成」了，造成評論家也無法「指瑕」的局面，只好「承認」它們是「新詞」或「秀句」了。

古以三十年爲一世，文學的流變，似乎也以三十年形成一個波段。如三十年代的文藝中的「取燈兒」。就是後三十年代的「火柴」，而「打火機」取代前兩個詞彙，也有二十幾年了，一些正常的辭彙，增新得更多更快；試看《辭源》已由兩大本增爲兩大本又半。聯想到批評家也會視「指瑕」爲不易。在無法「明察秋毫」的情況下，也只有槪見「輿薪」之一途了。而寄望於文藝作品的「白璧無瑕」，眞是理想中的事情呢！

參、〈時序〉：文學潮流·代有其序。

《史記·蘇秦傳》「列其行事，次其時序」。〈陸機·贈顧彥先詩〉：「淒風迕時序，苦雨遂成霜。」

《文心雕龍·時序》之「時」指時代，「序」言代序次第。現代文學史家習用「流變」一詞，與〈時序〉之義略近，而因著重之角度不同，辭彙之用字亦異，如本篇：「昔在陶唐……有虞繼作……至大禹敷土，九序詠功……」列序直到：「今聖歷方興」的齊和帝時代，略評文章風格的「流變」，不啻是一部「中國文學流變史」的摘要。談「流變」即自然地涉及批評。

「通古今之變」，方能「成一家之言」，在文學而言，尤其如此。再看〈時序〉直指「流變」的文句：

「時運交移，質文代變，古今情理，如可言乎！」句中「交移」、「代變」都有「流變」之義。又如：

「故知文變染乎世情，興廢繫乎時序，原始以要終，雖百世可知也」。句中「文變」、「興廢」，正是「時序」（流變）的關鍵，「原始以要終」其「代變」之勢，豈不是「百世可知」麼！

「贊曰：蔚映十代，辭采九變，環流無倦……」句中「十代」指明〈時序〉的「時」，「九變」、「環流」正是「序」的動態，即「流變」之意而「質文沿時」而「變」，同時「質，文」、「崇，替」由作者「在選」。所不同的是〈時序〉因敘述簡略而偏於靜態，文學史的「流變」，因其詳盡而偏於動態的敘述。

做為現代的文藝批評家，不妨要了解歷代的文學流變，以求鑒往而知來，為當前的批評奠立客觀的標準。

肆、〈物色〉：萬物聲色‧馳騁筆端。

《周禮‧注》：「指犧牲之毛色與價值。」《禮記‧月令》：「瞻肥瘠，察物色。」〈疏〉：「物色，驍驗椿別也。」漸後，又用以指人物容貌。《後漢書，逸民，嚴光傳》：「帝思其賢，乃令以物色訪之。」

《文心雕龍》的〈物色〉是指天地萬象‧略同於《文選‧顏延之‧秋胡詩》：「日暮行采歸，物色桑榆時。」

綜觀〈物色〉篇所敘有關批評的文句：泛指「詩人」的有，「是以詩人感物，聯類不窮。」和「詩人麗則而約言，辭人麗淫而繁句也。」二句，列舉篇章的，「及〈離騷〉代興，觸類而長。」和「至於雅詠棠華，或黃或白。」（指《詩經‧小雅‧裳裳者華》）它們明顯地側重於〈物色〉的描寫技巧。

再如指名作者：「及長卿之徒。」批評他：「詭勢瑰聲，模山範水，字必魚貫。」

「然屈平所以能洞監風騷之情者，抑亦江山之助乎！」

所謂批評，也只限於「模山範水」和「江山之助乎！」仍然側重於〈物色〉的描寫技巧，嚴格地說，都不能算是批評。而《中國文學發展史》把《文心雕龍》的〈物色〉篇，列入批評論的範圍，實在頗有商榷的餘地。

同時為了簡省篇幅，筆者擬將〈物色〉篇列入「創作論」中討論。

伍、〈才略〉：古今才士，可略而詳之。

〈才略〉既然是文學的評論，所以它不是「文才武略」的省詞，乃是「略論才士」的省詞，但又不能逕省作「略才」，以免被誤解為

「謀略之才」。因之〈才略〉乃是倒裝成詞，但卻必須順解其義。正如紀評：「〈時序〉篇總論其勢，〈才略〉篇各論其人。」句中「其勢」指其流變的趨勢，「其人」即才士之文彩。張立齋氏《文心雕龍註訂》為：「才士之大略也。」頗為要言不繁之解。

　　包括了夏，商，周（春秋），秦（戰國），漢，後漢，魏，晉，劉宋，共「九代之文」，略選九十四位才士的「辭令華采」用一千三百四十七字的篇幅，「略而詳之」。

　　茲以篇中的曹丕，曹植為例，以覘舍人的評騭觀點：

　　「魏文之才，洋洋清綺。」舍人所以對「舊談抑之謂去植千里。」頗不以為然。何人謂「魏文之才，去植千里。」已不可考。而彥和並不否認：「子建思捷而才儁，詩麗而表逸。」稱曹丕之才則是：「子桓慮詳而力緩，故不競於先鳴。」曹丕之文乃是：「樂府清越，《典論》辯要。」兄弟之間：「迭用短長，亦無懵焉！」舍人同時代的觀點是：「但俗情抑揚，雷同一響，遂令文帝以位尊減才，思王以勢窘益價」。在〈才略〉篇的觀點是：「未為篤論也。」對於「篤論」，我們如果傍求一些散篇斷章，有關曹氏兄弟的詩文評論，不如就《文心》本書的系統論述加以分辨。

　　為求簡省篇幅，只就涉及曹氏兄弟的篇章，以褒貶之別臚列如后！

　　㈠、貶抑的：〈雜文〉第十四。〈論說〉第十八。〈封禪〉第二十一。〈聲律〉第三十三。〈事類〉第三十八。〈指瑕〉第四十一。〈知音〉第四十八。〈序志〉第五十。等八處。

　　㈡、未加褒貶的：〈頌贊〉第九。〈定勢〉第三十。二處。

　　㈢、褒美稱贊的：〈明詩〉第六。〈樂府〉第七。〈祝盟〉第十。〈諧隱〉第十五。〈章表〉第二十二。〈神思〉第二十六。〈比興〉第三十六。〈時序〉第四十五。等八處。就中〈樂府〉第七，稱

美之辭較多，亦可見對曹植所作樂府詩之所見，頗近於現代專家之評價。

可以注意的是：〈詮賦〉第八。不但對「妙善辭賦」的曹丕未有略論，連「下筆琳琅」的曹植也未加褒貶。不知是否算是百密之一疏。但對曹氏父子有「並體貌英逸，故俊才雲蒸」的美言。在有類於「文學流變史」的〈時序〉第四十五中，頗有給予定位的意義。

〈才略〉篇中，所論曹氏兄弟，是彥和據其所見的作品，概括「全體」加以評騭，在齊、梁時代而言，應是客觀的「篤論」。

「天下才共一石，而子建獨得八斗」，因爲謝靈運自己以五言詩和樂府擅場，他對於「思捷而才儁，詩麗而表逸」的曹植，自然地欽佩，乃是出於性情。並非整體地概論。而彥和的〈體性〉篇卻也未違一「體」曹氏兄弟之「性」。曹丕《典論·論文》有：「詩賦欲麗」句，正暗合「詩麗」的評語。

又說：「……巧拙有素。雖在父兄不能以移子弟。」我們不妨姑就此語，參看曹氏兄弟之性情，按《三國志·魏書·文帝紀》：「初，帝好文學，以著述爲務，自所勒成垂百篇……」。評曰：「文帝天資文藻，下筆成章，博聞強識，才藝兼該」。但後二句略有微詞：「若加之曠大之度，勵以公平之誠，邁志存道，克廣德心，則古之賢主，何遠之有哉！」此言其去賢主甚遠也。

《三國志·魏書·陳思王傳》：「……年十餘歲，誦讀詩論及辭賦數十萬言，善屬文。太祖嘗視其文，謂植曰：『汝倩人邪？』植跪曰：『出言爲論，下筆成章，顧當面試，奈何倩人！』時鄴銅爵臺新成，太祖悉將諸子登臺，使各爲賦，植援筆立成，可觀，太祖甚異之，……而植任性而行，不自彫勵，飲酒不節。文帝御之以術，矯情自飾，宮人左右，並爲之說，故遂定爲嗣。」

歷史所載，有助於「讀書知人」，正如〈體性〉篇所說：「觸類

以推，表裡必符，豈非自然之恆資，才氣之大略哉！」

《三國藝文志》所著錄有關曹氏兄弟的詩文集，各家所列多寡參差，頗有「莫衷一是」之概，更加去今一千八百餘年，湮沒遺佚者，亦復不少。不如就現代專家的著作中，引錄數端以爲參考：

㈠、「曹植的文學創作，以詩歌的成就爲最多，他的詩，現存近八十篇，其中一半以上是樂府詩。」《曹植·陶淵明選集》（俞紹初·王曉東合編）

㈡、「曹丕……他現存的詩約四十首，賦近三十篇。」又：「但多爲殘篇不全。」《詩賦論集》（趙逵夫主編）

㈢、「（朱緒曾）《曹集考異》所載之曹植賦最多，凡五十七篇。加諸與他本相較而未載者：〈扇賦〉、〈寡婦賦〉，則現存曹植賦共五十九篇矣！」又：「曹植以詩著，不以賦名，故除〈洛神〉以外，論其賦者，有如鳳毛麟角……，唯其現存賦篇之多，漢魏、六朝大家，無出其右，豈佳作自有傳世不墜之道歟！」《漢魏六朝賦論集》（何沛雄著）

曹氏父子的文學作品，當然都是經過了時代的考驗，而成爲不朽之作，但是以血淚寫成的文學作品，其文學的生命愈是堅韌，此所以曹植的詩與賦，和魏武文帝相較，有更多的專家在研究，也有更眾多的讀者在吟誦；尤其，直接或間接的對現代文學批評的眼光，會有其一定的影響。

陸、〈知音〉：智者知言，知音者仁而且智。

伯牙鼓琴，獨有鍾子期一人善聽。「逢其知音，千載其一乎！」吳公子季札，聘魯觀周樂，也可謂之知音。孟子：「我知言，我善養吾浩然之氣！」更說明如沒有客觀浩然的胸襟，即使韶樂當前，也不過是東風馬耳。所以，文學批評者，不只要文學修養齊等或地位凌駕

作者而已。「貴古賤今者，二主是也。才實鴻懿而崇己抑人者，班、曹是也。」更糟的是「信偽迷真」的樓護，可說是批評之蠹了。

「將閱文情，先標六觀」，除了「一觀位體」是屬於劉大杰氏的〈批評論〉而外，其餘五觀都屬於〈創作論〉：原因正是批評者同時也是讀者，是逆溯作家的創作，此所以〈知音〉的「六觀」也就必須在作者的創作上去了解、欣賞，而批評。因此〈知音〉的「六觀」在感覺上是「批評論」的補充，或者是「往」「復」的討論。

㈠、「觀位體」：作者之中「才有庸雋，氣有剛柔，學有淺深，習有雅鄭。」因此其作品的「辭理庸雋，莫能翻其才：風趣剛柔，寧或改其習，事義淺深，未聞乖其學，體式雅鄭，鮮有反其習，各師成心，其異如面。」

「數窮八體」，在此是從內容上來分的，所以批評家先要替作者審察其文章的「體性」。現代各種形式的作品，其內容也未超越這些風格。但或許會有「雅」「奇」同篇，「壯」「輕」並列的駁雜之作，就必須「功以學成」纔能游刃有餘而且涇渭分明地「八體屢遷」了。

㈡、「觀置辭」。主要係指詩、賦的修辭置句而言。試看所指的：「〈儲說〉始出，〈子虛〉初成。」的二句相儷。可知：「造化賦形，支體必雙。」的駢儷之美的表現了：「神理為用，事不孤立。」那種巧奪天工的修辭藝術，但由於時代進步，現代的遣辭造句，在形式上雖然不必「支體必雙」，但內容的「神理」上，仍然「事圓理密」的對襯。一般所謂可讀性，正是此種內涵的表現。

㈢、「觀通變」：主要是說明「置辭」，不僅只求其「支體必雙」還要顧到為文的立場及時代，尤其要衡量如何以恰適的文句，表達難以「置辭」的尷尬。譬如想表達憤怒，不平或悲哀，此際就要「通」、「變」知道如何改換用辭的技巧。

光說「夫設文之體有常。」還要（通）知道「變文之數無方。」《周易·繫辭》:「通變之為事」。在文為「術」,在物為「事」。舍人借《周易》之「通變」來評論臨文之際,如何通達權變,以「位體」「置辭」。正是「通」(明白))、而後能「變」的技巧。

又「繫辭」:「窮則變,變則通,通則久。」正是舍人「文辭氣力,通變則久」的句意所本。作者要「通」達世故,而「變」其辭采,以求返於常道;其文章方能流傳久遠。並沒有「歷史久遠的各代作者,不期形成的文學流變」。的意思。同時也是:「贊曰……變則其久,通則不乏」。的句意所本,「不乏」是指:「通變無方,數必酌於新聲,故能騁無窮之路,飲不竭之源。」

《周易》以後,就數詩經時代的作者了。《詩·大序》:「至於王道衰,禮義廢,政教失,國異政,家殊俗。」正因為詩人「通」曉此情,「而『變』風,『變』雅作矣!」又如屈原的〈離騷〉,正是「數必酌於新聲,故能騁無窮之路。」這正是:「變則其久,通則不乏」的例子。

如果舉一個眾人皆懂的例子,像在「三合一」大選時,李登輝先生把「外省人」「通變」為「新臺灣人」;這想「通」了的一「變」之影響,可謂:「文之為德也大矣!」

既然「通變」是作者一人一時的「日新其業」,為何〈通變〉篇的第二段有「是以九代詠歌,志合文則……」的列舉呢!不錯,它正是為了第四段的「……先博覽以精閱。」纔能:「憑情以會通,負氣以適變。」作必要的提示,也正是第二段尾語:「斯斟酌乎質文之間,而櫽括乎雅俗之際,可與言通變矣!」

當然,只依「九代詠歌」的一段文義,去斷章發揮文學流變的道理,是必須博學的專家,纔能言之成理的。但可能忽略了〈時序〉篇已把「文學流變」的「時運交移」(流)和「質文代變」的(變)講

述得很明白了。

就因爲：「古今情理，如可言乎！」所以〈時序〉篇從「昔在陶唐」的文學源流及流變，一直敘述到「今聖厤方興」。而「蔚映十代」的作者，因「辭采九變」所以纔能「環流無倦」。

由古至今的時代，有如織布的經線，歷代作者及其作品，好比穿梭不停的緯線。而〈時序〉無疑是「縱」（時間）的。〈通變〉則是「橫」（空間）的。「縱」「橫」交織，方能形成文學史上的「流變」。而以〈通變〉極易被認爲「流變」者，原因或許在此。

㈣、「觀奇正」：從〈定勢〉篇的「故文反正爲乏，辭反正爲奇」，可知「奇正」的義界。它乃是「率好詭巧」的「產物」。更是「近代辭人」的「興趣」，或許是「博學」的緣故，外國語法，以方言發音，音譯外來名詞；不然，自創「新辭」，扭曲本國語法。此種「穿鑿取新」的「傑作」，「似難而實無他術也」。

朱光潛說：「……現代詩人的晦澀雖好，不太好、語言的功用，應在使人了解。」廢名氏說：「這實在是時代的問題，從前的人寫詩如走路，現代人寫詩如坐飛機……」①就是說：要使人了解，要用寫作的正當技巧。

不要像少部分新詩作者，在辭彙上，在句法上，在邏輯上，在形式上，刻意求其「新奇」，給人看不懂，即使「強作解人」，恐怕對那種評論的境界也會有一片茫然之感。我們要避免「苟異者以失體成怪」不妨，新奇只是雅正的點綴。所以寧肯「執正以馭奇」，以避免「逐奇而失正」。

深入淺出的文句，因其雅正明白，給人以雋永的回味。「密會者

---

① 〈今日文學的方向〉（「方向社」）第一次座談會紀錄。民國三十七年十一月十四日，天津大公報「星期文藝」。）廢名氏，馮文炳筆名（1901－1967）北大學生，留校任教。

以新意得巧」。那種新奇的文句，偶然也會給人欣喜，如果流入「詭巧」，則不如雅正。

畢竟文學藝術品需要贏得廣大的讀者，而「好奇」的讀者，即使有，也在少數。聰明的作者，應該是保持他原有的「正派」，以免：「枉轡學步，力止襄陵。」

㈤、「觀事義」的論評，多在〈事類〉篇。是說：「援古以證今者也。」或說：「據（古）事以類（今）義」。無疑是引用成語和故典的技巧。引用也好，譬類也好，必須要洽適，不錯誤，以免誤導讀者的了解，或有識者的的批評。作者應以「君子多識前言往行，亦有包於文矣！」

在「事義」的引證技巧上，不能光靠天才而已。「才自內發，學以外成，有學飽而才餒，有才富而學貧。」如果一位天才的作者而不博學，就會「學貧者迍邅於事義。」最好是多創作，少引用。如果天才稍遜的，就會：「才餒者，劬勞於辭情。」在此情形下，勿求自創新奇的辭彙，努力於文情的雅正，恰適正確地引用成語故典，以有助於文勢的發展，而使作品有其份量。

進一步，也要欣賞名家的引用技巧。引附事義既並非是很容易，即使名家也難免偶有不察的失誤。如：「陳思，群才之英也。報孔璋書云：『葛天氏之樂，千人唱，萬人和，聽者因以蔑韶夏矣』！此引事之謬也，按葛天之歌，唱和三人而已。」致誤的原因是：「唱和千萬人，乃相如接入。」相如則是：「信（上林）賦妄書：致（陳思有）斯謬也。」即使臨文逞快的狂想，也未嘗不是天才的一累。

按〈夸飾〉篇有：「說多則子孫千億，稱少則民靡孑遺」。句，比之「千人唱，萬人和」又謬以萬倍。以此，相如不但有違「事類」，而且「夸過其理，則名實兩乖。」

不合「事義」之外，諸如錯用故典，以致違背原想要表達的文

義，在現代的各種作品中，是屢見不鮮的事。可見「才富」與「學飽」是同其重要。

（六）、「觀宮商」：在〈聲律〉篇，首揭：「夫音律所始，本於人聲者也」而宮、商、角、徵、羽五音，是：「肇自血氣」、「故知器寫人聲，聲非學（效）器者也」。

詩、賦時代的六朝文學，在視覺上既有對偶駢儷之美，在聽覺上同時要講究「雙聲」和「疊韻」以求「吟詠」的「滋味」悅耳。

沈約的〈四聲譜〉，軌範多於自然，所以下筆成章的梁武帝，也雅非所好。

究竟審辨宮商，乃是熟於為文之後的事，連沈約也未能例外。所以彥和對詩、文的叶韻說：「內聽之難，聲與心紛，可以數求，難以辭逐。」而聲韻的講究，對於古典文學的研讀，尤其近體詩的寫作，固然有一定的幫助。但在現代詩和散文的寫作上，要求其自然叶韻，就是提昇可讀性的唯一方法。不然的話，以中國之大，各地方言不下千百種，依古或是從今，都無法確定一個劃一的標準。豈止所謂：「楚辭辭楚，故訛韻實繁。」

降及詩聖杜甫也好，詩仙李白也好，都是：「練才洞鑒，刻字鑽響，識疎闊略！」尤其適合現代詩文的原則，正是「隨意所遇，若長風之過籟，南郭之吹竽耳。」

彥和對聲律的「贊曰」：是要「割棄」那些「支離」的四聲八病之說，詩文的「宮商」就自然而「難隱」了。

現代的文藝批評，其觀點無疑是多於彥和的「六觀」。但是，大環境或小環境，以及時代的影響。大致可分為一、政治影響，二、地域觀念，三、器識的局限，四、個人的喜惡。即使超越了上述的局限，也難免「知多偏好，人莫圓該」。再加上批評家之文學體質的各別差異，必然會：「會己則嗟諷，異我則沮棄，各執一隅之解，欲擬

萬端之變」了。

　　批評家對於作者的求全責備，主要的無非求其合於現代社會的「需要」，這對於批評家和作者都是很不容易的事，因為批評家或作者，只能在一個大框框或小框框裡打轉的話，則「其被圍也亦巨矣」！

　　「披文以入情，沿波討源」。只有批評者，睜大他們的慧眼：「豈成篇之足深，患識照之自淺耳！」濟濟多士的作者，所企盼的，不正是這樣的「知音君子」麼！

柒、〈程器〉：觀海有術，奈何蠡測。

　　「先器識而後文藝」，批評家光是從作品中，亦即可以程量作者之器識。

　　「周書論士，方之梓材，蓋貴器用而兼文采也。」在分工細密的現代社會而言，影響於一些作家的，不妨說：「先文采而後器用」。曹丕的：「觀古今文人，類不護細行。」間接地也說明：「文士以職卑多誚」的原因。而現代的「專業作家」，雖然不計職位的高下，但「器識」對於「文章境界」仍有其決定性的關鍵。

　　廢名氏說：「一個大文學家，必須具備三個條件，天才、豪傑、聖賢。無天才即不能表現，但有天才未必即是豪傑……」②。

　　「自非上哲，難以求備。」以之與彥和的程量標準相較，近代的有識之士，所要求的，聖賢只是其中的一項而已。更足以說明，作家對於廣大讀者之教人淑世的貢獻，何其重大！

　　「窮則獨善以垂文，達則奉時以騁績。」正是作家中天才與豪傑的寫照。「觀千劍而後識器」的批評家，對此，更應知有所黽勉。

---

② 〈今日文學的方向〉（「方向社」第一次座談會紀錄）。

從〈程器〉篇的理論部分而言，很有「緒論」的意味。似可補充〈徵聖〉篇的意蘊，但從「略觀文士之疵」一段的「批評」作者來說，則是勉勵於作者的修養器識，於此可見舍人的用心之深遠！

參考書目

《文心雕龍注》黃叔琳原注 臺灣開明書店 一九六三年三月出版

《文心雕龍註訂》 張立齋 台北正中書局 1967年1月出版

《梁書本紀第三・武帝下》 唐・姚思廉 台北鼎文書局 1975年1月出版

《漢魏六朝賦論集》 何沛雄 台北聯經出版公司 1990年4月出版

《文心雕龍新探》 張少康 台北文史哲出版社 1990年7月出版

《文心雕龍讀本》（上下冊） 王更生 台北文史哲出版社 1991年9月出版

《文心雕龍整體研究》 石家宜 南京出版社 1993年8月出版

《曹植・陶淵明選集》 俞紹初、王曉東 北京人民文學出版社 1997年5月出版

《中古文學理論範疇》 詹福瑞 河北大學出版社 1997年5月出版

從《文心雕龍》對作家
的批評看文學評論的一些要則

香港城市大學中文系

陳志誠

　　《文心雕龍》是一部「體大而慮周」①的書，也是「專門名家勒
為專書之初祖」②。黃季剛先生就曾這樣稱讚過它：「其敷陳詳覈，
徵證豐多，枝葉扶疏，原流粲然者，惟文心一書耳」。③而劉勰自己
也說：「按轡文雅之場，環絡藻繪之府，亦幾乎備矣！」。④的確，
全書五十篇，除了〈序志〉篇屬於全書緒論之外，其餘四十九篇，提
到了文書根柢論、文學體類論、文學創作論和風格論，也概括地論述
了跟文學有關的各個層面，可說是相當完備的一部文學專著。

　　跟《文心雕龍》約略同時而稍後的文論專書有梁鍾嶸的《詩
品》，專以論詩和評隲作家為務。他曾經批評當時的文論著作「諸英
志錄，並義在文，曾無品第」⑤，可知他的「義」在於「人」，而且
特別重視作家的品第，用上、中、下三品來顯示他們的優劣，這跟
《文心雕龍》的寫作旨趣就很不相同。近人羅根澤便曾說過：

　　　　劉勰的《文心雕龍》是一部體大思精的文學批評書，但其目的
　　　　不在裁判他人的作品，而是論文敘筆，講明文之樞紐。……只

---

① 見清章學誠《文史通義·詩話》。
② 見清章學誠《文史通義·詩話》。
③ 見黃侃《文心雕龍札記》。
④ 見《文心雕龍·序志》。
⑤ 見鍾嶸《詩品·序》。

　　有鍾嶸的《詩品》，品評了一百二十位詩人，而他自己並不是
　　作家。⑥

看羅氏的說話，當然有一定的理由，但因此而說《文心雕龍》對作家
的評隲有所疏忽，卻並不恰當。雖然它不同於《詩品》般的把作家分
品分第，但對作家的評論，卻半點也沒有輕視。所謂「褒貶於才略」
（〈序志〉），所謂「無曰紛雜，皎然可品」（〈才略〉篇贊語），
可見他對於作家的高下優劣，同樣非常重視。而且，不單〈才略〉一
篇，全書論及作家的說話，幾乎無篇無之。事實上，對於作家的評
論，劉勰不單沒有忽視其重要性，而且，相對於《詩品》來說，《文
心雕龍》的持論似乎更爲客觀，更爲具體，也更爲周全。

　　《文心雕龍》全書所評論過的作家超過二百人，其中評論最多的
是兩漢和魏晉時代，屬於秦和先秦的比較少，屬於南北朝的就更少
了。除了王韶、顏延年之外，基本上都沒有對劉宋時代的作家作出評
論。他自己也說：「王袁聯宗以龍章，顏謝重葉以鳳采，何范張沈之
徒，亦不可勝也。蓋聞之於世，故略舉大較。」⑦可見他不作出評
論的原因，就是因爲這些人所處的時代跟他太接近了，同時並世，難
以客觀，所以只能「蓋聞之於世，故略舉大較」了。至於齊、梁時代
的作家，他作出評論的，更全無一人。最主要的原因，恐怕就因爲劉
勰的書寫成於宋、齊之間之故。《文心雕龍》寫成於齊代，除了書中
明顯地說到「暨皇齊御寶，運集休明」（〈時序〉）可資證明之外，
從所評論作家的狀況來看，也可視作成書年代一個間接而有力的證
據。

　　《文心雕龍》對作家的評論，本來就附於各個專題之中，作爲他

───────────

⑥　見羅著《中國文學批評史》第一章。
⑦　見《文心雕龍·時序》。

理論例證。所以，他所評論的對象，有是很詳細的，也有較爲簡略的；有從整體去論述的，也有只針對個別作品的；有是稱許而加以肯定的，也有是批評而加以否定的；都根據不同的需要而有不同的表現。然而，這是否意味著：《文心雕龍》對作家作品的評論，就僅僅是其理論的例證，而沒有其一定準則呢？不是的，《文心雕龍》對作家的評論，都有其一定準則，這些準則，是可以貫通全書來看的。

首先，《文心雕龍》對作家評論的一個最基本而重要的準則，就是要從文學的立場出發。這在當時來說，尤其有重要的意義。所謂從文學的立場出發，就是說，評論作品表現的時候，盡量以文學觀點作爲依據，避免受其他方面的影響。換言之，對於所評論的作家對象，便不僅僅注意其作品的思想內容，還要求它在藝術方面的成就。

譬如關於屈原的評論，《文心雕龍》中有〈辨騷〉篇，評論的比較多。而〈序志〉篇更把「變乎騷」跟隨「本乎道，師乎聖，體乎經，酌乎緯」之後，作爲「文之樞紐」來看待，可見他相當重視〈離騷〉的價值，因而對於前人就〈離騷〉的偏見，就有辨明的必要。我們知道，〈離騷〉的主題固然表現了屈原忠君愛國的思想，但在文學表現手法來說，也發揮了高度的藝術技巧，具有不朽的藝術價值。而兩漢的讀書人，對於〈離騷〉的看法，大都只是斤斤計較於它是否跟經傳相合的問題，因而忽略了它在文學方面的價值，這是劉勰認爲並不妥當的。

漢代評論過〈離騷〉的重要作家，包括淮南王劉安、班固、王逸、漢宣帝、揚雄等數人，劉安是因爲漢武帝喜愛〈離騷〉，命他作《離騷傳》，他因而有這樣的主張：

> 國風好色而不淫，小雅怨誹而不亂。若離騷者，可謂兼之。蟬蛻穢濁之中，浮游塵埃之外，皭然涅而不緇，雖與日月爭光可

也。⑧

其中要說的，除了認為〈離騷〉兼有國風、小雅之長外，並特別表揚
屈原的高深修養，雖在穢濁、塵埃的環境中，仍顯出其超脫的情操，
所以認為足與日月爭光。至於班固，劉勰說：

> 班固以為露才揚己，忿懟沈江。羿澆二姚，與左氏不合；崑崙
> 懸圃，非經義所載。然其文辭雅麗，為詞賦之宗，雖非明哲，
> 可謂妙才。⑨

劉氏這段說話，主要從班固所寫的〈離騷序〉而來。劉氏認為班固批
評了屈原的露才揚己，忿懟沈江。指出了與《左氏傳》不相合地方，
也說明了〈離騷〉中經義沒有刊載之處。但文字上，他卻欣賞屈原的
表現。所謂「文辭雅麗，為詞賦之宗。」（按：班固的原文是：「然
其文弘博麗雅，為辭賦宗，後世莫不斟酌其英華，則象其從容。……
雖非明智之器，可謂妙才者也。」），這已經是較為從文學的角度去
評論屈原的了。但他的評論，頗嫌簡括，而且也不是他的重心所在。
他所著眼的，似乎還在於〈離騷〉是否跟經傳相合的問題。

又如王逸，劉勰說：

> 王逸以為詩人提耳，屈原婉順，離騷之文，依經立義：馹虬乘
> 鷖，則時乘六龍；崑崙流沙，則禹貢敷土。名儒辭賦，莫不擬
> 其儀表，所謂『金相玉質，百世無匹』者也⑩

王逸是漢朝研究《楚辭》的權威，嘗著《楚辭章句》，但他所強調
的，則仍是《楚辭》依託五經以立義的問題，沒有集中在文學價值的

---

⑧ 見《文心雕龍·辨騷》。
⑨ 見《文心雕龍·辨騷》。
⑩ 見《文心雕龍·辨騷》。

討論上。又如漢宣帝和揚雄，劉勰說：

> 及漢宣嗟嘆，以爲皆合經術；揚雄諷味，亦言體同詩雅。⑪

漢宣帝對《楚辭》的欣賞，以致加以嗟歎吟誦，原來亦在於它能與經
術相合的關係。而揚雄的說話雖然現已不知其所本，但從「體同詩
雅」的評斷，可知他對《楚辭》價值的看法，仍然著眼於它是否跟經
典相合的問題。

　　舉出了這幾家的說法之後，劉勰即表達了他自己的意見：

> 四家舉以方經，而孟堅謂不合傳。褒貶任聲，抑揚過實；可謂
> 鑒而弗精，玩而未覈者也。⑫

可見他對這幾家的論斷，無論是「方經」也好，「不合傳」也好，都
並不滿意，認爲他們「褒貶任聲，抑揚過實」，沒有從〈離騷〉的作
品本身去探討、研究，也沒有從藝術的角度去著眼，因而看不出它在
文學上的地位和價值。所以，他要「將覈其論，必徵言焉」，採用比
較客觀的立場去論斷〈離騷〉。

　　結果，他研究出〈離騷〉中具有「典誥之體」、「規諷之旨」、
「比興之義」、「忠怨之辭」四事，是「同於風雅者」，跟經典的要
求相合。至於「詭異之辭」、「譎怪之談」、「狷狹之志」、「荒淫
之意」四事，則屬於「異乎經典者也」，與經典的要求並不相同。既
有合於經典之處，又有跟經典不同的地方，可知其內容和表達方式的
複雜性，而這正是其特色所在。問題在於：是否跟經典相合其實並非
評價〈離騷〉唯一的標準，從文學的角度看，它應該還有另一番價
值，另一種成就。有了這種認識，所以劉勰下了這樣的結論：

---

⑪　見《文心雕龍·辨騷》。
⑫　見《文心雕龍·辨騷》。

> 故論其典誥則如彼，語其夸誕則如此；固知楚辭者，體慢（或
> 作憲）於三代，而風雅於戰國，乃雅頌之博徒，而詞賦之英傑
> 也。⑬

劉氏這種論點，實非兩漢學者可比。主要的原因，是因爲兩漢的學
風，特重經術，所以屈原的地位，亦要通過是否「依經合傳」的標準
來判定，故論者往往要斤斤計較它是否能夠「方經合傳」的問題，因
而討論的範圍，也以它的內容思想爲主。劉勰則不必如此，故此可以
在具體分析過〈離騷〉「同乎風雅」和「異乎經典」之後，再進一步
深入探究它在文學上的表現和成就：

> 觀其骨鯁所樹，肌膚所附，雖取鎔經意，亦自鑄偉詞。故騷經
> 九章，朗麗以哀志；九歌九辯，綺靡以傷情；遠遊天問，瓌詭
> 而惠巧；招魂招隱，耀艷而深華。卜居標放言之致，漁父寄獨
> 往之才，故能氣往轢右，辭來切今；驚采絕艷，難與並能
> 矣！⑭

這段說話，除了分別論述《楚辭》各篇的特點，認爲各有不同的風格
外，更總言其「驚采絕艷，難與並能」。無論是分論各篇抑或總論其
特色，都是從文學的角度和立場作出發點。跟著，他更認爲「自〈九
懷〉以下，遽躡其跡；而屈宋逸步，莫之能追」⑮。之所以「莫之能
追」的原因，就因爲屈原、宋玉的藝術成就是多方面的。屈、宋的藝
術成就是怎樣多方面的呢？劉勰的看法是：

> 故其敘情怨，則鬱伊而易感；述離居，則愴怏而難懷；論山

---

⑬ 見《文心雕龍·辨騷》。
⑭ 見《文心雕龍·辨騷》。
⑮ 見《文心雕龍·辨騷》。

　　水，則循聲而得貌；言節候，則披文而見時。⑯

這些評論，都在概括地說明了《楚辭》在藝術表現手法上的多姿多采，無論個人的情怨和遭遇，以致對客觀景物和節候的描繪，都表現出《楚辭》出色的藝術手法，而這些，都屬文學方面的，與思想內容無關。

　　由於《楚辭》在藝術成就的多樣化，所以對後世的影響也不一致：

　　是以枚賈追風以入麗，馬揚沿波而得奇；其衣被詞人，非一代也。故才高者菀其鴻裁，中巧者獵其艷辭，吟諷者銜其山川，童蒙者拾其香草。⑰

這裡提到《楚辭》對後世的影響，無論是枚乘、賈誼、司馬相如、揚雄等大家，抑或是一般的作者，「才高」者也好，「中巧」者也好，甚至「吟諷」的，「童蒙」的，都因在不同的藝術表現手法上，向《楚辭》學習。這些，主要還是在文學方面的。最後，他更提出了自己對《楚辭》的學習觀：

　　若能憑軾以倚雅頌，懸轡以馭楚篇；酌奇而不失其眞，翫華而不墜其實；則顧盼可以驅辭力，欬唾可以窮文致，亦不復乞靈於長卿，假寵於子淵矣！⑱

所謂「酌奇而不失其眞，翫華而不墜其實」，這是非常正確的態度，不眞不實，又怎會有好的文章出現呢？所以，如果我們一味只顧去「酌奇」、去「翫華」，而忽視了本身的眞性情，那麼，即使寫得怎

---

⑯　見《文心雕龍·辨騷》。
⑰　見《文心雕龍·辨騷》。
⑱　見《文心雕龍·辨騷》。

樣花巧雕飾，都是沒有血肉的作品而已。劉勰這番話，也許是針對當時「詞人愛奇，言貴浮詭」的風氣而發，但他能從文學的角度來分析《楚辭》，則是清楚不過的事情。

　　除了《楚辭》之外，對史傳和諸子類作家的評論，也特重其文學的一面。《文心雕龍》有〈史傳〉篇，也有〈諸子〉篇，作爲他「論文叙筆，則囿別區分」（〈序志〉）中「筆」的開首兩篇。可以說，基本上劉勰把「史傳」和「諸子」都作爲文體來看待。

　　對於〈史傳〉篇，其實說的正是史傳體的散文。明清學者往往不從文學的角度來考慮，因而對之有所批評，如清人紀昀說：

> 彥和妙解文理，而史事非其當行。此篇文句特煩，而約略依稀，無甚高論，特敷衍以足數耳。學者欲析源流，有劉子玄之書在。⑲

這段說話，明顯就是從史學角度來看〈史傳〉篇。我們知道，〈史傳〉篇僅有千餘字，而劉知幾（子玄）的《史通》則有二十卷四十九篇，兩者自然無法相比。而最重要的，還在於史學、文學的分別。范文瀾針對紀昀的批評，有這樣的一段話：

> 案《史通》專論史學，自必條舉細目；《文心》上篇總論文體，提挈綱要，體大事繁，自不能如《史通》之周密。⑳

范文瀾的看法是對的，從史學角度跟從文學的角度到底並不一樣。雖然在〈史傳〉篇中對作家的評論未必得到所有人的認同，但從文學角度以評論史籍的作家和作品，則的確有其特殊性。如評論《左傳》，他說：

---

⑲　見紀昀評黃叔琳註《文心雕龍·史傳》眉批。
⑳　見范文瀾《文心雕龍·史傳》註。

> 然審旨幽秘，經文婉約；丘明同時，實得微言；乃原始要終，
> 創爲傳體。傳者，轉也；轉受經旨，以授於後，實聖文之羽
> 翮，記籍之冠冕也。㉑

如評論司馬遷，他說：

> 爾其實錄無隱之旨，博雅弘辯之才，愛奇反經之尤，條例踈落
> 之失，叔皮論之詳矣。㉒

如評論班固，他說：

> 其十志該富，贊序弘麗，儒雅彬彬，信有遺味。㉓

這些，都是談論到《左傳》、《史記》、《漢書》在史學之外，文學
上的表現。此外，他又提到「《左傳》綴事……於文爲要」㉔，「唯
陳壽《三國》，文質辨洽，荀張比之於遷固，非妄譽也」㉕，都僅從
文學表現的角度來立論而已。當然，在這些評論中，有很受後來非議
的，尤其對於《史記》在文學上的價值未有充份的肯定，更受到不少
論者的批評。不過，把史傳看作一種文體，並且自文學角度去評論其
中一些作者的表現，始終是難能可貴的事情，對後世的文學評論產生
一定的影響。

　　至於「諸子」，劉勰把它作爲文章體類之一，也引來了論者的非
議，紀昀說：

> 此亦泛述成篇，不見發明。蓋子書之文，又各自一家，在此書

㉑　見《文心雕龍·史傳》。
㉒　見《文心雕龍·史傳》。
㉓　見《文心雕龍·史傳》。
㉔　見《文心雕龍·史傳》。
㉕　見《文心雕龍·史傳》。

原爲羼入，故不能有所發揮。㉖

跟〈史傳〉篇一樣，范文瀾也針對他的說法而提出了不同的意見：

> 案紀氏此説亦誤。柳子厚謂參之孟荀以暢其文，參之莊老以肆
> 其端（〈答韋中立論師道書〉）。彥和論文，安可不及諸子
> 耶？㉗

范氏所言甚是。劉勰對諸子的評價，也是看重其文學的一面。事實
上，諸子百家，自漢志以來，即重視其源流派別和思想內容，比較少
談及他們在文學上的成就。諸子的文章，照劉勰的說法，是「並飛辯
以馳術」（〈諸子〉），與「論說」比較接近，但他把〈諸子〉〈論
說〉列爲兩類，是他認爲「諸子」跟一般的「論說」有所不同，所謂
「博明萬事爲子，適辨一理爲論」（〈諸子〉），換言之，雖然從本
質上來說可算是一樣，但「論」只涉及「一理」的「適辨」，而
「子」則要「博明萬事」，是整套貫通的理論和主張。可以說，
「子」和「論」最主要的分別，似乎就在於體制規模大小的不同。

諸子百家的寫作目標，本來就在於騰說以爭鳴，但他們的文辭卻
相當可觀，而且影響後世文學也很大，所以他們在文學方面的表現和
成就，就不應該受到忽視。劉勰即能就思想以外，專門對他們的文辭
加以論述，他說：

> 研夫孟荀所述，理懿而辭雅；管晏屬篇，事覈而言練；列御寇
> 之書，氣偉而采奇；鄒子之説，心奢而辭壯；墨翟隨巢，意顯
> 而語質；尸佼尉繚，術通而文鈍。鶡冠綿綿，亟發深言；鬼谷
> 眇眇，每環奧義。情辨以澤，文子擅其能；辭約而精，尹文得

㉖　見紀昀評黃叔琳註《文心雕龍·諸子》眉批。
㉗　見范文瀾《文心雕龍·諸子》註。

> 其要。慎到析密理之巧，韓非著博喻之富。呂氏鑒遠而體周，
> 淮南汎采而文麗。斯則得百氏之華采，而辭氣之大略也。㉒

此中所論，對於諸子作家在文辭之美，以及個別作家的風格、特點方面，都有其獨到的見解。雖然從某一個作家的角度來看，也許會失諸簡略，但能如此全面地去評價諸子的文學成就，已經是非常難得的了。

以上所述，正說明了劉勰對作家的評論，是以文學立場作為他評斷準則的，對楚辭、史傳、諸子的作家是如此，對於其他作家的評論，更莫不是如此。

劉勰的這種態度，對其後的文學發展影響甚大。比他稍後的梁昭明太子蕭統，即嚴格甄選屬於「文」的作品，凡不屬於文學性的作品，他都不會選錄。所謂「文之有選，始自昭明」（《明文在》序），《文選》可說是第一本純文學作品選集。蕭統選文的準則，要比劉勰更為嚴格。在《文心雕龍》中列為文類之一的「諸子」，它通通不選，把之摒出文學作品之列。昭明太子明言：

> 老莊之作，管孟之流，蓋以立意為宗，不以能文為本，今之所
> 撰，又以略諸。㉓

不單在《文選》裡沒有〈諸子〉一目，而且諸子文章也沒有選入「論」之中，換言之，完全不當之為「文」。最主要的原因，就是從它的寫作動機和作用著眼，「以立意為宗，不以能文為本」，便不入選，以維持所選作品的純文學性。不過，相比之下，劉勰對「文」這個觀念的理解，以致對文學發展的認識，視野顯然都比昭明太子廣闊得多。也許論文和選文之間各有不同，造成這種取向上的差異吧！

㉒　見《文心雕龍·諸子》。
㉓　見昭明太子蕭統《文選·序》。

另一方面，對「史傳」性質的作品，《文選》也沒有選錄，主要的原因，就因爲這些作品跟「篇章」不同，缺乏了文學的本質和姿采。昭明太子說：

> 若賢人之美辭，忠臣之抗直，謀夫之話，辯士之端，冰釋泉涌，金相玉振。所謂坐狙丘，議稷下，仲連之卻秦軍，食其之下齊國，留侯之發八難，曲逆之吐六奇，蓋乃事美一時，語流千載。概見墳籍，旁出子史，若斯之流，又亦繁博，雖傳之簡牘，而事異篇章，今之所集，亦所不取。至於記事之史，繫年之書，所以褒貶是非，紀別異同，方之篇翰，亦已不同。③⑩

史傳文字之中，只有「讚論」和「述說」兩類作品，因爲符合了作爲文學作品的準則和要求，所以列入《文選》之中：

> 若其讚論之綜緝辭采，序述之錯比文華，事出於沈思，義歸乎翰藻，故與夫篇什，雜而集之。③①

而「事出於沈思，義歸乎翰藻」兩句話，就成了昭明太子選文的依據，比起劉勰來說，是來得更爲嚴格的。不過，劉勰和蕭統，無論論文抑或選文，都自文學的角度出發，重視了文學的獨立價值，兩者卻是毫無二致的。

劉、蕭以後，文學的地位確立了，文學的獨立價值也受到普遍的認同。諸子中的孟、荀，史傳中的史、漢，更成後來散文家取法的對象，學習的楷模。尤其是《史記》，在中國散文發展的地位，已經遠遠超過了《文心雕龍》所作的評價。韓愈、柳宗元、歐陽修等唐宋諸家，莫不宗仰《史記》，明朝的歸有光，以致清代的桐城諸子，就更

---

③⑩ 見昭明太子蕭統《文選·序》。
③① 見昭明太子蕭統《文選·序》。

奉之為典範。已經再不能單純地視之為史籍來看待了。

　　評論作家而堅持文學立場出發，在我們今天看來已沒有甚麼特殊，但在劉勰所處的時代來說卻有特殊的意義。因為在漢末魏晉以前，雖然一般讀書人都能寫文章，但對純文學本身獨立的價值，還未有覺醒。所以，對於作品的文學意義，沒有給與適當的重視，這點，魯迅先生曾經討論過，錢賓四先生也曾經討論過，結論大體相同。事實上，先秦之世諸子百家爭鳴、百花齊放，立言的目的，都在針對周文疲弊，而提出自己的一套治世主張。所以無論寫得怎樣精采，但他們寫作的目標，大抵跟孟子「予豈好辯哉？不得已也！」（見《孟子·滕文公》）的想法接近，並不著重於文辭的優美，也不追求文學上的成就。

　　不特如此，就算是辭賦大盛的兩漢，亦因經術倡明，雖有尚文之言，終不及尚用之論。其時作者，視辭賦之文，或則「多以為淫靡不急」，或則以為「賢於倡優博奕」㉜。就算《文心雕龍》說他的賦作「理贍而辭堅」（〈才略〉）的揚雄，也後悔其所作的賦篇，認為是「童子雕蟲篆刻，壯夫不為」（見《法言·吾子》）；司馬相如臨終，也僅遺〈封禪文〉一篇。可見辭賦花在這兩位大家心目中的地位了。後漢王充，所著《論衡》一書，固有重文學之言，如〈自紀〉篇所謂「文必麗以好」，〈書解〉篇所謂「人無文則為樸人」，都是較為重視文學的言論。但在〈超奇〉篇卻說：「能說一經者為儒生，博覽古今者為通人，采掇傳書以上書奏記者為文人，能精思著文連結篇章者為鴻儒。」，〈佚文〉篇亦說：「夫豈徒調墨弄筆為美麗之觀哉？載人之行，傳人之名也。」則他心目中所謂「文」的觀念，跟後世所謂「事出於沈思，義歸乎翰藻」的準則有很大的不同。事實上，

㉜　見《漢書·王褒傳》。

純文學獨立價值的覺醒，直至魏文帝《典論·論文》之後才出現。

　　自從曹丕在《典論·論文》中提出了文章是「經國之大業，不朽之盛事，年壽有時而盡，榮辱止乎其身。二者必至之常期，未若文章之無窮。是以古之作者，寄身於翰墨，見意於篇籍，不假良史之辭，不托飛馳之勢，而聲名自傳於後」的理論，文學才可說是有了本身獨立價值的覺醒。自此之後，六朝即文風大盛，儒生學士，莫不工文，而劉宋文帝時，於儒學、玄學、史學三館以外，更別立文學館，一般所謂文筆之別，亦自這個時代開始。這一方面解釋了劉勰所評論的作家都集中兩漢魏晉之間的原因，另一方面，也明白到劉勰自文學立場評論作家的特殊意義。

　　除了從文學的立場以評論作家外，《文心雕龍》另一個值得我們注意的是他確立評論的標準和對作家風格構成的探討。首先，《文心雕龍》說明了作者和讀者的不同：

　　　　綴文者情動而辭發，披文者觀文以入情。㉝

由於作者和讀者立場的不同，讀者或批評者對作品的體會很難跟作者一致，再加上個人的偏蔽，則作品的好壞評價，便不易有個定準，這就是爲甚麼劉勰要發出「知音其難哉！」（〈知音〉）慨歎的原因。所謂知音之難，其實有兩個方面，一是「音實難知」，另一則是「知實難逢」。劉氏首先提出知音的方法，認爲首要在博觀，劉氏說：

　　　　凡操千曲而後曉聲，觀千劍而後識器，故圓照之象，務先博觀。閱喬岳以形培塿，酌滄波以喻畎澮，無私於輕重，不偏於憎愛，然後能平理若衡，照辭如鏡矣。㉞

㉝　見《文心雕龍·知音》。
㉞　見《文心雕龍·知音》。

這種博觀的方法，固然對批評者在識見淺薄方面有所幫助，但實際上去判別文章優劣，仍待一個客觀的準則，故劉氏進一步提出六觀之術：

> 是以將閱文情，先標六觀：一觀位體；二觀置辭；三觀通變；四觀奇正；五觀事義；六觀宮商，斯術既形，則優劣見矣。㉟

讀者或批評者若能具備「博觀」的識力，又依循「六觀」的方法，那麼，「沿波討源，雖幽必顯」（〈知音〉）。劉氏對其所定的品鑒批評標準頗為自負，在〈知音〉篇贊語中，他把知音的方法比喻為文學中的音律，而自己則好比音樂上夔、曠的審定洪鍾，認為：「獨有此律，不謬蹊徑」，可知他對這批評標準的自得與重視。

〈知音〉篇的六觀，意在提出一個文學批評的客觀準則。根據這六觀的標準，再加上批評者本身博觀的修養，批評者便可對作品加以論析，然後判別其優劣。不過，這是指作品的優劣評定，而並非指作者獨特的風格和成就。對於作家們不同的風格表現，憑此六觀之術，仍是有所不逮的。劉勰在評論作家的時候，相當重視其個別的特殊風格，而這種風格的構成，依劉氏的意見，主要在於作家才、氣、學、習幾個方面。關於才氣之論，劉氏頗承曹丕的說法：

> 文以氣為主，氣之清濁有體，不可力強而致。譬諸音樂，曲度雖均，節奏同檢，至於引氣不齊，巧拙有素，雖在父兄，不能以移子弟。㊱

曹丕所說的文氣，乃指先天命定的才氣和體氣而言。劉氏對作家才氣的理論中，亦有這種傾向。〈神思〉篇說：

㉟　見《文心雕龍·知音》。
㊱　見曹丕《典論·論文》。

人之稟才，遲速異分；文之體制，大小殊功。

〈體性〉篇說：

> 才有庸儁，氣有剛柔；……故辭理庸儁，莫能翻其才；風趣剛
> 柔，寧或改其氣。

〈程器〉篇說：

> 蓋人稟五材，修短殊用；自非上哲，難以求備。

這些說話，都有天才論的傾向。不過，劉氏雖贊成「不可力強而致」
的說法，但並非天才決定一切，而且作家風格的形成，也不單單只有
才氣而已，學與習亦為劉氏所相當重視的。甚至「才」本身，亦可藉
學習來充實它，非僅先天命定而已的。〈神思〉篇謂：「積學以儲
寶，酌理以富才。」就是這方面的說明。此外，他在〈神思〉篇又列
舉司馬相如、揚雄、桓譚、王充、張衡、左思等人思考之遲緩，與及
淮南王、枚、曹植、王粲、阮瑀、禰衡等人思考的迅速，以說明「人
之稟才，遲速異分」，這只是稟賦上的不同，跟作品的好壞並無關
係。事實上，天資以外，還得重視博練的，所以他說：

> 機敏故造次而成功，慮疑故愈久而致績。難易雖殊，並資博
> 練。若學淺而空遲，才疏而徒速，以斯成器，未之前聞。㊲

又說：

> 文章由學，能在天資。才自內發，學以外成，有學飽而才餒，
> 有才富而學貧。……是以屬意立文，心與筆謀；才為盟主，學
> 為輔佐。主佐合德，文采必霸；才學褊狹，雖美少功。㊳

㊲ 見《文心雕龍·神思》。
㊳ 見《文心雕龍·事類》。

由這些說話，可知劉勰對才氣的觀點，雖有同於曹丕的傾向，但又比曹丕更進一步，對學習同樣重視，認為作家風格的構成，才、氣、學、習都是決定的因素。這點，〈體性〉篇發揮得相當透徹，認為才、氣之外，「學有淺深，習有雅鄭」，又認為「事義淺深，未聞乖其學；體式雅鄭，鮮有及其習」。

　　既而才、氣、學、習為決定作家風格的主要因素，又由於「各師成心，其異如面」，故有各種風格的出現。劉氏認為風格可有八種：

> 若總其歸塗，則數窮八體：一曰典雅，二曰遠奧，三曰精約，
> 四曰顯附，五曰繁縟，六曰壯麗，七曰新奇，八曰輕靡㊴

　　但作家的風格，不必僅得一體，而此八體，亦不能區限作家獨特之風格。不少作家，在典雅中而有新奇，在精致中而有繁縟。而在典雅、精致之中，又復有精粗厚薄之不同。換言之，才、氣、學、習四者，其間大小深淺，正相互影響，構成作家獨特的個性，而由此個性的發展，即成為其文章獨特的風格。劉氏進一步說明：

> 若夫八體屢遷，功以學成，才力居中，肇自血氣；氣以實志，
> 志以定言，吐納英華，莫非情性。是以賈生俊發，故文潔而體
> 清；長卿傲誕，故理侈而辭溢；子雲沈寂，故志隱而味深；子
> 政簡易，故趣昭而事博；孟堅雅懿，故裁密而思靡；平子淹
> 通，故慮周而藻密；仲宣躁銳，故穎出而才果；公幹氣褊，故
> 言壯而情駭；嗣宗俶儻，故響逸而調遠；叔夜儁俠，故興高而
> 采烈；安仁輕敏，故鋒發而韻流；士衡矜重，故情繁而辭隱；
> 觸類以推，表裡必符。㊵

㊴　見《文心雕龍·體性》。
㊵　見《文心雕龍·體性》。

這裡，不單詳細討論了作家本身的個性和他們作品所表現的風格，而且也說明了作家所表現的風格，不會僅局限於八體之中，甚至比八體更具體而確切。俊發、傲誕、沈寂、簡易、雅懿、淹通、躁銳、氣褊、俶儻、儁俠、輕敏、矜重等，都是各人內蘊不同的才性，發爲文辭之後，因而亦各自相異。這種種不同，照劉氏的意見，是「表裡必符」的。

劉氏論作家風格的構成，雖然強調作家個人主觀方面的才、氣、學、習爲決定因素，但客觀方面的時代背景，對風格的形成亦有莫大的影響。由於時代風氣的不同，文學作品的表現也跟著不同的。關於各個時代的風尚變化，他有這樣的意見：

> 摧而論之，則黃唐淳而質，虞夏質而辨，商周麗而雅，楚漢侈而艷，魏晉淺而綺，宋初訛而新。㊶

這裡，非常簡括地說出了各時代文學的特點。此外，他又對各朝代有較具體的說明：

> 在陶唐，德盛化鈞，野老吐何力之談，郊童含不識之歌。有虞繼作，政阜民暇，薰風詩於元后，爛雲歌於列臣；盡其美者何？乃心樂而聲泰也。至大禹敷土，九序詠功；成湯聖敬，猗歟作頌。逮姬文之德盛，周南勤而不怨；大王之化淳，邠風樂而不淫。幽厲昏而板蕩怨，平王微而黍離哀。㊷

又說：

> 自中朝貴玄，江左稱盛；因談餘氣，流成文體。是以世極迍邅，而辭意夷泰，詩必柱下之旨歸，賦乃漆園之義疏。故知文

㊶　見《文心雕龍·通變》。
㊷　見《文心雕龍·時序》。

　　變染乎世情，興廢繫乎時序。原始以要終，雖百世可知也。㊸

這些說話，在說明文學內容之變化，與時代的政教風尚至為有關，然則作家之風格，亦當不免受時代的影響，所謂「文變染乎世情，興廢繫乎時序」，一點也不錯。此外，關於建安時代的作家，劉氏即指出：

　　觀其時文，雅好慷慨。良由世積亂離，風衰俗怨，並志深而筆長，故梗概而多氣也。㊹

這些說話，一方面說明了建安文學的特點所在，同時，也說明了時代環境對作家作風的影響。另外，又如論及劉琨、盧諶的風格時說：

　　劉琨雅壯而多風，盧諶情發而理昭，亦遇之於時勢也。㊺

這些都是時世影響作家風格的理論。

　　從上面的說明，我們可知道劉氏對作家風格的構成，一則重視其主觀條件，即作家本身的才、氣、學、習四方面，可說是決定性的因素。另一則重視其客觀影響，即作家所面對的環境和所處的時代背景。主客結合，便成了作家風格構成的依據。

　　劉勰的這種見解，跟其後中國文學的評論不謀而合，首先是才、氣、學、習的問題，歷來的文學評論，這四方面都是重要的論斷原則。譬如李白、杜甫，人們即往往從「才」的角度去展開討論，如明胡應麟即說：

　　唐人才超一代者，李也；體兼一代者，杜也。李如星懸日揭，
　　照耀太虛；杜若地負海涵，包羅萬匯。李惟超出一代，故高華

㊸　見《文心雕龍·時序》。
㊹　見《文心雕龍·時序》。
㊺　見《文心雕龍·才略》。

> 莫幷,色相難求;杜惟兼總一代,故利鈍雜陳,巨細咸蓄。㊻

又說:

> 李、杜二家,其才本無優劣,但工部體裁明密,有法可尋;青
> 蓮興會標舉,非學可至。㊼

宋錢易說:

> 李白爲天才絕,白居易爲人才絕,李賀爲鬼才絕。㊽

清沈德潛說:

> 懷鄉戀闕,弔古傷今,杜老生平,具見於此。其才氣之大,筆
> 力之高,天風海濤,金鍾大鏞,莫能擬其所到。㊾

這僅是衆多以「才」論作家的一例而已,其他相類的說法還有很多很
多。除了「才」之外,其他如氣、學、習等都是歷來評論文章重要的
依據,這裡就不一一細舉了。

　　說到作家本身的個性和風格形成的關係,劉勰之後,不少論者都
以之作爲作品表現的評論原則。如隋代的王通,即以此爲標準以評論
作家:

> 謝靈運小人哉!其文傲,君子則謹;沈休文小人哉!其文冶,
> 君子則典。鮑照、江淹,古之狷者也,其文急以怨;吳筠、孔
> 圭,古之狂者也,其文怪以怒;謝莊、王融,古之纖人也,其
> 文碎;徐陵、庾信,古之夸人也,其文誕。……㊿

㊻　見胡應麟著《詩藪》內篇。
㊼　見胡應麟著《詩藪》外篇。
㊽　見錢易著《南部新書》。
㊾　見沈德潛著《唐詩別裁集》卷十四。
㊿　見王通著《中說·事君篇》。

又如宋張戒，也把作家的個性跟其文學風格連上關係：

> 詩文字畫，大抵從胸臆中出。子美篤於忠義，深於經術，故其詩雄而正。李太白喜任俠，喜神仙，故其詩豪而逸。退之文章侍從，故其詩文有廊廟氣。(51)

這些，都是劉勰早就採用的做法。

至於作家所表現的風格，《文心雕龍》說「總其歸塗，則數窮八體」，又說「八體屢遷」，因而列出了多重多樣的作家風格，這對後來評論文學作品也起了很大的影響，像晚唐司空圖的《二十四詩品》，所列出的雄渾、淡、纖穠、沈著、高古、典雅……等二十四個品目，可以說都是受到劉氏的啓發。

另外，關於建安文學時代特點的論述，和這種特點跟其時作家風格的關係，劉勰都有其個人特殊的體會。所謂「良由世積亂離，風衰俗怨，並志深而筆長，故梗概而多氣也」，對於後世討論建安文學，很有啓導作用。事實上，在此之前，對於建安文學的論述，至非沒有，曹丕的《典論·論文》就曾有過頗詳細的發揮。他認爲孔融、陳琳、王粲、徐幹、阮瑀、應瑒、劉楨等七子：「於學無所遺，於辭無所假，咸以自騁驥騄於千里，仰齊足而並馳。」又說：「王粲長於辭賦，徐幹時有齊氣，然粲之匹也。如粲之〈初征〉、〈登樓〉……雖張蔡不過也。然於他文，未能稱是。琳瑀之章表書記，今之雋也。應瑒和而不壯，劉楨壯而不密。孔融體氣高妙，有過人者；然不能持論，理不勝辭，至於雜以嘲戲，及其所善，揚、班儔也。」。這段說話，相當重要，除了對各人文章的風格、特點有所闡述外，也廣泛涉及不同的文體。但卻沒有給那個時代的精神面貌作一個總體的論述，

---

(51) 見張戒著《歲寒堂詩話》卷上。

也沒有把建安時期作家的表現跟當時的時代背景聯繫起來。到了劉
勰，才深深認識到建安文學的時代特點。我們後世所說的「建安風
力」、「建安風骨」，都是由劉勰啓導而作的論斷。

運用《文心雕龍》理論
分析《易經》文學

彰化師範大學國文系

游志誠

提要

　　《文心雕龍》理論研究經過近代以來的累積，可謂漪矣盛哉」。一部《文心雕龍學綜覽》可知之矣。然而回顧這些研究成果多半偏於理論闡述，較少涉及理論應用。其實，龍學廣泛運用於今古各體類之實際批評，才是龍學最終之目標。否則，盡是在理論之考證與解釋打轉，疊床架屋，終不免有理論脫離實際之弊。本論文有鑑於，因試以龍學應用為題，撰作此文，以探一二。

　　所選文例以易經卦爻詞經文為主，蓋《文心雕龍》與《易經》之關涉課題，前此之論，多就二書之影響說之，與二書之理論因襲為論，如〈原道〉篇多次徵引《易》繫詞之例。若問《文心》視《易經》為文學乎？若為文學，是謂經文或傳文？既為文學，《文心》之理論如何可用之於《易經》卦爻詞？此皆向之論者所闕述。本論文因而先叩問《文心》創作論可應用之於《易經》卦爻詞之例，拈示數例以見一端。

關鍵字詞：1.卜詞文學　2.式　3.原道　4.文術論　5.創作論　6.實際批評　7.章句　8.麗辭　9.至誠　10.論說辭序

　　去年歲杪，余嘗有論文題曰〈運用《文心雕龍》理論分析卜辭文

學〉，討論《文心雕龍·書記》所述二十種書記文體中占卜性質者。
括舉「占」「式」二體，認為這是劉勰所見之占卜文學。得出兩項結
論：

其一《文心》全書所論及之占卜文體，應以《周易》為主。故
而，劉勰確認《周易》具有文學價值，當無疑義。

其二〈書記〉篇所講的「式」，經地下出土文物之輔證，近似今
日所謂的「羅盤」。①縱然如此得解，「式」若指羅盤，劉勰之
意，應指由「式」占出的結果，而寫下之「文辭」（即卜問或占驗之
結果），非指「式」本身。故而，出土器物之「式」，若無附見之
「文辭」，僅為器物圖樣，仍然不能謂即劉勰在〈書記〉篇所見之
「式」。

然則，《周易》之卦爻辭，今尚可見。由「式」而占之「式辭」（暫
擬之詞），惜乎闕疑。倘欲規撫《文心》全書相關理論以述卜辭文學，具
體可行之道，惟有自《周易》求之，據此，爰再撰本文，勾劃《文
心》理論，以應用於卜辭分析，試申《文心》理論與實踐的關係。

劉勰《文心雕龍》一書，論文敘筆。詳備周賅。論者咸謂「體大
思精」，今語則曰「空前絕後」。信然。

今觀其論文之術，有所謂文原論，述文章之本原，出於經典。所
謂體裁論，詳述歷代文體一百七十九體。②所謂創作論，闡明各體文

---

① 祖保泉云：「式，古代占時日的器具，即後世所謂羅盤。」（《文心雕龍解説》，頁
　五〇八）但乙文，引《靈樞》經説記九官八風，即類漢恣京房易之九官圖。可知式接
　近此圖。（《古文獻叢論》，頁二三五－二四三）。

② 《文心》全書文體分類多寡，有詳略之別。依文心該書，自〈明詩〉以下至〈書記〉
　三十篇即為文體。但每一篇下又各有次文類，據褚斌杰《中國古代文體概論》之計，
　有八十四類。茲據王更生〈文心雕龍文體論〉乙文之最細分類，計一百七十九。
　（《文心雕龍研究》，頁三二六），但在《中國古代文學理論的秘寶——文心雕龍》
　新書中又改一七六類。

章撰作技巧。所謂鑑賞論，示範權文衡筆之法。③

　　今就文原論而觀，首標文章之出，源自六經，而六經之中，《易》為群經之首。故文原論之首三篇，〈原道〉〈徵聖〉〈宗經〉，述經義文學，每每引據《周易》，以《易經》為參天緯地的第一部經典。

　　次以文學體裁論觀之，〈宗經〉篇云：「論說辭序，則易統其首。」直接明示有四種體裁，是來自《易經》。由此而知，《易》也可視作文學體裁。至於若問經書之文學性質呢？〈宗經〉篇首次揭明「文能宗經，體有六義」的六項經書文學特質。王夢鷗先生在闡明這個六義之體的涵義後，用現代詮釋語，作了如下的新理解，認為經書第一是由衷的話語而不是無病的呻吟。第二是明晰的話語而不是含糊的表述。第三是客觀的再現而不是臆造的事實。第四是堅定的意見而不是游移的指陳。第五是簡切的言辭而不是拖沓的敘說。第六是適當的組織，而不是故意的雕飾。（《古典文學論探索》，頁一九六）

　　這樣的現代理解，更有助於經書文學的認識。但由此理解，亦尚有須待澄清者，試問此六義之體，於《易經》能盡求之否？根據歷來注解《文心·宗經》篇上引兩段有關原典之解釋，《易經》是論說辭序之本源，那是指易傳，而不是卦爻辭經文。蓋言易者，經文與傳文是要有所區分者。論說辭序的文體本源，黃季剛《文心雕龍札記》已指明是易傳中的「繫辭」「說卦」與「序卦」諸篇，為此四體之原。（《文心雕龍札記》，頁二三）然則，吾人不免要問，經文本身又如何呢？④　　再者，體有六義之經書特質，應指六經，而《易》必在

---

③　文心全書結構，因各家解讀不同，各有編次。本論文此處所採用之四類法，據王更生《中國古代文學理論的秘寶——文心雕龍》乙書新的提法。

④　有關論說辭序的文體本原，其它家注解，詹鍈《文心雕龍義證》，頁七九別引斯波六郎之說，謂「辭」與「論說」二體見於《文心·書記》篇。

此列。但也須辨明，是《易》之經文或傳文具有此六義特質？這樣一問，繼起之問題，便是《文心》全書視《易》為文學或文學本源？茲以出刊各家論著觀之，衆論大都扣緊《易》為文原論而發揮，較少直探《易》之卦爻辭經文。本論文乃嘗試以《易》之經文為文學作品，自《文心》之「文術論」或「創作論」分析《易》之經文，以便審驗《文心》理論之實際批評，應用之有效性如何？

一、〈章句〉

《文心·章句》篇講安章宅句之法，首先下定義說「宅情曰章，位言曰句。」蓋謂表現情性，組織而成，是「章」。把每一句串連起來，安排恰當，成為一個篇章，這就是「句」。

句之下，就是「字」。〈章句〉篇雖講章句，但「字數」問題，也在討論之列。於是，由字而句，由句而章，由章而篇。如何調配順序，做到「離合同異，以盡厥能」，便是〈章句〉篇的主要理論內容。

茲總括〈章句〉篇的理論要點，不外三項：其一章句大小與安排，要守「隨變適會」的自然原則，因而是「沒有定準」。其二字數句數之多寡，也未必一定，要守「應機之權節」。其三要善用語助詞，像「之、而、於、以」或「乎、哉、矣、也」之類的字。巧妙運用，確能做到「彌縫文體」的效用。

根據以上三項理論基礎，《周易》卦爻辭便有諸多實例，足以提供文心理論的應用分析[5]。以〈需〉卦為例，卦辭「有孚，光亨，貞

---

[5] 此〈章句〉篇，有句「調有緩急，隨變所適」，後句與《周易·繫辭》：「唯變所適」句法類似。又「雖觸思利貞，曷若折之中和，庶保無咎」，句中「利貞」「無咎」，乃《周易》卦爻辭常見之占斷詞。據此再證《文心》全書迻用易辭之例，劉勰精熟《易》學。

吉，利涉大川」，章句的形式是「2，2，2，4」整齊之中，末句拉長，頗見「句美」。再看六爻爻辭，從初九到六四，都是整齊的「3，3」句型，到了九五爻辭忽然增益一字，成四字句型，再到上六爻辭，便改成非整齊式的「散句」型式。變成「3，5，3，2，2」。幾乎涵蓋前面已見的所有句中字數。由整齊到不整齊，自然運用，隨變適會。且在上六爻辭加上「之」字語助詞，湊成句數。十分符合〈章句〉篇的理論，表現了安章完句的中和之美。

　　再看〈復〉卦，從初九到上六，若不計占斷辭「吉、無咎、凶」之字，則依序的排列順序是：不遠復、休復、頻復、獨復、敦復。由下而上，漸進式表現「復」的發展途徑。到了上六爻辭，居上卦之末，六爻之結尾，若不有所反省，就是執迷不悟的「迷復」了。上六爻辭為了描寫迷復之理，乃增長句數，變化句型。由原來二字數的句子，變成33457的長串句型，上六爻辭說：「迷復，凶，有災眚，用行師，終有大敗。以其國君凶，至於十年不克征。」句式複雜多樣。在一卦之中，不勉強固定的2字數句型，拉長句式，有變有不變。這正是〈章句〉篇所要求的「搜句忌於顛倒，裁章貴於順序」之理。

二、〈麗辭〉

　　《文心·麗辭》篇專講文章之對偶。自始至終，劉勰提出的對稱總綱，是「自然成對」，要做到「奇偶適變，不勞經營」。所以說，對稱不是機械式，沒有變化之對稱，而是要自然渾成，不刻意經營。

　　就此一觀點而言，〈麗辭〉篇選中的對稱最佳例子，第一選居然是《易·繫辭傳》與〈文言傳〉。這兩例之對句，〈麗辭〉篇加以歸納，共分對偶之四種類別。分別是：①字句相貫的對，如〈文言傳〉：「元者，善之長。亨者，嘉之會。」這一段文字中，元，亨，以次相貫。②形像相類同的對，如：〈文言傳〉：「水流濕，火就

燥。雲從龍，風從虎。」這一段文字中，水與火，雲與風，是形象的類對。③文意相貫的對，如〈繫辭傳〉：「乾道成男，坤道成女。乾知大始，坤作成物。」這一段文字中，乾道旣是成男，又遞轉爲大始。坤道可以成女，兼又連貫成物，兩兩相對，文意也依次遞轉。④隔句相對，如〈繫辭傳〉：「日往則月來，月往則日來。日月相推而明生焉。寒往則暑來，暑往則寒來，寒暑相推而歲成焉。」這一段文字中，前三句之日月，與後三句之寒暑，隔句相對。⑥

以上四種類型的對偶，《易傳》之文，粲然備矣！但《文心》只舉《易傳》爲例，若再問《周易》之經文又如何呢？答案是經文也隨處可見〈麗辭〉篇所講的對。因而，〈麗辭〉篇的對偶理論，完全適用《周易》經文的分析。如以下諸例。

〈坤〉卦卦辭，去掉斷占之辭不計⑦，整條卦辭表現了對偶錯落有致之美。如「利牝馬之貞」與「君子有攸往」相對，君子一句，即「利君子有攸往」之意，如此一看，利牝馬與利君子是上下句對。再看「先迷後得。主利，西南得朋，東北喪朋，安貞」，這一句也處處相對，先迷對後得。西南對東北，得朋對喪朋。而更妙的是，主利，旣可承上句「先迷後得」，又可下合「西南得朋」之意。同時，主利又

---

⑥ 其實這一例中的日往則月來，月往則日來。每一句中的日與月又各自成對，所以也可叫「當句對」。清人程杲《四六叢話·序》云：「雕龍所引孔子繫易……凡後世駢體對法，莫不悉筆於斯。」信然，但未進一步歸納雕龍所說對偶類別。案：《文鏡祕府論·東卷·二十九種對》有「隔句對」乙類，例云：昨夜越溪難，含悲赴上蘭。今朝逾嶺易，抱笑入長安。王利器釋云：第一句昨夜與第三句今朝對，名爲隔句對。（《文鏡府論校注》，頁二六九）據此，秘府論所謂隔句對非即當句對。

⑦ 這裡所謂的占斷辭，是根據高亨〈周易筮辭分類表〉把經文依其性質分成四類意思。即：記事之辭、取象之辭、說事之辭、斷占之辭。何謂斷占之辭，高亨謂：乃謂斷休咎之語句也。（《周易古經今注》，頁五六）

與安貞，在吉凶的程度上有輕重之對比。⑧再看〈屯〉六二爻辭：
「屯如邅如，乘馬班如。匪寇婚媾。女子貞不字，十年乃字。」首句
與次句，意相連，詞相偶。第三句當句互對「匪寇」與「婚媾」。末
二句又把「不字」與「字」來相對。這末二句字數不同，一是五字
句，一是四字句。正是〈麗辭〉篇講的：「雖句字或殊，而偶意一
也。」，頗見自然成對之功。至於〈屯〉卦上六爻辭：「乘馬班如，
泣血漣如。」字句整齊，文意也相貫，與前例形式不同，但都同樣表
現麗辭之美。再如〈蒙〉卦卦辭：「匪我求童蒙，童蒙求我。初筮
告，再三瀆，瀆則不告。」首二句兩兩相對，後三句，「初」與
「再」相對，「告」又與「不告」相對，麗辭的技巧複雜多樣，整齊
之中又有變化，已盡情表現「理圓事密」「聯璧其章」之妙矣。

其實，〈麗辭〉篇最有創見之論，便是提出四種對偶之法：言
對、事對、正對、反對。並將此四對各作評判，認為言對容易，事對
比較難。反對為優，而正對為劣。今若不論此得失優劣之分，而純就
此四對之法，求之《周易》經文，皆有例可證。

〈剝〉講事理之中陽消陰長，漸次剝脫之現象。以牀取象，依牀
版、牀席等不同位置的剝掉，暗示「消息盈虛」的自然現象。充滿了
形象美與對稱美。如同樣是剝，初六：「剝牀以足，蔑貞凶。」六
二：「剝牀以辨，蔑貞凶。」兩句都是凶，但剝的位置不同。一在
足，一在牀版（辨），可謂正對。上九：「碩果不食。君子得輿，小
人剝廬。」同樣是大果，但君子未必貪食，故而反得車輿之具，象徵
獲得民心擁戴。小人則不可信不可用，最後還是剝，即連住房也要剝

---

⑧ 坤卦卦辭的全文斷句，主利一句，大多把主字上讀，作「先迷後得主，利」，唯有孔
　穎達《周易正義》讀作「先迷後得，主利」，正義云：主利者，以其至柔，當待唱而
　後和。凡有所為，若在物之先即迷惑，若在物之後，即得主利。」（《周易正義》，
　頁一八）此解甚是，故從之。

掉。這是一順一逆，一消一長，強烈的反意之對。

再看〈明夷〉卦，地火明夷，但火之光明，卻被遮蔽而晦暗。依據金景芳所做的現代詮解云：「明夷卦中主要顯示明與暗的關係問題，亦即下邊五爻各自怎樣對待明夷，怎樣對待上六這個昏君暗主的威脅。」（《周易全解》，頁二六七）據此，明夷用一明一暗做對比，當然所引事例也必是麗辭以對。今觀六五與上六爻辭，正是如此。六五：「箕子之明夷，利貞。」以商紂王欲加害箕子之史事，說明箕子佯狂為奴，以免於害，而內心則堅守正道，故為利貞。上六：「不明晦。初登於天，後入於地。」此句爻辭首言不明晦，即與「明」對比，一正一反。前者雖晦而明，故是真正的明，此即雖初始于明，但終是晦，故又用初登於天，後入於地，做為對比，加強形象比類。此爻究指何人事？並未明指。但據六五旣以箕子為說，則此爻或謂即指紂王之暴行。⑨那麼，這兩條爻辭不惟意思相對，且一指箕子，一指紂王，兩則史事又自成一巧妙之「事對」。

其餘，如〈大過〉九二：「枯楊生稊，老夫得其女妻。」九五：「枯楊生華，老婦得其士夫。」同樣以枯楊取象，一生稊，一生華。分別對比著女妻與老婦。頗見麗辭之形象美，字句亦極工整。再如〈隨〉六二：「係小子，失丈夫。」對比六三：「係丈夫，失小子。」又〈同人〉卦初九：「同人于門。」六二：「同人於宗。」凡此，皆《周易》經文中明顯的自然成對之辭。

三、〈比興〉

《文心·比興》篇談譬喻之法。說比者，附也。興者，起也。兩

---

⑨ 例如高亨注解此卦，有附考，即引述《莊子·外物篇》：「箕子狂。」，《史記·殷本紀》：「箕子懼，乃佯狂為奴，紂又囚之。」云云，證此爻在說紂事。（《周易大傳今注》，頁三二七）又金景芳同有此解。（《周易全解》，頁二六六）

者都是比喻，但方法略有差異。大抵〈比興〉篇，比之定義與作法，說得明晰確切，且有引例，覽之得解。但正如黃季剛云：「題云比興，實側注論比。蓋以興義罕用，故難得而繁稱。」（《文心雕龍札記》，頁一七。），可知在〈比興〉篇所談的「興」語意較模糊，故而引發注解歧義。

照「興」之古義，何晏《論語集解‧陽貨》注「詩可以興」句引孔安國說云：「興，引譬連類。」，知「興」與「比」微有別。又《文章流別論》：「比者，喻類之言也。興者，有感之辭也。」，據此更可審比興之不同，古人早已審之。茲者，由現代學者之解釋，以今語釋之，當更契合現代之理解。如朱自清云：「興是譬喻，又是發端，便與只是譬喻不同。」（《朱自清古典文學論文集》，頁二三九）這個說法，注重「興」做為篇章之首，發揮「起頭」的作用，此乃「興」與「比」同中有異之處。王更生先生的注解，便直指二者在修辭上的方法之別，要言不煩，先生云「比」可說是修辭上的象徵法，而「興」可說是修辭上的聯想法。（《文心雕龍讀本》，頁一四三）如此一解，比不但是簡單明白的比喻，尚包含有深度的象徵。而興兼具二者，但注重在此物與彼物之聯想，而非相似點的類比。比興巧妙合用，運用之方，《文心》提示只有一個「隨時之義不一」的原則罷了。⑩

今據以上之理解，以觀《周易》經文之比興，處處可見，隨時有比。真應驗了章學誠所謂的：「易之象也，詩之興也，變化而不可方物矣。」（《文史通義‧易教下》）〈中孚〉九二：「鳴鶴在陰，其子和之。我有好爵，吾與爾靡之。」此爻首二句即是「興」，以陰處

---

⑩ 〈比興〉篇有句「蓋隨時之義不一」，典出〈隨〉卦象傳，可視作文心運用易理之例，認為比興之法不一，但隨文句與寫作要求而隨時改易。

鶴鳴之美妙聲，有它鶴相和鳴，表現一片相應諧和之象。下二句則另起一象，以我有嘉美旨酒，願誠心與友共享，表現「至誠」之內心。此與前二句之象非必關聯，如鶴非人，鶴之「子」非人之「爾」。蓋鳥類不等於人類。然細思之，又似有關聯，蓋兩者都取喻形象中之「和諧誠心」涵意。故而「興」味濃，而比義淡。

　　至於〈歸妹〉上六：「女承筐無實，士刲羊無血。」以筐之無實，對羊之無血，則是明顯之比，都表示了「虛」意。〈艮〉六五：「艮其輔，言有序，悔亡。」此以頰之止動，取象少言語，再引伸戒言語。由此再轉出「言有序」，說話要小心謹慎，多言則過，故而歸結到「艮止」，猶如山之靜止沉穩。這又是二者之間隱微的比。且這種形象之比，是取形象中的「實象」，而非「假象」。⑪再如〈革〉九五：「大人虎變。」與上六：「君子豹變，小人革面。」用虎紋與豹紋之鮮艷，取其色彩中的「炳蔚」風格，對比小人面目之可憎，實在鮮明至極，而又有幾分「假象」趣味。而〈困〉六三：「困於石，據於蒺藜。入於其宮，不見其妻，凶。」首二句是實象也是「興」，次二句是實是虛？卻多少有誇張意味，諸如此類，就是卦爻辭比興技巧的典型。

四、〈夸飾〉

　　《文心·夸飾》篇談文學修辭的積極作法。認為一些難寫的形器神道，一般的語言，是不能奏功。唯有用「精言」與「壯辭」方能描摹比喻。這就是夸飾必然恆存之故。

---

⑪　這個易之「實象」與「假象」的說法，由錢鍾書在《管錐篇》「乾」卦下所提出。（頁一一）先此，有陳騤《文則》謂易之有象如詩之比喻說法，章學誠《文史通義·內篇·易教》謂易象與詩之比興相通。但都沒有如此細分。類風自火出，天在山中之象，皆非實際。故易當有「假象」，可參。

在〈夸飾〉理論中，劉勰亦舉六經作品為例，但只引《尚書》與《詩經》，未引《易經》經文。劉勰提示夸飾的要領，要做到「夸而有節，飾而不誣」，這個如何做到「節制」與「歪曲、妄誕」的語言修辭？便是夸飾成功之要件。

雖然〈夸飾〉篇未引《易經》為例，但在說明夸飾的要點規範時，劉勰在〈夸飾〉贊語云：「言必鵬運，氣靡鴻漸。」這下句的鴻漸，即出自《周易·漸卦》的經文，以《易》之〈漸〉卦道理說明夸飾是要層層漸進，不可太過。所以「氣靡鴻漸」不可以，「氣靡鴻漸」據詹鍈的注解謂即「氣勢勝過鴻雁之漸進飛翔」（《文心雕龍義證》，頁一四〇三）這樣看，〈夸飾〉的原理原則，是與《易》之〈漸〉卦道理相通。

今若反過來問，〈夸飾〉篇理論是否符合〈漸〉卦經文的修辭呢？恐未必然。〈漸〉卦以鴻（水鳥）為取象，依鴻自遠至近的飛行，分別是：干、磐、陸、木、陵、逵。極其自然的描寫，一點不誇張，故而不致有夸飾效果。然則，《易》之經文無有夸飾之辭乎？是又不然。

試看〈豐〉卦，描寫奇怪的天文現象，六二：「豐其蔀，日中見斗，往得疑疾。有孚發若。」此寫中午出現星斗，往前而觀，竟得疑疾。事涉不可驗，然重點在強調一個「孚」字，即誠信，既有誠信，即可去其病，終得吉。九三：「豐其沛，日中見沫，折其右肱，無咎。」此寫中午竟出現昏黑之象，並有意外發生。其一折斷右臂，但最終亦無災咎。此類描寫「因夸成狀」，表現一種形象聲器的美，因此「沿飾得奇」，寄託讀者不以辭害意。讀者讀之，當悟到如此夸飾之象，正暗示著「不可大事」與「終不可用」之意。

由以上的論述，明顯可知，《文心》理論頗可應用於《易》之卦爻辭分析。但所謂的《文心》理論，如〈麗辭〉、〈比興〉、〈夸

飾〉、〈章句〉等，俱屬《文心》全書之「創作論」。創作論者，用來分析文章作法之論，此乃「以整個的寫作過程爲範圍，採取通盤而條理貫串的方式進行的」⑫。然而，如此之提法，對照《周易》全書，首須考慮《易》之結構，殆分「易傳」與「經文」。二者成書旣不同於一人，也異於一時，今以「整個的寫作過程」而論，自當各自別之。《文心》理論，亦復如是。即「創作論」可用來分析《易》之卦爻辭，而並未適合《易》之傳文。

何以故？是又不得不先辨明《易》之卦爻辭，具高度文學性質。卦爻辭可視爲文學作品，故可援引《文心》創作論分析之。但《易》之傳文，蓋出於解釋經文。今之十翼，雖雜道家之言，然皆說理之辭。說理之文，固屬文體之一。所謂文體之源，「論、說、辭、序，《易》統其首。」是也。但這僅僅是將《易》之文，看作是《文心》理論中文體的「本原論」，非直接將《易》傳之文看作文學作品。

此點旣明，驗之《文心》，確實可得。《文心》只將《易》放在文學之本原論而說之。此本原論，多指《易》之「傳文」。此蓋由於《易》爲六經之首，而《文心》論文先宗經之故。

至於《文心》嘗以《易》之卦爻辭爲說否？由以上析論，知《文心》在「創作論」如〈麗辭〉以下諸篇，每有援引卦爻辭當作修辭理論之例，從而可推想《文心》理論適用卦爻辭分析。以上本論文即由此思考角度切入，直接援引創作論中的四篇，試作《易經》文學之考察。文末提出幾條《文心》與《易》之關係研究課題，以供學界思考：

---

⑫ 這是王更生先生之語。之前，王先生用「文術論」括舉〈神思〉以下的十九篇。新近《中國古代文學理論的秘寶——文心雕龍》乙書，則改用「創作論」說之。並在該書頁一七八出「文章作法通論」之系統表，〈麗辭〉等篇屬作品的修辭技巧論。

其一《文心》與《易》之關係，宜將《易》分爲「易經」與「易
　　傳」。
其二《文心》與《易》之分析，亦得先釐清《文心》的結構有本原
　　論、體裁論，創作論、鑑賞論。以今見《文心》全書論及《易》
　　之條文而知，《文心》視《易》爲文原論，此乃因「宗經」之
　　故。但此處《文心》所理解的《易》之「宗經」，實乃就《易》
　　之傳文，特別是見載於繫辭傳的易理而引伸，非就《易》之卦爻
　　辭直接取義。再次，《文心》以《易》爲「論、說、辭、序」四
　　體爲體裁論，此處所謂四體之首，實指《易》之「傳文」，而非
　　卦爻辭。然則，《文心》全書究竟將《易》之卦爻辭經文當作文
　　學作品？以及文學作品中的什麼體裁？有待龍學界進一步研究。
其三今以現代《易學》結合晚近文學批評史新看法，確立《易》之卦
　　爻辭，實乃具備高度寫作手法技巧，類乎「詩」之形象美的文學作
　　品。⑬然則，《易》之卦爻辭當歸爲《文心》體裁之何類？值得深
　　思。卦爻辭既屬文學作品，則援引《文心》之「創作論」以分析之，
　　應爲《文心雕龍》全書理論應用之一途。過去，龍學界論述《文心》
　　與《易》之課題，泰半集中在「易理」的發揮，尤其是十翼中的文

---

⑬　新近出版的七卷本《中國文學批評史》中的《先秦文學批評史》，已將易經與易傳列
　　入。並區分易傳對《周易》這部書的內容與形式特點進行評析與嘆賞，所以也是通於
　　文學批評的。（《先秦文學批評史》，頁九八）而將卦爻辭視爲文學作品者，現代易
　　學家如黃慶萱〈周易的文學價值〉乙文，已區分易傳與易經，（《周易縱橫談》，頁
　　二三五）另外，〈形象思維與文學〉以賁卦爲例，認爲由形象明白作者思維，原始理
　　論當追溯到易。（《學林尋幽》，頁一六三）又林政華《易學新探》嘗分析經傳文句
　　的倒裝與省略。其它像高亨〈周易卦爻辭的文學之美〉，郭維森〈易傳的文學思想及
　　其影響〉、鄭謙〈從周易看我國傳統美學的萌芽〉等等，皆有論述易之文學。（三文
　　收入《周易研究論文集》第四輯）足見易已從兩派十家之流，開出周易文學之途。
　　案：李詳〈文心雕龍補注〉於〈論說〉篇「自論語以前，經無論字」句下注云：蓋彥
　　和本文士，於經學不甚置意。（《李審言文集》，頁二三四）此語未必是。蓋彥和視
　　經爲文之本原，又易之經文多有符合創作論，可證彥和不當僅爲文士。

字。較少注意《易》之經文卦爻辭本身。故而，本論文先把卦爻辭視為文學，再援引《文心》創作論分析，將《易》與《文心》關係之研究，由「易理」與文學理論的層次，導轉向「易辭」與「實際批評」的層次。當為本論文最重要的論述成果。

引文書目

李學勤，一九九六，《古文獻叢論》，上海：上海遠東出版社。

王運熙、顧易生（合編），一九九六，《中國文學批評通史》（先秦兩漢卷），上海：上海古籍出版社。

黃慶萱，一九九五，《學林尋幽》，台北：東大圖書股份有限公司。

黃慶萱，一九九五，《周易縱橫談》，台北：東大圖書股份有限公司。

王更生，一九九五，《中國古代文學理論的秘寶——文心雕龍》，台北：黎明文化事業股份有限公司。

王更生，一九九一，《文心雕龍讀本》，台北：文史哲出版社。

詹　鍈，一九九四，《文心雕龍義證》，上海：上海古籍出版社。

祖保泉，一九九三，《文心雕龍解說》，合肥：安徽教育出版社。

高　亨，一九九一，《周易古經今注》（重訂本），北京：中華書局。

王利器，一九九一，《文鏡秘府論校注》，台北：貫雅文化事業有限公司。

黃壽祺，張善文（編），一九九〇，《周易研究論文集》第四輯，北京：北京師範大學出版社。

褚斌杰，一九九〇，《中國古代文體概論》，北京：北京大學出版社。

李　詳，一九八九，《李審言文集》，南京：江蘇古籍出版社。

林政華，一九八七，《易學新探》，台北：文津出版社。

孫　梅，一九八四，《四六叢話》（中國學術名著第三輯），台北：世界書局。

王夢鷗，一九八四，《古典文學論探索》，台北：正中書局。

朱自清，一九八二，《朱自清古典文學論文集》，台北：源流文化事業有限公司。

章學誠，一九九〇，《文史通義》（新編本），台北：華世出版社。

王更生，一九七九，《文心雕龍研究》，台北：文史哲出版社。

遍照金剛，一九七四，《文鏡秘府論》（汪中抄校本），台北：學海出版社。

黃　侃，一九七三，《文心雕龍札記》，台北：文史哲出版社。

《文心雕龍》研究的過去現在和未來

雲南大學中文系

張文勛

　　《文心雕龍》成書距今已一千五百多年，在這漫長的歲月裡，它成爲一門「顯學」，還是近幾十年間的事。但是，在我國文學史上，《文心雕龍》的影響，則從未中斷；對它的評論和研究，也代不乏人。這部「體大而慮周」的古代文學理論巨著之所以受到人們的重視，乃是由於其自身的理論價值以及其豐富的美學內涵，對歷代文學都有指導和借鑒的作用，時至今日，它還具有現實意義和理論的生命力。《文心雕龍》研究，現在已成爲一門具有世界意義的學問，是和歷代文人學者的研究分不開。而經過近百年間，尤其是本世紀四十年代以來的研究，《文心雕龍》學（大家習慣稱之爲「龍學」），已成世界文化寶庫中的一顆明珠。然而，《文心雕龍》的研究，今後的走向如何？或者說到二十一世紀，「龍學」將如何發展？這是擺在我們面前的一個重要問題。因此，我們把過去的研究歷史，作一番簡要的回顧，再把現在的研究情況，作概括的總結，從中吸取經驗和教訓，然後再探索未來的走向，我想這樣做絕不是多餘的。

壹、歷史的回顧

　　《文心雕龍》之所以對後代產生如此巨大的影響，除了其本身具有極其豐富而深遠的文學和美學內涵之外，還由於它是植根於中國文

學土壤中產生的具有民族特色的理論，因此，在一千多年以後的今天，仍具有其生命力和再生力。《文心雕龍》不單純是一部文章學，也不單純是一部文學理論，它包含有深厚的文化內涵。對它的研究，自然也不僅限於文學的範圍，還可涉及文學、歷史學、語言文字學、哲學等等諸多領域，因此歷代研究者及其影響也不僅限於文學領域。王更生教授對此有精闢的論述：

> 從學術領域上看：它影響範圍廣闊，無論是經部、史部、子部、集部，尤其集部，更旁涉總集和別集，可以説凡是文學理論問題，不管是明滋和暗長，總與《文心雕龍》有關係。

> 從使用學上看：帶動《文心雕龍》的理論，作爲自己立説依據的，有經學家、史學家、思想家、文學家、佛學家、書法家、文法語言學家，以及寺廟僧衆等，其使用的對象遍及各個學術領域。①

其影響範圍如此之廣，自然是和它自身包容有多層面的文化內容有關。然而，《文心雕龍》成書問世時，雖然得到沈約的賞識，但尚未產生太大的影響，當然也就談不上對它的研究。這裡，我想先就唐、宋至明、清的《文心》研究及影響，按歷史順序作簡要的考察。

一、唐宋時期，《文心雕龍》在這段漫長的歲月中，其影響究竟如何？學術界存在不同看法。饒宗頤先生在〈《文心雕龍》探原〉中說：

> 《文心》一書，梁時已不甚爲時流所稱；即唐宋之世，亦復如是。跡其原因，蓋南北文論之作，非復一家，……而彦和於齊梁之際，混跡緇流，亦非眞能負時譽者也。

---

① 王更生〈隋唐時期的「龍學」〉（《文心雕龍》第一輯，北京大學出版社，1995年版）。

　　總之，饒先生把《文心》在唐宋之世，也「不甚爲時流所稱」，歸罪於「彥和文章，實居第二流以下」，恐不盡然。蓋唐宋之世，文壇復古之風盛，六朝文學一概被斥爲綺靡浮華，輕視六朝文風。《文心雕龍》文本用駢文寫成，內容又多涉及形式技巧問題，可能也被視作六朝文風的產物，所以不會給予以很高的評價，更不會加以宣傳。但是，這並不等於說《文心》的影響就不存在。其實，在唐宋兩代，無論是歷史家或文人學者，公開徵引其文，或不註明出處而襲用其文其論者，已較普遍。史學家劉知幾的《史通》，其篇目設計和論述風格，俱有受《文心》影響的明顯痕跡。故李詳在《愧生叢錄》中說：「劉知幾《史通》體擬《文心雕龍》，雖措辭稍遠齊梁，其博辯縱橫，間以駢偶，隸事淹雅，不減彥和」。這看法是符合實際的。

　　宋代雖亦未見對《文心》有系統而較高的研究和評價，但徵引其文，因襲其論者較唐代爲多。《太平御覽》中摘《文心》的文字，涉及〈原道〉、〈宗經〉以至〈神思〉、〈風骨〉等二十多篇。至於未註明出處，但顯然是襲用劉勰的理論者比比皆是。值得注意的是，劉勰「原道」、「徵聖」、「宗經」的理論，對唐、宋古文家、史學家的影響尤深，因爲，這種思想及其理論模式：「道沿聖以垂文，聖因文而明道」，是完全符合唐宋古文運動思潮的主張。因此，他們雖未明標劉勰，但許多議論如同出一轍。宋代早期復古思潮的代表人物石介的〈上蔡副樞密書〉②等文章，其行文論證的風格，甚至所用的語言，都極似《文心》。至於因襲《文心》或沿用其原文者更爲多見。楊明照《文心雕龍校注拾遺》中引證甚詳，由此可見，在唐宋兩代，《文心雕龍》雖尙未顯彰於世，然其影響是很大的。既有影響，也可表明在知識界很多人都研究過《文心雕龍》，只不過由於種種歷史的

----

② 《石守道先生集》卷上。

偏見，不願充分肯定其價值，由此也可以看出，對《文心雕龍》的認識和評價，又可折光反映出各個歷史時期文學思想的狀況。

二、明清時期。《文心雕龍》在明清時期引起文化知識界的極大重視，從版本的增多可看出其流傳之廣泛；從許多叢書、類書的摘錄來看，《文心雕龍》的地位已不是可有可無，而是逐漸變爲人們注意的熱點之一。以下各方面的跡象，都足以說明這一點。

首先，從版本來看。唐代留下來的，我們現在只能看到敦煌抄本殘卷；直到元代，現存最早版本爲至正本。但是到了明、清兩代，《文心雕龍》刻本就很多了。僅明代而言，其中有著名的張之象本、梅慶生本等十餘種現存版本之外，未存者當不在少數。其它各種類書，也廣爲收錄刊行，如金陵聚錦堂《合刻五家言文言》、鍾惺評的《秘書十八種》等等。各種版本在梓行時，多附有序跋，有的則有評點，無疑，這都是早期《文心雕龍》研究的重要資料。這些文字有褒有貶，這並不足怪，但無論是褒是貶，都表明人們有了研究才有評論。

明代序跋之文甚多，如馮允中、方元禎以及徐勃批校私淑軒刻本所錄的多篇序文，直至張之象、曹學佺等諸序，對《文心雕龍》或作總體評論，或究其中體例，或作篇章考釋，或就某一理論概念作闡述。總之，許多序跋文字，已可稱得上是研究文章。例如張之象的序，就是對《文心》的一篇較完整的評論文章。其中有云：

> 今覽其書，采擴百氏，經緯六合，溯維初之道，闡大聖之德，振發幽微，剖析淵奧。及其論撰，則有操舍出入，抑揚頓挫，語雖合璧，而意若貫珠。綱舉目張，枝分派別，假譬取象，變化不窮。至其揚榷古今，品藻得失，持獨斷以定群囂，證往哲以覺來彥，蓋作者之章程，藝林之準的也。

除序跋之外，還有以評點爲名的一種獨特的研究形式，如楊升庵

的五色筆評點，鍾惺、曹學佺的評點等。這種方式雖未能作系統的理論分析，但比較自由，可以有文字的校勘考證，可以有畫龍點睛的評論。這對推進《文心雕龍》的普及、幫助讀者閱讀，都起很大作用。至於在當時一些文人學者的著作中，涉及《文心雕龍》的議論和引用其文者，尤爲多見。

到了清代，《文心雕龍》的研究有新的發展。清代盛行考據，《文心》研究的注意力，也轉向校勘、考證和註釋，這不僅使得流行的版本更趨完善，而且還接觸到許多文字校勘，字義、詞義的闡釋，歷史典故的引證，文章體式的區分等等多方面的學問。這些都是後人全面研究《文心雕龍》的重要依據。古書版本多，一字之誤、一句之漏，即可造成毫釐之差，謬以千里。所以校勘和註釋，是「龍學」中的重要組成部分，研究成果，以黃叔琳的《文心雕龍輯注》、紀昀的校評爲代表。黃氏之輯注，引經據典，資料詳贍，正如楊明照教授說的：「刊誤正僞，徵事數典，皆優於王氏訓詁、梅氏音注遠甚，清中葉以來最通行之本也」。③而紀氏的貢獻則在他把文字校勘、理論評論熔爲一體，使《文心》研究上了一個新台階，對後世「龍學」的形成，起到了開風氣之先的作用。清代學者對《文心》也時有評論，其中以史學家章學誠的評論最爲精到。他說：

> 《詩品》之於論詩，視《文心雕龍》之於論文，皆專門名家，勒爲成書之初祖也。《文心》體大而慮周，《詩品》思深而意遠。蓋《文心》籠罩群言，而《詩品》深從六藝溯流別也。論詩論文而知溯流別，則可以探源經籍矣。

「體大慮周」言其理論系統之周密，「籠罩群言」謂其理論內容之豐富，而「探源經籍」云云，喩其理論之精深。章學誠的具有權威

---

③　楊明照《文心雕龍校注拾遺》（上海古籍出版社，1982年）。

性的評價，可以說在當時評定《文心雕龍》的價值和地位，起了導向性的作用。

　　三、辛亥革命到四十年代。在這近四十年的時間內，學術文化界思想意識的變化，西方文藝理論、美學思想的大量湧入，使人們的文學觀念起了變化，因此對《文心雕龍》的理論價值也有了新的認識，研究工作亦從評點、序跋式的泛泛涉及，走向整體全面的研究，並深入到理論內涵的探索。「龍學」研究獲得新的拓展。研究成果，主要表現在以下幾方面：

　　㈠爲了適應教學研究和閱讀的需要，校勘、注釋工作有了新的進展。例如劉永濟的《文心雕龍校釋》、楊明照的《文心雕龍校注》、王利器的《文心雕龍校證》、范文瀾的《文心雕龍注》等。雖然，這些著作的巨大影響是在五十年代以後，但卻可說明早在三、四十年代，《文心雕龍》研究已達到一個新的高峰。在此期間，尤以黃侃的《文心雕龍札記》影響最大，他用了文字校勘、資料箋證和理論闡釋三結合的方法，這是一大進步。范文瀾的注本，就其材料之豐富、釋義之精當、校注之全面，都遠超過前人，當然也是吸收前人研究成果的總匯，可視爲「龍學」史上的一個里程碑。

　　㈡系統研究的理論文章，或就《文心》的某一篇、某一問題的評論文章，已時有所見。有的文章，用新的方法、新的視點去研究，達到了較高的理論水平。例如寫於二十年代的梁繩禕的《文學批評家劉彥和評傳》④全文分十二節：1、序言；2、劉彥和傳略；3、劉氏的著作；4、劉彥和爲什麼作《文心雕龍》；5、《文心雕龍》的基本觀念；6、文學的正本歸源論；7、文學流別論；8、文學家功力論；9、文學的批評觀；10、文學的品格和器用；11、文學的環境與作家的才

④　載《小說月報》第17卷號外《中國文學研究》（下），1927年6月6日。

情；12、結論。可以看出，這是一篇對《文心》的相當全面的評論，作者從宏觀上論及《文心》的各方面重要的問題，提出了一些有獨創性的見解。又如楊鴻烈的《文心雕龍的研究》⑤徐善行的〈革命文學的—《文心雕龍》〉⑥等等，都是有份量、有見地的研究文章。當然，作爲「龍學」的形成，這一切都只是開始，許多有關《文心雕龍》的理論問題，都尚未得到深入的研究，一般只是提出了問題，淺嘗輒止。就研究者的隊伍而言，也還只是局限於文化教育知識界少數人中。有些大學中文系雖設《文心雕龍》課程，其影響也還不是很普遍的。

貳、《文心雕龍》研究的現狀

我這裡說的現狀，僅僅是指1949年中華人民共和國成立以來，大陸「龍學」發展的情況。在近五十的「龍學」的發展，大致可分爲兩個階段。

第一階段是1950年到1965年，在這十五年內，學術文化界在思想意識和理論上起了巨大變化，馬克思列寧主義成爲指導思想，新的理論和研究方法，使《文心雕龍》研究也發生了變化：一是作爲優秀文化遺產，《文心雕龍》引起學術界的普遍重視；二是用階級分析和哲學唯物唯心的觀念去衡量《文心》；三是用新的文學理論重新發掘和認識《文心》的理論內涵。由於這些原因，所以研究工作既有新的大發展一面，也有觀念的局限性一面。就新的發展和成就而言，「龍學」出現第一次熱潮，其主要標誌有三：

第一，對《文心雕龍》原著的校勘、註釋、語體文翻譯的工作長

---

⑤　《晨報》副刊1992年10月24日—29日。
⑥　《孟晉非戰專號》第二卷第十期。（1925年10月）

足發展，版本日益完善，普及讀本大量發行。這對普及《文心》，擴大影響，起到極大的推動作用。其影響最大者，還是四十年出版經過修訂再版的范文瀾《文心雕龍注》、劉永濟的《文心雕龍校釋》、楊明照的《文心雕龍注》，這幾種本子幾乎成爲研究者和初讀者所常用的讀本。此外，黃侃的《文心雕龍札記》也受到研究者們的重視。除此之外，新的注釋本和語體文翻譯的出現，是「龍學」的新現象，當然，這是爲適應普及的需要所做的一項工作。最早的譯注多以單篇陸續在報刊雜誌發表，如陸侃如、牟世金於1962年就分別在《山東大學學報》、《文史哲》發表了多篇譯注。在先後不長的時間內，周振甫在《新聞業務》、郭晉稀在《甘肅文藝》、趙仲邑在《作品》、劉禹昌在《長春》陸續發了不少單篇譯注。其中，陸、牟的選譯，郭氏的選譯都已集輯出版。雖然，大量的全注全譯的出版，還是八十年代的事，但是在六十年代的這些譯注，對宣傳普及《文心》，實乃開風氣之先，不可低估其歷史作用。

第二，中國文學史、文學批評史對《文心雕龍》的介紹和研究。隨著高等教育事業的發展，五十年代到六十年代中期，出版了一批中國文學史和中國文學批評史，其中有不少都列專章評述《文心雕龍》，雖詳略不同，但都比較全面系統。在文學史類中，劉大杰的《中國文學發展史》（上海古典文學出版社，1957年版）、北京大學中文系師生合編的四卷本《中國文學史》（人民文學出版社，1959年版）。中國社會科學院文學研究所三卷本《中國文學史》（人民文學出版社，1962年版）等等，對《文心》的介紹和評價各有不同，劉著簡明扼要，頗得要領。北大本系「大躍進」時之產物，強調用階級觀點、歷史唯物主義觀點和人民性的觀點去寫文學史，從一般意義上說，這並不錯，問題在於當時受極左思想的影響，所以對《文心雕龍》也有一些不實事求是的評價。這一偏激傾向，在稍後出版的文研

所三卷本中，有了一些改變，立論較爲穩妥。在文學批評史類中，有
更多的篇幅論述《文心雕龍》，而且把它放在文學思想發展史的過程
中去研究，因此更有助於對其理論內容的認識。如劉大杰主編的《中
國文學批評史》（上）中，列有專章論述《文心雕龍》，這是一篇有
份量的專論，全文分 1.緒論； 2.論內容、形式和體裁； 3.論風格； 4.
論文學的產生和歷史發展； 5.論文學創作和文學批評； 6.結論。全文
四萬多字。在五十年代「龍學」研究中，這是一篇較系統深入的研究
成果，它不僅注意對《文心雕龍》的總體把握，而且把各別理論上升
到完整體系中去研究，標誌著「龍學」已日趨成熟。

　　第三，專題研究。這時期的「龍學」，出現了一個空前的現象，
就是在各種報刊雜誌，發表了許多文章，對《文心雕龍》展開熱烈討
論。這些討論，無疑促進了「龍學」的深入，也擴大了《文心雕龍》
的影響。但由於當時思想界的局限性，所以討論只集中於幾個問題，
主要有： 1.關於劉勰的世界觀問題。對這問題又主要集中於唯物主義
還是唯心主義的爭論。 2.現實主義和浪漫主義的問題。當時文藝理論
界對此問題正展開熱烈討論，所以，也就波及對《文心雕龍》理論的
認識，以劉綬松的〈《文心雕龍》初探〉一文爲代表的意見，認爲劉
勰的文學理論是現實主義理論，故予以很高評價。也有人提出不同的
意見，認爲《文心雕龍》強調形式技巧，是形式主義。有不少文章對
《文心雕龍》中涉及浪漫主義的見解也作了探討。 3.其它問題。涉及
《文心雕龍》的一些具體問題，如風格和風骨、神思和三準等，但都
未及深入討論。

　　「龍學」發展的第二階段是1978年到現在。關於這時期的情況，
大家比較熟悉，我只想就幾個具有普遍性的問題談談個人的看法。經
歷了眾所周知的「文革」的破壞；「龍學」中斷近十年之久，除了少
數幾篇「大批判」文章外，研究工作基本上停滯了。「文革」結束

後，隨著「撥亂反正」、改革開放的新時代的到來，迎來了學術領域的春天，「龍學」亦如雨後春筍，蓬勃發展起來，成爲八十年代的顯學。直到今天，在這二十年間，無論是理論的廣度和深度、數量和質量都達到前所未有的水平。《文心雕龍》研究發展到現在，我認爲可以從以下三個方面概括其基本狀況：

第一、理論研究的深入和研究領域的拓寬。《文心雕龍》含有豐富的理論內容，近二十年間研究者們從多角度、多側面作了深入研究。其中如《文心雕龍》的理論體系、儒道釋各家思想對劉勰文學思想的影響、《文心雕龍》成書年代及作者的生卒年月等的討論；關於《文心雕龍》中的一些理論概念的研究，諸如「文體論」、「創作論」、「批評論」以及「神思」、「風骨」、「體性」、「通變」、「定勢」、「三準」、「六觀」等等問題。對這些問題都有不同觀點的熱烈討論，認識不斷深入。就研究領域而言，從泛泛的「文論」，拓展到系統的文學理論，從文學理論拓展到美學、文化學、歷史學，尤其是關係最直接的儒學、佛學、道家學說、玄學等的研究。尤其值得注意的是把《文心雕龍》納入中西文學比較的視野中，使研究領域更加開闊。

第二、豐碩的研究成果。這二十年間的《文心》研究成果是極其豐富的，無論是數量和質量，都遠遠超過前人。據《文心雕龍綜覽》（上海書店1995年6月第一版）的統計，從1977年到1994年，僅在大陸出版的校釋、譯注、專著、論文集就有五十餘部。其中如楊明照的《文心雕龍校注拾遺》（上海古籍出版社，1982年版）、陸侃如、牟世金的《文心雕龍譯注》（上、下）（齊魯書社，1981，1982年版）、周振甫的《文心雕龍今譯》（中華書局，1986年版）、詹鍈的《文心雕龍義證》（上海古籍出版社，1989年版）等，都是在過去多年研究並已陸續部份發表的基礎上，經過補充修訂，成爲校注、譯

注、疏證類的集大成者。在理論研究的著作中，王元化的《文心雕龍創作論》（上海古籍出版社，1979年版）牟世金的《雕龍集》（中國社會科學出版社1983年版），張文勛的《文心雕龍探索》（上海古籍出版社1986年版）、張少康的《文心雕龍新探》（山東齊魯書社，1987年版）、繆俊杰的《文心雕龍美學》（文化藝術出版社，1987年版）等等，在八十年「龍學」的各個側面，都有較深入的研究。此外，《文心雕龍》學會成立後編輯出版的《文心雕龍學刊》，從1983年創刊到1992年，先後出版了七輯；1995年後，學刊更名爲《文心雕龍研究》，出了兩輯。這些書較集中地反映了各個時期的研究成果和研究動向。

在很多的研究成果中，引人注目的還有一文學史、文學批評史中對《文心雕龍》的研究，這些學術專著都列專章論述《文心》。例如王運熙、顧易生主編七卷本《中國文學批評通史》之二《魏晉南北朝文學批評史》（上海古籍出版社，1989年版）中的〈劉勰《文心雕龍》〉一章，長達數萬言，論述全面，理論分析深刻，有較高的學術水平。此外，如敏澤的《中國美學思想史》（齊魯書社，1987年版）、李澤厚，劉綱紀主編的《中國美學史》（中國社會科學出版社1987年版）等等，都有專章或專節論述。他們是從美學的層面上去研究《文心雕龍》，突破了過去把《文心》僅作爲文學批評理論研究的領域，立論自有新的拓展。

第三、學會的成立及學術活動的開展。「龍學」在不到二十年間，獲得如此快的發展，與「中國《文心雕龍》學會」的成立是分不開的。1982年由山東大學等單位聯合主辦首次《文心雕龍》學術討論會，並發起成立學會。翌年，學會在青島正式成立，此後，即有計劃、有組織的開展了一系列學術活動。如果說，在此之前「龍學」尚處於研究者自發地研究，那麼學會成立後，就依托於一個學術團體獲

得巨大發展。研究隊伍也突破了過去以高等學校爲主的範圍而遍及學術文化界。其影響也遠遠超出學界小圈子而遍及各行各業，並已走向世界。學會成立後，先後在安徽屯溪、廣東汕頭、山東棗莊、山東日照、湖南懷化召開了五次年會。其間，1984年在上海舉辦了中日學者《文心雕龍》學術討論會；1988年在廣州舉辦了「《文心雕龍》88國際研討會」；1995年在北京舉辦了「《文心雕龍》國際學術討論會」。每次學術會議都有中心論題，提供大量學術論文，使「龍學」研究不斷向縱深發展，中外學術交流不斷擴大，研究隊伍不斷增多。可以說，大陸地區的「龍學」迄今爲止，已發展到一個新的高峰，面向二十一世紀，「龍學」勢必有新的突破、新的發展。

參、《文心雕龍》研究的未來走向

近年來，常聽到有這樣一種議論，說《文心雕龍》研究，專著上百部，論文上千篇，從校勘注釋到理論分析，似乎已達到飽和的地步，今後如何進一步研究，感到舉步艱難了。其實不然，「龍學」研究是無止境的。作爲「龍學」，今後有待我們研究的領域還十分廣闊，就其發展趨勢來說，以下三個方面還有待我們研究者進一步努力：

第一、面向世界。《文心雕龍》早已走向世界。唐代日本高僧遍照金剛在《文鏡秘府論》中已把《文心雕龍》介紹到日本。近百年內，已有日、英、俄、義各種譯本流傳國外。尤其是近半世紀內，外國不少學者都在研究《文心雕龍》，「龍學」已成爲一門世界性的學問。而在國外研究者之多，成果之豐，首推日本。到目前爲止，「龍學」已形成三大研究中心：第一，中國大陸內地的研究，無論是研究者隊伍之龐大，還是研究成果之豐富，無疑都足以稱爲「龍學」的大本營。第二，港台地區的「龍學」研究，也是蓬勃發展，取得巨大成

就。尤其在溝通海內外「龍學」交流方面，起到特殊作用。第三，日本的「龍學」歷史已久，著述亦豐。近些年來，外國研究者也日漸多起來了，歐美許多國家也有不少學者開始屬意於「龍學」。然而這一切，離「龍學」全面走向世界，還有相當的距離。香港中文大學黃維樑博士說得好：「作爲『龍的傳人』，龍學學者的一個研究方向，應該是用宏觀或微觀的方法，通過中西的比較，向西方學術界說明《文心雕龍》在世界文論史上的地位。……我只是認爲，《文心雕龍》的理論，可以古爲今用，甚至中爲洋用；至少，它的理論可補一些西方理論的不足。」⑦《文心雕龍》研究史表明，「龍學」走向世界，眞正能補西方理論之不足，做到「中爲洋用」，還有待中外學者通力合作，通過多種文字的準確翻譯，通過理論的闡釋研究，在更多的國家得到傳播，並爲世界文學界、學術界更多的人能理解和接受，這當中有一個非常重要的工作，就是要把《文心雕龍》的理論和外國的文論、詩論、美學作比較研究，實現中西對話、中外溝通。這樣才能稱得上名副其實地走向世界，這也是「龍學」研究者的任重而道遠的任務。

　　第二、面向現代。如果說，以往的「龍學」研究，主要還只是停留在對《文心雕龍》文本的校勘、注釋和理論的闡述，所以，研究領域也還只是局限於就《文心雕龍》論《文心雕龍》，那麼，今後的重要任務之一，就是要使「龍學」研究面向現代。這決不是說要把《文心雕龍》現代化，而是要本著批判繼承的原則，剔除其封建性的、不適於今天的東西，把其中的精華繼承和發揚，和我們現當代的文學理論和文學創作實踐結合起來。這裡，我想順便談談我國現當代文藝思

---

⑦　〈《文心雕龍》，「六觀」說和文學作品的評析──兼談龍學未來的兩個方面〉（「95《文心雕龍》國際學術討論會」論文）。

想的問題。本世紀三、四十年代，我國文學思想主要是受西方的影響，其中也包括蘇聯文藝理論的影響。新中國建立後，普遍學習馬克思主義文藝思想，作爲指導思想，文藝界強調思想立場、世界觀的一致性。西方的一些文藝思想，多被認爲是資產階級文藝思想而予以排斥。而對我國古代文藝思想，雖也曾一度引起重視而作過研究，但僅只是開始，就被十年浩劫所中斷。眞正開展全面的研究，還是改革開放以來十多年間的事。現在，我們強調要建設具有中國特色的文藝理論，最重要的一點就是要在我國幾千年文化土壤基礎上，繼承和發揚其精華部份，使之與現代文化有機地結合起來，成爲具有中國特色的新文化，文藝理論亦然。因此《文心雕龍》的研究，也有繼承革新，面向現代的問題。所謂面向現代，我以爲主要包含兩層意思：一是要把《文心雕龍》的基本理論和現代文藝理論接軌，使之成爲現代文藝理論和文藝批評的有機組成部份，更突出民族化和中國特色。二是要使之成爲我們文藝創作實踐中，具有直接或間接影響的審美意識。例如《文心雕龍》中強調文學作品的思想和藝術的巨大感染力量（風骨論），強調文學創作的個性化特徵（體性論），提出創作過程中超越時空、自由想像的原則（神思論）等等。無疑這對我們今天的文藝理論和文藝創作，都有指導意義的。我們應該把《文心雕龍》中的一些精彩的、正確的理論，有意義地運用在我們的文藝理論、文藝批評的研究和教學中，使古代的理論遺產，獲得新的生命。

第三，面向群衆。過去，「龍學」研究，基本上只是局限於研究者和愛好者的圈子中，研究專著和文章，主要也是寫給小圈子中的人看。所以，莫說是廣大群衆，就是在知識文化界，也不是人人都知道《文心雕龍》。一次國際學術討論會上，賓館的許多人都問：「你們這是什麼會？是工藝美術吧？」大家一笑置之。但仔細一想，這可是「龍學」研究的一個非常現實的問題。「龍學」要面向現代，首先就

要面向群眾，要使現代人認識《文心雕龍》，接受其中的理論，這是擺在「龍學」研究者面前的艱巨任務。當然，在過去的研究中，也並不是說沒有注意到這個問題。早在五、六十年代，不少「龍學」研究者已花了大量精力。對《文心雕龍》進行了注釋和翻譯，陸侃如、張光年、周振甫、郭晉稀、牟世金等；都有選譯發表於一些報刊雜誌，或成專書出版，對普及《文心雕龍》起了很好的作用。同時，許多大學中文系已開設了《文心雕龍》研究課程；一些文化藝術和新聞單位，也常舉辦專題講座。通過這些活動，知道並喜愛《文心雕龍》的人更多了，「龍學」之所以成為顯學，都和這些分不開。今後，我們的研究工作，更需要自覺地努力面向廣大群眾，對此，《文心雕龍》學會有義不容辭的責任。面向群眾，有一些工作必需要做，例如：編輯出版普及性的《文心雕龍》注釋和譯本，在報刊雜誌上經常選載原著中的精闢文字選錄；在有條件的學校（包括中學）中，開設課程或介紹有關知識；研究文章應與當前文藝理論和創作實踐相結合。有人認為，《文心雕龍》的一些理論概念已經過時了，不適用於現代的文藝思想和審美意識。這是不正確的，我國文學有我們自己的民族特色，有我們自己的傳統；西方的文藝理論我們尚可借鑒，我們自己總結出來的理論，怎麼反而不能用呢？洋可以為中用，當然，古也可以為今用。否則，我們何必再去研究古代文論、古代詩學？

　《文心雕龍》研究的歷史表明：由於這部文學理論專著本身文化內涵的博大精深，以及其文學理論的系統精闢，在我國文學史上產生深遠的影響。而且其影響並不是隨時間的推移而減少，相反地是愈往後影響愈大。這是由於我國文學史雖然不斷在發展，但優秀的理論傳統必將隨時代的發展而得到宏揚，隨著文學的新變而不斷獲得新的生命，顯示出其自身具有的光澤。

「根柢無易其固」
——從篇次結構説《文心》研究

南京師範大學中文系
石家宜

「讓傳統走向現代」，是文學理論發展的目標，《文心雕龍》研究概莫能外。兩岸同時把它視爲首選的討論課題，則是《文心》研究漸趨深化和成熟的表徵。

壹

從《文心》誕生以至「現代」，其間相距近十五個世紀，如何使這個古老體系的理論光輝燭照今日文學理論的發展，并不是一蹴而就的事。《文心雕龍》研究的歷史尤其是當代研究實踐告訴我們：大凡能處理好「傳統」與「現化」關係的，研究就會取得扎實有效的成果，反之則不然。王元化先生把他研治《文心雕龍》的方法概括爲兩句話：「根柢無易其固，裁斷必出于己①」，從理論上很好地解決了這個問題，是樸學傳統在今天的發揚，并有很強的針對性。對此，我的淺解是：我們既不能固守傳統，以古論古，又復不可將古代理論貼上現代標籤，或以古代理論成果當作印證現代文論的例證爲滿足。就二者的關係而言，「根柢無易其固」畢竟是基礎，離開了研究對象的固有根柢，就沒有眞正意義上的研究，那種不着邊際的理論闡發，歸根到底還是「根柢」太淺所致。當然，把傳統奉若神明，或當作價值

---

① 《文心雕龍創作論》，上海古籍出版社，1979年版。

連城的「古董」擊節把玩，也屬欲尊反抑。我們在「根柢無易其固」的基礎上還須以今天更爲發展、更加科學的理論爲指導，作出我們現代目光的「裁斷」。只有這樣，才能造成古今理論的眞正溝通，使理論之樹歷久而彌新。

從實際情況看，我們的研究雖然取得了可觀的成果，但我們對《文心雕龍》龐大的理論體系尚未取得整體把握的主動，因此很多局部問題的探討就不能深入有效地進行下去。篇次結構問題之所以引起越來越多的關注，就因爲它是我們從整體上把握《文心》體系的必要途徑。然而，看起來并不怎麼複雜的問題，爲什麼變成現在這樣的爭訟紛紜呢？

都說現在沿用的篇次結構是「錯亂」了的，究竟有什麼版本根據或發現了什麼相關資料證明這種「錯亂」是確鑿可信的呢？沒有，至少目前沒有，一條也沒有。在此情況下，爲什麼不可以從原來的篇次結構入手去解讀這個古人的理論體系呢？

篇次結構可以說是一個理論體系的框架。研究者在研究《文心》體系之初，腦子裡不可能是一片空白，在按既有的框架影子去解讀和衡量古人的理論體系，一旦發現有種種預料未及的齟齬、矛盾和背離時，爲什麼一下子就斷定是由於版本的傳誤，是經前人篡改了的呢？爲什麼必得按自己的觀念和思路改得它面目全非才肯罷休呢？

原因當然還不止於此。堅決反對更改《文心》既有篇次的牟世金先生，在他卓有成效的研究中也於不知不覺之間部分地違背了自己的初衷，如「摛神性、圖風勢、苞會通」三個短語，他認爲劉勰既言「圖風勢」，則〈定勢〉篇應與〈風骨〉篇相接，又將「苞會通」理解爲「從〈附會〉到〈通變〉」，他主觀上是「照」了劉勰「原話」的，客觀上卻理解錯了。

除了上述用既定的「體系影子」硬改和因理解原意有偏的誤改以

外，尚有一種表面不改而實際改動的傾向也值得注意，一個顯證就是對〈辨騷〉的理解。劉勰明言《文心》上篇頭五篇爲「文之樞紐」，有人卻把「辨騷第五」列「文體論」之首，認作是「文體論」總綱，這樣一來「文之樞紐」就被肢解得只剩四篇了。

還有一種或可稱爲對《文心》篇次心存疑慮的意向，比如有一種普遍看法認爲，〈體性〉篇着重討論風格與作家個性的關係，屬于對風格主觀因素的探索，而〈定勢〉篇講「即體成勢」，又是對風格客觀因素的探討，劉勰是從主觀與客觀兩個方面來探討風格成因和規律的。那麼「疑慮」從何而起呢？至少對劉勰爲什麼不把〈體性〉與〈定勢〉緊連而在當中插進了〈風骨〉與〈通變〉兩篇感到蹊蹺，對〈序志〉篇關於全書結構的話也覺得難解和費神。還有，劉勰爲什麼不把涉及重要創作規律的〈隱秀〉和〈比興〉篇放在闡述創作規律的各篇之後，而要和〈章句〉、〈麗辭〉、〈練字〉這些主要是討論修辭的篇章放在一起呢？再如〈才略〉篇考察歷代詩人的才力和藝術成就，自然是涉及到風格問題的，爲什麼不把它與前面幾篇集中在一起構成一個風格理論系列呢？

如此等等。幸好大家現在也都不同意把《文心》篇次打亂了重新安排過。否則，任這種你改我改的趨勢繼續下去，恐怕早晚會改得連劉彥和也認不得家了。

退一萬步說，即就是劉勰這部由五十個獨立單篇相連相銜而鑄成的體系，在篇次安排上有這樣那樣的不妥，那麼我們也只能是指出其安排不妥在哪裡，而不應當在完全沒有版本依據的情況下，進行隨意性很大的篇次更改。你改得再好再妥貼，也不會是劉勰體系的原汁原味了，「根柢」之固也就有了實際上的缺陷，隨之而來的，只能是我們「裁斷」的失控了。

貳

堅信《文心》現存篇次無誤之所以并非偏執，一則由於我們找不到任何值得更動的版本和其它相關資料的支持；再則我們從闡述《文心》篇次唯一的第一手資料〈序志〉篇，并不難窺探劉勰建構其理論體系和安排相應篇次結構的良苦用心；更可以與這個體系的內在義脈結合起來，盡可能準確地還原《文心》體系形成的思考過程，以至劉勰構造其體系的總體思路，從中探尋《文心雕龍》外在篇次結構之內在依據，這樣就可以較爲貼實地把握劉勰探討「爲文用心」的「用心」所在。

關于上篇的篇次，〈序志〉篇分其爲「文之樞紐」與「論文叙筆」兩大塊。不少論者對〈辨騷〉篇之歸于「文之樞紐」有疑問。但劉勰用明明白白五個短語「本乎道、師乎聖、體乎經、酌乎緯、變乎騷」，既概括了各篇的主旨，又昭示了它們在「樞紐」中的位置，對于這個整體性很強的「樞紐」觀及其構成，我們不能視而不見。它不僅包括了大家公認爲「樞紐」的宗經原則，還包含着劉勰用宗經原則去考察文學新變、規範文學新變的完整思考。劉勰面對的是一個「去聖久遠、文體解散」的文學現實，「變乎騷」的根本用意就是以《詩經》爲座標，對《離騷》之「變」進行了「四同」「四異」的比較，表達了他對楚篇之變的明顯保留，他甚至把文變之過追溯到楚篇之「艷」，從而提出了「憑軾以倚雅頌，懸轡以馭楚篇」的文變方針，確定了「酌奇而不失其貞，玩華而不墜其實」的文變典範。從〈原道〉、〈徵聖〉、〈宗經〉到〈正緯〉、〈辨騷〉，表現了劉勰對文學發生、發展、流變全過程的完整認識和總體規範，作爲探討爲文用心的一個完整綱領，它們是不可分割的。

下篇的篇次要複雜得多。〈序志〉篇把下篇分成「剖情析采」與

「長懷序志」兩大塊，而「剖情析采」這一塊又可分爲「摛神性、圖風勢、苞會通」（下篇前五篇即第二十六至第三十篇）、「閱聲字」（下篇第三十三至第四十二篇）及「時序、才略、知音、程器」（下篇第四十五、四十七、四十八、四十九篇）三組。頭一組是劉勰「商榷文術」的指導思想；「閱聲字」實際包含了一組討論文章作法、寫作技巧的篇章，即〈聲律〉篇及以下〈章句〉、〈麗辭〉、〈比興〉、〈夸飾〉、〈事類〉、〈練字〉、〈隱秀〉、〈指瑕〉和〈養氣〉諸篇；而〈時序〉等四篇則由於它們所討論的問題具有相對獨立性而無法歸類，所以將之單列。這樣一來，下篇二十四篇中只有五篇未在〈序志〉篇中標出。這五篇的情況是：〈情采〉篇論情與采的關係，與之緊接的〈鎔裁〉講練意練辭，都是「商榷文術」中的基本問題，把它們列于作爲「商榷文術」綱領的下篇頭五篇之後，是看不出有什麼錯亂的。〈附會〉篇講附辭會義，其後的〈總術〉篇則是爲各種寫作技巧和方法作的小結，把它們放在「閱聲字」一組篇章之後也是順當的。而〈物色〉篇與〈時序〉并列，更沒有什麼費解之處，〈物色〉顯然不是討論什麼修辭技巧，而是講寫作與自然環境的關係，這一章同討論寫作與社會環境關係的〈時序〉，篇意之間是十分貫通的。由此可見，〈序志〉中未標明的五個篇章在《文心》中的位置，都沒有什麼錯亂的迹象。由於下篇「剖情析采」所涉及的問題很廣，用駢文寫作的序言裡要交代的問題很多，我們不必奢求劉勰把二十四篇的位置全部標明。但是從大的框架看，〈序志〉篇的概括與通行本的實際篇次安排是并無二致的，與劉勰「商榷文術」的思路和用心也是吻合的。

　　不少前輩對于下篇篇次有疑，并提出了一些改動。不過，他們的改動是局部的，對我們理解《文心》篇次整體沒有太多影響。而郭晉稀先生根據「剖情析采」這句話，就把下篇篇次按什麼是「剖情」，

什麼是「析采」進行了大的調整，從第二十九篇〈通變〉改到第四十六篇〈物色〉。于是，下篇篇次遂變成這樣一種順序：26、27、28、42、43、29、38、30、31、32、33、39、34、35、36、37、46、40、41、44、45、47、48、49，下篇二十四篇，共改動其十八②。至于哪幾篇是「剖情」，哪幾篇是「析采」，哪幾篇又是情采兼顧的，郭先生都有與眾不同的理解，這樣一來，就出現了〈養氣〉在〈風骨〉之下，〈附會〉到了〈通變〉之上，而〈事類〉又夾在〈通變〉與〈定勢〉之間的格局。作爲一位爲《文心雕龍》研究做出了重大貢獻的著名學者，他是過份拘泥于「剖情析采」這四個字了。所謂「剖情析采」，明顯是「商榷文術」的一個概括的提法，這和第三十一篇〈情采〉之具體剖析情與采的關係不是一碼事。有的學者甚至把郭說推向極端，改下篇篇次爲〈情采〉第一，凌駕于「摛神性、圖風勢、苞會通」之上，成了下篇總綱之總綱，這就更爲離奇③。僅僅停留於具體的情采層次去衡量《文心》體系，出發點是明顯的低了。

還有一種觀點同樣因爲拘泥於于字面意義而把「苞會通」理解爲「表示從〈通變〉到〈附會〉所研究的內容」④。這種看法根本無法論證劉勰爲什麼把〈附會〉與〈通變〉合成一組成其爲「苞會通」，而與「摛神性、圖風勢」并列。其實，「摛神性、圖風勢、苞會通」也只是一種概括的提示，所謂「苞會通」不過是「通變」的又一種說法，〈通變〉篇講的是如何「憑情以會通、負氣以適變」，「會通」與「適變」兩句合之則爲「通變」。在這裡，「適變」與「會通」同義，與〈神思〉篇所謂「至變而後通其數」，〈體性〉篇所謂「八體雖殊，會通合數，得其環中，則輻輳相成」一樣，都是強調指出了掌

---

② 《文心雕龍注釋》，甘肅人民出版社，1982年版。

③ 見《文心雕龍研究》第二輯甲斐勝二文，北京大學出版社，1996年版。

④ 《雕龍集》，中國社會科學出版社，1983年版。

握事物發展變化中的關鍵——會合貫通之處的重要性。其實《文心雕龍》中就有將「適變」與「會通」連用以表示同一意義的，〈徵聖〉篇之所謂「抑引隨時，變通適會」，便是四字通義的又一力證。我們怎能把「憑情以會通」說成指第四十三篇的〈附會〉，把「負氣以適變」說成是指第二十九篇的〈通變〉，從而認定「苞會通」就是指「從〈附會〉到〈通變〉的內容」呢？這又一次顯示，我們不能膠着于字面去理解《文心》的結構安排，是一個何等重要的原則。

至此，我們還要說一下，把〈體性〉與〈定勢〉看成討論風格主客觀因素的見解。認為熔「體性」與「體勢」為一爐構成了劉勰風格論的重要內容，這種看法的深刻性是毋容置疑的。問題在於，從主觀與客觀兩方面來探討風格構因，這個任務在作為風格專章的〈體性〉篇已經解決了，劉勰不會運用兩個篇章來探討同一個問題，何況在〈體性〉與〈定勢〉之間還夾有與風格構因了無關涉的〈風骨〉與〈通變〉兩篇，也應引起我們的沉思。

范文瀾先生最早明確揭示了《文心》篇次間的緊密聯繫，認為《文心》篇次排列至有倫序，又有〈神思〉注云：「『情數詭雜，體變遷貿』，隱示下篇將論體性。《文心》各篇前後相銜，必於前篇之末，預告後篇所將論者，特為發凡于此。」他的發現是正確的。但所謂「必于前篇之末預告後篇所將論者，」〈神思〉篇只是一個特例，我們更要把注意力集中到前後篇之間內在命意的銜接上，不必刻板地尋求字面的聯結。

注意到這種前後相銜的結構特點，尤其是從內在篇意相銜中找到各篇之間的有機聯系，那麼我們便可知從〈神思〉到〈定勢〉這五篇為什麼是一個整體，也可以把〈體性〉與〈定勢〉兩篇的關係看得更加清楚。

處於文學意識漸趨自覺時代的理論家們，從藝術思維活動的特點

和方式上來確認文學的本質特性，這是一種深刻的新見，故〈神思〉列下篇之首。但是，爲什麼同用「神思」進行創作而呈現的卻是「其異如面」的創作風貌呢？劉勰認爲這是由「情數詭雜，體變遷貿」兩方面因素造成的，遂以「體性」標名來進一步探討風格現象。那麼，緊接其後的〈風骨〉篇又是講什麼的呢？有的學者說是進而探討了什麼是「最理想的風格」⑤，有的說〈體性〉是「風格通論」，而〈風骨〉則爲「風格專論」⑥。但是《文心雕龍》沒有用不同篇幅探討同一個問題的通例，而且在〈體性〉篇「八體」說中，已經指明「熔式經誥，方軌儒門」的「典雅」一格便是劉勰心目中「最理想的風格」了。在風格「八體」中，劉勰對「輕靡」、「新奇」二格表示了毫不含混的貶斥，在他看來，要造就良好的風格，就必須對不同類型風格作家的創作進行指導和規範。由於劉勰認爲「體性」主要從文情與文辭兩大部分表現出來，因此「風」與「骨」就成爲對文情文辭的美學規範，從而使作品做到「風清骨峻、篇體光華」。那麼，怎樣才能達到這個目的呢？〈風骨〉篇末說：「若夫熔鑄經典之範，翔集子史之術，洞曉情變，曲昭文體，然後能孚甲新意，雕畫奇辭。昭體故意新而不亂，曉變故辭奇而不黷。」這就是說，建樹理想風格的根本途徑就是向經典學習，參酌子史的方法，既知「洞曉情變」，又能「曲昭文體」，沿此兩途便可「確乎正式，使文明以健」了。劉勰在〈風骨〉篇後連設〈通變〉與〈定勢〉兩篇，正是爲了分別解決如何「曉變」與「昭體」的問題。〈通變〉篇討論如何「洞曉情變」以達到「望今制奇」，〈定勢〉篇討論如何「曲昭文體」以達到「參古定法」，兩篇互爲表裡。

---

⑤ 見《文心雕龍的風格學》，人民文學出版社，1982年版。
⑥ 《文心雕龍解說》，安徽教育出版社，1993年版。

　　由此可見，劉勰「商榷文術」從〈神思〉的思維規律探討入手，到〈定勢〉篇之以「昭體」定法收煞，正體現着他探尋「正末歸本」之道的一個完整思考過程和救弊方案。〈定勢〉篇當然會正面涉及各種「體勢」以及「體勢」對風格形成的重大作用，但是我們不能因此說〈定勢〉篇同〈體性〉篇一樣都是專論風格的，這正像《文心雕龍》中言及風格規律的篇章很多，我們不能把它們都當作風格論專章是一樣之理。

　　概言之，我們不厭其煩地討論《文心》下篇篇次，正是爲了說明：

　　一、《文心》通行篇次幷無「錯亂」，錯亂是由我們對《文心》固有根柢的缺乏尊重所致，〈序志〉中對全書結構的概述與現行篇次的實際安排是一致的。二、從通行篇次入手，有可能逐漸找到劉勰營建其理論體系的可信思路和結構安排，使我們對這個體系的方方面面進行局部探討時，可以做到「目有全牛」，而避免「瞎子摸象」。三、上述對于篇次結構的種種質疑和辨析，應當激發我們對於今後《文心雕龍》研究從傳統走向現代的方法和途徑，進行深一層的思考。

叁

　　一九九六年底在古城西安召開的中外文學理論學術討論會上，傳出了一個發人深省的信息：長期以來，由於沒有把自己的努力牢牢地植根于我們民族的沃土之上，使我們的文藝學研究漸漸陷入了困境。其實，早在五十年代末期，一向重視古代文論研究的前輩周揚老人，就極具遠見地提出了建設具有我們民族特色的科學的文藝理論體系的主張，今天的討論雖說來得遲了一些，但仍不失是一種爲時未晚的銜接。學蘇聯也好，仿西方也罷，再好的東西也是人家的，那是從人家

的實踐和傳統中概括出來的,如果把蘇聯基于較爲刻板的意識形態理論建立起來的文藝學,用來指導我們的理論總結和文學實踐,或把以古希臘羅馬的《詩學》《詩藝》爲源頭的西方文藝美學,當作解釋和指導我們文藝運動的武器,都難以避免由於文化背景的差異而造成的誤讀和曲解,只有回歸到我們民族長期形成的審美傳統和理論發展軌道上來,才能重新確定我國現代文藝科學自己的語言環境,形成屬于自己傳統的研究格局。而要立足于我們民族傳統理論的根基,首要的環節是科學地整理闡發它,進而開發利用、發揚光大它,幷在此基礎上通過比較同異,借鑒和融通具有他民族特色的文學理論,經過現代科學理論和方法的指導、提煉和熔鑄,逐漸形成有鮮明民族特色又兼具巨大包容機制的屬于我們自己的文學理論。

但是,要進行古代文論的現代轉換,我們會迎面遇到一個棘手問題:究竟以怎樣的理論參照系去衡量和評價古代理論的價值?前輩學者在開創這個學科之初,都經過學習歐美文論的理論準備階段,由於「五四」新文學運動的巨大影響,他們都十分重視對西方文藝思潮的汲取,作爲他們評價傳統的理論武器。郭紹虞先生早在二十年代之初,不遺餘力地大量譯介了歐美藝術和美學思潮的主要流派和基本觀點,已爲人所共知。羅根澤先生在其《中國文學批評史》序言中也明確說明,他的治中國文學批評史是受到了英國一位文學史家 Saintsbury 的直接影響⑦。陳鐘凡、方孝岳、劉永濟、朱東潤等前輩,無不以開放性的目光發掘傳統文論的內在價值和民族特點,探求中外文學理論的溝通。不能說他們所作的努力已經臻於完美,但較之近代閉着眼睛拒絕一切新潮變革之所謂「中學爲體」的保守意識,自是不可同日而語了。現在,廣大中靑年學者則以更爲開放的胸襟和視野,作出

---

⑦ 《中國文學批評史·緒言》,上海古籍出版社,1983年版。

了超越前輩的成績，但總體來說，他們用來發掘和闡明古代文論包括《文心雕龍》的價值尺度及至評論術語仍是從西方借用過來的。

於是，就有了所謂「失語」的驚呼。用西方的價值尺度來進行我們傳統遺產的挖掘研究，豈不是失去了我們自己？

問題在于，我們不能不接受這樣一個既成的現實：在引進西方理論之前，中國本沒有現代意義上的文學理論。朱自清先生說過：「『文學批評』一語不用說是舶來的。現在學術界的趨勢，往往以西方觀念（如『文學批評』）爲範圍去選擇中國的問題，姑無論將來是好是壞，這已經是不可避免的事實。」⑧前輩學者所作出的努力，并非以西方的價值觀來頂替和拋棄我們的民族傳統，在實質上，他們不過是通過中西文論的比較，尋求溝通古今與中外之間的聯系，以便找到較爲可靠的評價傳統文論的尺度。而今天，我們應當做的，就是要自覺地造成邊借鑒先進、邊探索和建設我們自身（當然也包括我們自己的批評話語系統）這樣一種良性循環，最終建立自己的理論批評體系。因此，借鑒發展較早、較快，且有較強理論根基支持的文學價值觀念和研究方法，非但不會「失語」，恰恰是爲了更加有效地盡早尋回我們自己，這也是一種很嚴肅很艱難的學術開創，與一味摹仿套用是完全不同的。

就《文心雕龍》研究而言，要實現所謂轉換，不能是簡單地從傳統的語境跳到現代語境中來，而應當站在溝通古今語境的高度去把握《文心雕龍》的意義。這就要求我們自覺地放棄現代視野的成見去重新體察其在原始視野中的意義。上述篇次安排問題上的種種誤斷，就因在不知不覺之中用現代理論觀點和框架去進行簡單比附，結果偏離了《文心》本身的根柢，這種借鑒當然是喧賓奪主的了。再如大家現

---

⑧ 《朱自清古典文學論文集》，上海古籍出版社，1981年版。

在都開始重視《文心》基本範疇和基本理論的研究，這是《文心》研究最基礎的工作，自然也是《文心雕龍》研究從傳統走向現代的最基本的環節。系統地研究《文心》的基本範疇，需要很強的開創性，僅僅把這些範疇與現代通行的相關範疇進行類比，便不可能達到以古通今的轉變。比如現在幾乎眾口一辭地把「通變」等同于今天所謂「繼承與革新」的關係，這實際上也是簡單類比，因為劉勰在〈通變〉篇裡沒有一處是將「通」與「變」對舉，全篇都是圍繞一個「變」字立論的，如果我們把劉勰的主「變」觀落實到他本人一再強調的「文辭氣力」上去，那樣我們對「通變」這個範疇的認識就會客觀得多。對「風骨」，對「體約」、「奇正」、「清峻」、「雅俗」、「隱秀」等等重要範疇的探討也有同樣的問題。詹鍈先生在其名著《文心雕龍的風格學》中，把劉勰的「風骨」與 Longinus 的《論崇高》相提并論，認為「二者在莊嚴、恢宏、遒勁、清明、剛健、眞實等方面有很大的類似性」，以至後來有人又把「風骨」同所謂「新英雄主義」相比。他們為什麼不能冷靜地看一看，劉勰標舉「風骨」典範之作的司馬相如〈大人賦〉和潘勖〈冊魏公九錫文〉，怎麼去和「崇高」、「英雄主義」搭界呢？由於《文心》中的概念、範疇是構成《文心》體系的最基本的細胞，因此我們尤其要注意這些範疇的總體性特點，任何孤立探討和簡單挂靠都會造成對其「根柢」的背離，更談不上揭示其具有民族特點的深刻內涵了。

與此相聯的是對於《文心雕龍》基本理論的探討，比如關於原道、徵聖、宗經三位一體的基本文學觀、辨騷觀和主變論、文體論、藝術想像論、風格論、風骨論、修辭論等等，雖然已經取得了很大的成績，但是現在還不能說，我們的探討已經十分接近了劉勰的本意。這裡有一個很大的障礙，就是我們究竟怎樣認識《文心》這個體系的性質？從「現代轉換」的目標來看，我們的目標向重下篇之所謂創作

批評理論，自然是無可厚非的，但我們也必須看到，劉勰對他的「文體論」的重視，如果不是超過至少也不會亞於下篇的創作理論，這就需要我們十分冷靜地重新認識一下《文心》體系的性質和特點，十分重視對文體論在體系中地位的再認識，十分謹慎地對待大體是從現代理論概念框架中借鑒過來的諸多基本理論問題的探討和評價。類似的基本理論問題還有很多，如像現在大家對劉勰這個體系的局限性，尤其是對劉勰文學思想的內在矛盾就缺乏必要的重視和探討，很少見到有份量的論述。又如對原道、徵聖、宗經三位一體的基本文學觀，它們之間到底是什麼關係？〈徵聖〉篇是否僅僅是「門面話」？為什麼最終落實「文能宗經，體有六義」時，我們從所謂「情深、風清、事信、義直、體約、文麗」中，連「道」與「經」的影子都看不到了？探討這樣一些對《文心》體系是牽一髮而動全身的問題，如果稍有不慎，就會背離劉勰的本意，影響我們對《文心雕龍》的總體評價。

總之，《文心雕龍》研究，無論是篇次結構，體系建構思路，還是基本範疇和基本理論，都不能離開《文心》整體文學思想的根柢，這是我們科學地揭示《文心雕龍》的歷史內涵和民族特色的根本保證，捨此，則所謂從傳統到現代的轉換就難免落空。

劉勰說，「文果載心，余心有寄」，他在那個鬱結着許多不得已苦衷的時代裡，也曾發出過「知音其難」的感慨，而我們今天的「轉換」，正是為了和劉勰的心靈溝通起來。換言之，我們必須去和《文心雕龍》對話，同劉勰的心靈對話，這樣就可以把握劉勰文學思想中活的、具體的、感性的東西，就可以避免把劉勰文學思想的研究僅僅局限于空洞的現代概念表述和抽象的現代邏輯演繹。果能如此，我們便能夠從《文心雕龍》文本的外殼下「還原」出一個活生生的劉勰，並切切實實開始同他的「對話」了。因此，把所謂「現代轉換」落實到我們與古人進行平等的心靈「對話」，也使我們終于可以去尋找一

個失落于我們自身中的過去的世界，而這樣做，正是爲了理解我們自身，從而展示我們對于未來的視野。

（戊寅年冬日，南京小火瓦巷寓所）

元至正本《文心雕龍》匯校札記
——兼談版本校勘與現代研究

上海社會科學院亞洲太平洋研究所

林其錟

1992年，中華書局組織編纂《文心雕龍辭典》，由著名學者周振甫擔任主編。承其厚愛，約爲校理元至正本，遂在繼校理並出版了《敦煌遺書文心雕龍殘卷集校》和《宋本太平御覽引文心雕龍輯校》之後，用了近一年時間撰成《元至正本文心雕龍匯校》作爲《文心雕龍辭典》的一個組成部分，由北京中華書局於1996年8月出版。《匯校》係以敦煌唐寫殘卷、宋本《太平御覽》引文，楊明照校注黃叔琳輯注《文心雕龍》和《文心雕龍校注拾遺》、詹鍈《文心雕龍義證》作爲對校本，參照黃侃、劉永濟、范文瀾、郭晉稀、周振甫、姜書閣諸家成果。在匯校過程中，辨比異同，間生斷想，今擇取若干，整理如次，就教方家。

壹

產生於五世紀的《文心雕龍》，在長達1500年的流傳中，產生了繁富的版本。如果把今存和歷代見錄的寫本、刻本、叢書本、校本、注本加在一起，自唐迄清，就有98種。其中寫本15種，單刻本40種，叢書本13種，校本27種，注本3種。

《文心雕龍》傳抄轉刻既多，句字相沿既久，或因校勘不精，或憑己意臆改，訛舛衍脫自生，「別風淮雨」多有。古諺云：「書三

寫，魚成魯，虛（按《意林》作「帝」）成虎」。①即使如藏書家奉為至寶，被認爲校勘精審、比較接近古書原本面貌的宋版書，也同樣存在上述問題。蘇軾《東坡志林》就說：「近世人輕以意改書，鄙淺之人，好惡多同，從而和之者衆，遂使古書日就訛舛，深可忿急」。清代盧文弨《重雕經典釋文緣起》（見《抱經堂文集·卷二》）也說：「今之貴於宋本者，謂屢寫則必不逮前時也。然書之失眞，亦每由於宋人。宋人每好逞臆見而改之。」《文心雕龍》流傳旣久，版本滋生，發生背離原本字句的文字錯誤亦無例外。明人張之象在其萬曆七年刻本《序》中曰：「獨是書（按：指《文心雕龍》）世乏善本，僞舛特甚，好古者病之。」伍讓萬曆十九年《序》亦云：「是書類多舛僞，不可讀。」曹學佺萬曆壬子《序》甚至浩嘆：「《雕龍》苦無善本，澷漫不可讀。」②

　　現存最早的《文心雕龍》版本是敦煌遺書《文心雕龍》殘卷。敦煌本《文心雕龍》殘卷據說有兩種：一種是見藏於英國倫敦大英博物館東方圖書室原編目爲斯五四七八號（S·5478）、基爾斯（Giles）新編列爲7283號的行書唐寫殘卷；另一種即已故上海圖書館館長、著名古籍版本目錄學家顧廷龍於1946年12月22日由著名出版家張元濟交其讀校的楷書敦煌殘卷③，或如楊明照《文心雕龍校注拾遺》著錄的「近人黃文弼藏唐寫殘卷」和王利器《文心雕龍校證》記錄的「前北京大學西北科學考察團員某藏唐寫本。」今可見者僅倫敦藏唐寫殘卷，而後者則不知下落。

---

① 引自葛洪《抱朴子·內篇·遐覽》。
② 所引諸〈序〉均見周振甫主編：《文心雕龍辭典·附錄一》，中華書局1996年8月出版，第807、808、811頁。
③ 詳見拙文：〈顧廷龍談文心雕龍敦煌寫本〉，載《社會科學報》1995年3月16日第4版。

　　倫敦藏唐寫《文心雕龍》殘卷因其近古，學術價值極大，爲海內外專家學者所重視。趙萬里以爲：「據以移校嘉靖本，其勝處殆不可勝數。又與《太平御覽》所引及黃本所改輒合；而黃本妄訂臆改之處，亦得據以取正。彥和一書，傳誦人世者殆遍，然未有如此卷之完勝者也」。④楊明照也認爲：「對比諸本，勝處頗多。吉光片羽，確屬可珍。」⑤日本戶田浩曉則稱此本「是現存《文心雕龍》中最古老的貴重文獻。」⑥並且從「糾正形似之訛」、「糾正音近之誤」、「糾正語序的錯倒」、「補入脫文」、「刪去衍文」、「訂正記事內容」等六個方面肯定了敦煌寫本在校定《文心雕龍》的原文方面所具有的資料價值。事實也是如此，該殘卷雖然只存《文心雕龍》全書的26％，但就諸家比較一致認爲可據之校正後之傳本誤字的即達470餘字多，因而不少疑問乃因敦煌本出而冰釋。但是，儘管如此，唐寫本也畢竟是傳抄本，既經傳抄，訛舛衍脫亦所難免。比如〈徵聖〉篇：「書契決斷以象史」，「史」即爲「夬」之形誤：「精精爲文」，「精精」應爲「精理」，次「精」字乃涉上而誤。又如〈辨騷〉篇，「故陳堯舜之耿介，稱禹湯之祗敬也」，本應作：「故其陳堯舜之耿介，稱禹湯之祗敬，典誥之體也；譏桀紂之猖披，傷羿澆之顛隕，規諷之旨也。」而唐寫本竟脫二十一字，使文義不能通貫。同樣，〈銘箴〉篇：「蓋臧仲之論銘也」，亦因脫「臧」之下「武」字和「論銘也」下「曰：天子令德，諸侯計功，大夫稱伐」三句十三字而難以卒讀。此外，諸如〈頌贊〉篇之「武仲」倒爲「仲武」，〈銘箴〉篇之「張昶」誤爲「張旭」的事例也不少。加之唐人抄寫習俗，特別在敦

---

④　趙萬里：唐寫本〈文心雕龍殘卷校記〉，《清華學報》第三卷第一期，1936年。

⑤　楊明照：《文心雕龍校注拾遺》，上海古籍出版社1982年12月出版第759頁。

⑥　（日）戶田浩曉：〈作爲校勘資料的文心雕龍敦煌本〉，《日本研究文心雕龍論文集》，齊魯出版社，1983年4月出版，第115頁。

煌卷子中，多用簡體字、同音假借字，諸如本卷子的「第」作「弟」、「以」作「已」、「班」作「斑」等等，也給後人辨析字義增加了困難。所以，儘管唐寫本近古，學術價值極大，從版本校勘的角度看，問題也是不少的。

在現存的古籍中，除敦煌遺書之外，現存時代較早而數量又較多的當推宋版書了。日本《朝日新聞》1977年6月28日曾有報導：據日本研究古典文獻的專家阿布隆一教授的調查統計，現存宋版書的數量約爲3230部，共計2120多版種，其中中國大陸藏有1500多部，1000多版種；台灣藏有840部，500多版種；日本藏890多部，620版種。這些統計不包括《大藏經》之類的書，也未將蘇聯、德國、法國、英國、美國等所藏的宋版書統計進去。⑦從上面統計的數字看，數量是不少的，可是卻沒有《文心雕龍》。

從今存史料可以見到：宋人於《文心雕龍》著錄者8，品評者7，採摭者12，引證者11，考訂者3。其中不但如李昉等人的《太平御覽》、潘自牧的《記纂淵海》、王應麟的《玉海》等類書有大量徵引，而且還有辛處信注本的記錄。可惜宋版單行本《文心雕龍》卻一部也沒有流傳下來。今日唯一能直接見到的，只有南宋刊刻的《太平御覽》，因其中有大量的《文心雕龍》引文，藉此可窺見一斑。

南宋刻《太平御覽》採摭《文心雕龍》的〈原道〉、〈宗經〉、〈明詩〉、〈詮賦〉、〈頌贊〉、〈銘箴〉、〈誄碑、〉〈哀弔〉、〈雜文〉、〈史傳〉、〈論說〉、〈詔策〉、〈檄移〉、〈章表〉、〈奏啓〉、〈議對〉、〈書記〉、〈神思〉、〈風骨〉、〈定勢〉、〈事類〉、〈指瑕〉、〈附會〉等23篇的大部分或部分，共計43則，9868字，所涉篇章占全書55篇的46％，字數約占全書的26.67％，比

---

⑦　轉引自伯岳：《版本學》，北京大學出版社，1993年12月出版，第148頁。

倫敦藏唐寫殘卷還多一千多字。其中〈明詩〉、〈詮賦〉、〈頌贊〉、〈銘箴〉、〈誄碑〉、〈哀弔〉、〈史傳〉、〈詔策〉、〈檄移〉、〈章表〉、〈奏啓〉等11篇幾近全篇;〈原道〉、〈雜文〉、〈論說〉、〈議對〉、〈書記〉等篇也徵引了大部分。因此,將宋槧《太平御覽》分散採摭的《文心雕龍》引文加以輯合,不啻爲今存的宋刻《文心雕龍》殘卷,上可承唐寫殘卷,下可接元至正刊本,亦可聊補《文心雕龍》版本流變過程的一個環節。

以宋本《太平御覽》引文同唐寫敦煌殘卷相涉的〈宗經〉、〈明詩〉、〈詮賦〉、〈頌贊〉、〈銘箴〉、〈誄碑〉、〈哀弔〉、〈雜文〉等七篇,同後之元至正本、清黃叔琳輯注本相涉部分加以比勘,其中文字相異者(四者中有一種相異者即計在內)共有348處,而宋本《太平御覽》引文與敦煌唐寫本合者122處,占35.057%;元至正本與唐寫本合者爲105處,占30.17%;黃叔琳本同唐寫本合者爲112處,占32.18%。這個統計表明:宋本《太平御覽》引文比起後來之傳本,更接近於唐寫本,所以可與唐寫本互相印證,發現《文心雕龍》之本義。例如〈宗經〉篇「禮以立體」,「以」,後之傳本或作「季」,或作「記」,而敦煌寫本和宋本《太平御覽》並作「以」。范文瀾《文心雕龍注》云:「《漢書·藝文志》『《禮》以明體。』《法言·寡見》『說體者莫辯乎《禮》』。立體猶言明體」。詹鍈《文心雕龍義證》也說:「作『以』爲是。」又如〈明詩〉篇「張左潘陸」,後傳諸本並作「張潘左陸」,而敦煌寫本和宋本《太平御覽》作「張左潘陸」。楊明照《文心雕龍校注拾遺》云「按〈詮賦〉、〈時序〉、〈才略〉三篇所敘兩晉作者,皆左先於潘,此亦應爾。」於此可見:敦煌寫本和宋本《太平御覽》,因其相對近古,文字可能更近於原貌。因此其學術價值,歷來爲學術界所重視。但是,宋本《御覽》引文也有訛舛衍脫問題,如〈詔策〉:「其

在三代」，而「代」訛爲「王」，〈銘箴〉：「橋公之箴」，「橋」誤爲「橘」等等。加之可能出於類書編者需要，在引文中間有意刪節者也不少。比如〈明詩〉「感物吟志，莫非自然」下就被刪去「昔葛天樂辭，〈玄鳥〉在曲；黃帝〈雲門〉，理不空弦。至」十八字。其他茲不一一列舉。此外，《御覽》引文雖是刻本，可能因離唐代寫本不遠，所以仍留有不少寫本的痕跡，如「標」作「摽」「昭」作「照」，「包」作「苞」等等。

貳

元代刻本質量從總體上看是不如宋刻本的，但是也不能一概而論。元代統治者對興學立敎比較重視，十分注意中央及地方各級儒學的建置。據明人陳邦瞻《元史紀事本末》記載，元世祖至元二十年（1283年）命在「先儒過化之地、名賢經行之所，與好事家出錢票贍學者，並立爲書院」。元代的學校書院或由國家撥款，或由私人捐獻，而且大多擁有學田，所以一般都有比較充足的經費，有條件開展刻書事業；加之書院人員素質較高，因此書院翻刻的古書，選用底本比較謹愼，校勘也比較精審，所以質量也較高，有的甚至勝過宋版書。

根據楊明照的研究，《文心雕龍》元刻本至少有三種：元至正本、黃丕烈校元本、倫明校元本。楊明照說：「黃丕烈所校元本，行款悉與此本（按：指元至正本）同，字則有異，當非一刻。倫明所校元本，字既有異，行款亦復不同（每半葉九行，行十七字；首行題『文心雕龍卷之一』，次行題『梁通事舍人東莞劉勰撰』），則又另一刻也。」⑧可是，黃丕烈和倫明所校之元本均已佚傳（北京圖書館

---

⑧　楊明照：《文心雕龍校注拾遺附錄》，上海古籍出版社1982年12月出版，第763頁。

藏有傳校元本《文心雕龍》，底本是廣東朱墨套印紀評本），今可見者，唯有上海圖書館藏的元至正刊本。此本因是孤本，長期以來鮮爲人知，包括范文瀾在內的許多學者都未親見，更有不知天地間猶存此瑰寶者，以爲「徒存其名，至今並無實物傳世。」

元至正本係於元至正乙未（十五年，公元1355年）由劉貞主持刻於嘉興郡學。此本烏絲欄，蝴蝶裝，框高232毫米，寬156毫米，每半葉十行，行二十字，五篇相接爲一卷，分卷另起，共計十卷。卷前有「曲江錢惟善」作於「至正十五年龍集乙未秋八月」的序，繼有「文心雕龍目錄」二葉。卷首第一行頂格題「文心雕龍卷第一」（後諸卷格式俱同），次行下署：「梁通事舍人劉勰彥和述」（後諸卷均不再署），卷末隔數行頂格作「文心雕龍卷第×」。中縫上魚尾之上頂格記數，之下記卷數；下魚尾之上記頁數（每卷起數），之下沉底記刻工楊青、楊茂、謝茂（或僅刻「謝」字）等姓名。卷五闕第九葉，〈隱秀〉篇無後之傳本自「始正而末奇」起，迄「朔風動秋草」的「朔」字止400字；〈序志〉脱自「執丹漆之禮器」起，迄「觀瀾而索源」的「而」字止322字。書中版面或有漫漶，尤其〈史傳〉、〈聲律〉、〈程器〉、〈序志〉諸篇爲甚。

根據卷首錢惟善的序記述：「嘉興郡守劉侯眞，家多藏書，其書皆先御史節齋先生手錄。侯欲廣其傳，思與學者共之，刊梓郡庠，令余敍其首」。由此可知：此刻本之母本系劉貞家藏其先人劉節齋的「手錄」本，劉貞「欲廣其傳」故主持刻於嘉興郡學的。錢序還自述：「三十年前嘗獲聆節齋先生教而琴床下，今侯屬政是郡，不失其清白之傳，文章政事爲時所推，余嘗職教於其地而目擊者」。由此可見：劉節齋和劉貞都是地方官，劉節齋任御史，是掌糾察百官善惡、政治得失的官員；劉貞「屬政是郡」具體職務不詳，以其「文章政事爲時所推」和能以家藏抄本「刊梓郡庠」推測，可能是擔任儒學提舉

教授、學正之類的學官。序的作者錢惟善，也是學官，曾任副提舉。至於劉節齋「手錄」本《文心雕龍》的底本何屬？因無資料難以確考，但從此刻本字體秀逸剛勁，猶存宋槧遺風，以及書中諸如〈議對〉篇「魯桓務議」之「桓」沿宋諱缺筆作「桓」而未及改，還有沿唐宋本「標」作「摽」「以」作「已」等未及改情況看，源於宋槧大概可信。

元至正本《文心雕龍》的勝處，王元化曾作如下評論：

> 通過楊著的校語（按：指楊明照《文心雕龍校注拾遺》以養素堂爲底本校以元至正本所得170多條校語），可以看出元至正刻本有這樣幾個特點：一、在校出的異文中，有四分之三左右較底本爲優。二、與唐寫本殘卷相比，在同樣的篇幅內，元至正本的異文有一半與唐寫本完全一致。三、弘治甲子吳門本、嘉靖庚子新安本、嘉靖癸卯新安本、萬曆己卯張之象本、萬曆壬午《兩京遺編》本等，與元至正本出入甚少，由此可推出它們大抵屬於同一版本系統。以上三點説明此一刻本在校定《文心雕龍》原文方面所具有的資料價值，彌足珍重。⑨

又有人指出：

> 以校勘而論，元本多與明本同，許多地方率先改正了唐寫本之誤。如唐本〈徵聖〉篇：「書契決斷以象史」，元本作「書契斷決以象夬」，「夬」與下文「文章昭晢（按：應作「晢」）以象（按：應作「效」）「離」之「離」字互爲對文，都是《易》卦名；又〈辨騷〉篇：「稱湯武之祗敬」明刻諸本同此，唐寫本作「禹湯」，元刻本作「湯禹」；唐寫本此句下脱

---

⑨ 王元化：元至正本景印本（線裝）〈前言〉，上海古籍出版社，1984年10月，第二頁。

「典誥之體也;譏桀紂之猖披,傷羿澆之顛隕,規諷之旨」等二十一字,元本則行文完整,足見其長處。較之明刻諸本,元本正而明本誤者更不乏其數。⑩

按照筆者匯校統計,元至正本同唐寫本一致者105條;同宋本《太平御覽》一致者80條,;同黃叔琳注本一致者154條。這表明:此本雖沿唐源宋,但卻已經校改而更正了唐宋本子中存在的許多錯誤。當然此本存在的問題也不少,筆者對其全書進行匯校中,就出校記1241條,除25條屬於〈隱秀〉篇補文不應歸之本身之外,屬於此本自身的有1216條。其中因衍文而刪者45條,占總數的0.037%;因訛、舛而改正者826條,占67.93%;屬於因脫文、漫漶而增補者372條,占30.59%。此本漫漶嚴重,脫文也不少,僅〈序志〉一篇脫文達323字,而漫漶達173字,兩者共達496字,占全篇總字數的60.27%。當然〈序志〉篇因其處於書末,損壞程度特別嚴重而已。

參

《文心雕龍》在流傳了1500年之後,已從當初的「未為時流所稱」,到逐漸被世界學林所重視,對它的研究也已從早期的涓涓細流發展到蔚為大國。據不完全統計,現在已有英、日、韓、義、德五種文字的全譯本,俄文的全譯也將要完全,其中日譯本已有三種,第二種韓文本也正在進行中。迄今為止,已出版的中外研究《文心雕龍》的專著、專書已超過150種,發表的論文也在2500篇以上,已出版和發表的專著和文章的總字數已逾4000萬言。所以作為一個專門的學科「文心雕龍學」已名符其實地成為客觀存在,《文心雕龍》堪稱是真

⑩ 府樂:〈雕龍此推第一鍥〉,《古籍書訊》第19期,1984年11月9日。

正地走向了世界。

在《文心雕龍》研究走向世界、走向現代的時候,對版本校勘的地位與作用又該作何評估呢?前幾年大陸有人發表文章,批判所謂的「守舊、過時」的研究方法,而校勘考據便是被其批判的一種。但是許多學者對此都不以爲然。王元化就說:

> 校勘考據之學可以說是研究古代文獻必不可少的基本功。如果不從此入手,那就不能辨別書中的訛舛衍脫,從而也就談不到作精確的文字訓詁與愜恰的義理闡發。⑪

筆者以爲:王元化的看法是正確的。研究《文心雕龍》,無論從什麼角度切入,也不管運用什麼方法,原文字句的校勘正是研究的基礎工程。爲什麼?這是因爲:

> 所謂「百宋」、「千元」、「大典」、「四庫」,以及歷來官私珍藏的其它善本,在傳抄刊刻中,訛舛衍脫,亦所難免。而以訛傳訛,將錯就錯,互相援引,遂至約定成俗者有之;後人輕改前人字句,妄加刪補,以致有些古籍篇目陷於難讀費解,或表面上文從字順,而實質上失其原意者更有之。⑫

所以,無論注釋、翻譯、專題研究,都必須以校點爲基本功,通過校勘糾正倒置錯簡、匡正倒文、衍字、脫句、訛體、疏通本文,準確把握原意,然後才能進而探求微旨,發揮研究者之創意。如果研究者連本文都沒有準確把握,把自己的研究建立在以訛傳訛、將錯就錯的援引之上,那麼就無異於把房子建立在沙灘上面,儘管多麼宏偉豪華,

---

⑪ 王元化:《敦煌遺書文心雕龍殘卷集校·序》,林其錟、陳鳳金《敦煌遺書文心雕龍殘卷集校》上海書店出版,1991年10月。

⑫ 馬伯煌:《劉子集校·序》,林其錟、陳鳳金《劉子集校》上海古籍出版社出版,1985年10月。

那是靠不住，終究要倒塌的。版本文字校勘不精確，根本無從做正確的注釋、翻譯和深入研究。1936年，上海開明書店出版范文瀾《文心雕龍注》七冊本，被稱爲「取材之富，考訂之精，前無古人。」但是，智者千慮，亦有一失。《文心雕龍·哀弔》：「及後漢汝陽王亡」，「王」，唐寫本及諸本並同，唯獨《御覽》卷五九六引文作「主」。范注雖然也以日本仿宋槧校刻聚珍本《太平御覽》引文作爲校勘用書，但亦因疏漏，故在〈哀弔〉篇「及後漢汝陽王亡，崔瑗哀辭，始變前式」句注曰：「汝陽王，不知何帝子。崔瑗仕當安順諸帝朝，皆未有子封王；哀辭本文又亡，無可考矣。」感到此句文義不可解。而開明書店章錫琛在細勘仿宋槧《太平御覽》引文後發現，「汝陽王」乃作「汝陽主」，故云：「尤足珍者，如〈哀弔〉篇『汝陽王亡』，注（按指范注）謂『汝陽王不知何帝子』，今此本『王』作『主』，則是崔瑗作哀辭者，乃公主，非帝子。」⑬。後來周振甫更進而考證：「《後漢書·后紀》，汝陽長公主，和帝女，名劉廣。崔瑗，字子玉，善文辭，所作〈汝陽主哀辭〉已散失。」⑭於是，此句的疑竇逐解，原文本意的正確解釋才得以落實。又如〈辨騷〉篇「至於托雲龍，說迂怪，豐隆求宓妃，鴆鳥媒娀女」，元明清諸傳本均同，獨唐寫本在「豐隆」上有「駕」字；「鴆鳥」上有「憑」字。儘管許多注家都已注意到，並且還指出：「按『駕』，『憑』二字當據增，始能與上『托雲龍說迂怪』句一例，否則辭意不明矣。」⑮但是今本正文無一改正者。屈原《離騷》：「吾令豐隆乘雲兮，求宓妃之所在」；「吾令鴆爲媒兮，鴆告余以不好」。所以「駕」，「憑」二字必須增補，否則脫漏了這兩個使動詞，「求宓妃」，「媒娀女」的

⑬　章錫琛：《校記》，見范文瀾《文心雕龍注》附錄，人民文學出版社，1962年4月。

⑭　周振甫：《文心雕龍注釋》，人民出版社，1981年11月。

⑮　楊明照：《文心雕龍校注拾遺》，上海古籍出版社，1982年12月，第36頁。

主體便成了「豐隆」和「鴆鳥」了，這旣不合「離騷」原意，也使文意晦澀難解了。此類事例俯拾可得，不勝枚舉，於此限於篇幅不再贅述。

　　總之：《文心雕龍》研究要進一步走向世界，隨著研究的進一步深入，研究的領域還將進一步拓寬，更多新的科學研究方法和現代化手段也將被引進，但是版本的校勘考據仍有一席之地，它作爲整個《文心雕龍》研究系統工程中的基礎地位是不會過時和消失的。

一九九八年十二月廿五日於上海

後　記

王更生

　　希望在跨越兩千年的前夕，在臺灣師範大學能邀請國內外學者專家，開一次「文心雕龍國際學術研討會」，一方面因會議之便，可以當面向各位專家學者作學術交流，另一方面藉此提振臺灣的研究風氣，為古典文學理論的未來，打開一條鮮活的前途。召開「龍學」會議之事既經決定，馬上進行籌備。一九九六年十月廿九日上午八時半在師大國文系開第一次委員會，交換意見並分配工作，會中推舉蔡主任宗陽總其成，劉渼教授任總幹事，以下又分文書、總務、論文、議事、招待、聯絡各組，各組設組長一人，受總幹事的節制，一切安排就緒，大家意志高昂，有信心辦好這一次活動。

　　韶華易逝，七八個月的辛勞，使整個的「文心雕龍國際學術研討會」在五月廿二日圓滿落幕。當我和總幹事劉渼在桃園中正機場，送走最後一批大陸學者登機赴港時，還依依相約後會之期。我和劉渼坐在返回台北的車上，充滿別淚的目光，凝視著遠山近水，回憶一週來的「龍學」會議中所見所聞，以及所體悟的點點滴滴，其中充滿了歡欣、歌聲、惋惜、成功和期盼的複雜情緒。無窮無盡的想像，隨著車窗外的清風，翱翔在海角天涯！「相見時難別

亦難」，人生的聚散，真如白雲蒼狗，留給人們無限的悵惘！

開會的首事是籌錢，財政為庶政之母，沒有錢，什麼事都辦不成。可是，多麼遺憾，我們是一群赤手空拳的大學教授，堅信在經濟繁榮的臺灣，定能獲得有關單位支援。於是向教育部、陸委會、海基會、國民黨文工會、文化總會、孔孟學會。以及各個基金會，凡能申請補助的公私機構，我們都以乞憐的目光和雙手，請他們無私地施捨，為了將「文心雕龍」—這一部中國文學理論的瑰寶，跨越廿一世紀，我們幾乎動用了所有的關係。結果，等到將要面臨開會的前夕，才籌集到新臺幣七十萬元，距離一百三十五萬元的起碼預算，還差的很遠。所以當我和劉渼、林淑雲、呂新昌、許愛蓮、黃端陽等坐車去中正機場，接大陸來臺開會的學者時，我們的心情就像十二個吊桶，上下翻騰。事情又不能不作。但萬事齊備，只欠東風！就在這夢斷魂牽的時候，林中明先生的越洋電話，傳來了捐款的消息。林先生，居美華僑，電腦公司的董事長，熱愛中國古典文學，年紀雖輕，卻創業有成，一九九五年七月，與我結識於北京，由於志趣投合，常以文會友。他的熱誠捐助，給我們帶來了歡欣與鼓舞，這一次「龍學」會議得以圓滿召開，與林先生雪中送炭的義舉，是分不開的！我在這裡含著滿眶熱淚，向他再一次的致上萬分謝意，他不僅是我的好友，更是「文心雕龍」作者劉勰的知音！舉目當今臺灣商場中的闊老、大亨，腰纏千億的不計其數，但像林中明先生為學術研究而慷慨解囊者，又有幾人乎！

　　《文心雕龍》傳世一千五百年來，其理論性的研究，
至近世紀始蓬勃發展，因此中國文學理論家，對《文心雕
龍》深造有得而又領袖當代，被譽為「龍學家」或「古典
文論家」者，頗不乏人。此次在臺灣師範大學舉行的「文
心雕龍國際學術研討會」，專函邀請了臺灣本土學者、大陸
學者、港澳學者；新加坡學者、韓國學者、日本學者、歐
美學者、除去因故未能參加者外，真正光臨而發表論文的
高達四十位。尤其值得一提的，是大陸來台與會中的兩位
學者，一是華東師範大學教授徐中玉先生，年高德劭，體
力充沛，熱誠不減，其在中國文學理論上的造詣，早已蜚
聲中外。不巧的是他在辦入臺手續時，由於代辦人的疏忽，
險些兒不能過關。另一位是南京大學的青年教授孫蓉蓉小
姐，人長的的嬌小玲瓏，嘴巴甜，學問好，根柢深，研究
有成，僅僅是出境證上少蓋一顆章，想不到在羅湖車站檢
查處，任憑她有蘇秦、張儀的辯才，也無法邁出海關一步。
時間大約是入夜十點半了，我和石家宜教授、劉渼教授在
師大學人招待所，急得像熱鍋上的螞蟻；正當此時，推門
而入，進來了一個身材適中的小姐，左手提著箱子，右手
推者行李，兩隻大眼睛對著我說：「看到王先生，我就放心
了！」她正是孫蓉蓉。我和大家一擁而上，向接待遠方的
遊子，雖然紅著眼圈，但心情確格外欣喜。這次大會的成
功，就是靠著這分「海內存知己，天涯若比鄰」的如手如
足的關愛，才能開得如火如荼，十分成功！

　　論文共三十九篇，篇篇皆為擲地有聲之作。因為會前

我們以《文心雕龍》為主題，研究「今後文學理論如何跨越二十一世紀」，但是收到的論文，較之原定的主題還要豐富，其中有「通論」，有「文學原理論」、有「文學體裁論」、有「文學創作論」，有「文學鑑賞論」，還有超出這個範疇之外的，如「論兒童讀經的」、「論唐宋寓言的」、「論民間文學的」、「談版本、校勘的」、「論文學典律觀念的」，更有的是從「龍學」發展史的角度，看「文心雕龍研究的過去、現在和未來的」，多采多姿，在「文心雕龍學」園地裏綻放了萬道霞光，使蓬島生輝，海嶠增色。每篇論文在開會研討時，發言者鏗鏘有節、答問者如響斯應，引言時委婉曲暢，結論時掌聲如雷，全場如湯如沸，正像劉勰說的「木鐸啟而千里應，席珍流而萬響」，可謂山陰道上，應接不暇！

　　食、衣、旅遊三件大事，會前都經過縝密的安排。開會是最乏味的，所以不但三餐吃得飽，覺還要睡得好，與會的學者們，年齡一般比較長，出外旅遊，更要以車代步，以知性之旅代替長途跋涉。臺灣師大旁邊的「向陽樓餐廳」菜色多樣，待客殷勤，物美價廉，再加上有幾位教授頗喜杯中之物，向以「杯中酒不空，坐上客常滿。」奉為待客之道，所以每晚皆席開四、五座，志同道合，高朋雲集，三巡過後，一天的疲勞，早已消除大半。這時或行酒令，或說笑話，或詩歌吟唱，作為下酒的題材。談笑間，皆盡情交談，達到相激相盪，會文輔仁的目的。我們同車暢遊過「石門水庫」，參觀過故宮的「三星堆展覽」、「錢賓四紀念館」、「林語堂紀念館」，每到一處，大家或記筆記，或索

資料，或拍照留念，或考訂文物，「商量舊學，陶冶新知」，處處都留下了我們的歡聲笑語。與天地同在，和日月同春，我們沐浴在臺灣五月不冷不熱的豔陽裡，真可消痰化氣，助長生機！尤其是暨南出版社的負責人李景漾先生，「龍學專家」，著作等身。文史哲出版社董事長彭正雄先生，獨資經營的出版家，為學術界服務四十年，慷慨好義，能助人之急難。這兩位商場中的奇才，都分別自掏腰包宴請與會的學者，並贈送大批學術論著，尤其在我高唱李叔同的〈送別歌〉：「天之涯，地之角，知交半零落，一壺濁酒盡餘歡，今宵別夢寒」時，李、彭二位商界中的好友，還在勸酒進菜，而我惜別的眼淚，已潛潛地向肚子裡流去。想到「何當共剪西窗燭，卻話巴山夜雨時？」的詩句，千言萬語，就像那地上的萬斛珍珠，真不知從何處說起，而心亂如麻啦！

　　臺灣桃園中正機場，雖是我經常進出的地方，但是這一次不同。我們的好友，大陸、港澳、新加坡，這些不遠千里而來的學術界朋友們，他（她）們就要在這裡和我們珍重再見了，記得是張少康、蔣凡、孫蓉蓉等數位教授們，過關檢查後，將要走入通往候機大廳的甬道時，我和劉渼教授隔著幾層玻璃窗戶，五十公尺以上的距離，遙望著將要在我們眼前，隨著時間的魔手而去的身影時，我們劇烈地搖擺著雙臂，不停地向遠行的友人高喊珍重再見！直到他們的身影由清晰而模糊，到看不見為止，最後是萬里長空，飄浮著朵朵彩雲，帶著大家的祝福和期望，應該是滿

載而歸吧！

　　跨世紀的「文心雕龍國際學術研討會」結束了，回想過去、展望未來，我們播下了希望的種子，今年是辛勤的耕耘，往後相信就是歡笑的收割。我們應該感謝的人、懷念的事，以及令人沈潛思考，奮力拼搏的太多了，我們知道自己做的還不夠好，請大家給我們改進的機會。讓《文心雕龍》—這塊中國古典文學理論的奇葩，在臺灣生根、發芽、開花、結果。